EWALD LIESKE • ROBERT MYERS

KORALLENFISCHE DER WELT

Übersetzung und deutsche Bearbeitung:
Ewald Lieske

JAHR TOP SPECIAL VERLAG
HAMBURG

FÜR CHRISTA, SABINE UND KATHLEEN

Veröffentlicht 1994 von Collins Natural History
im Harper Collins Verlag London
unter dem Titel
„Collins Pocket Guide to CORAL REEF FISHES“

Deutsche Übersetzung und Bearbeitung: E. Lieske

JAHR TOP SPECIAL VERLAG GmbH
Jessenstraße 1, D-22767 Hamburg
Telefon 040/38 90 6-0, Telefax 040/ 38 90 6-302

Satzherstellung: Partner Satz GmbH, Hamburg

Gedruckt in Italien

ISBN 3-86132-112-2

Inhalt

Benutzerhinweise

Lassen Sie sich bei der Bestimmung von Fischarten nicht entmutigen, wenn Sie durch die Vielzahl der dargestellten Fische am Anfang etwas verwirrt werden. Auf den meisten Tafeln sind die häufig vorkommenden Arten oben abgebildet und diese sollten Sie sich zuerst einprägen. Beachten Sie, daß viele Fische nicht nur die Farbe während ihrer Entwicklung verändern, sondern oft auch ihre Körperform. Manche Arten kommen in verschiedenen Farbvarianten vor, und eine große Zahl kann ihre Farbe wie ein Chamäleon verändern. Vielfach treten Farbveränderungen während der Balz oder in Schrecksituationen auf. Dazu kommt noch die Filterwirkung des Wassers, die mit zunehmender Tiefe besonders die warmen Farben in der Reihenfolge des Spektrums absorbiert. Dies können Sie mit Hilfe einer UW-Lampe ausgleichen. Viel Erfolg beim „FISHWATCHING".

Einführung

Es gibt mindestens 4000 Fischarten, die in Korallenriffen leben. Es ist unmöglich, alle in einem praktischen Bestimmungsbuch zu behandeln. Die Anzahl der Arten wird deutlich kleiner, wenn man folgende Fische herausläßt: sehr kleine getarnte Arten unter 3 cm, daneben diejenigen, die die meiste Zeit im Sand oder tief im Riff versteckt oder vorwiegend nicht in Riffhabitaten leben. Dieser Führer versucht, alle Fischarten zu erfassen, die mit großer Wahrscheinlichkeit von Tauchern und Schnorchlern bis 60 m Tiefe im Indopazifik und der Karibik beobachtet werden können: Im ersten Teil werden 1704 Arten des Indopazifiks und im zweiten Teil 370 der Karibik behandelt. Nur wenige Arten findet man in beiden Gebieten (siehe Hinweise bei den Textbeschreibungen). Der Begriff **Korallenriff** ist weit gefaßt, um auch riffnahe Gebiete, in denen Korallen vorkommen können, wie etwa Häfen, Buchten und felsige Tidentümpel sowie mit Riffen verbundene Zonen wie Seegraswiesen, Sandflächen und offener Felsgrund mit einzubeziehen. Der Begriff „Küstenfische" bezieht sich auf Arten, die Küstengebiete bis 200 m Tiefe bewohnen. Unter „Korallenfischen" sind alle Arten gemeint, die nicht nur bis 100 m Tiefe in Korallenriffen leben, sondern auch in angrenzenden Habitaten vorkommen können.

Evolution und Zoogeographie

Warum gibt es eigentlich keine Anemonenfische in der Karibik? Warum leben einige Arten vom Roten Meer bis Mexiko und andere nur in Hawaii? Warum gibt es mehr Rifffischarten im Großen Barriere Riff als auf den Hawaii Inseln? Die Antwort auf diese Fragen findet man in der Zoogeographie. Ein direkter Vergleich der Regionen ist schwierig, da ungenaue Auflistung der Arten, unterschiedliche Sammelmethoden und nicht vergleichbare Lebensräume dies unmöglich machen. Im allgemeinen nimmt die Artenvielfalt mit zunehmender Entfernung von den Kontinenten und Schelfgebieten ab.

An Atollen findet man weniger Arten als an gleichgroßen Berginseln, da die Atolle weniger Lebensräume aufweisen und die Küstenhabitate während der letzten Eiszeit auf schmale, steile und exponierte Abhänge eingeengt wurden. Die Verbreitung von Korallenfischen und anderer Organismen sowie die Zusammensetzung und Vielfalt eines Korallenriffes läßt sich durch eine Kombination vieler Faktoren erklären: 1) die Entwicklungsgeschichte seiner Flora und Fauna, 2) die prähistorische Verbreitung und Bewegung der Kontinentalschollen, 3) die Fähigkeit der Fische, sich auszubreiten und neue Gebiete zu besiedeln, 4) die Verfügbarkeit geeigneter Lebensräume und schließlich 5) die wechselnden Einflüsse des Weltklimas und Schwankungen des Meeresspiegels. Das Resultat ist eine tropische Meeresfauna in vier geografischen Regionen (Westatlantik, Indischer Ozean, West- und Zentralpazifik) mit ihrer jeweils eigenen Artenvielfalt.

Die Erdkruste besteht aus 14 größeren Erdschollen, die sich konstant bewegen und in ihrer Gestalt verändern, da sie sich stauchen, untereinander schieben und auseinander driften. Diese Erdbewegungen können Pflanzen und Tiere trennen, zusammenbringen oder in andere Klimazonen verdriften. Sie haben globale Klimaveränderungen hervorgerufen und durch die Eisbildung an den Polen den Meeresspiegel der Erde um 150 m gesenkt. Die Entwicklung der Fische und aller anderen Organismen ist dadurch wesentlich beeinflußt worden.

Die ersten **tropischen Riffe** erschienen vor 530 Millionen Jahren. Obgleich Korallen noch nicht existierten, haben sich einige Organismen wie Schwämme und Haarsterne aus dieser Zeit bis heute in ihrer Anatomie kaum verändert. Erst nach dem Aussterben der Dinosaurier und ihrer Zeitgenossen vor 65 Millionen Jahren entwickelten sich die meisten der heutigen Fischfamilien und der anderen Lebewesen der Korallenriffe. Im Eozän, vor etwa 37 bis 58 Millionen Jahren, wurden die Kontinente in den Tropen durch das riesige **Tethys-Meer** getrennt. Dieses Meer enthielt bereits eine reiche Korallenriff-Fauna aus vielen noch heute lebenden Familien und Gattungen.

Vor 18 Millionen Jahren entstand daraus ein Mittelmeer als die Meerengen durch den Zusammenstoß von Eurasien und Afrika verschlossen wurden. Auf der anderen Seite des Globus wurden die westlichen und östlichen Lebensräume durch einen nahezu insellosen, tiefen Ozean (die „Ostpazifik-Barriere“) getrennt. Auch in Zeiten mit günstigen Strömungen war diese Barriere für pelagische Larven von Korallenrifforganismen zu groß, um sie zu überqueren. Die Korallenriffe im Atlantik, Ostpazifik und im Indopazifik konnten sich daher nahezu isoliert voneinander entwickeln, und dadurch entstanden eigene Familien. Bald nach der Entstehung des **Tethys-Mittelmeeres** wurden die bereits vorhandenen Korallenriffe (des heutigen Südeuropas) mit dem Meeresboden zu den Kalkalpen emporgehoben. Außerdem entstand das rezente Mittelmeer als die Arabische Halbinsel sich mit Kleinasien vereinigte. Durch die folgenden Eiszeiten wurde der Meeresspiegel gesenkt, und die Wassertemperaturen fielen. Ungünstige Lebensbedingungen wie Kaltströme verhinderten bis heute an den Westküsten Afrikas und Amerikas eine Entwicklung von ausgedehnten Korallenriffen.

Umfangreiche und artenreiche Korallenriffe haben sich nur im Westatlantik, besonders in der Karibik, entwickelt. Als die Landenge von Panama vor 3,5 Millionen Jahren entstand, wurde die Fauna des Ostpazifiks von der Karibik isoliert. Diese erdgeschichtlich kurze Entwicklung hat dazu geführt, daß viele Gattungen und Arten auf beiden Seiten der Meerenge sehr ähnlich sind. Die Fischfauna des Ostpazifiks hat circa 650 Arten von Küstenfischen, von denen 300 auf Felsriffen vorkommen (225 Arten sind endemisch). Neben 16 zirkumtropischen Arten gibt es nur 60 Arten, die den Ostpazifikgraben überquert haben. Auch findet man in den Korallenriffen nur wenige Fisch- und Korallenarten des Indopazifiks. „Echte“ Korallenriffe sind im Ostpazifik auf wenige Gebiete wie das Clipperton Atoll, Südspitze der Baja California, Cocos und Malpelo Inseln sowie die Küsten Panamas, Costa Ricas und die Galapagos Inseln beschränkt.

Westatlantische Region: Gut entwickelte atlantische Korallenriffe gibt es nur von der Karibik nordwärts bis zu den Florida Keys, Bahamas und Bermudas (s. Karte). Die nördlichsten Riffe des Kontinentalschelfs von Nordamerika sind die „Flower Coral Banks“ und „Florida Middle Grounds“ (28° N). Kleinere Korallenriffe befinden sich auf festen Meeresböden bis North Carolina. Im Süden gibt es Korallenriffe nur entlang der Ostküste Brasiliens. Diese sind wenig entwickelt und von der Karibik durch eine Entfernung von 2500 km getrennt sowie durch Sedimente und Süßwasser des Orinokos und Amazonas stark beeinflußt. Es gibt mehr als 1000 Arten von Küstenfischen im Westatlantik, von denen ungefähr 600 in Korallenriffen leben. Die Fischfauna ist relativ einheitlich verteilt, mit der höchsten Artenvielfalt in der Westkaribik und relativ wenig endemischen Arten. Nur 50 Arten haben den Ostatlantik und nur 21 den Südatlantik erreicht.

Indopazifische Region: Der riesige Indopazifik erstreckt sich vom Roten Meer und Südafrika bis zu Inseln Polynesiens (2/3 des Erdumfangs, s. Karte). Er enthält die reichste Küstenfischfauna der Erde mit ungefähr 4000 Arten und 179 Familien. Die Mehrheit – etwa 3000 Arten – lebt auf Korallenriffen, wovon 25 Prozent vom westlichen Indischen Ozean bis zum Zentralpazifik vorkommen. Nach tiergeografischen Gesichtspunkten läßt sich die Region in drei Gebiete unterteilen: Indischer Ozean, Westpazifik und Zentralpazifik. Besonders das Rote Meer und die Hawaii-Inseln haben viele endemische Arten. Der Westpazifik hat die reichhaltigste Fischfauna – gefolgt vom Indischen Ozean (175 bzw. 162 Familien) mit zusammen ungefähr 3700 Arten!

Die **Region des Westpazifiks** erstreckt sich vom Golf von Bengalen bis zu den Marianen, Karolinen und Samoa Inseln, wo sie mit der **Zentralpazifischen Scholle** überlappt. Mindestens 3200 Küstenfischarten leben hier, wovon vielleicht 1000 Arten nur hier gefunden werden. Der Indo-Australische Archipel ist als „Zentrum“ der Fischvielfalt von Küstenfischen anzusehen! Hier befinden sich auch die reichsten Meeresregionen wie die Philippinen und Indonesien mit mindestens jeweils 2500 Arten.

Die Geotektonik und Meeresspiegelveränderungen während der Eiszeiten im Pleistozän haben die Faunen der Region wiederholt isoliert und durchmischt, so daß es zu reichhaltiger neuer Artenbildung innerhalb der Faunen des Indischen Ozeans und Pazifiks kommen konnte. Besonders viele endemische Arten konnten sich in der Peripherie entwickeln- wie etwa in der Andaman See, Taiwan bis Südjapan, Nordwest- und Nordostaustralien sowie in der Coral Sea und den Fiji Inseln. Durch warme Strömungen begünstigt, konnten sich Korallenriffe bis Miyake-Jima (34° N) und Lord Howe (34 °S) ausbreiten. Breite Zonen mit tropischen und gemäßigten Fischarten gibt es entlang der Küsten Südchinas, des südwestlichen und südöstlichen Australiens und vor Südafrika.

Westwärts in Richtung des Indischen Ozeans kommt es zu einer abrupten Abnahme von Arten. Dies hängt damit zusammen, daß es keine Riffe an den Küsten Burmas und Indiens gibt. Weicher Untergrund und starke Monsunregenfälle spülen über große Flüsse sedimenthaltiges Süßwasser ins Meer. Außerdem verhindern niedrige Wintertemperaturen vor Pakistan die Riffbildung. Weiter südlich ist der Fischreichtum größer: etwa 1000 Arten gibt es um Sri Lanka und bei den Malediven. Entlang des Kontinalschelfs von Madagaskar und Ostafrika liegt er noch höher, aber deutlich niedriger bei den Chagos Inseln, Mauritius und Réunion. Die beiden letzten Regionen haben hingegen eine bedeutende Anzahl endemischer Arten. Entlang der afrikanischen Küste befinden sich Korallenriffe bis Durban (30° S). Viele Jungtiere tropischer Fischarten werden mit warmen Strömungen bis ans Kap der Guten Hoffnung verdriftet.

Weiter nordwärts verhindern kühle Tiefenströmungen und weicher Untergrund eine Riffbildung entlang der Küste Somalias. Zusätzlich konnten sich im Roten Meer und im Golf von Aden durch die Isolation während der Eiszeiten und aufgrund des niedrigen Meeresspiegels viele endemische Arten entwickeln. Das Rote Meer hat eine reiche Küstenfauna mit etwa 1000 Arten, wovon 15 Prozent endemisch sind. Auch vor der südöstlichen arabischen Halbinsel bis zum Arabischen Golf gibt es eine große Anzahi von endemischen Arten. Sandböden, kühles Tiefenwasser und extreme Winter- und Sommertemperaturen im Arabischen Golf verhindern größere Riffbildungen. Im gesamten Indischen Ozean kann man mit ungefähr 2400 Arten und einigen hundert Endemismen rechnen.

Die Artenvielfalt des Westpazifiks nimmt in östlicher Richtung zur Zentralpazifischen Scholle hin ab: 111 Familien mit 1300 Arten, wovon 1000 weitverbreitet und ca. 300 endemisch sind. Die Karolinen Inseln weisen 1000, die Marshall Inseln 817 und Samoa 915 Arten auf. Dies beweist schon die deutliche Abnahme in Ostrichtung auf der Pazifikscholle. Um die Hawaii Inseln gibt es nur noch 460 und Marquesas 350 Arten. Die Pazifikscholle entnält vorwiegend Atollinseln, nur die westliche und östliche Seite weisen Berginseln auf: z.b. die Marianen oder Hawaii Inseln. Da es weder Flußmündungen noch andere Küstenlebensräume gibt, wird eine Besiedlung und Ausbreitung vieler Arten über große Entfernungen zwischen den Inseln behindert. So konnten sich auf entfernten Inselgruppen wie Hawaii (150) und den Osterinseln (30) endemische Arten herausbilden.

Lebensraum Korallenriff

Der Ausdruck „Koralle" bezieht sich hier auf riffbildende Korallen der Ordnung *Scleractinia,* die alle aus Kalkstein bestehen. Die massiven Korallenriffe sind in Jahrmillionen von winzigen Korallenpolypen mit Hilfe des Sonnenlichts, bei 20-30° Wassertemperatur, mindestens 20 Promille Salzgehalt und relativ sedimentfreiem Wasser auf festem Untergrund erbaut worden. Korallenriffe gedeihen in flachen tropischen Gewässern am besten. In Tiefen unterhalb von 60 m, wo Photosynthese kaum möglich ist, gibt es nur spärlichen Korallenbewuchs, seine Grenze liegt bei 120 m. Bei Wassertemperaturen unter 16°C sterben die Korallenpolypen.

Die Klarheit des Wassers ist in großem Maße von Küsteneinflüssen und dem Wasseraustausch mit dem offenen Meer abhängig. Küstenbuchten mit Flußmündungen sind normalerweise trüb mit Sichten von nur 0-10 m. Große Sichtweiten findet man an Außenriffen mit 25-40 m - gelegentlich bis 60 m. In Lagunen und Riffkanälen sind sie sehr unterschiedlich und hauptsächlich tidenabhängig. Die Sichtweite kann sich bei auflaufendem klarem Ozeanwasser deutlich verbessern. Oft ist die Sicht am frühen Morgen am besten, da noch keine Passatwinde das Oberflächenwasser der Lagunen aufgewirbelt haben und auch noch keine Partikel (Kot, Nahrungsreste und aufgewirbelte Sedimente) von Fischaktivitäten das Wasser getrübt haben.

Rifftypen:

Korallenriffe lassen sich in drei Grundtypen einteilen: **Saumriffe, Barriereriffe und Atolle.** Sie entsprechen verschiedenen Stadien der Entwicklung, wobei Saumriffe Frühphasen und Barriereriffe und Atolle Spätphasen darstellen. Saumriffe sind relativ jung und haben im allgemeinen einen schmalen Saum, der am Ufer beginnt und nur unwesentliche Lagunenbildung zuläßt. Sie sind besonders im Roten Meer anzutreffen.

Wenn das Riff seewärts wächst, der Meeresboden sinkt oder der Meeresspiegel steigt, sterben die inneren Korallenzonen ab und eine Lagune entwickelt sich. Dabei entsteht ein Barriereriff. Atolle entstehen aus Saumriffen, die Vulkaninseln umgeben. Durch Abtragung und Absinken der Insel wachsen die Korallen im lichtdurchfluteten Oberflächenwasser an der Außenkante nach und bilden eine Lagune zum Ufer hin. Ein Atoll entsteht schließlich, wenn die Insel völlig abgesunken ist. Hierbei können steile Außenriffe („Dropoffs") von mehr als 200 m Tiefe - oft nur 1,5 km vom Ufer entfernt - entstehen.

Lebensräume und Zonierung

Lebensräume (Habitate) und Zonen überlappen sich inhaltlich. Lebensraum ist physikalisch und biologisch zu deuten und meint den eigentlichen, vorherrschenden Aufenthaltsraum eines Tieres. Diese Habitate stellen z. B. Gezeitentümpel, Seegraswiesen und Sandflächen dar. Sie lassen sich weiter in spezielle Kleinhabitate (z. B. Korallenköpfe aus *Pocillipora*) unterteilen. Zonen sind größere Einheiten, in denen sich verschiedenartige Habitate strukturell überschneiden. So findet man in Lagunen Fleckriffe, die aus Korallenköpfen bestehen können.

An Kontinentalküsten und Berginseln findet man die größte Zahl von Riffzonen und Habitaten. Sie haben auch bedeutende Lebensräume aus Süß- und Brackwasser. Nahrungsreiches Flußwasser kann große Mengen Süßwasser und Sedimente ins Meer tragen, so daß produktive, aber trübe schlickige Habitate entstehen, die das Korallenwachstum behindern. Mangrovenwälder gedeihen entlang der Gezeitenküsten von Brackwassergebieten und Seegraswiesen auf sandigen inneren Riffdächern und in flachen Lagunen.

Diese Zonen sind besonders wichtig für den Fischnachwuchs. Daher zeigen diese Gebiete auch eine größere Vielfalt an Küstenfischen als etwa Atolle. Küsten und hohe Berginseln aus porösem Kalkstein haben keine Flüsse und sind charakterisiert durch steile Klippen, die direkt ins Meer fallen. Manchmal sind ihnen Felsklippen und Riffdächer vorgelagert. Diese Gebiete haben oft das klarste Wasser, es fehlen ihnen aber Brackwasserarten. Auch in den Atollen fehlen diese Arten, da sie keine Flüsse oder ausgedehnte Mangrovenzonen haben. Doch ist die Artenzahl vielfach auf Grund der Ausdehnung von Atoll-Lagunen deutlich größer als in nahen, wenig entwickelten Küstenriffen oder an kleinen Berginseln.

Küstenbuchten: haben häufig geschütztes, trübes Wasser und Sedimentgrund, gelegentlich münden Flüsse hinein. **Mangroven** besiedeln oft die Ufer. Durch seitliche Wurzelbildung unter dem Schlick stabilisieren sie Sedimente und dehnen sich seewärts aus, so daß bei Niedrigwasser Schlammflächen trocken fallen. Der Schutz durch das weitverzweigte Wurzelsystem und das nahrungsreiche Wasser machen diese Zonen zur Kinderstube für viele Meerestiere einschließlich vieler Korallenfische. Küstenbuchten können an schmale Riffdächer grenzen, die oft steil abfallen und seewärts mit Höhlen und Nischen übersät sind und dadurch vielen weniger häufigen Fischarten Schutz bieten.

Lagunen: sind alle Gewässer, die unterhalb des Niedrigwassers liegen und von Barriere-Riffen oder Riffdächern eines Atolls umgeben sind (Tiefe: 1–>10 m). In Lagunen findet man häufig unzählige **Fleckriffe**, die aus kleinen Korallenstöcken und massiven Riffpfeilern bestehen, aus denen sich Riffdächer und später sogar Inseln bilden können. Einige Lagunen enthalten ein Labyrinth von verbundenen Riffen, so daß dann isolierte **Tidentümpel** entstehen. Die Sicht unter Wasser ist von der Zirkulation, Riffkanalnähe und von Süßwasserzuflüssen abhängig. Lagunen von Berginseln haben oft relativ trübes Wasser mit Schlickböden. Tiefe Rinnen liegen häufig gegenüber Flußeinmündungen und folgen prähistorischen Flußläufen, die sich während Zeiten mit niedrigem Meeresspiegel ausgebildet haben. Die Sichtweite in Atollen ist sehr unterschiedlich und hängt von den Gezeiten ab. Sie ist am besten, wenn klares Ozeanwasser einströmt. Daneben können Brandung und Strömung Sedimente von der Riffkante in die Lagune tragen. Die feineren Sedimente sammeln sich am Grund der Lagune. Zarte Astkorallen siedeln an geschützten Plätzen mit stabilem Untergrund und bieten besonders Riffbarschen und Jungfischen geeignete Lebensbedingungen. Daneben gedeihen Seegraswiesen auf sandigen und schlickigen Flächen.

Kanäle: sind tiefe Gräben, die die Lagune mit dem Außenriffhang verbinden. Gezeitenströme bieten ideale Bedingungen für planktonfressende Tiere. Filtrierer gedeihen hier gut, wo immer sie sich festsetzen. Kanalwände sind oft dicht mit Gorgonien, Weich- und Steinkorallen übersät. Tiefe Riffkanäle von großen Lagunen können so starke Strömungen aufweisen, daß der Untergrund zu einer kahlen Steinwüste mit treibendem Sand wird. Dagegen können Riffkanäle mit wenig Strömung und festem Untergrund üppig mit Korallen bewachsen sein. Eine Vielzahl von Fischarten wie Zackenbarsche, Schnapper, Süßlippen und Haie sind hier häufig anzutreffen.

Riffdächer: sind alle horizontalen Teile des Riffs, die den Gezeiten ausgesetzt sind. Sie können eine Größe von wenigen Metern bis zu einigen Kilometern haben. Ihre Oberfläche kann eine konturlose, feste Plattform oder ein Labyrinth von Sandflecken und üppig bewachsenen Tidentümpeln sein. Korallenwachstum findet dort eine Grenze, wo das Riff bei Niedrigwaser trocken fällt. Es ist relativ arm an Stellen mit regelmäßiger Überhitzung des stehenden Wassers und üppig dort, wo regelmäßig klares und sauerstoffreiches Wasser einströmt. Riffdächer lassen sich in verschiedene Zonen unterteilen.

Der innere Teil enthält oft auch bei Ebbe noch Wasser. Massive **Korallenkolonien** (Mikroatolle), die oben absterben, sind hier häufig. Seichte Abschnitte, die bei Niedrigwasser gerade noch von 0,3–1 m Wasser bedeckt sind, werden **Riffwatt** genannt. **Seegraswiesen** sind charakteristisch für innere Riffdächer von Berginseln. Reicher Bewuchs aus massiven *Porites* Korallen und Dickichte aus verzweigten *Acropora* Korallen können sich hier entwickeln und bei Springtiden für kurze Zeit freigelegt werden.

Das äußere Riffdach ist oft kahl, zementartig fest und mit toten **Korallenblöcken** übersät, die bei Stürmen aus dem Riffrand gerissen wurden. Diese „kahle" Zone ist im allgemeinen mit dünnen oder dicken Schichten von Fadenalgen bedeckt und von pflanzenfressenden Fischschwärmen wie Doktorfische und Meerbarben besiedelt.

Die Außenseiten von Riffdächern sind häufig porös und von tiefen Rinnen durchsetzt. Dieses Rinnen-System kann bis zum Fuß des Riffabhangs reichen. Niedrige Korallen sind hier häufig anzutreffen. Dort, wo der Riffrand regelmäßig von der Brandung überspült wird, kann ein krustiger **Kalkalgenrücken** entstehen.

Riffrand und Rinnen-Grat-Zone: reicht vom äußeren Riffdachrand bis zu submarinen Terrassen. Dort, wo diese Zone dem Brandungsrücklauf ausgesetzt ist, wird sie von tiefen, sandigen Rinnen durchschnitten, die unterhalb vom Riffrand ausgehen und von breiten Graten getrennt werden. Der untere Bereich dieser Kanäle wird durch dauernde Reibung mit Sand oder bei Stürmen sogar mit größeren Korallenstücken „poliert". Die Rücken der Gratsysteme werden von Korallen besiedelt. Wo die Brandung besonders heftig ist, haben die Korallen kräftige Äste oder sind von niederem Wuchs. Der Kanalgrund ist oft von Geröllblöcken übersät. Bei wenig Brandung siedeln sich zarte Korallen an, und der Kanalgrund ist sandig. Geschützte Riffränder haben keine tiefen Kanäle, dafür siedeln sich große Bestände von Geweih- und Tischkorallen an.

Submarine Terrassen: bestehen aus leicht abfallenden Hängen an der unteren Riffkante. Hier sind die Riffkanäle flacher und haben Sandgrund mit wenig Geröll. Auf Riffen mit dauernder Brandung siedeln sich niedrige, krustige oder massive Korallen an. Verstreut können sich hier Kolonien von Feuerkorallen der Gattung *Millepora* ausbreiten. An geschützten Stellen sind Geweih- und Tischkorallen häufig. Viele der typischen Fischarten der Riffkante sind auch hier auf flachen exponierten Terrassen zu finden. Gemischte Schulen von Papagei- und Doktorfischen durchstreifen diese Zone.

Außenriffhang: abfallender Teil des Außenriffs, der ins Tiefenwasser reicht. Er ist im allgemeinen recht steil (>30 Grad) und mit mäßigem bis reichem Korallenbewuchs bedeckt. Der Hang kann von Sand- oder Geröllkanälen durchzogen sein. Wo wenig Dünung ist, breiten sich Ast- und Tischkorallen aus. Die Artenvielfalt an Korallen und Fischen ist sehr groß, besonders an strömungsreichen Abhängen. Klares Ozeanwasser läßt oft vielfältiges Korallenwachstum bis 40 oder 60 m zu. Unterhalb dieser Tiefe nimmt der Korallenbewuchs schnell ab, und Astkorallen werden von blattartigen Formen (bis 110 m Tiefe) abgelöst. Die vorherrschende Krustenalge *Halimeda* kommt bis über 100 m vor, und einige Algen sind sogar in 140 m gesichtet worden. Gorgonien und Weichkorallen dominieren unterhalb 100 m. Nasendoktorfische, Schwarze Schnapper und Rotzahn-Drückerfische sind hier am Außenriffhang häufig anzutreffen.

Steilwände (Dropoffs): hierzu gehören Außenriffhänge von mehr als 70 Grad Neigung. Sand und Geröll finden sich nur in Rinnen oder am Fuß der Wand. Da starke Dünung die Entstehung senkrechter Dropoffs verhindert, sind sie fast nur an geschützten und leeseitigen Stellen zu finden. Die Artenvielfalt ist auch hier am größten, wo Strömung auftritt. Kleine planktonfressende Fische kommen in Schwärmen wenige Meter vom Steilhang vor, und Organismen des Tiefenwassers können hier in relativ flachem Wasser vorkommen. Gorgonien und Schwarze Korallen kämpfen mit Steinkorallen schon 10 m unter der Oberfläche um Lebensraum, und Fischarten, die normalerweise erst ab 30 m vorkommen, findet man ebenfalls hier.

Bänke: sind schmale riffdachähnliche Strukturen, die an Küsten mit steilen, hohen Berghängen entstehen. Sie bilden sich besonders an Stellen mit starker Dünung und werden vorwiegend von krustenbildenden Rotalgen geformt. Manchmal ragen sie einige Meter über den Meeresspiegel hinaus und sind dann von fleischigen und fädigen Algen bedeckt.

Klippen: fast senkrechte ins Meer fallende Felswände. Oft sind sie in 12–20 m Tiefe von Stufen unterbrochen, auf denen sich abgebrochene Felsbrocken anhäufen. Der Korallenbewuchs ist gering. Aber dort, wo genügend Schutz in Form von Höhlen, Grotten, Korallen und Blöcken vorhanden ist, weiden durchstreifende Schwärme von Papagei- und Doktorfischen Algen ab, besonders, wo Strömungen auftreten.

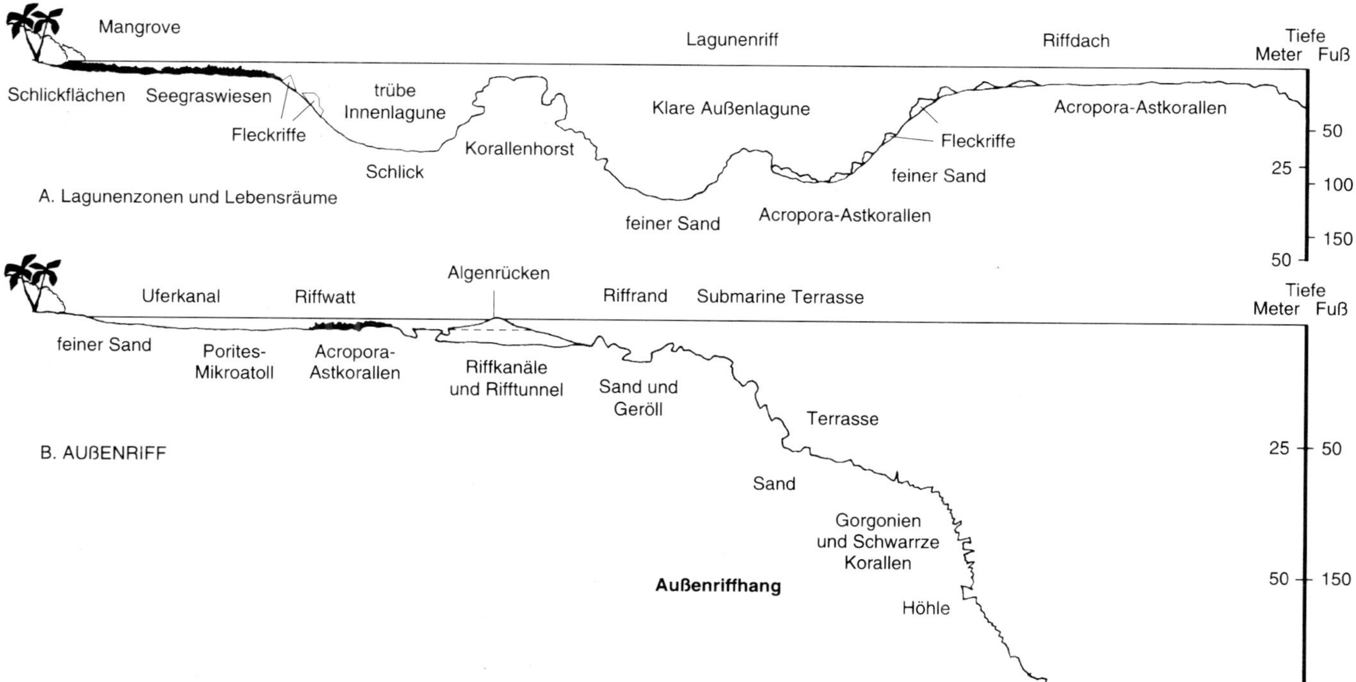

Morphologie von Korallenriffen

Ökologie

In Korallenriffen finden wir eine Vielzahl verschiedener Lebensräume mit charakteristischen Arten. Sie sind in unterschiedlichem Maße der Brandung, den Strömungen und der Sonne ausgesetzt. Auch die tierische und pflanzliche Planktonproduktion sowie die Häufigkeit, Form und Verschiedenheit von Korallen schaffen eine große Anzahl von ökologischen Nischen. So ist nicht nur jede einzelne Nische von einer bestimmten Fischart besetzt, sondern sie wird auch von zufälligen Gruppen von Fischarten bevölkert. Unterschiedliche Besiedlung durch Jungfische und gelegentliche Zerstörungen durch Stürme können ganze Gruppen von Fischen auf Korallenköpfen vernichten. Und starker Druck durch Freßfeinde läßt eine dominierende Rolle einer Art nicht zu und erhält dadurch das ökologische Gleichgewicht. Tiere bilden **Nahrungsketten**. Im einfachsten Fall besteht die Kette aus **Produzenten** (Pflanzen), **Konsumenten** (Tieren) und **Zersetzern** (Bakterien). Alle Stufen vom Produzenten bis hin zu den Fleischfressern lassen sich nach Ernährungsgesichtspunkten unterteilen. Die meisten Nahrungsketten sind so komplex, daß man geradezu von „Nahrungsnetzen" sprechen kann. Konsumentenketten beginnen mit Pflanzenfressern (Herbivoren), dann folgen Fleischfresser (Carnivore) und Allesfresser (Omnivoren). Nur wenige Fische (z. B. Meeräschen) ernähren sich von Phytoplankton. Einige Arten sind corallivor, d. h. sie nehmen Korallen auf, die Polypen enthalten. Andere sind piscivor, d.h. Fischfresser.

Am Anfang des **Nahrungsnetzes** stehen marine Pflanzen wie Diatomeen, Dinoflagellaten, Zooxanthellen (einzellige Algen, die in Korallen leben), Phytoplankton, benthische Algen (Tang) und Seegras. Einige Fischarten fressen vor allen diese Pflanzen. Mehrere Falterfischarten fressen Korallenpolypen, um die darin enthaltenen Zooxanthellen aufzunehmen; einige Doktor-und Papageifische ernähren sich von Seegras, und eine große Anzahl von Arten sind herbivor, d.h. sie fressen fleischige und fädige Bodenalgen. Einige herbivore Arten schaben dünne Schichten von Fadenalgen ab, die auf kahlem Grund wachsen, andere weiden fleischige Blattalgen ab. Hierzu gehören Papagei-, Doktor- und Kaninchenfische, die gleichsam die Rolle von weidenden „Rindern" übernehmen.

Doktor-, Drücker- und Kugelfische und ihre Verwandten sind vorwiegend omnivor. d. h. **Allesfresser**. Viele Falterfischarten fressen verschiedene kleine Wirbellose und Korallenpolypen, die in kleinen Portionen in einem großen Heimrevier (home-range) aufgenommen werden. Einige Falterfische und der Palettenstachler (*O. longirostris*) zupfen ausschließlich Korallenpolypen mit ihrer spezialisierten Schnauze und den Zähnen vom Korallenskelett ab. Der Büffelkopf-Papageifisch (*Bolbometapon muricatum*) und mehrere Drücker-, Feilen- und Kugelfische nehmen Korallenstücke oder gesamte Korallen auf, andere dieser Gruppe wiederum verzehren hartschalige Wirbellose wie Seeigel, Krebse, Seesterne sowie harte Krustenalgen. Nur wenige Arten wie Meeräschen und einige Grundeln fressen Kot (Detritus).

Sehr viele Fische ernähren sich von **Zooplankton.** Die größten Arten wie der Walhai und Mantas seihen Zooplankton aus dem Wasser. Dies tun auch Anchovis, Heringe und Sprotten. Riff- und Fahnenbarsche sind auf bestimmte Zooplanktonarten wie z. B. Copepoden angewiesen, die einzeln aus dem Wasser gepickt werden. Einige Drückerfische und Schnapper - besonders die im Tiefenwasser lebenden - sind auf großes, gelatinöses Plankton (Salpen und Ctenophoren) angewiesen. Großes Zooplankton wie Krebslarven wird vorwiegend von nachtaktiven Arten (Husaren-, Kardinalfischen und Großaugenbarschen) aufgenommen.

Die meisten Riffische sind **carnivor**: von winzigen Grundeln, die mikroskopisch kleine, bodenlebende Krebstiere verzehren, bis hin zu großen Haien, die große Fische, Schildkröten und sogar andere Haie angreifen. Eine Vielzahl von Strategien wird zur Nahrungsbeschaffung eingesetzt. Aale haben sich spezialisiert, um durch enge Spalten, Sand oder Geröll zu gleiten, die Beute mit Hilfe des Geruchsinnes zu orten und sie dann mit langen, messerscharfen oder festen, zermalmenden Zähnen zu ergreifen. Die gut getarnten Skorpions-, Husaren- und Krokodilsfische lauern auf dem Grund oder sind teilweise im Sand vergraben, um unvorsichtige Fische oder Krebse zu überraschen. Zackenbarsche und Schnapper „kreuzen" friedlich durchs Riff, sind aber jeder Zeit bereit, blitzschnell einen Angriff zu starten. Stachelmakrelen schießen in Schulen von Füsilieren oder Sprotten, um einzelne Tiere aus dem sicheren Verband zu trennen und dann leicht zu erbeuten. Viele der Fischfresser werden besonders in der Dämmerung oder vor Sonnenaufgang aktiv, wenn sie von der Beute weniger gut gesehen werden. Meerbarben sondieren den Sand oder Zwischenräume im Riff mit langen Barteln, um eingegrabene Krebse und Fische zu orten. Sie werden oft von Nutznießern wie Lippfischen und kleinen Stachelmakrelen begleitet, die von der aufgestöberten Beute profitieren. Straßenkehrer beobachten die Sandoberfläche nach Bewegungen von eingegrabener Beute.

Rochen graben „Krater“ in den Sand, um an Muscheln zu gelangen, die sie mit pflastersteinartigen Zähnen zermalmen. Andere Arten wie die Putzerfische sind spezialisierte Fresser von Parasiten und verletztem Gewebe anderer Fische. Schleimfische haben eine besonders aggressive Jagdmethode entwickelt: sie ahmen die Putzerfische in Färbung und Bewegung nach und reißen ihnen Schuppen oder Stücke aus den Flossen.

Auf einem typischen Korallenriff sind mehr als 75 Prozent aller Fischarten tagaktiv. Die Mehrzahl von ihnen ist besonders auffällig gefärbt und meistens von Korallenriffen abhängig. Hierzu gehören die meisten Fahnen-, Zacken- und Riffbarsche, Lipp-, Papagei-, Falter-, Doktor-, Kaiser-, Drückerfische und Meerbarben, außerdem Schnapper und Korallenwächter. Etwa 30 Prozent der Arten haben eine Tarnfärbung und werden selten vom Beobachter gesichtet. Sie sind häufig klein und leben die meiste Zeit versteckt im Riff. Zu dieser Kategorie gehören Muränen, die meisten Schleimfische, Grundeln, Seenadeln und die Mehrzahl der Skorpionsfische. Sie sind tag- oder nachtaktiv, manchmal auch beides.

Einige Muränen und Skorpionsfische (Feuerfische) sowie manche Meerbarben lassen sich erst nachts im offenen Wasser sehen. Etwa 10 Prozent der Arten sind vorwiegend nachtaktiv; sie leben am Tag in Höhlen und Spalten versteckt und gehen erst nachts auf Nahrungssuche. Husaren-, Soldaten-, viele Kardinalfische und Großaugenbarsche ernähren sich von größeren Planktontieren. Eine erstaunliche Zahl (10 Prozent) der Riffische lebt auf oder im Sand, Schlick oder Geröll. Hierzu gehören Schlangenaale, Husarenfische, Schollen, Sandbarsche, Krokodilsfische und viele Grundeln, während Sandtaucher, Wurmfische und gewisse Lippfische sich die meiste Zeit dicht über dem Sandboden aufhalten. Sie ernähren sich vorwiegend von kleinen Wirbellosen.

Viele Arten, die im Riff Schutz suchen, wandern über ausgedehnte Sandflächen und Geröll. Zu ihnen gehören die pflanzenfressenden Doktorfische und einige carnivore Zackenbarsche, Schnapper, Straßenkehrer und Scheinschnapper. Viele der kleineren Riffische, die auf den Schutz des Riffs angewiesen sind, fressen über kleinen Sandflecken. Nur ungefähr 8 Prozent der Küstenfische leben im Freiwasser und wandern über große Strecken. Es sind dies die Füsiliere, Stachelmakrelen, Barrakudas und die meisten Haie. Füsiliere ernähren sich von Plankton, ebenso wie die größten Fische, die Mantas und Walhaie. Dicht unter der Oberflächen jagen die carnivoren Hornhechte und die allesfressenden Halbschnabelhechte. Gelegentlich besuchen pelagische Arten, wie die dem offenen Meer angepaßten Thun- und Fliegenden Fische, steile Außenriffe oder tiefe Lagunen. Sie ernähren sich selten von großen Riffischen, häufiger von Fischlarven oder sehr jungen Riffischen.

Sozialverhalten

Fische zeigen vielfältige Anpassungen an das überfüllte und konkurrierende Leben im Riff. Einige Arten sind nur in Gruppen anzutreffen, andere einzeln oder paarweise. Zahlreiche Arten, die im Freiwasser und nicht im Schutz der Riffe leben, haben eine Überlebensstrategie in Form von **Schulen** entwickelt. Allein die große Anzahl an Individuen in Schulen gewährleistet schon ein Überleben bei einem Angriff. Ein einzelnes Tier aus einem großen, dichten Verband, der immer in Bewegung ist, zu erbeuten, ist viel schwieriger, als ein einzelnes Tier zu verfolgen. Raubfische, die „blind“ eine Schule angreifen, haben kaum Erfolg. Einige Arten, die in Ansammlungen oder Schulen leben, verlassen sich auf gestaltauflösende Färbungen wie verschiedenartige Muster, die Verfolger die Jagd erschwert. Viele **nomadisierende** Pflanzenfresser kommen in gemischten Gruppen vor. Dies erhöht nicht nur die individuelle Sicherheit, sondern ermöglicht es der Gruppe, die Verteidigungsgrenzen von territorialen Arten zu überwinden, die etwa ihre Algenteppiche bewachen. Viele Arten von Papagei-, Doktor- und einige Kaninchenfische haben diese Strategie übernommen. Interessant ist, daß Arten, die auf kleine isolierte Korallenköpfe als Schutz angewiesen sind, sich zu Gruppen oder Kolonien zusammentun. Dies trifft besonders auf kleine Planktonfresser zu, die sich im gefährlichen offenen Wasser über dem Riff aufhalten. Außerdem entfällt durch diese Gruppenbildung die Notwendigkeit, die Nähe der schützenden „Heimatkoralle“ zur Fortpflanzung zu verlassen. Bei Gefahr ziehen sie sich blitzschnell in den Schutz der Korallen zurück. Bekannte Beispiele hierfür sind die Fahnen- und Riffbarsche sowie einige Lippfische.
Eine große Anzahl von Riffischen ist **territorial**. Sie bewachen Nahrungsplätze, Verstecke, Nistplätze und mögliche Paarungspartner. Sie sind besonders gegenüber auswärtigen Artgenossen aggressiv. Im allgemeinen werden andere adulte Tiere gleichen Geschlechts vertrieben und nur Subadulte sowie Jungtiere geduldet.

Einige Arten sind gegen jeden Eindringling aggressiv, während andere nur Nahrungskonkurrenten von ähnlichen Arten vertreiben. Einige haben sehr große Territorien oder auch getrennte Nahrungs- und Schlafplätze. Arten, die routinemäßig große Riffgebiete durchstreifen, haben **Heimreviere** (home-ranges). Innerhalb dieser Zone können sie Territorien besitzen, in denen sie keine Konkurrenten dulden. Viele Fische sind während der Perioden mit reichlichem Nahrungsangebot relativ friedlich. Die meisten großen und mittelgroßen Arten besetzen Heimreviere und bevorzugte Schlafplätze, die sie am Ende des Tages aggressiv verteidigen. Viele Arten haben ein Territorium für die Fortpflanzung, das oft mit den Nahrungsplätzen identisch ist oder nur einen Teil des Heimreviers ausmacht. (siehe Kapitel „Fortpflanzung“)

Kleine Pflanzenfresser leben oft in einem **Revier** mit algenbedeckten Felsen wie etwa verschiedene Riffbarsche, Schleim- und einige Doktorfische. Diese Plätze werden mit anderen Arten geteilt: So duldet der aggressive Gestreifte Doktorfisch (*Acanthurus lineatus*) den viel kleineren Riffbarsch (*Stegastes fasciolatus*) in seinem Nahrungsrevier. Der Wert dieses angriffslustigen Riffbarsches ist für ihn höher als eine etwaige Nahrungskonkurrenz, da er Eindringlinge verjagt. Auch werden oft kleine, wendige Schleimfische geduldet, da sie das Revier von Parasiten freihalten. Die vielleicht kampffreudigsten, territorialen Fische der Gattung *Stegastes* und *Hemiglyphidodon* nennt man **Farmerfische**: Sie leben typisch in Kolonien auf Geweihkorallen, deren abgestorbene Äste mit dichten Fadenalgen bedeckt sind. Sie „jäten“ ihre „Algenfarmen“, indem sie unerwünschte Algenarten zugunsten der Fadenalgen entfernen (siehe Taf. 88).

Gesichtssinn und Farbsignale sind von größter Bedeutung für das Zusammenleben der meisten Riffische. Unterschiedliche Farbmuster ermöglichen es jeder Art, sofort Artgenossen und deren soziale Stellung zu erkennen. Farbveränderungen ausgelöst durch ein gewisses Verhalten und bestimmte Positionen vermitteln anderen Fischen Signale, wie beim Menschen der Gesichtsausdruck. Bei einigen Arten haben Töne und Geruch im Sozialverhalten eine große Bedeutung. Abgespreizte Kiemendeckel und Flossen sollen Kampfbereitschaft andeuten. Männchen verschiedener Arten lassen bunte, intensive Farben während der Balz aufblitzen. Nachts zeigen die meisten Arten verschwommene Farbmuster, oft mit Flecken und Streifen versetzt, die sich dem Hintergrund anpassen.

Fortpflanzung und Entwicklung

Die Fortpflanzung der Fische ist sehr unterschiedlich und komplex. Die Mehrheit von ihnen legt Eier. Die Geburt von voll entwickelten Jungen ist bei Knochenfischen selten, aber bei Knorpelfischen häufig. Typische Fischeier sind nur 1 mm groß, und bis zum Schlüpfen dauert es normalerweise eine Woche. Die geschlüpften Larven haben nur eine geringe Ähnlichkeit mit den erwachsenen Fischen. Sie erinnern an Kaulquappen mit großen Augen, sind pigment- und schuppenlos und tragen oft noch einen äußeren Dottersack zur Ernährung, bis der Darmtrakt entwickelt ist. Manche können schwimmen und sind mit Knochenplatten und Stacheln geschützt. Wenn die Larven nach ein- bis achtwöchiger Entwicklungszeit geeignete Plätze zur Besiedlung gefunden haben, entwickeln sich Pigmente, Schuppen und Flossen, die für Jungtiere typisch sind. Juvenile ähneln Erwachsenen in der Form, haben aber bei Riffarten ein völlig anderes Farbmuster. Einige Arten erreichen die Geschlechtsreife innerhalb von sechs Monaten und leben 1–2 Jahre, während andere erst nach mehreren Jahren geschlechtsreif und bis zu 80 Jahre (und mehr) alt werden.

Die meisten Fischarten sind männlichen oder weiblichen Geschlechts. Nur wenige zeigen im Alter monogame Paarbildung. Die meisten, die bisher untersucht wurden, sind polygam und machen eine Geschlechtsumwandlung durch. Sie stellen **Folgezwitter** dar: **protogyne** Hermaphroditen sind zuerst weiblich und wandeln sich dann in Männchen um, **protandrische** Hermaphroditen sind zuerst männlich, bevor sie zu Weibchen werden. Keine Art zeigt beide Zwitterformen. **Echte Zwitter** mit weiblichen und männlichen Geschlechtsorganen (und mit Selbstbefruchtung) sind äußerst selten.

Die meisten Lipp- und Papageifische sind typische Folgezwitter. Bei vielen dieser Arten beginnt das Erwachsenenstadium als Männchen oder Weibchen, die beide ähnliche, unauffällige Farbkleider haben. Man bezeichnet diese Periode als **Anfangsphase** (Initial- oder Primärphase). Diese Primärmännchen können im Gegensatz zu den Weibchen ihr Geschlecht normalerweise nicht ändern. Die Weibchen können sich zu bunt gefärbten Sekundärmännchen der **Endphase** (Terminalphase) umwandeln, die größer und dominierender als die Tiere der Anfangsphase sind.

Die **Geschlechtsumwandlung** wird sozial kontrolliert: die Anwesenheit von Sekundärmännchen verhindert den Geschlechtswechsel bei Weibchen. Erst wenn ein bestimmtes Zahlenverhältnis von Männchen zu Weibchen unterschritten wird, wechselt das dominante Weibchen sein Geschlecht. Sekundärmännchen pflanzen sich paarweise fort, während Primärmännchen sich immer in großen Gruppen fortpflanzen. Die Fahnenbarsche (Gattung *Pseudanthias*) zeigen ein vereinfachtes System und haben nur Terminalmännchen mit prächtiger Färbung. Sie leben in Harems, in denen ein Männchen über eine Schar von Weibchen herrscht. In großen Kolonien gibt es auch mehrere Männchen. Wird das Haremsmännchen entfernt, so ändert das ranghöchste Weibchen sein Geschlecht und gewährleistet so die weitere Fortpflanzungsfähigkeit der Gruppe in einem begrenzten Lebensraum.

Einige Arten - besonders größere wandernde Fleischfresser - sind normalerweise einzeln anzutreffen, versammeln sich aber zu bestimmten Jahreszeiten oder Mondzyklen an bevorzugten Laichplätzen. So kann es zu Massenansammlungen von Hunderten oder Tausenden Individuen an strömungsreichen Vorsprüngen oder Eingängen von Riffkanälen kommen. Dabei laichen einige in Paaren und andere in „Massen" ab. Die meisten Riffische laichen pelagisch oder sie schütten ihre Gameten nach einem Oberflächenaufstieg hoch über dem Grund aus. Besonders bei ablaufender Tide aber auch in der Dämmerung wird abgelaicht. Viele Arten tun dies auch in Mondzyklen, bei Voll- oder Neumond; dabei begünstigen starke Tiden eine sichere Verbreitung der Eier. Dadurch sind auch die Chancen größer, daß die Eier den unzähligen, hungrigen Mäulern von kleinen tagaktiven Planktonfressern und wirbellosen Filtrierern im Riff entkommen.

Ein 100 cm großer Zackenbarsch kann mehr als eine Million Eier produzieren, während ein kleiner Schleimfisch nur einige Duzend Eier besitzt. Um das Überleben einer Art zu gewährleisten, müssen zwei Nachkommen bis zur Geschlechtsreife überleben. Kleine Arten wie Grundeln, Schleimfische und Riffbarsche bauen daher sichere Nester, die gewöhnlich von einem oder beiden Eltern bewacht werden. Die Larven schlüpfen auch zur günstigen Nachtzeit und bei ablaufendem Wasser nach etwa einer Woche. Einen noch sichereren Weg haben Kardinalfische „erfunden": Sie brüten ihre Eier bis zum Schlüpfen im Maul aus.

Schutzfärbung und Mimikry

Das Überleben vieler Riffische wird durch Anpassung der Farben und Form an die Umgebung gesichert, um entweder Beute zu erlangen oder als Beute zu entkommen. Viele Arten verlassen sich auf ihre Tarnung. So haben Skorpions- und Anglerfische fleischige Anhängsel und Warzen, die Algenfortsätzen ähneln; auf einigen wachsen sogar Algen. Viele Zackenbarsche haben Färbungen, die sich zwar nicht dem Hintergrund anpassen, aber sie bekommen oft ein Diagonalmuster und lösen damit ihre Gestalt „unsichtbar" auf. Einige Fische passen sich nicht dem Hintergrund an, sondern ahmen etwas Unauffälliges nach, das für Verfolger uninteressant ist. So sehen junge Lippfische von *Novaculichthys taeniourus* (s. Taf. 93-7) wie ein Büschel Seetang aus, das in der Dünung hin- und her schaukelt.

Werden Gestalt und Verhalten von Organismen nachgeahmt, so spricht man von Mimikry. Es gibt zwei Formen: die **Batesische Mimikry**, wenn ein ungeschütztes Tier ein geschütztes nachahmt und die **Müllersche Mimikry**, wenn mehrere „geschützte" Tiere sich ähneln. Die erste Form der Mimikry ist weitaus verbreiteter. Das geschützte „Modell" hat oft ein typisches, buntes Farbmuster, das potentielle Angreifer (nach schlechten Erfahrungen) abschreckt. Ein ähnlicher Nachahmer wird ebenfalls gemieden.

Batesische Mimikry: bei ihr ist die geschützte Art gewöhnlich häufiger als die Nachahmende. Damit wird die Möglichkeit eines Zusammentreffens von unerfahrenen Verfolgern mit der Mimikryform vermindert. Ein typisches Beispiel hierfür ist der **Spitzkopfkugelfisch** *Canthigaster valentini* Taf. 137-2 und der harmlose **Feilenfisch** *Paraluteres prionurus.* Der Sattel-Spitzkopfkugelfisch ist vermutlich giftig und schmeckt ekelhaft, er ist ein relativ langsamer Schwimmer und macht sich keine Mühe zu fliehen. Der eßbare Schwarzsattel-Feilenfisch (Taf. 135-3) sieht nicht nur wie ein Kugelfisch aus, sondern schwimmt auch wie dieser! Eine aggressive Mimikry, die nicht nur zum Schutz dient, ist am besten bei Säbelzahnschleimfischen (Taf. 114) entwickelt. Beim klassischen Beispiel ahmt der **Falsche Putzerfisch** (*Aspidontus taeniatus* Taf. 114-2) den **Gemeinen Putzerlippfisch** (*Labroides dimidiatus,* Taf. 104-5) genau in der Färbung und Schwimmweise nach. Der Lippfisch pflegt andere Fische, indem er ihnen Parasiten und verletztes Gewebe entfernt. Große Fleischfresser wie Zackenbarsche öffnen dabei sogar ihr Maul, so daß der Putzerfisch nach Nahrung suchen kann, ohne daß er gefressen wird. Der Säbelzahnschleimfisch schleicht sich an andere Fische heran, die geputzt werden wollen, um ihnen dann Flossenstücke oder Schuppen abzureißen. Allerdings ist die Tarnung nicht perfekt: alte, erfahrene Fische meiden den „Täuscher".

Viele junge Süßlippen der Gattung *Plectorhinchus* zählen möglicherweise zur Müllerschen Mimikry. Aber man hat noch nicht nachgewiesen, daß die Jungen ungenießbar wie giftige Nacktschnecken oder Strudelwürmer sind. Sie haben typische Farbmuster aus kontrastreichen, hellen und dunklen Flecken und schwimmen oder gleiten in Bodennähe mit charakteristischen, übertrieben schlängelnden Körper- und Flossenbewegungen. Hat ein Verfolger eine schlechte Erfahrung mit einem dieser Jungtiere gemacht, so meidet er weitere Begegnungen mit einem ähnlichen Tier.

Symbiose

Das Leben einiger Rifftiere ist eng verbunden, oft sogar abhängig vom Leben einer anderen Art. Wenn beide Tiere einen Nutzen aus der Lebensgemeinschaft ziehen, spricht man von Symbiose, in diesem Fall von **Mutualismus**. Bei einseitigem Nutzen ohne Schädigung eines Partners ist es **Kommensalismus**. Wird einer der Partner geschädigt, handelt es sich um **Parasitismus**. Klassische Beispiele für Mutualismus sind **Krebs-Grundel**-Gemeinschaften (s. Taf. 120). Die Grundeln leben in Wohnröhren, die von fast blinden Krebsen gegraben werden. Diese sorgen für die Instandsetzung der Höhle und sind jedes Mal beim Herauswerfen einer Sandladung Räubern ausgesetzt. Die Grundel bewacht den Höhleneingang sehr aufmerksam, und der Krebs hält mit einer Antenne engen Kontakt mit dem Fisch. Bei der geringsten Gefahr signalisiert die Grundel dies dem Krebs mit einer schnellen Schwanzbewegung und flüchtet nach dem Krebs in die Höhle. Die Grundel profitiert auch von der Freilegung von Wirbellosen durch die Grabtätigkeit des Krebses.

Das vielleicht beste Beispiel für Kommensalismus stellt die Symbiose von **Anemonenfischen** (Taf. 75) mit betimmten großen Meeresanemonen dar. Die Oberfläche der Anemonen ist mit giftigen Nesselzellen besetzt, die andere Fische töten können. Das Gift kann dem Anemonenfisch nichts anhaben, da der Schleim angeblich schon in der „Kindheit" durch langsame Gewöhnung übertragen wird. Der Fisch wird nun von den Nesselzellen als Teil der Anemone angesehen. Wahrscheinlicher ist aber, daß die „Immunität" angeboren ist, wie dies für den Clarks-Anemonenfisch nachgewiesen wurde. Man hat zwar beobachtet, daß Anemonenfische Nahrung zum Wirt tragen, aber die Anemone ist nicht vom Gast abhängig. Man findet regelmäßig völlig gesunde Anemonen ohne Anemonenfische. Nur zehn Meeresanemonenarten werden von 28 Anemonenfischarten im Indopazifik besiedelt.

Nahrungsquelle und Umweltschutz

Moderne Tauch- und Fischereiausrüstungen, Außenbordmotoren und Kühlschiffe machen die meisten Korallenriffe leicht erreichbar und wirtschaftlich nutzbar. Ein böser Kreislauf ist in Gang gekommen, um den unersättlichen Konsum durch immer stärkeren Fischfang zu befriedigen. Sind küstennahe Fischgründe leer gefischt, werden neue, weiter entfernte ausgebeutet. Große und leicht ausrottbare Arten sind besonders durch Speerfischerei von Tauchern oder durch Nachtfang stark reduziert worden. So sieht man Büffelkopf-Papageifische oder Zackenbarsche (über 25 kg) nur noch selten.

Es gibt noch verheerendere Fangmethoden: **Dynamitfischerei** und **Fischgifte** (Natriumcyanide und Naturextrakte) sind leider in Entwicklungsländern weit verbreitet. Sie sind besonders gefährlich, da sie beinahe alle Meeresorganismen in dem betreffenden Gebiet töten und es für eine neue Besiedlung unbrauchbar machen. Obwohl diese Methoden im allgemeinen illegal sind, ist die Durchsetzung der Verbote schwierig und wird zu lax gehandhabt.

Traditionelle, jahrhundertalte und bewährte Schutzgedanken werden von neuen Vorstellungen verdrängt. So sind „moderne" Schutzbestimmungen für einzelne oder wenige Arten aus gemäßigten Zonen völlig ungeeignet für Korallenriffe, wo Dutzende Arten gleichzeitig gefangen werden. Selbst die häufigsten Arten des Korallenriffs stellen nur einen kleinen Teil der überhaupt fangbaren Arten dar. Um das Überleben vieler Arten zu gewährleisten, müssen Fangbegrenzungen und der Schutz von leicht ausrottbaren Arten, ein Verbot von Scuba-Speerfischerei, begrenzter Verkauf von harpunierten Fischen und eine Änderung von Fischereirechten eingeführt werden. Aber die wirkliche Antwort kann nur in verschiedenen wirtschaftlichen Nutzungsarten der Korallenriffe und nicht in ständig einseitiger Ausbeutung liegen.

Den explosiven Zuwachs im Aquariengeschäft der letzten Jahre kann man nur mit gemischten Gefühlen betrachten. Ein gut gepflegtes Aquarium kann vielleicht beim Halter ein besonderes Verständnis für den Schutz von Korallenriffen hervorrufen. In einigen Gebieten Hawaiis, wo es selektive Sammeltechniken gibt und die Fangplätze gut kontrolliert werden, wird mehreren kleinen Aquarienfirmen ermöglicht, die Riffe mit ihren Fischpopulationen ohne erkennbare negative Folgen zu nutzen.

Allerdings haben in anderen Ländern wie den Philippinen und Sri Lanka zerstörerische Fangtechniken den Artenreichtum der zugänglichen Korallenriffe praktisch völlig ausgerottet. Selbst wenn die Fangtechniken verbessert und die Fangquoten kontrolliert werden, muß man jedem Anfänger von der tropischen **Meeresaquaristik** abraten. Es wird weltweit wahllos gefangen, die Mehrzahl der Tiere kommt auf dem Transport um, und sehr viele Arten werden importiert, ohne daß über ihre Haltung Genaues bekannt ist. Selbst in den „besten" Aquarienhandbüchern sind die Fakten über die Haltung der meisten Arten dürftig und grenzen an wissenschaftliches Roulette.

Landgewinnung z. B. durch Brandrodung der Wälder hat eine verheerende Wirkung auf Korallenriffe. Die Folge ist ein verstärkter Sedimenteintrag bei Regenfällen mit darauf folgender kontinuierlicher Zunahme von Dornenkronen. Die weitverbreitete Zerstörung der Korallenriffe hat auch eine tiefgreifende Wirkung auf die Fischpopulationen. So profitieren gewisse Pflanzenfresser wie Papagei- und Doktorfische zeitweise von der Zunahme an toten Riffen mit kräftigem Algenbewuchs, während andere Arten wie viele Falterfische, die Korallenpolypen fressen oder zwischen Korallen leben, völlig verschwinden. Die drastische Abnahme von möglichen Verstecken in Korallenriffen begrenzt die Populationen zusätzlich.

An einigen Orten ist der Wert der Korallenriffe für **Tourismus**, **Fotografie** und **Erziehung** höher als die etwaige Nahrungsreserve. Tauchsport ist weltweit eine der Sportarten mit stärkstem Zuwachs. Millionen von Amerikanern, Europäern und Japanern besitzen Tauchbrevets. Die meisten besuchen mehrfach in ihrem Leben Korallenriffe. Hunderttausende tauchen jährlich auf den Malediven, im Roten Meer und in der Karibik. Als positives Resultat ist sicher die Abnahme von Speerfischerei zugunsten von Unterwasserfotografie und das populäre „fish-watching" der Taucher zu werten. Die meisten Taucher wollen Großfische aus nächster Nähe sehen oder fotografieren. Orte mit zahmen Großfischen und intakten Korallenriffen werden immer wieder von Tauchern aufgesucht.

An vielen Plätzen der Erde gibt es **Unterwasserparks**, in denen die Meeresorganismen geschützt sind. In der Karibik und auf den Malediven ist die wirtschaftliche Entwicklung ganzer Nationen von der Unterwasserwelt und dem Tourismus abhängig. Von den Schutzgebieten unter Wasser profitieren auch die Fischer, da stark verfolgte Fischarten sich dort fortpflanzen und ungestört entwickeln können, um dann wieder als Adulte außerhalb der Schutzgebiete zu erscheinen. Ein Weg zur Erhaltung der letzten Korallenriffe auf der Erde wird deutlich: **Nur die Errichtung von Unterwasserparks und ihre kontrollierte Nutzung für Freizeit und Naturschutzerziehung kann sie vor der endgültigen Zerstörung retten!**

Gefährliche Meeresfische

Einige Riffische sind potentiell gefährlich, aber wenn man seinen gesunden Menschenverstand unter Wasser anwendet und unbekannte Fische in Ruhe läßt, sind keine Gefahren zu befürchten. Mit der Ausnahme von Tiger- und Bullenhai gibt es keine Tiere im Korallenriff, die einen Menschen als mögliche Beute ansehen. Die meisten verhängnisvollen Begegnungen mit Meerestieren sind auf mangelnde Kenntnis der Anatomie und des Verhaltens der Tiere zurückzuführen und fast immer vermeidbar. Die Gefahr auf dem Weg zum Tauchplatz durch einen Unfall getötet zu werden ist größer als von einem gefährlichen Fisch bedroht zu werden. Drei Arten von Gefahren können grundsätzlich auftauchen: Man kann gebissen oder gestochen werden oder giftige Fische essen.

Von den **potentiellen Beißern** werden nur wenige Haiarten so groß, daß sie Menschen als Beute betrachten. Nur einer der drei gefährlichsten Haiarten – der **Tigerhai** (Taf. 3-1) – dringt gelegentlich in betauchte Korallengebiete vor. Glücklicherweise meidet er im allgemeinen flaches Wasser am Tage, wenn die meisten tauchen. Er wird fast nur in relativ tiefem Wasser entlang steiler Außenriffhänge angetroffen. Die wenigen Beobachtungen in Lagunen stammen gewöhnlich aus der Nähe von tiefen Riffkanälen an Außenriffen. Wenn man gelegentlich Tigerhaie in flachem Wasser an der Riffkante antrifft, so geschieht dies vorwiegend nachts. In so einem Fall ist die Wahrscheinlichkeit eines Angriffs gering, aber viel größer, wenn gespeerte Fische im Wasser sind. In jedem Fall sollte man schnellstens das Wasser verlassen.

Der gefürchtete **Weiße Hai** ist eine Kaltwasserart und tritt in den Tropen nur als seltener Irrgast in tiefen, kalten Wasserschichten auf. Der **Silberspitzenhai** (Taf. 2-3) kommt in küstenfernen Gewässern und sehr selten an den Rändern von küstenfernen Bänken vor, die im allgemeinen nicht von Tauchern besucht werden. Fatale Angriffe vom **Bullenhai** (Taf. 140-5) sind im allgemeinen nur aus trübem Küsten- , Brack- und Süßwasser bekannt geworden.

Der **Graue Riffhai** (Taf. 2-2) ist im Pazifik die gefährlichste und am häufigsten anzutreffende Haiart. Er ist territorial und oft aggressiv, da er den Menschen als Konkurrenten ansieht. Obgleich er nicht zögert, einen harpunierten Fisch von der Harpune zu greifen, sind Angriffe auf Menschen territorialen Ursprunges, und ihnen gehen drohende Schwimmbewegungen mit abgespreizten Flossen voraus. Zum Glück haben sich Graue Riffhaie in den meisten Gebieten an Taucher gewöhnt und beachten sie nicht. Es ist ratsam bei allen Haien, ihr Verhalten genau zu beobachten und sofort das Wasser zu verlassen, wenn sie neugierig zu nahe kommen. Mehrere andere Haiarten sind potentiell gefährlich, besonders wenn sie durch geangelte oder harpunierte Fische angelockt werden.

Andere vom Menschen gefürchtete Arten sind **Barrakudas** und **Muränen**. Angriffe von Barrakudas sind meistens auf Verwechselung oder Provokation zurückzuführen. In trübem Wasser kann ein glitzerndes Armband, das einen kleinen Fisch vortäuscht, einen Angriff auslösen, oder ein gespeerter Barrakuda setzt sich zur Wehr. Bisse von Muränen sind fast immer das Resultat einer Provokation. Sie sind auf Hineingreifen in Höhlen, Speerfischen von Muränen oder das Halten von blutigen Fischen zurückzuführen. Obgleich das Temperament und die Individualität der Muränenarten unterschiedlich sind, füttert man weiter in vielen Tauchgebieten Muränen an und verändert damit leider ihr natürliches Verhalten.

Es gibt eine Reihe von Riffischen mit giftigen Stacheln, die den Menschen jedoch niemals angreifen. Die gefährlichsten von ihnen sind die **Skorpions-** und **Kaninchenfische**. Verletzungen durch den **Echten Steinfisch** (Taf. 19-7) können tödlich sein. Die meisten Skorpionsfische sind gut getarnt. Mehrere Arten einschließlich des Steinfisches findet man regelmäßig auf Riffdächern, aber sie sind gewöhnlich an oder unter Steinen versteckt, und man tritt (selten) auf sie. Obwohl die Rückenstacheln des Steinfisches Tennisschuhe durchdringen können, verhindert festes Schuhwerk im allgemeinen Verletzungen. Die Gruppe der **Feuerfische** (Taf. 20) ist auffällig gefärbt und geht dem Taucher oft nicht aus dem Weg. Rotfeuerfische schwimmen nicht selten auf den Taucher zu. **Kaninchenfische** (Taf. 129) haben sehr giftige Rücken- und Afterflossenstacheln. Todesfälle sind nicht bekannt, allerdings wird der Stich einiger Arten von vielen Fischern genau so gefürchtet wie der von Steinfischen. **Doktorfische** (Taf. 124) besitzen entweder ein Paar rasierklingenscharfe, bewegliche Skalpelle oder zwei Paare fester Klingen, die an der Schwanzwurzel sitzen. **Husarenfische** haben gut sichtbare Kiemendeckelstacheln. **Stachelrochen** besitzen ein oder mehrere mit Widerhaken besetzte giftige Schwanzstacheln, die ernsthafte Verletzungen hervorrufen können, wenn man im Flachwasser auf sie tritt. **Zitterrochen** besitzen elektrische Organe, die bis 220 Volt produzieren können. Weniger gefährlich als die genannten Arten sind andere Riffische, die mit Verteidigungswaffen wie scharfen Stacheln, „Schnäbeln" und Zähnen ausgerüstet sind. Auch diesen Arten sollte man mit Vorsicht begegnen.

Mehrere Fischarten sind giftig und ungenießbar, da sie Toxine besitzen. Diese Giftigkeit kann von körpereignen Substanzen herrühren oder durch die Nahrungskette aufgenommen werden. **Kugel-** und **Kofferfische** haben sehr giftige Haut und Eingeweide, dadurch sind sie vor Raubfischen geschützt. Das Gift **Tetrodotoxin** ist eines der stärksten bekannten Gifte und für tödliche Fischvergiftungen weltweit verantwortlich.

Vielleicht die gefährlichste Form der Fischvergiftung ist **Ciguatera**. Ciguatera ist ein Toxin, das in vielen Arten vorkommt, aber die höchste Konzentration am Ende der Nahrungskette in carnivoren Fischen besitzt. Es beeinflußt die Fische nicht, kann aber beim Verzehr von Fischen zum Tode führen. Symptome variieren in milder Form von Kribbeln in den Lippen und Armen oder Beinen bis hin zu heißen und kalten Empfindungen, Muskelschwäche, Brechreiz, Durchfall, Atemnot und Herzstillstand. Es gibt keine Gegenmittel und bis vor kurzem sind keine praktischen Möglichkeiten zur Erkennung des Toxins in Fischen bekannt geworden. Die größte Gefahr liegt darin, daß man das Vorkommen in den wertvollen Speisefischen nicht voraussagen kann. Das Toxin wird von kleinen Dinoflagellaten *Gambierdiscus toxicus* produziert, die sich auf kahlen Felsen, Hafenwällen, Schiffswracks oder sogar auf Algenblättern ansiedeln. Sie werden von herbivoren Fischen beim Fressen von Fadenalgen aufgenommen und gelangen dann in fleischfressende Raubfische. Da das Toxin im Körper nicht umgewandelt wird, sammelt es sich im Fleisch und besonders in der Leber sowie in den Geschlechtsorganen an. Jedes Mal, wenn ein kleinerer Fisch gefressen wird, wird die Konzentration an Giften größer und ist dann bei den großen Raubfischen am stärksten. Das Vorkommen von Ciguatera ist saisonabhängig und von Ort zu Ort verschieden. Im Indopazifik sind der **Zweifleck-Schnapper** *Lutjanus bohar* und die **Javanische Riesenmuräne** *Gymnothorax javanicus* am häufigsten ciguatoxisch und sollten nie gegessen werden. Vorsichtig sollte man auch mit großen Exemplaren von Zackenbarschen, Schnappern, Straßenkehrern, Stachelmakrelen, Barrakudas und Drückerfischen sein.

Physiologie

Augen: Dämmerungs- und nachtaktive Raubfische und besonders Tiefseearten, die in 300-1000 m Tiefe leben, besitzen große Augen. Arten, die unterhalb von 2000 m oder in Höhlen vorkommen, haben zurückgebildete oder überhaupt keine Augen. Die meisten Grundfische haben kleine Augen. Im allgemeinen sind Fische weitsichtig, wobei die größte Schärfe im Mittelfeld liegt. Das breiteste Blickfeld haben Schlammspringer (Periopthalmen): mit ihren beweglichen Augen können sie 360° überblicken. Fische, die im flachen Wasser leben, besitzen Stäbchen und Zäpfchen und können daher Farben sehen, was bei der Nahrungssuche, Vermeidung von Verfolgern sowie bei der Partnersuche von großer Bedeutung ist. Bei der Farbenpracht von tropischen Korallenfischen ist das Farbensehen nichts Ungewöhnliches und leicht erklärbar.

Gehör: Wasser hat eine tausendfach höhere Dichte als Luft. Schall kann sich daher unter Wasser fünfmal schneller ausbreiten als in der Luft: 1500 m pro Sekunde. Fische können Laute mit ihrem Seitenorgan und den Innenohren wahrnehmen. Das Seitenorgan besteht aus mit Flüssigkeit gefüllten Kanälen (Neuromasten), die nach außen mit kleinen Poren in Verbindung stehen, und Haarzellen, mit denen sie Wasserbewegungen und Druckwellen aufnehmen. Fische haben ein Innenohr (Labyrinth), das wie bei uns aus drei Bogengängen besteht. Bei vielen Fischen gibt es eine Verbindung zwischen Innenohr und Schwimmblase, so daß Schwingungen der Blase auf das Ohr übertragen werden. Viele Fische können Laute erzeugen: Knocklaute (Kaiserfische), Grunzlaute (Grunzer), Knurrenlaute (Knurrhähne), Quieklaute (Welse) und Trommellaute (Trommler). Diese Töne werden mit Muskeln und der Schwimmblase als Resonanzraum verstärkt oder mit knirschenden Zähnen erzeugt. Töne scheinen auch eine wesentliche Rolle in der Balz und beim Ablaichen zu spielen.

Geruch: Die Geruchsorgane sind bei den meisten Fischen gut entwickelt. Die Nasenöffnungen liegen auf der Schnauze und haben mit den unter der Haut liegenden Geruchsrezeptoren eine enge Verbindung. Haie und besonders Aale können hervorragend riechen – wahrscheinlich so gut wie Hunde! Lachse kehren jahrelang zu ihren Laichplätzen zurück, die sie auf chemischem Wege wiederfinden.

Geschmack: Geschmacksknospen liegen nicht nur im Mund, sondern auch auf den Lippen, in den Barteln, in den Flossen und sind auf den ganzen Körper und Kopf verteilt. Schollen (Pardachirus, s. Taf. 131) können milchige Toxine und Seifenbarsche (s. Taf. 30 und 149) bitterschmeckende oder giftige Schleime ausscheiden, so daß Raubfische abgeschreckt werden.

Elektrorezeptoren: Haie, Rochen und Korallenwelse (Taf. 9-1) besitzen Rezeptoren, die ganz geringe elektrische Reize wahrnehmen, die alle Lebewesen umgeben. Die Organe (Lorenzinische Ampullen) sind bei Haien an der Kopfvorderseite lokalisiert. Mit diesen sehr empfindlichen Organen können benthische Haie und Rochen im Sand vergrabene Beute orten. Wandernde Fische können gut magnetische Erdfelder wahrnehmen. Einige Fischarten erzeugen beachtliche elektrischen Ströme: Zitterrochen und Zitterwelse produzieren bis 220 Volt und können damit Beute betäuben und Feinde abschrecken.

Schmerzempfindung: Die Frage, ob Fische Schmerz empfinden, ist lange diskutiert worden. Sie läßt sich nicht eindeutig beantworten. Das Erinnerungsververmögen und die Lernfähigkeit bei Fischen gering entwickelt: Ein geangelter und wieder zurückgesetzter Fisch wird häufig gleich wieder gefangen. Über Schmerzrezeptoren und Schmerzempfindung ist bei Fischen wenig bekannt.

Atmung: Fische nehmen mit ihren Kiemen 74 Prozent des Sauerstoffes aus dem Atemwasser auf, während Luftatmer wie Lungenfische es nur auf 5 Prozent bringen. Beim Atmen füllen Fische das Maul bei geschlossenen Kiemendeckeln und drücken dann das Wasser bei geöffneten Kiemendeckeln wieder heraus. Die roten, dünnen Kiemenhäutchen nehmen den Sauerstoff auf und geben gleichzeitig Kohlendioxid ab. Einige Schlammfischarten wie Süßwasseraale und Schlammspringer können beträchtliche Mengen von Gasen über die Haut auf und abgeben.

Schwimmblase: Beim Lungenfisch dient die Schwimmblase als „Lunge". Die meisten Knochenfische haben eine Schwimmblase. Sie kannn je nach Bedarf vergrößert und verkleinert werden und hält den Fisch im hydrostatischen Gleichgewicht. Keine Schwimmblasen besitzen Knorpelfische wie Haie und Rochen. Haie haben dafür eine große, ölhaltige Leber. Viele Bodenfische haben die Blase zurückgebildet oder ganz aufgegeben wie Plattfische, Schleimfische, Leierfische und viele Grundeln. Der Vorteil liegt vermutlich in der schnellen Anpassungsfähigkeit an verschiedene Wassertiefen.

Temperatur: Fische zählen zu den „Kaltblütern", deren Körpertemperatur vom umgebenden Wasser abhängt. Nur einige Arten wie Thunfische, Makohaie und der Weiße Hai können ihre Körpertemperatur einige Grade über dem Umgebungswasser halten. Die in den Muskeln erzeugte Wärme wird in einem feinen Netzwerk von Kapillaren im Körper ohne starke Abkühlung verteilt. Korallenfische können Temperaturen von 15-33° C vertragen. Sie sind aber sehr empfindlich, wenn sie für längere Zeiten Extremtemperaturen oder einem schnellen Wechsel der Temperaturen ausgesetzt sind.

Systematik

Die lebenden Fische lassen sich in vier größere Gruppen unterteilen: 1. Knorpelfische (Chondrichthyes) 2. Knochenfische (Osteichthyes) 3. Beutelkiemer oder Neunaugen (Cephalaspidomorhi) 4. Lurchfische (Pteraspidomorphi)

Um Millionen von Tierarten übersichtlich zu ordnen, hat man sie gemäß ihrer entwicklungsgeschichtlichen Verwandtschaft bestimmten systematischen Gruppen zugeordnet. In diesem **hierarchischen Schema** werden griechische und lateinische Namen benutzt. Dieses System wird am Beispiel des **Imperator-Kaiserfisches** gezeigt:

Stamm:	**Chordatiere**	*Chordata*
Unterstamm:	**Wirbeltiere**	*Vertebrata*
Überklasse:	**Fische**	*Pisces*
Klasse:	**Knochenfische**	*Osteichthyes*
Ordnung:	**Barschartige**	*Perciformes*
Familie:	**Kaiserfische**	*Pomacanthidae*
Unterfamilie:	**Kaiserfischartige**	*Pomacanthiinae*
Gattung:	**Kaiserfische**	*Pomacanthus*
Art:	**Imperator-Kaiserfisch**	*imperator*

Für den Nichtwissenschaftler sind die Familie und die Art von Interesse. Arten mit engen verwandtschaftlichen Merkmalen werden in Familien zusammengefaßt. Unter Arten versteht man eine Gruppe von Organismen, die sich untereinander kreuzen lassen und deren weitere Nachkommen fruchtbar (fertil) bleiben. Gibt es eine Unterart, dann steht hinter der Artbezeichnung noch ein dritter Name. Dann wird der Name des Erstbeschreibers dieser Art angefügt, oft mit dem Zeitpunkt der Beschreibung. (Ohne Klammer, wenn neben der Art die Gattung beschrieben wurde).

Dieses Buch ist in erster Linie als Bestimmungsbuch konzipiert. Die Arten sind daher so dargestellt, wie man sie in ihrer natürlicher Umgebung sieht. Allerdings lassen sich nicht alle Arten nur mit Hilfe einer Abbildung bestimmen. Daher sind für diese Arten noch morphologische Merkmale, die zählbar und meßbar sind, angegeben.

Zu jedem Fisch werden folgende Angaben gemacht:

Wissenschaftlicher und **deutscher** Name
Beschreiber: Die Person, die diese Art als erster beschrieben hat.
Maximallänge: Bisher bekannt gewordene maximale Länge, ausgenommen Schwanzfilamente. Bei vielen seltenen Arten ist die Maximallänge nicht genau bekannt.
Ökologie: Habitate, Nahrung, Verhalten und Besonderheiten.
Verbreitung: Annähernde Grenzen der Verbreitung dieser Art.

FISCHANATOMIE

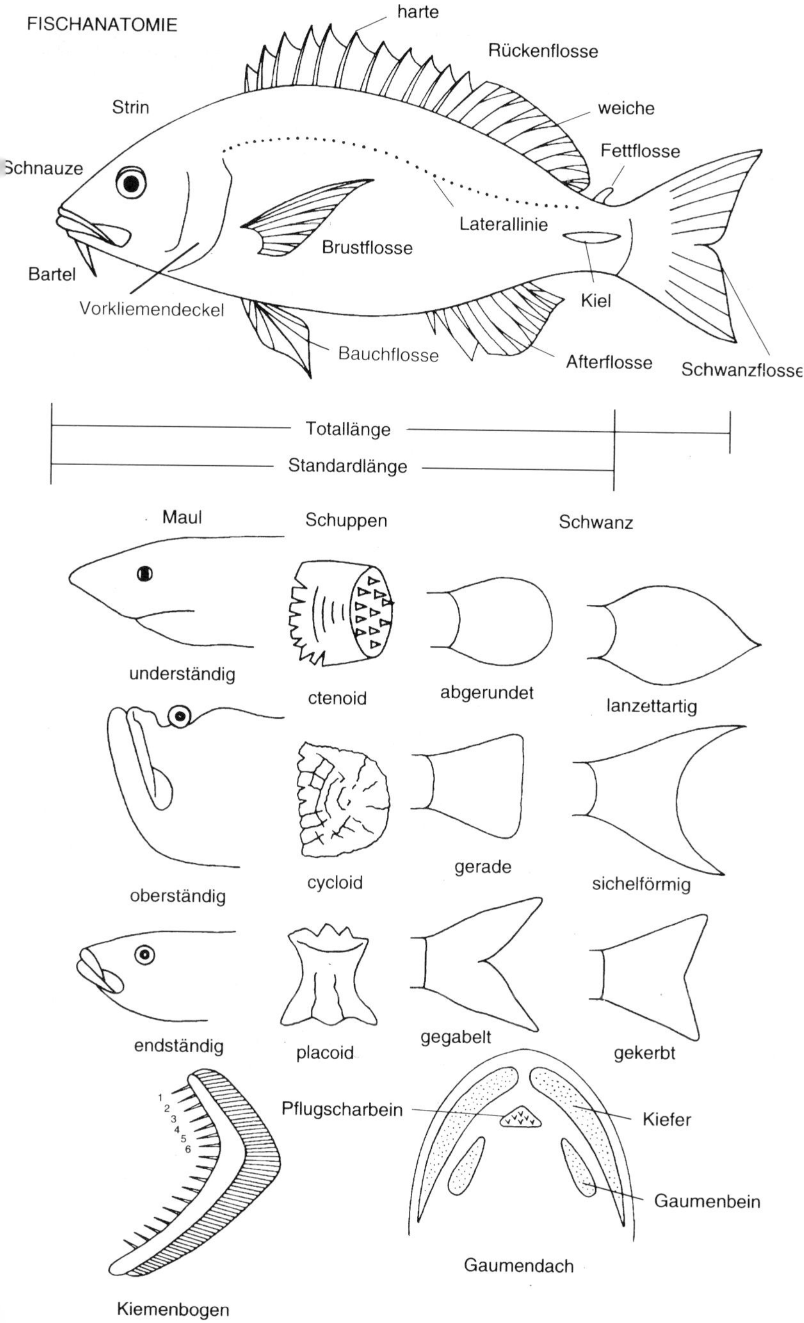

Fachwortverzeichnis

Anfangsphase meistens aus ♀ oder ♂ bestehend (s. Lippfische)

Benthos am Boden lebende Organismen

Ciguatera Fischvergiftung, verursacht durch einzellige Algen (Dinoflagellaten)

carnivor fleischfressend

cycloid Fischschuppen mit kammartigem Hinterrand

ctenoid Fischschuppen mit gerundetem Hinterrand

Detritus zerfallene tierische und pflanzliche Gewebsteile

Ektoparasiten Außenparasiten

endemisch begrenzte Verbreitung

harte Rückenflosse 1. Teil der Rückenflosse mit Stachelstrahlen

Habitat Lebensraum

herbivor pflanzenfressend

Hermaphroditen Individuen mit weiblichen und männlichen Geschlechtsorganen: a. Folgezwitter, b. echte Zwitter (s. S. 14)

Hybrid Mischling

Invertebraten Wirbellose

Kiel Seitenkiel auf der Schwanzwurzel

Klasper zapfenartige Geschlechtsteil bei männlichen Haien

Kloake Enddarm bei Knorpelfischen

kontinuierliche Rückenflosse durchgehende Rückenflosse

Laterallinie (LL) Seitenlinienorgan bei Fischen zur Wahrnehmung von Druckwellen

Lateralporen (LP) Poren auf der Seitenlinie

Litoral Uferzone

Mimikry Nachahmung

Mollusken Weichtiere z.B. Schnecken

monochrom einfarbig

Nesselkapseln (Nematocyten) kleine Bläschen mit schlauchförmigen Nesselfäden und Giftdrüsen

Ocellus augenartiger Fleck

omnivor allesfressend

Operculum Kiemendeckel

ovipar Eier legend, vor der Befruchtung

ovovivipar Eier legend; Embryonen schon bei der Eiablage voll entwickelt

pelagisch im Freiwasser lebend

Phytoplankton pflanzliches Plankton

Polychaeten Borstenwürmer

Preoperculum Vorkiemendeckel

Primärphase Anfangsphase

protandrisch Folgezwitter, die erst männlich sind und sich dann in Weibchen umwandeln

protogyn Folgezwitter, die erst weiblich sind und sich dann in Männchen umwandeln

rezent gegenwärtig lebend

Sedimente am Boden sich ablagernde Stoffe

sessil festsitzend

solitär einzeln lebend

Symbiose enge Lebensgemeinschaft

Subspecies Unterart (ssp.)

Terminalphase Endphase bei Geschlechtsumwandlung

Tetrodotoxin starkes Gift der Kugelfische, welches die Ciguatera hervorruft

vivipar lebendgebärend

weiche Rückenflosse zweiter Teil der Rückenflossse mit weichen Strahlenstacheln

Zooplankton tierisches Plankton

Zwitter s. Hermaphroditen

Abkürzungen :

juv. = juvenil (Jugendstadium)
subad. = Subadult (Zwischenstadium)
Ad. = Adult (Erwachsenstadium)
♂ = Männchen
♀ = Weibchen
var. = Variante
sp. = Species
spec. = unbeschriebene Species
s. = südlich oder siehe
w. = westlich
R. Meer = Rotes Meer
NZ = Neuseeland
GBR = Großes Barriereriff
Solomon I. = Salomon Inseln
Society I. = Gesellschaftsinseln

1 mm = 0,4 inch, 1 m = 39,4 inch
1 cm = 0,39 inch
1 kg = 2,2 lbs (Pfund)
\> = größer
< = kleiner
Taf. = Tafel
ssp. = Subspecies
alt. = alteres (andere)
n. = nördlich
ö. = östlich
Frz. = Französisch
NSW = North South Wales

Massach. = Massachussets
Mozambiq. = Mosambik

Danksagung

Wir möchten Freunden, Wissenschaftlern und Tauchern danken, die am Zustandekommen dieses Buches in vielfacher Sicht geholfen haben.

Gerald R. Allen (Perth), Myles Archibald (Harper-Collins, London), Hans Bath (Pirmasens), David R. Bellwood (Townsville), Eugenie Böhlke (USA), Peter F. Bollen (Jakarta), Yolande Bouchon-Navaro (Guadaloupe), Urs Bücher (Palawan), Bruce Carlson (Hawaii), Kent E. Navarro (Guadeloupe), Urs Bücher (Palawan), Bruce Carlson (Hawaii), Kent E. Carpenter (USA), Kendall Clements (Sydney), Patric L. Colin (USA), Bernd Condé (Nancy), Charles E. Dawson (USA), Helmut Debelius (Frankfurt), Alisdair J. Edwards (UK), William N. Eschmeyer (USA), Klaus E. Fiedler (Lübeck), Pierre Fourmanoir (Paris), Malcolm Francis (New Zealand), Edie Frommenwiler (Mollucas), Ronald Fricke (Stuttgart), Michelle Gardette (Praslin), Anthony C. Gill (Australia), Essam Hassan (Egypt), Philipp H. Heemstra (South Africa), Hossam Helmy (Egypt), Walter Heyne (Flensburg), Loky Herlambang (Sulawesi), Axel Horn (Maldives), Tony Hughes (England), Susan L. Jewett (USA), Patricia Kailola (Australia), Jörg Keller (tauchen, Hamburg), Helga Kopp (La digue), Randall Kosaki (USA), Rudie Kuiter (Australia), Helen K. Larson (Australia), Tarek Mansour (Egypt), Keichi Matsuura (Japan), John E. McCosker (USA), Jack T. Moyer (Japan), Tetsuji Nakabo (Japan), Lutz Odewald (tauchen, Hamburg), Daniel Pelicier (Mauritius), Theodore W. Pietsch (USA), Philip Pulver (Germany), Richard Pyle (Hawaii), Norman Quinn (Lizard Island, Queensland), Helen R. Randall (Hawaii), Barry C. Russell) (Australia), Rolf Schmidt (Sharm el Sheik), Hiroshi Senou (Japan), William F. Smith-Vaniz (USA), Ranjit Sondhi (Kenya), Victor G. Springer (USA), Jürgen Straub (Basel), Arnold Suzumoto (USA), Pierre Szalay (Mauritius), James C. Tyler (USA), Michel van Gessel (Holland), Johann Vifian ((Subex, Red Sea), Robin S. Waples (USA), Jeffrey T. Williams (USA), Roger Winter (Germany), Richard C. Winternbottom) (Canada), Hans Wirth (Germany).

Besonders möchten wir Dieter Eichler danken, dessen einzigartige Fotosammlung aus dem Indischen Ozean für die Illustration vieler Tafeln unentbehrlich war. Seine taucherische Erfahrung in entlegenen Gebieten der Erde ist über Jahre hin für uns wertvoll gewesen. Er und Georg Alexander waren uns bei der Korrektur der deutschen Ausgabe eine große Hilfe.

Zum Schluß ein besonderer Dank John E. Randall, dessen Hilfe bei vielen taxonomischen Problemen vorbildlich war und der uns wertvolle unveröffentlichte, wissenschaftliche Arbeiten zur Verfügung stellte.

Ewald Lieske
22927 Grosshansdorf
Deutschland

Robert F. Myers
Guam, P. O. B. 21153
USA

Tafelübersicht (zur Schnellorientierung)

Teil 1: INDOPAZIFIK

1 HAIE

Walhaie *(Rhincodontidae):* eine Art.

1 *Rhincodon typus* (Smith) **Walhai** 12 (14) m
Größter lebender Fisch. Maul besitzt kleine Zähne. Jungtiere vermutlich nach der Geburt schon völlig entwickelt. Machen große Wanderungen, die wahrscheinlich vom Planktonangebot abhängig sind. Manchmal mit Thunfischschwärmen vergesellschaftet.
Ökologie: Sie leben von Zooplankton, pelagischen Krebsen, kleinen Fischen und Tintenfischen, die durch die Kiemen gefiltert werden. Gewöhnlich in Gebieten, wo Strömungen zusammentreffen oder Tiefenwasser aufsteigt. Harmlos und oft neugierig.
Verbreitung: zirkumtropisch

Zebrahaie (*Stegostomatidae*): solitärer Bodenbewohner. Eine Art.

2 *Stegostoma fasciatum* (Hermann) **Zebrahai** (juv.), **Leopardenhai** (ad.) 354 cm
Ovipar: bis 17 cm große Eikapseln, in denen die Jungen sich voll entwickeln.
Ökologie: Bodenbewohner. Gewöhnlich in Riffkanälen oder auf Sand/Geröll, 5->30 m. Schlafen in Höhlen. Empfindlich gegen Berührung. Harmlos, wenn nicht belästigt. Gehen vorwiegend nachts auf Jagd nach Weichtieren und kleinen Fischen.
Verbreitung: Rotes Meer bis Samoa, n. bis s. Japan, s. bis sö. Australien, Natal

Ammenhaie (*Ginglymostomatidae*): Bodenbewohner.

3 *Nebrius ferrugineus* Rüppell **Gewöhnlicher Ammenhai** 320 cm
Rückenflossen fast gleichgroß, ein Paar kurze Barteln. Ovovivipar: ca. 4 Junge.
Ökologie: Lagunen und Außenriffe, 1-70 m. Solitärer Bodenbewohner, ruht auf Sand in Höhlen und Spalten, 1->70 m. Geht nachts auf Jagd nach Fischen, Krebsen, Tintenfischen und sogar Seeigeln, die eingesaugt werden. Harmlos, falls provoziert - verbeißt er sich wie eine Dogge.
Verbreitung: Rotes Meer bis Tuamotus, n. bis s. Japan, s. bis GBR, Natal

4 *Ginglymostoma brevicaudatum* Günther **Dunkler Ammenhai** 75 cm
Kurzer Schwanz, harte Haut, kurze Barteln.
Ökologie: Bodenbewohner der kontinentalen Schelfriffe. Kann mehrere Stunden außerhalb des Wassers überleben. Harmlos.
Verbreitung: Ostafrika, möglicherweise auch Seychellen und Mauritius

Wobbegongs (*Orectolobidae*): flacher Körper mit Hautlappen am Kopf. Bodenbewohner. Können schlecht sehen.

5 *Eucrossorhinus dasypogon* (Bleeker) **Fransen-Wobbegong** 366 cm
Fransenartige Hautlappen am Maul. Sternartige Flecken auf grauem Untergrund.
Ökologie: solitärer Bodenbewohner von flachen Korallenriffen. Frißt wahrscheinlich Fische und Krebse. Harmlos - wenn nicht beim Waten im Flachwasser belästigt.
Verbreitung: ö. Indonesien, Neuguinea und n. Australien bis ca. 20° S.

6 *Orectolobus ornatus* deVis **Gebänderter Wobbegong** 288 cm
5-7 breite, dunkle Bänder. Ähnlich: *O. japonicus* (s. Japan bis Vietnam), mit Netzmuster.
Ökologie: s. Nr. 5. Harmlos - wenn nicht belästigt.
Verbreitung: Australien (mit Ausnahme von Tasmanien), Neuguinea, Südjapan

7 *Orectolobus maculatus* Bonnaterre **Gefleckter Wobbegong** 320 cm
8-10 Hautlappen vor den Augen, ocellusartige Flecken auf dem Rücken.
Ökologie: s. Nr. 5. Auch in Tidentümpeln, 1-110 m. Geschlechtsreife mit 60 cm, ungefähr 35 Junge pro Wurf. Harmlos - wenn nicht belästigt.
Verbreitung: Australien

Lippenhaie *(Hemiscyllidae):* Junge schlüpfen aus Eikapseln. Speisefische.

8 *Chiloscyllium griseum* Müller & Henle **Brauner Lippenhai** 74 cm
Ökologie: häufig in Küstengewässern. Frißt vermutlich Wirbellose. Harmlos.
Verbreitung: Arabischer Golf bis Neuguinea, n. bis ö. China, s. bis s. Japan

9 *Chiloscyllium punctatum* Müller & Henle **Braunband-Lippenhai** 104 cm
Ökologie: s. Nr. 10. **Verbreitung:** Indien bis nö. Australien, Philippinen, s. Japan

10 *Chiloscyllium plagiosum* (Bennett) **Weißflecken-Lippenhai** 95 cm
Ökologie: in flachen Tidengebieten und Küstenriffen. Am Tag häufig unter Korallen, gehen nachts auf Jagd nach Wirbellosen.
Verbreitung: Indien bis w. Indonesien, Philippinen, Japan

11 *Hemiscyllium ocellatum* (Bonnaterre) **Ocellus-Lippenhai** 107 cm
Ähnlich **12:** *H. trispeculare* (Nordaustralien), mit schwarzem Ocellus. *H. sp.* (Seychellen).
Ökologie: s. Nr. 10. Häufig auf Riffen des GBR.
Verbreitung: GBR, Nordaustralien, Neuguinea

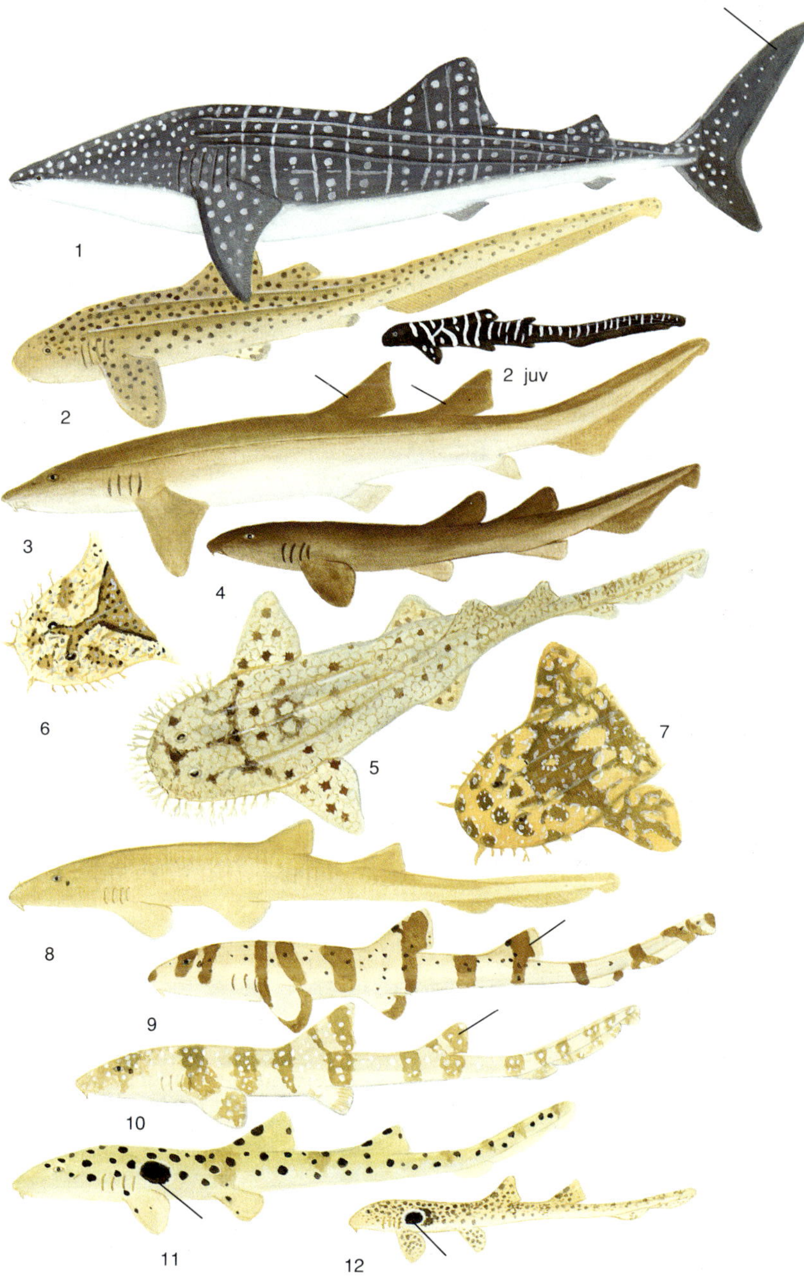
1
2 juv
2
3
4
6
5
7
8
9
10
11
12

Menschenhaie *(Carcharhinidae):* 48 Arten in 12 Gattungen. Alle vivipar, nur der Tigerhai ist ovovivipar. 1–5 Zahnreihen, weitere für Zahnergänzung ausgebildet. Ausdauernde, schnelle Schwimmer. Fünf Kiemenspalten. Kopulation findet „Bauch an Bauch" statt, wobei sich das Männchen oft in die Brustflossen des Weibchens verbeißt. Junge sind bei der Geburt voll entwickelt. Eine Art (der Bullenhai) dringt ins Süßwasser vor (Sambesi Fluß und Nikaragua See). Mehrere gefährliche Arten – meiden gewöhnlich Taucher. Ungefähr 30 fatale Angriffe weltweit im Jahr.

1 *Carcharhinus melanopterus* (Quoy & Gaimard) **Schwarzspitzen-Riffhai** 180 cm
Schwarz-weiße 1. Rückenflosse. Geschlechtsreife mit 110 cm.
Ökologie: Riffdächer, flache Lagunen und Riffränder, bis 75 m Tiefe. Bevorzugt sehr flache Riffe. Scheu, aber hat Watende gelegentlich gebissen. Frißt kleine Fische. Kommt als Jungtier sehr nah ans Ufer (in nur 20 cm tiefes Wasser).
Verbreitung: R. Meer bis Polynesien, n. bis s. Japan, s. bis Neukaled., Mozambique

2 *Carcharhinus amblyrhynchos* (Bleeker) **Grauer Riffhai** 233 cm
Schwanzflosse mit dunklem Rand, 1. Rückenflosse kann weißen Saum zeigen. Innenseite der Brustflossen mit schwarzen Spitzen. Geschlechtsreife: 130-140 cm. 3-6 Junge pro Wurf.
Ökologie: Lagunen und Außenriffe, 2-274 m. Gewöhnlich an steilen Außenriffhängen und in Riffkanälen, besonders häufig in Atollen. Kleine Exemplare in Gruppen anzutreffen. Frißt vorwiegend Fische, aber auch Krebse und Tintenfische. Neugierig. kann aggressiv sein: Zeigt Drohverhalten mit abgespreizten Brustflossen, Buckelkrümmung und Scheinbissen vor dem Angriff.
Verbreitung: Rotes Meer bis Hawaii. Oster I., s. bis Lord Howe I., Natal

3 *Carcharhinus albimarginatus* (Rüppell) **Silberspitzenhai** 300 cm
Deutliche weiße Markierungen an den Flossensäumen.
Ökologie: steile Außenriffhänge und küstenferne Unterwasserbänke. 10-400 m. Gelegentlich auch in Lagunen und Riffkanälen. Besonders an Atollen. Frißt Fische. Potentiell gefährlich! Geschlechtsreife: 165 cm. 5-11 Junge pro Wurf, 50-80 cm lang.
Verbreitung: Rotes Meer bis Panama, n. bis s. Japan, s. bis Neukaledonien, Natal

4 *Carcharhinus longimanus* (Poey) **Weißspitzen-Hochseehai** 396 cm
Große, runde Brust- und Rückenflossen mit weißen Spitzen. Geschlechtsreife: 130 cm.
Ökologie: pelagisches Oberflächenwasser über 200-500 m tiefem Grund, selten an küstenfernen Korallenbänken. Frißt Tintenfische, Fische, Vögel, Schildkröten und Säugetiere. Aufdringlich und potentiell gefährlich! 1-15 Junge pro Wurf, 60 cm lang.
Verbreitung: alle warmen Meere (> 20°C). selten in kühlen (15°C) Gewässern.

5 *Carcharhinus plumbeus* (Nardo) **Großflossenhai** 300 cm
1. Rückenflosse lang und hoch. Relativ spitze Schnauze. Einfarbig grau.
Ökologie: Tidenzone bis 280 m Tiefe. Frißt vorwiegend kleine Bodenfische. Geschlechtsreife: 130 cm. 1-14 Junge pro Wurf.
Verbreitung: alle tropischen und gemäßigten Meere

6 *Carcharhinus brevipinna* (Müller & Henle) **Langnasenhai** 278 cm
Charakteristische schwarze Markierungen an der 2. Rücken- und Schwanzflosse.
Ökologie: pelagisch und küstennah, vom Ufer bis ca. 75 m. Frißt kleine Fische.
Verbreitung: alle tropischen und gemäßigten Meere (ausgenommen: Ostpazifik)

7 *Carcharhinus sorrah* (Valenciennes) **Schwanzfleckhai** 160 cm
Schnauze spitz. Ansatz der 2. Rückenflosse hinter der Analflosse. Schwarze Markierungen an 2. Rücken-, Brust- und Schwanzflosse.
Ökologie: flache kontinentale Schelfzonen, besonders Korallenriffe, 20-75 m. Frißt kleine Fische und Tintenfische. 2-6 Junge pro Wurf. Geschlechtreife mit ca. 106 cm.
Verbreitung: Rotes Meer bis ö. Australien, Salomon I., n. bis Taiwan, s. bis Natal

8 *Carcharhinus falciformis* (Bibron) **Seidenhai** 330 cm
Schlanker, großer Hai mit langer Schnauze, 1. Rückenflosse klein und hinter den Brustflossen. Ohne Markierungen auf den Flossen.
Ökologie: Häufig an steilen Riffhängen, selten im Flachwasser, bis 500 m. Frißt Fische, Tintenfische und Krebse. 2-14 Junge pro Wurf. Potentiell gefährlich! Zeigt Drohverhalten.
Verbreitung: Zirkumtropisch

1
2
3
4
5
6
7
8

3 HAIE

1 *Galeocerdo cuvier* (Peron & Lesueur) **Tigerhai** 550 cm
Stumpfer, breiter Kopf – fast rechteckig. Grau mit dunklen, vertikalen Streifen, die im Alter undeutlich sein können. Zähne mit typischem Sägerand.
Ökologie: Außenriffhänge und küstenferne Bänke. Am Tag gewöhnlich im tiefen Wasser, nachts auch auf flachen Riffen jagend. Zu bestimmten Zeiten häufig in Lagunen der nw. Hawaii I. Die gefährlichste tropische Haiart, verantwortlich für viele tödliche Angriffe. Ernährung: Schildkröten, Seevögel, Igelfische, Haie, Rochen, Tintenfische und Säugetiere. Geschlechtsreife: 290–340 cm, bis 80 Junge pro Wurf. Tragzeit: 12 Monate.
Verbreitung: alle tropischen und warmen-gemäßigten Meere

2 *Negaprion acutidens* (Rüppell) **Indischer Zitronenhai** 310 cm
Rückenflossen sind fast gleichgroß; gelbbraune oder gelbgraue Farbe.
Ökologie: Lagunen und Außenriffe, bevorzugt strömungsreiche Lagunen, 1–>30 m. Frißt Bodenfische und Rochen. Scheu - leicht erregbar, potentiell gefährlich.
Verbreitung: Rotes Meer bis Frz. Polynesien, s. bis GBR und Natal

3 *Triaenodon obesus* (Rüppell) **Weißspitzen-Riffhai** 210 cm
1. Rückenflosse und Schwanz mit weißer Spitze. Kurze Schnauze mit Nasenläppchen.
Ökologie: bewohnt gut entwickelte Korallenriffe, 1–122 m. Häufig an Ozeaninseln. Ruht oft am Boden, besonders in Höhlen und in Riffkanälen. Neugierig und friedlich gegenüber Tauchern; kann aber Speerfischer angreifen. Nahrung: Fische, Tintenfische und Krebstiere. Geschlechtsreife mit 100 cm; 1–5 Junge pro Wurf. Wächst nur 2–4 cm pro Jahr!
Verbreitung: Rotes Meer bis Panama, n. bis Ryukyus, s. bis NSW, Natal

Hammerhaie *(Sphyrnidae):* hammerartiger Kopf. Diese Vergrößerung ermöglicht besseres Sehen, Riechen und Druckwahrnehmung. Vivipar. Potentiell gefährlich. 9 Arten.

4 *Sphyrna lewini* (Griffith & Smith) **Bogenstirn-Hammerhai** 420 cm
Deutliche Delle vorn im gekrümmten „Hammer". 1. Rückenflosse fast körperhoch.
Ökologie: Adulte vorwiegend pelagisch, bilden große Ansammlungen im flachen Wasser der Cortez Sea (Mexiko); bleiben gewöhnlich unterhalb der Thermenzonen von 50–200 m. Dringen in flache, trübe Küstengewässer zum Gebären. Junge oft in Schwärmen in geschützten Küstengewässern jagend; wandern dann beim Heranwachsen ins Tiefenwasser. Fressen vorwiegend Fische, auch andere Haie und Rochen, gelegentlich Tintenfische und Krebstiere. Im allgemeinen nicht aggressiv. Geschlechtreife: ca. 140 cm. Bis 30 Junge pro Wurf.
Verbreitung: zirkumtropisch

5 *Sphyrna mokkaran* (Rüppell) **Großer Hammerhai** 545 cm
Hinterer „Hammerrand" gerade. 1. Rückenflosse ist lang und spitz (1,5-fache Körperhöhe). Ähnlich: *S. zygaena,* hat keine Delle an der Vorderseite des Hammers.
Ökologie: Atoll-Lagunen und Riffpassagen in Frz. Polynesien, aber selten an den meisten Korallenriffen. Frißt vorwiegend Fische wie Rochen, auch Tintenfische und Krebse. In den meisten Gebieten als gefährlich angesehen. Geschlechtsreife: ca. 3 m, bis 38 Junge pro Wurf, gewöhnlich im Spätfrühling oder Sommer.
Verbreitung: alle tropischen und gemäßigten Meere

Zitterrochen (Torpedinidae): 2 große, nierenähnliche elektrische Organe. Können mit Hilfe von Elektroschocks kleine Beutiere wie Fische lähmen. Ovovivipar: Junge schlüpfen im Uterus. Ohne Giftstachel. Elektrische Stöße bis 200 Volt!

6 *Torpedo fuscomaculata* Peters **Tupfen-Zitterrochen** 64 cm
Graubraun mit weißen Flecken.
Ökologie: tiefe Felsriffe mit Sand, 25–440 m.
Verbreitung: Ostafrika bis Seychellen, Mauritius, sw. Indien, s. bis Südafrika.

7 *Torpedo sinuspersici* Olfers **Marmor-Zitterrochen** 130 cm
Ökologie: flache Sandgebiete in Riffnähe, felsige Fleckriffe, 1–200 m.
Verbreitung: Rotes Meer bis Indien, s. bis Südafrika, Madagaskar, Mauritius

8 *Hypnos monopterygium* (Shaw & Nodder) **Birnen-Zitterrochen** 69 cm
Ökologie: flacher, sandiger und schlammiger Grund, 0–240 m.
Verbreitung: Australien

Geigenrochen *(Rhinobatidae):* haiähnlicher Körper. Pflastersteinähnliche Zähne.

9 *Rhynchobatus djiddensis* (Forsskål) **Schulterfleck-Geigenrochen** 305 cm
Spitze Schnauze. Farbe gelbgrau mit weißen Flecken. Abgeflachte Zähne. Bis 227 kg.
Ökologie: flache, sandige Zonen in Riffnähe, 1–>30 m. Frißt Krebse, Tintenfische und kleine Fische. Geschlechtreife mit ca. 1,5 m. Vivipar: 55–67 cm lang.
Verbreitung: Rotes Meer bis Neukaledonien, n. bis s. Japan, s. bis Natal

1
2
3
4
5
5
6
7
8
9

4 ROCHEN

Stechrochen *(Dasyatidae):* 1-2 giftige Stacheln auf dem Schwanz; können damit einen fatalen Stich versetzen, wenn man auf sie tritt. Atemwasser dringt hinter dem Auge durch ein kleines Loch ein und wird aus Kiemenspalten an der Unterseite ausgestoßen. Neugeborene voll entwickelt. Robust in Schauaquarien.

1 *Taeniura lymna* (Forsskål) **Blaupunkt-Stechrochen** 95 cm breit
Fast oval mit typischen hellblauen Flecken. Grundfarbe: graubraun bis gelbbraun.
Ökologie: Sandzonen auf Korallenriffen, oft in Höhlen oder unter Überhängen, 1-50 m. Häufig unsichtbar eingegraben. Im Roten Meer wenig scheu.
Verbreitung: Rotes Meer bis Fiji I., n. bis s. Japan, s. bis GBR, Natal

2 *Taeniura melanospilos* Bleeker **Schwarzpunkt-Stechrochen** 175 cm breit
Runde Körperform. Grau mit dichten, schwarzen Flecken. Gedrungener Schwanz.
Ökologie: sandige Stellen auf Korallenriffen vom Riffdach bis 430 m Tiefe.
Verbreitung: Rotes Meer bis Galapagos, n. bis s. Japan, s. bis Neukaled., Natal

3 *Dasyatis kuhlii* (Müller & Henle) **Grauer Stechrochen** 40 cm breit
Drachenartige Form. Grau mit undeutlichen, hellblauen und schwärzlichen Tupfen. Ähnlich: *Urogymnus africanus* (Ostafrika bis Marshall I.) mit Dornenstacheln.
Ökologie: regelmäßig auf Sand ruhend oder in der Nähe von Korallenriffen bis mindestestens 50 m. Durchwühlt Sand nach Wirbellosen. Einzelgänger.
Verbreitung: Rotes Meer bis Samoa, n. bis s. Japan, s. bis Neukaledonien, Durban

4 *Himantura uarnak* (Forsskål) **Leopard-Stechrochen** 175 cm breit
Schwanz extrem lang. Farbe variabel. Netzwerk von Flecken, Ocelli oder Tupfen.
Ökologie: brackige Mangrovendeltas und sandige Korallenriffe, 1->42 m.
Verbreitung: Rotes Meer bis Frz. Polynes., n. bis Ryukyus, s. bis GBR, Südfrika

Adlerrochen *(Myliobatidae):* Körperscheibe mit flügelartien Flossen, mit denen sie „vogelähnlich" mit wenigen Schlägen durchs Wasser gleiten. Langer Schwanz mit widerhakenbesetzten Giftstacheln an der Wurzel. Kräftige Kiefer mit großen Mahlzähnen. Neugeborene voll entwickelt.

5 *Rhinoptera javanica* Müller & Henle **Java-Kuhnasenrochen** 120 cm
Braun, Bauch weißlich. Kopf mit paarigen Lappen.
Ökologie: Sand- und Schlammböden von Innenriffen, manchmal in großen Herden.
Verbreitung: Ostafrika bis Indonesien, GBR, n. bis s. China, s. bis Südafrika

6 *Aetobatus narinari* (Euphrasen) **Gefleckter Adlerrochen** 230 cm breit
Weiße Ocelli oder Flecken auf dem Rücken. Langer Schwanz mit 2-6 Stacheln.
Ökologie: Seegraswiesen und sandige Zonen von Korallenriffen. Häufig auch an Riffrändern, 5-80 m. Gewöhnlich über dem Grund schwimmend. Frißt Weichtiere und Krebse. Einzeln oder in Gruppen. Bis 4 Junge pro Wurf, 17-35 cm lang.
Verbreitung: zirkumtropisch

Teufelsrochen (*Mobulidae*): breite, flügelähnliche Körperscheibe. Große, vorstehende Maullappen, um damit Plankton zum Mund zu leiten. 5 Kiemenöffnungen mit inneren Filterplatten. Winzige Zähne. Starke Schwimmer, die Riesensprünge machen können. Harmlos. Vivipar. 10 Arten.

7 *Manta birostris* (Donndorff) **Manta** 670 cm breit
Größte Art, bis 1400 kg schwer. Weißer Bauch, manchmal mit weißen Schulterflecken.
Ökologie: pelagisch- aber häufig an Küsten, die planktonreich sind. Einzeln oder in Herden im Freiwasser. Bevorzugt in Riffkanälen. Harmlos - nur bei Sprüngen für kleine Boote gefährlich. Große Sprünge - wobei sie mit Kanonenknall auf der Wasseroberfläche landen. Nicht besonders scheu. Tragzeit: ca. 13 Monate. 1-2 Junge pro Wurf.
Verbreitung: zirkumtropisch.

8 *Mobula japonica* (Müller & Henle) **Japanischer Teufelsrochen** 310 cm
5 Arten im Indopazifik. Alle mit kleineren Kopflappen als Nr. 7. Zähne in beiden Kiefern. Einige Arten bis 310 cm Spannbreite. Langer Schwanz mit basalem Stachel. Vielleicht identisch mit *M. mobular* (Atlantik & Mittelmeer).
Ökologie: schwimmt im Freiwasser, vorwiegend pelagisch. Harmloser Planktonfresser.
Verbreitung: Ostafrika bis Kalifornien, n. bis s. Japan, s. bis NZ; ö. bis Westafrika

1
2
3
4
5
6
7
8

5 MURÄNEN

Muränen *(Muraenidae):* unterschiedliche Gruppe mit extrem langem Körper. Keine Brust- und Bauchflossen. Kleine Kiemenöffnungen, Wasserzirkulation erfolgt durch Öffnen und Schließen des Mauls. Viele Zähne. Vorwiegend nachtaktiv. Gut entwickeltes Geruchsorgan, Nasenöffnungen oft röhrenförmig. Ortsgebundene, versteckt lebende Bodenbewohner. Schlängelnde Schwimmbewegungen. Nicht aggressiv - nur bei Bedrohung. Angefütterte Muränen können aufdringlich werden. Eßbar, aber Ciguaterage-fahr. Arten Nr. 1-3 haben kurze Schnauzen und dicht stehende kleine, konische Zähne. Aquarium: im allgemeinen robust.

1 *Echidna nebulosa* (Ahl) **Sternflecken-Muräne** 75 cm
Ökologie: flache Lagunen und Außenriffe, besonders häufig auf Tidenriffdächern, Tidenriffen und Felsgebieten. Frißt vorwiegend Krebse. Aquarium: gut haltbar.
Verbreitung: R. Meer bis Panama, n. bis Ryukyus, s. bis L. Howe I., Mozambique

2 *Echidna polyzona* (Richardson) **Ringel-Muräne** 60 cm
Bänder variabel: Juv. mit 25-30 Bändern, bei Adulten lösen sich die Bänder auf.
Ökologie: Riffdächer und klare, flache Lagunen sowie Außenriffe. Frißt vorwiegend Krebse. Tag- und nachtaktiv. Aquarium: robust - auch haltbar mit anderen Fischen.
Verbreitung: R. Meer bis Marquesas, n. bis Hawaii, Ryukyus, s. bis GBR, Natal

3 *Echidna leucotaenia* (Schultz) **Weißmaul-Muräne** 75 cm
Grauer Körper mit gelber Stirn und typischen weißen Flecken um den Mund.
Ökologie: Riffdächer, Außenlagunen und Außenriffe, 1-24 m. Nahrung: Krebse.
Verbreitung: Ostafrika bis Tuamotus, n. bis Johnston I., s. bis Natal

4 *Enchelycore bayeri* (Schultz) **Bayers Muräne** 65 cm
Vergrößerte Riechröhrchen und dolchartige Zähne.
Ökologie: Lagunen und Außenriffhänge, 0-20 m. Sehr versteckt lebend.
Verbreitung: Chagos bis Line I. und Society I., n. bis Marianen, s. bis GBR

5 *Enchelycore pardalis* (Temminck) **Panther-Muräne** 80 cm
Röhrenförmige Nasenöffnungen. Rot-weiße Markierungen am Kopf. Weite Mundspalte.
Ökologie: Fels- und Korallenriffe, häufig in Südjapan. Frißt Fische.
Verbreitung: Réunion bis Hawaii, Society I., n. bis s. Korea, s. bis Neukaledonien

6 *Enchelycore ramosus* (Griffin) **Mosaik-Muräne** 150 cm
Netzartige braune Streifen auf grauem Untergrund.
Ökologie: subtrop. und warm-gemäßigte Fels- und Korallenriffe. Versteckt lebend.
Verbreitung: sö. Australien, n. NZ, Lord Howe, Norfolk, Rapa und Oster I.

7 *Enchelycore schismatorhynchus* (Bleeker) **Weißrand-Muräne** 120 cm
Hautfarben mit weißen Flossenrändern. Weite Mundspalte.
Ökologie: Lagunen und Außenriffe, 0-7 m.
Verbreitung: Chagos bis Frz. Polynesien, n. bis Ryukyus

8 *Enchelycore canina* (Quoy & Gaimard) **Viper-Muräne** 150 cm
Ökologie: brandungsreiche, flache Riffe. Am Tag versteckt lebend.
Verbreitung: Chagos bis Panama, n. bis Hawaii, s. bis Tonga

9 *Gymnomuraena zebra* (Shaw) **Zebra-Muräne** 150 cm
Stumpfe Schnauze. Gebiß mit kieselartigen Zähnen. Flossen nur hinten und schwach entwickelt. Schokoladenbraun oder orangebraun mit vielen gelblichen Ringen.
Ökologie: Außenriffe von der Brandungszone bis mindestens 39 m. Regelmäßig in flachen Lagunen. Frißt vorwiegend Krabben. Versteckt lebend, sehr friedlich.
Verbreitung: R. Meer bis Panama, n. bis Ryuk., Hawaii, s. bis Society I., Durban

10 *Strophidon sathete* (Hamilton) **Riesen-Deltamuräne** 394 cm
Ökologie: schlickige Böden in Tidengebieten und Innenbuchten, 1-15 m.
Verbreitung: Rotes Meer bis Fiji, n. bis Ryukus, s. bis Neukaled., s. Queensland

11 *Rhinomuraena quaesita* Garman **Geister-Muräne** 120 cm
Trichterartige Nasenlöcher, Unterkiefer mit Barteln. Geschlechtsumwandlung vom ♂ zum ♀. Juv.: schwarz, ♂ (um 65 cm): blau-gelb, ♀ (ab 94 cm): gelb.
Ökologie: Lagunen und Außenriffe von der Tidenzone bis >57 m. Versteckt lebender Bewohner in Geröll oder Sand, wobei nur der Kopf herausragt. Frißt Fische. Wird oft am Tag in flachen Korallenriffen beobachtet. Häufig an Indo-Australischen Riffen, selten an Ozeaninseln. Aquarium: schwierig.
Verbreitung: Südafrika bis Tuamotus, n. bis s. Japan, s. bis Neukaledonien, Flores

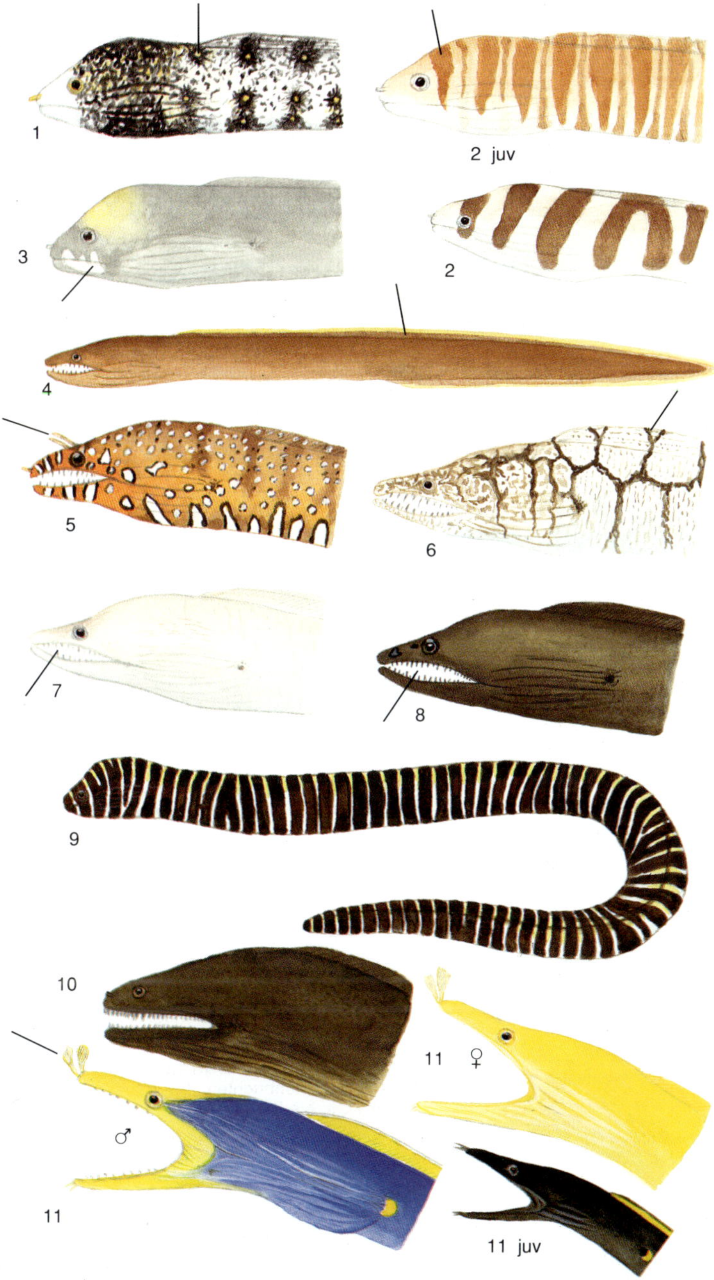
1
2 juv
3
2
4
5
6
7
8
9
10
11 ♀
♂
11
11 juv

6 MURÄNEN

1 *Gymnothorax javanicus* (Bleeker) **Riesen-Muräne** 300 cm
Jungtiere mit großen dunklen Flecken, die im Alter wie Leopardenflecken aussehen. Kiemenöffnungen schwarz. *Gymnothorax* Arten haben im Oberkiefer drei Zahnreihen, die gut zu sehen sind. Große Exemplare wirken sehr kräftig.
Ökologie: flache Lagunen und Außenriffe, 0,3–46 m. Die häufigste große Muräne im Indopazifik. Frißt vorwiegend Fische, gelegentlich Krebse. Häufig ciguatoxisch. Kann ernsthafte Wunden hervorrufen, aber gewöhnlich friedlich und vielfach von Tauchlehrern gezähmt. Angefütterte können versehentlich beißen.
Verbreitung: Rotes Meer bis Frz. Polynes., n. bis Ryuk., s. bis Neukaled., Ostafrika

2 *Gymnothorax meleagris* (Shaw & Nodder) **Perlen-Muräne** 120 cm
Weiße Mundinnenseite. Die Punkte verbinden sich selten zu einem Netzwerk.
Ökologie: korallenreiche Lagunen und Außenriffe, 1->36 m. Ernährt sich vorwiegend von Fischen. Häufig um Hawaii & Mauritius, sonst sporadisches Vorkommen.
Verbreitung: R. Meer bis Marquesas, n. bis s. Japan, s. bis Neukaled., Mozambique

3 *Gymnothorax eurostus* (Abbott) **Gelbflecken-Muräne** 57 cm
Farbe variabel: meistens braun mit hellgelben Punkten und dunklen Flecken.
Ökologie: zwischen Korallen und Geröll von Innenriffen, selten zu sehen. Häufigste Muräne um Hawaii. Bei Mauritius regelmäßig auf tiefen, felsigen Fleckriffen. Frißt Krebse und Fische. Antitropische Verbreitung.
Verbreitung: Ostafrika bis Costa Rica, n. bis s. Japan, s. bis Lord Howe, Natal

4 *Gymnothorax nudivomer* (Playfair) **Gelbmaul-Muräne** 180 cm
Maulinnenseite gelb. Flecken werden im Alter häufiger und kleiner, nach hinten größer und nur vereinzelt. Mucus (Hautschleim) ist giftig!
Ökologie: Außenriffe, um 4 m Tiefe im R. Meer, sonst tiefer: 30–165 m. Zeigt oft Drohverhalten, indem das Maul weit geöffnet wird.
Verbreitung: R. Meer bis Marquesas, n. bis Ryukyus, Hawai, s. bis GBR, Transkei

5 *Gymnothorax flavimarginatus* (Rüppell) **Rußkopf-Muräne** >123 cm
Auge gelb-orange, Schnauze dunkel und Körper fein gelb-braun gefleckt.
Ökologie: Riffdächer, Lagunen und Außenriffe, 1-150 m Tiefe. Frißt Fische und Krebse. Verläßt Versteck bei Anfütterung. Häufigste große Muräne um Hawaii I.
Verbreitung: R. Meer bis Panama, n. bis s. Japan, s. bis Neukaledonien, Transkei

6 *Gymnothorax undulatus* (Lacépède) **Marmor-Muräne** 150 cm
Typische Färbung: Stirn gelbgrün und Körper unregelmäßig hell marmoriert.
Ökologie: zwischen Felsen und Geröll von Lagunen und Außenriffen, 1->26 m. Geht vorwiegend nachts auf Jagd nach Fischen, Tintenfischen und vermutlich Krebsen. Eine „aggressive“ Art, die schnell zubeißen kann.
Verbreitung: Rotes Meer bis Panama, n. bis s. Japan, s. bis s. GBR, Südafrika

7 *Gymnothorax buroensis* (Bleeker) **Gitter-Muräne** 35 cm
Ähnlich wie eine dunkle *G. eurostus* - aber ohne gelbe Flecken.
Ökologie: flache Lagunen und Außenriffe, 1->26 m, bevorzugt Brandungszonen.
Verbreitung: Ostafrika bis Panama, n. bis Ryukyus, Hawaii, s. bis Tuamotus, Natal

8 *Gymnothorax zonipectus* (Seale) **Weißflecken-Muräne** 47 cm
Kopf mit charakteristischen weißen Flecken. Hinterteil dunkel gebändert.
Ökologie: Geröllzonen und Außenriffränder, 0,5->43 m. In Höhlen unterhalb 20 m.
Verbreitung: Ostafrika bis Frz. Polynesien, n. bis Philippinen, s. bis GBR, Natal

9 *Gymnothorax breedeni* (McCosker & Randall) **Bart-Muräne** 75 cm
Typische schwarze Wangenmarkierung.
Ökologie: klare Außenriffe von Ozeaninseln, 4->25 m. Auf den Malediven regelmäßig auf tiefen Riffbänken mit Korallengeröll. Aggressiv - wenig scheu.
Verbreitung: Komoren, Seychellen, Malediven, Line und Marquesa I.

10 *Gymnothorax fuscomaculatus* (Schultz) **Zwerg-Muräne** 20 cm
Hellbraun mit diffusen, dunkelbraunen Flecken am Hinterteil. Anfang der Rückenflosse liegt über dem Afteransatz. Weiße Flecken an den Kieferrändern.
Ökologie: Lagunen, Riffdächer und Riffhänge, 3–25 m. Versteckte Lebensweise.
Verbreitung: Ostafrika, Natal, Chagos I. bis Tuamotus, s. bis GBR, Fiji I.

1

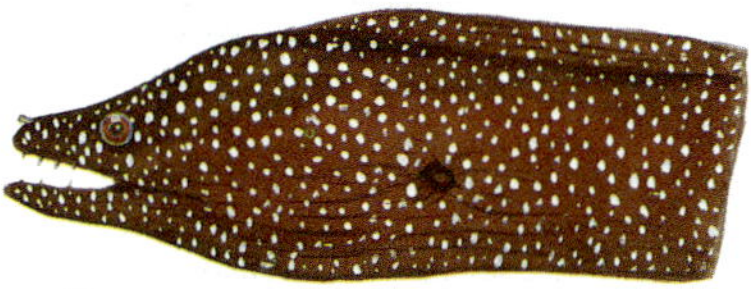
2

3

4

5

6

7

8

9

10

7 MURÄNEN

1 *Gymnothorax favagineus* (Bloch & Schneider) **Große Netzmuräne** 300 cm
Flecken sind augengroß und wabenartig, werden im Alter kleiner und dichter.
Ökologie: Riffdächer und Außenriffhänge kontinentaler Schelfgebiete, 1- > 35 m. Bei den Seychellen oft am Tag in flachen, korallenarmen Riffen.
Verbreitung: Ostafrika bis Neuguinea, s. bis s. GBR, Mozambique, s. R. Meer

2 *Gymnothorax permistus* (Smith) **Kleine Netzmuräne** 66 cm
Kleiner und schlanker als obige Art, mit schwarzen, unregelmäßigen Flecken, die relativ groß sind und bei Jungtieren mehr abgerundet wirken.
Ökologie: kontinentale Schelfgebiete, 1-12 m.
Verbreitung: Ostafrika bis Sri Lanka, s. bis Madagaskar

3 *Gymnothorax isingteena* Masuda **Schwarztupfen-Muräne** 180 cm
Ähnelt obigen Arten, aber die Tupfen sind weit voneinander entfernt und können bei Adulten bogenförmig und auch in Kreisen angeordnet sein.
Ökologie: Außenriffhänge kontinentaler Riffe; häufig in Okinava und sö. China. **Verbreitung:** n. bis s. Japan, s. bis Indonesien und GBR. (Malediven)

4 *Gymnothorax fimbriatus* (Bennett) **Gelbkopf-Muräne** 80 cm
Ökologie: Lagunen, Riffdächer und Riffaußenhänge, bis mindestens 30 m. Frißt Fische und Krebse. Wahrscheinlich nachtaktiv.
Verbreitung: Mauritius bis Frz. Polynesien, n. bis Ryukyus, s. bis nö. Australien

5 *Gymnothorax rueppelliae* (McClelland) **Rüppells Muräne** 80 cm
Ökologie: Riffdächer, Außenlagunen und Außenriffe, bis mindestens 30 m. Ernährt sich von Fischen und Krebsen, vorwiegend nachtaktiv. Oft nervös und aggressiv.
Verbreitung: R. Meer bis Hawaii, Tuamotus, n. bis Ryuk., s. bis GBR. Mozambique

6 *Gymnothorax melatremus* Schultz **Gelbe Muräne** 18 cm
Schmutzig gelb bis gelbbraun mit schwarzer Kiemenöffnung. Kurze konische Zähne
Ökologie: Löcher und Spalten von Außenriffen, bis 26 m. Versteckt lebend. Häufig.
Verbreitung: Ostafrika bis Hawaii, Marquesas, s. bis Austral. I., Mozambique

7 *Gymnothorax enigmaticus* (McCosker & Randall) **Kleine Tiger-Muräne** 58 cm
Dunkle Bänder erreichen alle den Bauch. Kopf nie gelb (s. Rüppells Muräne. Nr. 5).
Ökologie: Tidenriffe mit klarem Wasser, wahrscheinlich auch in anderen Habitaten.
Verbreitung: Golf von Aden bis Tuamotus, n. bis Ryukyus, s. bis Samoa, Natal

8 *Gymnothorax margaritophorus* (Bleeker) **Augenflecken-Muräne** 70 cm
4-5 braune Flecken hinter dem Auge.
Ökologie: Außenriffränder, Tidenriffdächer und Lagunen, 0-20 m. Sehr versteckt.
Verbreitung: Ostafrika bis Tahiti, n. bis Ryukyus, s. bis GBR, Transkei

9 *Gymnothorax steindachneri* Jordan & Evermann **Steindachners Muräne** 65 cm
Ökologie: flache Außenriffe, bis > 30 m. Häufig in Löchern am Fuße von Korallen.
Verbreitung: Hawaii I.

10 *Gymnothorax chilospilos* Bleeker **Lippfleck-Muräne** 50 cm
Ökologie: Flache Stein- und Korallenriffe, 1-45 m.
Verbreitung: Oman bis Franz. Polnesien, n. bis Zentraljapan

11 *Gymnothorax cribrobris* Whitley **Australien-Muräne** 35 cm
Ökologie: Häufig in Gezeitentümpeln, 0-20 m.
Verbreitung: GBR, Westaustralien

12 *Siderea picta* (Ahl) **Pfeffer-Muräne** 120 cm
Schwarze Tupfen, die im Alter kleiner und zahlreicher werden.
Ökologie: Riffdächer und felsige Tidenküsten. Häufig im Flachwasser anzutreffen, bei der Jagd ans Ufer schnellend. Frißt kleine Krebse und Fische. Im Pazifik häufig.
Verbreitung: Südafrika bis Ostpazifik, n. bis Ryukyus, Hawaii, s. bis s. GBR

13 *Siderea grisea* (Lacépède) **Graue Muräne** 65 cm
Ökologie: häufigste Muräne an Saumriffen im Roten Meer, bis mindestens 30 m.
Verbreitung: Rotes Meer, s. bis Südafrika, ö. bis Mauritius

14 *Siderea thyrsoidea* (Bleeker) **Weißaugen-Muräne** 65 cm
Ökologie: häufig auf Riffdächern ozeanischer Inseln. Tang- und Seegrasfelder. Oft in kleinen Gruppen in Felsspalten, 0,5- > 30 m. Häufig.
Verbreitung: Thailand bis Tuamotus, n. bis Ryukyus, s. bis Tonga, GBR

1

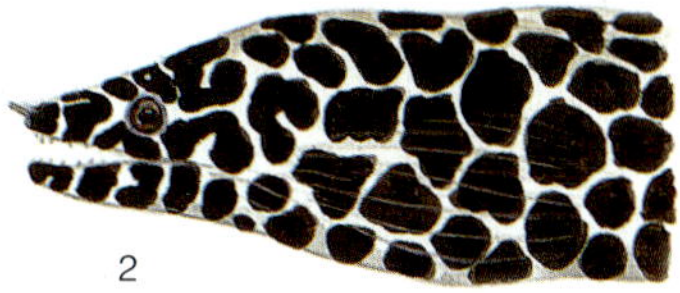
2

3

4

5

6

7

8

9

10

11

12

12 juv

13

14

8 MURÄNEN, MEERAALE, SCHLANGENAALE

1 *Pseudechidna brummeri* (Bleeker) **Weiße Bandmuräne** 103 cm
Körper cremefarben, hohe Rückenflosse mit blauem Saum.
Ökologie: Riffdächer und flache Lagunen, gewöhnlich im Sand oder Schutt vergraben.
Verbreitung: Ostafrika bis Cook I., n. bis Yaeyamas I, s. bis Fiji I.

2 *Uropterygius kamar* McCosker & Randall **Schneeflocken-Muräne** 37 cm
Diese Gattung hat nadelspitze Zähne und nur einen Flossensaum am Schwanzende.
Ökologie: Korallenriffe mit Geröll, 3-55 m
Verbreitung: Ostafrika bis Pitcairn I., n. bis Marshall I.

3 *Uropterygius micropterus* Bleeker **Tiden-Muräne** 28 cm
Ökologie: zwischen Geröll von Tidenriffdächern. Frißt kleine Krebse und Fische.
Verbreitung: Ostafrika bis Samoa, n. bis s. Japan, s. bis GBR, Durban.

4 *Scuticaria tigrinus* (Lesson) **Große Tiger-Muräne** 120 cm
Ökologie: Lagunen und Außenriffe. Äußerst versteckt lebend.
Verbreitung: Ostafrika bis Panama, n. bis Philippinen, Hawaii, s. bis Society I.

Meeraale *(Congridae):* besitzen Brustflossen. Runder Körper. Meistens nachtaktiv. Röhrenaale leben in Kolonien auf Sandböden mit Strömung, wo sie einzeln in Wohnröhren leben, aus denen heraus sie Plankton aufnehmen. Sehr scheu.

5 *Conger cinereus* Rüppell **Bart-Conger** 130 cm
Dunkles Band über der Oberlippe. Nachts breite, dunkle Bänder auf dem Körper.
Ökologie: Riffdächer, Lagunen und Außenriffe, bis mindestens 80 m. Nachtaktiv.
Verbreitung: Rotes Meer bis Hawaii, Oster I., n. bis s. Japan, s. bis GBR

6 *Heteroconger hassi* Klausewitz & Eibl-Eibesfeldt **Ohrfleck-Röhrenaal** 40 cm
Ökologie: gewöhnlich in Kolonien (mehr als 100 Ex.) auf geschützten, sandigen Hängen; häufig der Strömung ausgesetzt, 7-45 m.
Verbreitung: Rotes Meer bis Line I., n. bis Ryukyus, s. bis Neukaled., Mauritius

6.1 *Heteroconger perissodon* Böhlke & Randall **Schwarzer Röhrenaal** 60 cm
Ökologie: in Kolonien auf sandigen Flächen von Korallenriffen, 1-35 m.
Verbreitung: Philippinen, Indonesien

7 *Gorgasia maculata* Klausewitz **Perlen-Röhrenaal** 37 cm
Ökologie: Sandgebiete nahe an Fleckriffen oder Dropoffs, 10- > 90 m.
Verbreitung: Chagos bis Cocos I., n. bis Andaman Sea

8 *Gorgasia preclara* Böhlke & Randall **Pracht-Röhrenaal** 38 cm
Ökologie: in Kolonien auf Sandhängen mit Strömung; einzeln in Wohnröhren, > 30 m.
Verbreitung: Malediven, Philippinen, Ryukyus und Marianen

Schlangenaale *(Ophichthidae):* meistens mit spitzer Schnauze. Oft im Sand vergraben. Keine Schuppen. Gutes Geruchsorgan, womit sie Fische und Krebse wahrnehmen. Häufig, aber selten zu sehen.

9 *Myrichthys colubrinus* (Boddaert) **Ringel-Schlangenaal** 88 cm
Ökologie: flache Sandgebiete, häufig auf Riffdächern. Nachtaktiv.
Verbreitung: R. Meer bis Society I., n. bis Ryukyus, s. bis Queensland, Südafrika

10 *Leiuranus semicinctus* (Lay & Bennett) **Sattel-Schlangenaal** 66 cm
Ökologie: flache Sandgebiete. Frißt kleine Fische und Krebse.
Verbreitung: Ostafrika bis Marquesas, n. bis Ryukyus, s. bis NSW, Südafrika

11 *Ophichthus cephalozona* (Bleeker) **Schulterfleck-Schlangenaal** 100 cm
Ökologie: Schlick- und Sandgebiete in Riffnähe.
Verbreitung: Indonesien bis Society I., s. bis GBR

12 *Myrichthys maculosus* (Cuvier) **Gefleckter Schlangenaal** 100 cm
Ökologie: s. Nr. 9. Wird nachts in großen Gruppen durch Licht angelockt.
Verbreitung: Rotes Meer bis Tahiti, Hawaii, n. bis s. Japan, s. bis L. Howe, Transkei

13 *Brachysomophis crocodilinus* (Bennett) **Krokodil-Schlangenaal** 120 cm
Ökologie: Im Sand eingegraben, nur die Augen ragen heraus, 0,3- > 12 m.
Verbreitung: Mauritius bis Tahiti (mehrere ähnliche Arten im Indopazifik)

14 *Callechelys marmorata* (Bleeker) **Marmor-Schlangenaal** 57 cm
Ökologie: auf Sandflächen flacher Korallenriffe, 5-30 m.
Verbreitung: Rotes Meer bis Society I., n. bis Mikronesien, s. bis Lord Howe

15 *Callechelys catostomus* Böhlke & Randall **Trauer-Schlangenaal** 60 cm
Ökologie: Sandflächen in Lagunen oder an Außenriffen, 10-20 m.
Verbreitung: Indonesien bis Französisch Polynesien, n. bis Japan, s. bis GBR

1
2
3
4
5
6
6.1
7
8
9
10
11
12
13
14
15

9 KORALLENWELSE, BROTULAS, EINGEWEIDEFISCHE, SCHILDBÄUCHE, EIDECHSENFISCHE, KRÖTENFISCHE

Korallenwelse *(Plotosidae):* vier Maulbarteln. Jungtiere in dichten rollenden „Kugeln". Giftstacheln vor der Brust- und 1. Rückenflosse. Ca. 40 Arten im Salzwasser.

1 *Plotosus lineatus* (Thunberg) **Gestreifter Korallenwels** 32 cm
Ökologie: Küstenriffe. Juvenile auf Seegras oder Korallenriffen, 1- > 35 m.
Verbreitung: Rotes Meer bis Samoa, n. bis s. Korea, s. bis Lord Howe, Natal

2 *Paraplotosus albilabrus* (Valenciennes) **Brauner Korallenwels** 40 (134) cm
Ökologie: auf Sandgrund; häufig einzeln unter Überhängen oder an Korallenköpfen.
Verbreitung: Indonesien bis n. Australien

Brotulas *(Ophidiidae):* weltweit in flachen und tiefen Gewässern. Versteckt lebend.

3 *Brotula multibarbata* Temminck & Schlegel **Brotula** 43 cm
Ökologie: Lagunen und Außenriffe, 0-220 m. Nachts Fische und Krebse jagend. **Verbreitung:** Christmas I. bis Frz. Polynesien, n. bis s. Japan, s. bis Lord Howe

Eingeweidefische *(Carapodidae):* oft Schmarotzerfische, die in Seegurken, Seescheiden und Muscheln leben. Verlassen durch die Kloakenöffnung die Seegurke.

4 *Encheliophis homei* (Richardson) **Silberner Eingeweidefisch** 14 cm
Ökologie: Lagunen und Außenriffe. 0-30 m. Leben im Darm von großen Seegurken **Verbreitung:** Rotes Meer bis Society I., n. bis Ruykyus, s. bis Queensland

Schildbäuche *(Gobiesocidae):* kleine Fische mit Saugscheibe.

5 *Diademichthys lineatus* (Sauvage) **Seeigel-Schildbauch** 5 cm
Ökologie: zwischen Seeigelstacheln oder Astkorallen geschützter Riffe.
Verbreitung: Oman bis Neuguinea, n. bis Ryukyus, s. bis Neukaledonien

6 *Discotrema crinophila* Briggs **Haarstern-Schildbauch** 3 cm
Ökologie: zwischen Armen von Haarsternen, 8-20 m. Ändert Farbe mit dem Wirt.
Verbreitung: Christmas I. bis Fiji, n. bis Ryukyus, s. bis GBR

6.1 *Discotrema lineatum* (Briggs) **Zweistreifen-Schildbauch**
Ökologie: auf Haarsternen: *Capillaster multiradiata* und *Lamprometra klunzingeri.*
Verbreitung: Rotes Meer, Arabischer Golf bis Westpazifik

Eidechsenfische *(Synodontidae):* liegen regungslos auf Bauchflossen gestützt und lauern auf Beute. Oft eingegraben im Sand. Fangen blitzschnell Fische oder Garnelen.

7 *Synodus variegatus* Lacépède **Riff-Eidechsenfisch** 28 cm
Farbe variabel: oft ein braungeflecktes Seitenband. Ähnlich: *S. ulae* (Westpazifik).
Ökologie: Lagunen und Außenriffe, auf Felsen oder Korallen, 5-40 m. Oft paarweise.
Verbreitung: Rotes Meer bis Polynesien, n. bis Ryukyus, s. bis L. Howe, Durban

8 *Synodus binotatus* Schultz **Zweifleck-Eidechsenfisch** 17 cm
Zwei schwarze Punkte auf der Schnauzenspitze.
Ökologie: auf hartem Untergrund von Außenriffen; 1-30 m, meistens > 10 m.
Verbreitung: Golf v. Aden bis Polynesien, n. bis Taiwan, s. bis GBR, Südafrika

9 *Synodus jaculum* Waples **Schwanzfleck-Eidechsenfisch** 20 cm
Ökologie: Auf Sandböden geschützter Riffe, 2-88 m. Machen längere Jagdzüge.
Verbreitung: Ostafrika bis Frz. Polynesien, n. bis Izu I., s. bis Natal, NSW

10 *Synodus dermatogenys* Fowler **Sand-Eidechsenfisch** 23 cm
Ökologie: flache Sand- und Geröllzonen in Riffnähe, 1-20 m.
Verbreitung: R. Meer bis Hawaii, Frz. Polynesien, n. bis Ryuk., s. bis Lord Howe

11 *Synodus indicus* Day **Indischer Eidechsenfisch** 33 cm
Ökologie: Sandgebiete nahe an Riffen, 20-100 m. In Natal häufig.
Verbreitung: Rotes Meer, Ostafrika bis Indonesien, n. bis Philippinen, s. bis Natal

12 *Saurida gracilis* Quoy & Gaimard **Marmorierter Eidechsenfisch** 32 cm
Typische dunkle Flecken auf dem hinteren Teil. Zähne außerhalb des Mundes!
Ökologie: häufig auf Sand und Geröll nahe an Felsen oder Korallen, 0-135 m.
Verbreitung: R. Meer bis Hawaii, Frz. Polynes., n. bis Ryukyus, s. bis GBR, Natal

13 *Saurida flamma* Walpes **Hawaii-Eidechsenfisch** 29 cm
Ökologie: auf Sand oder Felsen von Außenriffen, 5- > 12 m.
Verbreitung: Hawaii

Krötenfische *(Batrachoididae):* versteckt lebend. Stacheln vermutlich giftig.

14 *Halophryne diemensis* (Lesueur) **Gebänderter Krötenfisch** 26 cm
Ökologie: Küstenriffe und zwischen Mangroven. Erzeugt bei Erregung „Krötenlaute".
Verbreitung: Burma bis Neuguinea, s. bis GBR

15 *Bifax lacinia* Greenfield, Randall & Mee **Janus-Krötenfisch** 33 cm
Ökologie: in Spalten an steilen Felsriffen, 5-10 m. Produziert ein Hautgift.
Verbreitung: Oman

1
2
3
4
5
6
6.1
7
8
9
10
11
12
13
14
15

10 TARPUNE, FRAUENFISCHE, MILCHFISCHE, HERINGE, HORNHECHTE, HALBSCHNABELHECHTE

Tarpune *(Megalopidae):* silbrig mit großem Kopf und großem Maul. Sportfisch.

1 *Megalops cyprinoides* (Broussonet) **Indopazifik-Tarpun** 90 cm
Ökologie: Innenbuchten, Flußmündungen und zwischen Mangroven, im Süßwasser sowie Salzwasser. Toleriert sauerstoffarmes Wasser, indem Luft in eine lungenähnliche Luftblase eingeatmet wird. Fehlt auf Atollinseln.
Verbreitung: Rotes Meer bis Society I., n. bis s. Korea, s. bis Lord Howe, Natal

Frauenfische *(Albulidae):* große, silbrige Fische. Gabelschwanz. Sportfische.

2 *Albula glossodonta* (Forsskål) **Indopazifik-Frauenfisch** 90 cm
Ökologie: Küstenbuchten und Lagunen, auf Sand oder Schlickflächen und zwischen Mangroven. Toleriert sauerstoffarmes Wasser. Durchwühlt Sand nach Wirbellosen. Wandert zum Ablaichen (in Mondzyklen) zu Einmündungen von Riffkanälen.
Verbreitung: Rotes Meer bis Polynes., n. bis s. Japan, s. bis Lord Howe, Südafrika

Milchfische *(Chanidae):* silbrige Fische mit Gabelschwanz und kleinem Mund. Wichtige Speisefische in Südostasien, wo sie aus Wildfängen gezüchtet werden.

3 *Chanos chanos* (Forsskål) **Milchfisch** 180 cm
Ökologie: Küstenbuchten, Flußdeltas und Außenriffe, Süß- und Salzwasser. Laicht in Mondzyklen an Riffrändern ab. Frißt benthische Algen und Wirbellose.
Verbreitung: R. Meer bis Polynes., n. bis s. Japan, s. bis Neukaledonien; Westatlantik

Heringe, Sprotten *(Clupeidae)*: silbrige, kleine Fische mit Gabelschwanz.

4 *Spratelloides delicatulus* (Bennett) **Blaue Sprotte** 6 cm
Ökologie: in großen Schulen in klaren Küstengewässern. Planktonfresser.
Verbreitung: R. Meer bis Society I., n. bis Ryukyus, s. bis Neukaledonien, Südafrika

5 *Herklotsichthys quadrimaculatus* (Rüppell) **Goldfleck-Hering** 15 cm
Ökologie: in Schulen zwischen Mangroven und in trüben Küstenbuchten. Schwimmt zur Nahrungssuche nachts in tieferes Wasser.
Verbreitung: Rotes Meer bis Samoa, n. bis s. Japan, s. bis Neukaledonien, Kap-Provinz

Ährenfische *(Atherinidae):* kleine, silbrige Schwarmfische, Planktonfresser. Wenige auf Riffen.

6 *Atherinomorus lacunosus* (Schneider) **Hartkopf-Ährenfisch** 12 cm
Ökologie: in Schwärmen entlang sandiger Küsten und Riffränder mit klarem Wasser.
Verbreitung: Rotes Meer bis Hawaii, Samoa, n. bis s. Japan, s. bis Neukaledonien

Hornhechte *(Belonidae):* länglich mit nadelähnlichen Zähnen. In Oberflächennähe.

7 *Strongylura incisa* (Valenciennes) **Riff-Hornhecht** 100 cm
Ökologie: Oberflächenwasser von Lagunen und Außenriffen.
Verbreitung: ö. Indischer Ozean bis Mangareva I., n. bis Ryukyus, s. bis s. GBR

Halbschnabelhechte *(Hemirhamphidae):* länglich mit nadelähnlichem Unterkiefer.

8 *Hemirhamphus archipelagicus* Collin & Parin **Archipel-Halbschnabelhecht** 25 cm
Diese Gattung hat eine schuppenlose Schnauze. Ohne besondere Farbmarkierungen.
Ökologie:oberflächennahe Schulen in Lagunen und an geschützten Außenriffen.
Verbreitung: Ostafrika bis Samoa, n. bis Philippinen, s. bis Tonga

9 *Hemirhamphus far* (Forsskål) **Gefleckter Halbschnabelhecht** 40 cm
Ökologie: in kleinen Gruppen an Küsten von Berginseln und kontinentalen Küsten.
Verbreitung: Rotes Meer bis Samoa, n. bis Ryukyus, s. bis Neukaled., Kap-Provinz

10 *Hyporhampus acutus acutus* (Günther) **Pazifik-Halbschnabelhecht** 25 cm
2 Schuppen zwischen Auge und Oberkieferkiel. Ähnlich: *H. gambarur* (R. Meer).
Ökologie: oberflächennahe Schulen in Lagunen und an Außenriffen.
Verbreitung: pazifische Ozeaninseln; ssp: H. a. pacificus (Hawaii I.)

11 *Hyporhampus affinis* (Günther) **Roter Halbschnabelhecht** 26 cm
Zwei Schuppen auf der Stirn zwischen den Augen.
Ökologie: Lagunen und Außenriffe von Ozeaninseln. In Schulen oberflächennah.
Verbreitung: Ostafrika bis Polynesien, n. bis Ryukus, s. bis Austral I., Natal

12 *Hyporhampus dussumieri* (Valenc.) **Dussumiers Halbschnabelhecht** 25 cm
Hat eine einzige große Schuppe auf dem Kopf zwischen den Augen.
Ökologie: in Lagunen und an Außenriffen. In Schulen oberflächennah.
Verbreitung: Ostafrika bis Tuamotus, n. bis Ryukyus, s. bis Austral I.

1

2

3

4

5

6

7

8

9

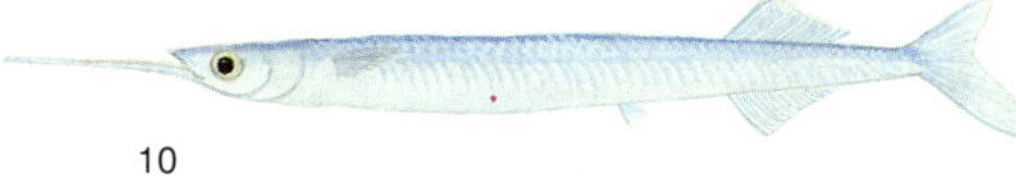
10

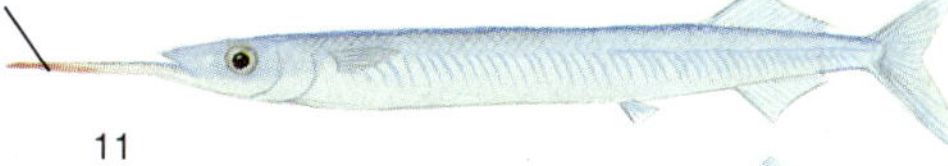
11

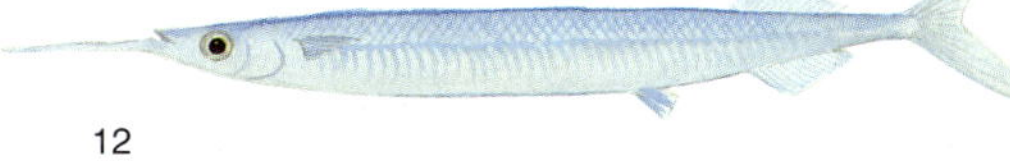
12

11 ANGLERFISCHE

Anglerfische *(Antennariidae):* hochrückiger Körper. Brustflossen mit kräftigen, muskulösen „Ellenbogen", die zum Gehen dienen. Drei Stachelstrahlen, wobei der erste zu einer „Angelrute" (*illicium*) mit einem „Köder" (*esca*) umgebildet ist, um damit Nahrung anzulocken. Verschlingen Nahrung bis zur eigenen Körpergröße, die sie in 6 Millisekunden „einsaugen". Können sich langsam farblich dem Untergrund anpassen. Bewegen sich durch „Rückstoßprinzip" vorwärts, indem Wasser aus den Kiemenöffnungen unter den Brustflossen gepreßt wird. Sie laichen schwimmende Gelatineballen ab (alle 3–4 Tage). Aquarium: robust, brauchen aber Lebendfutter.

1 *Antennarius commersoni* (Latreille) **Riesen-Anglerfisch** 27 cm
Farbe: braun, orange, gelb, grün oder schwarz. Rute länger als 2. Stachelstrahl.
Ökologie: Lagunen und Außenriffe, 1–>30 m. Versteckte Lebensweise.
Verbreitung: Rotes Meer bis Panama, n. bis s. Japan, s. bis L. Howe, Tahiti, Natal

2 *Antennarius striatus* Shaw & Nodder **Gestreifter Anglerfisch** 16 cm
Farbe variabel: gelb, braun, orange, grau und grün mit schwarzen Streifen. Rute etwa so lang wie 2. Stachelstrahl. Köder mit 2–7 wurmähnlichen Anhängseln.
Ökologie: Fels- und Korallenriffe; 1–220 m, meistens tiefer als 30 m.
Verbreitung: Rotes Meer bis Polynesien, n. bis s. Japan, s. bis Neuseeland

3 *Antennarius pictus* (Shaw & Nodder) **Rundflecken-Anglerfisch** 24 cm
Farbe: von gelb bis schwarz – mit dunklen, hellumrandeten Flecken. Ähnelt *A. maculatus.* Anglerrute doppelt so lang wie 2. Stachelstrahl. Einige Warzen.
Ökologie: flache und geschützte Riffe, bevorzugt Lagunen.
Verbreitung: Ostafrika bis Hawaii, Tahiti, n. bis s. Japan, s. bis GBR, Durban

4 *Antennarius hispidus* (Bloch & Schneider) **Hispid-Anglerfisch** 18 cm
Grundfarbe: gelb, braun, schwarz mit länglichen Flecken, die am Auge strahlenförmig verlaufen. Bauch meistens ohne Markierungen. Köder mit Filamenten.
Ökologie: flache Fels- und Korallenriffe, bis 90 m. Fehlt an Ozeaninseln.
Verbreitung: Südafrika bis Fiji, n. bis Taiwan, s. bis GBR.

5 *Antennarius coccineus* (Lesson) **Sommersprossen-Anglerfisch** 12 cm
Grau, gelb, rot, braun mit dunklem Fleck auf dem Rücken. Fünf Schwanzbinden. Rute etwa so lang wie 2. Stachelstrahl. Kurzer Schwanzansatz!
Ökologie: Tidendächer, Lagunen und Außenriffe; 0–75 m, besonders oberhalb 10 m.
Verbreitung: Rotes Meer bis Panama, n. bis Ryukyus, s. bis Lord Howe, Natal

6 *Antennarius nummifer* (Cuvier) **Rückenfleck-Anglerfisch** 10 cm
Grundfarbe: gelb, pink, braun, rot oder schwarz mit großem Rückenfleck. Rute so lang wie 2. Stachelstrahl und Köder mit Filamenten. Körper oft mit Hautfransen.
Ökologie: Lagunen und Außenriffe, 0–25 m. Schlamm- und Seegraszonen.
Verbreitung: R. Meer bis Mittelamerika, n. bis Ryuk., s. bis L. Howe, Mozambique

7 *Antennarius indicus* Schultz **Indischer Anglerfisch** 23 cm
2–3 dunkle seitliche Flecken. Flossen kräftig gebändert. Köderspitze blattartig, Rute ungefähr so lang wie 2. Stachelstrahl.
Ökologie: Korallenriffe bis mindestens 25 m. Sporadisches Vorkommen.
Verbreitung: Ostafrika, Golf v. Aden bis Indien, s. bis Seychellen, n. bis Oman

8 *Antennarius maculatus* (Desjardins) **Warzen-Anglerfisch** 9 cm
Rute lang. Warzenhaut. Farbe variabel: gelb, braun oder schwarz mit Flecken.
Ökologie: flache, geschützte Riffe; 0–11 m.
Verbreitung: Mauritius bis Salomon I., n. bis Ryukyus, s. bis GBR

9 *Antennarius dorehensis* Bleeker **Zwerg-Anglerfisch** 5 cm
Kurze Rute. Farbe variabel: grau bis hellgelb oder schwarz mit weißen Flecken.
Ökologie: sandige Riffdächer, 0–2,5 m.
Verbreitung: R. Meer bis Panama, n. bis Ryuk., s. bis Oster I., Lord Howe, s. Afrika

10 *Antennarius tuberosus* (Cuvier) **Tuberkel-Anglerfisch** 7 cm
Rute doppelt so lang wie 2. Stachelstrahl und ohne Köder. Schwarze Schwanzbinde.
Ökologie: Korallenriffe; 0–73 m, meistens über 6 m. Wenig bekannt.
Verbreitung: Ostafrika bis Polynesien, n. bis Philippinen, s. bis Samoa, Natal

11 *Histrio histrio* (Linnaeus) **Sargasso-Anglerfisch** 14 cm
Ökologie: Oberflächenwasser, zwischen driftendem *Sargassum* Tang. (s. Taf. 145-7)
Verbreitung: zirkumtropisch (fehlt im Ostpazifik)

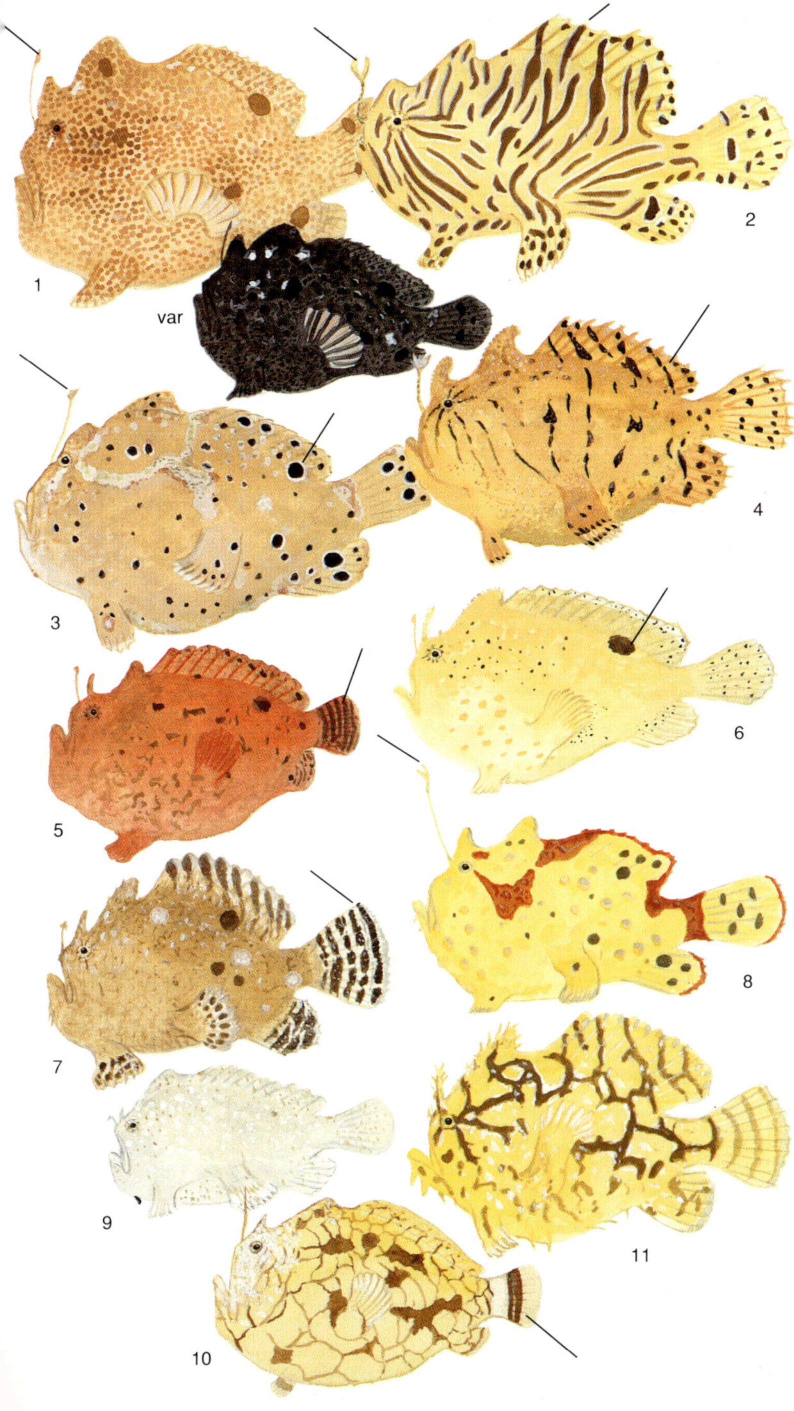
1
2
var
3
4
5
6
7
8
9
10
11

12 SOLDATENFISCHE

Soldaten- und Husarenfische *(Holocentridae):* mittelgroße Fische mit kräftigen Stachelstrahlen und großen Schuppen. Große Augen. Vorwiegend rötlich gefärbt. Speisefische.

Unterfamilie **Soldatenfische** *(Myripristinae):* ohne Vorkiemendeckelstachel. Große Schuppen, kurze Schnauze und übergroße Augen. Nachtaktiv. *Myripristis* Arten schwimmen nachts deutlich über dem Boden und ernähren sich von großem Zooplankton. Am Tag schweben sie in Gruppen in oder nahe an Höhlen und Korallenformationen. Aquarium: nicht haltbar, fressen nur im Freiwasser.

1 *Myripristis adusta* Bleeker **Schwarzbinden-Soldatenfisch** 32 cm
Ökologie: Riff- und Kanalhänge mit reichem Korallenbewuchs, 1->25 m. Einzeln oder in kleinen Gruppen, manchmal mit anderen Arten vergesellschaftet.
Verbreitung: Ostafrika bis Tuamotus, n. bis Ryukyus, s. bis Neukaledonien, Natal

2 *Myripristis amaena* (Castelnau) **Roter Soldatenfisch** 25 cm
Einfarbig rote Flossenränder ohne weiße oder dunkle Markierungen.
Ökologie: Riffdächer und Riffhänge, 1-52 m. Am Tag in großen Schwärmen in Höhlen.
Verbreitung: Philippinen bis Hawaii, Ducie I., n. bis Ryukyus, s. GBR

3 *Myripristis berndti* Jordan & Evermann **Großschuppen-Soldatenfisch** 30 cm
Große Schuppen (LL 28-31). Körper pinkfarben. 1. Rückenflosse gelblich.
Ökologie: Tidenriffdächer, Riffkanäle und flache Riffhänge bis 50 m. Am Tag in losen Schwärmen in oder nahe an Verstecken. Oft in Brandungszonen.
Verbreitung: Ostafrika bis Panama, n. bis Ryukyus, s. bis Neukaledonien, Natal

4 *Myripristis chryseres* Jordan & Evermann **Gelbflossen-Soldatenfisch** 25 cm
Vertikale Flossen fast gänzlich gelb. Kiemenbinde dunkel.
Ökologie: tiefe Außenriffe; gewöhnlich zwischen 30-235 m, selten in 12 m.
Verbreitung: Ostafrika bis Hawaii, Samoa, n. bis s. Japan, s. bis GBR, Natal

5 *Myripristis hexagona* (Lacépède) **Doppelzahn-Soldatenfisch** 20 cm
Zwei Paar äußere Zahnlappen an der Unterkieferspitze. Große Schuppen (LL 25-28).
Ökologie: geschützte Außenriffhänge, in kleinen Gruppen in Höhlen. Oft vergesellschaftet mit anderen Soldatenfischen.
Verbreitung: Ostafrika bis Samoa, n. bis Ryukyus, s. bis GBR, Mozambique

6 *Myripristis kuntee* Cuvier **Perlen-Soldatenfisch** 19 cm
Kiemenbinde reicht bis zur Brustflosse. Grundfarbe perlig glänzend. (LL 37-44).
Ökologie: Tidenriffdächer, Hänge bis >30 m. In losen Schwärmen in Versteckпähe.
Verbreitung: Ostafrika bis Tuamotus, n. bis s. Japan, s. bis Lord Howe, Natal

7 *Myripristis melanosticta* (Forsskål) **Rotstirn-Soldatenfisch** 30 cm
Rote Stirn. Charakteristische schwarze Flossenspitzen. Schwarze Kiemenbinde.
Ökologie: auf toten Riffgebieten, < 30-64 m, manchmal flacher. Selten.
Verbreitung: Ostafrika bis Neukaledonien, n. bis Ryukyus, s. bis s. GBR, Natal

8 *Myripristis murdjan* (Forsskål) **Weißsaum-Soldatenfisch** 27 cm
Pinkfarben. 1. Rückenflosse: Spitzen rot und basal weißlich. Große Schuppen.
Ökologie: Tidenriffdächer, Hänge bis < 37 m. Tags in losen Gruppen in Verstecken.
Verbreitung: Rotes Meer bis Samoa, n. bis Ryukyus, s. bis s. GBR, Natal

9 *Myripristis pralinia* Cuvier **Scharlach-Soldatenfisch** 20 cm
Kiemenbinde sehr kurz. Ähnlich: M. *murdjan* (s. Nr. 8). Weiße Flossensäume.
Ökologie: Tidenriffdächer, Lagunen und Riffhänge, bis 40 m. In losen Schwärmen.
Verbreitung: Ostafrika bis Marquesas, n. bis Ryukyus, s. bis Neukaledonien, Natal

10 *Myripristis violacea* Bleeker **Violetter Soldatenfisch** 20 cm
Blau-violette Grundfarbe. Kiemenbinde dunkelrot. Flossenspitzen orangefarben.
Ökologie: Lagunen und Außenriffe, 4-25 m. Gewöhnlich an korallenreichen Riffen.
Verbreitung: Ostafrika bis Tuamotus, n. bis Ryukyus, s. bis Neukaledonien, Natal

11 *Myripristis vittata* Cuvier **Teufels-Soldatenfisch** 20 cm
Ökologie: steile, küstenferne Außenriffhänge; 15->80 m. In großen Schwärmen am Tag in oder nahe an Höhlen. Scheu.
Verbreitung: Ostafrika bis Marquesas, n. bis s. Japan, s. bis Neukaled., Mauritius

12 *Myripristis sp.* **Rosa-Soldatenfisch** 25 cm
Ökologie: korallenreiche Gebiete, 12-30 m. Nicht selten.
Verbreitung: Thailand bis ö. Indonesien

1
2
3
4
5
6
7
8
9
10
11
12

13 SOLDATENFISCHE, HUSARENFISCHE

1 *Myripristis woodsi* Schultz **Weißfleck-Soldatenfisch** 25 cm
Charakteristischer weißer Fleck an der Basis der Brustflosse. (LL Schuppen 30–34).
Ökologie: Riffdächer und obere Bereiche von Lagunen und Außenriffen.
Verbreitung: Karolinen bis Line I., n. bis Bonin I., s. bis Frz. Polynesien

2 *Myripristis xanthacrus* Randall & Guezé **Gelbspitzen-Soldatenfisch** 20 cm
Spitzen von After-, Rücken- und Schwanzflosse sind gelb. (LL Schuppen 26–29).
Ökologie: Riffdächer und Riffhänge, bis mindestens 18 m.
Verbreitung: mittlerer und südlicher Teil des Roten Meeres, Golf v. Aden, Oman
Weitere Arten: *M. randalli, M. tiki* und *M. seychellensis* (endemisch).

3 *Plectrypops lima* (Valenciennes) **Kardinal-Soldatenfisch** 16 cm
Ökologie: Riffdächer und Riffhänge, bis 25 m. Am Tag in tiefen Spalten, bleibt nahe am Boden, um nachts kleine Krebstiere zu fressen. Selten zu sehen.
Verbreitung: Ostafrika bis Hawaii, Oster I., n. bis s. Japan, n. bis Lord Howe, Natal

Unterfamilie **Husarenfische** *(Holocentrinae):* großer Vorkiemendeckelstachel. Alle Arten sind vorwiegend nachtaktiv. Sie durchstreifen das Riff in Bodennähe, um nach Wirbellosen und kleinen Fischen zu suchen. Am Tag schweben sie einzeln oder in Schwärmen nahe an oder zwischen Korallen oder Felsen.

4 *Neoniphon argenteus* (Valenciennes) **Silber-Husar** 22 cm
Ökologie: Riffdächer und geschützte Riffe, 1–>20 m. Zwischen großen Astkorallen, oft mit *N. sammara* vergesellschaftet. Vorwiegend an Ozeaninseln. Nicht häufig.
Verbreitung: Ostafrika bis Marquesas, n. bis Ryukyus, s. bis Tuamotus, Mozambique

5 *Neoniphon aurolineatus* (Liénard) **Gelbstreifen-Husar** 25 cm
Gelbe Streifen. Ähnlich: *Sargocentron ensiferum* (s. China bis Hawaii, Pitcairn I.), der rote Rückenflossen besitzt.
Ökologie: tiefe Außenriffhänge, 30–160 m. Bevorzugt Felsriffe von Inseln.
Verbreitung: Komoren bis Hawaii, n. bis Ryukyus, s. bis GBR, Mauritius

6 *Neoniphon opercularis* (Valenciennes) **Schwarzflossen-Husar** 35 cm
Schwarzweiße 1. Rückenflosse.
Ökologie: Riffdächer, Lagunen und Außenriffe, 1–>20 m. Lebt einzeln oder in kleinen Gruppen in Gebieten mit reichem Korallenbewuchs. Scheu, versteckt lebend.
Verbreitung: Ostafrika bis Tuamotus, n. bis Ryukyus, s. bis Neukaled., Mozambique

7 *Neoniphon sammara* (Forsskål) **Blutfleck-Husar** 32 cm
Schwarzrote Flecken in der 1. Rückenflosse.
Ökologie: Riffdächer, Lagunen und geschützte Außenriffe, 1–46 m. Oft zwischen *Acropora* Astkorallen. Lebt vorwiegend von Krebsen. Häufig.
Verbreitung: Rotes Meer bis Ducie I., n. bis s. Japan, Hawaii, s. bis Lord Howe, Durban

8 *Sargocentron caudimaculatum* (Rüppell) **Silberfleck-Husar** 25 cm
Hinterer Körperteil silbrig mit einem weißen Fleck auf der Schwanzwurzel.
Ökologie: Außenriffhänge und Dropoffs mit reichem Korallenbewuchs, 6–>40 m. Einzeln oder in Gruppen, in der Nähe von Verstecken. In vielen Gebieten häufig.
Verbreitung: Rotes Meer bis Frz. Polynesien, n. bis s. Japan, s. bis GBR, Transkei

9 *Sargocentron cornutum* (Rüppell) **Dreiflecken-Husar** 17 cm
Charakteristische schwarze Flecken an der Basis der unpaarigen Flossen.
Ökologie: Außenriffhänge und Steilhänge mit reichem Korallenbewuchs, 6–>40 m.
Verbreitung: Indonesien bis Salomon I., n. bis Philippinen, s. bis GBR

10 *Sargocentron spiniferum* (Forsskål) **Großdorn-Husar** 45 cm
Hochrückig. Sehr langer Kiemendeckelstachel. Größte Husarenfischart.
Ökologie: Riffdächer, Lagunen und Außenriffhänge, bis 122 m. Am Tag einzeln unter Vorsprüngen oder in Höhlen. Frißt vorwiegend Krebse. Wenig scheu. Häufig.
Verbreitung: Rotes Meer bis Hawaii, Ducie I., n. bis s. Japan, s. bis NSW, Natal

11 *Sargocentron diadema* (Lacépède) **Diadem-Husar** 17 cm
Rückenflosse ist dunkelrot mit weißem Mittelband. Schmale weiße Körperstreifen.
Ökologie: Tidenriffdächer und Riffhänge mit reichem Korallenbewuchs, 1–>30 m. Tags unter Überhängen oder in Höhlen. Häufig.
Verbreitung: Rotes Meer bis Hawaii, Tuamotus, n. bis Ryukyus, s. bis L. Howe, Natal

1
2
3
4
5
6
7
8
9
10
11

14 HUSARENFISCHE

1 *Sargocentron ittodai* (Jordan & Fowler) **Samurai-Husar** 20 cm
1. Rückenflosse mit weißem Mittelband. Kein Achselfleck.
Ökologie: Außenriffhänge; 5–70 m, gewöhnlich unterhalb 16 m. In Südjapan häufig.
Verbreitung: Rotes Meer bis Marquesas, n. bis s. Japan, s. bis GBR, Natal

2 *Sargocentron inaequalis* Randall & Heemstra **Kleiner Husar** 10 cm
2. Rücken-, After- und Schwanzflossen sind klein und rund. Ähnlich: *S. lepros* (Christmas I. und GBR) und eine unbeschriebene Art aus dem Westpazifik.
Ökologie: Lagunenriffe, unter 6 m. Sehr versteckt, bisher nur mit Fischgiften gefangen.
Verbreitung: Komoren, Chagos und Seychellen

3 *Sargocentron melanospilos* (Bleeker) **Schwarzflecken-Husar** 25 cm
Gelblich mit drei schwarzen Flecken. Ähnlich: *S. marisrubri* (Rotes Meer)
Ökologie: in kleinen Gruppen in Fels- und Korallenriffen, 10–22 m. Oft zwischen Korallenästen. Sporadisches Vorkommen. Bei den Seychellen häufig.
Verbreitung: Ostafrika bis Samoa, n. bis Ryukyus, s. bis Neukaledonien, Südafrika

4 *Sargocentron microstoma* (Günther) **Feinstreifen-Husar** 20 cm
Weiße Rückenlinien. Kiemendeckel orange gefärbt. 1. Rückenflosse ist rot-weiß.
Ökologie: Riffdächer, Lagunen und Außenriffe, 1–183 m. Häufige Flachwasserart.
Verbreitung: Chagos, Malediven bis Polynesien, n. bis Ryukyus, s. bis GBR, Austral I.

5 *Sargocentron praslin* (Lacépède) **Dunkelstreifen-Husar** 24 cm
Ähnlich: *S. rubrum* und *S. seychellense*, aber Grundfarbe ist dunkler.
Ökologie: Riffdächer und geschützte flache Riffe, insbesondere in Lagunen mit abgestorbenen Korallen. Am Tag sehr versteckt lebend.
Verbreitung: Südafrika bis Samoa, n. bis s. Japan, s. bis GBR, Durban

6 *Sargocentron punctatissimum* (Cuvier) **Tüpfel-Husar** 20 cm
Körperende weißlich mit einem weißen Fleck auf der Schwanzwurzel.
Ökologie: exponierte Felsküsten und Riffränder; in Spalten und Höhlen der Brandungszone. Selten tiefer als 30 m. Relativ häufig. Am Tag sehr versteckt lebend.
Verbreitung: Rotes Meer bis Oster I., n. bis s. Japan, Hawaii, s. bis GBR, Natal

7 *Sargocentron rubrum* (Forsskål) **Rotstreifen-Husar** 27 cm
2. Rückenflosse rot mit weißem Streifen; 3./4. und 5./6. Streifen laufen zusammen.
Ökologie: zwischen Felsen und Korallen von Küstenriffen; fehlt an Ozeaninseln.
Verbreitung: Rotes Meer bis Neukaledonien, n. bis Japan, s. bis s. GBR, Ostafrika

8 *Sargocentron seychellense* (Smith & Smith) **Seychellen-Husar** 27 cm
Wirkt unter Wasser gelblich. Spitzen der 1. Rückenflossen orange.
Ökologie: Fels- und Korallenriffe in flachen, klaren Gewässern, 1–10 m. Besonders unter Korallenköpfen oder zwischen Astkorallen. Nicht scheu.
Verbreitung: Madagaskar, Seychellen (häufig), Mauritius, Chagos I.

9 *Sargocentron tiere* (Cuvier) **Blaustreifen-Husar** 33 cm
Seiten mit blau fluoreszierenden Streifen. Rot-weiße 1. Rückenflosse.
Ökologie: exponierte Riffränder und Außenriffhänge, 1–>20 m (183 m). Sehr scheu. Normalerweise am Tag in Löchern versteckt. Frißt nachts vorwiegend Krebstiere.
Verbreitung: Aldabra bis Polynesien, n. bis s. Japan, s. bis GBR, Austral I., Mauritius

10 *Sargocentron tieroides* (Bleeker) **Pink Husar** 17 cm
Schmales rotes Band in 1. Rückenflosse. Weißrote Streifen gleich breit.
Ökologie: Lagunen und Außenriffe, 15–36 m. Nicht häufig.
Verbreitung: Ostafrika bis Society I., n. bis Ryukyus, s. bis GBR, Mozambique

11 *Sargocentron violaceum* (Bleeker) **Violetter Husar** 25 cm
Roter Kopf, Rumpf violett mit braunen und weißen Streifen.
Ökologie: Außenriffdächer mit klarem Wasser, Lagunen und Außenriffe mit reichem Korallenbewuchs bis 25 m. Gewöhnlich in kleinen Gruppen.
Verbreitung: Ostafrika bis Society I., n. bis Ryukyus, s. bis GBR, Seychellen

12 *Sargocentron xantherythrum* (Jordan & Evermann) **Hawaii-Husar** 17 cm
1. Rückenflosse rot mit weißen Spitzen. Schmale weiße Seitenstreifen. Schwarzer innerer Achselfleck.
Ökologie: Außenriffe unterhalb der Brandungszone bis 100 m. Häufig in Höhlennähe und unter Überhängen.
Verbreitung: Hawaii I.

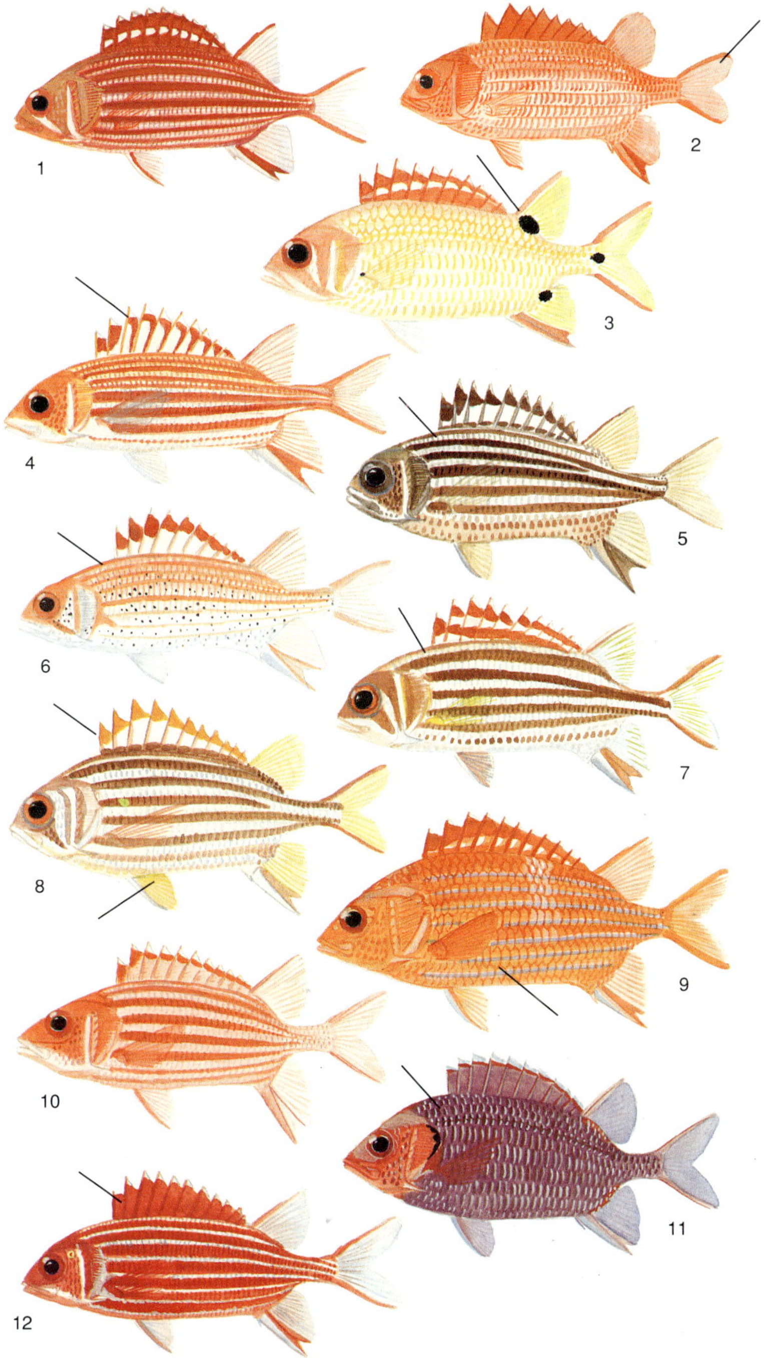
1
2
3
4
5
6
7
8
9
10
11
12

15 LATERNEN-, ZAPFEN-, TROMPETEN-, SCHNEPFENMESSER-, GEISTERPFEIFENFISCHE

Laternenfische *(Anomalopidae):* Besitzen Leuchtorgane, in denen symbiotische Bakterien leben und durch Oxidation von *Luciferin* Licht erzeugen. Kleine rauhe Schuppen.

1 *Anomalops katoptron* Bleeker **Großer Laternenfisch** 35 cm
Zwei Rückenflossen. Dreht das Leuchtorgan abwärts in eine dunkle Tasche.
Ökologie: Nur eine kleine Form unter 12 cm wird von Tauchern in mondlosen Nächten entlang steiler Dropoffs in Höhlen beobachtet. Sehr lokale Vorkommen. Die große Form lebt an steilen Dropoffs von 200–400 m. Aquarium: haltbar.
Verbreitung: Philippinen, Indonesien bis Frz. Polynesien, n. bis Japan, s. bis GBR

2 *Photoblepharon palpebratus* (Boddaert) **Kleiner Laternenfisch** 12 cm
Eine Rückenflosse. Ähnlich: *P. p. steinitzi* (ssp. im Roten Meer und Komoren).
Ökologie: in mondlosen Nächten an Außenriffen oder entlang steiler Dropoffs mit Höhlen. Um den Sinai auf Riffdächern zu beobachten: 20–100 Exemplare, 1–50 m. Am Tag in Höhlen, nachts kleine Krebstiere jagend. Blinkrate: bis 50 mal pro Minute.
Verbreitung: R. Meer bis Frz. Polynesien, n. bis Marshall I., s. bis GBR, Mauritius

Zapfenfische *(Monocentridae):* Körper gepanzert. Leuchtorgan am Unterkiefer.

3 *Cleidopus gloriamaris* (deVis) **Australischer Zapfenfisch** 22 cm
Symbiotische Leuchtbakterien in orangenem Leuchtorgan; bei geschlossenem Mund versteckt. Das symbiotische *Photobacterium fisheri* produziert ein neonfarbenes Licht.
Ökologie: Fels- und gelegentlich Korallenriffe, bis >100 m.
Verbreitung: Ost- und Westküste Australiens; vorwiegend subtropische Gewässer.

4 *Monocentris japonicus* (Houttuyn) **Japanischer Zapfenfisch** 17 cm
Leuchtorgan am Mundrand, unsichtbar bei geschlossenem Mund.
Ökologie: Felsriffe, in Höhlen und unter Überhängen, 40–200 m. Juvenile ab 10 m!
Verbreitung: Rotes Meer, Südafrika, Mauritius, Südjapan (hier häufig)

Trompetenfische (Aulostomidae): Körper seitlich zusammengedrückt. Röhrenschnauze, die beim Öffnen trompetenartig gedehnt wird. Farbe variabel: grün, gelb und braun.

5 *Aulostomus chinensis* (Linnaeus) **Trompetenfisch** 80 cm
Ökologie: zwischen Felsen oder Korallen, Riffdächer bis 122 m. Jagt einzeln nach kleinen Fischen oder Krebsen. Oft dicht hinter Pflanzenfressern schwimmend, um dann plötzlich die Beute einzusaugen. „Tarnt" sich oft mit Papagei- und Kaninchenfischen.
Verbreitung: Ostafrika bis Panama, n. bis s. Japan, s. bis Lord Howe, Transkei

Flötenfische *(Fistulariidae):* filamentartiger Schwanz. Schneller Farbwechsel.

6 *Fistularia commersonii* Rüppell **Flötenfisch** 150 cm
Ökologie: Riffdächer, Riffhänge oder Lagunen, 1–128 m. Schwebt einzeln oder in Gruppen über dem Boden. Frißt kleine Fische und Krebse. Saugt die Nahrung ein.
Verbreitung: Ostafrika bis Panama, n. bis s. Japan, Hawaii, s. bis Lord Howe, Natal

Schnepfenmesserfische *(Centriscidae):* flacher Körper mit Knochenplättchen.

7 *Aeoliscus strigatus* (Günther) **Gestreifter Schnepfenmesserfisch** 15 cm
Ökologie: in kleinen Gruppen nahe an oder zwischen langnadeligen Seeigeln, Astkorallen oder anderen Verstecken. Schwimmt „kopfüber" senkrecht und frißt winziges Krebsplankton. Aquarium: schwierig.
Verbreitung: Aldabra, Seychellen bis Neukaledonien, n. bis s. Japan, s. bis GBR

8 *Aeoliscus punctulatus* (Bianconi) **Gepunkteter Schnepfenmesserfisch** 15 cm
Ökologie: wie Nr 7. **Verbreitung:** Rotes Meer s. bis Südafrika

Geisterpfeifenfische (*Solenostomidae*): dünner Körper von Knochenplatten bedeckt. Weibchen tragen Eier in einer Bruttasche. Tarnfärbung. Farbwechsel. 3 Arten.

9 *Solenostomus cyanopterus* Bleeker **Seegras-Geisterpfeifenfisch** 16 cm
Farbe variabel von grün bis braun. Kurze Schwanzwurzel.
Ökologie: in geschützten, flachen Gewässern zwischen Seegras, Algen oder Felsen, 0,2–20 m. Stehen oft regungslos kopfüber im Wasser. Häufig paarweise.
Verbreitung: Rotes Meer bis Fiji, n. bis s. Japan, s. bis sö. Australien, Mauritius

10 *Solenostomus paradoxus* (Pallas) **Harlekin-Geisterpfeifenfisch** 12 cm
Mit „Fransen" bedeckt. Farbe und Muster sehr variabel. Schwanzwurzel lang.
Ökologie: zwischen Gorgonien, Algen oder Haarsternen. Verpaart oder einzeln.
Verbreitung: Rotes Meer, Ostafrika bis Fiji, n. bis s. Japan, s. bis sö. Australien

Flügelroßfische *(Pegasidae):* flacher Körper mit Knochenplatten. Röhrenschnauze.

11 *Eurypegasus draconis* (Linnaeus) **Zwerg-Flügelroßfisch** 7 cm
Ökologie: auf geschützten Sandböden, frißt winzige Wirbellose. Oft paarweise.
Verbreitung: Rotes Meer bis Frz. Polynes., n. bis s. Japan, s. bis L. Howe, Ostafrika

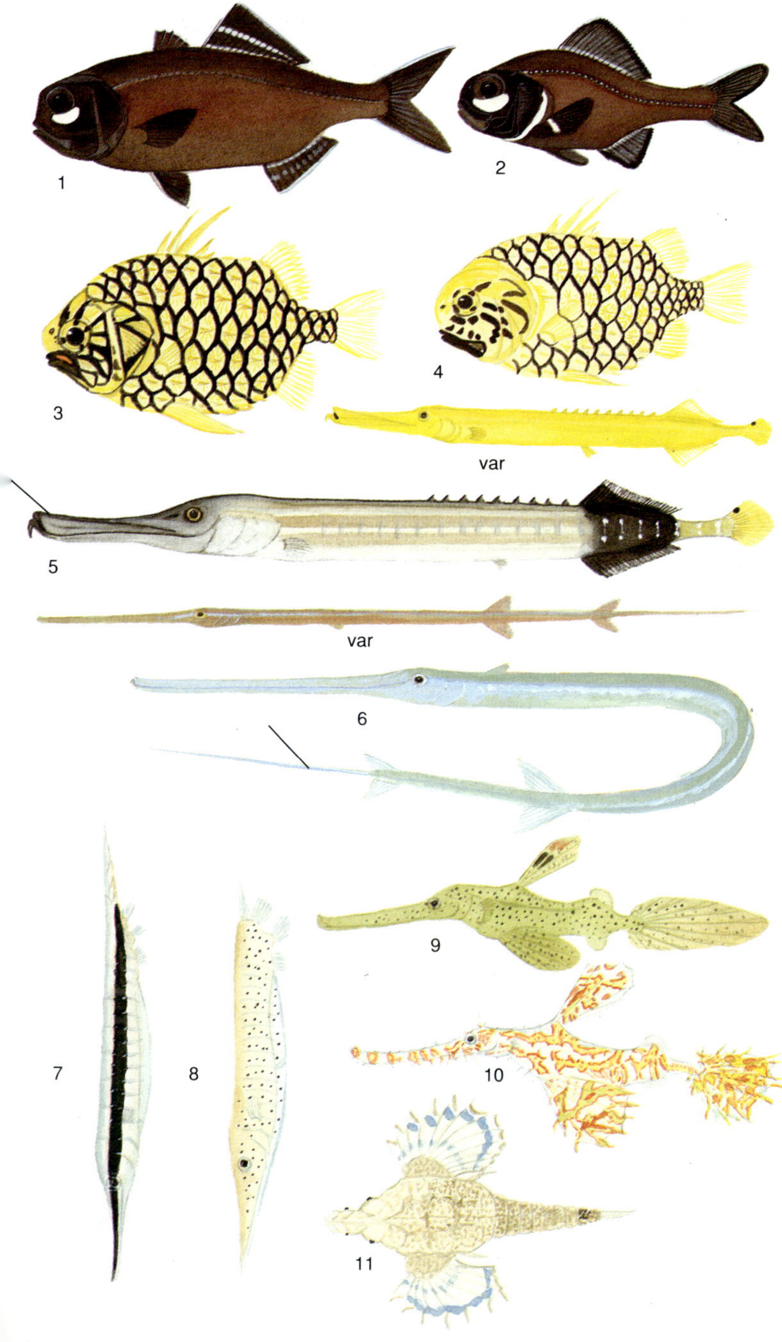
1
2
3
4
var
5
var
6
7
8
9
10
11

16 SEENADELN, SEEPFERDCHEN (Pfeifenfische)

Pfeifenfische *(Syngnathidae):* länglicher Körper mit ringförmigen Knochenplatten. Sie haben eine kleine oder knöchernde Schwanzflosse. Ernähren sich von winzigen Wirbellosen, die sie mit ihrem Röhrenmaul einsaugen. Die Fortpflanzung ist ungewöhnlich: Das Weibchen legt die Eier in eine Bruttasche des Männchen, wo sie von diesem befruchtet werden. Seepferdchen haben einen angewinkelten Kopf und einen flossenlosen Greifschwanz. Aquarium: Einige Arten haltbar.

1 *Choeroichthys sculptus* (Günther) **Krummschnauzige Seenadel** 8,5 cm
Ökologie: Tidenriffdächer, bis 3 m.
Verbreitung: Ostafrika bis Gambier I., n. bis s. Japan, s. bis GBR, s. Mozambique

2 *Corythoichthys amplexus* Dawson & Randall **Braunband-Seenadel** 9,5 cm
Ökologie: Korallenriffe, 0,5->20 m.
Verbreitung: Ostafrika bis Samoa, n. bis Ryukyus, s. bis GBR

3 *Corythoichthys flavofasciatus* (Rüppell) **Netz-Seenadel** 12 cm
Ökologie: Tidenlagunen und Außenriffe, 1-25 m. Korallen oder veralgte Felsen.
Verbreitung: Rotes Meer bis Tuamotus, n. bis Ryukus, s. bis GBR, Austral I.

4 *Corythoichthys intestinalis* (Ramsay) **Korallen-Seenadel** 16 cm
Ökologie: auf Sand von Riffdächern und in flachen, sandigen Lagunen, 1-20 m.
Verbreitung: Borneo bis Samoa, n. bis Philipp., Marianen, s. bis GBR und Tonga

5 *Corythoichthys nigripectus* (Ramsay) **Schwarzbrust-Seenadel** 11 cm
Ökologie: Lagunen und Außenriffe, 4-28 m.
Verbreitung: Rotes Meer bis Society I., n. bis Marianen

6 *Corythoichthys schultzi* Herald **Schultz Seenadel** 15 cm
Ökologie: Lagunen und Außenriffe; 3-30 m, zwischen Korallen und Gorgonien.
Verbreitung: Rotes Meer bis Tahiti, Tonga, n. bis Ryukus, s. bis GBR, Ostafrika

7 *Doryramphus dactyliophorus* (Bleeker) **Gebänderte Seenadel** 18 cm
Ökologie: schwebt in tiefen Spalten unter Überhängen, in Tidentümpeln, 0-56 m.
Verbreitung: R. Meer bis Austral I., n. bis s. Japan, s. bis GBR, Neukaledonien, Natal

8 *Doryramphus multiannulatus* Regan **Geringelte Seenadel** 18 cm
Ökologie: in tiefen Spalten unter Überhängen oder zwischen Korallen, 1-45 m.
Verbreitung: Rotes Meer bis Malediven, Chagos, s. bis Südafrika

9 *Doryramphus excisus* Kaup **Blaustreifen-Seenadel** 7 cm
Ökologie: Tidenlagunen und Außenriffe, bis ca. 45 m. Schwebt in tiefen Spalten unter Überhängen. Putzerfisch, der mit Pendelbewegungen und gespreiztem Schwanz „Kunden“ anlockt. Säubert Fische - besonders Muränen - von Parasiten.
Verbreitung: Rotes Meer bis Mexiko, n. bis Ryuk., Hawaii, s. bis GBR, Mozambique

10 *Doryramphus janssii* (Herald & Randall) **Janss Seenadel** 13 cm
Ökologie: schwebt in tiefen Spalten; in Tidentümpeln bis hin zu Außenriffen, 1-35 m.
Verbreitung: Golf v. Thailand bis Salomon I., n. bis Philippinen, s. bis GBR

11 *Halicampus macrorhynchus* Bamber **Flügel-Seenadel** 16 cm
Viele blattartige Anhängsel auf dem Rücken bei kleinen Individuen (<10 cm).
Ökologie: Riffdächer bis 25 m; zwischen Seegras, Geröll und veralgten Felsen.
Verbreitung: Rotes Meer bis Salomon I., s. bis GBR

12 *Trachyramphus bicoarctatus* (Bleeker) **Schwanzlose Seenadel** 39 cm
Ökologie: Tidenlagunen und Außenriffe bis 42 m; zwischen Algen und Seegras.
Verbreitung: Rotes Meer bis Neukaledonien, n. bis s. Japan, s. bis GBR, Durban

14 *Hippocampus histrix* Kaup **Dorniges Seepferdchen** 15 cm
Farbe variabel. Ränder der Knochenplatten mit Dornen.
Ähnlich **13:** *H. sp.* (Neukaledonien), zeigt Mimikry von warzigen Gorgonien. Länge 5 cm.
Ökologie: flache, geschützte Riffe, zwischen Seegras und Algen. Einzelgänger.
Verbreitung: Rotes Meer bis Polynesien, n. bis s. Japan, s. bis Neuguinea, Natal

15 *Hippocampus kuda* Bleeker **Kuda-Seepferdchen** 30 cm
Kleine Wülste am Rande der Knochenplatten. Farbe variabel. Oft schwarze Punkte.
Ökologie: Küstenriffe und Flußdeltas; bis 30 m, auch küstenferne Riffe und pelagisch.
Verbreitung: Rotes Meer bis Polynesien, n. bis s. Japan, s. bis GBR, Mozambique

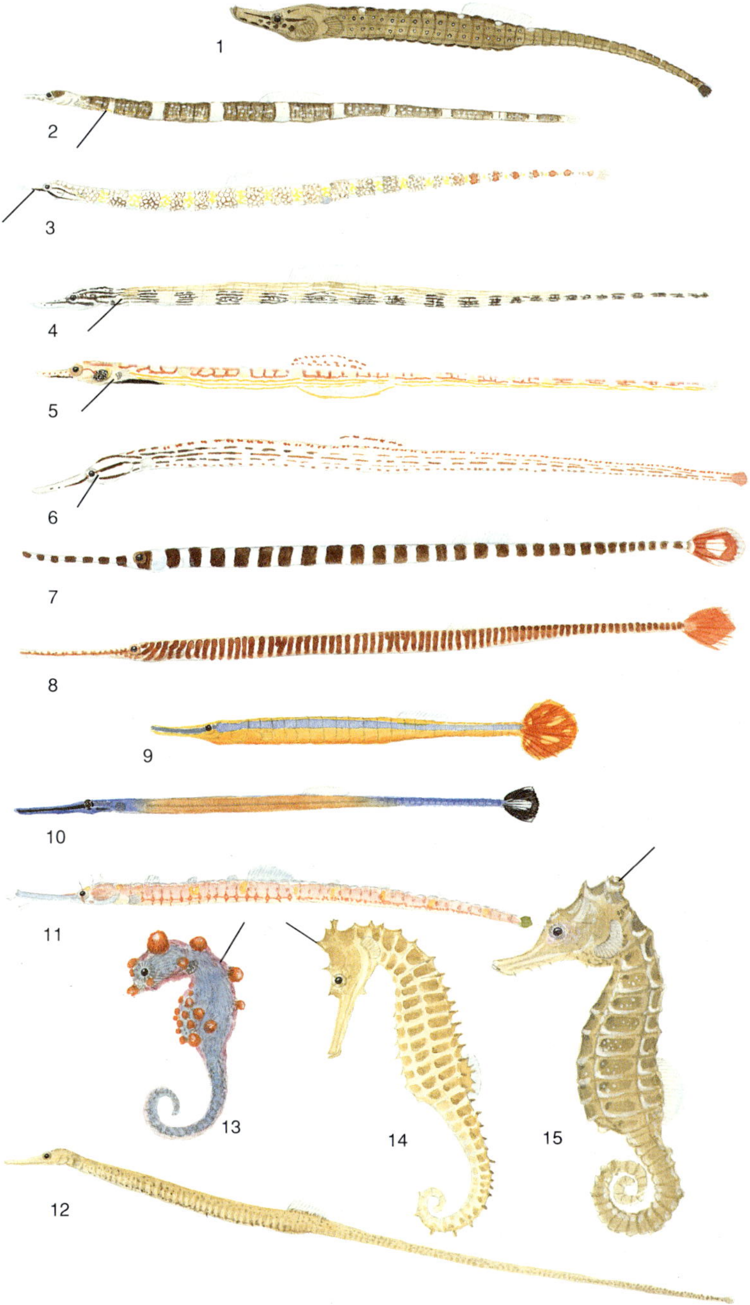
1
2
3
4
5
6
7
8
9
10
11
13
14
15
12

17 PLATTKÖPFE, FLUGHÄHNE, STIRNFLOSSER, PELZGROPPEN

Plattköpfe *(Platycephalidae):* gestreckter und abgeflachter Körper. Kopf mit knöchernen Stacheln und Furchen. Leben auf Sandböden, oft teilweise eingegraben. Ernähren sich vorwiegend von kleinen Fischen und Krebsen. Viele Arten an kontinentalen Küsten.

1 *Papilloculiceps longiceps* (Ehrenberg) **Teppich-Krokodilsfisch** 70 cm
1. Rückenflosse mit schwarzen Flecken. Netzartiges Lid über den Augen.
Ökologie: auf Sand und Geröll in der Nähe von Riffen, 1->15 m. Im R. Meer häufig.
Verbreitung: Rotes Meer bis Seychellen, Madagaskar, s. bis Durban

2 *Thysanophrys otaitensis* (Cuvier) **Tupfen-Plattkopf** 25 cm
Sehr breiter Kopf. Farbe variabel. Lippen mit weißbraunen Streifen und Fransen.
Ökologie: auf Sand oder Geröll von Lagunen und Außenriffen, 1->15 m.
Verbreitung: Ostafrika bis Tuamotus, n. bis Ryukyus, s. bis GBR, Natal

3 *Thysanophrys arenicola* Schultz **Breitkopf-Plattkopf** 31 cm
Ökologie: auf Sand und Geröll von geschützten und halb exponierten Riffen. 1- > 15 m.
Verbreitung: Ostafrika bis Marshall I., n. bis Taiwan, s. bis n. Australien, Natal

4 *Cymbacephalus beauforti* (Knapp) **Braunkopf-Plattkopf** > 50 cm
Kopf und Schnauze lang, Grube hinter jedem Auge. Braungefleckter Kopf.
Ökologie: auf Sand oder Geröll geschützter oder halb exponierter Riffe, 1->8 m.
Verbreitung: Singapur bis Neukaledonien, n. bis Philippinen

5 *Thysanophrys chiltonae* Schultz **Zwerg-Plattkopf** 23 cm
Augen eng beieinander liegend; mit großen und unregelmaßigen Flecken.
Ökologie: eingegraben im Sand geschützter und halb exponierter Riffe, 1-80 m.
Verbreitung: Rotes Meer bis Frz. Polynesien, n. bis Ryukyus, s. bis GBR, Natal

Stirnflosser *(Tetrarogidae):* ähneln den Skorpionsfischen, aber die Rückenflosse beginnt über dem Auge. Körper seitlich zusammengepreßt. Giftige Rückenstacheln.

6 *Ablabys taenianotus* (Cuvier) **Schaukel-Stirnflosser** 10 cm
Ökologie: flache Tidenzonen mit Sand, Geröll und Algen. Schaukelt hin und her.
Verbreitung: Andaman Sea bis Fiji, n. bis s. Japan

7 *Ablabys binotatus* (Peters) **Weißfleck-Stirnflosser** 15 cm
Ökologie: flache Tidenzonen zwischen Algen. Schaukelt hin und her.
Verbreitung: Ostafrika bis Südafrika

8 *Richardsonithys leucogaster* (Richardson) **Kakadu-Stirnflosser** 10 cm
Eingekerbte Membranen der Rückenflosse.
Ökologie: versandete Küstenriffe.
Verbreitung: Indien bis Melanesien, s. bis n.Australien

Flughähne *(Dactylopteridae):* vierkantiger, gepanzerter Körper und farbige flügelähnliche Brustflossen. Können mit den Brustrahlenenden auf dem Boden „laufen".

9 *Dactylopterus ortientalis* (Cuvier) **Helm-Knurrhahn** 38 cm
Ökologie: sandige Zonen, 1->45 m. Einzeln, frißt sandbewohnende Wirbellose.
Verbreitung: Ostafrika bis Polynesien, n. bis s. Japans, s. bis NZ, Transkei

Samtfische *(Aploactinidae):* kleine bodenbewohnende Fische. Selten auf Korallen.

10 *Ptarmus gallus* (Kossman & Rauber) **Blatt-Samtfisch**
Ökologie: auf Geröll oder toten Korallen küstennaher Riffe, 10-30 m. Selten.
Verbreitung: Rotes Meer

Pelzgroppen *(Caracanthidae):* Körper bedeckt mit winzigen Knöllchen. Giftige Rückenstacheln. Können sich zwischen Korallenzweigen festklemmen.

11 *Caracanthus maculatus* (Gray) **Rotfleck-Pelzgroppe** 5 cm
Ökologie: zwischen verzweigten Korallen wie *Acropora, Stylophora und Pocillopora.*
Verbreitung: Cocos-Keeling bis Line I., n. bis s. Japan, s. bis GBR, Austral. I.

12 *Caracanthus unipinna* (Gray) **Zwerg-Pelzgroppe** 5 cm
Ökologie: zwischen Ästen von *Stylophora mordax* und bestimmten *Acropora*-Korallen.
Verbreitung: Ostafrika bis Tuamotus, n. bis s. Japan, s. bis GBR, Natal

1
2
3
4
5
6
7
8
9
10
11
12

18 SKORPIONSFISCHE

Skorpionsfische *(Scorpaenidae):* Kopf groß und stachlig mit einer knöchernen Leiste auf der Wange. 1. Rückenflosse gekerbt. Flossenstrahlen mit Giftdrüsen. Lauerräuber und schlechte Schwimmer, die von Fischen und Krebsen leben. Hervorragende Tarnfarbe. Bleiben am Tag oft versteckt. Ca. 350 Arten. Aquarium: brauchen Lebendfutter.

1 *Rhinopias aphanes* Eschmeyer **Algen-Drachenkopf** 24 cm
Farbe variabel: immer mit algenähnlichen Anhängseln.
Ökologie: Korallenhänge, am Fuße von Korallenköpfen, 10–30 m. Zeigen eine Mimikry von Haarsternen und Algen (?). Selten.
Verbreitung: nö. Australien, Neuguinea, Neukaledonien, s. Japan

2 *Rhinopias frondosa* Günther **Tentakel-Drachenkopf** 23 cm
Ähnlich: *R. eschmeyeri* (Mauritius bis Sri Lanka), 1. Rückenflosse schwach gekerbt.
Ökologie: zwischen algenbewachsenen Felsblöcken an Außenriffen, 13–90 m. Einzeln.
Verbreitung: Ostafrika bis Karolinen, n. bis s. Japan, s. bis Mauritius

3 *Iracundus signifer* Jordan & Evermann **Köderfisch-Drachenkopf** 13 cm
Vierter Stachelstrahl verlängert. Fischähnliches Muster auf der 1. Rückenflosse.
Ökologie: Außenriffe, gewöhnlich unter 10 m. Auf Sand oder Geröll unter Überhängen. Mit dem „Scheinfisch" wird durch Schaukelbewegungen Beute angelockt.
Verbreitung: Mauritius, Taiwan, Hawaii, Frz. Polynesien

4 *Sebastapistes cyanostigma* (Bleeker) **Gelbflecken-Drachenkopf** 8 cm
Zerstreute gelbe und weißliche Tupfen und Flecken.
Ökologie: Außenriffe 2–20 m, zwischen Ästen von robusten *Pocillopora* Korallen.
Verbreitung: Rotes Meer bis Line I., n. bis Ryukus, s. bis Samoa, GBR, Transkei

5 *Sebastapistes ballieui* (Sauvage) **Flossenfleck-Drachenkopf** 11,5 cm
Schwarzer Fleck auf 1. Rückenflosse. Tentakel über dem Auge.
Ökologie: häufig auf flachen Felsriffen.
Verbreitung: Hawaii I.

6 *Sebastapistes mauritiana* (Cuvier) **Mauritius-Drachenkopf** 7 cm
Dunkler Fleck auf 1. Rückenflosse. Deutliche Occipitalgrube.
Ökologie: äußere Riffdächer und flache Lagunenriffe mit Wellengang.
Verbreitung: Ostafrika bis Rapa I., n. bis Ryukyus, s. bis GBR, Samoa, Transkei

7 *Sebastapistes strongia* (Cuvier) **Kinnfleck-Drachenkopf** 6 cm
Dunkle Flecken auf Unterkiefer und unterhalb 1. Rückenflosse.
Ökologie: Riffdächer, Lagunen und Riffkanäle, bis 18 m. Auf Sand und Korallenschutt.
Verbreitung: Rotes Meer bis Society I., n. bis Taiwan, s. bis GBR, Transkei

8 *Sebastapistes coniorta* Jenkins **Schwarztupfen-Drachenkopf** 10 cm
Ökologie: Außenriffe, von der Uferzone bis 24 m. Zwischen Korallenästen. Ernährt sich vorwiegend von Krabben und Garnelen. **Verbreitung:** Hawaii I.

9 *Scorpaenodes minor* (Smith) **Zwerg-Drachenkopf** 5 cm
Kopf verlängert. Verdickte und verlängerte untere Brustflossenstrahlen.
Ökologie: Riffdächer; bis 18 m, auf gemischtem Sand und Korallengeröll.
Verbreitung: Ostafrika bis Samoa, n. bis Philippinen, s. bis Australien, Mozambique

10 *Scorpaenodes parvipinnis* (Garrett) **Korallen-Drachenkopf** 14 cm
Jungtiere mit weißer Mittelzone. Kleine Hautfransen auf dem Körper.
Ökologie: Riffdächer und Hänge, 1–49 m. Gebiete mit reichem Korallenbewuchs.
Verbreitung: R. Meer bis Marquesas, n. bis Ryukus, Hawaii, s. bis L. Howe, Transkei

11 *Scorpaenodes guamensis* (Quoy & Gaimard) **Guam-Drachenkopf** 14 cm
Deutlicher dunkler Fleck auf dem Kiemendeckel.
Ökologie: Riffdächer, Lagunen und Riffkanäle. Fels- und Korallenschuttzonen, 1– >20 m. Ernährt sich nachts vorwiegend von Krebsen.
Verbreitung: Rotes Meer bis Pitcairn I., n. bis Izu I., s. bis NSW, Transkei

12 *Parascorpaena mossambica* (Peters) **Mosambik-Drachenkopf** 10 cm
Tentakel über dem Auge, hakenförmige Stacheln auf dem Vorkiemendeckel.
Ökologie: Riffdächer bis 18 m, Gebiete mit gemischtem Sand und Geröll.
Verbreitung: Ostafrika bis Society I., n. bis Izu I., s. bis Australien, Natal

1
2
3
4
5
6
7
8
10a
juv
9
10
11
12

19 SKORPIONSFISCHE

1 *Scorpaenopsis diabolus* (Cuvier) **Buckel-Drachenkopf** 30 cm
Typischer Buckel. Innenseiten der Brustflossen sind leuchtend orangeschwarz.
Ökologie: Riffdächer, Lagunen und Außenriffe, 0–70 m. Gewöhnlich zwischen Tang oder Geröll, gelegentlich auf Korallen. Warnfarben der Brustflosse soll Raubfische abschrecken. Wird oft mit dem Echtem Steinfisch (Nr. 7) verwechselt.
Verbreitung: Rotes Meer bis Hawaii, Marques., n. bis s. Japan, s. bis GBR, Natal

2 *Scorpaenopsis gibbosa* Bloch und Schneider **Gibbus-Drachenkopf** 10 cm
Typische Färbung der Brustflosseninnenseite: schwarzes Band auf gelbem Grund.
Ökologie: wahrscheinlich wie obige Art.
Verbreitung: Rotes Meer und westl. Indischer Ozean, s. bis Transkei

3 *Scorpaenopsis macrochir* Ogilby **Glotzaugen-Drachenkopf** 13 cm
Große Augen, kurze Schnauze und kleiner Buckel. (s. Innenseite der Brustflosse)
Ökologie: auf Sand und Geröll von Riffdächern oder in flachen Lagunen.
Verbreitung: Philippinen bis Frz. Polynesien, n. bis Ryuk., s. bis Tonga, Austral I.

4 *Scorpenopsis oxycephala* (Bleeker) **Fransen-Drachenkopf** 36 cm
Juv. mit breitem, weißen Band auf der Stirn. 2. und 3. Stachelstrahl fast gleichlang. 19–20 Bruststrahlen. Ähnlich: *S. barbatus* (Rotes Meer bis Somalia), hat relativ große Augen. *S. cirrhosa* (Ryukyus, s. Japan). *S. cacopsis* (Hawaii), lebt an felsigen Außenriffen, 4–60 m. Länge 51 cm. Mehrere unbeschriebene Arten.
Ökologie: Außenriffe und Riffkanäle, 1–>35 m. Auf Geröll, Fels oder Korallen.
Verbreitung: Rotes Meer bis Marianen, n. bis Taiwan, s. bis s. GBR, Natal

5 *Scorpaenopsis venosa* (Cuvier) **Fetzen-Drachenkopf** 18 cm
Die ersten drei Stachelstrahlen nehmen in der Länge gleichmäßig zu.
Ökologie: wahrscheinlich wie obige Art, nur seltener anzutreffen.
Verbreitung: Ostafrika bis Zentralpazifik, n. bis Arab. Golf

6 *Taenianotus triacanthus* (Lacépède) **Schaukelfisch** 10 cm
Farbe variabel: weiß, schwarz, gelb, braun, grün, rot oder pink.
Ökologie: Lagunen und Außenriffe, 1–134 m. Lauerräuber. Frißt kleine Krebse und Fische. Schaukelt bei Gefahr wie ein welkes Blatt in dem Schwell. Nachtaktiv. Periodische Häutung mit Farbwechsel in nur 3–5 Minuten! Aquarium: gut haltbar.
Verbreitung: Ostafrika bis Galapagos I., n. bis Ryukyus, Hawaii, s. bis NSW, Durban

7 *Synanceia verrucosa* Bloch & Schneider **Echter Steinfisch** 35 cm
Schwanz gekrümmt. Farbe variabel. Lange und kräftige Stacheln (meistens umgelegt), die sogar Tennisschuhe durchdringen! Giftigster Fisch, oft fatale Folgen. Bei Verwundung sofort die Proteine mit trockener Hitze (Zigarette) oder heißem Wasser zum Gerinnen bringen!
Ähnlich: *S. nana* (Rotes Meer bis Oman), auf Sand und Geröllzonen.
Ökologie: Riffdächer oder Riffhänge, oft unter Überhängen oder Felsen. In Spalten oder im Sand vergraben. Nahrung wie Fische und Krebse werden „eingesaugt“.
Verbreitung: Rotes Meer bis sö. Polynesien, n. bis Ryuky., s. bis Neukaled., Durban

8 *Synanceia horrida* (Linnaeus) **Warzen-Steinfisch** 30 cm
Tiefe Grube unter dem Auge. Seitliche Warzen. Genau so giftig wie Nr. 7!
Ökologie: Küstenriffe, vorwiegend auf Schlick und Sand; auch im Brackwasser.
Verbreitung: Indien bis Neuguinea, nö. Australien, n. bis China, Andaman Sea

9 *Inimicus didactylus* (Pallas) **Finger-Teufelsfisch** 18 cm
1. Rückflosse stark eingekerbt. Innenseite der Brustflosse gelb-schwarz.
Ökologie: Lagunen und Außenriffe, 5–40 m. Auf Sand oder Sediment, oft bis zu den Teleskopaugen eingegraben, um kleine Fische zu überraschen.
Verbreitung: Thailand bis Vanuatu, n. bis sö. China

10 *Inimicus filamentosus* (Cuvier) **Filament-Teufelsfisch** > 22 cm
Oberste Strahlen der Brustflosse verlängert. Giftige Rückenflossenstrahlen.
Ökologie: auf Sand oder Geröll in der Nähe von Korallenriffen, bis 55 m.
Verbreitung: Rotes Meer bis Malediven, s. bis Madagaskar und Mauritius

11 *Inimicus sinensis* (Valenciennes) **Chinesischer Teufelsfisch** 26 cm
Innenseite der Brustflosse schwarz mit großen, gelben Flecken. Ähnlich: I. caledonicus (Westpazifik), Innenseite der Brustflosse gelb mit zwei dunklen Bändern.
Ökologie: auf Sand und Geröll in der Nähe von Korallenriffen, 5–90 m.
Verbreitung: Südindien bis Phil., n. nis Taiwan, s. bis nw. Australien.

1
1a
2
3
4
5
6
7
7a
8
9
9a
10
10a
11

20 FEUERFISCHE

1 *Pterois antennata* (Bloch) **Antennen-Feuerfisch** 20 cm
Überaugententakel von *Pterois* und *Dendrochirus Arten* sind variabel: am längsten bei Jungtieren, die bei großen Adulten verlorengehen können. Brustflosse mit dunklen Flecken. Schräge Streifen auf der Schwanzwurzel. Verwandt mit *P. sphex* (Nr. 3).
Ökologie: Lagunen und Außenriffe bis 50 m, gewöhnlich am Tag unter Überhängen oder in Höhlen. Ernährt sich nachts vorwiegend von Krebsen. Aquarium: haltbar.
Verbreitung: Ostafrika bis Frz. Polynesien, n. bis s. Japan, s. bis GBR, Natal

2 *Pterois radiata* Cuvier **Strahlen-Feuerfisch** 24 cm
Zwei horizontale, weiße Linien auf der Schwanzwurzel. Brustflosse ohne Flecken.
Ökologie: Lagunen und Außenriffe, 1–>15 m. Am Tag versteckt unter Überhängen. Ernährung: Krebstiere. Unregelmäßiges Vorkommen. Aquarium: gut haltbar.
Verbreitung: Rotes Meer bis Tahiti, n. bis Ryukyus, s. bis Neukaledonien, Natal

3 *Pterois sphex* Jordan & Evermann **Hawaii-Feuerfisch** 21 cm
Ökologie: Lagunen und Außenriffe, 3–120 m. Gewöhnlich am Tag unter Überhängen. Nachts Krebstiere jagend. Aquarium: gut haltbar.
Verbreitung: Hawaii I.

4 *Pterois volitans* (Linnaeus) **Pazifischer Rotfeuerfisch** 38 cm
Rückenflossen: D XIII, 11; A III, 7. Größere Flecken auf unpaarigen Flossen als *P. miles*. Stiche sehr schmerzhaft, aber im allgemeinen nicht fatal.
Ökologie: Lagunen und Außenriffe vom Ufer bis >50 m; am Tag häufig unter Überhängen. Jagt in der Dämmerung und nachts Fische und Krebse unter Zuhilfenahme der Brustflossen als „Treibnetze". Saugt blitzschnell die Beute ein. Wenig scheu und oft auf Taucher zuschwimmend. Aquarium: robust.
Verbreitung: Malaysia bis Pitcairn I., n. bis s. Japan, s. bis Lord Howe I.

Pterois miles (Bloch) (ohne Abb.) **Indischer Rotfeuerfisch** 36 cm
Rückenflossen: D XIII, 9-11; A III, 6. Kleinere Flecken auf unpaarigen Flossen als *P. volitans*. Unter Wasser kaum zu unterscheiden. Vielleicht nur eine Unterart.
Ökologie: s. Nr. 4
Verbreitung: Rotes Meer bis Sumatra, n. bis Persischer Golf, s. bis Südafrika

5 *Pterois russelli* Bennett **Russells Feuerfisch** 30 cm
Keine Flecken auf Schwanz-, After- und 2. Rückenflossen. Stachelstrahlen schwach gefleckt. Ähnlich: *P. lunulata* (Nordjapan), mit wenigen Flecken auf den Flossen.
Ökologie: küstenferne Riffe, gewöhnlich unter 20 m. Selten.
Verbreitung: Ostafrika bis nw. Australien, n. bis Indien

6 *Pterois mombassae* (Smith) **Mombasa-Feuerfisch** 16 cm
Gefleckte Brustflossen. Dunkelrote Bauchflosse. Dunkler Fleck auf dem Kiemendeckel.
Ökologie: küstenferne, tiefe Riffe; gewöhnlich unter 40 m. Selten.
Verbreitung: Rotes Meer bis Neuguinea, n. bis Sri Lanka, s. bis Durban, Australien

7 *Dendrochirus zebra* (Cuvier) **Zebra-Zwergfeuerfisch** 18 cm
Dunkler Fleck auf dem Kiemendeckel. H-förmige Bänderung auf der Schwanzwurzel.
Ökologie: Riffdächer und Lagunen bis 12 m; auf Korallen, Felsen oder Geröll. Territorial: Männchen vertreiben andere aus dem eigenen Revier. Nachtaktiv.
Verbreitung: Ostafrika bis Samoa, n. bis s. Japan, s. bis Lord Howe, Durban

8 *Dendrochirus brachypterus* (Cuvier) **Kurzflossen-Zwergfeuerfisch** 17 cm
Deutliche konzentrische Bänderung auf der Brustflosse, besonders an der Innenseite.
Ökologie: flache geschützte Riffe. Oft auf isolierten, veralgten Felsen in Sandgebieten, 2–40 m. Aquarium: leicht, aber aggressiv gegen Artgenossen.
Verbreitung: Rotes Meer bis Samoa, n. bis s. Japan, s. bis L. Howe, Tonga, Transkei

9 *Dendrochirus barberi* (Steindachner) **Hawaii-Zwergfeuerfisch** 16 cm
Tarnfarben. Nah verwandt mit *D. brachypterus*, der um Hawaii I. nicht vorkommt.
Ökologie: trübe Lagunen oder Außenriffe mit klarem Wasser, 1–45 m. Oft unter Überhängen. Aquarium: gut haltbar.
Verbreitung: Hawaii I.

10 *Dendrochirus biocellatus* (Fowler) **Pfauenaugen-Zwergfeuerfisch** 10 cm
Einziger Feuerfisch mit zwei oder drei Ocelli in der Rückenflosse.
Ökologie: exponierte Riffe mit reichem Korallenbewuchs und Felsriffe, 1–>40 m. Nachtaktiv. Bei Nachttauchgängen unter Korallenköpfen einzeln oder in Paaren zu beobachten. Scheinen territorial zu sein. Sporadisches Vorkommen.
Verbreitung: Mauritius bis Society I., n. bis s. Japan, s. bis nw. Australien (Schelf)

1
2
3
4
5
6
7
8
9
10

21 FAHNENBARSCHE

Sägebarsche *(Serranidae):* Zackenbarsche, Fahnenbarsche, Seifenbarsche: große, sehr unterschiedliche Gruppe. Eine Rückenflosse mit gut entwickelten Stachelstrahlen, kontinuierliche Laterallinie. Folgezwitter, die als Weibchen Geschlechtsreife erreichen und sich später zu Männchen umwandeln.

Unterfamilie **Fahnenbarsche** *(Anthiinae):* ausdauernde Schwimmer, die in der Strömung nach Plankton jagen. Stirbt das Haremsmännchen, kann sich das ranghöchste Weibchen innerhalb 1 Woche in ein Männchen umwandeln.

1 *Luzonichthys waitei* (Fowler) **Waits Fahnenbarsch** 7 cm
Ökologie: in großen Ansammlungen an steilen Außenriffhängen, 1-35 m.
Verbreitung: Aldabra bis Marshall I., n. bis Philippinen, s. bis Loyalty I., GBR

2 *Nemanthias carberryi* (Smith) **Faden-Fahnenbarsch** 13 cm
Ökologie: in Schwärmen an steilen, korallenreichen Außenriffen, 4-30 m.
Verbreitung: Ostafrika bis Malediven, s. bis Natal

3 *Pseudanthias pascalus* (Jordan & Tanaka) **Amethyst-Fahnenbarsch** 17 cm
_ mit vergrößerter, segelähnlicher Rückenflosse, _ und Junge purpurrot gefärbt.
Ökologie: in großen Schwärmen an Korallenvorsprüngen und in Höhlen von Außenriffen, 5-60 m. Häufiger auf Ozeaninseln als auf kontinentalen Riffen.
Verbreitung: Indonesien bis Frz. Polynes., n. bis s. Japan, s. bis GBR. Neukaled.

4 *Pseudanthias tuka* Herre & Montalban **Purpur-Fahnenbarsch** 12 cm
_ ähnlich wie *P. pascalus*, mit gelber Kehle und rotem Fleck in der Rückenflosse.
Ökologie: in großen Schwärmen an Außenriffhängen, 2- > 30 m. Bevorzugt Riffränder von steilen Kontinentalriffen. Weibchen in großen Ansammlungen an Riffkronen.
Verbreitung: Indonesien bis Salomon I., n. bis s. Japan, s. bis GBR

5 *Pseudanthias evansi* Smith **Gelbschwanz-Fahnenbarsch** 10 cm
Ökologie: in Schwärmen an Außenriffhängen, 5-40 m. Häufig auf den Malediven. Flieht oft bei Gefahr in kleine Höhlen.
Verbreitung: Ostafrika bis Christmas I., n. bis Andaman Sea, s. bis Mauritius

6 *Pseudanthias ignitus* Randall & Lubbock **Indischer Flammenfahnenbarsch** 8 cm
Ökologie: in großen Schwärmen an Außenriffen oder auf Fleckriffen mit Geröllhängen, 10-30 m. Oft mit *P. squamipinnis* vergesellschaftet.
Verbreitung: Malediven und Similan I. (Thailand)

7 *Pseudanthias dispar* Herre **Pazifischer Flammenfahnenbarsch** 9,5 cm
Ökologie: obere Riffkanten von Steilhängen, 1- > 15 m. In großen Schwärmen.
_ stellen häufig die rote Rückenflosse bei der Balz auf. Unermüdliche Planktonjäger.
Verbreitung: Christmas I. bis Line I., n. bis Yeayamas I., s. bis GBR

8 *Pseudanthias smithvanizi* Randall & Lubbock **Prinzen-Fahnenbarsch** 9,5 cm
Ökologie: steile Außenriffhänge, 6-70 m. Kleine Schwärme, bleiben in Höhlennähe.
Verbreitung: Cocos-Keeling bis Marshall I., n. bis Philippinen, s. bis GBR

9 *Pseudanthias lori* Lubbock & Randall **Loris Fahnenbarsch** 12 cm
Ökologie: in Schwärmen an Dropoffs, nahe an Höhlen oder Überhängen, 7-70 m.
Verbreitung: Christmas I. bis Frz. Polynesien, n. bis Philippinen, s. bis GBR

10 *Pseudanthias bartlettorum* Randall & Lubbock **Bartletts Fahnenbarsch** 9 cm
Ökologie: in Schwärmen an steilen Außenriffhängen, 4-30 m
Verbreitung: Palau bis Line I.

11 *Pseudanthias parvirostris* Randall & Lubbock **Diadem-Fahnenbarsch** 9 cm
Ökologie: in Schwärmen über sandigen Fleckriffen oder Geröllhängen, 35-60 m.
Verbreitung: Malediven, Mauritius, Philippinen und Salomon I.

12 *Pseudanthias pictilis* (Randall & Allen) **Pracht-Fahnenbarsch** 15 cm
Ökologie: in Schwärmen an steilen Außenriffhängen, 12-40 m.
Verbreitung: s. Coral Sea vom s. GBR bis Neukaledonien und Lord Howe I.

13 *Pseudanthias townsendi* (Boulenger) **Oman-Fahnenbarsch** 9 cm
Ähnlich: (*P. conelli*, Nr. **13.1**, tief gelegene Riffe vor Natal)
Ökologie: Felsenriffe, 5-63 m.
Verbreitung: Arabischer Golf bis s. Oman, s. Iran.

1
2 ♂
3
♂
4 ♀
5
♂
6 ♂
7
♂
8 ♂
9
10 ♂
11
12
13
13.1

22 FAHNENBARSCHE

1 *Pseudanthias squamipinnis* (Peters) **Juwelen-Fahnenbarsch** 15 cm
Ähnlich: *P. lunulatus* (Rotes Meer, Bali, Mauritius), goldgelb. Lebt ab 50 m.
Ökologie: in großen Schwärmen um Korallenformationen von Außenriffen und in Lagunen, 0,3–35 m. ♂ sind territorial und haben Harems (5–8 Weibchen). Laichen im R. Meer im Winter ab, wobei von einem Männchen mehrere Weibchen befruchtet werden.
Verbreitung: Rotes Meer bis Salomon I., n. bis s. Japan, s. bis NSW, Transkei

2 *Pseudanthias huchti* (Bleeker) **Grüner Fahnenbarsch** 12 cm
Weibchen sind hellgelb und haben einen gelben Wangenstreifen.
Ökologie: korallenreiche Riffe, 0,3–20 m. In großen Schwärmen an Korallenköpfen in Lagunen und an Außenriffhängen. Selten einzeln oder in kleinen Schwärmen. Sehr häufig an Küstenriffen in Indonesien un den Philippinen.
Verbreitung: Indonesien bis Philippinen (häufig), Vanuatu, s. bis GBR

3 *Pseudanthias pleurotaenia* (Bleeker) **Neon-Fahnenbarsch** 20 cm
Seitenfleck des Männchens leuchtet kobaltviolett. Weibchen: orange-gelb. Hybridisiert gelegentlich mit *P. bimaculatus* (Nr. 8). Ähnlich: *P. sheni* (Rowley Shoals & Scott Reef), Leuchtfleck reicht bis zum Schwanz.
Ökologie: in kleinen Schwärmen (6–30 Ex.) an strömungsreichen Dropoffs, 10-70 m, auch bis 180 m. Gewöhnlich 1-3 m vom Riff entfernt. Junge in Versturecknähe.
Verbreitung: Indonesien bis Samoa, n. bis Ryukyus, s. bis Neukaledonien

4 *Pseudanthias taeniatus* (Klunzinger) **Rotmeer-Fahnenbarsch** 13 cm
Weibchen orange-rot. Ähnlich: *P. townsendi* (Oman), mit drei Körperstreifen.
Ökologie: in großen Schwärmen an Abhängen, oft vergesellschaftet mit Juwelen-Fahnenbarschen. Bevorzugt klare Außenriffe mit mäßigem Korallenbewuchs, 10–30 m.
Verbreitung: endemisch im Roten Meer

5 *Pseudanthias luzonensis* (Katayama & Masuda) **Luzon-Fahnenbarsch** 14,5 cm
Weibchen ohne roten Fleck und ohne Rückenstreifen.
Ökologie: in kleinen Schwärmen über Korallen oder Geröll am Fuße von steilen Riffhängen, 10–60 m.
Verbreitung: Indonesien, Philippinen, Taiwan, s. bis s. GBR

6 *Pseudanthias cooperi* (Regan) **Coopers Fahnenbarsch** 14 cm
Weibchen ist blaßrot mit roten Schwanzspitzen. Roter Seitenfleck kann beim ♂ fehlen.
Ökologie: in Schwärmen an strömungsreichen Außenriffen, 5–60 m. Auf den Malediven häufig in riesigen Schwärmen - besonders Weibchen - an steilen Hängen. Auf Mauritius bevorzugt auf tiefen Fleckriffen mit wenig Korallenbewuchs.
Verbreitung: Ostafrika bis Line I., n. bis s. Japan, s. bis GBR, Südafrika

7 *Pseudanthias hypselosoma* Bleeker **Fransen-Fahnenbarsch** 19 cm
Weibchen ohne roten Fleck, hingegen mit einem blauen Augenring.
Ökologie: in Schwärmen auf Fleckriffen in geschützten Lagunen oder an Außenhängen, 10–40 m. Bevorzugt Korallenköpfe. Oft mit Schwalbenschwanz-Korallenwächtern.
Verbreitung: Malediven bis Samoa, n. bis Ryukyus, s. bis Loyalty I., GBR

8 *Pseudanthias bimaculatus* (Smith) **Zweifleck-Fahnenbarsch** 9 cm
Weibchen pinkfarben mit gelbem Bauch. In Indonesien fehlt dem Männchen der hintere Fleck. Hybridisiert mit *P. pleurotaenia.* Weibchen mit gelbem Rücken (Bali).
Ökologie: Küstenriffe, Dropoffs, abgestorbene Riffe mit trübem Wasser; 28–>60 m.
Verbreitung: Ostafrika, Indonesien (Java, Bali), s. bis Mozambique, Malediven

9 *Pseudanthias rubrizonatus* (Randall) **Rotgürtel-Fahnenbarsch** 10 cm
Weibchen ohne roten Seitenfleck, aber mit roten Schwanzspitzen. Ähnlich: *P. connelli* (Südafrika), mit rotem Vorderteil.
Ökologie: in Schwärmen an isolierten Korallenköpfen und auf Geröllflecken, gewöhnlich 30–133 m. In Südjapan und Thailand auch in 20 m Tiefe.
Verbreitung: Andaman Sea bis Salomon I., n. bis s. Japan, s. bis nw. Australien

10 *Pseudanthias fasciatus* (Kamohara) **Rotstreifen-Fahnenbarsch** 21 cm
Ökologie: in kleinen Schwärmen in Höhlen und an Überhängen von Außenriffen, 20–68 m.
Verbreitung: Taiwan, Ryukyus, s. Japan bis s. GBR, Celebes, Rotes Meer

11 *Pseudanthias heemstrai* Schumacher & alt. **Heemstras Fahnenbarsch** 13 cm
Ökologie: am Fuß von Saumriffhängen, 20–67 m. In Harems, manchmal mit *P. taeniatus* vergesellschaftet. Erst 1989 beschrieben.
Verbreitung: n. Rotes Meer (Golf von Aquaba), wahrscheinlich weiter verbreitet

♀
1 ♂
2 ♂
3 ♂
4 ♂
5 ♂
6 ♂
♀ 6
7 ♂
8 ♂
9 ♂
10
11 ♂

23 FAHNENBARSCHE, HÖHLENBARSCHE

1 *Pseudanthias bicolor* (Randall & Lubbock) **Zweifarben-Fahnenbarsch** 13 cm
Ökologie: in kleinen Gruppen auf Fleckriffen von Lagunen oder Außenriffhängen, 5–68 m. In der Nähe von Spalten und Überhängen auf kahlem, festem Untergrund.
Verbreitung: Mauritius bis Hawaii, Line I., s. bis Neukaledonien, GBR

2 *Pseudanthias thompsoni* (Kamohara) **Hawaii-Fahnenbarsch** 8 cm
Ökologie: in kleinen Gruppen an Korallenvorsprüngen und Böschungen; 14–145 m, häufig tief. Regelmäßig um Hawaii I.
Verbreitung: Hawaii I.

3 *Pseudanthias ventralis* (Randall) **Langflossen-Fahnenbarsch** 7 cm
Ökologie: Höhlen oder Korallengeröll entlang von Steilhängen, 28–>68 m. Sehr versteckt lebend, selten oberhalb von 40 m, aber sehr häufig unterhalb von 90 m.
Verbreitung: (3a) ssp. *P. v. ventralis:* Marianen bis Pitcairn, s. bis GBR; (3b) ssp. *P. v. hawaiensis:* Hawaii I.

4 *Pseudanthias randalli* (Lubbock & Randall) **Randalls Fahnenbarsch** 7 cm
Sehr ähnlich: *P. pulcherrimus* (Ostafrika bis Malediven), Weibchen ist rot-orange.
Ökologie: in kleinen Gruppen in der Nähe von Höhlen an Dropoffs, 15–70 m. Scheu.
Verbreitung: Philippinen, Molukken, Bali bis s. Marshall I., n. bis Yaeyamas I.

5 *Rabaulichthys altipinnis* Allen **Segelflossen-Zwergfahnenbarsch** 6 cm
♂: segelähnlich vergrößerte Rückenflosse. Ähnlich: *Luzonichthys waitei* (Taf. 21-1).
Ökologie: in Gruppen dicht über Korallengeröll steiler Außenriffhänge, 30–40 m.
Verbreitung: New Britain (Neuguinea)

6 *Rabaulichthys stigmaticus* Randall & Pyle **Malediven-Zwergfahnenbarsch** 6 cm
Ökologie: strömungsreiche Geröllböden, 35–48 m. In kleinen Harems aus ca. 8–12 Weibchen bestehend. Manchmal mit *P. cooperi* vergesellschaftet.
Verbreitung: Ari-Atoll (Malediven), vielleicht Mauritius (Flic en Flac)

7 *Serranocirrhitus latus* Watanabe **Gabelschwanz-Fahnenbarsch** 13 cm
Ökologie: in kleinen Gruppen in Höhlen und an Überhängen von Dropoffs, 15–70 m.
Verbreitung: Indonesien bis Fiji, n. bis Izu I., s. bis GBR, Neukaledonien

Unterfamilie **Höhlen-, Zacken-, Seifenbarsche** *(Epinephelinae):* carnivore Bodenbewohner mit robustem Körper und großem Mund.

Tribus **Höhlenbarsche** *(Liopropomini):* Rückenflosse zweiteilig. D VIII Stachelstrahlen. Breiter Kopf. Sehr versteckt und meistens tief lebend.

8 *Rainfordia opercularis* McCulloch **Pracht-Höhlenbarsch** 15 cm
Ökologie: in Höhlen von Korallenriffen. Sehr versteckt.
Verbreitung: n. Australien (Dampier Archipel bis Queensland)

9 *Liopropoma mitratum* Lubbock & Randall **Nadelstreifen-Höhlenbarsch** 9 cm
Ähnlich: *L. pallidum* (Zentralpazifik), mit weniger Brustflossenstrahlen (14 bzw. 15–16).
Ökologie: in Höhlen und Spalten, 3–46 m, gewöhnlich unterhalb 15 m Tiefe.
Verbreitung: Rotes Meer bis Tuamotus, n. bis Philippinen, s. bis GBR

10 *Liopropoma aurora* (Jordan & Evermann) **Gelbrand-Höhlenbarsch** 14 cm
Ökologie: Außenriffe, 49–184 m. Selten.
Verbreitung: Hawaii I.

11 *Liopropoma tonstrinum* (Randall & Lubbock) **Rotstreifen-Höhlenbarsch** 6,5 cm
Ähnlich: *L. multilineatum* (Westpazifik) mit vielen seitlichen, roten Nadelstreifen.
Ökologie: versteckt lebender Bewohner von Höhlenspalten, 11–50 m.
Verbreitung: Christmas I., Mikronesien, Fiji, Samoa

12 *Liopropoma susumi* (Jordan & Seale) **Susumi-Höhlenbarsch** 9 cm
Ökologie: in Spalten und Höhlen von Außenriffen und Lagunen, 2–34 m. Häufig.
Verbreitung: Rotes Meer bis Line I., n. bis Ryukyus, s. bis GBR, Ostafrika

13 *Liopropoma africanum* (Smith) **Braunstreifen-Höhlenbarsch** 9 cm
Ökologie: in Nischen und Grotten von Außenriffen, 8–48 m.
Verbreitung: Djibouti bis Chagos und Malediven, s. bis Komoren

Tribus **Zackenbarsche** *(Epinephelini):* große bis mittelgroße Raubfische, die territorial und am Boden leben. Zum Ablaichen versammeln sich einige Arten. Sie sind Folgezwitter und beginnen ihre Entwicklung als Weibchen. Wichtige Speisefische, große Individuen können in bestimmten Gebieten Ciguatoxin enthalten. Die meisten Arten ernähren sich von Krebsen und Fischen. Aquarium: robust, wachsen aber zu schnell. ▷

1
♂
2
3a
♂
4
♂
3b
♂
5
♂
7
8
6
♂
9
10
11
12
13

24 ZACKENBARSCHE

1 *Aethaloperca rogaa* (Forsskål) **Rotmaul-Zackenbarsch** 60 cm
Mundinnenseite ist rot. Junge mit weißem Schwanzrand. Helles Bauchband variiert.
Ökologie: korallenreiche Außenriffe, 1-54 m; gewöhnlich in oder nahe an Höhlen. Zur Paarung 1-2 m über dem Boden, dann hellbraun gefleckt. Ernähren sich von kleinen Schwarmfischen, die in Höhlen leben, sowie von Krebsen.
Verbreitung: Rotes Meer bis Kiribati, n. bis s. Japan, s. bis GBR, Mozambique

2 *Anyperodon leucogrammicus* (Valenciennes) **Spitzkopf-Zackenbarsch** 52 cm
Weiße Streifen gehen mit dem Wachstum verloren. Junge zeigen Farbmimikry von Lippfischen: *H. purpurascens, H. hoevenii* und *H. vrolikii.* (s. Taf. 99)
Ökologie: korallenreiche, klare Lagunen und geschützte Außenriffe, 1->50 m. Ernähren sich vorwiegend von kleinen Fischen. Junge ahmen Lippfische nach, die keine Fleischfresser sind, um näher an ihre Beute heranzukommen.
Verbreitung: Rotes Meer bis Line I., n. bis Ryukus, s. bis Neukaled., Mozambique

3 *Cromileptes altivelis* (Valenciennes) **Paddelbarsch** 70 cm
Ökologie: Lagunen und Außenriffe, 2->40 m. Häufiger auf toten oder versandenden Riffen als in klaren, küstenfernen Gebieten. Wertvoller Speisefisch.
Verbreitung: Ostafrika bis Vanuatu, n. bis s. Japan, s. bis GBR, Mozambique

4 *Gracila albomarginata* (Fowler & Bean) **Fenster-Zackenbarsch** 40 cm
Großer weißer Fleck; dunkle Seitenstreifen. Junge braun oder violett-rot.
Ökologie: klare Außenriffhänge, besonders korallenreiche Dropoffs, 6-120 m. Schwebt einzeln über dem Boden - oft auch dicht an Riffwänden. Nicht scheu.
Verbreitung: Ostafrika bis Marquesas, n. bis Ryukus, s. bis Neukaled., Mozambique

5 *Dermatolepis striolata* (Playfair & Günther) **Ozelot-Zackenbarsch** 85 cm
Ökologie: trübe, geschützte Fels- und Korallenriffe, bis über 70 m.
Verbreitung: Südafrika bis Oman, ö. bis Seychellen (häufig um Aldabra)

6 *Cephalopholis boenak* (Bloch) **Braungestreifter Zackenbarsch** 26 cm
Cephalopholis Arten haben DIX Stachelstrahlen und meistens runde Schwanzränder.
Ökologie: geschützte Lagunenriffe, 1-20 m. In felsigen, korallenreichen und oft trüben Riffen. Versteckt lebend. Frißt vorwiegend Krebse. Fehlt auf den meisten Ozeaninseln.
Verbreitung: Ostafrika bis Vanuatu, n. bis s. Japan, s. bis Queensland, Mozambique

7 *Cephalopholis formosa* (Shaw) **Blaustreifen-Zackenbarsch** 34 cm
Ökologie: flache, geschützte Küstenriffe; auf toten und versandeten Riffen, 2->30 m. Versteckt sich gern in Spalten und Höhlen. Wenig scheu.
Verbreitung: Ostafrika bis Neuguinea, n. bis s. Japan, s. bis GBR, Natal (?)

8 *Cephalopholis polleni* (Bleeker) **Harlekin-Zackenbarsch** 35 cm
Ökologie: in Höhlen und Spalten von tiefen Hängen, 10-120 m. Auch frei über Riffen.
Verbreitung: Komoren bis Line I., n. bis Ryukyus, s. bis Christmas I., Mauritius

9 *Cephalopholis microprion* (Bleeker) **Brauner Zackenbarsch** 23 cm
Ökologie: flache, versandete Riffe mit abgestorbenen Korallen, 2->30 m. Scheu.
Verbreitung: Andaman Sea bis Bali, Flores, n. bis Philippinen. s. bis Neukaledonien

10 *Cephalopholis sp.* **Sternen-Zackenbarsch** ca. 25 cm
Sehr ähnlich wie *C. argus* und *C. microprion,* aber blaue Flecken kleiner und viel zahlreicher. Zeigt oft breite, helle Bänder wie viele *Ephinephelus* Arten in Sekundenschnelle.
Ökologie: Korallenflecken oder poröse Felsen mit vielen Verstecken, 3->25 m. Im allgemeinen in kleinen Gruppen innerhalb desselben Reviers. Von den Autoren 1992 in Thailand entdeckt.
Verbreitung: Similan I., Andaman Sea, w. Indonesien

11 *Cephalopholis argus* (Schneider) **Pfauen-Zackenbarsch** 40 cm
Ökologie: Lagunen und Außenriffe, 1->40 m, besonders in Gebieten mit klarem Wasser und reichem Korallenbewuchs. Junge oft auf flachen, geschützten Fleckriffen. Häufig - mit Ausnahme des R. Meeres. Gefahr von Ciguateravergiftung.
Verbreitung: Rotes Meer bis Pitcairn I., n. bis s. Japan, s. bis Lord Howe, Durban

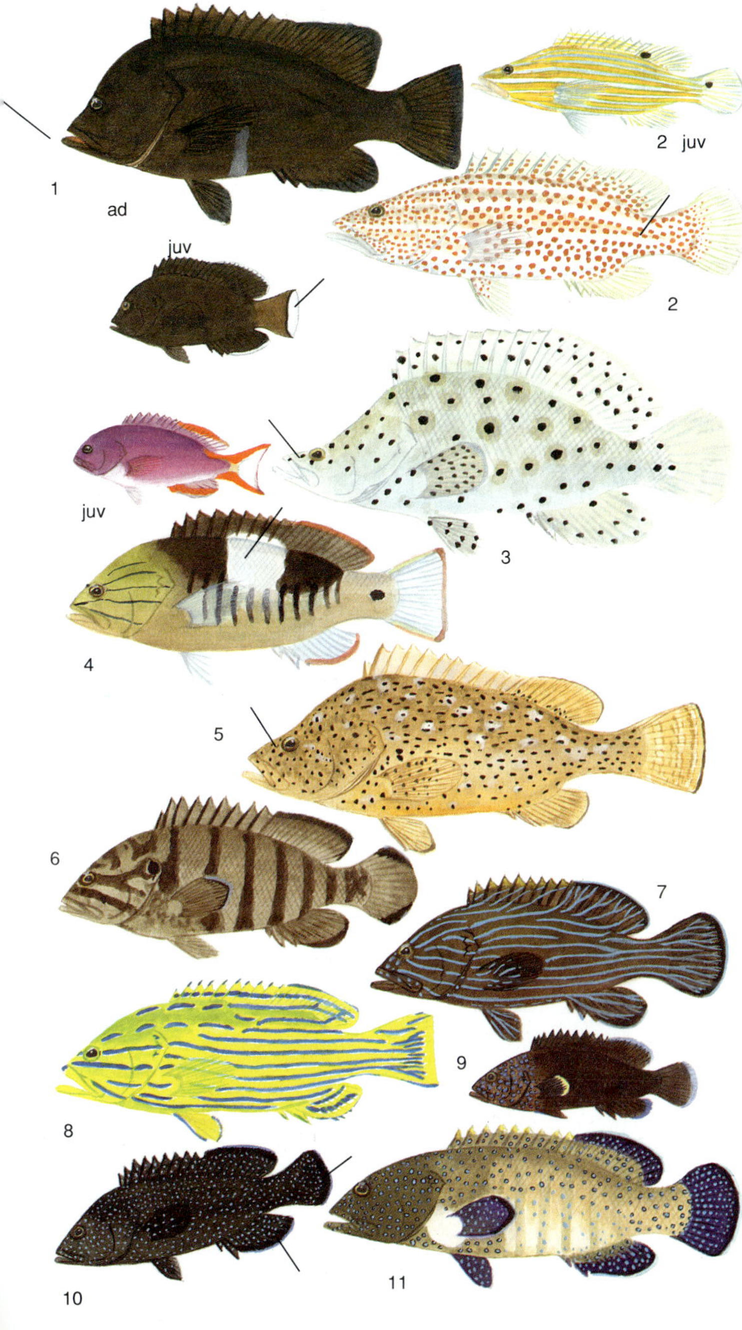
1
ad
juv
2 juv
2
juv
3
4
5
6
7
8
9
10
11

25 ZACKENBARSCHE

1 *Cephalopholis miniata* (Forsskål) **Juwelen-Zackenbarsch** 41 cm
Rot mit blauen Flecken, die schwarz umrandet sind. Junge sind gelb. Ähnelt manchmal *C. sexmaculata,* wenn er in Streßsituationen Streifen bekommt.
Ökologie: Riffkanäle und Außenriffe mit reichem Korallenbewuchs und klarem Wasser, 2–150 m. Häufig. Beliebtes Fotoobjekt. Wenig scheu.
Verbreitung: Rotes Meer bis Line I., n. bis s. Japan, s. bis Lord Howe, Natal

2 *Cephalopholis oligosticta* Randall & Ben-Tuvia **Vermilon-Zackenbarsch** 30 cm
Orange-rot mit wenigen hellblauen Punkten, die in Reihen angeordnet sein können.
Ökologie: bevorzugt tote Saumriffe mit Korallengeröll, 15–45 m. Wenig scheu.
Verbreitung: Rotes Meer

3 *Cephalopholis sexmaculata* (Rüppell) **Sechsstreifen-Zackenbarsch** 47 cm
Hellrot mit kurzen, blauen Streifen am Auge. Sechs rot-braune Bänder an der Seite. Wird oft mit *C. miniata* verwechselt, der manchmal ähnlich gebändert ist.
Ökologie: in Höhlen und Spalten von steilen Außenriffen, 6–150 m. Oft kopfüber in Höhlen schwimmend. Im Roten Meer häufig im offenen Wasser von Fleckriffen. Scheu.
Verbreitung: R. Meer bis Tuamotus, n. bis s. Japan, s. bis L. Howe, s. Mozambique

4 *Cephalopholis hemistiktos* (Rüppell) **Rotmeer-Zackenbarsch** 35 cm
Rotbraun, in Tiefen ab 30 m rot. Oft helle Zone auf der Schwanzwurzel.
Ökologie: häufigste Art der Gattung im Roten Meer, 2–>60 m. Verschiedene Habitate, besonders an Korallenköpfen oder auf offenen Fleckriffen. Einzeln, immer in Versecknähe. Fressen vorwiegend Fische und Krebse.
Verbreitung: Rotes Meer, Arabischer Golf bis Pakistan

5 *Cephalopholis leopardus* (Lacépède) **Leopard-Zackenbarsch** 24 cm
Zwei schwarze Flecken auf der Schwanzwurzel. Dunkler Streifen auf dem Kiemendeckel. Ähnelt braunen Exemplaren von *C. urodeta,* der aber keine dunklen Flecken auf der Schwanzwurzel hat.
Ökologie: Lagunen und Außenriffe mit reichem Korallenbewuchs oder auf Felsen, 1–40 m. Versteckte Lebensweise. Oft auf Korallen lauernd.
Verbreitung: Ostafrika bis Tuamotus, n. bis Yaeyamas I., s. bis GBR, Mozambique

6 *Cephalopholis urodeta* (Forster) **Feuer-Zackenbarsch** 27 cm
Typisches blaues U-förmiges Band im Schwanz. Grundfarbe variabel: rot bis braun. Indische Ozean Variante: ssp. *nigripinnis* (Nr. 6 b), ohne Band im Schwanz.
Ökologie: flache Lagunen und Außenriffe mit reichem Korallenbewuchs und klarem Wasser, 1–40 m. Lauert oft auf Korallen. Frißt Fische. Häufig. Wenig scheu.
Verbreitung: ssp. *nigripinnis:* Ostafrika bis Similan I., Christmas I., s. Natal; ssp: *urodeta:* Christmas I. bis Marquesa I., n. bis s. Japan, s. bis Neukaledonien, Rapa I.

7 *Cephalopholis spiloparaea* (Valenciennes) **Erdbeer-Zackenbarsch** 21 cm
Pink mit roten Flecken. Hellblauer Saum an 2. Rücken- , Schwanz- und Afterflosse.
Ökologie: klare, korallenreiche Außenriffe; 15–>108 m, häufig unterhalb 30 m. Selten auf kontinentalen Riffen.
Verbreitung: Ostafrika bis Pitcairn I., n. bis Ryukyus, s. bis Neukaledonien, Réunion

8 *Cephalopholis aurantia* (Valenciennes) **Gold-Zackenbarsch** 29 cm
Rot-orange mit dunklen Rändern auf der 2. Rücken-, After- und Schwanzflosse. Der pazifischen Variante (früher *C. analis*) fehlt der schwarze Saum im Schwanz.
Ökologie: steile Außenriffhänge, 40–250 m. Oft auf Fischmärkten zu finden.
Verbreitung: Ostafrika bis Society I., n. bis Ryukyus, s. bis Neukaledonien, Durban

9 *Cephalopholis sonnerati* (Valenciennes) **Tomaten-Zackenbarsch** 57 cm
Hochrückig mit konkaver Stirn. Grundfarbe variabel: rote bis braune Bänder. Juv. (< 10 cm) schwarzbraun mit weißem Schwanzrand, manchmal mit gelben Kopfflecken.
Ökologie: tiefe Lagunen und Außenriffe, 12–150 m; gewöhnlich auf Fleckriffen mit offenem Untergrund unterhalb 25 m. Juv. an Schwämmen oder Korallenköpfen. Bei der Balz starker Farbwechsel von rotbraun bis sandfarben.
Verbreitung: Ostafrika bis Samoa, n. bis s. Japan, s. bis Tonga, GBR, Durban

10 *Cephalopholis cyanostigma* (Valenciennes) **Blauflecken-Zackenbarsch** 35 cm
Juvenile braun mit gelben Flossen.
Ökologie: flache, geschützte, korallenreiche Küstenriffe; 2–50 m. Auch auf Seegraswiesen. Häufig auf Korallen lauernd. Frißt Krebse und Fische.
Verbreitung: w. Thailand bis Salomon I., n. bis Philippinen, s. bis Queensland

1
juv
2
3
4
5
6a
7
6b
var
8
9
10 juv
10
9 var

26 ZACKENBARSCHE

1 *Epinephelus lanceolatus* (Bloch) **Dunkler Riesenzackenbarsch** 270 cm
Alle *Epinephelus* Arten haben DXI Stachelstrahlen. Die Stachelstrahlen werden bei dieser Art nach hinten länger. Größter Knochenfisch in Korallenriffen, ca. 400 kg schwer.
Ökologie: Lagunen und Außenriffe, 3->100 m. Oft in Höhlen und Wracks. Junge können im Brackwasser, Adulte in tiefen Flußdeltas vorkommen. Frißt Fische und große Krebse wie Hummer und sogar kleine Haie sowie Schildkröten. Tödliche Angriffe auf Menschen nicht bestätigt. Selten. Ciguateragefahr bei großen Exemplaren.
Verbreitung: Rotes Meer bis Polynesien, n. bis s. Japan, s. bis NSW, Natal

2 *Epinephelus tukula* Morgans **Gefleckter Riesenzackenbarsch** 100 kg, 200 cm
Ökologie: klare, korallenreiche Riffe, oft auch an Schiffswracks, bis 150 m. Wenig scheu und gelegentlich aufdringlich. Große Ansammlungen zur Laichzeit. Wird leider oft angefüttert - dann potentiell gefährlich für unerfahrene Taucher. Sporadisches Vorkommen.
Verbreitung: Rotes Meer bis GBR, n. bis s. Japan, s. bis Natal

3 *Epinephelus cyanopodus* (Richardson) **Blauer Zackenbarsch** 100 cm
Jungtiere grau mit gelben Flossen (s. Abb.: *E. flavocaeruleus*). Verlieren im Alter das Gelb und bekommen feine schwarze Punkte.
Ökologie: Lagunen und Außenriffe, oft an isolierten Korallenköpfen, 2–150 m.
Verbreitung: s. China bis Kiribati, n. bis s. Japan, Bonin I., s. bis Lord Howe I.

4 *Epinephelus flavocaeruleus* (Lacépède) **Gelbflossen-Zackenbarsch** 90 cm
Adulte wie obige Art - nur blaugrau ohne Punkte. Jungtiere und Subadulte (s. Abb.).
Ökologie: Juvenile auf flachen Riffen und Adulte an Fels- oder Korallenriffen, 10–150 m. Oft sehr ortstreu, bleiben jahrelang an einem Stammplatz.
Verbreitung: Ostafrika bis Andaman Sea, n. bis Persischer Golf, s. bis Mauritius

5 *Epinephelus multinotatus* (Peters) **Weißflecken-Zackenbarsch** 100 cm
Gerader Schwanzrand. Hochrückiger Körper. Junge im hinteren Teil gelb gefärbt.
Ökologie: Küstenriffe bis tiefe, küstenferne Riffe. Zeigt Mimikry des Riffbarsches *Neopomacentrus sindensis* (s. Taf. 84-8), um näher an die Beute zu gelangen.
Verbreitung: Ostafrika bis w. Australien, Indischer Ozean I., n. bis Persischer Golf

6 *Epinephelus ongus* (Bloch) **Perlenketten-Zackenbarsch** 40 cm
Juvenile schwarz mit weißen Flecken, die im Alter größer werden bzw. zu kurzen Ketten verschmelzen. Hintere Flossen mit schwarz-weißem Rand!
Ökologie: flache Küsten- und innere Lagunenriffe, 5–25 m; auch im Brackwasser.
Verbreitung: Ostafrika bis Marshall I., n. bis Ryuk., Pers. Golf s. bis GBR, Mozambique

7 *Epinephelus caeruleopunctatus* (Bloch) **Schneeflocken-Zackenbarsch** 60 cm
Kopfprofil gerade. Unpaarige Flossen kaum gefleckt. Grundfarbe bräunlich.
Ökologie: korallenreiche Gebiete in Lagunen und an Außenriffen, 4–65 m. Bleibt in Verstecknähe wie Höhlen und Spalten. Junge manchmal in Tidentümpeln.
Verbreitung: Ostafrika bis Kiribati, n. bis s. Japan, Arabischer Golf, s. bis GBR, Transkei

8 *Epinephelus summana* (Forsskål) **Summana-Zackenbarsch** 52 cm
Weiße Punkte verschmelzen nicht zu „Perlenketten"!
Ökologie: häufig an Saumriffen und in Lagunen, 1–30 m. Oft in kleinen Gruppen unter Korallenköpfen. Dringt ins Brackwasser. Wenig scheu.
Verbreitung: Rotes Meer und Golf v. Aden

9 *Epinephelus daemelii* (Günther) **Schwarzer Zackenbarsch** 200 cm
Ähnlich: *E. brunneus* (s. China bis Südjapan), aber ohne Schwanzwurzelfleck.
Ökologie: flache Felsriffe, nahe an Höhlen. Große Exemplare nähern sich oft Tauchern und können aggressiv werden.
Verbreitung: NSW, n. N Z, Lord Howe, Kermadec, Norfolk I., Middleton Reefs

10 *Epinephelus rivulatus* (Valenciennes) **Halbmond-Zackenbarsch** 39 cm
Rotbrauner Fleck an der Brustflosse. Kopf mit rötlichen Streifen.
Ökologie: Seegras-, Seetang- und Felszonen oder Korallenriffe; 1–150 m. Einzeln oder in kleinen Gruppen. Selten in Küstennähe.
Verbreitung: Ostafrika bis Salomon I., n. bis s. Japan, s. bis n. NZ, Südafrika

11 *Epinephelus fasciatus* (Forsskål) **Baskenmützen-Zackenbarsch** 40 cm
Ähnlich *E. retouti* (Indopazifik), mit geradem Kopfprofil und geradem Schwanzrand. Regelmäßig auf tiefen Felsriffen (ab 40 m) um Mauritius zu finden.
Ökologie: häufig auf Fels- und Korallenriffen, 1–160 m. Oft zwischen Weichkorallen.
Verbreitung: Rotes Meer bis Frz. Polynes., n. bis s. Japan, s. bis L. Howe, Transkei

1
juv
2
3
4
5
6
7
8
9
10
11
11 var

27 ZACKENBARSCHE

1 *Epinephelus malabaricus* (Bloch & Schneider) **Malabar-Zackenbarsch** >120 cm
Anzahl der schwarzen Tupfen nimmt im Alter zu, Seitenbänder spalten sich auf. 150 kg.
Ökologie: vorwiegend Küstenriffe, gelegentlich Flußmündungen oder küstenferne Riffe mit klarem Wasser und wenig Korallenbewuchs, 2-60 m. Scheu. Frißt vorwiegend Fische und Krebse, gelegentlich Tintenfische.
Verbreitung: Rotes Meer bis Neuguinea, n. bis Ryukyus, s. bis GBR, Transkei

2 *Epinephelus fuscoguttatus* (Forsskål) **Stierkopf-Zackenbarsch** ca. 90 cm
Ökologie: Lagunen und Außenriffe, bevorzugt klares Wasser und korallenreiche Riffe, 1-60 m. Unregelmäßiges Vorkommen. Ciguateragefahr. Scheu.
Verbreitung: Rotes Meer bis Samoa I., n. bis s. Japan, s. bis GBR, Mozambique

3 *Epinephelus polyphekadion* (Bleeker) **Getarnter Zackenbarsch** 75 cm
Ähnlich wie Nr. 2, aber konvexes Kopfprofil und nicht hochrückig.
Ökologie: klares Wasser von Lagunen und an Außenriffen mit reichem Korallenbewuchs, 1->46 m. Frißt vorwiegend Krebse, gelegentlich Fische. Häufig.
Verbreitung: Rotes Meer bis Line I., n. bis s. Japan, s. bis Lord Howe, Ostafrika

4 *Epinephelus tauvina* (Forsskål) **Rotflecken-Zackenbarsch** 75 cm
Weit auseinanderliegende rote Flecken - kein Wabenmuster. Dunkler Rückenfleck.
Ökologie: korallenreiche klare Gebiete in Lagunen und Außenriffen, 1->46 m. Frißt vorwiegend Fische, gelegentlich Krebse. Kann ciguatoxisch sein.
Verbreitung: Rotes Meer bis Frz. Polynesien, n. bis s. Japan, s. bis GBR, Natal

5 *Epinephelus howlandi* (Günther) **Schwarzsattel-Zackenbarsch** 45 cm
Ähnlich: *E. corallicola,* hat aber größere Flecken und nur wenige auf den Brustflossen. Keine Flecken auf dem Bauch. Jungtiere mit weißen Flecken.
Ökologie: Lagunen und Außenriffe, 3->30 m. Häufiger als *E. corallicola.*
Verbreitung: Andaman Sea bis Samoa, Marshall I., n. bis Ryukyus, s. bis GBR

6 *Epinephelus maculatus* (Bloch) **Hochflossen-Zackenbarsch** 50 cm
D III u. IV Stachelstrahlen lang. Polygonale Flecken. Juvenile mit weißen Flecken.
Ökologie: Lagunen und Außenriffe, 2-80 m. Oft an isolierten Korallenköpfen. Jungtiere regelmäßig im Geröll von flachen Lagunen, sehr scheu.
Verbreitung: Cocos Keeling I. bis Samoa I., n. bis s. Japan, s. bis Lord Howe I.

7 *Epinephelus macrospilos* (Bleeker) **Weißbauch-Zackenbarsch** 50 cm
Keine braunen Flecken auf der Brustflosse und dem Bauch. Helle Flossenränder. W. Indischer Ozean: ssp. *cylindricus,* hat enges Wabenmuster wie *E. quoyanus.*
Ökologie: vereinzelt auf Außenriffen oder in Lagunen. Besonders auf felsigen Fleckriffen unter Korallenköpfen, 5-20 m. Scheu. Frißt vorwiegend Krebse.
Verbreitung: Ostafrika bis Malediven, Marshall I., n. bis Ryuk., s. bis GBR, Südafrika

8 *Epinephelus corallicola* (Valenciennes) **Korallen-Zackenbarsch** 50 cm
Kurze Schnauze. Ähnlich: *E. howlandi*, aber Flecken bei gleicher Körperlänge kleiner.
Ökologie: flache, versandete Küstenriffe, auch auf klaren Korallenhängen; 1-23 m.
Verbreitung: Golf v. Thailand bis Salomon I., n. bis Taiwan, s. bis NSW

9 *Epinephelus coioides* (Hamilton) **Estuar-Zackenbarsch** 100 cm
Fünf diagonale braune Bänder, dazwischen rotbraune, pupillengroße Flecken.
Ökologie: trübe Küstenriffe, bis 100 m; auch im Brackwasser.
Verbreitung: Arabischer Golf (häufig) bis GBR, s. bis NSW, n. bis Taiwan

10 *Epinephelus stoliczkae* (Day) **Sand-Zackenbarsch** 38 cm
Ökologie: flache Sandzonen in der Nähe von Korallenköpfen oder kleinen Felsen.
Verbreitung: Rotes Meer, Golf v. Oman bis Pakistan

11 *Epinephelus longispinis* (Kner) **Segelflossen-Zackenbarsch** 55 cm
Lange Stachelstrahlen. Rotbraune Flecken, die hinten länglich werden.
Ökologie: Fels- und Korallenriffe, 1-70 m; wird manchmal auf offenem Grund mit Sand oder Geröll mit Schleppnetzen gefangen.
Verbreitung: Ostafrika bis Indonesien, s. bis Transkei, Mauritius, n. bis Lakkadiven

12 *Epinephelus erythrurus* (Valenciennes) **Wolken-Zackenbarsch** 43 cm
Ökologie: Felsgebiete mit Höhlen, auch auf Korallen und Schlamm, 10-18 m. Gelegentlich auf Schwämmen lauernd. In Thailand häufig.
Verbreitung: Indien bis Indonesien, s. bis Lakkadiven I.

1
2
3
4
5
6 juv
6
7
8
9
10
11
12

28 ZACKENBARSCHE

1 *Epinephelus merra* (Bloch) **Merra-Wabenbarsch** 31 cm
Wabenartige Flecken können zu kurzen Reihen verschmelzen. Keine weißen Punkte.
Ökologie: flache Lagunen und halbgeschützte Außenriffe, vom Tidenbereich bis 50 m.
Verbreitung: Ostafrika bis Frz. Polynesien, n. bis s. Japan, s. bis L. Howe, Transkei

2 *Epinephelus hexagonatus* (Bloch & Schneider) **Weißpunkt-Wabenbarsch** 26 cm
Ecken der Waben mit weißen Punkten. Große hellbraune Kiemendeckelflecken.
Ökologie: flache Außenriffdächer, klare Lagunen und Außenriffe, gewöhnlich flacher als 6 m. Wenig scheu. Um Malediven häufig.
Verbreitung: Ostafrika bis Frz. Polynesien, n. bis Ryukyus, s. bis NZ, Südafrika

3 *Epinephelus quoyanus* (Valenciennes) **Bumerang-Wabenbarsch** 39 cm
Runde und hexagonale Flecken. Bumerang-ähnlicher Fleck unter der Brustflosse.
Ökologie: vorwiegend an Küstenriffen, oft in sehr flachem Tidenwasser. Fehlt an Ozeaninseln. Auch auf versandeten Innenriffen zu finden, oft ab 0,5 m Tiefe.
Verbreitung: Andaman Sea bis Neuguinea, n. bis s. Japan, s. bis NSW

4 *Epinephelus melanostigma* Schultz **Rückenfleck-Wabenbarsch** 33 cm
Dunkler Fleck an der Basis der 1. Rückenflosse. Wabenartige Flecken.
Ökologie: Riffdächer, flache Lagunen und Außenriffe, 0,3-7 m. Sporadisch.
Verbreitung: Ostafrika bis Line I., n. bis s. Japan, s. bis Lord Howe, Durban

5 *Epinephelus spilotoceps* Schultz **Vierfleck-Wabenbarsch** 31 cm
Waben gehen in undeutliche, dunkle Flecken auf dem Rücken über.
Ökologie: äußere Riffdächer, flache Lagunen und Außenriffe. Bevorzugt Inseln. Lauert unter Überhängen, 5- > 30 m. Wenig scheu. Häufig.
Verbreitung: Ostafrika bis Line I., n. bis Lakkadiven Marshall I., s bis GBR. Natal.

6 *Epinephelus miliaris* (Valenciennes) **Netzflossen-Wabenbarsch** 53 cm
Körper mit kleinen und Flossen mit großen hexagonalen Flecken.
Ökologie: Seegraswiesen und Mangrovensümpfe bis hin zu tiefen, schlickigen Küstenriffen, 1-200 m. Sporadisches bis seltenes Vorkommen.
Verbreitung: Ostafrika bis Samoa, n. bis Ryukyus, s. bis Mozambique. Unbekannt von asiatischen und australischen Festlandsküsten

7 *Epinephelus areolatus* (Forsskål) **Polygon-Wabenbarsch** 40 cm
Polygonale, gelbbraune Flecken. Schwanz mit weißem Saum.
Ökologie: Seegraswiesen und kleine Korallenköpfe auf schlickigem Sand, 6-200 m.
Verbreitung: Rotes Meer bis Fiji, n. bis s. Japan, s. bis GBR, Neukaledonien, Natal

8 *Epinephelus chlorostigma* (Valenciennes) **Braunpunkt-Zackenbarsch** 75 cm
Polygonale Flecken sehr klein und nahe beieinander. Weißer Schwanzrand.
Ökologie: Seegraswiesen, Fels- und Korallenriffe von Außenriffen, 4-280 m. Vereinzeltes Vorkommen, aber in bestimmten Gebieten (Seychellen, Natal) häufig.
Verbreitung: Rotes Meer bis Samoa, n. bis s. Japan, s. bis Neukaledonien, Natal

8.1 *Epinephelus gabriellae* Randall & Heemstra **Gabriellas Zackenbarsch** 52 cm
Kleine orange-braune Punkte. Schwanz stärker sichelförmig als bei *E. chlorostigma*
Ökologie: Riffe und Felsgrund, 1-40 m. Häufig.
Verbreitung: s. Oman

9 *Epinephelus socialis* (Günther) **Brandungs-Zackenbarsch** 52 cm
Ökologie: Riffdächer und Brandungsbecken, 0,3-3 m.
Verbreitung: Ozeaninseln von den Marianen bis Frz. Polynesien, Line I.

10 *Epinephelus undulatostriatus* (Peters) **Maori-Zackenbarsch** 60 cm
Ökologie: Außenriffhänge und Felsenriffe, 5-73 m. Vorwiegend subtropisch.
Verbreitung: s. GBR, NSW

11 *Epinephelus bontoides* (Bleeker) **Weißrand-Zackenbarsch** 30 cm
Ökologie: flache Küstenriffe, 0,3-30 m. In Bali häufig. Scheu.
Verbreitung: Indonesien (Bali, Ambon), Philippinen bis Salomon I., n. bis Taiwan

12 *Epinephelus andersoni* Boulenger **Andersons Zackenbarsch** 80 cm
Drei schwarze Streifen auf den Kopf.
Ökologie: Korallen- und Felsriffe, 1-50 m. Juvenile in Tidentümpel.
Verbreitung: Mozambique, Südafrika

1
2
3
4
5
6
7
8
8.1
9
10
11
12

29 ZACKENBARSCHE

1 *Variola louti* (Forsskål) **Mondsichel-Juwelenbarsch** 80 cm
Variable Grundfarbe: rot oder violett mit blauen oder pinkfarbenen Flecken.
Ökologie: korallenreiche Gebiete von Lagunen, Außenriffen und Riffkanälen, 1–150 m. Junge zeigen Mimikry von *Parupeneus forsskali* im Roten Meer. Ernährt sich vorwiegend von Fischen, gelegentlich Krebsen. Häufig in vielen Gebieten. Gefahr einer Ciguatera-vergiftung in bestimmten Gebieten. Ein scheuer Einzelgänger. Aquarium: ungeeignet.
Verbreitung: Rotes Meer bis Marquesas, n. bis s. Japan, s. bis Lord Howe I., Durban

2 *Variola albimarginata* Baissac **Weißsichel-Juwelenbarsch** 60 cm
Schwanzflosse mit dunklem Rand und schmalem, weißem Saum. Grundfarbe variabel. Juvenile rötlich mit weißem Stirnstreifen und weißlichem Bauch.
Ökologie: Außen- und Küstenriffe, 2–100 m, besonders an Riffrändern. Lokal häufig.
Verbreitung: Rotes Meer bis Samoa, n. bis s. Japan, s. bis GBR, Madagaskar

3 *Plectropomus laevis* (Lacépède) **Sattel-Forellenbarsch** 110 cm
Alle *Plectropomus* Arten mit VIII D Stachelstrahlen. Sie fressen fast ausschließlich Fische und schweben in charakteristischer Weise dicht über dem Boden. Farbe variabel: „Sattelphase“ bis 60 cm; gepunktete Phase kann ab 13 cm beginnen. Adulte haben braune oder sogar rote Sattelstreifen auf dem Körper.
Ökologie: korallenreiche Lagunen oder Außenriffe, 4–>90 m. Oft in Riffkanälen. Kann erstaunlich große Fische fressen. Erwachsene Exemplare können ciguatoxisch sein. Gewöhnlich scheu. Aquarium: alle *Plectropomus* Arten wachsen zu schnell.
Verbreitung: Ostafrika bis Tuamotus, n. bis Ryukyus, s. bis Neukaledonien, Südafrika

4 *Plectropomus areolatus* (Rüppell) **Dunkelflossen-Forellenbarsch** 73 cm
Große blaue Flecken dunkel umrandet. Dunkler Schwanz mit weißem Rand.
Ökologie: Lagunen und Außenriffe mit reichem Korallenbewuchs, 1–20 m. Meistens an der Riffkante oder in Riffkanälen anzutreffen. Zur Fortpflanzungszeit kommt es zu großen Ansammlungen. Scheuer Einzelgänger.
Verbreitung: Rotes Meer bis Samoa, n. bis Ryuk., s. bis GBR, Mauritius, Malediven

5 *Plectropomus leopardus* (Lacépède) **Leopard-Forellenbarsch** 70 cm
Viele kleine, blaue Punkte auf bräunlichem oder rotem Untergrund. Blauer Augenring ist meistens vorhanden.
Ökologie: Lagunen und Außenriffe, 3–100 m. Bevorzugt Riffhänge mit reichem Korallenbewuchs. Bleibt mehrere Monate in einem Revier. ♂ patroulliert während der Balz eine breite Zone am Riffrand. Nachts inaktiv unter Überhängen. Häufigste *Plectropomus* Art am am Innenriff des GBR und in der Coral Sea.
Verbreitung: Indochina, Bali bis Fiji, n. bis s. Japan, s. bis Neukaledonien, s. GBR

6 *Plectropomus pessuliferus* (Fowler) **Panther-Forellenbarsch** 90 cm
Ssp. *pessuliferus*: hat blaue, weit auseinanderliegende Punkte am Kopf. Grundfarbe rot oder braun. Ssp. *marisrubri*: häufig blaue Streifen am Kopf. Zeigt oft unregelmäßige Bänder. Beide haben seitlich kurze blaue Streifen!
Ökologie: Ssp. *marisrubri* häufig auf Saumriffen und auf Seegraswiesen des Roten Meeres. Ssp. *pessuliferus* findet sich auf tiefen Inselriffen vorwiegend von 25–147 m, seltener in Lagunen. Zur Laichzeit an küstenfernen Riffen in großen Ansammlungen.
Verbreitung: ssp. *marisrubri*: Rotes Meer; ssp. *pessuliferus*: Ostafrika bis Fiji

7 *Plectropomus oligacanthus* (Bleeker) **Blaustreifen-Forellenbarsch** 65 cm
Blaue horizontale Linien am Kopf und senkrechte an den Seiten. Hohe 2. Rückenflosse.
Ökologie: bewohnt korallenreiche Außenriffe, 5–35 m. Einzeln oder in kleinen Gruppen, besonders an Dropoffs. Häufig um Palawan und Flores, sonst selten.
Verbreitung: Java bis Salomon I., n. bis Philippinen, s. bis n. GBR, nw. Australien

8 *Plectropomus maculatus* (Bloch) **Kinnstreifen-Forellenbarsch** 70 cm
Wenige blaue Streifen, besonders am Kopf. Weißer Schwanzsaum.
Ökologie: an Küstenriffen, 1–60 m. Fehlt an klaren, küstenfernen Riffen.
Verbreitung: w. Thailand bis Salomon I., n. bis Philipp., s. bis GBR, w. Australien

9 *Plectropomus punctatus* (Quoy & Gaimard) **Afrikanischer Forellenbarsch** 96 cm
Ökologie: einzeln auf flachen Fels- und Korallenriffen, 3–62 m. Lauert unter Überhängen oder zwischen Korallenköpfen oder driftet in kleinen Gruppen dicht (0,5–1 m) über dem Subtrat. In Ostafrika und Seychellen häufig.
Verbreitung: Ostafrika bis Chagos I., s. bis Mauritius, Madagaskar

1
2
juv
3
4
5 var
5
6a
6b
7
8
9

30 SEIFENBARSCHE, MIRAKELBARSCHE

Tribus Seifenbarsche *(Diploprionini, Grammistini, Pseudogrammatini):* barschähnliche Fische, die ein Hautgift produzieren (*Grammistin*). Dieses bittere Gift schützt sie vor Raubfischen und kann andere Fische in einem Aquarium töten. Arten wie *Grammistops, Aporops* und *Pseudogramma* leben immer versteckt tief in Riffen und werden kaum gesehen. Aquarium: einige haltbar, können jedoch nur isoliert gehalten werden.

1 *Grammistes sexlineatus* (Thunberg) **Sechsstreifen-Seifenbarsch** 30 cm
Bei großen Exemplaren lösen sich die langen gelben Streifen zu kurzen auf.
Ökologie: Riffdächer, Lagunen und Außenriffe, 2->20 m. In Höhlen und Spalten. Kommt nur vorübergehend aus dem Versteck, besonders bei Sonnenuntergang.
Verbreitung: Rotes Meer bis Frz. Polynesien, n. bis s. Japan, s. bis GBR, Natal

2 *Aulacocephalus temmincki* (Bleeker) **Blauer Seifenbarsch** 40 cm
Ökologie: Felsriffe, 20->120 m. In Höhlen und Spalten.
Verbreitung: vorwiegend subtropisch: Südafrika, Maskarenen, sö. Asien, NZ und Rapa I.

3 *Diploprion bifasciatum* Cuvier **Schwarzgelber Seifenbarsch** 25 cm
Schwarze Variante ist z.B. im GBR in größeren Tiefen zu finden.
Ökologie: Fels- und Korallenriffe, 1-20 m. Auch in Lagunen. Am Tage selten zu beobachten, da sie versteckt in Höhlen und Spalten leben.
Verbreitung: Indien bis Neuguinea, n. bis s. Japan, s. bis Lord Howe I.

4 *Diploprion drachi* Estève **Rotmeer-Seifenbarsch** 14 cm
Ökologie: Fels- und Korallenriffe, 5-20 m. Schwimmt parallel mit anderen Fischen, um näher an seine Beute heranzukommen. Oft in Höhlennähe; meistens scheu.
Verbreitung: Rotes Meer und Golf v. Aden

5 *Belanoperca chabanaudi* Fowler & Bean **Leuchtfleck-Seifenbarsch** 15 cm
Ökologie: korallenreiche Dropoffs, 4-50 m. Schwebt im offenen Wasser von Höhlen; wirkt unter Wasser bis auf die Schwanzwurzel schwarz. Einzeln und sehr scheu.
Verbreitung: Ostafrika bis Samoa, n. bis Ryukyus, s. bis Neukaledonien, Natal

6 *Pogonaperca punctata* (Valenciennes) **Schneeflocken-Seifenbarsch** 35 cm
Ökologie: klare Außenriffe, 25-120 m. Selten in Ozeanien. Versteckt lebend.
Verbreitung: Komoren bis Frz. Polynesien, n. bis s. Japan, s. bis Neukaledonien

Mirakelbarsche *(Plesiopidae):* längliche Fische mit großem Maul, großen Augen und langen Bauchflossen. Die meisten tropischen Arten leben versteckt. Einige große und farbenprächtige Arten leben in den Subtropen (Australien). Fressen Fische und Krebse. Brutpflege. Aquarium: einige gut haltbar.

7 *Calloplesiops altivelis* (Steindachner) **Augenfleck-Mirakelbarsch** 16 cm
Synonym *„C. argus"* ist nur eine Farbvariante mit weißem Schwanzfleck.
Ökologie: Außenriffe, 3-45 m. Am Tage unter Überhängen und in Höhlen. Bei Beunruhigung stecken sie ihren Kopf in einen Spalt, so daß der Schwanz herausragt, der dann dem Kopf der Muräne *Gymnothorax meleagris* ähnelt (Mimikry?). (Taf. 6-5).
Verbreitung: Rotes Meer bis Line I., n. bis s. Japan, s. bis GBR, Tonga, Mozambique

8 *Plesiops corallicola* Bleeker **Blaukiemen-Mirakelbarsch** 16 cm
Ökologie: exponierte Außenriffdächer und Außenriffe, 1-23 m. Häufig - aber am Tag versteckt in Höhlen lebend. Jagt nachts kleine Wirbellose und Fische.
Verbreitung: Madagaskar bis Line I., n. bis s. Japan, s. bis GBR, Tonga

9 *Plesiops nigricans* (Rüppell) **Schwarzer Mirakelbarsch** 14 cm
Ökologie: einzeln und versteckt in Höhlen, Spalten und unter Korallen, 5-30 m.
Verbreitung: Rotes Meer

10 *Plesiops caeruleolineatus* (Rüppell) **Blauflossen-Mirakelbarsch** 8 cm
Ökologie: exponierte Außenriffe, bis 25 m. Häufig - aber selten zu beobachten.
Verbreitung: Rotes Meer bis Samoa, n. bis s. Japan, s. bis s. GBR, Natal

11 *Assessor flavissimus* Allen & Kuiter **Gelber Mirakelbarsch** 5,5 cm
Ökologie: Lagunen und Außenriffe, 5-20 m. In Gruppen in Höhlen, oft „kopfüber" schwimmend. Männchen sind Maulbrüter.
Verbreitung: n. GBR

12 *Assessor macneilli* Whitley **Indigo Mirakelbarsch** 6 cm
Ökologie: Lagunen und Außenriffe, 5-20 m. In Gruppen in Höhlen, oft „kopfüber" schwimmend. Männchen sind Maulbrüter. Ähnlich: *A. randalli* (Ryukyus).
Verbreitung: n. GBR und Neukaledonien

1
2
3
var
4
5
7
8
9
10
11
12

31 ZWERGBARSCHE

Zwergbarsche *(Pseudochromidae):* kleine, oft brilliant gefärbte, längliche Fische mit einer Rückenflosse. Die meisten Arten bleiben in Spalten, zwischen Korallen oder Korallengeröll. Sie ernähren sich von kleinen Wirbellosen und Fischen. Männchen werden größer als Weibchen und bewachen oft die Eiballen. Territorial. Aquarium: einige gut haltbar, aber aggressiv.

1 *Pseudochromis fridmani* Klausewitz **König Salomon Zwergbarsch** 6 cm
Ökologie: vertikale Felswände oder unter Überhängen, in der Nähe von Löchern oder Spalten, 1-60 m. Oft hohe Siedlungsdichte: 4-6 Ex. pro qm. Wenig scheu.
Verbreitung: Rotes Meer

2 *Pseudochromis porphyreus* Lubbock & Goldman **Magenta-Zwergbarsch** 6 cm
Ökologie: steile Dropoffs und Wände von Riffkanälen, 6-65 m. In Verstecknähe.
Verbreitung: Philippinen, Molukken bis Samoa, n. bis Ryukyus, Karolinen I.

3 *Pseudochromis paccagnellae* Axelrod **Nymphen-Zwergbarsch** 7 cm
Ökologie: steile Außenriffhänge, nahe an Korallen, 5-40 m. Immer in Verstecknähe.
Verbreitung: Indonesien bis Melanesien, n. bis Philippinen, s. bis n. Australien

4 *Pseudochromis diadema* Lubbock **Diadem-Zwergbarsch** 6 cm
Ökologie: Riffhänge oder Riffbasen; in Gruppen zwischen Korallen oder Felsen, 10-30 m. Relativ scheu.
Verbreitung: Östliche Malayenhalbinsel, westliche Philippinen

5 *Pseudochromis flavivertex* Rüppell **Gelbblauer Zwergbarsch** 7 cm
Ökologie: am Fuße von kleinen Felsen oder Korallentürmen auf Sandböden, 2-30 m.
Verbreitung: Rotes Meer, Golf von Aden

6 *Pseudochromis cyanotaenia* Bleeker **Brandungs-Zwergbarsch** 6 cm
Weibchen: Kopf und Unterseite grau-weiß. Ähnlich: *P. coccinicauda* (Malediven).
Ökologie: exponierte Riffdächer oder Riffkanten, 0-20 m. Paare leben versteckt.
Verbreitung: Indonesien bis Fiji, n. bis Ryukyus, s. bis GBR

7 *Pseudochromis tapeinosoma* Bleeker **Schwarzband-Zwergbarsch** 6 cm
Weibchen: ohne schwarzes Band in der Rücken- und Schwanzflosse.
Ökologie: Tidentümpel und Lagunen, 2-60 m. Zwischen Korallen.
Verbreitung: Timor, n. bis Ryukyus (häufig), ö. bis Karolinen I.

8 *Pseudochromis dutoiti* Smith **Kobaltblauer Zwergbarsch** 9 cm
Ähnlich: *P. aldabrensis* (Aldabra, Arab. Golf, Pakistan, Oman).
Ökologie: in Spalten von Küstenfelsen und Korallen. ♂ bewacht Eier in Muscheln.
Verbreitung: Ostafrika, s. bis Südafrika

9 *Pseudochromis marshallensis* Schultz **Marshall-Zwergbarsch** 8 cm
Ähnlich: *P. andamansis* (Andaman Sea), lebt auf korallenreichen Riffen.
Ökologie: Lagunen und Außenriffe, bis mindestens 10 m.
Verbreitung: Philippinen bis Marshall I., Vanuatu, n. bis Taiwan, s. Neukaledonien

10 *Pseudochromis fuscus* Müller & Troschel **Dunkler Zwergbarsch** 9 cm
Drei Farbvarianten (s. Abb.). Ähnlich: *P. natalensis* (Ostafrika bis Madagaskar).
Ökologie: Lagunen, Außenriffe, 0,3-30 m. Zwischen Korallen. Oft in nur 0,3 m tiefem Wasser des Riffdachs, wo er in toten Korallenblöcken Zuflucht sucht.
Verbreitung: Indien bis Salomon I., n. bis Taiwan, s. bis Neukaledonien, GBR

11 *Pseudochromis olivaceus* Rüppell **Olivgrüner Zwergbarsch** 9 cm
Ähnlich: *P. linda* (Arabischer Golf, Somalia, Oman).
Ökologie: flache, korallenreiche Riffe 1-20 m.
Verbreitung: Rotes Meer

12 *Pseudochromis melas* Lubbock **Kiemenfleck-Zwergbarsch** 9 cm
Ökologie: wenig bekannt, gesammelt aus Tiefen von 15-20 m. Höhlenbewohner.
Verbreitung: Ostafrika, s. bis Südafrika

13 *Pseudochromis paranox* Lubbock & Goldman **Mitternachts-Zwergbarsch** 7 cm
Ökologie: in oder in der Nähe von Löchern oder zwischen Korallen, 0,5->20 m. Zeigt Mimikry von *Centropyge nox* (s. Taf. 69-2)
Verbreitung: sw. Pazifik, Salomon I., GBR

14 *Pseudochromis wilsoni* (Whitley) **Gelbflossen-Zwergbarsch** 8 cm
Ökologie: in Geröll und Spalten von Küstenriffen.
Verbreitung: n. Australien

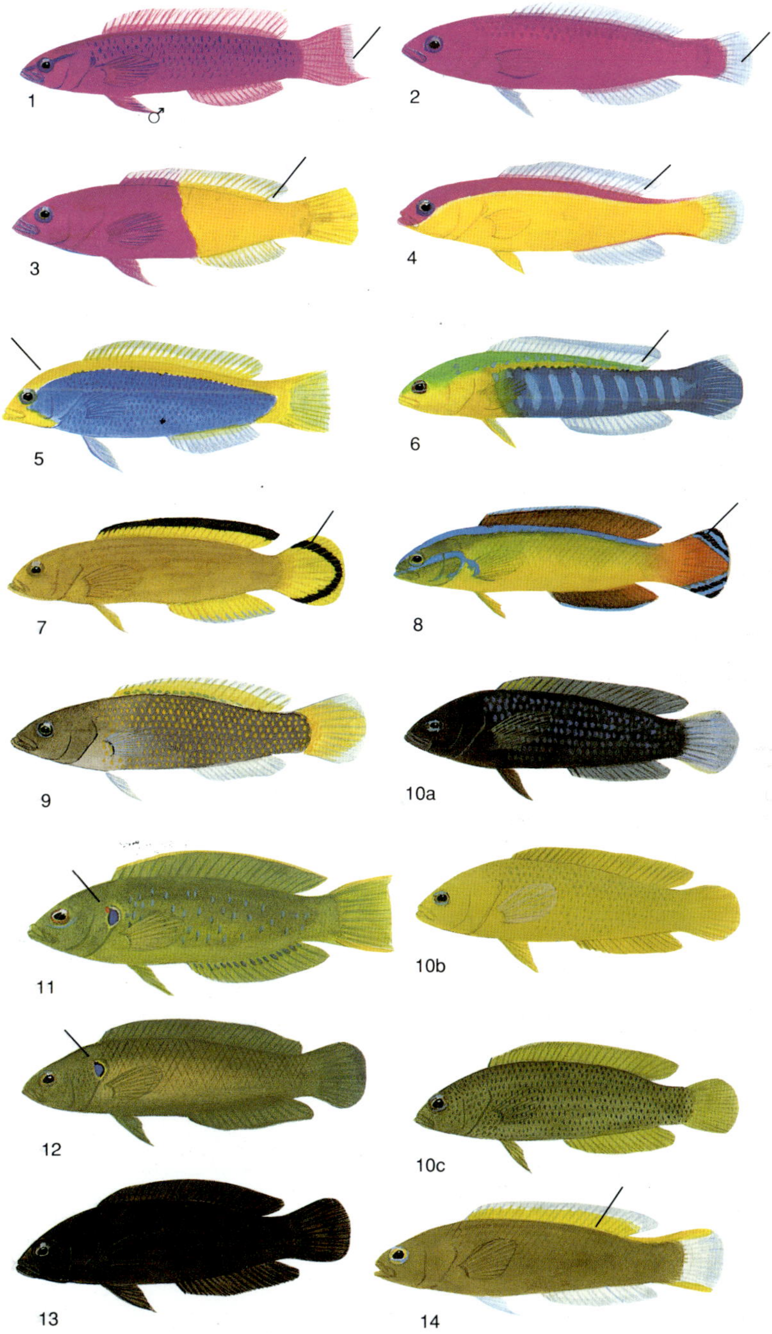
1
♂
2
3
4
5
6
7
8
9
10a
11
10b
12
10c
13
14

1 *Pseudochromis springeri* Lubbock **Kobalt-Zwergbarsch** 5,5 cm
Ökologie: Lagunen und Außenriffe, 2-60 m. Einzeln in Korallenstocknähe. Häufig.
Verbreitung: Rotes Meer, Golf von Aden

2 *Pseudochromis pesi* Lubbock **Zweifarben-Zwergbarsch** 10 cm
Ökologie: isolierte Felsen oder Korallen auf Sand, 10-45 m. Paarweise oder einzeln.
Verbreitung: Golf von Aqaba (Rotes Meer), Südafrika

3 *Pseudochromis dixurus* Lubbock **Gabelschwanz-Zwergbarsch** 9 cm
Ökologie: in Höhlen oder in der Nahe von versandeten Felsen, 5-60 m.
Verbreitung: Rotes Meer

4 *Pseudochromis sankeyi* Lubbock **Streifen-Zwergbarsch** 7 cm
Ökologie: Fels- und Korallenüberhänge, oft in Kolonien: 2-18 m.
Verbreitung: sw. Rotes Meer, Golf v. Aden

5 *Pseudochromis bitaeniatus* (Fowler) **Doppelstreifen-Zwergbarsch** 7 cm
Ökologie: korallenreiche Küstenriffe, 1- > 20 m. Einzeln zwischen Korallen.
Verbreitung: Indonesien (Flores) bis Oueensland, n. bis Philippinen

6 *Pseudochromis perspicillatus* Günther **Rückenstreifen-Zwergbarsch** 12 cm
Ökologie: Fels- und Korallenriffe; auf Sand oder Geröll mit Schlick, 3-18 m.
Verbreitung: s. China bis Malaysia, Philippinen, Indonesien

7 *Pseudochromis tauberae* Lubbock **Rotaugen-Zwergbarsch** 6 cm
Ökologie: innerhalb flacher Saumriffe, bis 6 m.
Verbreitung: Ostafrika bis Südafrika, ö. bis Madagaskar

8 *Pseudochromis flammicauda* Lubbock & Goldman **Feuerschwanz-Zwergbarsch** 5,5 cm
Ökologie: in oder in der Nähe von Fels- oder Korallenspalten, 3-10 m.
Verbreitung: GBR

9 *Pseudochromis quinquedentatus* McCulloch **Gepunkteter Zwergbarsch** 9,5 cm
Ökologie: Korallenriffe, an Vorsprüngen auf Sand und Geröll.
Verbreitung: n. Australien

10 *Pseudochromis pylei* Randall & McCosker **Pyles Zwergbarsch** 8 cm
Ökologie: an der Basis von Hängen oder Dropoffs. Korallenfelsen und auf Sand, 40-55 m.
Verbreitung: Flores Sea, Banda Sea (Indonesien)

11 *Pseudochromis steenei* Gill & Randall **Steenes Zwergbarsch** 12 cm
Dimorph (s. Abb.). Ähnlich: *P. moorei* (Philipp.). *P. quinquedentatus* (n. Australien).
Ökologie: Küsten- und Fleckriffe mit lockeren Hängen, > 18 m. Sehr aggressiv.
Verbreitung: Bali bis Flores

12 *Pseudochromis persicus* Murray **Persischer Zwergbarsch** 10 cm
Ökologie: Küstenriffe. Einzeln in veralgten Fels- sowie Korallenspalten, 1-25 m.
Verbreitung: Arabischer Golf bis Pakistan

13 *Pseudochromis jamesi* Schultz **Schwanzfleck-Zwergbarsch** 5,5cm
Weibchen purpur-braun mit einem dunklen Fleck unter dem weißen.
Ökologie: Riffdächer und Lagunenriffe.
Verbreitung: GBR bis Samoa

14 *Pseudochromis polynemus* Fowler **Langflossen-Zwergbarsch** 12 cm
Ökologie: zwischen dichten Korallen steiler Außenhänge, bis ca. 15 m. Nicht häufig.
Verbreitung: Molukken, Philippinen und Palau

15 *Pseudochromis splendens* Fowler **Pracht-Zwergbarsch** 13 cm
Ökologie: Lagunen, Riffdächer und Außenriffhänge. Bevorzugt Dropoffs, 2-40 m.
Verbreitung: Flores (häufig), Dowarra I., Molukken (Indonesien), nw. Australien

16 *Pseudochromis colei* Herre **Augenring-Zwergbarsch** 7 cm
Ökologie: Außenriffe mit isolierten Riffköpfen. Scheu.
Verbreitung: Philippinen (Culion I.), n. Indonesien

17 *Pseudochromis aldabraensis* Bouchot-Bouton **Aldabra-Zwergbarsch** 10 cm
Ökologie: Auf Korallenschutt von Felsriffen, 7-25 m.
Verbreitung: Arabischer Golf bis Sri Lanka, s. bis Aldabra

1
2
3
4
5
6 ♂
7
8
9
10
♂
♀
11
12
13
14
15
16
17

1 *Cypho purpurascens* (DeVis) **Teufels-Zwergbarsch** 7,5 cm
Ökologie: Korallenriffe, in oder in der Nähe von Spalten. Einzeln, 5-35 m.
Verbreitung: Admirality I., Neuguinea, GBR, Vanuatu

2 *Labracinus cyclophthalmus* (Müller & Troschel) **Flammen-Zwergbarsch** 20 cm
Ökologie: in Verstecknähe von Korallen oder Felsen flacher Riffe, 2-20 m.
Verbreitung: Indonesien bis s. Japan, ö. bis Neuguinea.

3 *Labracinus lineatus* (Castelnau) **Streifen-Zwergbarsch** 25 cm
Ökologie: in oder nahe an Spalten von Felsen oder Korallen flacher Riffe.
Verbreitung: nw. Australien

4 *Labracinus melanotaenia* (Bleeker) **Orangener Zwergbarsch** 20 cm
Ökologie: häufig auf flachen Riffen mit reichem Korallenbewuchs, 1-15 m.
Verbreitung: Philippinen, Borneo, Sulawesi, Molukken

5 *Chlidichthys bibulus* (Smith) **Rotkäppchen-Zwergbarsch** 6 cm
Ökologie: häufig in Seegraswiesen, seltener in Korallennähe.
Verbreitung: Ostafrika, s. bis Mozambique (vielleicht verbreiteter)

5.1 *Chlidichthys johnvoelckeri* Smith **Kirsch-Zwergbarsch** 6 cm
Ökologie: In Höhlen, Spalten oder zwischen Korallenköpfen, 12-75 m. Einzeln oder paarweise.
Verbreitung: Ostafrika: von Pemba bis Natal, Komoren

5.2. *Chlidichthys inornatus* Lubbock **Gelber Zwergbarsch** 5 cm
Ökologie: zwischen Felsen oder toten Koralen, oft in Felsspalten, 2-20 m.
Verbreitung: Chagos, Malediven, Sri Lanka

6 *Ogilbyina novaeahollandiae* (Steindachner) **Vielfarben-Zwergbarsch** 10 cm
Ökologie: einzeln in Fels- und Korallenlöchern, 10-20 m. In Höhlen.
Verbreitung: sw. Pazifik, GBR

7 *Ogilbyina queenslandiae* (Saville-Kent) **Queensland-Zwergbarsch** 15 cm
Ökologie: in Fels- und Korallenlöchern, 10-20 m. In oder nahe an Löchern.
Verbreitung: GBR

8 *Ogilbyina velifera* (Lubbock) **Spitzschwanz-Zwergbarsch** 12 cm
Ökologie: in der Nähe von Fels- oder Korallenformationen auf Sandböden, 12-35 m.
Verbreitung: GBR

Aalbarsche *(Congrogadinae):* Aalförmiger Körper, lange Rücken- und Analflossen.

9 *Haliophis guttatus* (Forsskål) **Afrikanischer Aalbarsch** 14 cm
Ökologie: zwischen Felsen und Geröll von flachen Riffen.
Verbreitung: Rotes Meer, Ostafrika, Madagaskar

9.1 *Haliophis diadema* (Winterbottom & Randall) **Sternenbanner-Aalbarsch** 10 cm
Ökologie: Felsenriffe, 8-11 m. Versteckt sich zwischen Diademseeigel-Stacheln
Verbreitung: s. Oman

10 *Congrogadus subducens* Richardso **Pazifischer Aalbarsch** 45 cm
Ökologie: lebt in Höhlen und Spalten von Korallenriffen.
Verbreitung: Nikobar I. bis Neuguinea, s. bis nw. Australien, s. GBR, n. bis Ryukyus

Morwongs *(Cheilodactylidae):* längliche Fische mit kleinem Maul, dicken Lippen, verlängerten und verdickten Brustflossenstrahlen. Durchgehende Rückenflosse und Gabelschwanz. Fressen kleine, benthische Wirbellose. Schlafen nachts in Höhlen.

11 *Cheilodactylus vestitus* (Castelnau) **Hauben-Morwong** 30 cm
Ökologie: Fels- und Korallenriffe, 5-30 m. Häufig.
Verbreitung: sö. Australien, s. GBR, Lord Howe, Neukaledonien, Norfolk I.

12 *Cheilodactylus vittatus* (Garrett) **Hawaii-Morwong** 41 cm
Ökologie: Außenriffe, gewöhnlich unterhalb 18 m. Nicht häufig.
Verbreitung: Neukaledonien, Lord Howe, Kermadec, Hawaii I.

13 *Cheilodactylus plessisi* Randal **Plessis Morwong** 43 cm
Ökologie: felsiger oder sandiger Untergrund in Felsriffnähe, 0,5-22 m.
Verbreitung: Oster I., Rapa I., Ilots de Bass

14 *Cheilodactylus fuscus* Castlenau **Roter Morwong** 43 cm
Ökologie: Exponierte Küstenriffe mit Felsen oder Korallen.
Verbreitung: Ostaustralien von GBR bis NSW, ö. bis N.Z.

Korallenwächter *(Cirrhitidae):* kleine, barschähnliche Fische mit Cirren an der 1. Rückenflosse. Verdickte untere Brustflossen. Lauern regungslos auf Korallenköpfen oder Vorsprüngen, um Fische und Krebse zu erbeuten. Folgezwitter: zuerst Weibchen, das sich dann in ein Männchen umwandelt.

1
2
3
4
5
5.1
5.2
6
7
9.1
8
9
10
12
11

34 KORALLENWÄCHTER (Büschelbarsche) (allg. Bemerkungen s. Taf. 33)

1 *Paracirrhites arcatus* (Cuvier) **Monokel-Korallenwächter** 14 cm
Farbe variabel: oliv bis rotbraun, weißes Band kann fehlen. Ähnlich: *P. bicolor* (Karolinen), ist vorn dunkel und hinten hell. *P. nisus (Tuamotus),* hat hinten ein dunkel umrandetes, helles Band. *P. xanthus* (Frz. Polynesien), ist gelb.
Ökologie: klare Lagunen und Außenriffe, 1->33 m. Lauert auf kleinen Korallenköpfen wie *Acropora, Pocillopora* und *Stylophora.* Frißt vorwiegend Krebstiere.
Verbreitung: Ostafrika bis Hawaii, n. bis s. Japan, s. bis Neukaledonien, Transkei

2 *Paracirrhites forsteri* (Schneider) **Gestreifter Korallenwächter** 22 cm
Farbe variabel: dunkelbraun mit roten Flecken vorn (*typee*-Phase). Indo-Australische Population: rot bis grün auf dem Rücken.
Ökologie: klare Lagunen und Außenriffe, 1->33 m. Lauert auf kleinen Korallenköpfen. Frißt kleine Fische, gelegentlich Garnelen. Häufig in den meisten Gebieten.
Verbreitung: Rotes Meer bis Hawaii, Marquesas, n. bis s. Japan, s. bis Südafrika

3 *Neocirrhites armatus* Castelnau **Feuer-Korallenwächter** 10 cm
Ökologie: exponierte Außenriffe. Bewohnt Köpfe von *Pocillopora* und *Stylophora* Korallen. Zieht sich bei Annäherung tief in die Korallen zurück.
Verbreitung: Philippinen bis Samoa, n. bis Ryukyus, s. bis Neukaledonien, GBR

4 *Oxycirrhites typus* Bleeker **Langnasen-Korallenwächter** 13 cm
Ökologie: steile, strömungsreiche Hänge, gewöhnlich 12->100 m. Lebt zwischen Gorgonien und Schwarzen Korallen. Frißt kleine Krebse. Nicht häufig.
Verbreitung: Rotes Meer bis Panama, n. bis s. Japan, s. bis Neukaled., Seychellen

5 *Cirrhitus pinnulatus* (Bloch & Schneider) **Riesen-Korallenwächter** 28 cm
Ökologie: Felsenküsten und Brandungsriffkanten, 0,3-3 m. Lauert zwischen Steinen in oft sehr flachem Wasser. Frißt vorwiegend Krabben. Scheu.
Verbreitung: Rotes Meer bis Polynesien, n. bis s. Japan, s. bis Rapa, Südafrika

6 *Paracirrhites hemistictus* (Günther) **Halbgefleckter Korallenwächter** 29 cm
Zwei Farbvarianten: a. *hemistictus* (hell) und b. *polystictus* (dunkel).
Ökologie: exponierte Außenriffe, 1–18 m. Auf Korallen oder Felsen. Nicht häufig.
Verbreitung: Cocos I. bis Marquesas, n. bis Bonin I., s. bis Neukaledonien

7 *Cirrhitichthys aureus* Temminck & Schlegel **Gelber Korallenwächter** 14 cm
Ökologie: tiefe Felsklippen.
Verbreitung: s. China, s. Japan (häufig)

8 *Cirrhitops fasciatus* Bennett **Rotband-Korallenwächter** 11 cm
Ähnlich: *C. hubbardi* (Bonin, Phoenix & Tuamotus), ist mehr braun als rot gebändert.
Ökologie: Außenriffe mit reichem bis mäßigem Korallenwachstum, 10->30 m. Normalerweise am Fuße von Korallenköpfen auf festem Grund. Sporadisches Vorkommen.
Verbreitung: Madagaskar, Mauritius, Réunion, s. Japan und Hawaii (hier häufig)

9 *Amblycirrhitus bimacula* (Jenkins) **Zweiflecken-Korallenwächter** 9 cm
Ökologie: klare, exponierte Außenriffe, 2–20 m. Versteckt in Spalten lebend.
Verbreitung: Ostafrika bis Hawaii, n. bis Taiwan, s. bis GBR, Durban

10 *Cirrhitichthys aprinus* (Cuvier) **Fadenflossen-Korallenwächter** 12,5 cm
Ökologie: Riffdächer von Küstenriffen, in Fels- und Korallengestein, 0,3–40 m. Häufig.
Verbreitung: Indonesien, n. bis s. Japan, s. bis nw. Australien, GBR

11 *Cirrhitichthys oxycephalus* (Bleeker) **Gefleckter Korallenwächter** 10 cm
Farbe variabel. Ähnlich: *C. guichenoti* (Mauritius, Réunion), tiefe Felsriffe. Hat eine längere Schnauze. *C. bleekeri* (Indien & Sri Lanka). *C. calliurus* (Oman), braun mit weißem Schwanz.
Ökologie: Lagunen und Außenriffe mit mäßigem bis reichem Korallenbewuchs, 1–40 m. Lauert häufig am Fuße von Korallenköpfen auf festem Untergrund.
Verbreitung: Rotes Meer bis Panama, n. bis Marianen, s. bis Südafrika, Neukaled.

12 *Cirrhitichthys falco* Randall **Zwerg-Korallenwächter** 7 cm
Ökologie: Küstenriffe und Außenriffe, 2–46 m. Lauert auf Korallen oder Felsen.
Verbreitung: Malediven bis Samoa, n. bis Ryukyus, s. bis Neukaledonien, GBR

13 *Cyprinocirrhites polyactis* (Bleeker) **Gabelschwanz-Korallenwächter** 15 cm
Ökologie: strömungsreiche Steilhänge, 10–132 m. Einzige Art, die im Freiwasser schwebt und von Plankton lebt. Oft vergesellschaftet mit Fahnenbarschen.
Verbreitung: Ostafrika bis Australien, n. bis s. Japan, s. bis Mozambique, GBR

1
2
var
3
4
5
6b
var
7
6a
8
9
10
11
12
13

35 KARDINALFISCHE

Kardinalfische *(Apogonidae):* kleine, barschähnliche Fische mit zwei Rückenflossen, einer Seitenlinie, großem Maul und großen Augen. Die meisten Arten bleiben am Tag versteckt und gehen nachts auf Nahrungssuche wie Zooplankton oder kleine benthische Wirbellose. Einige Arten bilden dichte Schwärme über oder zwischen verzweigten Korallen. Männchen sind Maulbrüter. Aquarium: z.T. haltbar.

1 *Apogon angustatus* (Smith & Radcliffe) **Schwarzstreifen-Kardinalfisch** 10 cm
Ökologie: Riffdächer und klare Außenriffe bis 65 m. Fressen benthische Wirbellose.
Verbreitung: Rotes Meer bis Line I., n. bis Taiwan, s. bis Neukaledonien, Natal

2 *Apogon novemfasciatus* Cuvier **Siebenstreifen-Kardinalfisch** 9 cm
Ökologie: Riffdächer oder flache Lagunen, 0,3–4 m. Häufig auf Sand oder Geröll. Am Tag in Gruppen unter Überhängen oder in Spalten. Nachtaktiv.
Verbreitung: Cocos-Keeling bis Line I., s. bis GBR, Samoa, n. bis Izu I.

3 *Apogon cookii* Macleay **Cooks Kardinalfisch** 10 cm
Ökologie: Lagunen und Küstenriffe. Im westlichen Indischen Ozean häufig.
Verbreitung: Ostafrika bis GBR, n. bis Ryukyus, s. Durban

4 *Apogon taeniophorus* Regan **Riffdach-Kardinalfisch** 11 cm
Ähnlich: *A. multilineatus* (Indonesien, Philippinen), mit ca. 14 Streifen.
Ökologie: exponierte Außenriffe, in Löchern oder unter Überhängen.
Verbreitung: Rotes Meer bis Pitcairn I., n. bis s. Japan, s. bis Rapa, NSW, Natal

5 *Apogon nigrofasciatus* Lachner **Schwarzband-Kardinalfisch** 10 cm
Ökologie: flache, geschützte Riffe. Einzeln oder in Paaren.
Verbreitung: Rotes Meer bis Tuamotus, n. bis s. Japan, s. bis Rapa, Neukaledonien

6 *Apogon doederleini* Jordan & Snyder **Doederleins Kardinalfisch** 14 cm
Ökologie: felsige Innenriffe, an Überhängen. Einzeln oder paarweise. Häufig.
Verbreitung: Taiwan bis s. Japan, GBR, Neukaledonien, s. bis Kermadec I.

7 *Apogon cyanosoma* Bleeker **Goldstreifen-Kardinalfisch** 8 cm
Mikronesische Variante einheitlich gelb. Blaue Augenstreifen.
Ökologie: geschützte klare, Lagunen und Außenriffe, 1–49 m. In kleinen Ansammlungen unter Überhängen, in Löchern oder zwischen Stacheln von Seeigeln sowie zwischen Astkorallen. In vielen Gebieten häufig.
Verbreitung: Rotes Meer bis Marshall I., n. bis s. Japan, s. bis GBR, Mozambique

8 *Apogon nitidus* (Smith) **Pfeil-Kardinalfisch** 8 cm
Ökologie: zwischen Korallen, um 15 m. Erst wenige Exemplare bekannt.
Verbreitung: Ostafrika bis Seychellen

9 *Apogon compressus* (McCulloch) **Braunpunkt-Kardinalfisch** 12 cm
Ökologie: flache, geschütze Riffe; 0,3–7 m. Zwischen Korallenästen.
Verbreitung: Malaysia bis Salomon I., n. bis Ryukyus, s. bis GBR

10 *Apogon endekataenia* (Bleeker) **Kandisstreifen-Kardinalfisch** 13 cm
Ökologie: versteckt in Korallenspalten.
Verbreitung: Indonesien, n. bis s. Japan, s. bis nw. Australien

11 *Apogon hartzfeldi* Bleeker **Hartzfelds Kardinalfisch** 10 cm
Ähnlich: *A. virgulatus* (Borneo, Australien), mit goldgelbem Seitenstreifen.
Ökologie: geschützte Riffdächer und flache Lagunen. In kleinen Gruppen zwischen Geröll oder Korallen.
Verbreitung: Philippinen bis w. Neuguinea, s. bis nw. Australien

12 *Apogon chrysotaenia* Bleeker **Blaustreifen-Kardinalfisch** 10 cm
Ökologie: Riffdächer und Riffhänge von Korallenriffen. Lebt in Spalten.
Verbreitung: Indonesien, nw. Australien

13 *Apogon semilineatus* Temminck & Schlegel **Halblinien-Kardinalfisch** 12 cm
Ökologie: felsige Küstengebiete, 3–100 m, in Schulen. In Südjapan häufig.
Verbreitung: Philippinen, n. bis s. Japan

14 *Apogon fasciatus* (Shaw) **Zweiband-Kardinalfisch** 10 cm
Ökologie: Sand- oder Algengebiete von Küstenriffen.
Verbreitung: Rotes Meer bis Tuamotus, n. bis Ryukyus, s. bis NSW

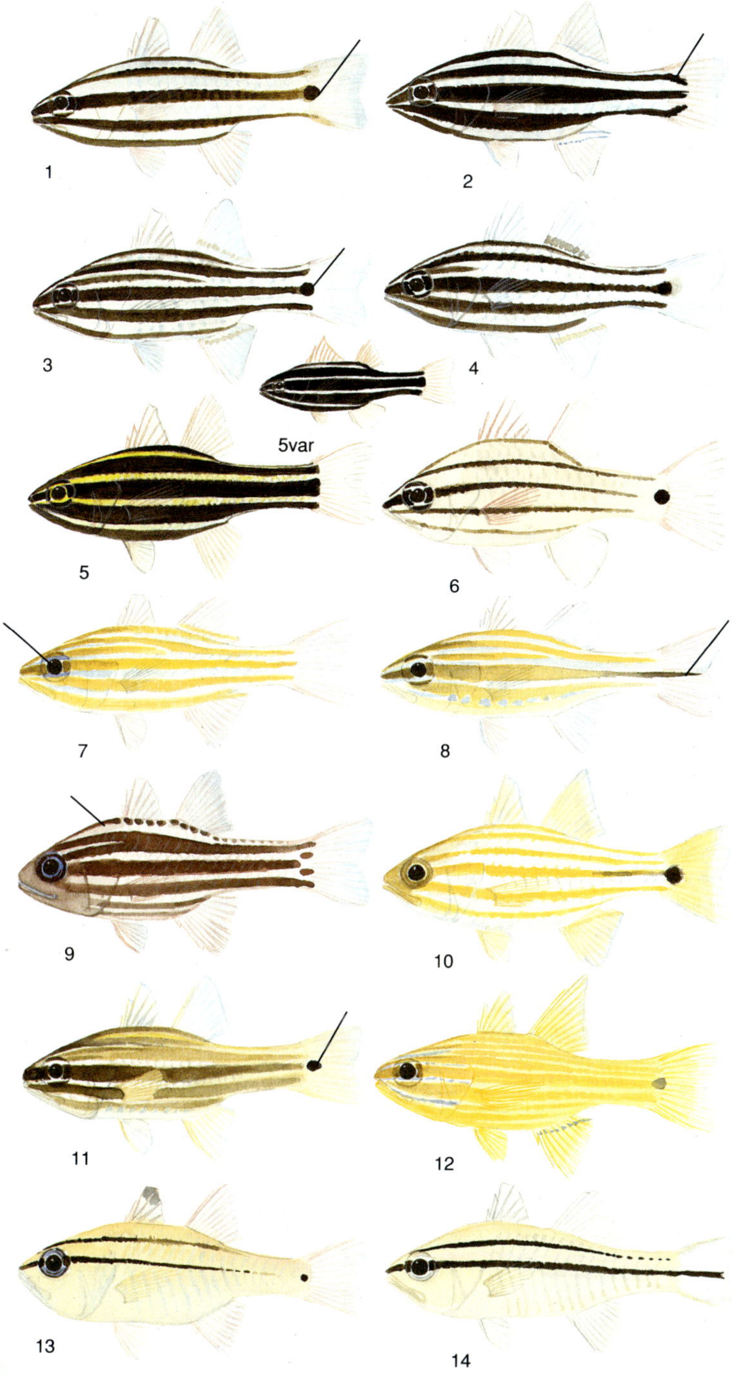
1
2
3
4
5var
5
6
7
8
9
10
11
12
13
14

36 KARDINALFISCHE

1 *Apogon aureus* (Lacépède) **Schwarzbinden-Kardinal** 12 cm
Ähnlich: *A. fleurieu* (Rotes Meer bis Molukken), ist vielleicht nur eine Unterart. Sie hat einen ovalen, schwarzen Fleck auf der Schwanzwurzel.
Ökologie: in Grotten und Spalten geschützter Riffe, 1–40 m. Frißt Zooplankton.
Verbreitung: Ostafrika bis Tonga, n. bis s. Japan, s. bis Neukaledonien

2 *Apogon apogonides* (Bleeker) **Goldbauch-Kardinal** 10 cm
Ökologie: Küstenriffe, 3–30 m. In großen Schwärmen zwischen Astkorallen.
Verbreitung: Ostafrika bis Indonesien (Flores), n. bis Izu I., s. bis GBR, Durban

3 *Apogon notatus* (Houttuyn) **Nackenfleck-Kardinal** 10 cm
Ökologie: zwischen Korallen.
Verbreitung: s. Japan, s. bis Coral Sea

4 *Apogon sp.* **Leuchtfleck-Kardinal** 10 cm
Ökologie: flache, versandete Korallen- und Felsriffe mit trübem Wasser, 3–15 m.
Verbreitung: Ostafrika bis Bali, Flores, n. bis Andaman Sea

5 *Apogon kallopterus* Bleeker **Leuchtschuppen-Kardinal** 15 cm
Ökologie: Lagunen und Außenriffe, unterhalb der Brandungszone, 1–45 m. Einzeln, schwebt am Tag in Spalten und Löchern.
Verbreitung: R. Meer bis Polynesien, n. bis s. Japan, s. bis Lord Howe, Südafrika

6 *Apogon fraenatus* Valenciennes **Streifen-Punkt-Kardinal** 10 cm
Ähnlich **7:** *A. exostigma* (Rotes Meer bis Zentral-Pazifik), der Punkt liegt über dem Streifen. Diese Art bevorzugt Korallenköpfe auf flachen Innenriffen.
Ökologie: Lagunen, Riffdächer und Außenriffhänge, 2–>25m. Häufig in klarem Wasser von gemischten Sand-, Geröll- und Korallenzonen. Einzeln oder in kleinen Gruppen, am Tag unter Überhängen.
Verbreitung: Rotes Meer bis Tuamotus, n. bis Ryukyus, s. bis NSW, Durban

8 *Apogon bandanensis* Bleeker **Banda-Kardinal** 10 cm
Ähnlich: *A. annularis* (Rotes Meer).
Ökologie: geschützte, flache Riffe; einzeln zwischen Korallenästen.
Verbreitung: Indonesien bis Samoa, n. bis Ryukyus, s. bis GBR

9 *Apogon fuscus* (Quoy & Gaimard) **Sattelfleck-Kardinal** 10 cm
Ökologie: Außenriffhänge, am Tag versteckt in Spalten und Korallen. Ernährt sich nachts von freischwimmenden Wirbellosen.
Verbreitung: Rotes Meer bis Tuamotus, n. bis Ryukyus, s. bis GBR, Rapa

10 *Apogon guamensis* Valenciennes **Guam-Kardinal** 10 cm
Ökologie: Fels- und Korallenriffe, 1–35 m. Zwischen Astkorallen und in Löchern.
Verbreitung: Mauritius bis Hawaii (häufig), Samoa, n. bis Ryuk., s. bis GBR

11 *Apogon taeniopterus* Bennett **Streifenflossen-Kardinal** 18 cm
Ökologie: Fels- und Korallengebiete von Außenriffen, 1–35 m. Am Tag in oder nahe an Verstecken. Häufig um Hawaii I., sonst vereinzeltes Vorkommen.
Verbreitung: Mauritius bis Hawaii, Marquesas, s. bis Pitcairn I., Neukaledonien

12 *Apogon trimaculatus* (Cuvier) **Dreiflecken-Kardinal** 16 cm
Im Alter gehen die deutlichen, dunklen Flecken verloren.
Ökologie: korallenreiche, klare Lagunen und Außenriffe; versteckt in Höhlen.
Verbreitung: Malaysia bis Samoa, n. bis Ryukyus, s. bis nw. Australien, GBR

13 *Apogon taeniatus* Ehrenberg **Ocellus-Kardinal** 12,5 cm
Ökologie: Küstenriffe. In flachem, trübem Wasser und zwischen Mangroven.
Verbreitung: Rotes Meer, s. bis Südafrika, Madagaskar

14 *Apogon lateralis* Valenciennes **Glas-Kardinal** 11 cm
Ökologie: Lagunen und Flußdeltas. In großen Schulen zwischen Algen und Geröll.
Verbreitung: Ostafrika bis Samoa, n. bis Taiwan

15 *Apogon leptacanthus* Bleeker **Fadenflossen-Kardinal** 6 cm
Ökologie: in großen Ansammlungen zwischen Korallenästen in geschützten Lagunen.
Verbreitung: R. Meer bis Samoa, n. bis Ryuk., s. bis Neukaled., Tonga, Mozambique

16 *Apogon fragilis* Smith **Masken-Kardinal** 5,5 cm
Ökologie: in großen Schwärmen zwischen Korallenästen in geschützten Lagunen.
Verbreitung: Ostafrika bis Samoa, n. bis Ryukyus., s. bis GBR, Mozambique

17 *Apogon gilberti* (Jordan & Seale) **Gilberts Kardinal** 5 cm
Ökologie: in großen Gruppen zwischen Korallenästen von Lagunen und Buchten.
Verbreitung: Philippinen, Molukken bis Yap I.

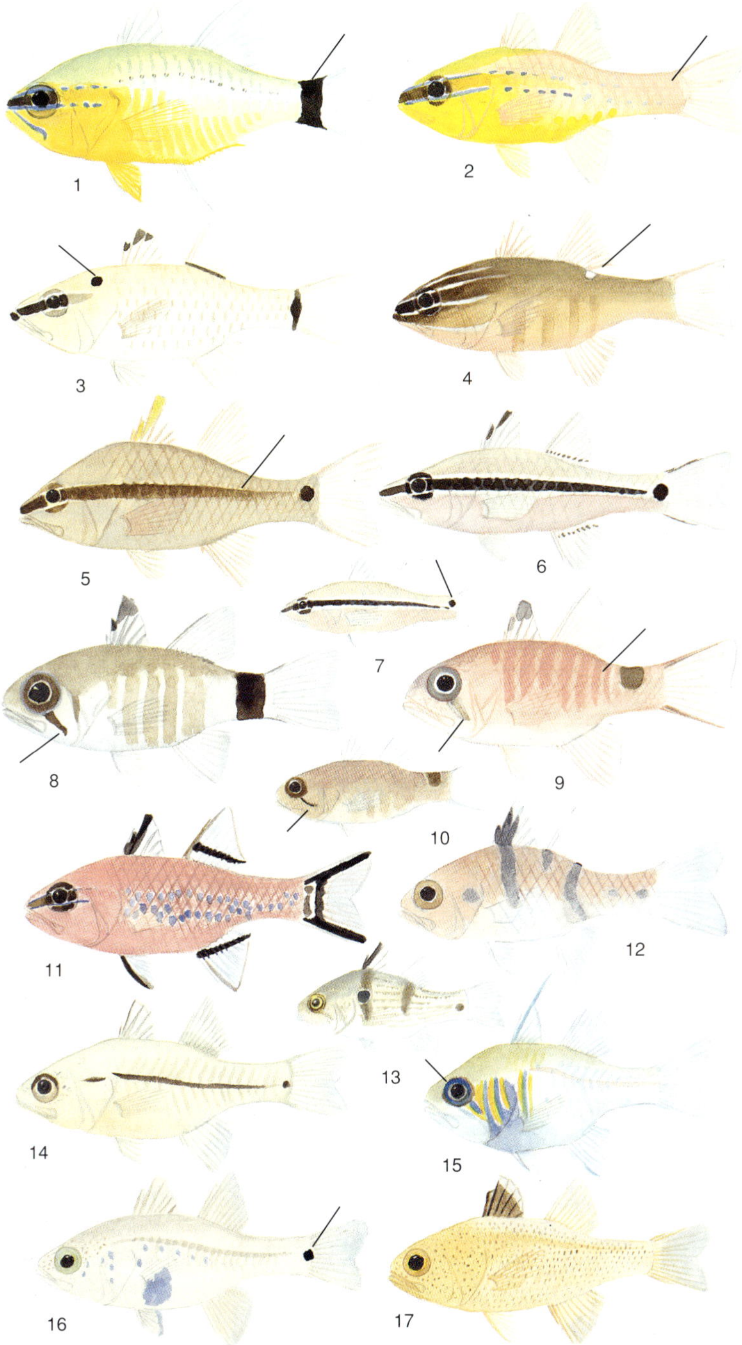
1
2
3
4
5
6
7
8
9
10
11
12
13
14
15
16
17

37 KARDINALFISCHE

1 *Apogon sealei* Fowler **Seals Kardinal** 8 cm
Ähnlich: *A. chrysopomus* (Bali bis Philipp.), die braunen Seitenstreifen sind breiter.
Ökologie: flache, geschütze Riffe; in kleinen Gruppen zwischen Korallenästen.
Verbreitung: Malaysia bis Salomon I., n. bis Ryukyus, s. bis GBR

2 *Apogon kiensis* Jordan & Snyder **Gewehr-Kardinal** 8 cm
Ähnlich: *A. quadrifasciatus,* lebt auf tiefen, schlickigen Küstenriffen, 20->50 m.
Ökologie: Fels- und Korallenriffe.
Verbreitung: Rotes Meer bis Philippinen, n. bis s. Japan

3 *Apogon rüppelli* Günther **Rüppells Kardinal** 12 cm
Ökologie: Flußmündungen und Küstenriffe; in Schwärmen in Algengebieten.
Verbreitung: Neuguinea bis sw. Australien.

4 *Apogon maculiferus* Garrett **Gefleckter Kardinal** 14 cm
Ökologie: am Tage unter Überhängen oder in Höhlen, 1–29 m.
Verbreitung: Hawaii I.

5 *Apogon sangiensis* Bleeker **Sangi-Kardinal** 9 cm
Ökologie: Riffdächer oder flache, geschützte Lagunen. In Gruppen zwischen Steinen oder Korallen.
Verbreitung: Ostafrika bis Vanuatu, n. bis Ryukyus, s. bis GBR

6 *Apogon nigripinnis* Cuvier **Bullaugen-Kardinal** 8 cm
Ökologie: Innenriffe, aber auch tiefe, küstenferne Riffe.
Verbreitung: Rotes Meer bis nw. Australien

7 *Apogon multitaeniatus* Cuvier & Valenciennes **Riesen-Kardinal** 18 cm
Ökologie: am Tag versteckt in Grotten, selten zu sehen.
Verbreitung: Rotes Meer und westl. Indischer Ozean

8 *Apogon coccineus* Rüppell **Roter Kardinal** 6 cm
Transparent - rot. Viele ähnliche Arten: *A. doryssa* (westl. Zentralpazifik), *A. crassiceps* (Hawaii), *A. semiornatus* (Indopazifik), hat ein dunkles Band.
Ökologie: Lagunen und Außenriffe, 1->17 m. Am Tage immer versteckt. Nachts nahe am Boden auf Nahrungssuche nach kleinen Krebstieren.
Verbreitung: Rotes Meer bis Oster I., n. bis s. Japan, s. bis Lord Howe

9 *Apogonichthys ocellatus* (Weber) **Augen-Kardinal** 4 cm
Ökologie: flache, geschützte Riffe. Zwischen Steinen, Schutt oder Algen.
Verbreitung: Ostafrika bis Marquesas, n. bis s. Japan, s. bis GBR, Rapa I.

10 *Foa brachygramma* (Jenkins) **Buchten-Kardinal** 8 cm
Ökologie: flache Innenriffe mit abgestorbenen Korallen oder Tang, bis >90 m.
Verbreitung: Ostafrika bis Hawaii, n. bis s. Japan, s. bis GBR, Natal

11 *Fowleria variegata* (Valenciennes) **Kiemenfleck-Kardinal** 8 cm
5–6 ähnliche Arten in dieser Gattung. Alle mit Tarnfärbung. Leben sehr versteckt.
Ökologie: Riffdächer und flache Lagunen; zwischen Korallen, Geröll und Seegras.
Verbreitung: Rotes Meer bis Samoa, n. bis Ryukyus, s. bis GBR

12 *Siphamia versicolor* (Smith & Radcliffe) **Seeigel-Kardinal** 7 cm
Ähnlich: *S. majimai* (Indo-Austr.), *S. fuscolineata* (Indonesien bis Marshall I.): Beide leben auf Dornenkronen. Alle haben Leuchtorgane an der Bauchseite. *S. mossambica* (Ostafrika) lebt zwischen Seeigelstacheln in Tidentümpeln.
Ökologie: flache, geschützte Riffe. In Gruppen ausschließlich zwischen den Stacheln des Seeigels *Diadema setosum* lebend.
Verbreitung: Rotes Meer bis Marianen, n. bis Ryukyus, s. bis Malediven

13 *Rhabdamia gracilis* (Bleeker) **Leucht-Kardinal** 6 cm
2–3 Arten in der Gattung; alle durchsichtig mit Leuchtorgan am Kiemendeckel.
Ökologie: in dichten Schulen zwischen Felsen und Korallen von Küstenriffen.
Verbreitung: Ostafrika bis Marshall I., n. bis Ryukyus, s. bis GBR, Natal

Unterfamilie *Pseudaminae:* längliche, oft durchsichtige Arten. Versteckt lebend.

14 *Pseudamia zonata* Randall, Lachner & Fraser **Paddelflossen-Kardinal** 14 cm
Ökologie: tief in Grotten, 10–31 m. Selten ins offene Wasser schwimmend.
Verbreitung: Philippinen, Palau bis Salomon I., n. bis Ryukyus, s. bis Vanuatu

1
2
3
4
5
6
7
8
9
10
11
12
13
14

38 KARDINALFISCHE

1 *Archamia leai* Waite **Augenstreifen-Kardinal** 9 cm
Ökologie: flache Küsten- und Lagunenriffe, 1->15 m. In Gruppen zwischen Korallen.
Verbreitung: GBR, Coral Sea bis Neukaledonien

2 *Archamia zosterophora* (Bleeker) **Schwarzgürtel-Kardinal** 8 cm
Ökologie: in großen Schwärmen zwischen Geweihkorallen in geschützten Lagunen und Buchten. In der Dämmerung gehen sie im Freiwasser auf Nahrungssuche.
Verbreitung: Philippinen bis Salomon I., n. bis Ryukyus, s. bis Neukaledonien

3 *Archamia fucata* (Cantor) **Orange-Linien-Kardinal** 8 cm
Ähnlich: *A. lineolata* (Rotes Meer bis Neuguinea), hat nur 13 Streifen (gegenüber 23).
Ökologie: geschützte Küsten- und Lagunenriffe, 2-60 m. In dichten Schwärmen am Eingang von Höhlen oder zwischen Geweihkorallen.
Verbreitung: R. Meer bis Samoa, n. bis Ryuk., s. bis Neukaledonien, s. Mozambique

4 *Archamia biguttata* Lachner **Zweifleck-Kardinal** 11 cm
Ähnlich: *A. dispilus* (Indo-Australien), ohne dunklen Streifen unter dem Auge.
Ökologie: Küsten- und Lagunenriffe, 1-18 m. In kleinen Schwärmen in Höhlen.
Verbreitung: Sumatra bis Samoa, n. bis Ryukyus und Marianen

5 *Archamia mozambiquensis* Smith **Mosambik-Kardinal** 8 cm
Ökologie: in Spalten von Korallenköpfen, 1-20 m. Häufig
Verbreitung: Ostafrika s. bis n. Natal

6 *Archamia melasma* Lachner & Tailor **Schwarzfleck-Kardinal** 9 cm
Ökologie: geschützte Korallen- und Felsriffe; zwischen Astkorallen.
Verbreitung: n. Australien bis Neuguinea, GBR

7 *Sphaeramia nematoptera* (Bleeker) **Pyjama-Kardinal** 8 cm
Ökologie: geschützte Küsten- und Lagunenriffe, 1-6 m. Am Tag in Gruppen zwischen Astkorallen. Geht nachts nahe am Boden auf Nahrungssuche.
Verbreitung: Java bis Neuguinea, n. bis Ryukyus, s. bis GBR

8 *Sphaeramia orbicularis* (Cuvier) **Gürtel-Kardinal** 10 cm
Ökologie: geschützte Küstenriffe. In Gruppen zwischen Mangroven, Steinen, Schutt und in Hafenanlagen, 0,2-5 m.
Verbreitung: Ostafrika bis Kiribati, n. bis Ryukyus, s. bis GBR, Mozambique

9 *Cheilodipterus macrodon* (Lacépède) **Tiger-Kardinal** 24 cm
Dunkle Streifen breiter als die Zwischenräume, mehr braun als kupferfarben. Einer der größten Kardinalfische.
Ähnlich **10:** *C. sp.* (Indones.), schwarzer Fleck auf der 1. Rückenflosse. Küstenriffe mit Dropoffs, bis >15 m.
Ökologie: klare Lagunen und Außenriffe, 1->40 m. In Höhlen und an Überhängen. *Cheilodipterus* Arten fressen vorwiegend kleine Fische.
Verbreitung: Rotes Meer bis Marshall I., n. bis s. Japan, s. bis GBR

11 *Cheilodipterus quinquelineatus* (Cuvier) **Fünflinien-Kardinal** 12 cm
Ähnlich: *C. isostigma,* mit Eckzähnen an der Spitze des Unterkiefers.
Ökologie: Riffdächer, Lagunen und Außenriffe, 1->40 m. In Ansammlungen zwischen Steinen, Korallen oder Seeigelstacheln und Überhängen. Sehr häufig.
Verbreitung: Rotes Meer bis Ducie I., n. bis s. Japan, s. bis L. Howe, Mozambique

12 *Cheilodipterus artus* Smith **Wolfs-Kardinal** 12 cm
Braune Streifen schmaler als die Zwischenräume. Ähnlich: *C. lachneri*, 10-12 Streifen.
Ökologie: geschützte Buchten und Lagunenriffe, 5->20 m. In losen Schwärmen in Höhlen und zwischen Korallen. Ernährt sich vorwiegend von kleinen Fischen.
Verbreitung: Rotes Meer bis Tuamotus, n. bis Ryukyus, s. bis GBR, Seychellen

13 *Cheilodipterus caninus* Smith **Schwarzring-Kardinal** 18 cm
13-15 dunkle Streifen, die in der Breite variieren.
Ökologie: häufig in Spalten von Korallenköpfen, 3-18 m. In kleinen Gruppen. Häufig.
Verbreitung: Rotes Meer, s. bis Mozambique

14 *Cheilodipterus zonatus* Smith & Radcliffe **Mimikry-Kardinal** 8 cm
Ökologie: Küstenriffe und Lagunen, ab 5 m. Zwischen Korallen. Zeigt Mimikry des giftigen Säbelzahnschleimfisches *Meiacanthus vittatus* (s. Taf. 114-16).
Verbreitung: Indonesien bis Neuguinea, n. bis Philippinen, s. bis GBR

1
2
3
4
5
6
7
8
9
10
11
12
13
14

39 BARRAMUNDI, TIGERBARSCHE, FAHNENSCHWÄNZE, GROSSAUGENBARSCHE, SILBERLINGE, STÜLPMÄULER

Barramundi *(Centropomidae):* barschähnliche Fische mit konkavem Kopfprofil. Vorwiegend Brackwasserbewohner. Speisefische.

1 *Psammoperca waigiensis* (Cuvier) **Barramundi** 47 cm
Ökologie: felsige Innen- und Küstenriffe, häufig in Tanggebieten. Am Tag in Spalten und Grotten, geht nachts auf Jagd nach Fischen und Krebsen.
Verbreitung: Sri Lanka bis Neuguinea, n. bis Ryukyus, s. bis GBR

Tigerbarsche *(Teraponidae):* silbrig mit schwarzen Streifen. Viele Süßwasserbewohner.

2 *Terapon jarbua* (Forsskål) **Dreistreifen-Tigerbarsch** 36 cm
Ökologie: flache, sandige Zonen an Flußmündungen; in Schulen. Jungtiere häufig in Tidengebieten. Frißt Fische, Insekten, Algen und sandbewohnende Wirbellose.
Verbreitung: Rotes Meer bis Samoa, n. bis s. Japan, s. bis Lord Howe, Kap-Provinz

Fahnenschwänze *(Kuhliidae):* kleine, silbrige Fische mit tief eingekerbter Rückenflosse und Gabelschwanz. Am Tage in Schulen in Brandungszonen. Verteilen sich nachts, um freischwimmende Krebse zu jagen. Juvenile in Tidentümpeln.

3 *Kuhlia marginata* (Cuvier) **Silber-Fahnenschwanz** 24 cm
Ähnlich: *K. sandwichensis* (Hawaii I.)
Ökologie: exponierte Felsküsten und Riffkanten; in Schulen in Höhlen und Kanälen.
Verbreitung: Sri Lanka bis Ducie I., n. bis s. Japan, s. bis Rapa I.

4 *Kuhlia mugil* (Bloch & Schneider) **Brandungs-Fahnenschwanz** 27 cm
Ökologie: in Kanälen von exponierten Felsküsten und an Riffkanten. In Schulen.
Verbreitung: Rotes Meer bis Panama, n. bis s. Japan, s. bis Rapa, Kap-Provinz

Großaugenbarsche *(Priacanthidae):* abgeflachter, hoher Körper, großes Maul, große Augen, durchgehende Rückenflosse und kleine Schuppen. Am Tage leben sie versteckt und jagen nachts fern von Riffen große Planktontiere. Gewöhnlich am Tage rot und nachts silbrig oder gefleckt. Speisefische. Aquarium: gut haltbar, brauchen aber Lebendfutter. Werden zu groß.

5 *Heteropriacanthus cruentatus* (Lacépède) (s. Taf. 147-9) **Glasaugenbarsch** 32 cm
Ökologie: Lagunen und Außenriffe, 1->20 m. Am Tage unter oder an Überhängen.
Verbreitung: zirkumtropisch. Rotes Meer bis Oster I., n. bis Ryukyus

6 *Priacanthus blochii* Bleeker **Blochs Großaugenbarsch** 35 cm
Flecken auf der Seitenlinie. Runde Schwanzflosse. Mehrere ähnliche Arten, vorwiegend aus Tiefenwasser bekannt wie z.B. *P. nasza* (Oster I.)
Ökologie: Lagunen und Außenriffe, 15-30 m. Tags unter Überhängen oder in Höhlen.
Verbreitung: Golf von Aden bis Samoa, n. bis Philippinen, s. bis GBR

7 *Priacanthus hamrur* (Forsskål) **Riff-Großaugenbarsch** 40 cm
Gabelschwanz. Farbe variabel. Ähnlich: *P. zaizerae* (n. Philippinen bis Izu I.)
Ökologie: Lagunen und Außenriffe, 2-250 m. Am Tage versteckt in Höhlen.
Verbreitung: Rotes Meer bis Marquesas, n. bis s. Japan, s. bis Oster I., Südafrika

8 *Priacanthus meeki* Jenkins **Hawaii-Großaugenbarsch** 33 cm
Ähnlich wie obige Art, aber keine dunklen Flossensäume.
Ökologie: klare Lagunen und Außenriffe, 3->50 m. Tagsüber unter Überhängen.
Verbreitung: Hawaii I., Johnston I. (Irrgast)

Silberlinge *(Gerreidae):* kleine, silbrige Fische mit vorstülpbarem Maul. Durchgehende Rückenflosse. Ernähren sich von im Sand lebenden Wirbellosen. Speisefische.

9 *Gerres oyena* (Forsskål) **Schlankstachel-Silberling** 35 cm
Ökologie: flache, geschützte Sandflächen. Einzeln oder in Gruppen.
Verbreitung: Rotes Meer bis Samoa, n. bis s. Japan, s. bis GBR, s. Mozambique

10 *Gerres argyreus* (Schneider) **Schwarzspitzen-Silberling** 23 cm
Ökologie: flache, geschützte Sandflächen. Einzeln oder in Gruppen.
Verbreitung: Rotes Meer bis Marshall I., s. bis GBR, Mozambique

Stülpmäuler *(Leiognathidae):* vorstülpbare Kiefer, Leuchtorgane an der Kehle.

11 *Leiognathus equulus* (Forsskål) **Gemeines Stülpmaul** 28 cm
Ökologie: auf Sandflächen, gelegentlich in Riffnähe auch auf Sedimentboden.
Verbreitung: Rotes Meer bis Samoa, n. bis Ryukyus, s. bis Neukaledonien, Natal

1
2
3
4
5
6
7
var
8
9
10
11

40 TORPEDOBARSCHE, SCHIFFSHALTER

Torpedobarsche *(Malacanthidae):* längliche Fische mit durchgehender Rückenflosse. *Hoplolatilus* Arten fressen Zooplankton und *Malacanthus* Arten Wirbellose. Sie haben Wohnröhren oder selbst aufgeschüttete, große Geröllhügel und leben in Paaren oder Kolonien. Aquarium: nicht zu empfehlen, sie werden oft mit Gift gefangen!

1 *Malacanthus latovittatus* (Lacépède) **Blaukopf-Torpedobarsch** 35 cm
Juvenile ähneln den Jungtieren von *Hologymnosus annulatus* (s. Taf. 100-3).
Ökologie: Außenriffe, auf Sand- und Geröllflächen, unterhalb 5 m. Scheue Einzelgänger oder paarweise, über dem Boden schwebend. Jungtiere weniger scheu und bevorzugen korallenreiche Riffe (häufig im Roten Meer).
Verbreitung: Rotes Meer bis Line I., n. bis s. Japan, s. bis Neukaled., Mozambique

2 *Malacanthus brevirostris* (Guichenot) **Gestreifter Torpedobarsch** 30 cm
Ökologie: Außenriffe; in offenen, kahlen Gebieten, 14–45 m. Paarweise in Bodennähe, ziehen sich bei Gefahr sofort in Löcher oder unter Felsen zurück.
Verbreitung: Rotes Meer bis Panama, n. bis s. Japan, s. bis Lord Howe, Natal

3 *Hoplolatilus chlupatyi* Klausewitz & alt. **Chamäleon-Torpedobarsch** 13 cm
Chamäleonartiger, sekundenschneller Farbwechsel von orange, grün, blau zu violett.
Ökologie: wahrscheinlich Sand- oder Geröllflächen am Fuß von Riffhängen, ab 30 m.
Verbreitung: Philippinen

4 *Hoplolatilus cuniculus* Randall & Dooley **Grauer Torpedobarsch** 15 cm
Farbe variabel: fahl oliv bis braun, gelb oder auch eine Kombination von diesen.
Ökologie: äußere Riffhänge mit Schlick- und Geröllflächen, 25–115 m. Scheu. Schweben in Gruppen über riesigen Schutthügeln (bis 3 m lang und 1 m hoch, Eigenbau?).
Verbreitung: Südafrika, Mauritius bis Society I., n. bis Ryukyus, s. bis Marshall I.

5 *Hoplolatilus fourmanoiri* Smith **Goldflecken-Torpedobarsch** 14 cm
Ökologie: Außenhänge mit Geröll, oft in Paaren an der Riffkante, 5–55 m.
Verbreitung: s. Vietnam, Philippinen, Salomon I., Flores

6 *Hoplolatilus fronticinctus* Günther **Plumper Torpedobarsch** 20 cm
Ökologie: Sandflächen am Fuß von Riffhängen, bis 60 m. Baut 1 m hohe Geröllhügel!
Verbreitung: Mauritius bis Salomon I., n. bis Philippinen, s. bis Marshall I.

7 *Hoplolatilus luteus* Allen & Kuiter **Schwefel-Torpedobarsch** 11 cm
Ökologie: schwebt über Wohnröhren auf weichen Sedimentböden, 30–35 m.
Verbreitung: Flores (Indonesien)

8 *Hoplolatilus marcosi* Burgess **Rotstreifen-Torpedobarsch** 12 cm
Ökologie: auf Sand- und Geröllhängen von Riffen, 18–>90 m. Gewöhnlich ab 70 m.
Verbreitung: Philippinen, Salomon I., Sulawesi

9 *Hoplolatilus purpureus* Burgess **Purpur Torpedobarsch** 13 cm
Ökologie: äußere Riffhänge, auf Schlamm und Geröll, 18–70 m.
Verbreitung: Philippinen und Salomon I.

10 *Hoplolatilus starcki* Randall & Dooley **Pfeilchenkopf-Torpedobarsch** 15 cm
Juvenile ganz blau, oft vergesellschaftet mit *Pseudanthias pascalus* (s. Taf. 21-3).
Ökologie: Sand- oder Geröllzonen am Fuße von Steilhängen, 12–105 m. In Paaren nach Copepoden, Krebslarven und Fischeiern jagend. Scheu, verstecken sich bei Gefahr in eigener Wohnröhre. Kommen regelmäßig in vielen Gebieten ab 20 m vor.
Verbreitung: Indonesien, Philippinen bis Pitcairn I., n. bis Marianen, s. bis Neukaled.

Schiffshalter *(Echeneidae):* langgestreckte Fische mit gefurchter Saugscheibe, die aus der 1. Rückenflosse gebildet ist und mit Hilfe von Unterdruck an große Fische, Schildkröten und Säuger angeheftet wird. Aquarium: nur in Schauaquarien sinnvoll.

11 *Echeneis naucrates* Linnaeus **Hai-Schiffshalter** 110 cm
Ökologie: manchmal freischwimmend über Korallenriffen. Oft Schnorchler und Taucher „verfolgend". Heftet sich an Haie, Schildkröten, Rochen und große Fische.
Verbreitung: zirkumglobal

12 *Remora remora* Linnaeus **Remora-Schiffshalter** 50 cm
Ökologie: gewöhnlich mit Haien assoziiert.
Verbreitung: zirkumglobal

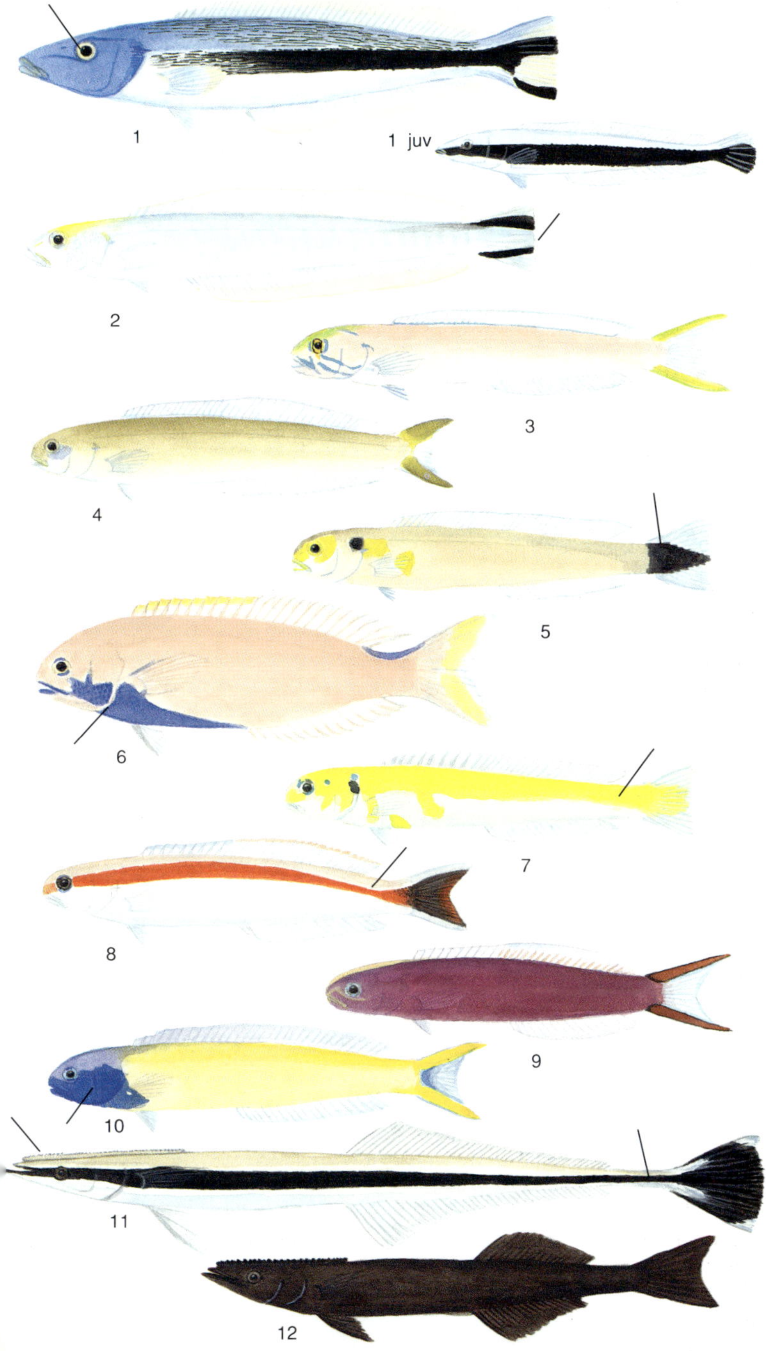
1
1 juv
2
3
4
5
6
7
8
9
10
11
12

41 STACHELMAKRELEN

Stachelmakrelen *(Carangidae):* mittelgroße bis große, silbrige Fische mit zwei Rückenflossen (erste versenkbar in einer Grube), im hinteren Teil der Seitenlinie befinden sich rautenförmige, gekielte Schuppenplatten. Gabelschwanz. Schnellschwimmende Raubfische des offenen Meeres oder in Riffnähe. Einige Arten durchwühlen den Sand bei der Nahrungssuche. Mehrere zirkumtropische Arten sind im Karibikteil (Taf. 154) aufgeführt.

1 *Carangoides fulvoguttatus* (Forsskål) **Gelbflecken-Makrele** 100 cm
Gelbliche Flecken; große Exemplare mit vier dunklen seitlichen Bändern.
Ökologie: in Schulen an Außenriffhängen, Felsküsten und küstenfernen Bänken, 1–100 m. Vielfach ist eine starke Abnahme durch Speerfischerei zu beobachten.
Verbreitung: Rotes Meer bis Neukaledonien, n. bis Ryukyus, s. bis Durban

2 *Carangoides gymnostethus* (Cuvier) **Tupfen-Makrele** 90 cm
Manchmal einige seitliche, bronzefarbene Tupfen; kleiner Kiemendeckelfleck.
Ökologie: tiefe, küstenferne Riffe. Juvenile in Schulen und Adulte einzeln.
Verbreitung: Ostafrika bis Neuguinea, s. bis Durban und GBR

3 *Carangoides chrysophrys* (Cuvier) **Stumpfnasen-Makrele** 60 cm
Deutlicher Kiemendeckelfleck.
Ökologie: im Freiwasser von Küstenriffen bis mindestens 60 m.
Verbreitung: Ostafrika bis Neuguinea, n. bis s. Japan, s. bis GBR, Südafrika

4 *Carangoides ferdau* (Forsskål) **Querstreifen-Makrele** 70 cm
Silbrig mit 5–7 Querstreifen und undeutliche goldgelbe Flecken.
Ökologie: in Schulen im offenen Wasser von Lagunen und Außenriffhängen, 3–60 m.
Verbreitung: Rotes Meer bis Tuamotus, n. bis s. Japan, s. bis Neukaled., Südafrika

5 *Carangoides orthogrammus* Jordan & Gilbert **Goldflecken-Makrele** >70 cm
Große Adulte mit vorstehendem Oberkiefer und verlängerten, bläulichen Rücken- und Afterflossen. Adulte mit gelben Flecken.
Ökologie: leben in kleinen Gruppen in sandigen Kanälen von Lagunen und Außenriffen, 3–168 m. Erwachsene Tiere gewöhnlich sehr tief. Durchwühlen Sand nach Wirbellosen und Fischen.
Verbreitung: Ostafrika bis Mexiko, n. bis s. Japan, Hawaii, s. bis Lord Howe, Austral I.

6 *Carangoides plagiotaenia* (Bleeker) **Wangenstreifen-Makrele** 40 cm
Ökologie: entlang Lagunenrändern und Außenriffhängen, einzeln oder paarweise.
Verbreitung: Rotes Meer bis Samoa, n. bis Ryukyus, s. bis GBR, Durban

7 *Carangoides dinema* Bleeker **Schatten-Makrele** 60 cm
Schwarze Dreiecke unterhalb der 2. Rückenflosse. Ähnlich: *C. humerosus,* die sie im n. Australien bis Neuguinea ersetzt.
Ökologie: in Schulen an Dropoffs. Manchmal auch einzeln.
Verbreitung: Ostafrika bis Samoa, n. bis s. Japan, s. bis Tonga, Durban

8 *Carangoides bajad* (Forsskål) **Zitronen-Makrele** 53 cm
Silbrig mit goldenen Tupfen. Gelbe Variante ist im Roten Meer häufig.
Ökologie: einzeln oder in Schulen an Riffhängen, 2–50 m. Oft mit gelben Meerbarben vergesellschaftet, um näher an die Beute zu gelangen.
Verbreitung: Rotes Meer bis Neuguinea, n. bis Philippinen, s. bis Seychellen

9 *Gnathanodon speciosus* (Forsskål) **Gold-Makrele** 110 cm
Juvenile gelb mit schwarzen Streifen. Adulte gelblich-weiß, verlieren Streifen.
Ökologie: kleine Jungtiere zwischen den Tentakeln von Quallen; über 5 cm große Tiere begleiten Haie und große Zackenbarsche. Sie sind wahrscheinlich zu klein und sehr wendig, um vom Wirtstier gefressen zu werden – haben aber dadurch einen Schutz vor Freßfeinden. Adulte Tiere bewohnen tiefe Lagunen und Außenriffe. In Gruppen oft im Freiwasser in der Nähe von Felsriffen (Seychellen).
Verbreitung: Rotes Meer bis Panama, n. bis Ryukyus, s. bis Neukaledonien, Natal

10 *Alectis indicus* (Rüppell) **Indische Fadenmakrele** 165 cm
Alectis Arten haben kleine, seitliche Kiele und die Jungtiere lange Filamente (s. auch Taf. 153-4, *A. ciliaris).* Subadulte von *C. hedlandensis* (Ostafrika bis Samoa) haben Filamente an Rücken- und Afterflossen sowie deutliche Kiele.
Ökologie: Juvenile im Oberflächenwasser (Mimikry von Quallen?), Adulte am Boden tiefer Riffe ab 60 m.
Verbreitung: Rotes Meer bis Neuguinea, n. bis s. Japan, s. bis GBR, Durban

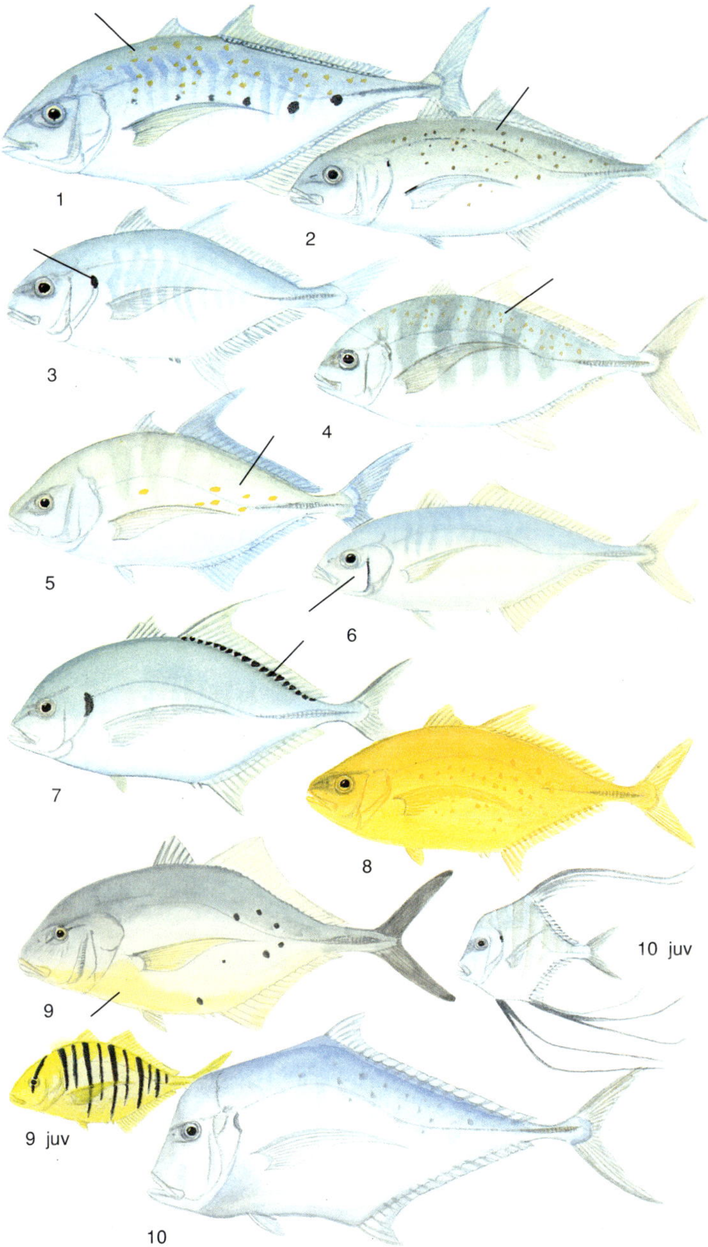
1
2
3
4
5
6
7
8
9
10 juv
9 juv
10

42 STACHELMAKRELEN

1 *Caranx ignobilis* (Forsskål) **Dickkopf-Makrele** 170 cm
Farbe variabel von silbrig bis fast schwarz mit hellen Streifen. Ca. 70 kg schwer. Ähnlich: *C. lugubris* (s. Taf. 154-1), hat eine steilere Stirn. *Caranx* Arten meist mit schuppenloser Brust und steilem Kopfprofil.
Ökologie: Juv. in kleinen Schulen in sandigen Küsten- und Brackwassergebieten. Adulte einzeln in klaren Lagunen und an Außenriffen, 2–80 m. Große Exemplare können ciguatoxisch sein. Nur vereinzeltes Vorkommen.
Verbreitung: R. Meer bis Polynesien, n. bis s. Japan, s. bis Neukaled., Südafrika

2 *Caranx melampygus* (Cuvier) **Blauflossen-Makrele** 100 cm
Brustschuppen vorhanden. Ähnlich: *C. papuensis,* aber Flossen nicht bläulich.
Ökologie: in Lagunen und an Außenriffhängen, vom Ufer bis 190 m. Einzeln oder in kleinen Gruppen. Ernähren sich von Fischen und Krebsen. Große Exemplare können ciguatoxisch sein. Jungtiere in flachen, sandigen Küstengewässern. Häufig.
Verbreitung: Rotes Meer bis Panama, n. bis Izu I., s. bis Neukaledonien, Natal

3 *Caranx papuensis* Alleyne & Macleay **Messing-Makrele** 88 cm
Obere Schwanzflossenhälfte dunkel, untere mit weißem Rand. Kleine dunkle Punkte.
Ökologie: flache Lagunen und Außenriffe. Selten an küstenfernen Riffen. Seltener als die Blauflossen-Makrele.
Verbreitung: Ostafrika bis Marquesas, n. bis Ryuk., s. bis Mozambiq., Neukaledonien

4 *Caranx sexfasciatus* Quoy & Gaimard **Großaugen-Makrele** 94 cm
Gut an der weißen Spitze der 2. Rückenflosse erkennbar. Relativ große Augen.
Ökologie: gewöhnlich in Schulen entlang von Lagunen, steilen Außenriffen oder Kanälen, 1–90 m. Jagt vorwiegend nachts. Jungtiere in Küstengewässern, auch im Brackwasser und küstenfern an driftenden Objekten zu finden.
Verbreitung: Rotes Meer bis Panama, n. bis s. Japan, s. bis Natal, Neukaledonien

5 *Caranx tille* Cuvier **Tilles Makrele** 80 cm
Kopf steil und Körper länger als bei anderen *Caranx* Arten.
Ökologie: bevorzugt kontinentale Küstengewässer.
Verbreitung: Ostafrika bis Fiji, n. bis Ryukyus, s. bis Durban, GBR

6 *Trachinotus bailloni* (Lacépède) **Flecken-Pompano** 54 cm
Trachinotus Arten haben keine Kielplatten. 1–5 schwarze seitliche Flecken.
Ökologie: in der Brandungszone entlang sandiger Strände und im Oberflächenwasser von klaren Lagunen und Außenriffen. Frißt kleine Fische. Wenig scheu.
Verbreitung: Rotes Meer bis Line I., n. bis s. Japan, s. bis Natal, Lord Howe

7 *Trachinotus blochii* (Lacépède) **Stupsnasen-Pompano** 110 cm
Große adulte Tiere bekommen einen gelblichen Bauch.
Ökologie: Juvenile entlang Sandstränden oder im Brackwasser. Adulte in Schulen an Außenriffen. Gewöhnlich erst ab 15 m. Fressen vorwiegend Mollusken und andere hartschalige Wirbellose, die sie aus dem Sand graben.
Verbreitung: Ostafrika bis Samoa I., n. bis s. Japan, s. bis Durban, Norfolk I.

8 *Scomberoides lysan* (Forsskål) **Doppelpunkt-Makrele** 77 cm
Doppelreihe von 6–8 dunklen Flecken. Ähnlich: *S. tol,* hat aber nur eine Reihe Flecken.
Ökologie: Juv. leben in Küstengewässern und ernähren sich von Fischschuppen, die sie Schwarmfischen abreißen. Adulte nahe an der Oberfläche von Lagunen und Außenriffen, 1–100 m. Fressen kleine Fische und Krebstiere. Wenig scheu.
Verbeitung: Rotes Meer bis Hawaii, Tuamotus, n. bis Japan, s. bis NSW, Durban

9 *Scomberoides commersonianus* Lacépède **Talang-Makrele** 120 cm
Stachelstrahlen der Rücken- und Afterflossen giftig. Mehrere ähnliche Arten.
Ökologie: in kleinen Gruppen über Riffen und an küstenfernen Inseln.
Verbreitung: Ostafrika bis Neuguinea, n. bis Taiwan, s. bis GBR, Südafrika

10 *Selaroides leptolepis* (Cuvier) **Gelbstreifen-Makrele** 20 cm
Typischer gelber Streifen an der Seite. Ähnlich: *Selar crumenophthalmus,* (s. Taf. 153-8) hat aber größere Augen.
Ökologie: entlang von Sandstränden. In dichten Schulen in Küstengewässern, 1–25 m.
Verbreitung: Arabischer Golf bis n. Australien, n. bis s. Japan

1
2
3
4
5
6
7
8
9
10

43 SCHNAPPER

Schnapper *(Lutjanidae):* mittelgroße bis große Fische mit durchgehender Rückenflosse. Große Schuppen und Zähne, gekerbter Schwanz. Die meisten Arten sind Raubfische: ernähren sich von Krebstieren und Fischen, einige von Plankton. Vorwiegend Küsten- und Riffbewohner, aber viele leben in Tiefen von 90-360 m. Sehr wichtige Speisefische. Ciguateragefahr. Aquarium: haltbar, aber aggressiv. Wachsen zu schnell.

1 *Aphareus furca* (Lacépède) **Gabelschwanz-Schnapper** 40 cm
Kleine Ex. manchmal mit gelben Flecken am Kopf. Dunkle Kiemendeckelränder.
Ökologie: im offenen Wasser von Lagunen oder Außenriffen, 1-122 m. Einzeln oder in Gruppen. Fressen kleine Fische und Krebstiere. Neugierig.
Verbreitung: Ostafrika bis Panama, n. bis Ryukyus, s. bis Lord Howe, Südafrika

2 *Aprion virescens* Valenciennes **Barrakuda-Schnapper** 100 cm
Ökologie: offenes Wasser von tiefen Lagunen, Kanälen oder Außenriffen, 2-180 m. Ernährt sich vorwiegend von Fischen, aber auch Krebstieren und Tintenfischen. Scheuer Einzelgänger. Hervorragender Speisefisch, große Exemplare können ciguatoxisch sein.
Verbreitung: Rotes Meer bis Polynesien, n. bis Ryukyus, s. bis Lord Howe I., Natal

3 *Symphorus nematophorus* (Bleeker) **Zimt-Schnapper** 80 cm
Ökologie: sandige Küstenriffe oder an Dropoffs, 8-80 m. Oft ciguatoxisch. (Verkaufsverbot in Australien und Fiji I.!).
Verbreitung: Malaysia bis Neuguinea, n. bis Ryukyus, s. bis Neukaledonien

4 *Symphorichthys spilurus* Günther **Faden-Schnapper** 60 cm
Juvenile (> 10 cm) mit schwarzen Seitenstreifen. Filamente werden im Alter kürzer.
Ökologie: Sand- und Geröllgebiete von Küsten, Lagunen und Riffkanälen. Zur Laichzeit in Schwärmen an Außenriffen. Einzeln oder paarweise. Scheu.
Verbreitung: Sumatra bis Neukaledonien, n. bis Ryukyus, s. bis n. Australien

5 *Macolor niger* (Forsskål) **Schwarzer Schnapper** 66 cm
Jungtiere (10 cm) mit schwarzer Brustflosse und kürzeren Flossen als *M. macularis*. Subadulte mit 4-5 weißen dorsalen Flecken. Adulte mit dunkler Grundfarbe und Augen gelbbraun, nicht gelb! Juvenile zeigen Mimikry von *P. picus* (Taf. 49-10).
Ökologie: Adulte in großen Schwärmen an steilen Außenlagunen, Kanälen und Außenriffhängen, besonders im oberen Bereich, 3-90 m. Juvenile einzeln in flachen, korallenreichen Buchten oder an Wracks. Frißt nachts vorwiegend große Planktontiere.
Verbreitung: Rotes Meer bis Samoa, n. bis Ryukyus, s. bis Neukaledonien, Durban

6 *Macolor macularis* Fowle **Gelbaugen-Schnapper** 55 cm
Jungtiere (10 cm) mit langen Flossen, Rückenflosse tief ausgeschnitten, Brustflossen transparent. Subadulte haben mehr als 6 weiße Flecken. Adulte: Kopf mit blauen Linien auf gelbem Grund, gelbes Auge. Mimikry von *P. picus* (Taf. 49-10).
Ökologie: entlang steiler Lagunenhänge, in Kanälen und Außenriffhängen, 3- > 50 m. In kleinen Gruppen, Jungtiere einzeln. Fressen nachts vorwiegend Zooplankton.
Verbreitung: Malediven bis Salomon I., n. bis Ryukyus, s. bis Neukaledonien

7 *Lutjanus decussatus* (Cuvier) **Schachbrett-Schnapper** 30 cm
Ökologie: Innen- und Außenriffe, 2-30 m. Einzeln und in Schulen. Scheu.
Verbreitung: sö. Indien bis Neuguinea, n. bis Ryukyus, s. bis GBR

8 *Lutjanus sebae* (Cuvier) **Kaiser-Schnapper** 80 cm
Große adulte Tiere färben sich rot und die Streifen verschwinden.
Ökologie: sandige Lagunen in der Nähe von Riffen, 10-100 m. Juv. auf flachen Riffen und in Mangroven. Jungtiere (< 5 cm) oft zwischen Seeigelstacheln.
Verbreitung: Rotes Meer bis Neuguinea, n. bis s. Japan, s. bis NSW, Durban

9 *Lutjanus timorensis* (Quoy & Gaimard) **Timor-Schnapper** 30 cm
Adulte einfarbig rot mit einem silbrigen Schein. Ähnlich: *L. malabaricus*, ohne schwarzen Achselfleck und ohne weißen Fleck auf der Schwanzwurzel.
Ökologie: Korallen- und Geröllunterground, 30-130 m. Sporadisches Vorkommen.
Verbreitung: Andaman Sea bis Samoa, n. bis Philippinen, s. bis Fiji, Neuguinea

10 *Lutjanus sanguineus* (Cuvier) **Blut-Schnapper** 100 cm
Stirnwulst typisch für adulte Tiere. Mehrere ähnliche Arten im Tiefenwasser.
Ökologie: Korallenbänke, oft in trübem Wasser. 9-100 m. Nachtaktiv. Jagt auf Sand, Geröll und Seegraswiesen in Riffnähe.
Verbreitung: Rotes Meer bis Indien, n. bis Arabischer Golf, s. bis Südafrika

1
2
3
4
5 juv
5
6 juv
6
7
8
9 juv
9
10

1 *Lutjanus kasmira* (Forsskål) **Blaustreifen-Schnapper** 35 cm
Vier blaue Streifen, weißlicher Bauch. Mehrere ähnliche Arten.
Ökologie: flache, geschützte Riffe bis zu exponierten Außenriffen, 1–265 m. Am Tage häufig in großen Ansammlungen an Korallenköpfen oder unter Vorsprüngen. Nachts verteilen sie sich, um benthische Fische und Krebse zu jagen. Jungtiere in Seegraswiesen oder an Fleckriffen. Schwärme sind oft ortstreu.
Verbreitung: Rotes Meer bis Polynesien, n. bis s. Japan, s. bis L. Howe, Südafrika

2 *Lutjanus bengalensis* (Bloch) **Bengalen-Schnapper** 21 cm
Vier blaue Streifen, Bauch gänzlich weiß unterhalb des untersten Streifens.
Ökologie: einzeln oder in kleinen Gruppen in Fels- und Korallenriffen, 10–30 m. Oft unter Überhängen oder in Spalten. Fehlt an Atollinseln. Auf den Seychellen häufig.
Verbreitung: Rotes Meer bis Molukken, n. bis Oman, s. bis Mauritius

3 *Lutjanus quinquelineatus* (Bloch) **Fünfstreifen-Schnapper** 38 cm
Fünf Streifen, Bauch ist hellgelb, dunkler Fleck kann verschwinden.
Ökologie: geschützte Lagunen und Außenriffe. In Gruppen in Felsspalten, 2-40 m. Häufig im GBR und in der Andaman Sea. Fehlt an Ozeaninseln.
Verbreitung: Arab. Golf, Ostafrika bis Fiji, n. bis s. Japan, s. bis NSW, Seychellen

4 *Lutjanus notatus* (Cuvier) **Sechsstreifen-Schnapper** 22 cm
Ökologie: einzeln oder in Gruppen an Fels- und Korallenriffen, 10–40 m.
Verbreitung: Ostafrika bis Réunion, Mauritius, Madagaskar, s. bis Durban

5 *Lutjanus coeruleolineatus* (Rüppell) **Vielstreifen-Schnapper** 35 cm
7–8 blaue Streifen, weißer Bauch. Alle obigen Arten haben weniger Streifen.
Ökologie: klare Küstenriffe, 10–20 m. Einzeln oder in kleinen Gruppen.
Verbreitung: Rotes Meer bis Golf v. Aden, n. bis Golf v. Oman

6 *Lutjanus carpontatus* (Richardson) **Braunstreifen-Schnapper** 40 cm
Ökologie: geschützte Lagunen und Außenriffe, 12–50 m. Gewöhnlich in Schulen.
Verbreitung: sö. Indien bis Neuguinea, n. bis s. China, s. bis GBR

7 *Lutjanus ehrenbergi* (Peters) **Ehrenbergs Schnapper** 31 cm
4–5 gelbe Streifen verlaufen parallel über der Seitenlinie. Bei *L. fulviflamma* verlaufen sie diagonal.
Ökologie: Lagunen, Küsten- und Außenriffe von Berginseln, 5–>20 m. Jungtiere an Binnenküsten über Sand und Geröllgrund, gelegentlich im Brackwasser.
Verbreitung: Rotes Meer bis Karolinen I., n. bis Ryukyus, s. bis GBR, Sansibar

8 *Lutjanus fulviflamma* (Forsskål) **Schwarzflecken-Schnapper** 35 cm
Sechs gelbe Seitenstreifen. Dunkler Fleck oft hell umrandet.
Ökologie: Korallenriffe, 3–35 m. Häufig in Schwärmen mit *L. kasmira* und *L. lutjanus*.. Jungtiere im Brackwasser. In Ostafrika und Australien häufig.
Verbreitung: Rotes Meer bis Samoa, n. bis Taiwan, s. bis Madagaskar, NSW, Perth

9 *Lutjanus boutton* (Lacépède) **Goldstreifen-Schnapper** 24 cm
10–12 schwach gelbliche Streifen. Brauner Fleck an der Brustflossenbasis.
Ökologie: Küstenriffe, 15–50 m. In Gruppen an Dropoffs und an Vorsprüngen.
Verbreitung: Sumatra bis Samoa, n. bis s. Japan, s. bis nw. Australien, Tonga

10 *Lutjanus monostigma* (Cuvier) **Einfleck-Schnapper** 53 cm
Silbrig-gelb, dunkler Fleck geht im Alter verloren.
Ökologie: äußere Lagunen und Außenriffe, 1–60 m. Nachts auf Riffdächern, um besonders Fische zu jagen. Häufig an Riffkanten mit tiefen Senken und Löchern. Ciguateragefahr, daher Verkaufsverbot in Tahiti.
Verbreitung: R. Meer bis Tuamotus, n. bis Ryukyus, s. bis Mozambique, Neukaled.

11 *Lutjanus russelli* (Bleeker) **Russells Schnapper** 50 cm
Gelbbraune Streifen verlaufen schräg. Fleck am Brustflossenansatz.
Ökologie: küstennahe Fels- und Korallenriffe, 2–80 m. Jungtiere im Brackwasser und in Flußmündungen. Häufig im GBR.
Verbreitung: Rotes Meer bis Fiji, n. bis s. Japan, s. bis Südafrika, NSW

12 *Lutjanus johnii* (Bloch) **Johns Schnapper** 63 cm
Ökologie: Adulte auf Korallenriffen, 2–>50 m. Jungtiere in Brackwasserflüssen.
Verbreitung: Golf von Aden bis Fiji, n. bis Taiwan, s. bis GBR, Südafrika

1
2
3
4
5
6
7
8
9
10
11
12

45 SCHNAPPER

1 *Lutjanus biguttatus* (Valenciennes) **Zweifleck-Schnapper** 20 cm
Ökologie: Außenriffhänge und Lagunen, 2–36 m. In kleinen oder großen Gruppen, oft in der Nähe von Astkorallen. Wenig scheu. Nicht häufig.
Verbreitung: Malediven bis Salomon I., n. bis Philippinen, Palau, s. bis GBR

2 *Lutjanus gibbus* (Forsskål) **Buckel-Schnapper** 50 cm
Ökologie: Jungtiere auf Seegraswiesen, Sand oder Korallen von flachen, geschützten Riffen. Adulte oft in großen Ansammlungen entlang steiler Lagunenriffe, in Riffkanälen und an Außenriffen, 1–150 m. Große Exemplare können ciguatoxisch sein. Ernähren sich von benthischen Wirbellosen und Fischen.
Verbreitung: Rotes Meer bis Tuamotus, n. bis Ryuk., s. bis Neukaledonien, Durban

3 *Lutjanus lunulatus* (Park) **Gelbbauch-Schnapper** 30 cm
Ökologie: Fels- und Korallenriffe, 10–30 m. Einzeln oder in kleinen Gruppen. Wenig scheu. Beschränkt auf Kontinentalinseln und Küstengewässer.
Verbreitung: Pakistan bis Vanuatu, n. bis Philippinen

4 *Lutjanus fulvus* (Schneider) **Schwarzschwanz-Schnapper** 40 cm
Ähnlich: *L. lemnisciatus* (Indien bis GBR), ist aber größer und silbrig-grau. Regelmäßig an korallenreichen, tiefen Riffen in Thailand.
Ökologie: Lagunen und halbgeschützte Außenriffe, auch im Brackwasser, 1–75 m. Selten ciguatoxisch. Ernährung: Fische und benthische Wirbellose.
Verbreitung: Rotes Meer bis Marquesas, n. bis s. Japan, s. bis Neukaled., Südafrika

5 *Lutjanus adetii* (Castelnau) **Husaren-Schnapper** 50 cm
Ökologie: flache, felsige Küsten- und Außenriffe; auch in Lagunen, bis 20 m. In großen Schwärmen an Korallen und Felsvorsprüngen.
Verbreitung: ö. Australien, Lord Howe, Coral Sea bis Neukaledonien

6 *Lutjanus lutjanus* Bloch **Großaugen-Schnapper** 30 cm
Schlanker und mit größeren Augen als *L. adetii* und *L. madras.*
Ökologie: exponierte Küstenriffe, bis 90 m. Oft mit anderen Schnappern in Ansammlungen vergesellschaftet und in großen Schulen. Fehlt an Atollen.
Verbreitung: Rotes Meer bis Salomon I., n. bis Ryukyus, s. bis GBR, Ostafrika

7 *Lutjanus vitta* (Quoy & Gaimard) **Vitta-Schnapper** 40 cm
Seitenstreifen meistens bräunlich. Größere Augen als *L. lutjanus.*
Ökologie: in Gruppen auf Geröllhängen oder in flachen Zonen mit Korallenvorsprüngen, Schwämmen und Peitschenkorallen, 10–72 m. Oft in Schulen.
Verbreitung: Seychellen, w. Indien bis Vanuatu, n. bis s. Japan, s. bis Neukaledonien

8 *Lutjanus bohar* (Forsskål) **Doppelfleck-Schnapper** 90 cm
Unter 20 cm Größe: zwei helle Flecken auf dem Rücken, Jungtiere zeigen Mimikry von *Chromis ternatensis* (s. Taf. 78-12).
Ökologie: äußere Lagunen, Kanäle und Außenriffe, 1–180 m. Einzeln oder in herumstreifenden Schulen an Riffhängen. Scheuer Raubfisch, der sich von Fischen, Krebstieren und Tintenfischen ernährt. In vielen Gebieten oft ciguatoxisch. Häufig an Atollen.
Verbreitung: Rotes Meer bis Marquesas, n. bis Ryukyus, s. bis Lord Howe, Durban

9 *Lutjanus argentimaculatus* (Forsskål) **Kupfer-Schnapper** 120 cm
Jungtiere mit blauen Linien am Kopf.
Ökologie: Jungtiere im Brackwasser oder in Flüssen. Adulte entlang Küsten- und Lagunenriffen oder Kanälen, bis 120 m. Am Tage häufig in Schulen am Fuß von Riffhängen. Normalerweise recht scheu.
Verbreitung: Rotes Meer bis Line I., n. bis Ryukyus, s. bis NSW, Durban

10 *Lutjanus rivulatus* (Cuvier) **Blaulippen-Schnapper** 76 cm
Ähnlich: *L. stellatus* (s. China bis s. Japan), dem die blauen Streifen am Kopf und die weißen Punkte auf den Schuppen fehlen. Juvenile haben weißen Rückenfleck.
Ökologie: Außenriffe, 1–>100 m. Auch auf flachen Küstenriffen mit wenig Korallenbewuchs. Einzeln oder in kleinen Gruppen, oft dicht über dem Substrat driftend. Scheu.
Verbreitung: Rotes Meer bis Samoa, n. bis Ryukyus, s. bis GBR, Südafrika

11 *Lutjanus semicinctus* Quoy & Gaimard **Binden-Schnapper** 35 cm
Ökologie: flache Lagunen und Außenriffe, 10–30 m. Einzeln und sehr scheu. Vereinzeltes Vorkommen, nur häufig um östliche Karolinen.
Verbreitung: Philippinen, Molukken bis Fiji, n. bis Karolinen, s. bis Neukaledonien

2 juv
2
1
4
3
6
5
7
8 juv
8
9
10
11

1 *Paracaesio sordidus* Abe & Shinohara **Grauer Scheinfüsilier** 48 cm
Ökologie: an Dropoffs, im Freiwasser Plankton jagend, 5->100 m. Wenig scheu. Normalerweise einzeln oder in lockeren Schwärmen. Neugierig.
Verbreitung: Rotes Meer bis Samoa, n. bis Ryukyus, s. bis Flores (hier häufig)

2 *Paracaesio xanthura* (Bleeker) **Blauer Scheinfüsilier** 48 cm
Ökologie: in Schwärmen im Freiwasser Plankton jagend. In den Tropen tiefer als 100 m, aber im sö. Australien in 10 m Tiefe.
Verbreitung: Ostafrika bis Samoa, n. bis s. Japan, s. bis Lord Howe, Durban

Füsiliere *(Caesionidae):* schlanker, stromlinienförmiger Körper mit einem vorstülpbaren Maul, kleinen Schuppen, durchgehender Rückenflosse und einem Gabelschwanz. Schnell schwimmende Planktonfresser des offenen Wassers, die am Tage in großen, oft gemischten Schulen vorkommen. Nachts suchen sie Schutz im Riff und bekommen oft eine rote Grundfarbe. Gute Speisefische. Aquarium: ungeeignet.

3 *Caesio cuning* (Bloch) **Hochrücken-Füsilier** 28 cm
Steiles Kopfprofil, Körper höher als bei *C. teres.* Blaue Streifen auf der Stirn.
Ökologie: in Schwärmen im Freiwasser von tiefen Lagunen und entlang der Außenriffe. Nähern sich Tauchern oft neugierig.
Verbreitung: Sri Lanka bis Vanuatu, n. bis Ryukyus, s. bis GBR, Neukaledonien

4 *Caesio lunaris* Cuvier **Himmelblauer Füsilier** 30 cm
Schwarze Schwanzspitzen, manchmal gelber Schwanz mit gelber Schwanzwurzel.
Ökologie: häufiger an steilen Außenriffen als in Lagunen. Große Schulen.
Verbreitung: Rotes Meer bis Salomon I., n. bis Ryukyus, s. bis GBR, Seychellen

5 *Caesio suevica* Klunzinger **Rotmeer-Füsilier** 25 cm
Undeutlicher gelber Streifen reicht bis zum Schwanz, der schwarze Spitzen hat.
Ökologie: in Schwärmen im offenen Wasser entlang von Saumriffen, 2–25 m. Oft in großen Schwärmen Tauchboote umkreisend.
Verbreitung: Rotes Meer

6 *Caesio xanthonota* Bleeker **Gelbstirn-Füsilier** 30 cm
Der obere Teil des Kopfes und der Rücken sind immer gelb.
Ökologie: in Schwärmen im offenen Wasser entlang von Außenriffen und in tiefen Lagunen, 2->25 m. Häufig in der Nähe von Tauchern. Wenig scheu.
Verbreitung: Ostafrika bis Molukken, n. bis Malediven, Andaman Sea

7 *Caesio teres* Seale **Gelbrücken-Füsilier** 31 cm
Gelbe Stirn nur bei Jungen, das Gelb beschränkt sich bei Adulten auf den Schwanz.
Ökologie: in Schwärmen im offenen Wasser von tiefen Lagunen und entlang von Außenriffen. Laicht in Massenansammlungen an der Oberfläche am Ausgang von tiefen Riffkanälen bei ablaufendem Wasser ab (abhängig vom Mondzyklus).
Verbreitung: Ostafrika bis Line I., n. bis s. Japan, s. bis Neukaledonien, Transkei

8 *Caesio caerulaurea* Lacépède **Gelbstreifen-Füsilier** 28 cm
Blau eingerahmter gelber Streifen, schwarze Streifen im Schwanz.
Ökologie: in tiefen Lagunen und entlang steiler Außenriffe. Nähern sich oft in großen Schwärmen Tauchern. Gelegentlich in der Nähe von Tauchbooten.
Verbreitung: Ostafrika bis Samoa, n. bis s. Japan, s. bis Neukaledonien, Südafrika

9 *Caesio varilineata* Carpenter **Vielstreifen-Füsilier** 25 cm
Ungefähr sechs gelbe Streifen auf dem Rücken; schwarze Schwanzspitzen.
Ökologie: in tiefen Lagunen und entlang steiler Außenriffe. Große Schwärme halten sich im offenen Wasser auf, um Plankton zu jagen. Scheuer als andere Arten.
Verbreitung: R. Meer bis Sumatra, n. bis Arabischer Golf, s. bis Seychellen, Ostafrika

10 *Caesio striata* Rüppell **Schwarzstreifen-Füsilier** 18 cm
Vier dunkle Streifen auf dem Rücken und schwarze Randstreifen im Schwanz.
Ökologie: in Schwärmen im offenen Wasser entlang von Riffhängen, 2->30 m. Selten in flachen Lagunen. Häufig.
Verbreitung: endemisch im Roten Meer

1
2
3
4
5
6
7
8
9
10

47 FÜSILIERE

1 *Pterocaesio tile* (Cuvier) **Neon-Füsilier** 25 cm
Breites, blau fluoreszierendes Band unterhalb der dunklen Streifen. Der Bauch ist perlweiß, rosa oder rötlich. Schwarze Randstreifen am Schwanz.
Ökologie: in kleinen oder großen Schulen im offenen Wasser von tiefen Lagunen und entlang von Außenriffen. Jungtiere in großen Schwärmen in flachen Lagunen und auf Riffdächern. Adulte oft in Höhlennähe. Wenig scheu.
Verbreitung: Ostafrika bis Marquesas, n. bis s. Japan, s. bis Neukaledonien, Rapa

2 *Pterocaesio chrysozona* (Cuvier) **Goldstreifen-Füsilier** 18 cm
Gelb-orangener Streifen unterhalb der Laterallinie - bis auf den letzten Teil.
Ökologie: in großen Schwärmen in Lagunen und entlang der Außenriffe.
Verbreitung: Rotes Meer bis Neuguinea, n. bis ö. China, s. bis GBR

3 *Pterocaesio digramma* (Bleeker) **Zweistreifen-Füsilier** 24 cm
Der untere gelbe Streifen fast auf ganzer Länge unterhalb der Laterallinie.
Ökologie: im offenen Wasser von Lagunen und an Außenriffen. In Schulen.
Verbreitung: Thailand bis Salomon I., n. bis Bonin I., s. bis Neukaledonien

4 *Pterocaesio tesselata* Carpenter **Gelbstreifen-Füsilier** 21 cm
Ein schmaler, gelber Streifen verläuft oberhalb der Laterallinie, auf Riffen um 20 m.
Ökologie: in Schwärmen in tiefen Lagunen und an Außenriffen, auch Küstenriffe.
Verbreitung: Sri Lanka bis Vanuatu, n. bis Philippinen, s. bis Neuguinea

5 *Pterocaesio marri* Schultz **Doppelstreifen-Füsilier** 32 cm
Zwei schmale, gelbe Streifen: der untere verläuft weitgehend unterhalb der Laterallinie. Ähnlich: *P. digramma*, der meistens breitere gelbe Streifen besitzt.
Ökologie: in großen Schwärmen an Außenriffen und in Lagunen im offenen Wasser.
Verbreitung: Ostafrika bis Marquesas, n. bis s. Japan, s. bis Samoa

6 *Pterocaesio lativittata* Carpenter **Gelbband-Füsilier** 13 cm
Laterallinie kreuzt das breite gelbe Band. Ähnlich: *P. chrysozona* (Nr. 2).
Ökologie: in Schwärmen an steilen Außenriffen bis mindestens 40 m.
Verbreitung: Chagos I. bis Neuguinea, n. bis Palau

7 *Pterocaesio randalli* Carpenter **Laternen-Füsilier** 23 cm
Leuchtend gelber Fleck deutlich unter Wasser sichtbar. Juvenile rötlich-braun.
Ökologie: in großen Schwärmen entlang felsiger Außenriffe und in tiefen, korallenreichen Lagunen, 5- > 30 m. Gegenüber Tauchern neugierig, wenig scheu.
Verbreitung: Andaman Sea bis Philippinen, Molukken, Flores

8 *Pterocaesio pisang* (Bleeker) **Pisang-Füsilier** 17 cm
Deutliche Laterallinie, innere Basis der Brustflosse schwarz oder rot. Einfarbig graue oder rote Körperfarbe - besonders nachts. Subadulte mit gelbem Maul.
Ökologie: in Schwärmen (20-100 Ex.) im Freiwasser an Außenriffen oder in Lagunen.
Verbreitung: Ostafrika bis Fiji, Gilbert I., n. bis Ryukyus, s. bis Neukaledonien

9 *Pterocaesio trilineata* Carpenter **Dreistreifen-Füsilier** 15 cm
Drei gelbliche oder bräunliche Streifen, die mit blauen Streifen abwechseln. Ähnlich: *Gymnocaesio gymnoptera* (Indopazifik), sardinenähnlich schlank.
Ökologie: in Schwärmen im offenen Wasser in klaren Lagunen und an nicht zu steilen Riffhängen, gelegentlich auf Riffdächern.
Verbreitung: Philippinen bis Indonesien, Fiji, n. bis Karolinen, s. bis Neukaledonien

10 *Gymnocaesio gymnoptera* (Bleeker) **Zwerg-Füsilier** 14 cm
Zwei bräuliche Lateralstreifen. Braune Schwanzspitzen.
Ökologie: in Schulen im offenen Wasser von Korallenriffen, 2-25 m.
Verbreitung: Rotes Meer bis Malediven, s. bis Ostafrika

11 *Dipterygonotus balteatus* (Valenc.) **Sardinen-Füsilier** 14 cm
Zwei unregelmäßige gelbe Rückenstreifen, gelegentlich unterbrochen.
Ökologie: in Schulen im offenen Wasser mit Sardinen schwimmend, 1-20 m. Jungtiere in Korallenriffen.
Verbreitung: Golf von Aden bis Solomon I., s. bis Seychellen, GBR

Süßlippen *(Haemulidae):* relativ große Fische mit verdickten Lippen, kleinen konischen Kieferzähnen, Schlundzähnen, mittelgroßen Schuppen, durchgehender Rückenflosse, abgerundetem oder gekerbtem Schwanz. Sie schwimmen mit charakteristischen Schlängelbewegungen. Adulte sind am Tag inaktiv und suchen Schutz unter Überhängen, in der Dämmerung machen sie Jagd auf benthische Wirbellose.

1
1 var
2
3
4
5
6
7
8
8 var
9
10
11

48 SÜSSLIPPEN (allgemeine Bemerkungen s. Taf. 47)

1 *Diagramma pictum* (Thunberg) **Silber-Süßlippe** 94 cm
Jungtiere sehr ähnlich wie *P. albovittatus*; Subadulte silbrig-grau mit gelb-orangenen Flecken. Große adulte Tiere einfarbig grau oder bronzefarben.
Ökologie: Sand- und Sedimentböden nahe an Küsten- und Lagunenriffen, 2-40 m. Am Tag in kleinen Gruppen an Fleckriffen oder Korallenköpfen.
Verbreitung: Rotes Meer bis Neukaledonien, n. bis s. Japan, s. bis NSW, Natal

2 *Plectorhinchus chaetodonoides* (Lacépède) **Harlekin-Süßlippe** 72 cm
Viele dunkle Flecken auf gelblichem Untergrund und grau-weißer Bauch.
Ökologie: Adulte in korallenreichen Lagunen und an Außenriffen, 1-30 m. Einzeln oder in Gruppen, am Tage unter Überhängen und in Höhlen. Juvenile zwischen Korallen von geschützten Küsten- und Binnenlagunenriffen.
Verbreitung: Malediven bis Fiji, n. bis Ryukyus, s. bis GBR, Neukaledonien

3 *Plectorhinchus cinctus* (Temminck & Schlegel) **Sichel-Süßlippe** 60 cm
Sichelförmige, braune Streifen und schwarze Tupfen auf dem Rücken.
Ökologie: Küstenriffe, nahe an Felsen und Korallen. In Südjapan häufig.
Verbreitung: Arabische See bis Taiwan, s. Japan, s. bis Sri Lanka

4 *Plectorhinchus obscurus* (Günther) **Riesen-Süßlippe** > 100 cm
Adulte dunkelgrau gefleckt mit schwarzen Flossensäumen. Bis 15 kg.
Ökologie: klare Lagunen und Außenriffe, 2-50 m. Adulte einzeln oder in Paaren. Jungtiere in flachen, trüben Gewässern. Scheu.
Verbreitung: Rotes Meer bis Fiji, n. bis s. Japan, s. bis NSW, Neukaledonien

5 *Plectorhinchus playfairi* (Pellegrin) **Weißband-Süßlippe** 90 cm
Schwärzlich mit vier diagonalen weißen Binden. Bauch weiß.
Ökologie: Korallenriffe und Tidentümpel, 1-80 m. Einzeln.
Verbreitung: Golf von Aden, s. bis Transkei, ö. bis Seychellen, Mauritius

6 *Plectorhinchus schotaf* (Forsskål) **Schotafs Süßlippe** 80 cm
Grau bis schwärzlich, hinterer Kiemendeckelrand und Mundinnenseite sind rot.
Ökologie: Fels- und Korallenriffe, Brandungszonen, 1-80 m. Juvenile in Tidentümpeln.
Verbreitung: Rotes Meer bis GBR, n. bis Ryukyus, s. bis Lord Howe, Südafrika

7 *Plectorhinchus plagiodesmus* (Fowler) **Gelbmaul-Süßlippe** > 90 cm
Jungtiere sind schwarz mit roten Lippen. Adulte (> 40 cm) verlieren die roten Streifen.
Ökologie: scheuer Einzelgänger, selten in Paaren. Bewohnt trübe Küstenriffe mit vielen Spalten und Höhlen. Gelbe Lippen ragen wie „Schwämme“ aus den Verstecken.
Verbreitung: Somalia, s. bis Transkei, ö. bis Aldabra und Madagaskar

8 *Plectorhinchus gibbosus* (Lacépède) **Gibbus-Süßlippe** 75 cm
Mehrere ähnliche Arten: Kopfprofil jedoch steil und ein hoher Rücken.
Ökologie: trübe Küstenriffe bis mindestens 20 m. Selten.
Verbreitung: Rotes Meer bis Samoa, n. bis Ryukyus, s. bis GBR, Natal

9 *Plectorhinchus chubbi* (Regan) **Bronze-Süßlippe** 75 cm
Bronzefarben mit weißen Tupfen. Manchmal auch dunkelgrau mit hellem Bauch.
Ökologie: Adulte auf flachen Küstenriffen mit spärlichem Korallenbewuchs, 1-80 m.
Verbreitung: Ostafrika bis Molukken, n. bis Indien, s. bis Transkei

10 *Plectorhinchus sordidus* (Klunzinger) **Schwarze Süßlippe** > 60 cm
Jungtiere braun mit weißen, unterbrochenen Kreisen, weißen Flecken auf den Flossen und weißem Schwanz. Adulte wirken unter Wasser einfarbig schwarz mit einem grauen Schein.
Ökologie: Algengebiete und Seegraswiesen, auch auf Fels- und Korallenriffen 2- > 25 m. Einzeln oder in kleinen Gruppen in Verstecknähe.
Verbreitung: Rotes Meer bis Seychellen, s. bis Transkei, Mauritius

11 *Plectorhinchus sp.1* **Goldaugen-Süßlippe** 35 cm
Silbriger Körper mit schwarzen Flossen, orangefarbene Augen.
Ökologie: in Gruppen an trüben Fels- oder Korallenriffen.
Verbreitung: Sri Lanka

12 *Plectorhinchus sp.2* **Schwarzflossen-Süßlippe** 40 cm
Ökologie: klare Außenriffe und Lagunen mit trübem Wasser, 30-70 m
Verbreitung: Philippinen, Indonesien

1 juv
1
2 juv
2
3
4
4 juv
5
6
7
8
13
9
10
11
15
12

49 SÜSSLIPPEN

1 *Plectorhinchus orientalis* (Bloch) **Orient-Süßlippe** 86 cm
Jungtiere (< 15 cm) sind dunkelbraun mit weiß-gelben Flecken (s. Abb.).
Ökologie: Adulte leben in klaren Außenlagunen und an Außenriffen, 2- > 25 m. Jungtiere an geschützten Stellen wie in dichten Acropora Korallen. Gewöhnlich einzeln oder gelegentlich in großen Gruppen. Wenig scheu. Beliebtes Fotoobjekt.
Verbreitung: Ostafrika bis Samoa, n. bis Ryukyus, s. bis Mauritius, Neukaledonien

2 *Plectorhinchus lessonii* (Cuvier **Phantom-Süßlippe** 48 cm
Junge mit 3-4 schwarzen Seitenstreifen. Adulte ohne Streifen am Bauch.
Ökologie: einzeln unter Korallenüberhängen in flachen, klaren Lagunen und an Außenriffen. Sucht nachts benthische Wirbellose auf offenen Sandflächen und Seegraswiesen. Manchmal auch in Riffkanälen, 1- > 35 m.
Verbreitung: Malaysia bis Neukaledonien, n. bis Ryukyus, s. bis GBR

3 *Plectorhinchus lineatus* (Linnaeu **Diagonal-Süßlippe** 72 cm
Diagonale Streifen - außer am Bauch, roter Brustflossenansatz. Junge mit fünf schwarzen, horizontalen Seitenstreifen die ab ca. 22 cm Größe diagonal werden.
Ökologie: einzeln oder in Schwärmen an Korallenriffhängen von Außenriffen und in klaren Lagunen, 1- > 30 m. Wenig scheu. Sucht nachts vorwiegend Krebse auf sandigen Flächen oder Riffdächern.
Verbreitung: Molukken, Philippinen bis Neukaledonien, n. bis Ryukyus

4 *Plectorhinchus gaterinus* (Forsskål) **Schwarztupfen-Süßlippe** 45 cm
Juvenile mit drei Paar schwarzen Streifen, die sich langsam zu Flecken auflösen.
Ökologie: am Tage in Gruppen unter Überhängen oder an Korallenhängen, 2-30 m. Nicht scheu. Jungtiere einzeln zwischen Korallenästen oder im Freiwasser
Verbreitung: Rotes Meer bis Komoren, Madagaskar, n. bis Golf von Oman, Südafrika

5 *Plectorhinchus paulayi* Stendachner **Mangroven-Süßlippe** 45 cm
Silbrig mit diagonalen Seitenstreifen.
Ökologie: meist an Küstenriffen mit trübem Wasser, bevorzugt Mangrovengebiete, 3-20 m.
Verbreitung: Ostafrika, Aldabra, Komoren, Mauritius

6 *Plectorhinchus polytaenia* (Bleeker) **Goldband-Süßlippe** 48 cm
Jungtiere haben weniger Streifen als Adulte.
Ökologie: geschützte Küsten- und Außenriffe, 5-25 m. Einzeln oder in Gruppen, manchmal am Tag unter Überhängen oder in Höhlen. Scheu, nur sporadisches Vorkommen.
Verbreitung: Philippinen, Bali bis Neuguinea, s. bis s. und nw. Australien

7 *Plectorhinchus chrysotaenia* (Bleeker) **Celebes-Süßlippe** 49 cm
Blaugrau mit mehreren gelben Streifen und Flecken. Schnapperähnlich.
Ökologie: geschützte Riffe, 8-80 m. Einzeln oder in Gruppen in der Nähe von Korallenköpfen. Nicht scheu. Vereinzeltes Vorkommen.
Verbreitung: Molukken bis Neukaledonien, n. bis Ryukyus, s. bis GBR

8 *Plectorhinchus flavomaculatus* (Ehrenberg) **Orangetupfen-Süßlippe** 60 cm
Jungtiere gestreift. Gelbe Tupfen reichen bis auf die Rückenflosse, schräge Streifen unter dem Auge.
Ökologie: geschützte Küstenriffe und Häfen, ab 3 m. Jungtiere in Algengebieten. **Verbreitung:** Rotes Meer bis Neuguinea, n. bis s. Japan, s. bis NSW, Südafrika

9 *Plectorhinchus multivittatum* (Macleay) **Goldtupfen-Süßlippe** 50 cm
Jungtiere und Subadulte gestreift. Adulte mit gelben (nicht orangenen) Flecken.
Ökologie: felsige Küstenriffe, 8-25 m. Einzeln unter Überhängen.
Verbreitung: nw. Australien

10 *Plectorhinchus picus* (Cuvier) **Schwarzweiß-Süßlippe** 84 cm
Jungtiere (< 25 cm) schwarzweiß. Adulte grau mit kleinen, dunklen Tupfen.
Ökologie: Adulte in klaren Lagunen und an tiefen Außenriffen, 3-50 m. Jungtiere in flachen Lagunen. Sie schwimmen wie Strudelwürmer. Adulte einzeln unter Korallenköpfen oder in Höhlen, aber auch dicht über Geröll schwimmend.
Verbreitung: Seychellen (häufig) bis Society I., n. bis s. Japan, s. bis L. Howe, Rapa I.

1 juv
1
2
4 juv
3
3 juv
4
5
6
6 juv
7
8
9
10
10 juv

50 SCHEINSCHNAPPER

Scheinschnapper *(Nemipteridae):* kleine bis mittelgroße, schlanke Fische mit kleinem Maul, großen Schuppen, durchgehender Rückenflosse und Gabelschwanz. Nahrung: benthische Wirbellose und Plankton. Wichtige Speisefische. Aquarium: selten gehalten, wahrscheinlich haltbar bei genügendem Schwimmraum.

1 *Scolopsis bilineatus* (Bloch) **Schärpen-Scheinschnapper** 23 cm
Ökologie: Juvenile in flachen, geschützten Korallenriffen. Adulte in der Nähe von Sandflächen in Lagunen und geschützten Außenriffen, 1->25 m. Einzeln.
Verbreitung: Malediven, Andaman Sea bis Fiji, n. bis s. Japan, s. bis Lord Howe I.

2 *Scolopsis trilineatus* Kner **Dreistreifen-Scheinschnapper** 20 cm
Ökologie: Lagunen und geschüzte Riffdächer, über flachen Sandböden mit vereinzelten Korallen. Einzeln oder in kleinen Gruppen.
Verbreitung: Bali, Borneo, Molukken bis Samoa, n. bis Philipp., s. Neukaled., Tonga

3 *Scolopsis lineatus* Quoy & Gaimard **Würfel-Scheinschnapper** 23 cm
Jungtiere ähneln juvenilen *S. bilineatus.*
Ökologie: Jungtiere einzeln und nahe an Korallen in klaren, flachen Lagunenriffen. Adulte in Außenlagunen, auf Riffdächern und an Außenriffen, 1-20 m.
Verbreitung: Andaman Sea bis Gilbert I., n. bis Ryukyus, s. bis GBR, Neukaledonien

4 *Scolopsis ghanam* (Forsskål) **Ghanam-Scheinschnapper** 18 cm
Ökologie: flache, sandige Küsten in Korallennähe, oft bewegungslos über Sand verharrend. Wenig scheu. Gewöhnlich einzeln oder in kleinen Gruppen, 1-25 m.
Verbreitung: Rotes Meer und Arabischer Golf, s. bis Südafrika, ö. bis Madagaskar

5 *Scolopsis frenatus* (Cuvier) **Breitstreifen-Scheinschnapper** 26 cm
Juv. und Subadulte blau mit zwei gelben Seitenstreifen.
Ökologie: Adulte in dichten, großen Schwärmen auf Fels- und Korallenriffen, 5->25 m. Juv. und Subadulte einzeln auf isolierten Korallenstöcken in Sand oder Geröll.
Verbreitung: Ostafrika bis Seychellen (hier sehr häufig), Mauritius, Chagos

6 *Scolopsis xenochrous* Günther **Neon-Scheinschnapper** 21 cm
Ökologie: Sand- und Korallenschuttflächen in Riffnähe; 5-50 m, meistens >15 m.
Verbreitung: Malediven bis Salomon I., n. bis Taiwan, s. bis GBR, nw. Australien

7 *Scolopsis ciliatus* (Lacépède) **Silberstreifen-Scheinschnapper** 19 cm
Ökologie: flache, geschützte Riffe nahe an Korallen. Einzeln oder in Gruppen.
Verbreitung: Andaman Sea bis Salomon I., n. bis Ryukyus, s. bis Vanuatu

8 *Scolopsis margaritifer* (Cuvier) **Perlen-Scheinschnapper** 28 cm
Jungtiere mit schwarzem Seitenstreifen, ähnlich wie *S. affinis* (s. u.). Sie ahmen giftige Säbelzahnschleimfische *(Meiacanthus spp.)* nach (Taf. 114).
Ökologie: Lagunenriffe, 2-15 m. Einzeln über Sand oder in Verstecknähe von Korallen.
Verbreitung: Andaman Sea, Sumatra bis Melanesien, n. bis Taiwan, s. bis GBR

9 *Scolopsis bimaculatus* Rüppell **Finger-Scheinschnapper** 31 cm
Ähnlich: *S. taeniatus* (Rotes Meer bis Pakistan), der dunkle Fleck reicht bis zum Rücken. Blaue Linie vom Auge bis zum Maul.
Ökologie: sandige und schlickige Küstenriffe, bis 60 m. Frißt benthische Wirbellose. Laicht im Frühjahr und im Herbst.
Verbreitung: Rotes Meer bis Indien, Sri Lanka, s. bis Madagaskar, n. bis Arabischer Golf

10 *Scolopsis vosmeri* (Bloch) **Weißwangen-Scheinschnapper** 20 cm
Das weiße Band am Kopf und auf der Schwanzwurzel ist charakteristisch.
Ökologie: sandige, schlickige und felsige Küstenriffe, 2-25 m. Fehlt an Ozeaninseln.
Verbreitung: Rotes Meer bis Neuguinea, n. bis Ryukyus, s. bis nw. Australien

11 *Scolopsis affinis* Peters **Braunstreifen-Scheinschnapper** 24 cm
Der auffällige Seitenstreifen kann auch gänzlich fehlen. Ähnlich: *S. auratus* (Malediven bis s. Indonesien), mit goldgelbem Seitenstreifen.
Ökologie: geschützte Lagunen und Außenriffe, Sandböden mit vereinzelten Korallenstöcken; 2-60 m. Einzeln oder in kleinen Gruppen.
Verbreitung: s. Indien bis Salomon I., n. bis Ryukyus, s. bis GBR

12 *Scolopsis monogramma* (Cuvier) **Monokel-Scheinschnapper** 30 cm
Ähnlich: *S. temporalis* (Sulawesi bis Fiji).
Ökologie: flache, sandige Gebiete von Küstenriffen, 15-50 m.
Verbreitung: Andaman Sea bis Neuguinea, n. bis Ryukyus, s. bis Neukaledonien

1
1 juv
2
3
4
5
6
7
8
9
10
11
12

51 SCHEINSCHNAPPER, MEERBRASSEN

1 *Pentapodus bifasciatus* (Bloch) **Zweistreifen-Scheinschnapper** 18 cm
Ökologie: im Freiwasser von Lagunen und geschützten Riffen. Ernährt sich am Tag von Zooplankton. Sucht nachts Schutz im Riff.
Verbreitung: Südchina bis Salomon I., n. bis Philipp., s. bis Neuguinea, Timor

2 *Pentapodus porosus* (Valenciennes) **Schmetterlings-Scheinschnapper** 27 cm
Ökologie: Küstennahe und küstenferne Riffe, über Sand und Geröll.
Verbreitung: Aru I. bis nw. Australien

3 *Pentapodus sp.* **Füsilier-Scheinschnapper** 20 cm
Junge blau mit gelben Streifen. Sie ähneln denen von *P. emeryi* und *S. frenatus.*
Ökologie: im Freiwasser in Riffnähe über Sandzonen.
Verbreitung: nö. Australien bis Fiji, Samoa

4 *Pentapodus paradiseus* (Günther) **Paradies-Scheinschnapper** 30 cm
Schwarzer Punkt auf der Schwanzwurzel.
Ökologie: im Freiwasser in der Nähe von Küstenriffen. Junge in Geröllgebieten.
Verbreitung: Indonesien bis nö. Australien, n. bis Neuguinea, s. bis NSW

5 *Pentapodus emeryi* (Richardson) **Emerys Scheinschnapper** 30 cm
Ökologie: tiefe Küstenriffe. Frißt benthische Wirbellose. Einzeln.
Verbreitung: Java, Borneo bis Timor, n. bis Philippinen, s. bis n. Australien

6 *Pentapodus nagasakiensis* (Tanaka) **Nagasaki-Scheinschnapper** 20 cm
Iris gelb mit zwei blauen Streifen.
Ökologie: in Gruppen im Freiwasser über Fels- und Koralleniffen, 15-100 m.
Verbreitung: s. Japan, s. bis nw. Australien, GBR, Coral Sea

7 *Pentapodus trivittatus* Bloch **Dreistreifen-Scheinschnapper** 25 cm
Ökologie: versandete Korallenriffe mit trübem Wasser, Lagunen und Buchten.
Verbreitung: Südchina bis Salomon I., n. bis Palau, s. bis Timor

8 *Pentapodus caninus* (Cuvier) **Gescheckter Scheinschnapper** 35 cm
Ökologie: in losen Gruppen über Riffen oder Geröll von Lagunen und geschützten Buchten. 3-30 m. Frißt kleine Fische, großes Zooplankton und benthische Wirbellose.
Verbreitung: Südchina bis Marshall I., n. bis Ryukyus, s. bis Neukaledonien

9 *Pentapodus vitta* Quoy & Gaimard **Braunstreifen-Scheinschnapper** 26 cm
Ökologie: sandige Algengebiete oder felsige Küsten von Buchten.
Verbreitung: w. Australien

Meerbrassen *(Sparidae):* hochrückige, schnapperähnliche Fische. Zähne sind der Lebensweise angepaßt: Schneide- und Mahlzähne. Durchgehende Rückenflosse, große Schuppen und Gabelschwanz. Fressen hartschalige, benthische Wirbellose.

10 *Diplodus noct* (Cuvier & Valenciennes **Punkt-Meerbrasse** 25 cm
Punkt kann fehlen. Mehrere ähnliche (Unter-) Arten an der ostafrikanischen Küste.
Ökologie: flache Küstengewässer mit exponierten Felsen und toten Korallen, 1-10 m.
Verbreitung: Rotes Meer

11 *Acanthopagrus bifasciatus* (Forsskål) **Doppelband-Meerbrasse** 50 cm
Ökologie: Bevorzugt obere Zonen von Fleck- und Saumriffen, 2-20 m. Einzeln oder in Gruppen.
Verbreitung: Rotes Meer bis Arabischer Golf, s. bis Durban

12 *Rhabdosargus sarba* (Forsskål) **Gelbflossen-Meerbrasse** 40 cm
Ökologie: in Schulen über Sand- und Geröllzonen in Riffnähe, 1-50 m. **Verbreitung:** Rotes Meer, s. bis Natal

13 *Diplodus cervinus* (Bouchet & Bianchi) **Zebra-Brasse** 50 cm
Ökologie: Häufig auf felsigen Riffen, 1-60m. Einzeln oder in Gruppen.
Verbreitung: Oman, Mozambique, Südafrika

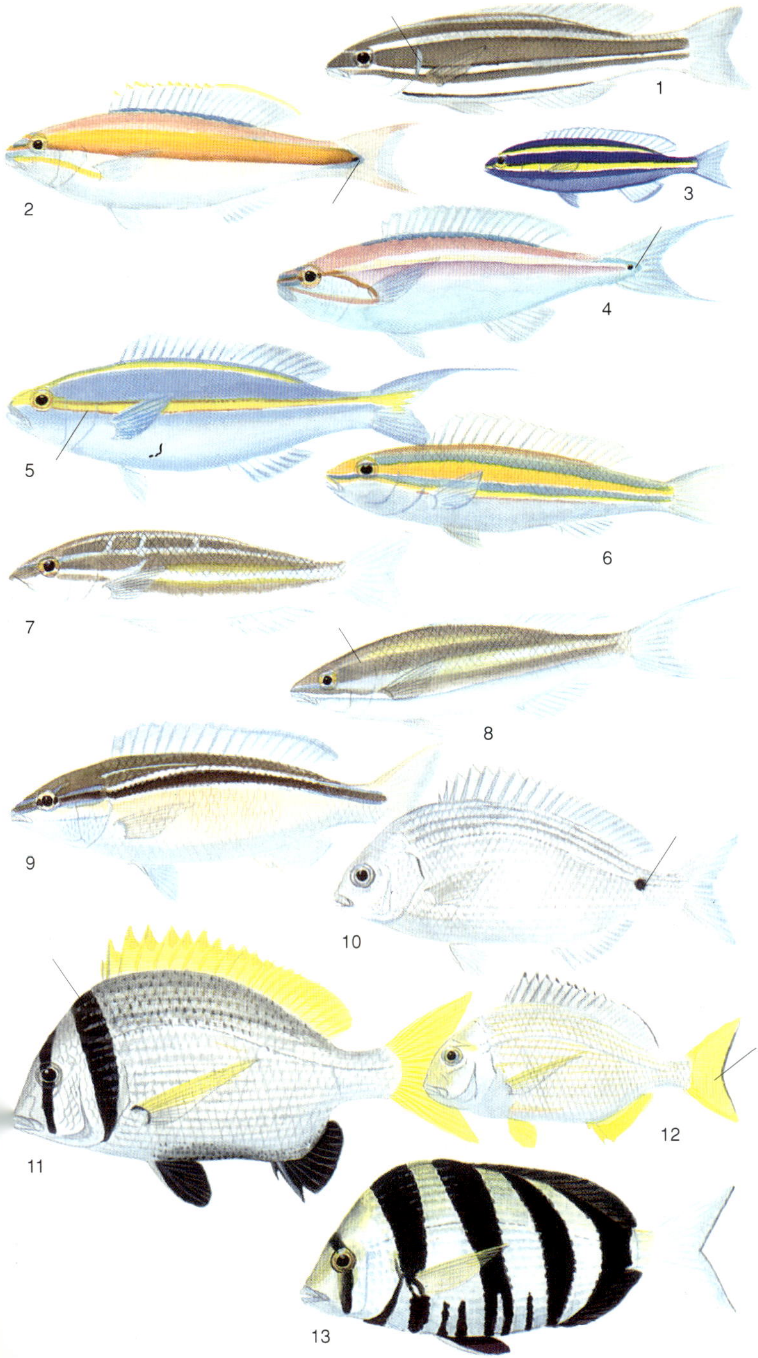
1
2
3
4
5
6
7
8
9
10
11
12
13

52 STRASSENKEHRER

Straßenkehrer *(Lethrinidae):* mittelgroße, schnapperähnliche Fische, verdickte Lippen, große Schuppen, durchgehende Rückenflosse (D X, 9–10) und Gabelschwanz. Ernähren sich vorwiegend nachts von bodenlebenden Wirbellosen, Fischen und Weichtieren. Einige Arten der Gattung *Gymnocranius* und *Lethrinus* sind schwierig zu identifizieren und können die Farbe ändern. *Lethrinus* Arten zeigen oft ein Fleckenmuster. Wichtige Speisefische. Etwa 40 Arten.

1 *Monotaxis grandoculus* (Forsskål) **Großaugen-Straßenkehrer** 60 cm
Jungtiere mit schwarzen Binden. Adulte silbrig-grau oder mit dunklen Sätteln.
Ökologie: Lagunen und Außenriffe mit Sandflecken, 1–100 m. Jungtiere einzeln. Adulte am Tage einzeln oder in Ansammlungen an Riffhängen in der Nähe von Sand. Verteilen sich nachts, um im Sand nach hartschaligen Wirbellosen zu suchen.
Verbreitung: R. Meer bis Polynesien, n. bis Ryukyus, s. bis Neukaledonien, Natal

2 *Gnathodentex aurolineatus* (Lacépède) **Leuchtfleck-Straßenkehrer** 24 cm
Ökologie: Tidenriffdächer, Lagunen und Außenriffe bis 30 m. Schwebt am Tage in Schwärmen in der Nähe von Korallenköpfen. Ernährt sich nachts von benthischen Wirbellosen. Häufig. Wenig scheu.
Verbreitung: Ostafrika bis Marquesas, n. bis Japan, s. bis NSW, Rapa I., Natal

3 *Gymnocranius audleyi* Ogilby **Kragen-Straßenkehrer** 40 cm
Ökologie: über Sand und Korallengeröll küstennaher und küstenferner Riffe, 8–40 m.
Verbreitung: Bali bis Queensland

4 *Gymnocranius euanus* Günther **Japanischer Straßenkehrer** 45 cm
Subadulte gelegentlich mit schwachem, blauem Band über dem Maul.
Ökologie: Sand- und Geröllböden in der Nähe von Korallen- oder Felsriffen, 15–50 m.
Verbreitung: Golf v. Thailand bis Samoa, n. bis s. Japan, s. bis Neukaledonien

5 *Gymnocranius sp.* **Flecken-Straßenkehrer** 45 cm
Silbrig mit schwarzen Schuppen auf dem Rücken.
Ökologie: über Sand oder Korallengeröll nahe an Riffen, 15–40 m. Frißt Schnecken.
Verbreitung: s. Japan, Marianen, Neuguinea, GBR, Neukaledonien

6 *Gymnocranius grandoculus* (Valenciennes) **Blaustreifen-Straßenkehrer** 80 cm
Blaue Linien auf der Schnauze, Subadulte mit seitlichen, blauen Streifen.
Ökologie: küstenferne Riffe und Felsgrund, 50–100 m. Frißt Fische und Wirbellose.
Verbreitung: Rotes Meer bis Frz. Polynesien, n. bis s. Japan, s. bis Neukaledonien

7 *Lethrinus atkinsoni* Seale **Gelbschwanz-Straßenkehrer** 45 cm
Dunkler Kopf und gelbes Seitenband (nicht immer vorhanden), gelber Augenrand.
Ökologie: Seegraswiesen und Sandzonen von Lagunen und Außenriffen, bis 30 m.
Verbreitung: Sumatra bis Tuamotus, n. bis Ryukyus, s. bis Lord Howe I.

8 *Lethrinus borbonicus* Valenciennes **Stumpfnasen-Straßenkehrer** 40 cm
Ökologie: Sandböden in Riffnähe, bis 40 m. Einzeln oder in kleinen Gruppen. Nachts auf Riffdächern nach hartschaligen Wirbellosen suchend.
Verbreitung: Rotes Meer bis Arabischer Golf, s. bis Mauritius, ö. bis Seychellen (häufig)

9 *Lethrinus erythracanthus* Valenciennes **Gelbflossen-Straßenkehrer** 70 cm
Jungtiere gelb mit Streifen oder Tupfen.
Ökologie: tiefe Lagunen und Außenriffe, 5–120 m. Oft am Tage in der Nähe von Überhängen oder Höhlen. Nachts hartschalige Wirbellose fressend. Normalerweise scheuer und wachsamer Einzelgänger.
Verbreitung: Ostafrika bis Tuamotus, n. bis Ryukyus, s. bis GBR, Madagaskar

10 *Lethrinus genivittatus* Valenciennes **Langstachel-Straßenkehrer** 25 cm
Einzige *Lethrinus* Art mit verlängertem 2. Stachelstrahl.
Ökologie: Seegraswiesen, Mangroven, flache Sandböden von Küstenriffen, 1–25 m.
Verbreitung: Sumatra bis Karolinen I., n. bis s. Japan, s. bis Neukaledonien

11 *Lethrinus erythropterus* Valenciennes **Sattelschwanz-Straßenkehrer** 50 cm
Ökologie: Korallenriffe in der Nähe von Sandflächen, 2–>25 m. Einzeln, manchmal in Gruppen. Bevorzugt trübe Küstenriffe mit vielen Versteckmöglichkeiten.
Verbreitung: Ostafrika bis Salomon I., n. bis Philippinen, s. bis Flores

juv 1
2
3
4
5
6
7
8
9
10
9 juv
11

53 STRASSENKEHRER

1 *Lethrinus harak* (Forsskål) **Schwarzfleck-Straßenkehrer** 50 cm
Dunkler Fleck kann fehlen.
Ökologie: auf Seegras, Sand oder Geröll des Riffdaches; flache Lagunen und trübe Riffkanäle, 1->25 m. Einzeln oder in kleinen Gruppen. Ernährt sich von benthischen Wirbellosen. Manchmal neugierig gegenüber Tauchern.
Verbreitung: R. Meer bis Samoa, n. bis s. Japan, s. bis Mauritius, Neukaledonien

2 *Lethrinus lentjan* (Lacépède) **Pinkohr-Straßenkehrer** 50 cm
Ökologie: sandige Gebiete von flachen Küsten- und Lagunenriffen, 1-50 m. Subadulte in Ansammlungen in Mangroven und Seegras. Adulte einzeln oder in Schulen.
Verbreitung: Rotes Meer bis Tonga, n. bis Ryukyus, s. bis Neukaledonien, Natal

3 *Lethrinus mahsena* (Forsskål) **Blaukopf-Straßenkehrer** 65 cm
Ähnlich: *L. borbonicus* (Indopazifik), hellerer Kopf, kein Rot an den Brustflossen.
Ökologie: Korallenriffe, Seegraswiesen oder Sandflächen, 2-100 m. Frißt Stachelhäuter, Krebse und Fische. Scheu.
Verbreitung: R. Meer bis Neuguinea, n. bis s. Japan, s. bis Mauritius, Chagos I.

4 *Lethrinus microdon* Valenciennes **Spitzkopf-Straßenkehrer** 70 cm
Ähnlich: *L. olivaceus*. Schnauze kürzer und mit geradem Profil.
Ökologie: Sandzonen in Riffnähe, bis 80 m. Gelegentlich vergesellschaftet.
Verbreitung: R. Meer bis Neuguinea, n. bis s. Japan, s. bis Mauritius, Australien

5 *Lethrinus miniatus* (Schneider) **Rotflecken-Straßenkehrer** 90 cm
Ökologie: am Tag in Ansammlungen um Korallenköpfe und an Riffen, 5-30 m. Zerstreuen sich nachts und suchen im Sand nach Seeigeln und Krebsen.
Verbreitung: Ryukyus, nw. Australien bis GBR, Neukaledonien

6 *Lethrinus obsoletus* (Forsskål) **Goldstreifen-Straßenkehrer** 30 cm
Kann zusätzlich 2-3 fahle Streifen haben und diese „ein- und ausschalten".
Ökologie: Seegras, Sand oder Geröllflächen von flachen Lagunen und Außenriffen, bis 30 m. Frißt Wirbellose. Einzeln oder in Gruppen. Häufig.
Verbreitung: Rotes Meer bis Samoa, n. bis Ryukyus, s. bis Neukaledonien, Tonga

7 *Lethrinus nebulosus* (Forsskål) **Blaustreifen-Straßenkehrer** 86 cm
Ökologie: Mangroven, Seegraswiesen und Sandzonen von Riffdächern, Lagunen und Außenriffen, 1-75 m. Nähern sich Tauchern oft in Gruppen.
Verbreitung: Rotes Meer bis Samoa, n. bis s. Japan, s. bis Neukaledonien, Natal

8 *Lethrinus ornatus* Valenciennes **Gelbstreifen-Straßenkehrer** 40 cm
Ökologie: Seegraswiesen und Sedimentböden in Riffnähe von flachen Lagunen.
Verbreitung: Sri Lanka bis Salomon I., n. bis Ryukyus, s. bis GBR

9 *Lethrinus laticaudis* Alleyne & Macleay **Seegras-Straßenkehrer** 56 cm
Ähnlich: *L. nebulosus*, hat aber eine kürzere Schnauze und einen höheren Körper.
Ökologie: Juvenile in Mangroven und Seegras. Adulte auf Riffen.
Verbreitung: Andaman Sea, Bali bis Salomon I., s. bis nw. Australien, Neukaled.

10 *Lethrinus olivaceus* Valenciennes **Langschnauziger Straßenkehrer** 100 cm
Längste Schnauze in dieser Gattung, konkaves Kopfprofil. Kann gefleckt sein. Junge mit dunklem Seitenstreifen (s. Abb.). Ca. 15 kg.
Ökologie: Lagunen und Außenriffe, 1-185 m. Juv. auf Sandflächen, häufig in Schulen. Frißt vorwiegend Fische, weniger Tintenfische oder Krebstiere.
Verbreitung: R. Meer bis Samoa, n. bis s. Japan, s. bis Neukaledonien, Mozambique

11 *Lethrinus rubrioperculatus* Sato **Ohrfleck-Straßenkehrer** 50 cm
Ökologie: Sand- und Geröllzonen von Außenriffen, 12-160 m. In Mikronesien häufig.
Verbreitung: Ostafrika bis Marquesas, n. bis s. Japan, s. bis Neukaledonien, Natal

12 *Lethrinus conchyliatus* Smith **Rotachsel-Straßenkehrer** 76 cm
Ökologie: Korallenriffe bis 220 m. Frißt Fische und Krebstiere.
Verbreitung: Ostafrika bis Timor, n. bis Andaman Sea, s. bis Madagaskar

13 *Lethrinus xanthochilus* Klunzinger **Gelblippen-Straßenkehrer** 60 cm
Ähnlich: *L. amboinensis*, hat aber keinen rötlichem Achselfleck.
Ökologie: flache Lagunen und Außenriffe. In kleinen Gruppen oder einzeln auf Seegras und Sand in der Nähe von korallenarmen Fleckriffen.
Verbreitung: R. Meer bis Marquesas, n. bis Ryukyus, s. bis Neukaled., Mozambique

1
2
3
4
5
6
7
8
9
10
10 juv
11
12
13

54 MEERBARBEN

Meerbarben (Mullidae): mittelgroße, längliche Fische mit einem Paar Barteln unter dem Kinn. Getrennte Rückenflosse, große Schuppen und ein Gabelschwanz. Mit den Tastbarteln wird Beute im Sand oder in Löchern aufgespürt. Wichtige Speisefische.

1 *Mulloidichthys flavolineatus* (Lacépède) **Seitenfleck-Barbe** 43 cm
Der dunkle Fleck kann fehlen, keine gelben Bauchflossen. Lange Schnauze.
Ökologie: flache Sandzonen von Lagunen und Außenriffen 1–35 m. Am Tag in großen, inaktiven Schwärmen. Während der Nahrungssuche nach benthischen Wirbellosen verschwindet der gelbe Seitenstreifen und wird durch einen schwarzen Fleck ersetzt.
Verbreitung: Rotes Meer bis Polynesien, n. bis Ryukyus, s. bis Lord Howe, Südafrika

2 *Mulloidichthys vanicolensis* (Valenciennes) **Gelbflossen-Barbe** 38 cm
Ökologie: Riffdächer, Lagunen und Außenriffe 1–113 m. Am Tag in großen, inaktiven Schwärmen: suchen nachts einzeln nach benthischen Wirbellosen. Häufig.
Verbreitung: Rotes Meer bis Polynesien, n. bis s. Japan, s. bis Lord Howe, Natal

3 *Mulloidichthys mimicus* (Randall & Guezé) **Mimikry-Barbe** 30 cm
Ökologie: Felsriffe, 15–25 m. Am Tag mit dem Gelbstreifen-Schnapper *(L. kasmira)* dicht gedrängt in Felsspalten vergesellschaftet. Durch die Mimikry von Schnappern haben sie einen gewissen Schutz, da viele Raubfische Meerbarben als Futter bevorzugen.
Verbreitung: Line I., Marquesa I., Seychellen (La Digue)

4 *Parupeneus barberinoides* (Bleeker) **Zweifarben-Barbe** 30 cm
Ökologie: flache Sand- und Geröllzonen von Küstenriffen und Lagunen, 0,3–>20 m.
Verbreitung: Philippinen bis Samoa, n. bis s. Japan, s. bis Neukaledonien, Tonga

5 *Parupeneus barberinus* (Lacépède) **Strich-Punkt-Barbe** 60 cm
Ähnlich: *P. forsskåli,* der schwarzen Punkt liegt etwas höher. Im Roten Meer häufig.
Ökologie: Sandflächen des Riffdachs, in Lagunen und an Außenriffen, bis 100 m. Am Tag in kleinen Gruppen auf Nahrungssuche. Häufig.
Verbreitung: Ostafrika bis Tuamotus, n. bis s. Japan, s. bis Lord Howe I., Südafrika

6 *Parupeneus macronema* (Lacépède) **Kurzstreifen-Barbe** 30 cm
Ökologie: Lagunen und Außenriffe, bis mindestens 25 m. Sand und Geröllzonen.
Verbreitung: Rotes Meer (häufig) bis Neuguinea, n. bis Philippinen, s. bis Natal

7 *Parupeneus indicus* (Shaw) **Indische Barbe** 35 cm
Ökologie: flache Sand- und Sedimentgebiete von Küsten und Innenlagunen, 1–20 m.
Verbreitung: Ostafrika bis Samoa, n. bis Philippinen, s. bis Tonga, Südafrika

8 *Parupeneus pleurostigma* (Bennett) **Schwarzfleck-Barbe** 33 cm
Ökologie: auf Sand- und Geröllflächen von Lagunen und Außenriffen, bis 46 m.
Verbreitung: Ostafrika bis Polynesien, n. bis Ryukyus, s. bis L. Howe, Mozambique

9 *Parupeneus bifasciatus* (Lacépède) **Doppelsattel-Barbe** 35 cm
Farbe variabel: Sättel undeutlich (Pazifische Platte), rotbraun bis schwarz in den vorderen Zweidritteln oder einfarbig rot (Tiefseepopulation).
Ökologie: Lagunen und Außenriffe, 1–80 m. Am Tag oft auf Korallen oder Felsen ruhend. Nahrung: am Tag Krebstiere, nachts Fische und Krebslarven.
Verbreitung: Ostafrika bis Polynesien, n. bis s. Japan, s. bis Neukaledonien, Natal

10 *Parupeneus multifasciatus* (Quoy & Gaimard) **Vielstreifen-Barbe** 30 cm
Farbe sehr variabel: grau, rot, purpurrot bis braun.
Ökologie: Riffdächer, Lagunen und Außenriffe 1–140 m. Auf Sand, Geröll und Korallen.
Verbreitung: Christmas I. bis Hawaii, Tuamotus, n. bis s. Japan, s. bis Lord Howe

11 *Parupeneus porphyreus* (Jenkins) **Hawaii-Barbe** 45 cm
Ähnlich: *P. spilurus* (Westpazifik) und *P. ischgurus* (s. Japan)
Ökologie: Lagunen und Außenriffe, 1–140 m. Am Tag unter Überhängen oder in Korallen. Zerstreuen sich nachts zur Nahrungsaufnahme von benthischen Krebsen.
Verbreitung: Hawaii I.

12 *Parupeneus rubescens* (Lacépède) **Rosa-Barbe** 43 cm
Ökologie: Sandgebiete. Einzeln oder in Gruppen. Vergesellschaftet mit anderen Meerbarben. Tiefe: 5–30 m.
Verbreitung: Rotes Meer (selten) bis Indonesien, s. bis Südafrika (häufig)

13 *Parupeneus heptacanthus* (Lacépède) **Rottupfen-Barbe** 28 cm
Ökologie: Sand- und Sedimentflächen von Lagunen und Außenriffen, 20–350 m.
Verbreitung: Rotes Meer bis Samoa, n. bis s. Japan, s. bis Lord Howe, Transkei

1
3
2
4
5
6
7
8
9
9 var
10
11
12
13

55 MEERBARBEN, BEILBAUCHFISCHE, RUDERFISCHE

1 *Parapuneus ciliatus* (Lacépède) **Kardinal-Barbe** 38 cm
Farbe variabel. Dunkler Fleck (nicht schwarz!) auf der Schwanzwurzel.
Ökologie: Seegraswiesen, Sand-, Geröll- und Korallengebiete von Lagunen und Außenriffen, bis 40 m. Ruht am Tag oft auf Korallen.
Verbreitung: ö. Indischer Ozean bis Frz. Polynesien, n. bis s. Japan, s. bis L. Howe

2 *Parupeneus cyclostomus* (Lacépède) **Zitronen-Barbe** 50 cm
Ökologie: häufig in klarem Wasser von Lagunen, Außenriffen und Riffdächern, bis 90 m. Bevorzugt Korallen-, Sand- und Geröllgrund. Am Tag Fische suchend, wobei sie oft von Vogel-Lippfischen (Taf. 101-2, 3) begleitet werden.
Verbreitung: Rotes Meer bis Hawaii, Marquesas, n. bis Ryuk., s. bis Rapa, Durban

3 *Upeneus moluccensis* (Bleeker) **Molukken-Barbe** 20 cm
Ähnlich: *U. sulfureus* (Indopazifik), ohne Streifen auf dem Schwanz.
Ökologie: flache Sand- und Algengebiete von Küstenriffen.
Verbreitung: Rotes Meer bis Neuguinea, n. bis s. Japan, s. bis Neukaledonien

4 *Upeneus tragula* Richardson **Mittelstreifen-Barbe** 30 cm
Ökologie: flache Sand- und Sedimentzonen von Lagunen und Küstenriffen.
Verbreitung: Rotes Meer bis Vanuatu, n. bis s. Japan, s. bis Lord Howe, Durban

5 *Upeneus vittatus* (Forsskål) **Gelbstreifen-Barbe** 28 cm
Ähnlich: *U. taeniopterus* (Indopazifik), hat mehr dunkle Streifen auf dem Schwanz.
Ökologie: in Gruppen auf flachen Sandflächen von Lagunen und Küstenriffen.
Verbreitung: Rotes Meer bis Polynesien, n. bis s. Japan, s. bis Neukaled., Durban

Beilbauchfische *(Pempheridae):* großäugige, kleine Fische; am Tag inaktiv in großen Ansammlungen in Höhlen. Verteilen sich nachts, um Zooplankton zu fressen. Viele Arten in Südaustralien. Aquarium: schwierig.

6 *Parapriacanthus ransonneti* (Steindachner) **Glasfisch** 10 cm
Ökologie: Küsten- und Lagunenriffe, am Tag in dichten Schwärmen unter Überhängen oder in Höhlen. Ähnlich: *P. güntheri* (Rotes Meer, Indischer Ozean).
Verbreitung: Indonesien bis Marshall I., n. bis s. Japan, s. bis Lord Howe I.

7 *Pempheris oualensis* Cuvier **Kupfer-Beilbauchfisch** 20 cm
Ähnlich: *P. analis* (Australien), Spitze der Afterflosse ist schwarz.
Ökologie: Lagunen und Außenriffe, 1-36 m. Häufig an Außenriffrändern.
Verbreitung: Rotes Meer bis Marquesas, n. bis Ryukyus, s. bis Lord Howe, Rapa I.

8 *Pempheris vanicolensis* Cuvier **Schwarzrand-Beilbauchfisch** 20 cm
Ökologie: Felsriffe, ab 2 m. In kleinen Gruppen in Spalten und Höhlen.
Verbreitung: Rotes Meer bis Samoa, n. bis Philippinen

9 *Pempheris schwenkii* Bleeker **Schwenks Beilbauchfisch** 15 cm
Ökologie: Fels- und Korallenriffe, 5-40 m. In Höhlen.
Verbreitung: Ostafrika bis Fiji, n. bis Indonesien, s. bis GBR.

Ruderfische *(Kyphosidae):* mittelgroße Fische mit kleinem Kopf, kleinem und endständigem Maul. Durchgehende Rückenflosse, kleine Schuppen und ein schwach gekerbter Schwanz. Besonders an exponierten Außenriffen. Allesfresser. Speisefische (teilweise).

10 *Kyphosus vaigiensis* (Quoy & Gaimard) **Messing-Ruderfisch** 61 cm
Brustflosse orange; bronzefarbene Seitenschuppen. (D XIV, A 13, LP 56-58).
Ähnlich: *K. bigibbus* (Indopazifik), (D XII, A 11), *K. lemnus* (LP 50-55; W-Pazifik).
Ökologie: Küsten- und Lagunenriffe, am Tag in dichten Schwärmen unter Überhängen und in Höhlen, 1->20 m. Oft in der Nähe von Tauchschiffen.
Verbreitung: Rotes Meer bis Polynesien, n. bis Marianen, s. bis Rapa, Südafrika

11 *Kyphosus cinerascens* (Forsskål) **Hochflossen-Ruderfisch** 45 cm
Zweite Rücken- und Afterflosse sind höher als bei anderen Arten.
Ökologie: äußere Lagunen, exponierte Außenriffe und Felsküsten, bis 24 m. In Ansammlungen oberflächennah in der Brandungszone. Wenig scheu. Nachts einzeln nach Nahrung suchend.
Verbreitung: Rotes Meer bis Polynesien, n. bis s. Japan, s. bis Lord Howe, Transkei

1
2
2 var
3
4
5
6
7
8
9
10
11

56 FLEDERMAUSFISCHE, SICHELFLOSSER, FLOSSENBLÄTTER, ARGUSFISCHE, STEINBRASSEN, SCHÜTZENFISCHE

Fledermausfische *(Ephippidae):* abgeflachter, hoher Körper mit einem kleinen, endständigen Maul und kleinen, borstenähnlichen Zähnen sowie kleinen Schuppen. Ernährt sich von Algen und kleinen Wirbellosen. Aquarium: brauchen viel Schwimmraum.

1 *Platax teira* (Forsskål) **Langflossen-Fledermausfische** 60 cm
Ähnlich: *P. orbicularis,* hat aber keinen dunklen Fleck vor der Afterflosse. Kürzlich abgetrennt von *P. boersi* (R. Meer bis Neuguinea), mit Lateralporen (44–52 gegenüber 56–66).
Ökologie: Juvenile in flachen geschützten Gebieten, Adulte in Lagunen und an Außenriffen, 0,3–>20 m. Einzeln oder in Gruppen. Neugierig.
Verbreitung: Rotes Meer bis Neuguinea, n. bis Ryukyus, s. bis GBR, Durban

2 *Platax orbicularis* (Forsskål) **Rundkopf-Fledermausfisch** 57 cm
Ähnlich: *P. teira,* aber ohne den kurzen, dunklen Streifen vor der Afterflosse.
Ökologie: Juv. zwischen Mangroven und in geschützten, inneren Lagunen. Ahmen trockene Blätter im Schwell nach. Subadulte ziehen in tiefere Lagunen und Riffkanäle. Große Adulte einzeln oder in Gruppen im offenem Wasser über Sandgrund von tiefen Lagunen und Außenriffen, 0,3–30 m. Neugierig.
Verbreitung: Rotes Meer bis Tuamotus, n. bis s. Japan, s. bis Neukaled., Durban

3 *Platax pinnatus* (Linnaeus) **Spitzmaul-Fledermausfisch** 45 cm
Adult: Schnauzenprofil konkav vor dem Auge, Grundfarbe silbern.
Ökologie: Juvenile zwischen Mangroven und in geschützten Innenriffen. Ähneln giftigen (?) Strudelwürmern. Adulte einzeln nahe an Höhlen oder unter Überhängen von Außenriffhängen, 0,5–>20 m.
Verbreitung: Thailand bis Salomon I., n. bis Ryukyus, s. bis GBR

4 *Platax batavianus* Cuvier **Buckelkopf-Fledermausfisch** 50 cm
Ökologie: Juvenile in Küstengewässern, Adulte in tieferem Wasser von Lagunen und Innenriffen, 8–40 m. Nur auf Kontinentalriffen. Einzeln oder in Schulen.
Verbreitung: Malaysia bis Neuguinea, s. bis GBR

5 *Ephippus orbis* (Bloch) **Spatenfisch** 25 cm
Ökologie: in Riffnähe über Sedimentuntergrund an flachen Küsten, 10–30 m.
Verbreitung: Arabischer Golf bis n. Australien, n. bis s. Japan, s. bis Ostafrika

Sichelflosser *(Drepanidae):* diskusartiger Körper, Mund wird nach unten ausgestülpt. Aquarium: robust, brauchen aber großen Schwimmraum.

6 *Drepane punctata* (Linnaeus) **Geperlter Sichelflosser** 50 cm
Ähnlich: *D. longimanus* (Ostafrika bis Neuguinea), mit vertikalen Streifen.
Ökologie: in Riffnähe über Sedimentgrund in Küstengewässern. Dringen auch in Brackwasser ein. Nahrung: kleine Wirbellose. Speisefisch.
Verbreitung: Rotes Meer bis Neuguinea (Samoa?), n. bis Ryuk., s. bis nw. Australien

Flossenblätter *(Monodactylidae):* hoher, abgeflachter Körper mit einem kleinen, endständigen Maul und kleinen Schuppen. Aquarium: im Süßwasser haltbar!

7 *Monodactylus argenteus* (Linnaeus) **Silber-Flossenblatt** 22 cm
Ökologie: vorwiegend in brackigen Flußmündungen, gelegentlich in Gruppen auf versandeten Küstenriffen. Oft in großen, dichten Schulen. Wenig scheu.
Verbreitung: Rotes Meer bis Samoa, n. bis Ryukyus, s. bis Neukaled., Südafrika

Argusfische *(Scatophagidae):* hoher, scheibenförmiger Körper mit kleinem, endständigem Maul und kleinen Schuppen. Fressen Kot und Algen. In kleinen Gruppen. Aquarium: häufig im Süßwasser gehalten, gedeihen aber im Salzwasser besser.

8 *Scatophagus argus* (Linnaeus) **Gemeiner Argusfisch** 22 cm
Ökologie: brackige Flußmündungen, gelegentlich auf versandeten Riffen, ab 1 m.
Verbreitung: R. Meer bis Samoa, n. bis Samoa, n. bis Ryukyus, s. bis Neukaledonien

Steinbrassen *(Scorpididae):* besitzen borstenähnliche Zähne.

9 *Microcanthus strigatus* (Cuvier) **Nagasakifisch** 16 cm
Ökologie: Küsten- und Lagunenriffen; dichte Schwärme unter Überhängen und Höhlen.
Verbreitung: antiäquatorial: s. China bis s. Japan, w. und s. Australien, GBR, Hawaii

Schützenfische *(Toxotidae):* Sie können mit einem Wasserstrahl Insekten erbeuten. Aquarium: beliebt, gedeihen am besten im Brackwasser.

10 *Toxotes jaculator* (Pallas) **Gestreifter Schützenfisch** 20 cm
Ökologie: Mangrovendeltas. Auf Riffen mit überhängender Vegetation.
Verbreitung: Indien bis Vanuatu, n. bis Philippinen, Ryukyus s. bis n. Australien

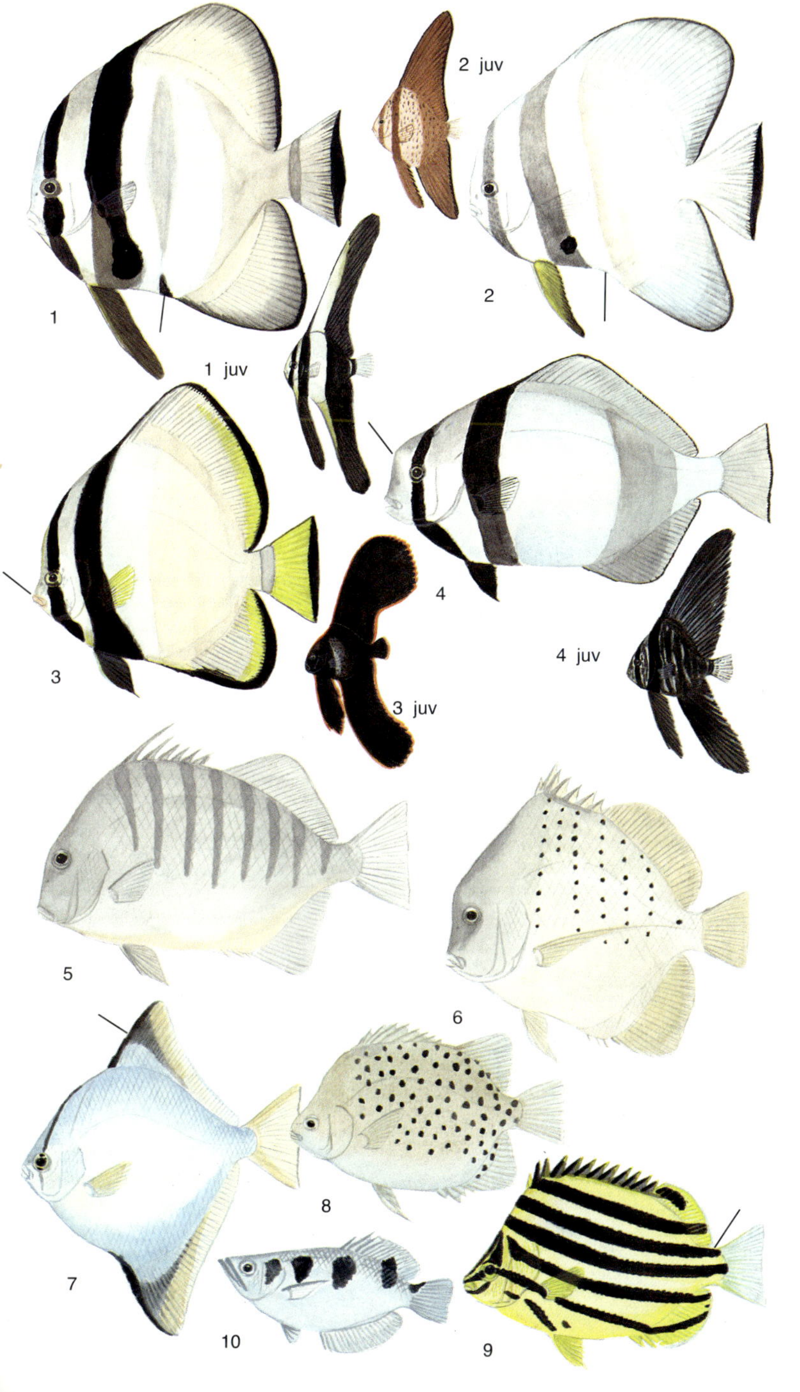
1
1 juv
2 juv
2
3
3 juv
4
4 juv
5
6
7
8
9
10

57 FALTERFISCHE

Falterfische *(Chaetodontidae):* flacher, sehr hoher Körper. Kleines Maul mit winzigen Borstenzähnen. Einige haben Augenflecken am Hinterkörper. Viele ernähren sich von Polypen oder Tentakeln, kleinen Wirbellosen, Fischeiern und Fadenalgen. Andere ernähren sich ausschließlich von Korallenpolypen. Diese scheinen sehr territorial in ihrem Nahrungsrevier zu sein. Die meisten Arten patrouillieren am Tag in einem Heimrevier. Einige sind Planktonfresser und versammeln sich im Freiwasser. Viele Arten wahrscheinlich lebenslang verpaart. Langes Larvenstadium. Aquarium: nicht zu empfehlen (viele sind Nahrungsspezialisten!). Einfuhrverbot in Deutschland.

1 *Chaetodon lineolatus* Cuvier **Gestreifter Falterfisch** 30 cm
Ökologie: Lagunen und Außenriffe, 2–170 m. Gewöhnlich in Paaren in korallenreichen Gebieten. Fressen vorwiegend Korallenpolypen und kleine Anemonen, auch Algen und andere Wirbellose. Größte Art der Gattung.
Verbreitung: Rotes Meer bis Polynesien, n. bis s. Japan, s. bis Lord Howe, Durban

2 *Chaetodon oxycephalus* Bleeker **Falscher Gitterfalterfisch** 25 cm
Ähnlich: *C. lineolatus,* aber Augenstreifen unterbrochen.
Ökologie: Lagunen und Außenriffe mit reichem Korallenbewuchs, 10–40 m. Ernährt sich vorwiegend von Korallenpolypen. Gewöhnlich paarweise.
Verbreitung: Malediven bis Neuguinea, n. bis Philippinen, Palau, s. bis GBR

3 *Chaetodon falcula* Bloch **Keilfleck-Falterfisch** 20 cm
Ökologie: in Paaren oder Gruppen in korallenreichen Lagunen oder an Außenriffen, 1->15 m. Juvenile zwischen Geweihkorallen. Wenig scheu.
Verbreitung: Ostafrika bis Andaman Sea, s. bis Kap Provinz, Mauritius

4 *Chaetodon ulietensis* Cuvier **Doppelsattel-Falterfisch** 15 cm
Ökologie: korallenreiche Zonen von Lagunen und Außenriffen, 2–30 m. Bevorzugt Lagunen. Einzeln, in Paaren oder in Gruppen bis zu 40 Exemplaren. Frißt verschiedene Wirbellose und Algen.
Verbreitung: Cocos-Keeling, Indones. bis Tuamotus, n. bis s. Japan, s. bis Lord Howe

5 *Chaetodon melannotus* Bloch **Schwarzrücken-Falterfisch** 15 cm
Ökologie: Lagunen, Riffdächer und Außenriffhänge mit reichem Korallenbewuchs, 0,5–20 m. Einzeln oder paarweise. Frißt vorwiegend Polypen von Weich- und Hartkorallen. Zeigt Revierverhalten.
Verbreitung: Rotes Meer bis Samoa, n. bis s. Japan, s. bis Lord Howe, Durban

6 *Chaetodon ocellicaudus* Cuvier **Schwanzfleck-Falterfisch** 14 cm
Ökologie: korallenreiche Lagunen und Außenriffe, besonders an Riffkanten, 3–15 m. Lebt einzeln oder in Paaren. Ernährt sich vorwiegend von Korallenpolypen.
Verbreitung: Malaysia bis Neuguinea, n. bis Philippinen, Palau, s. bis GBR

7 *Chaetodon vagabundus* Linnaeus **Vagabund-Falterfisch** 23 cm
Ökologie: Lagunen, Riffdächer und Außenriffhänge, 1–30 m. Auch in trüben, abgestorbenen Korallengebieten. Zupfen vorwiegend Teile von Anemonen, Korallenpolypen, Polychaeten und Algen ab. Starke Paarbindung. Nicht häufig.
Verbreitung: Ostafrika bis Tuamotus, n. bis s. Japan, s. bis Lord Howe, Durban

8 *Chaetodon auriga* Forsskål **Fähnchen-Falterfisch** 23 cm
Der Population im Roten Meer fehlt der schwarze Fleck in der Rückenflosse.
Ökologie: Lagunen, Riffdächer und Außenriffhänge mit gemischten Sand- und Geröllflächen, 0,5–30 m. Reißt Stücke von Polychaeten, Anemonen, Korallenpolypen und Algen ab. In den meisten Gebieten häufig.
Verbreitung: Rotes Meer bis Polynesien, n. bis s. Japan, s. bis Lord Howe, Durban

9 *Chaetodon decussatus* Cuvier **Rauch-Falterfisch** 20 cm
Ökologie: Felsküsten mit Geröllzonen, aber auch korallenreiche Gebiete, 1–30 m. Bevorzugt flaches und trübes Wasser. Oft paarweise. Scheint ein Heimrevier zu besetzen. Wenig scheu.
Verbreitung: Sri Lanka bis Bali, n. bis Andaman Sea, s. bis Malediven (selten)

10 *Chaetodon selene* Bleeker **Goldtupfen-Falterfisch** 16 cm
Die goldgelben Tupfen sind unter Wasser kaum zu sehen.
Ökologie: Küsten- und Außenriffe von 8–50 m. Bevorzugt um Palawan Geröllzonen am Fuße von Riffhängen, gewöhnlich erst ab 20 m. Paarweise. Selten.
Verbreitung: Indonesien bis w. Neuguinea, n. bis s. Japan

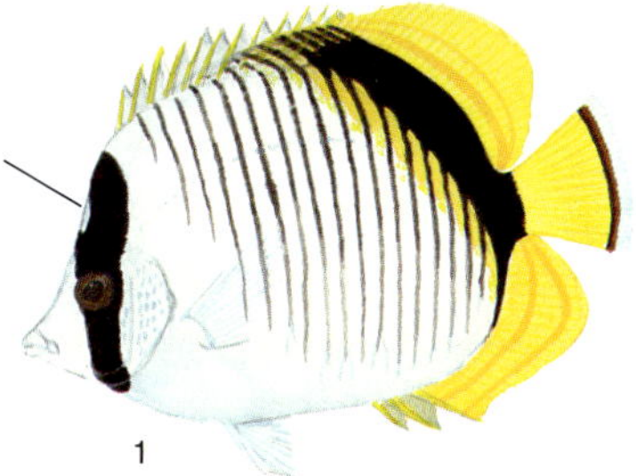
1

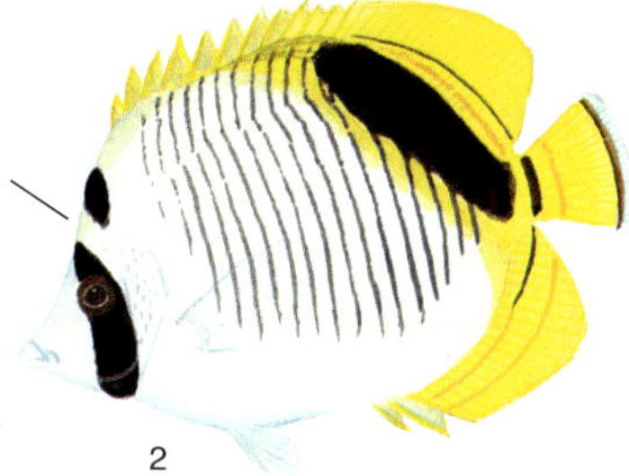
2

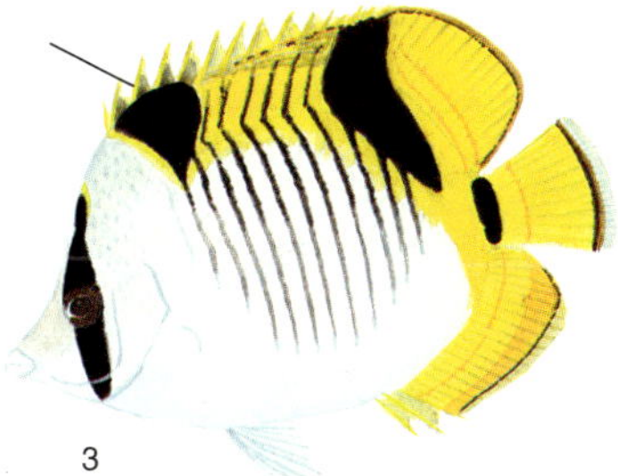
3

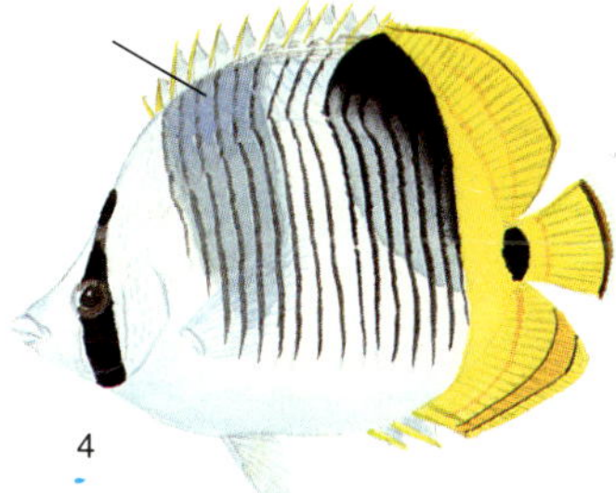
4

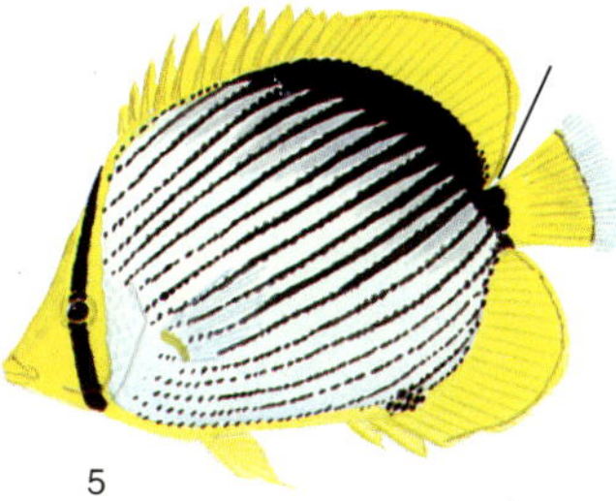
5

6

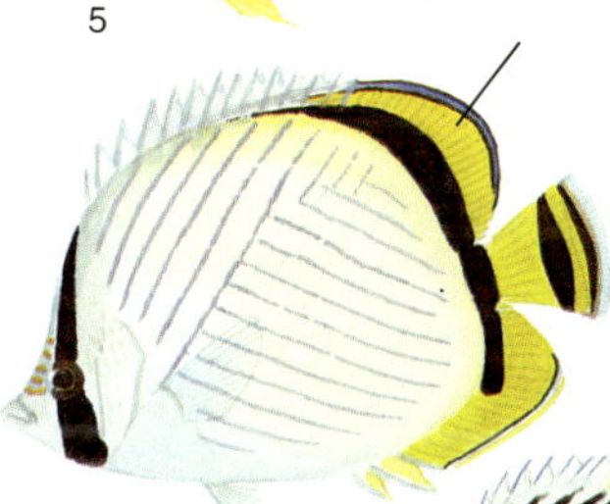
7

8

var
8b

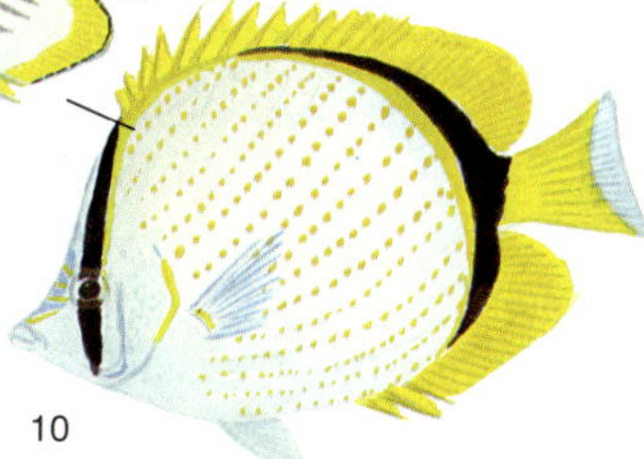
10

1 *Chaetodon unimaculatus* Bloch **Tränen-Falterfisch** 20 cm
Adulte bekommen ein deformiertes Maul. Population des Indischen Ozeans ist gelb.
Ökologie: Riffdächer und Lagunen sowie Außenriffe, bis 60 m. Ernährt sich vorwiegend von Weich- und Hartkorallen, sowie Wirbellosen und Algen. Häufig, wo es reichlich Lederkorallen (*Sarcophyton* und *Sinularias* Arten) gibt.
Verbreitung: Ostafrika bis Polynesien, n. bis s. Japan, s. bis Lord Howe, Südafrika

2 *Chaetodon bennetti* Cuvier **Bennetts Falterfisch** 18 cm
Ökologie: Lagunen und Außenriffe mit reichem Korallenbewuchs, 3–30 m. Juvenile oft zwischen Geweihkorallen. Lebt von Korallenpolypen. Paarweise. Scheu.
Verbreitung: Ostafrika bis Pitcairn, n. bis s. Japan, s. bis L. Howe, Rapa, Südafrika

3 *Chaetodon zanzibariensis* Playfair **Sansibar-Falterfisch** 15 cm
Orangene Streifen nur aus der Nähe zu sehen. Schwarzer Fleck ist rund.
Ökologie: korallenreiche Gebiete von Lagunen und Außenriffen, besonders an Geweihkorallen, 2–40 m. Gewöhnlich einzeln, gelegentlich in Paaren oder in kleinen Gruppen. Frißt vorwiegend Korallenpolypen. Wenig scheu. Sehr häufig vor Madagaskar und Tansania. Gelegentlich auf korallenarmen Felsriffen (Seychellen).
Verbreitung: Ostafrika bis Mauritius, Chagos I., s. bis Durban

4 *Chaetodon speculum* Cuvier **Malaiischer Einfleckfalterfisch** 18 cm
Ökologie: korallenreiche, klare Gewässer von Außenlagunen und Außenriffen, 3-30 m. Im allgemeinen einzeln und nicht häufig. Ernährt sich von Korallenpolypen und kleinen Wirbellosen.
Verbreitung: Andaman Sea, Christmas I. bis Tonga, n. bis s. Japan, s. bis Lord Howe

5 *Chaetodon plebeius* Cuvier **Azurfleck-Falterfisch** 15 cm
Der blaue Fleck fehlt der Population in der Andaman See und bei Jungtieren.
Ökologie: flache Felsküsten, Lagunen und Außenriffe, 2–20 m. Betätigt sich manchmal als Putzerfisch. Einzeln oder in kleinen Gruppen. Ernährt sich vorwiegend von Korallenpolypen. Große Heimreviere. Häufig.
Verbreitung: Andaman Sea bis Fiji, n. bis s. Japan, s. bis GBR, Neukaledonien

6 *Chaetodon mertensii* Cuvier **Mertens Winkel-Falterfisch** 13 cm
Ökologie: Lagunen und Außenriffe, 10–120 m. Einzeln oder in Paaren. Ernährt sich von kleinen, benthischen Wirbellosen und Algen. Häufig, aber scheu.
Verbreitung: Philippinen bis Tuamotus, n. bis Ryukyus, s. bis Lord Howe. Rapa I.

Ohne Abb.:
Chaetodon „madagascariensis“ Ahl **Madagaskar Winkel-Falterfisch** 14 cm
Augenstreifen ist unterbrochen: schwarzer Fleck auf der Stirn. Möglicherweise nur eine Unterart von *C. mertensii* oder von *C. paucifasciatus.*.
Ökologie: Lagunen und Außenriffe.
Verbreitung: Ostafrika bis Flores, n. bis Sri Lanka, s. bis Südafrika

7 *Chaetodon xanthurus* Bleeker **Gitter-Orangenfalterfisch** 14 cm
Netzatiges Muster. Augenstreifen ist unterbrochen.
Ökologie: korallenreiche Riffe, unterhalb 15 m Tiefe. Oft in der Nähe von Geweihkorallen (Ryukyus, Flores). Einzeln oder in Paaren.
Verbreitung: Indonesien bis Philippinen, n. bis Ryukyus (Juvenile bis s. Japan)

8 *Chaetodon paucifasciatus* Ahl **Rotmeer Winkel-Falterfisch** 14 cm
Ökologie: Korallen- und Geröllgebiete, auch Seegraswiesen, 4–30 m. In Paaren oder in losen Gruppen. Nahrung: Hart- und Weichkorallen, Algen und Krebstiere.
Verbreitung: Rotes Meer, Golf von Aden

9 *Chaetodon kleinii* Bloch **Kleins Falterfisch** 14 cm
Ökologie: Lagunen und Außenriffe, 2–60 m; gewöhnlich unter 5 m Tiefe. Einzeln oder in Paaren, oft auch in Schwärmen an der Riffkante im Freiwasser Zooplankton jagend. Ernährt sich auch von Weichkorallen und Algen. Häufig.
Verbreitung: Rotes Meer bis Hawaii, Samoa, n. bis s. Japan, s. bis NSW, Transkei

10 *Chaetodon xanthocephalus* Bennett **Gelbkopf-Falterfisch** 20 cm
Ökologie: korallenreiche oder algenreiche Gebiete von 1–25 m. Einzeln oder paarweise. Kreuzt sich mit *C. ephippium* um Similan I. und vielleicht auch um Sri Lanka. Bei den Seychellen oft auf Felsriffen. Scheint Heimreviere zu haben. Starke Paarbindung. Wenig scheu.
Verbreitung: Ostafrika bis Malediven, Sri Lanka, Somalia s. bis Durban, Mauritius

1

2

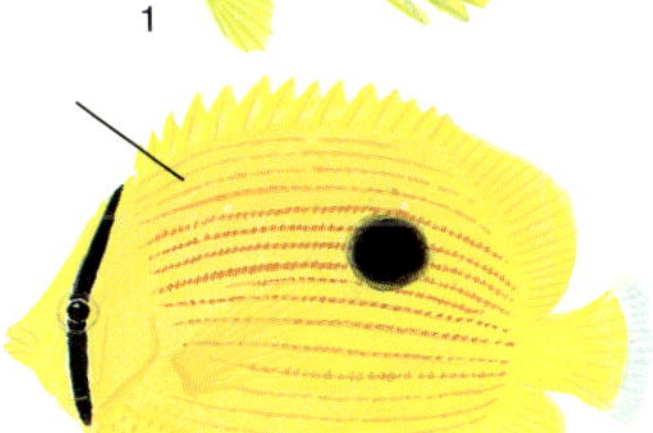
3

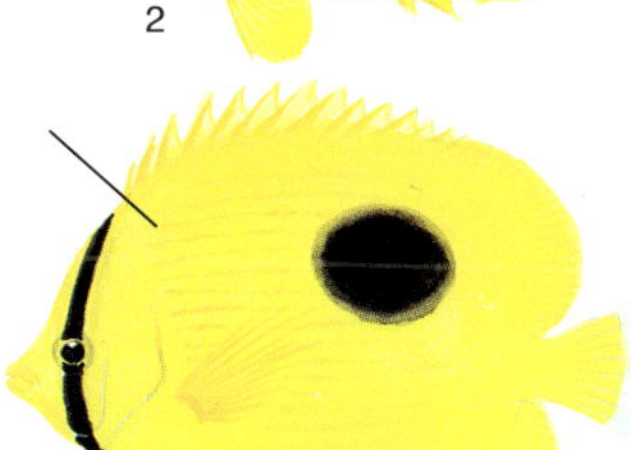
4

5

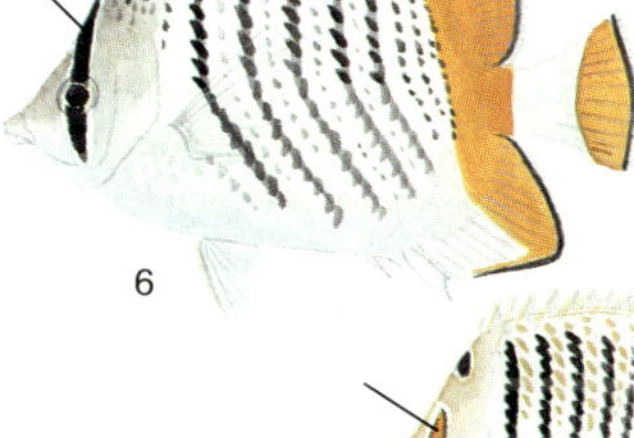
6

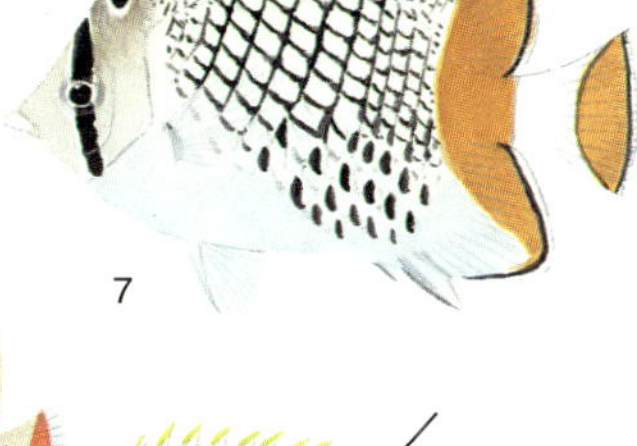
7

8

9

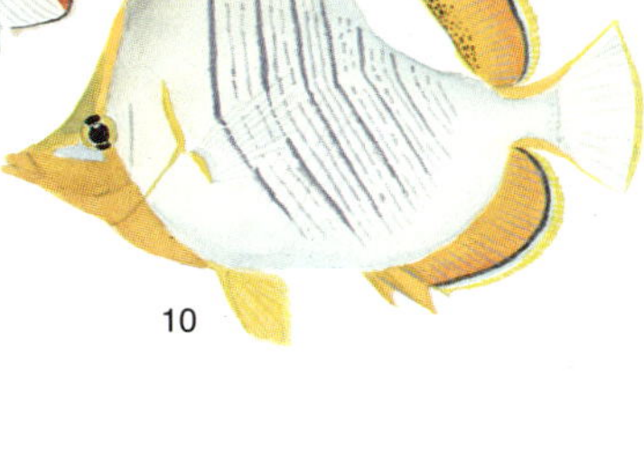
10

59 FALTERFISCHE

1 *Chaetodon lunula* (Lacépède) **Mondsichel-Falterfisch** 20 cm
Schwarzer Fleck auf der Schwanzwurzel. Juvenile mit Ocellus in der Rückenflosse.
Ökologie: Lagunen und Außenriffe, 0,3–30 m. Bevorzugt exponierte Felshänge. Juvenile oft zwischen Tidenfelsen. Am Tag häufig inaktiv in Gruppen an Korallenköpfen. Ernährt sich am Tag und auch nachts von Nacktschnecken, Wurmtentakeln, Korallenpolypen und Algen. Häufig.
Verbreitung: Ostafrika bis Polynesien, n. bis s. Japan, s. bis Lord Howe, Transkei

2 *Chaetodon fasciatus* Forsskål **Tabak-Falterfisch** 22 cm
Ähnlich wie obige Art, aber mit kurzem weißem Stirnband.
Ökologie: korallenreiche Saumriffe, 0,2–25 m. Einzeln oder in Paaren. Ernährt sich von Polypen, Algen und kleinen Wirbellosen. Häufig auf Riffdächern. Wenig scheu. Hybridisiert mit *C. auriga*.
Verbreitung: Rotes Meer, Golf von Aden

3 *Chaetodon weibeli* Kaup **Weibels Falterfisch** 18 cm
Grundfarbe variabel. Zwei schwarze Kopfstreifen. Schwarze Schwanzbinde.
Ökologie: flache Fels- und Korallenriffe, 4–25 m. Einzeln, in Paaren oder in Gruppen. Frißt auch Algen. Selten in den Ryukyus und Südjapan.
Verbreitung: Golf v. Thailand, s. Chinesches Meer bis Ryukyus, s. Japan

4 *Chaetodon auripes* Jordan & Snyder **Gold-Falterfisch** 20 cm
Grundfarbe variabel. Juvenile mit Ocellus in der Rückenflosse.
Ökologie: Felsriffe mit Algen und Korallen bewachsen. Einzeln oder in Gruppen. Fressen benthische Wirbellose. Juvenile zwischen flachen, geschützten Felsen. Kann Temperaturen von 10°C in den Wintermonaten überleben!
Verbreitung: s. China, Taiwan bis Tokyo und Izu I., s. Japan

5 *Chaetodon quadrimaculatus* Cuvier **Vierflecken-Falterfisch** 16 cm
Zwei weiße Flecken auf dem braunem Rücken. Orangenes Augenband. Nachts verschwinden die beiden weißen Flecken und werden dunkel.
Ökologie: exponierte Außenriffe, oft in Brandungszonen, 2–15 m. Einzeln oder paarweise. Ernährt sich vorwiegend von Polypen (*Pocillopora* Korallen).
Verbreitung: Taiwan bis Hawaii, Pitcairn I., n. bis Ryukyus, s. bis Samoa, Austral I.

6 *Chaetodon rafflesi* Bennett **Großschuppen-Falterfisch** 15 cm
Blaue Stirn, netzartige, deutliche Schuppen. Juvenile sehr ähnlich.
Ökologie: bewohnt korallenreiche Riffdächer, Lagunen und Außenriffe, 1–15 m. Frißt Seeanemonen, Polychaeten und Polypen von Weich- und Hartkorallen. Meist in Paaren. Scheu. Vereinzeltes Vorkommen.
Verbreitung: Sri Lanka bis Tuamotus, n. bis s. Japan, Andaman Sea, s. bis GBR

7 *Chaetodon semeion* Bleeker **Blaustirn-Falterfisch** 26 cm
Blaue Stirn. Filament an der Rückenflosse. Schwarze Punkte auf dem Körper.
Ökologie: bewohnt korallenreiche, klare Gewässer von Lagunen und halbgeschützten Außenriffen, 2–25 m. Gewöhnlich in Paaren oder kleinen Gruppen. Vereinzeltes Vorkommen. Einer der scheuesten Falterfische.
Verbreitung: Malediven bis Tuamotus, n. bis Ryukyus, s. bis GBR

8 *Chaetodon semilarvatus* Cuvier **Masken-Falterfisch** 23 cm
Zitronengelb mit orangenen Streifen und einer dunkelblauen Augenmaske.
Ökologie: korallenreiche Saumriffe, 3–20 m. Paarweise und manchmal in großen Schwärmen. Am Tag oft unter *Acropora* Korallen verharrend. Häufig. Wenig scheu. Beliebtes Fotoobjekt.
Verbreitung: Rotes Meer, Golf von Aden

9 *Chaetodon adiergastos* Seale **Panda-Falterfisch** 16 cm
Schwarzes Augenband und ein Stirnfleck. Juv. mit Ocellus in der Rückenflosse.
Ökologie: korallenreiche Riffhänge und Riffdächer mit klarem Wasser, 1–25 m. Gewöhnlich in Paaren oder Gruppen. Häufig in der Nähe von Weichkorallen. In Bali oft an Küstenriffen mit mäßigem Korallenbewuchs.
Verbreitung: Indonesien, n. bis Taiwan, s. bis nw. Australien

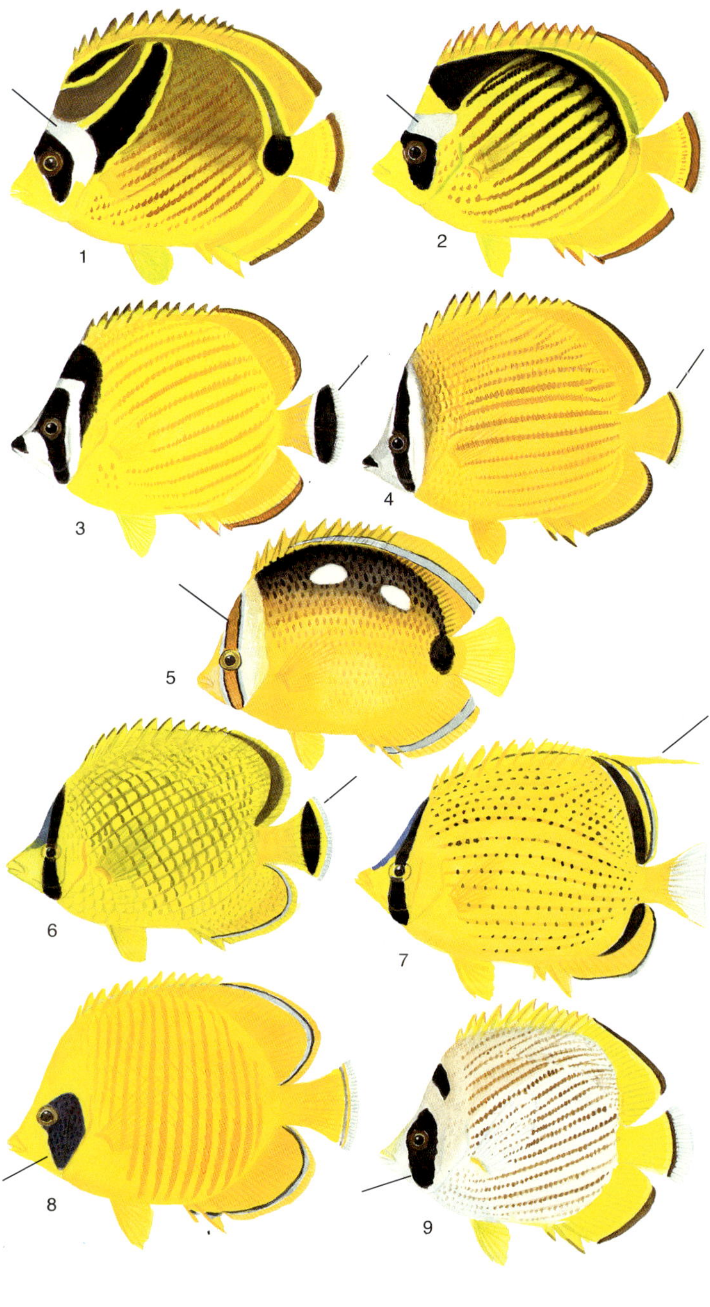
1
2
3
4
5
6
7
8
9

60 FALTERFISCHE

1 *Chaetodon punctatofasciatus* Cuvier **Punktstreifen-Falterfisch** 12 cm
Hybridisiert mit *C. pelewensis.*
Ökologie: Gebiete mit klarem Wasser und reichem Korallenbewuchs von Lagunen und Außenriffen, 1–45 m. Normalerweise in Paaren. Nahrung: benthische Wirbellose, Korallenpolypen und Algen. Besetzt Heimrevier (home range).
Verbreitung: Christmas I. bis Line I., n. bis Ryukyus, s. bis GBR

2 *Chaetodon pelewensis* Kner **Punkt Diagonalstreifen-Falterfisch** 13 cm
Ökologie: Außenriffe, 1–30 m. Meistens in Paaren. Ernährt sich von Korallenpolypen und benthischen Wirbellosen. Hybride mit *C. punctatofasciatus.* Scheu. Sehr häufig im Großen Barriere Riff.
Verbreitung: GBR bis Tuamotus, n. bis Neuguinea, s. bis Lord Howe, n. NSW

3 *Chaetodon guttatissimus* Bennett **Tüpfel-Falterfisch** 12 cm
Ökologie: Lagunen und Außenriffe, bis >25 m. In Paaren oder kleinen Gruppen auf korallenreichen Felsriffen. Wandern große Strecken. Ernähren sich von Polychaeten, Korallenpolypen und Algen. Wenig scheu.
Verbreitung: Ostafrika bis Bali, s. bis Durban, n. bis Andaman Sea

4 *Chaetodon citrinellus* Cuvier **Punktierter Falterfisch** 13 cm
Blaßgelb mit dunklen Punkten. Schwarzer Afterflossenrand.
Ökologie: mäßig exponierte, flache Riffdächer, Außenriffhänge und Lagunen, 0,3–36 m. Bevorzugt offene Gebiete mit vereinzelten Korallen. Vorwiegend paarweise. Besetzt Heimrevier. Zeigt manchmal Abwehrverhalten gegenüber Tauchern. Ernährt sich von Korallenpolypen, benthischen Wirbellosen und Algen.
Verbreitung: Ostafrika bis Polynesien, n. bis s. Japan, s. bis Lord Howe, Natal

5 *Chaetodon miliaris* Quoy & Gaimard **Zitronen-Falterfisch** 13 cm
Die gelbe Farbe geht in der Gefangenschaft verloren.
Ökologie: Riffdächer, Außenriffhänge und Lagunen, 2–250 m. Einzeln, in Paaren oder in Schwärmen von mehreren Hundert. Nahrung: suchen am Boden nach kleinen Wirbellosen und Fischeiern, aber auch im Freiwasser nach Zooplankton. Häufig um Hawai I. Umkreisen Taucher. Juvenile erscheinen von April bis Juni.
Verbreitung: Hawaii I.

6 *Chaetodon multicinctus* Garrett **Hawaii-Streifenfalterfisch** 12 cm
Ökologie: korallenreiche Gebiete von Lagunen und Außenriffen, 5–30 m. Paarweise oder einzeln. Nahrung: Korallenpolypen, Polychaeten, kleine Garnelen und Algen. Jungtiere sind von April bis September anzutreffen. Häufig.
Verbreitung: Hawaii und Johnston I.

7 *Chaetodon dolosus* Ahl **Trauerflossen-Falterfisch** 14 cm
Zweite Rücken- und Afterflosse sind schwarz.
Ökologie: tiefe Riffe, 8–200 m. Bewohnt Fels- und Geröllzonen. Einzel oder paarweise und gelegentlich mit *C. mitratus* vergesellschaftet. Selten.
Verbreitung: Ostafrika, Somalia, s. bis Natal, ö. bis Mauritius

8 *Chaetodon güntheri* Ahl **Günthers Falterfisch** 18 cm
Verwandt mit *C. miliaris.* Dunkle Tupfen und gelbe Flossen.
Ökologie: Außenriffe mit reichem Korallenbewuchs, 5–40 m (NSW); jedoch tiefer am GBR: hier erst ab 40 m. Mehr in subtropischen Gewässern zu finden.
Verbreitung: Taiwan bis s. Japan, Bali, Neuguinea, s. bis L. Howe (häufig), NSW

9 *Chaetodon gardineri* Norman **Gelbrand-Falterfisch** 17 cm
Der hintere Körperteil ist auffallend schwarz gefärbt. Gelbe Tupfen.
Ökologie: tiefe Riffe unterhalb 25 m, seltener in 15 m Tiefe. In Paaren oder Gruppen an korallenreichen, sedimentreichen Außenriffen. Vor Oman im Flachwasser.
Verbreitung: Golf v. Aden bis Golf v. Oman, ö. bis Sri Lanka

10 *Chaetodon leucopleura* Playfair **Gelbschwanz-Falterfisch** 18 cm
Gelbe Flossen, dunkelbraune Schuppenränder, dunkle Zone vor dem Schwanz.
Ökologie: tiefe Außenriffhänge, 12–75 m. Wenig bekannt. Selten.
Verbreitung: s. Rotes Meer, Ostafrika, s. bis Aldabra, ö. bis Seychellen, Oman

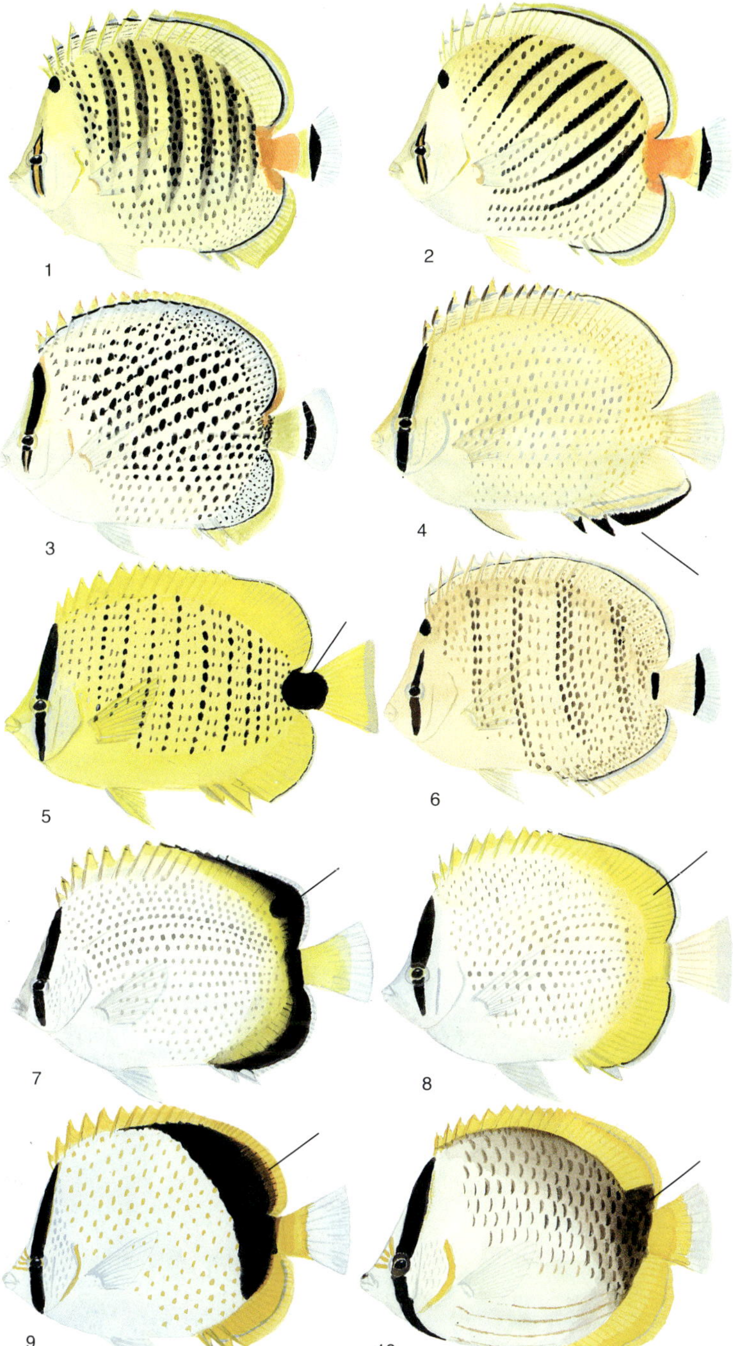
1
2
3
4
5
6
7
8
9
10

61 FALTERFISCHE

1 *Chaetodon collare* Bloch **Halsband-Falterfisch** 16 cm
Ökologie: felsige und korallenreiche Gebiete, 1->15 m. Oft in Paaren, manchmal in großen Schwärmen. Ernährt sich vorwiegend von Korallenpolypen. Paarweise oder in kleinen Gruppen. Oft an Korallenstöcken oder im Freiwasser verharrend. Einer der häufigsten Falterfische auf den Malediven und in Thailand.
Verbreitung: Arabische Halbinsel bis Bali, n. bis Andaman Sea, s. bis Malediven

2 *Chaetodon reticulatus* Cuvier **Perlen-Falterfisch** 16 cm
Unter Wasser fallen der sehr helle Rücken und der schwarze Bauch auf.
Ökologie: Gebiete mit klarem Wasser und reichem Korallenbewuchs von exponierten Lagunen und Außenriffen, 1->30 m. Ernährt sich vorwiegend von Korallenpolypen. Paarweise, manchmal in kleinen Gruppen. Nicht scheu.
Verbreitung: Philipp. bis Hawaii, Marquesas, n. bis Ryukyus, s. bis Neukaledonien

3 *Chaetodon baronessa* Cuvier **Pazifischer Baroness-Falterfisch** 15 cm
Ökologie: Lagunen und Außenriffe mit *Acropora* Tischkorallen. Paarweise und territorial. Frißt ausschließlich Korallenpolypen. Wenig scheu.
Verbreitung: Cocos-Keeling I., bis Fiji, n. bis s. Japan, s. bis Neukaledonien

4 *Chaetodon triangulum* Cuvier **Indischer Baroness-Falterfisch** 15 cm
Vielleicht nur eine Unterart von *C. baronessa*. Schwanz mit rhombusartigem Fleck.
Ökologie: Lagunen und Außenriffe mit Tischkorallen, 1->25 m. Territorial und ausschließlich Korallenpolypen fressend. Wenig scheu.
Verbreitung: Malediven bis Java, n. bis Andaman Sea, s. bis Madagaskar

5 *Chaetodon flavirostris* Günther **Schwarzer Falterfisch** 20 cm
Ökologie: algenbewachsene Felsen oder korallenreiche Riffe von Lagunen und Außenriffen, 2-20 m. Paarweise, auch in Gruppen (L. Howe). Nahrung: Algen, Korallenpolypen und kleine Wirbellose. Adulte bevorzugen Riffränder mit Spalten.
Verbreitung: GBR bis NSW, L. Howe bis Neukaled., Fiji, Samoa, Rapa, Pitcairn.

6 *Chaetodon dialeucos* Salm & Mee **Oman-Falterfisch** 15 cm
Ökologie: Korallen- und Felsriffe mit sandigen Flecken, 1->10 m. Einzeln oder in Gruppen. Die letzte Falterfischentdeckung, erst 1989 beschrieben.
Verbreitung: Arabische See (Oman)

7 *Chaetodon larvatus* Cuvier **Rotkopf-Falterfisch** 12 cm
Ökologie: korallenreiche Riffe, 3-12 m. Bevorzugt Tischkorallen (*Acropora*). Paarweise und territorial. Frißt ausschließlich Polypen von *Acropora* Korallen. Häufig im mittleren Roten Meer.
Verbreitung: Rotes Meer (Hurghada) bis Golf von Aden

8 *Chaetodon daedalma* Jordan & Fowler **Eisen-Falterfisch** 15 cm
Ökologie: klare, felsige Außenriffe, bis mindestens 7 m. Adulte in weit umherstreifenden Schwärmen. Selten, nur bei Izu- und Bonin I. häufig. Ernährt sich von Korallenpolypen und Algen.
Verbreitung: s. Japan, Ryukyus, Izu I., Bonin I.

9 *Chaetodon mesoleucos* Forsskål **Weißgesicht-Falterfisch** 13 cm
Ökologie: Saumriffe und Wracks von 5-20 m. Oft paarweise. Sporadisches Vorkommen.
Verbreitung: Rotes Meer und Golf v. Aden

10 *Chaetodon nigropunctatus* Sauvage **Schwarzpunkt-Falterfisch** 13 cm
Farbe variabel: hellbraun bis fast schwarz. Heller Kopf.
Ökologie: Fels- und Korallenriffe, 3-15 m. Einzeln oder paarweise, Heimreviere besetzend. Frißt Korallenpolypen (ausschließlich?).
Verbreitung: Arabischer Golf, Oman, Aden, s. bis Ostafrika

11 *Chaetodon trichrous* Günther **Tahiti-Falterfisch** 12 cm
Ökologie: geschützte Lagunenriffe hinter Außenriffen. Einzeln oder paarweise.
Verbreitung: Society I.

12 *Chaetodon nippon* Steindachner & Döderlein **Japan-Falterfisch** 15 cm
Ökologie: flache Felsriffe bis 20 m. Regelmäßig an Izu I. Bei Sonnenuntergang Eiablage bei >23° C. Verträgt Wintertemperaturen bis 16° C.
Verbreitung: n. Philippinen bis s. Korea, s. Japan, Izu I.

1
2
3
4
5
6
7
8
9
10
11
12

62 FALTERFISCHE

1 *Chaetodon trifasciatus* Park **Gewöhnlicher Rippen-Falterfisch** 15 cm
Farbe variabel: waagerechte Streifen können blau oder violett sein.
Ökologie: korallenreiche Gebiete von Lagunen und halbgeschützen Außenriffen, bis 20 m. Ernährt sich ausschließlich von Korallenpolypen. Gewöhnlich paarweise und weit umherstreifend im Heimrevier.
Verbreitung: Ostafrika bis Polynesien, n. bis s. Japan, s. bis Lord Howe, Natal

2 *Chaetodon austriacus* Rüppell **Rotmeer-Rippen-Falterfisch** 13 cm
Schwanz- und Afterflosse sind schwarz.
Ökologie: korallenreiche Saumriffe, 1->15 m. Jungtiere leben auf einzeln stehenden Korallenköpfen. Adulte durchstreifen große Heimreviere und ernähren sich ausschließlich von lebenden Korallenpolypen.
Verbreitung: Rotes Meer (häufig im Norden)

3 *Chaetodon melapterus* Guichenot **Persischer Falterfisch** 12 cm
Schwarze Rücken-, After- und Schwanzflossen. Goldgelbe Grundfarbe.
Ökologie: korallenreiche, flache Küstenriffe, 3–20 m. Gelegentlich in Schwärmen mit mehr als 20 Exemplaren. Frißt fast ausschließlich Korallenpolypen. In Oman und im s. Arabische Golf häufig.
Verbreitung: s. Rotes Meer bis Golf v. Oman, s. bis Seychellen, Réunion

4 *Chaetodon meyeri* Schneider **Schwarzstreifen-Falterfisch** 18 cm
Geschwungene, schwarze Streifen auf hellgrauer Grundfarbe.
Ökologie: korallenreiche, klare Lagunen und Außenriffe, 2–25 m. Scheu. Junge zwischen Geweihkorallen. Adulte gewöhnlich verpaart und große Heimreviere durchstreifend. Frißt ausschließlich lebende Korallenpolypen.
Verbreitung: Ostafrika bis Line I., n. bis Ryukyus, s. bis GBR, Durban

5 *Chaetodon ornatissimus* Solander **Orangestreifen-Falterfisch** 20 cm
Orangene Diagonalstreifen. Grundfarbe graublau.
Ökologie: Gebiete mit klarem Wasser und reichem Korallenbewuchs von Lagunen und Außenriffen, 1–36 m. Juvenile einzeln zwischen Geweihkorallen. Adulte verpaart und große Heimreviere durchstreifend. Frißt ausschließlich Korallenpolypen.
Verbreitung: Sri Lanka bis Hawaii, Marquesas, n. bis s. Japan, s. bis Lord Howe

6 *Chaetodon mitratus* Günther **Mitra-Falterfisch** 14 cm
Population um Mauritius hat eine intensive gelbe Grundfarbe.
Ökologie: steile Außenriffe mit Schwarzen Korallen und Gorgonien, 30->70 m, selten über 50 m. Oft in Paaren, aber auch in kleinen Gruppen. Gelegentlich mit *C. dolosus* zusammen. Frißt verschiedene benthische und planktische Wirbellose. Bevorzugt auf Mauritius Geröllgrund. Sporadisches Vorkommen.
Verbreitung: Amiranten, Cosmoledo, Mauritius, Chagos, Malediven, Cocos-Keeling

7 *Chaetodon burgessi* Allen & Stark **Burgess Falterfisch** 14 cm
Ökologie: steile Dropoffs mit reichem Gorgonien- und Schwarzen Korallenbewuchs, 40–80 m. Kürzlich sind Hybride mit *C. flavocoronatus* und *C. tinkeri* bei Tarawa (Gilbert I.) gefunden worden. In Paaren. Wenig scheu.
Verbreitung: Indonesien (Flores, Borneo), Philippinen, Belau und Pohnpei

8 *Chaetodon tinkeri* Schultz **Tinkers Falterfisch** 15 cm
Ökologie: steile Dropoffs mit Schwarzen Korallen und Gorgonien; 27–135 m, selten über 40 m. Frißt benthische und planktische Wirbellose. In Paaren.
Verbreitung: Marshall, Johnston, Hawaii I.

9 *Chaetodon flavocoronatus* Myers **Goldkronen-Falterfisch** >12 cm
Ökologie: senkrechte Wände mit vielen Schwarzen Korallen und Gorgonien, 36->75 m. Einzeln oder in Paaren. Selten.
Verbreitung: Marianen I.

10 *Chaetodon declivis* Randall **Marquesas-Falterfisch** 12 cm
Zwei Ssp.: *declivis* (Marquesas) und *wilderi* (Line I.), mit größerem Schwanzfleck.
Ökologie: Außenriffhänge, 23–100 m; über Felsen und Sandgrund am Fuße senkrechter Felswände und Außenriffhänge.
Verbreitung: Marquesas, Line I.

1
2
3
4
5
6
7
8
9
10

63 FALTERFISCHE

1 *Chaetodon ephippium* Cuvier **Sattelfleck-Falterfisch** 23 cm
Hybride mit *C. xanthocephalus* (Taf. 58-10) aus Thailand und Sri Lanka bekannt.
Ökologie: Lagunen und Außenriffe, 1–30 m, bevorzugen klares Wasser mit reichem Korallenbewuchs. Einzeln, paarweise oder in kleinen Gruppen. Frißt Korallenpolypen, Schwämme, Fischeier und Algen. Scheint nur 1–2 Tage in einem Gebiet zu bleiben.
Verbreitung: Thailand bis Hawaii, Marquesas, n. bis s. Japan, s. bis NSW, Rapa

2 *Chaetodon fremblii* Bennett **Blaustreifen-Falterfisch** 13 cm
Ökologie: Fels- und Korallenriffe, 4–65 m. Juvenile von April bis September auf Riffdächern. Frißt einzeln oder in kleinen Gruppen benthische Wirbellose, Korallenpolypen und Fischeier. Häufig.
Verbreitung: Hawaii I.

3 *Chaetodon trifascialis* Quoy & Gaimard **Sparren-Falterfisch** 18 cm
Jungtiere mit typischem schwarzem Band am hinteren Körperteil (s. Abb.).
Ökologie: flache Lagunen und halbgeschützte Außenriffe, 0,5–30 m. Angewiesen auf Tisch- und Geweihkorallen, deren Polypen und Schleim sie fressen. Einzeln oder in Paaren und sehr territorial. Juvenile auf Tischkorallen. Häufig.
Verbreitung: R. Meer bis Polynesien, n. bis s. Japan, s. bis Lord Howe, Südafrika

4 *Chaetodon blackburni* Desjardins **Schatten-Falterfisch** 13 cm
Ökologie: einzeln oder in kleinen Gruppen am Rande von flachen Felsriffen, auch in Buchten und Häfen, 5–>30 m. Frißt kleine Krebstiere, Würmer und Amphipoden. Auch auf Sand- und Geröllgrund mit vielen Versteckmöglichkeiten zu finden.
Verbreitung: Ostafrika bis Südafrika (33° S), Madagaskar, Mauritius

5 *Chaetodon argentatus* Smith & Radcliffe **Silber-Falterfisch** 20 cm
Ökologie: Fels- und Korallenriffe, 5–20 m. Oft in Paaren oder Gruppen.
Verbreitung: Philippinen (selten) bis s. China, Taiwan, Ryukyus, s. Japan, Izu I.

6 *Chaetodon assarius* Waite **Westaustralischer Falterfisch** 13 cm
Ökologie: in Gruppen in Küstengewässern, 1–40 m. Nahrung: Algen und Zooplankton. Kürzlich in Bali in kaltem, aufströmendem Tiefenwasser entdeckt.
Verbreitung: Westaustralien: Shark Bay, s. bis Perth; Bali (Irrgast?)

7 *Chaetodon rainfordi* McCulloch **Doppelband-Falterfisch** 15 cm
Alternierend orangefarbene, gelbe und blaue senkrechte Streifen.
Ökologie: Küstenriffe, auch küstenferne Riffe, 1–20 m. Häufig in Gebieten mit spärlichem Korallenbewuchs. Gewöhnlich in Paaren nach Algen und kleinen benthischen Wirbellosen suchend. Bevorzugt klares Wasser.
Verbreitung: GBR, Neuguinea und Lord Howe I.

8 *Chaetodon aureofasciatus* Macleay **Goldstreifen-Falterfisch** 13 cm
Zwei orangenfarbene Streifen am Kopf. Rötliche Schuppenränder
Ökologie: bewohnt Küstenriffe mit flachen geschützten Stellen, 5–15 m. Einzeln oder in Paaren. Frißt Korallenpolypen. Juvenile zwischen Astkorallen. Häufig.
Verbreitung: nw. Australien bis GBR, n. NSW und Neuguinea

9 *Chaetodon octofasciatus* Bloch **Achtbinden-Falterfisch** 12 cm
Neben der gelben gibt es auch eine weißgelbe Farbvariante (s. Abb.).
Ökologie: korallenreiche Gebiete von geschützten Lagunen und Innenriffen, 3–20 m. Juvenile in Gruppen auf Geweihkorallen *(Acropora)*, Adulte paarweise. Ernährt sich ausschließlich von Korallenpolypen. In Thailand besonders in Weichkorallengebieten.
Verbreitung: Malediven bis Neuguinea, Salomon I., n. bis Ryukyus, Andaman Sea

10 *Chaetodon tricinctus* Waite **Dreiband-Falterfisch** 15 cm
Drei breite Streifen auf weiß-gelbem Untergrund.
Ökologie: korallenreiche Lagunen und Außenriffe, 2–35 m. Paarweise und in kleinen Gruppen über Fels- oder Korallenriffe streifend. Zahlreich um Lord Howe I.
Verbreitung: Lord Howe und Norfolk I.

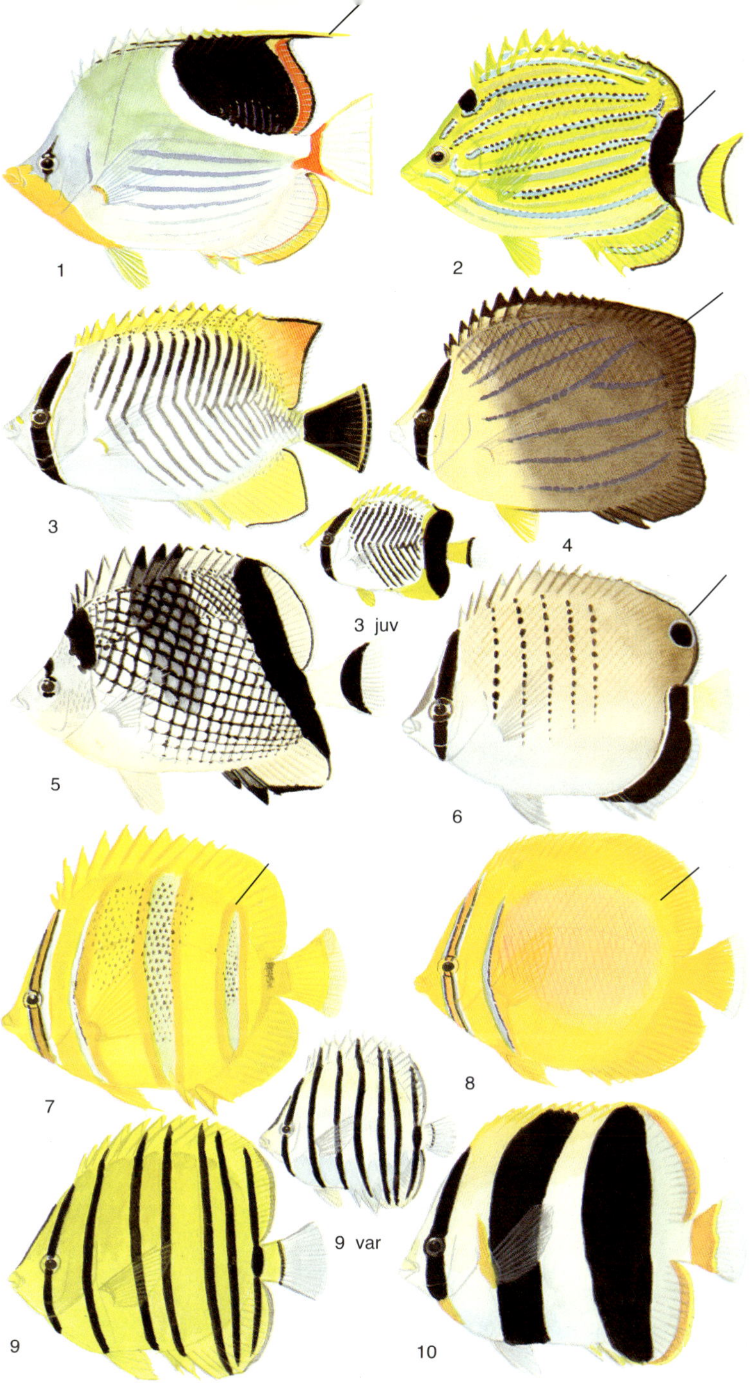
1
2
3
4
3 juv
5
6
7
8
9 var
9
10

64 FALTERFISCHE

1 *Chaetodon marleyi* Regan **Marleys Falterfisch** 20 cm
Augenfleck verschwindet im Alter. Verwandt mit *C. hoefleri* (w. Afrika).
Ökologie: subtropische Fels- und Korallenriffe, bis 120 m. Auch zwischen Algen in Flußmündungen (besonders Jungtiere). Frißt Garnelen, Amphipoden, Würmer und Algen. Vielleicht nur eine Unterart von *C. hoefleri*.
Verbreitung: Angola, s. bis Kapstadt, n. bis Südtansania

2 *Chaetodon modestus* Temminck & Schlegel **Braunband-Falterfisch** 17 cm
Ökologie: tiefe Felsriffe, 120–275 m; aber in subtropischen Gebieten Japans in weniger als 40 m oder in kühlem, aufströmendem Tiefenwasser in 33 m (Indien). Oft in kleinen Gruppen. Wahrscheinlich mehrere Unterarten (s. u.).
Verbreitung: s. Arab. Halbinsel und Indien (als *C. jayakari*), Philippinen und Südjapan, Singapur (als *C. modestus*), Marianen und Hawaii (als *C. excelsa*).

3 *Chaetodon smithi* Randall **Smiths Falterfisch** 17 cm
Vorn dunkelbraun und hinten gelb.
Ökologie: algenbewachsene Fels- und Korallenriffe, 10–30 m. In großen Schwärmen. Häufig.
Verbreitung: Pitcairn und Rapa I., Ilots de Bass

4 *Chaetodon litus* Randall & Caldwell **Osterinsel-Falterfisch** 15 cm
Ökologie: algenbewachsene Felsriffe, 1–25 m. Juvenile in Tidentümpeln. Manchmal picken sie Parasiten von anderen Fischen.
Verbreitung: Osterinseln

5 *Chaetodon guezei* Maugé & Bauchot **Tiefsee-Falterfisch** 11 cm
Nah verwandt mit *C. guyotensis*, der in 320 m im Palau-Kyushu Grabenrücken, in 202 m auf den Malediven und in 280 m bei Hawaii gefunden wurde.
Ökologie: tiefe Riffe. Bisher nur mit Netzen aus 80 m Tiefe gefangen. Vom U-Boot bei den Komoren in mehr als 100 m Tiefe gesichtet.
Verbreitung: Réunion, Mauritius, Komoren

6 *Parachaetodon ocellatus* (Cuvier) **Fünfbinden-Falterfisch** 18 cm
Braun orangene Binden, Juvenile mit dunklen Binden.
Ökologie: Küsten- und Innenriffe mit versandetem oder schlammigem Untergrund, 3–50 m. Gewöhnlich paarweise. Nicht häufig.
Verbreitung: Indien, Sri Lanka bis Fiji, n. bis Ryukyus, s. bis GBR, NSW

7 *Amphichaetodon howensis* (Waite) **Lord Howe-Pinzettfisch** 18 cm
Drei breite, schwarze Bänder auf gelblichem Untergrund.
Ökologie: bewohnt Felsenriffe, gelegentlich Korallenriffe, 10–50 m. Normalerweise in Paaren. Ernährt sich von kleinen Wirbellosen. Wenig scheu.
Verbreitung: s. Queensland bis NSW, Lord Howe, Kermadec I., n. Neuseeland

8 *Hemitaurichthys zoster* (Bennett) **Schwarzer Pyramiden-Falterfisch** 16 cm
Auffällige schwarz-weiße Bänder.
Ökologie: steile Außenriffe und Kanalriffhänge, 1–35 m. In großen Ansammlungen im oberen Bereich von Hängen und Fleckriffen, im Freiwasser nach Zooplankton jagend. Frißt Zooplankton. Auf den Malediven häufig.
Verbreitung: Ostafrika bis Thailand, s. bis Südafrika, Mauritius

9 *Hemitaurichthys polylepis* (Bleeker) **Gelber Pyramiden-Falterfisch** 18 cm
Dunkler Kopf kann manchmal gelb sein.
Ökologie: Außenriffhänge, gewöhnlich im oberen Bereich von Steilhängen, 3–>40 m. In großen Ansammlungen an der Riffkante nach Zooplankton jagend. Wenig scheu.
Verbreitung: Christmas I. bis Hawaii, Pitcairn I., n. bis s. Japan, s. bis Neukaledonien

10 *Hemitaurichthys thompsoni* Fowler **Rosa-Falterfisch** 18 cm
Unter Wasser fast schwarz mit einem rosanen Schimmer.
Ökologie: steile Außenriffhänge, 10–300 m; selten in klaren Lagunen in nur 4 m (Johnston I.). In Ansammlungen im Freiwasser nach Zooplankton jagend. Sporadisches Vorkommen und sehr lokal.
Verbreitung: Marianen, Samoa, Johnston I., Hawaii, Line I. und Tuamotus I.

11 *Hemitaurichthys multispinosus* Randall **Vielstachel-Falterfisch** 20 cm
Hat 15–16 Rückenstacheln. Relativ langer, dunkler Körper erinnert an Doktorfische.
Ökologie: Außenriffe, 40-45 m.
Verbreitung: Pitcairn I.

1
2
3
4
5
6
7
6 juv
8
9
10
11

65 FALTERFISCHE

1 *Forcipiger flavissimus* Jordan & McGregor **Röhrenmaul-Pinzettfisch** 22 cm
Kurzes Pinzettmaul mit großer Mundspalte. Bläuliche Schuppen auf der Brust.
Ökologie: exponierte Außenriffe, 2-114 m. Gelegentlich auf Lagunenriffen. Einzeln oder in kleinen Gruppen in der Nähe von Überhängen und Höhlen. Frißt benthische Wirbellose und scheint eine Vorliebe für Weichteile wie Polychaetententakel oder Ambulakralfüßchen von Seeigeln zu haben. Wenig scheu.
Verbreitung: Rotes Meer bis Mittelamerika, n. bis Hawaii, s. Japan, s. bis Durban

2 *Forcipiger longirostris* (Broussonet) **Langmaul-Pinzettfisch** 22 cm
Langes Pinzettmaul mit kleiner Mundspalte. Dunkle Schuppen auf der Brust. Dunkle Variante, die besonders auf Lavafelsen um Hawaii I. gefunden wird (s. Abb.).
Ökologie: Außenriffhänge mit reichem Korallenbewuchs, 2-60 m. Häufiger an tiefen Steilhängen, aber auch an der Riffkante in nur 2 m (Malediven). Frißt vorwiegend kleine Krebstiere. Sporadisches Vorkommen. Seltener als die obige Art.
Verbreitung: Ostafrika bis Polynesien, n. bis Bonin, s. bis Neukaled., Komoren

3 *Chelmon rostratus* (Linnaeus) **Kupferstreifen-Pinzettfisch** 20 cm
Vier senkrechte, orangefarbene Bänder; blau umranderter Augenfleck.
Ökologie: Flußmündungen, Küsten- und Innenriffe, 1-25 m. Besonders auf versandeten, flachen Riffen mit schlickigen Stellen und wenigen Korallen. Gewöhnlich einzeln oder paarweise. Häufig.
Verbreitung: Andaman Sea bis Neuguinea, n. bis Ryuk., s. bis GBR, nw. Australien

4 *Chelmon marginalis* Richardson **Vierbinden-Pinzettfisch** 18 cm
Kein mittleres orangenes Band. Nur Jungtiere haben Ocellus.
Ökologie: schlickige Küstenriffe, 1-30 m. Einzeln oder in Paaren.
Verbreitung: s. und nw. Australien (20° S), GBR

5 *Chelmon mülleri* (Klunzinger) **Müllers Pinzettfisch** 18 cm
Ähnlich: *C. rostratus*, aber mit dunklen Bändern.
Ökologie: mit Algen bedeckte und schlammige Gebiete von Flußmündungen und Küstenriffen, 4-20 m.
Verbreitung: nw. Australien, Queensland bis 14° S

6 *Coradion altivelis* McCulloch **Hochflossen-Coradion** 15 cm
Subadulte mit Ocellus. Hinterer Rand von Rücken- und Afterflosse senkrecht.
Ökologie: Küstenriffe und Außenriffe, 3-25 m. Bevorzugt am Fuße von Abhängen innerer Riffe. Frißt Wirbellose.
Verbreitung: Thailand bis Neuguinea, n. bis s. Japan, s. bis GBR, nw. Australien

7 *Coradion chrysozonus* (Cuvier) **Augenfleck-Coradion** 15 cm
Hinterer Rand der Rücken- und Afterflosse ist abgerundet. Ocellus in 2. Rückenflosse.
Ökologie: Küstenriffe; in Fels- und Geröllgebieten mit spärlichem oder reichem Korallenbewuchs, 3-60 m. Wenig scheu. Einzeln oder in Paaren. Frißt Schwämme.
Verbreitung: Thailand bis Salomon I., n. bis Ryukyus, s. bis GBR, nw. Australien

8 *Coradion melanopus* (Cuvier) **Doppelaugen-Coradion** 15 cm
Zwei deutliche Augenflecken in Rücken- und Afterflosse.
Ökologie: Küstenlagunen und Dropoffs, 6->30 m. Häufig an großen Schwämmen, von denen sie sich ernähren. Oft in Paaren. Scheint Heimreviere zu besetzen.
Verbreitung: Bali, Flores bis Neuguinea, n. bis Celebes, Philippinen, Borneo

9 *Chelmonops curiosus* Kuiter **Westlicher Talma** 26 cm
Ähnlich wie *C. truncatus*, jedoch mit dunkelbraunen Bändern (keine schwarzen!). Juvenile verlieren die Augenflecken mit ca. 7,5 cm Größe.
Ökologie: senkrechte Felswände, 5-40 m. Frißt kleine Würmer und Krebstiere. Relativ häufig.
Verbreitung: s. und w. Australien

10 *Chelmonops truncatus* (Kner) **Östlicher Talma** 22 cm
Binden schwarz und grau. Juv. behalten Ocellus bis fast zum adultem Stadium. Ähnlich: *C. curiosus*, der dunkelbraune Bänder hat.
Ökologie: senkrechte Felswände. Bevorzugt algenbewachsene Riffe in geschützten Innenriffen. Frißt kleine Würmer und Krebstiere.
Verbreitung: North South Wales (26°-35°S)

1
2
2 var
3
4
5
6
7
8
9
10

66 FALTERFISCHE – Wimpelfische

1 *Heniochus acuminatus* (Linnaeus) **Gemeiner Wimpelfisch** 25 cm
Das zweite schwarze Band endet hinter der Spitze der Afterflosse, (D XI-XII Stachelstrahlen). Schnauze ist länger und kräftiger als bei *H. diphreutes*.
Ökologie: tiefe Lagunen und Außenriffe, 2–75 m, gewöhnlich unter 15 m. Adulte einzeln, paarweise oder in kleinen Gruppen. Jungtiere manchmal als Putzerfisch tätig. Fressen vorwiegend Zooplankton, manchmal benthische Wirbellose.
Verbreitung: Ostafrika bis Tahiti, n. bis s. Japan, Arab. Golf, s. bis Lord Howe

2 *Heniochus diphreutes* (Jordan) **Schwarm-Wimpelfisch** 18 cm
Das zweite schwarze Band endet an der Spitze der Afterflosse (D XII Stachelstrahlen). Deutlich kleineres Maul und die Brust ist gewölbter als bei *H. acuminatus*.
Ökologie: Außenriffe, 5–210 m. Gewöhnlich unter 15 m, flacher in kühlem, hochströmendem Wasser der Tropen. Juvenile in Ansammlungen auf Fleckriffen. Adulte in großen Schwärmen hoch über dem Untergrund nach Zooplankton jagend. Wenig scheu. Jungtiere betätigen sich gelegentlich als Putzerfische.
Verbreitung: Rotes Meer, Südafrika (Durban), s. Japan, NSW, Hawaii

3 *Heniochus intermedius* (Steindachner) **Rotmeer-Wimpelfisch** 18 cm
Erstes Band erreicht das Auge. Diffuse Gelbfärbung an den Seiten.
Ökologie: Saumhänge, 3–50 m. Jungtiere in großen Schwärmen an der Basis von Riffhängen, manchmal mit *H. diphreutes* vergesellschaftet. Adulte gewöhnlich einzeln, paarweise, nur gelegentlich in großen Gruppen. Nahrung: Zooplankton und benthische Wirbellose. Wenig scheu und häufig.
Verbreitung: endemisch im Roten Meer

4 *Heniochus chrysostomus* (Cuvier) **Pazifik-Wimpelfisch** 16 cm
Gelbe Schnauze und drei braune Binden.
Ökologie: korallenreiche Gebiete von flachen Lagunen, Außenriffen und Riffdächern, 2–>40 m. Gewöhnlich einzeln, gelegentlich in kleinen Gruppen. Ernährt sich von Korallenpolypen und Algen. Oft vergesellschaftet mit *H. varius* (besonders im GBR). Relativ scheu und bei Gefahr in Spalten Schutz suchend.
Verbreitung: w. Indien bis Pitcairn, n. bis s. Japan, s. bis Neukaledonien

5 *Heniochus monoceros* (Cuvier) **Masken-Wimpelfisch** 23 cm
Jungtiere wie *H. singularis*, aber die mittlere dunkle Binde beginnt hinter dem Wimpel. Kleiner Stirnwulst.
Ökologie: korallenreiche Lagunen und Außenriffe, 2–25 m. Gelegentlich in Gebieten mit toten Korallen und vielen Versteckmöglichkeiten. Ernährt sich von benthischen Wirbellosen, besonders Polychaeten. Gewöhnlich paarweise. Scheu, jedoch häufig an Putzerstationen zu beobachten.
Verbreitung: Ostafrika bis Tuamotus, n. bis Japan, s. bis Neukaledonien, Durban

6 *Heniochus singularis* (Smith & Radcliffe) **Malayen-Wimpelfisch** 25 cm
Jungtiere ähneln den Juvenilen von *H. monoceros*, aber die mittlere dunkle Binde beginnt vor dem Wimpel. Dunkle Schuppen auf der weißen mittleren Zone. Manchmal unter Wasser fast schwarz wirkend. Kleiner Stirnwulst.
Ökologie: Lagunen und Außenriffe, 2–40 m, gewöhnlich unter 15 m. Einzeln oder paarweise. Frißt Korallenpolypen. Sporadisches Vorkommen. Scheu, flieht bei Gefahr sofort in Verstecke.
Verbreitung: Malediven, Sri Lanka bis Samoa, n. bis s. Japan, s. bis Neukaledonien

7 *Heniochus pleurotaenia* (Ahl) **Phantom-Wimpelfisch** 17 cm
Unvollständiges weißes Band zwischen Brust- und Afterflosse. Adulte mit Stirnwulst und zwei Hörnern.
Ökologie: korallenreiche Gebiete von tiefen Lagunen und Außenriffen, 1–25 m. In Paaren oder Schwärmen (20-30 Ex.). Lebt versteckter als andere Arten der Gattung. Flüchtet bei Beunruhigung sofort in Spalten und Löcher. Scheu.
Verbreitung: Malediven, Sri Lanka bis Java, n. bis Andaman Sea

8 *Heniochus varius* (Cuvier) **Brauner Wimpelfisch** 19 cm
Keine weiße Zone zwischen Brust- und Afterflosse. Adulte mit Stirnwulst und zwei Hörnern.
Ökologie: korallenreiche Gebiete von tiefen Lagunen und Außenriffen, 2–>20 m. Einzeln oder in kleinen Gruppen. Ernähren sich von Korallen und anderen Wirbellosen.
Verbreitung: Malaysia bis Samoa, n. bis s. Japan, s. bis Neukaledonien

1
2
3
4
5
6
7
8

67 KAISERFISCHE

Kaiserfische *(Pomacanthidae):* kräftiger Vorkiemendeckelstachel. Wulstige Lippen. Borstenzähner. Keine *„tholichthys"* Larven wie bei den Falterfischen. Auffällige Färbung. Erstaunlicher Farbwechsel während der Entwicklung. Tagaktive Einzelgänger, selten paarweise. Folgezwitter: zuerst weiblich, bei Bedarf Umwandlung in Männchen. Diese besitzen ca. 2-5 Haremsweibchen. Unterschiedliche Territoriengröße: wenige Quadratmeter (Centropyge) bis 1000 qm (*Pomacanthus*). Typische „Knocktöne" unter Wasser. *Centropyge* Arten fressen Fadenalgen, *Genicanthus* vorwiegend Zooplankton, andere Arten bevorzugen Schwämme. Paarung gewöhnlich bei Sonnenuntergang. Aquarium: meistens schwierig, da Nahrungsspezialisten! (Einfuhrverbot in Deutschland).

1 *Apolemichthys trimaculatus* (Lacépède) **Gelber Dreipunkt-Kaiserfisch** 25 cm
Ähnlich: *A. armitagei* (s. Taf. 139-3), mit schwarzem Fleck in der 2. Rückenflosse.
Ökologie: klare Lagunen und Außenriffe, 3->40 m. Bevorzugt steile Formationen. Ernährt sich einzeln oder manchmal paarweise von Schwämmen und Seescheiden. Territorial und scheu. Nur in wenigen Gebieten häufig (wie Seychellen).
Verbreitung: Ostafrika bis Samoa, n. bis s. Japan, s. bis Neukaledonien, Natal

2 *Holacanthus arcuatus* (Gray) **Hawaii-Kaiserfisch** 18 cm
Ökologie: Außenriffe, 12-50 m. Manchmal zwischen Korallen, aber gewöhnlich an Felsüberhängen und in Höhlen unterhalb 25 m. Frißt vorwiegend Schwämme.
Verbreitung: endemisch um Hawaii I.

3 *Apolemichthys xanthurus* (Bennett) **Indischer Rauchkaiserfisch** 15 cm
Gelber Kiemendeckelfleck von grauer Zone umgeben.
Ökologie: korallenreiche Gebiete oder Felsriffe mit vielen Verstecken, 5-25 m. Einzeln oder paarweise. Sehr scheu, flüchtet bei Beunruhigung in Verstecke. Selten.
Verbreitung: Mauritius, Indien, Malediven, Sri Lanka bis Andaman Sea

4 *Apolemichthys xanthotis* (Fraser-Brunner) **Arabischer Rauchkaiserfisch** 15 cm
Gelber Kiemendeckelfleck ist von schwarzer Zone umgeben. Schwarze Flossen.
Ökologie: korallenreiche Gebiete von 10-25 m. Oft in Paaren oder in Gruppen. Frißt wahrscheinlich Algen, Schwämme und benthische Wirbellose.
Verbreitung: Rotes Meer bis Oman

5 *Apolemichthys griffisi* (Carlson & Taylor) **Griffis Kaiserfisch** 15 cm
Ökologie: steile Außenriffhänge, 10-60 m. Gewöhnlich unterhalb 40 m. Einzeln. Sporadisches und seltenes Vorkommen.
Verbreitung: ö. Karolinen, Gilbert, Nauru und Line I., nö. Indonesien, Neuguinea

6 *Apolemichthys kingi* Heemstra **Tiger-Kaiserfisch** 20 cm
Ökologie: küstenferne Außenriffe in ungefähr 23-30 m Tiefe. Selten, bisher nur auf Riffen, die vor Durban liegen, gefunden.
Verbreitung: Aliwal Shoals (Natal)

7 *Apolemichthys xanthopunctatus* Burgess **Goldtupfen-Kaiserfisch** 25 cm
Ökologie: Lagunen und Außenriffe, ab 3 m. Einzeln oder in kleinen Gruppen.
Verbreitung: Zentralpazifik: ö. Karolinen, Gilbert, Nauru, Fanning, Line I.

8 *Apolemichthys guezei* Randall & Mauge **Réunion-Kaiserfisch** 15 cm
Ökologie: tiefe Außenriffe; in 60-80 m gefangen. Lebendfarbe unbekannt. Bisher nicht auf Mauritius gefunden.
Verbreitung: Réunion (wahrscheinlich auch an benachbarten Inseln)

9 *Centropyge venustus* Yasuda & Tominaga **Gelbhalsband-Zwergkaiser** 11 cm
Breite des gelben Bandes kann variieren. Hybridisiert mit *C. multifasciatus.*.
Ökologie: steile Außenriffhänge, 15-35 m. Scheu und versteckt lebend. Einzelgänger.
Verbreitung: n. Luzon, Taiwan n. bis Ryukyus (häufig), Izu I.

10 *Centropyge boylei* Pyle & Randall **Tiefsee-Zwergkaiser** 7 cm
Centropyge Arten leben in Harems mit einem Männchen und mehreren Weibchen.
Ökologie: steile Außenriffe, 56-120 m. Zwischen Geröll.
Verbreitung: Rarotonga, Cook I.

11 *Centropyge multifasciatus* (Smith & Radcliffe) **Zebra-Zwergkaiser** 11 cm
Kreuzt sich mit *Centropyge venustus* (s. Taf. 67-9).
Ökologie: häufig in Höhlen und Spalten steiler Außenriffe, 7-70 m. Auch in klaren Lagunenriffen. Scheu, immer in Versenknähe. Oft kopfüber schwimmend. Um Flores häufig.
Verbreitung: Cocos-Keeling bis Society I., n. bis Ryukyus., s. bis GBR

1
1 juv
2
3
4
5
6
7
8
9
10
11

68 ZWERGKAISERFISCHE

1 *Centropyge flavissimus* Cuvier **Zitronen-Zwergkaiser** 14 cm
Juvenile mit blauumrandetem Ocellus an der Seite. Blaue Kopfmarkierungen. Hybridisiert mit *C. vroliki* und *C. eibli*. Werden von jungen Schokoladen-Doktorfischen *Acanthurus pyroferus* (Taf. 126-1) und *A. tristis* (Taf. 126) nachgeahmt.
Ökologie: korallenreiche Gebiete von flachen Lagunen und exponierten Außenriffen, 1-25 m. Häufig an Ozeaninseln, ausgenommen Karolinen I. Jungtiere leben sehr versteckt in Spalten.
Verbreitung: Cocos-Keeling bis Marquesas, n. bis Ryukyus, s. bis Neukaledonien, Rapa und Oster I. Fehlt in großen Teilen der Indo-Australischen Region.

2 *Centropyge heraldi* Woods & Schultz **Heralds Zwergkaiser** 10 cm
Am Kopf keine blauen Markierungen, nur ein dunkler Fleck hinter dem Auge.
Ökologie: häufig an steilen Außenriffen, 15->40 m. Gelegentlich in klaren Lagunenriffen in nur 5 m.
Verbreitung: Taiwan bis Tuamotus, n. bis s. Japan, s. bis GBR

3 *Centropyge bicolor* (Bloch) **Blaugelber Zwergkaiser** 15 cm
Ökologie: Lagunen und halbgeschützte Außenriffhänge, 3->25 m. Zwischen kleinen Flecken von Geröll oder Felsen mit Schlupflöchern. Scheu. Vielfach häufig.
Verbreitung: Malaysia bis Samoa, n. bis s. Japan, s. bis nw. Australien, Neukaled.

4 *Centropyge joculator* Smith-Vaniz & Randall **Cocosinsel-Zwergkaiser** 9 cm
Ökologie: Korallen und Geröllgebiete steiler Außenriffe, 15-70 m. Gelegentlich an Hängen in nur 8 m. Einzeln oder in kleinen Gruppen. Um Christmas I. häufig.
Verbreitung: Cocos-Keeling, Christmas I.

5 *Centropyge hotumatua* Randall & Caldwell **Osterinsel-Zwergkaiser** 8 cm
Ökologie: Korallenfelsen mit vielen Spalten, 14-45 m. Nicht selten.
Verbreitung: Rapa, Austral I., Pitcairn und Oster I.

6 *Centropyge acanthops* (Norman) **Orangerücken-Zwergkaiser** 7 cm
Eng verwandt mit *C. flavicauda* (Taf. 69-5) und *C. fisheri* (Taf. 69-7).
Ökologie: Geröll- und Korallengebiete, 6-40 m. Oft in kleinen Gruppen in begrenzten Territorien. Lebt versteckt zwischen Korallenästen oder Geröll. Nicht selten. Scheu.
Verbreitung: Ostafrika, Somalia bis Südafrika, ö. bis Chagos, Mauritius, Seychellen

7 *Centropyge colini* Randall & Smith-Vaniz **Colins Zwergkaiser** 9 cm
Ökologie: steile Außenriffhänge, 24-75 m. In oder nahe an Spalten von großen Höhlen. Sehr versteckt lebend.
Verbreitung: Cocos-Keeling, Palau, Guam, Fiji

8 *Centropyge debelius* Pyle **Blauer Mauritius-Zwergkaiser** 9 cm
Ökologie: steile Außenriffhänge, 46-90 m. Leben versteckt in Paaren. Scheinen territorial zu sein. Nicht häufig.
Verbreitung: Mauritius (Flic en Flac), Réunion

9 *Centropyge multicolor* Randall & Wass **Vielfarben-Zwergkaiser** 6 cm
Ökologie: steile Außenhänge, 20-90 m. Versteckt zwischen Geröll lebend.
Verbreitung: Palau, ö. Karolinen, Marshall, Gilbert, Society, Hawaii I. (Irrgast)

10 *Centropyge nahackyi* Kosaki **Nahackys Zwergkaiser** 9 cm
Ökologie: Außenriffhänge, 25->75 m. In Gruppen auf kahlem Geröllgrund.
Verbreitung: Johnston I., als Irrgast bis Hawaii I.

11 *Centropyge loriculus* (Günther) **Feuer-Zwergkaiser** 10 cm
Ökologie: korallenreiche Gebiete von klaren Lagunen und Außenriffen, von der untersten Brandungszone bis 57 m. Sehr versteckt lebend. An vielen Orten häufig (Palau bis Marshall I.). Selten um Hawaii, Marianen und GBR.
Verbreitung: Palau bis Hawaii, Marquesas, Ducie, sw. bis Samoa und GBR

12 *Centropyge aurantius* Randall & Wass **Goldstreifen-Zwergkaiser** 10 cm
Ökologie: zwischen Korallen und Schwämmen, 3-15 m. Sehr versteckt lebend.
Verbreitung: ö. Indonesien, Neuguinea, GBR, Samoa

1
2
juv
3
4
5
6
7
8
9
10
11
12

69 ZWERGKAISERFISCHE

1 *Centropyge tibicen* (Cuvier) **Schlüsselloch-Zwergkaiser** 19 cm
Ökologie: gemischte Korallen- und Geröllgebiete von Lagunen und Außenriffen, 3–30 m. Einzeln oder in kleinen Gruppen. Regelmäßig an Ozeaninseln. Scheu.
Verbreitung: Christmas I. bis Vanuatu, n. bis s. Japan, s. bis Lord Howe, Neukaled.

2 *Centropyge nox* (Bleeker) **Mitternachts-Zwergkaiser** 9 cm
Ökologie: zwischen Geröll in korallenreichen Gebieten von klaren Lagunen und geschützten Außenriffen, 5–70 m. Scheu, flüchtet sofort in Verstecke. In Indonesien von Bali bis Flores sehr häufig.
Verbreitung: Indonesien bis Neukaledonien, n. bis Ryukyus, Palau

3 *Centropyge multispinis* (Playfair) **Brauner Zwergkaiser** 9 cm
Ökologie: korallenreiche Gebiete mit Geröll in Lagunen und an Außenriffen von 1– >30 m. Manchmal auf Felsriffen. Einzeln. Nicht besonders scheu. Häufig.
Verbreitung: Rotes Meer bis Andaman Sea, n. bis Sri Lanka, s. bis Durban

4 *Centropyge flavipectoralis* Randall & Klausewitz **Mondstrahl-Zwergkaiser** 10 cm
Ökologie: Geröll mit wenig Korallenbewuchs, 3–20 m.
Verbreitung: Sri Lanka, Malediven

5 *Centropyge flavicauda* Fraser-Brunner **Weißschwanz-Zwergkaiser** 8 cm
Grundfarbe variabel: grün, braun und bläulich. ♂ mit blauem Afterflossenrand.
Ökologie: Geröllgrund von Kanälen oder Außenriffhängen, 10–60 m. Versteckt lebend und sehr scheu. Ähnelt im Aussehen einem Riffbarsch.
Verbreitung: Ostafrika bis Tuamotus, n. bis s. Japan, s. bis Malediven, GBR

6 *Centropyge nigriocellus* Woods & Schultz **Dreiaugen-Zwergkaiser** 6 cm
Ökologie: Korallenschutt in Lagunen und exponierten Außenriffen, 4–15 m. Sehr versteckt lebend, bisher nur mit Hilfe von Fischgiften gefangen.
Verbreitung: Marianen, Admiralty, Samoa, Society I., Line, Johnston I.

7 *Centropyge bispinosus* (Günther) **Gestreifter Zwergkaiser** 10 cm
Grundfarbe variabel: gelbe oder orangene Seiten können fast verschwinden
Ökologie: korallenreiche Gebiete von Lagunen und Außenriffen, 1–45 m. Einzeln, selten in Gruppen. Selten in Guam, häufig in Indones., Philippinen, Marshall I. Um Seychellen in geschützten, flachen Buchten. Normalerweise sehr scheu.
Verbreitung: Ostafrika bis Tuamotus, n. bis Izu I., s. bis Durban, Lord Howe

8 *Centropyge fisheri* (Snyder) **Fishers Zwergkaiser** 6 cm
Ökologie: zwischen Geröll von Außenriffen, unterhalb 10 m. Besonders häufig unterhalb 30 m zwischen toten Korallen. Häufig um Maui. Nahe verwandt mit *C. flavicauda.*
Verbreitung: Hawaii I., Johnston I. (selten)

9 *Centropyge ferrugatus* Randall & Burgess **Rotbrauner-Zwergkaiser** 10 cm
Männchen: mit blau-schwarzem Flossenrand an der Rücken- und Afterflosse.
Ökologie: Außenriffe, 10–30 m. Meistens einzeln. Häufig um Ryukyus.
Verbreitung: Taiwan, Ryukyus, Bonin I. bis s. Japan; Irrgast bis Izu I.

10 *Centropyge shepardi* Randall & Yasuda **Guam-Zwergkaiser** 9 cm
Grundfarbe variabel: gelb bis orangerot, Streifen können verschwinden.
Ökologie: exponierte Außenriffe, 18–56 m. Häufig. Bevorzugt gemischte (tote und lebende) Korallenzonen mit vielen Versteckmöglichkeiten. Manchmal in korallenreichen Lagunen in nur 1 m anzutreffen.
Verbreitung: Marianen, Bonin I., Irrgast bis Izu I.

11 *Centropyge potteri* Jordan & Metz **Potters Zwergkaiser** 10 cm
Ökologie: Fels-, Korallen- und Geröllgebiete von Außenriffen, >10 m. Junge gelegentlich in 5 m Tiefe. Einzeln und immer in Verstecknähe. Häufig.
Verbreitung: Hawaii I., Johnston I. (selten)

12 *Centropyge interruptus* (Tanaka) **Japanischer Zwergkaiser** 15 cm
Männchen: tiefblaue Linien auf dem Kiemendeckel. Schwarzblaue Ränder an der After- und 2. Rückenflosse.
Ökologie: Fels- und Korallenriffe, 12–60 m. Bei dieser Art beginnt die Balz 30 Minuten vor Sonnenuntergang: Sie schwimmen dabei paarweise; durch Stupsen des Männchens werden gleichzeitig Samen und Eier ausgeschüttet.
Verbreitung: Izu Halbinsel, s. bis Izu, Bonin I., Irrgast bis Midway I.

1

2

3

4

5

6

7

8

9

10

11

12 ♀

70 KAISERFISCHE

1 *Centropyge vrolikii* (Bleeker) **Perlschuppen-Zwergkaiser** 9 cm
Hinterteil ist schwarz. Unzählige weiße Punkte auf grauem Untergrund.
Ökologie: korallenreiche Gebiete von Lagunen und Außenriffen, 3–25 m. Hybride mit *C. flavissimus*. Mimikry von juvenilen *Acanthurus pyroferus* (s. Taf. 125-1).
Verbreitung: Sumatra bis Marshall, Vanuatu I., n. bis s. Japan, s. bis L. Howe

2 *Centropyge eibli* Klausewitz **Orangestreifen-Zwergkaiser** 10 cm
Mimikry von juvenilen. *A. tristis* (s. Taf. 125). Hybridisiert mit *C. flavissimus* (Tafel 68-1), Cocos-Keeling I.
Ökologie: korallenreiche Gebiete von Außenriffen, aber auch an felsigen Küsten, 3–20 m. Einzelgänger und recht scheu. Versteckt sich gern zwischen Astkorallen.
Verbreitung: Sri Lanka bis Flores, n. bis Andaman Sea, s. bis nw. Australien

3 *Chaetodontoplus mesoleucus* (Bloch) **Mond-Kaiserfisch** 18 cm
Diese Gattung hat eine unvollständige Seitenlinie und kleine Schuppen (LL 85). Bewohnen kontinentale Schelfgebiete, selten Ozeaninseln.
Ökologie: korallenreiche, geschützte Riffe; 1–20 m. Frißt Schwämme, Tunikaten und Fadenalgen. Einzeln oder in Paaren. Scheu.
Verbreitung: Malaysia bis Salomon I., n. bis Ryukyus, s. bis Indones., Neuguinea

4 *Chaetodontoplus melanosoma* (Bleeker) **Phantom-Kaiserfisch** 20 cm
Braun mit einem hellen Rücken. Flossenränder gelb. Die Population in Südjapan und Flores hat einen gelben Schwanz.
Ökologie: bevorzugt korallenreiche, geschützte Küstenriffe und Dropoffs; 5–20 m.
Verbreitung: Indonesien (Sumatra, Bali) bis Neuguinea, n. bis s. Japan

5 *Chaetodontoplus duboulayi* (Günther) **Australischer Kaiserfisch** 28 cm
Weibchen hat gelbe Tupfen auf den dunklen Seiten.
Ökologie: flache Küstenriffe und Riffe des Kontinentalschelfs. Offener, flacher Untergrund mit Felsen, Korallen, Schwämmen und Peitschenkorallen; bis 20 m. Normalerweise in kleinen Gruppen. Jungtiere selten zu beobachten.
Verbreitung: n. Australien, Indonesien (Aru I.) und s. Neuguinea

6 *Chaetodontoplus caeruleopunctatus* Yasuda & alt. **Kristall-Kaiserfisch** 14 cm
Bräunlicher Untergrund mit vielen blauen Punkten und gelber Schwanz.
Ökologie: unbekannt, vermutlich Korallenriffe in Küstennähe.
Verbreitung: Cebu, vielleicht im gesamten zentralen Teil der Philippinen

7 *Chaetodontoplus septentrionalis* (Schlegel) **Blaustreifen-Kaiserfisch** 22 cm
Ähnlich: *C. chrysocephalus,* der wahrscheinlich nur das ♂ dieser Art darstellt.
Ökologie: felsige Küsten- und Korallenriffe, 5–>15 m. Einzelgänger.
Verbreitung: s. China, Taiwan, Ryukyus, s. Japan

8 *Chaetodontoplus meredithi* Kuiter **Masken-Kaiserfisch** 25 cm
Ähnlich: *C. personifer* (Westaustralien) mit schwarzer Binde im gelbem Schwanz. Jungtiere (<12 cm) sind farblich mit Juvenilen von *C. personifer* identisch.
Ökologie: Küstenriffe und offener Untergrund mit Felsen, Korallen, Schwämmen und Gorgonienhängen; bis >35 m. Junge oft an Küsten- und Innenriffen, häufig zwischen Schwämmen an Hafenmolen. Adulte in Paaren. Im allgemeinen im Tiefenwasser. Nähert sich oft neugierig Tauchern.
Verbreitung: Queensland, s. bis Sydney (NSW), Lord Howe I.

9 *Chaetodontoplus personifer* (McCulloch) **Gelbrand-Kaiserfisch** 35 cm
Ähnlich wie obige Art. Große adulte Tiere wirken länger. Der gelbe Schwanz hat eine breite dunkle Binde. Juvenile identisch mit Nr. 8.
Ökologie: s. Nr. 8
Verbreitung: nw. Australien

10 *Chaetodontoplus „chrysocephalus"* Bleeker **Goldkopf-Kaiserfisch** 22 cm
Wahrscheinlich nur das junge Männchen von *C. septentrionalis.*
Ökologie: tiefe Felsriffe. Selten.
Verbreitung: Java bis s. Japan

11 *Chaetodontoplus conspicillatus* (Waite) **Kragen-Kaiserfisch** 25 cm
Ökologie: Außenriffe, 20–40 m. Jungtiere in flachen Lagunen in nur 1 m Tiefe.
Verbreitung: s. GBR, Neukaledonien, Norfolk, Lord Howe I.

Weitere Art: *C. ballini* (NSW), 1 Exemplar an tiefen, küstenfernen Riffen gefangen. Totes Exemplar: perlgrau mit schwarzem, breitem Rückenband.

1
2
3
4
4 juv
5
6
7
8
9
10
11

71 LYRAKAISERFISCHE

1 *Genicanthus melanospilos* (Bleeker) **Zebra-Lyrakaiserfisch** 18 cm
Ökologie: steile Außenriffe in korallenreichen Gebieten mit zerstreuten Sandflecken, 20–45 m. Die Gruppen schwimmen häufig 1-2 m über dem Boden. Oft über Geröll am Fuße von Dropoffs. Alle *Genicanthus* Arten fressen vorwiegend Zooplankton. Scheu.
Verbreitung: Malaysia bis Fiji, n. bis Ryuk., s. bis Rowley Shoals, Neukaledonien

2 *Genicanthus caudovittatus* (Günther) **Rotmeer-Lyrakaiserfisch** 20 cm
Männchen: schwarzer Fleck in der Rückenflosse. Weibchen mit Überaugenstreifen.
Ökologie: korallen- und strömungsreiche Saumriffe, 15–70 m. Gewöhnlich schwimmen sie 1-2 m über dem Boden. Die 4-7 Haremsweibchen bleiben dicht über den Korallen und sind weniger scheu. Ernähren sich von Zooplankton. Häufig.
Verbreitung: Rotes Meer, s. bis Mozambique, ö. bis Mauritius

3 *Genicanthus lamarcki* (Lacépède) **Vierstreifen-Lyrakaiserfisch** 23 cm
Bauchflossen sind beim Männchen schwarz und beim Weibchen weiß.
Ökologie: steile Außenriffhänge, 10–35 m. In Paaren oder in kleinen Haremsgruppen einige Meter über dem Substrat nach Zooplankton jagend. Scheu.
Verbreitung: Ostafrika bis Salomon I., n. bis s. Japan, s. bis n. GBR

4 *Genicanthus watanabei* (Yasuda & Tominaga) **Gelbstreifen-Lyrakaiserfisch** 15 cm
Ökologie: strömungsreiche Außenriffe, 12–81 m. In kleinen und großen Gruppen mehrere Meter über dem Boden. Häufig in Neukaledonien, selten in Mikronesien in weniger als 25 m Tiefe. Bevorzugt steile Außenriffe.
Verbreitung: Taiwan bis Tuamotus, n. bis Ryukyus, s. bis Neukaledonien, Austral I.

5 *Genicanthus bellus* Randall **Pracht-Lyrakaiserfisch** 17 cm
Weibchen: schwarzgelbe Streifen (s. Abb.), Männchen: orangener Seitenstreifen.
Ökologie: steile Dropoffs von Außenriffen, 24–97 m. Gewöhnlich in kleinen Haremsgruppen aus einem Männchen und mehreren Weibchen bestehend, die mehrere Meter von der Felswand nach Zooplankton jagen. Scheu, bei Gefahr ziehen sie sich sofort in Verstecke des Riffs zurück.
Verbreitung: Cocos-Keeling, Marianen, Society I.

6 *Genicanthus semifasciatus* (Kamohara) **Japan-Lyrakaiserfisch** 21 cm
Ökologie: felsige oder korallenreiche Außenriffe, 15–100 m. Balz: Männchen umkreist Weibchen und stupst es am After, dann schwimmen beide zur Oberfläche und stoßen Eier und Samen aus.
Verbreitung: n. Philippinen, Taiwan, Ryukyus, s. Japan bis Izu I.

7 *Genicanthus sp.* **Flecken-Lyrakaiserfisch** ca. 25 cm
Weibchen: grau mit vielen kurzen Seitenstreifen.
Ökologie: diese vor kurzem entdeckte Art ist an korallenreichen Außenriffen unterhalb 36 m in Haremsgruppen zu finden. An den Bonin I. findet man sie in einem strömungsreichen Kanal zwischen zwei Inseln mit kühlem Tiefenwasser (20°C), (Chichi-Jima I.).
Verbreitung: Bonin und Marcus I.

8 *Genicanthus semicinctus* (Waite) **Halbband-Lyrakaiserfisch** 20 cm
Männchen: mit ungefähr 10 Halbbändern und gelbem Bauch.
Ökologie: Außenriffe mit Felsen oder Korallen, 15–100 m. ♂ schwimmen über den Haremsweibchen, die in kleinen Gruppen leben. Gewöhnlich unterhalb 35 m.
Verbreitung: Lord Howe I., Kermadec I, möglicherweise NSW

9 *Genicanthus spinus* Randall **Pitcairn-Lyrakaiserfisch** 35 cm
Nah verwandt mit obiger Art, aber deutliche Farbunterschiede. Blaßer Bauch.
Ökologie: Fels- und Korallenriffe, 30– >60 m. In Ansammlungen hoch über dem Untergrund schwimmend.
Verbreitung: Austral I., Pitcairn Gruppe bis Ducie I.

10 *Genicanthus personatus* Randall **Masken-Lyrakaiserfisch** 21 cm
Männchen mit gelben Flossen und Kopf, Weibchen mit dunklem Kopf.
Ökologie: Außenriffe, 23–84 m. Fressen Grünalgen und Zooplankton. Nw. Hawaii I. häufig, weiter südlich selten.
Verbreitung: Hawaii I.

1
2
3
4
5
6
7
8
9
10
10

1 *Pygoplites diacanthus* (Boddart) **Pfauen-Kaiserfisch** 25 cm
Jungtiere mit schwarzem oder blauem Ocellus in der Rückenflosse.
Ökologie: korallenreiche Gebiete in klaren Lagunen und Außenriffen, 1–48 m. Oft in der Nähe von Höhlen und Spalten. Einzeln oder in Paaren. Wenig scheu. Frißt Schwämme und Seescheiden. Jungtiere leben versteckt in Höhlen an Dropoffs.
Verbreitung: Rotes Meer bis Tuamotus, n. bis Ryukyus, s. bis Neukaledonien, Natal

2 *Pomacanthus imperator* (Bloch) **Imperator (-Kaiserfisch)** 40 cm
Jungtiere mit konzentrischen, blauen Linien. Übergangsstadium mit 8–12 cm.
2. Rückenflosse bei der Population im Indischen Ozean ohne Filament.
Ökologie: Junge einzeln, unter Überhängen oder in Spalten von flachen Riffdächern, in Lagunen oder Riffkanälen. Adulte in korallenreichen Gebieten tiefer Lagunen oder Außenriffe, 3–70 m. Auf den Seychellen zwischen großen Granitblöcken. Immer nahe an Höhlen und Überhängen. Manchmal in Harems, aber normalerweise einzeln oder in Paaren. Machen sich oft durch Warnlaute bemerkbar. In vielen Gebieten häufig.
Verbreitung: Rotes Meer bis Polynesien, n. bis s. Japan, s. bis Neukaled., Natal

3 *Pomacanthus xanthometopon* (Bleeker) **Blaukopf-Kaiserfisch** 38 cm
Junge ähneln Juvenilen von *P. sexstriatus*, nur der hintere Teil der Rücken- und Afterflossen ist nicht so hoch. Übergangsstadium: 7–12 cm.
Ökologie: korallenreiche Gebiete von Lagunen und Außenriffen, 5–>25 m. Oft in der Nähe von Höhlen, gewöhnlich einzeln. Auf den Malediven wenig scheu. Hybride mit *P. navarchus* und *P. sexstriatus.*
Verbreitung: Malediven bis Vanuatu, n. bis Ryukyus, s. bis Karolinen, s. bis GBR

4 *Pomacanthus navarchus* (Cuvier) **Traum-Kaiserfisch** 28 cm
Jungtiere mit durchsichtigem Schwanz. Übergangsstadium: 3–8 cm.
Ökologie: korallenreiche Lagunen, Kanäle und steile Außenriffe, 3–40 m. Junge in flachen, geschützten Gebieten. Gewöhnlich einzeln und relativ scheu. Frißt Schwämme und Seescheiden. Nicht häufig, ausgenommen in Indonesien (Flores). Hybridisiert mit *P. xanthometopon.*
Verbreitung: Indonesien bis Neuguinea, n. bis Philippinen, Yap, s. bis GBR

5 *Pomacanthus annularis* (Bloch) **Ring-Kaiserfisch** 45 cm
Junge ähnlich *P. rhomboides*, beide kommen jedoch nur in Ostafrika zusammen vor.
Ökologie: Küstenriffe mit mäßigem Korallenbewuchs, 1–>30 m. Adulte oft paarweise in Höhlen, Spalten und Wracks.
Verbreitung: Ostafrika (selten) bis Salomon I., n. bis Ryukyus, s. bis Neuguinea, Natal

6 *Pomacanthus semicirculatus* (Cuvier) **Koran-Kaiserfisch** 38 cm
Jungtiere mit Halbkreislinien. Übergangsstadium: 8–16 cm.
Ökologie: Junge zwischen Felsen oder Korallen von flachen, sandigen Riffen bis 30 m. Sehr versteckt. Adulte an korallenreichen Küstenriffen, oft in der Nähe von Höhlen und Wracks. Einzeln, selten paarweise. Häufig im s. Japan bis GBR. Weniger scheu als andere Arten dieser Gattung, besonders zahm auf den Seychellen.
Verbreitung: Ostafrika bis Fiji, n. bis s. Japan, s. bis Lord Howe, Natal

7 *Pomacanthus chrysurus* (Cuvier) **Gelbschwanz-Kaiserfisch** 33 cm
Jungtiere mit gelb-weißem Schwanz und weiße Linien liegen weit auseinander.
Ökologie: flache, korallenreiche Riffe, 1–25 m. Relativ scheuer Einzelgänger. Nicht häufig. Hybride mit *P. maculosus* .
Verbreitung: Ostafrika, Golf von Aden bis Natal, ö. bis Seychellen (selten)

8 *Pomacanthus sexstriatus* (Cuvier) **Sechsbinden-Kaiserfisch** 46 cm
Jungtiere ähneln Juvenilen von *P. xanthometopon*, besitzen jedoch höhere 2. Rücken- und Afterflossen. Übergangsstadium: 8–15 cm.
Ökologie: Lagunen und Außenriffe, 1–50 m. In korallenreichen Gebieten mit senkrechten Wänden und auf trüben oder klaren Riffen. Juvenile auf flachen Innenriffen, versteckt lebend. Adulte gewöhnlich paarweise und über großes Heimrevier („home range“) streifend. Hybride mit *P. xanthometopon.* Scheu.
Verbreitung: Malaysia bis Salomon I., n. bis Ryukyus, Yap, s. bis Neukaledonien

1
juv
2
juv
juv
3
juv
4
5
6
juv
7
8 juv
8

73 KAISERFISCHE, SCHWEINSFISCHE, KIEFERMESSERFISCHE

1 *Pomacanthus maculosus* (Forsskål) **Arabischer Kaiserfisch** 50 cm
Jungtiere mit durchsichtigem, gelblichem Schwanz, Adulte mit gelber Sichel.
Ökologie: im Roten Meer ein regelmäßiger – jedoch nicht häufiger Bewohner flacher Saum- oder Küstenriffe. Bevorzugt versandete oder schlickige Riffe im Roten Meer, dagegen korallenreiche Saumriffe vor Oman, 2–>12 m. Am Persischen Golf häufig auf Fischmärkten als Speisefisch angeboten. Wenig scheu. Beliebtes Fotoobjekt. Einzelgänger.
Verbreitung: Rotes Meer, Ostafrika, n. bis Arabischen Golf, Golf von Oman

2 *Pomacanthus asfur* (Forsskål) **Halbmond-Kaiserfisch** 40 cm
Jungtiere mit gelbem Schwanz und blauem Rand, schwach-gelblichem Fleck in der Rückenflosse. Adulte mit leuchtend blauen Schuppen. Der „Halbmond" reicht bis auf die Rückenflosse.
Ökologie: bewohnt halb geschützte Innenriffe mit reichem Bewuchs an Weich- und Steinkorallen, auch auf versandeten und schlickigen Riffen. Gewöhnlich in der Nähe von Höhlen und Spalten, 3–15 m. Relativ scheuer Einzelgänger.
Verbreitung: Rotes Meer, Golf von Aden, s. bis Sansibar

3 *Pomacanthus rhomboides* (Gilchrist & Thompson) **Trapez-Kaiserfisch** 46 cm
Trapezartige Körperform durch schräg gestellte Rücken- und Afterflossen. Jungtiere wie die von *P. annularis*: mit durchsichtiger Schwanzflosse. Beide Arten kommen nur in Ostafrika vor.
Ökologie: Küstenriffe bis mindestens 12 m. Jagen im Freiwasser oder an der Oberfläche – manchmal in Gruppen – nach Plankton. Fressen auch Schwämme, Tunikaten und Korallenpolypen. Jungtiere sind sehr scheu und verstecken sich bei Gefahr sofort in Spalten. In Südafrika häufig.
Verbreitung: s. Rotes Meer bis Südafrika (Knysna Bucht)

Schweinsfische *(Pentacerotidae):* gedrungene Fische mit kräftigem, knochigem Kopf und vorstehendem Maul. Vorwiegend an tiefen Hängen und tiefen Riffdächern sowie pelagisch lebend. In gemäßigten Zonen im Flachwasser. Gute Speisefische.

4 *Evistius acutirostris* (Temminck & Schlegel) **Gestreifter Schweinsfisch** 60 cm
Ökologie: tiefe, felsige Dropoffs; tiefer als 40 m in Hawaii. Paare oder einzeln.
Verbreitung: s. Japan, Bonin I., Hawaii I., Australien bis Kermadec I., NZ

5 *Histiopterus typus* Temminck & Schlegel **Braunstreifen-Schweinsfisch** 42 cm
Ökologie: tiefe Felsriffe, 40–400 m. Nur in gemäßten Zonen in <100 m Tiefe.
Verbreitung: Rotes Meer bis nw. Australien, n. bis s. Japan, s. bis Kap-Provinz

Kiefermesserfische *(Oplegnathidae):* große Fische mit kräftigem Gebiß und kleinen Schuppen. Ernähren sich von Weichtieren. Speisefische. Vorwiegend in gemäßigten Zonen. Aquarium: nur Jungtiere werden in Südafrika gehalten.

6 *Oplegnathus punctatus* (Temminck & Schlegel) **Flecken-Kiefermesserfisch** 86 cm
Ökologie: Fels- und Korallenriffe. Häufig in s. Japan und Midway I., selten an Hawaii I. und Marianen I.
Verbreitung: s. China Sea bis s. Japan, ö. bis Hawaii, s. bis Philippinen, Marianen

7 *Oplegnathus conwayi* Richardson **Afrikanischer Kiefermesserfisch** 90 cm
Ähnlich: *O. peaolopesi* & *O. robinsoni,* beide mit spitzen Rücken- und Afterflossen sowie stark gekerbtem Schwanz. Bewohnen Felsriffe (Ostafrika bis Natal).
Ökologie: Fels- und Korallenriffe.
Verbreitung: Südafrika

Riffbarsche *(Pomacentridae):* kleine, oft farbige Fische mit einem endständigen Maul und konischen oder meißelartigen Zähnen, relativ großen Schuppen, durchgehender Rückenflosse. Auffällig und zahlreich über Fels- und Korallenriffen. Pflanzenfresser (einige *Abudefduf,* alle *Plectroglyphidodon* und *Stegastes* Arten) sind territorial und oft aggressiv; Planktonfresser sammeln sich in Schwärmen hoch über dem Boden; einige sind Allesfresser (viele *Chrysiptera* und *Pomacentrus* Arten). Anemonenfische (Taf. 75, 76) leben in Symbiose mit ein oder mehreren Seeanemonenarten. Riffbarsche legen elliptische Bodeneier auf festen Untergrund. Diese werden vom Männchen bewacht. Aquarium: einige sind robust, aber oft aggressiv. ▷

juv
2
2 juv
3
3 juv
4
5
juv
9
6
6 juv
7
7 juv

74 RIFFBARSCHE (allg. Bemerkungen s. Taf. 73) **Abudefduf**

1 *Abudefduf vaigiensis* (Quoy & Gaimard) **Indopazifik-Sergeant** 20 cm
Männchen werden bei der Balz dunkelblau, besonders auf dem Rücken.
Ökologie: felsige Lagunenküsten, Lagunen und Außenriffe, 1–12 m. Ernährt sich von Zooplankton, benthischen Algen und kleinen Wirbellosen. In großen Schwärmen oft unter der Oberfläche. Zahm, umkreist häufig Taucher. Sehr territorial während der Balz. Zur Fortpflanzungszeit in großen Schwärmen (500–800 Ex.).
Verbreitung: Rotes Meer bis Polynesien, n. bis s. Japan, s. bis L. Howe, Südafrika

2 *Abudefduf sexfasciatus* (Lacépède) **Scherenschwanz-Sergeant** 14 cm
Ökologie: korallenreiche Zonen an oberen Lagunen- und Außenriffhängen, 1–15 m. Oft in großen Schwärmen nach Zooplankton jagend. Frißt auch benthische Algen.
Verbreitung: R. Meer bis Polynesien, n. bis s. Japan, s. bis L. Howe, Mozambique

3 *Abudefduf natalensis* Hensley & Randall **Natal-Sergeant** 17 cm
Ökologie: felsige Innen- und Außenriffe, 1–25 m.
Verbreitung: Südafrika bis Madagaskar

4 *Abudefduf notatus* (Day) **Gelbschwanz-Sergeant** 17 cm
Ökologie: felsige Küstenriffe mit mäßiger Brandung, 1–12 m. In kleinen Schwärmen, die aus 10–50 Ex. bestehen. Relativ scheu, immer in Bewegung.
Verbreitung: Ostafrika bis New Britan, n. bis s. Japan, s. bis Indonesien, Natal

5 *Abudefduf margariteus* (Cuvier) **Perlen-Sergeant** 16 cm
Ökologie: küstennahe, brandungsreiche Fels- und Korallenriffe, 2–8 m. In losen Schwärmen 1–2 m über dem Substrat Plankton jagend. Wenig scheu.
Verbreitung: Mauritius, Réunion

6 *Abudefduf abdominalis* (Quoy & Gaimard) **Maomao** 30 cm
Ökologie: felsige Küstenriffe und auch küstenferne Riffe, 0,3–50 m. Juvenile in Brandungsbecken. Oft in Schwärmen.
Verbreitung: Hawaii I.

7 *Abudefduf whitleyi* Allen **Whitleys Sergeant** 17 cm
Ökologie: Außenriffkanten und Riffkanäle mit reichem Korallenbewuchs, 1–5 m. In großen Schwärmen über dem Substrat nach Zooplankton jagend.
Verbreitung: GBR, Coral Sea, Neukaledonien

8 *Abudefduf bengalensis* (Bloch) **Bengalischer Sergeant** 17 cm
Ökologie: kontinentale Riffe und Lagunen, 0,3–6 m. Sehr territorial. Wenig scheu.
Verbreitung: Pakistan bis Neuguinea, n. bis s. Japan, s. bis n. Australien

9 *Abudefduf lorenzi* Hensley & Allen **Schwanzfleck-Sergeant** 13 cm
Ökologie: geschützte Felsküsten, oft an Hafenanlagen und Wellenbrechern, 0,3–6 m. Sehr territorial. In kleinen und großen Gruppen. Wenig scheu.
Verbreitung: Philippinen, Molukken bis Salomon I.

10 *Abudefduf sordidus* Forsskål **Schwarzpunkt-Sergeant** 20 cm
Ökologie: flache, felsige Lagunenränder und Riffdächer mit mäßigem Wellengang. 0,2–3 m. Frißt benthische Algen und darauf lebende Wirbellose. Einzeln oder in kleinen Gruppen. Sehr territorial. Junge in Tidentümpeln. Häufig. Scheu.
Verbreitung: Rotes Meer bis Polynesien, n. bis s. Japan, s. bis L. Howe, Transkei

11 *Abudefduf septemfasciatus* (Cuvier) **Graustreifen-Sergeant** 19 cm
Ökologie: flache, felsige Lagunenränder und Riffdächer mit mäßigem Wellengang. 0,2–3 m. Oft in Hafenanlagen. Nahrung: benthische Algen und Wirbellose. Einzeln oder in Gruppen. Sehr territorial. Relativ scheu.
Verbreitung: Ostafrika bis Frz. Polynesien, n. bis s. Japan, s. bis GBR, Durban

12 *Abudefduf sparoides* (Quoy & Gaimard) **Scheinaugen-Sergeant** 15 cm
Ökologie: küstennahe und küstenferne Korallen- und Felsriffe, 0,3–6 m. Einzeln oder in losen Gruppen nach Zooplankton jagend. Nähern sich neugierig Tauchern.
Verbreitung: Ostafrika bis Aldabra, Mauritius, Réunion, s. bis Natal

Unterfamilie **Anemonenfische** *(Amphiprioninae):* leben in Symbiose mit Seeanemonen (s. auch *Premnas*, Taf. 89). Durch Schleim vor den Nesselzellen der Wirtsanemone geschützt. Die „Immunität“ wird schon bei der Besiedlung durch Larven erworben, könnte aber auch angeboren sein. Folgezwitter: zuerst Männchen, die sich bei Bedarf in Weibchen umwandeln. Weibchen sind immer größer und dominanter, ihre Anwesenheit verhindert die Geschlechtsumwandlung des Männchen. Nahrung: Zooplankton und Fadenalgen. Aquarium: populär, werden z.T. nachgezüchtet. ▷

1
2
3
4
5
6
7
8
9
10
11
12

75 ANEMONENFISCHE (allg. Bemerkungen Taf. 74) **Amphiprion**

1 *Amphiprion ocellaris* Cuvier **Orange-Ringel Anemonenfisch** 11 cm
Weiße Zonen haben schmale schwarze Ränder, insbesonders die hohe Rückenflosse.
Ökologie: geschützte Lagunen, Riffränder und versandete Riffe, 1–15 m. In Symbiose mit Seeanemonen wie *Stichodactyla gigantea*, *S. mertensii* und *Heteroactis magnifica*. Schwarze Variante bei Darwin. Wenig scheu.
Verbreitung: Andaman Sea (hier häufig) bis nw. Australien, n. bis Ryukyus

2 *Amphiprion percula* (Lacépède) **Trauerband-Anemonenfisch** 11 cm
Weiße Zonen haben breite schwarze Ränder, insbesonders die kürzere Rückenflosse.
Ökologie: ungeschützte Außenriffe und Lagunen, 1–12 m. In Symbiose mit Seeanemonen wie *Heteractis magnifica*, *H. crispa* und *Stichodactyla gigantea*.
Verbreitung: Neuguinea, Salomon I., Vanuatu, GBR

3 *Amphiprion frenatus* Brevoort **Weißbinden-Glühkohlen-Anemonenfisch** 14 cm
Jungtiere mit 1–2 weißen Binden. Flossen orangerot.
Ökologie: bevorzugt ruhige, geschütze Innen- und Lagunenriffe, 1–12 m. Lebt ausschließlich auf der Seeanemone *Entacmaea quadricolor*.
Verbreitung: sö. Thailand bis Indonesien, n. bis s. Japan

4 *Amphiprion ephippium* (Bloch) **Glühkohlen-Anemonenfisch** 14 cm
Größe des schwarzen Rückenflecks variabel. Junge mit 1–3 weißen Binden.
Ökologie: geschützte Buchten, zuweilen auch auf trüben Innenriffen, 1–18 m. Lebt auf *Heteractis crispa*, *Entacmaea quadricolor* und *Stichodactyla mertensii*.
Verbreitung: Andaman Sea (häufig) bis Sumatra, Java

5 *Amphiprion melanopus* Bleeker **Schwarzflossen-Anemonenfisch** 12 cm
Farbe variabel: Die weiße Binde kann fehlen. Junge mit 2–3 Binden.
Ökologie: Riffdächer und Lagunen, 1–18 m. Typisch in großen Kolonien von Seeanemonenansammlungen wie *E. quadricolor*, *Heteractis crispa* und *H. magnifica*.
Verbreitung: Bali bis Society I., s. bis Neukaledonien, n. bis Marshall I.

6 *Amphiprion rubrocinctus* Richardson **Australischer Anemonenfisch** 12 cm
Ökologie: Lagunen und Außenriffe, 1–8 m. Auf *E. quadricolor* und *St. gigantea*.
Verbreitung: nw. Australien

7 *Amphiprion akallopisos* Bleeker **Weißrücken-Anemonenfisch** 11 cm
Blasser Schwanz. Der weiße, schmale Rückenstreifen reicht nicht bis zum Maul!
Ökologie: in Kolonien (oft zu Hunderten) mit der Anemone *Heteractis magnifica* und *Stichodactyla mertensii* assoziiert, 1–25 m. Bevorzugt Außenriffe.
Verbreitung: Ostafrika bis Bali, s. bis Madagaskar, n. bis Indien, w. Thailand

8 *Amphiprion sandaracinos* Allen **Orangener Anemonenfisch** 14 cm
Breiter, weißer Streifen erreicht die Oberlippe. Gelbliche Schwanzflosse.
Ökologie: Lagunen und Außenriffränder, 1–20 m. Auf *Stichodactyla mertensii* und *H. crispa*.
Verbreitung: Sumatra bis Salomon I., n. bis Ryukyus, s. bis nw. Australien

9 *Amphiprion perideraion* Bleeker **Halsband-Anemonenfisch** 10 cm
Ökologie: Lagunen und Außenriffe, 3–30 m. Unterhalb der Brandungzone. Lebt auf *H. magnifica*, selten auf *H. crispa*, *Macrodactyla doreensis* und *St. gigantea*.
Verbreitung: Malaysia bis Samoa, n. bis Ryukyus, s. bis Neukaledonien, GBR

10 *Amphiprion nigripes* Regan **Malediven-Anemonenfisch** 11 cm
Ökologie: Lagunen und Außenriffränder, 1–25 m. Lebt auf *Heteractis magnifica*.
Verbreitung: Malediven und Sri Lanka, Lakkadiven

12 *Amphiprion leucokranos* Allen **Weißkäppchen-Anemonenfisch** 9 cm
Ähnlich **11**: *A. thiellei* (Cebu, Philippinen), nur wenige Exemplare bisher bekannt.
Ökologie: flache Lagunen und Außenriffe, 2–12 m. Auf *H. crispa* und *H. magnifica*.
Verbreitung: n. Neuguinea bis Salomon I., New Britain

13 *Amphiprion polymnus* (Linnaeus) **Sattelfleck-Anemonenfisch** 13 cm
Größe des Sattelflecks variiert stark und kann oft nur Streifen aufweisen.
Ökologie: geschützte Buchten, versandete oder verschlickte Küstenriffe und Lagunen, 2–30 m. Lebt auf *Heteractis crispa* und *Stichodactyla haddoni*.
Verbreitung: sö. Thailand bis Salomon I., n. bis Ryuk., s. bis Neuguinea, n. Australien

14 *Amphiprion latezonatus* Waite **Weißbauch-Anemonenfisch** 14 cm
Ökologie: felsige Außenriffe, 10–45 m. Auf *H. crispa* und *E. quadricolor*.
Verbreitung: Lord Howe bis Neukaledonien, s. Queensland und n. NSW

1
2
1 var
3
4
3 juv
5
6
7
8
9
10
11
12
13
14

1 *Amphiprion bicinctus* Rüppell **Rotmeer-Anemonenfisch** 14 cm
Ökologie: bevorzugt geschützte Saumriffe und Lagunen, 1–30 m. Auf Seeanemonen wie *E. quadricolor, Heteractis aurora, H. crispa, H. magnifica, St. gigantea*
Verbreitung: Rotes Meer, Golf von Aden, (Chagos I. ?)

2 *Amphiprion omanensis* Allen & Mee **Oman-Anemonenfisch** 14 cm
Ökologie: algenreiche Brandungsriffe, 2–10 m. Auf *E. quadricolor* und *H. crispa.*
Verbreitung: Omanküste des Arabischen Meeres

3 *Amphiprion allardi* Klausewitz **Ostafrika-Anemonenfisch** 15 cm
Ökologie: geschützte Felsriffe und auf Korallengeröll, 1–30 m. In Symbiose mit *Heteractis aurora, Stichodactyla mertenssii* und *Entacmaea quadricolor.*
Verbreitung: Ostafrika, s. bis Durban

4 *Amphiprion chagosensis* Allen **Chagos-Anemonenfisch** 11 cm
Ökologie: Dropoffs, Riffkronen und tiefe Lagunen, 10–25 m. Anemone unbekannt.
Verbreitung: Chagos I.

5 *Amphiprion fuscocaudatus* Allen **Seychellen-Anemonenfisch** 14 cm
Ökologie: geschützte Lagunen und Felsriffe, 5–30 m. Manchmal mit *A. akallopisos* auf *Stichodactyla mertensii* Anemonen. Sporadisches Vorkommen.
Verbreitung: Seychellen (bis Aldabra)

6 *Amphiprion chrysogaster* Cuvier **Mauritius-Anemonenfisch** 15 cm
Ökologie: Lagunen und korallenarme Außenriffhänge, 2–40 m. Auf *Heteractis aurora, H. magnifica, Stichodactylus haddoni, S. mertensii* und *Macrodactyla doreensis.*
Verbreitung: Mauritius, wahrscheinlich Réunion

7 *Amphiprion clarkii* (Bennett) **Clarks Anemonenfisch** 13 cm
Färbung auf Grund der weiten Verbreitung stark variabel: schwarz (Japan, Komoren, Borneo), braun-gelb (Westpazifik), schwarz-gelb (Malediven, Thailand).
Ökologie: häufig an Riffhängen und in Lagunen, bevorzugt Riffkanten, 1–55 m. Lebt auf den gleichen Anemonen (bis 10 Arten) wie obige Art sowie auf *Stichodactyla gigantea, Entacmaea quadricolor, Heteractis crispa, H. malu, Macrodactyla doreensis* und *Crytodendrum adhaesivum.* In den meisten Gebieten häufig.
Verbreitung: Arabischer Golf bis Fiji, n. bis s. Japan, s. bis Malediven, Neukaledonien

8 *Amphiprion sebae* Bleeker **Indischer Anemonenfisch** 16 cm
Körper kann schwarz mit weißen Binden sein; gelber Schwanz (Sri Lanka).
Ökologie: Lagunen und Küstenriffe, 2–25 m. Lebt auf *Stichodactyla haddoni.*
Verbreitung: Oman bis Andaman Sea, s. bis Malediven und Sumatra, Java

9 *Amphiprion latifasciatus* Allen **Madagaskar-Anemonenfisch** 13 cm
Ökologie: geschützte, korallenreiche (*Acropora*), flache Riffe; 1–8 m. Seltener auf versandeten Riffdächern. Auf *Stichdactyla mertensii.* Wenig scheu.
Verbreitung: Madagaskar, w. bis Komoren

10 *Amphiprion chrysopterus* Cuvier **Orangeflossen-Anemonenfisch** 17 cm
Zweites, blaues Band ist schmal. Afterflosse gelb oder schwarz.
Ökologie: Außenriffe, vom niedrigsten Tidenrand bis mindestens 30 m. Assoziiert mit Anemonen wie *Heteractis aurora, H. crispa, H. magnifica* und *Stichodactyla haddoni, E. quadricolor* und *S. mertensii.* Häufig auf Ozeaninseln.
Verbreitung: Palau bis Tuamotus, n. bis Marianen, s. bis GBR (hier selten)

11 *Amphiprion tricinctus* Schultz & Welander **Marshall I.-Anemonenfisch** 12 cm
Zwei Farbvarianten: braun-orange und schwarz.
Ökologie: Außenriffe und Lagunen, 3–40 m. In Symbiose mit Seeanemonen wie *S. mertensii* (schwarze Form), *H. crispa, H. aurora* und auf *E. quadricolor (braune Form).*
Verbreitung: Marshall I.

12 *Amphiprion akindynos* Allen **Barriere-Riff-Anemonenfisch** 12 cm
Ökologie: bevorzugt flache, geschützte Innenriffe, seltener Außenriffe; 0,3–25 m. Auf *Heteractis aurora, H. crispa, H. magnifica, St. haddoni* und *St. mertensii.*
Verbreitung: GBR bis Neukaledonien, Loyalty I., s. bis n. NSW

13 *Amphiprion mccullochi* Whitley **Lord Howe-Anemonenfisch** 12 cm
Ökologie: äußere Felsriffe und Lagunen, 2–45 m. Auf *Entacmaea quadricolor.*
Verbreitung: Lord Howe und Norfolk I.

1
2
3
4
5
6
7 var
7
8
7 var
9
10
11
12
13

1 *Amblyglyphidodon aureus* (Cuvier) **Goldener Riffbarsch** 14 cm
Ökologie: steile Außenriffhänge; 3–>45 m, gewöhnlich unter 12 m. Gelegentlich in tiefen Lagunen und an Hängen von Riffkanälen. Bevorzugt reichen Bewuchs mit Gorgonien und Schwarzen Korallen. Ernährt sich von Zooplankton.
Verbreitung: Andaman Sea bis Fiji, n. bis Ryukyus, s. bis Neukaledonien, GBR

2 *Amblyglyphidodon curacao* (Bloch) **Geweihkorallen-Riffbarsch** 12 cm
Ökologie: korallenreiche Lagunen und geschützte Buchten, 1–40 m. Oft in der Nähe von Geweihkorallen, in großen Schwärmen Zooplankton jagend. Häufig.
Verbreitung: Malaysia bis Samoa, n. bis Ryukyus, s. bis n. Australien, s. GBR

3 *Amblyglyphidodon leucogaster* (Bleeker) **Gelbbauch-Riffbarsch** 13 cm
Farbe variabel. Im Indischen Ozean: grünlich (ähnelt Nr. 2), nur ohne Streifen.
Ökologie: einzeln oder in kleinen Gruppen in korallenreichen Gebieten von tiefen, klaren Lagunen und Außenriffen, 2–35 m. Häufig und wenig scheu.
Verbreitung: Rotes Meer bis Samoa, n. bis Ryukyus, s. bis GBR, Malediven

4 *Amblyglyphidodon ternatensis* (Bleeker) **Schwefel-Riffbarsch** 13 cm
Ökologie: korallenreiche und flache, geschützte Riffe; 1–12 m. In kleinen Gruppen.
Verbreitung: Indonesien bis Salomon I., n. bis Ryukyus

5 *Amblyglyphidodon flavilatus* Allen & Randall **Rotmeer-Riffbarsch** 10 cm
Verbreitung: küstennahe Saumriffe und steile Außenriffhänge, 8–20 m. In kleinen Gruppen, oft um Korallenköpfe nach Zooplankton jagend. Wenig scheu.
Verbreitung: Rotes Meer, Golf von Aden

6 *Plectroglyphidodon imparipennis* (Vaillant & Sauvage) **Gelbbürzel-Riffbarsch** 6 cm
Ökologie: Brandungszonen von Außenriffen, 0–6 m. In der Nähe von kleinen Löchern und zwischen Seeigelstacheln. Die Gattung *Plectroglyphidodon* ist territorial.
Verbreitung: Ostafrika bis Polynesien, n. bis Ryukyus, s. bis Lord Howe, Natal, Rapa I.

7 *Plectroglyphidodon dickii* (Liénard) **Dicks Riffbarsch** 11 cm
Ökologie: korallenreiche Außenriffe, 1–12 m. Zwischen robusten Astkorallen wie *Pocillopora* und *Acropora,* oft in Brandungszonen. Frißt vorwiegend Fadenalgen und kleine benthische Wirbellose. Einzelgänger und territorial.
Verbreitung: Ostafrika bis Frz. Polynesien, n. bis s. Japan, s. bis Lord Howe, Natal

8 *Plectroglyphidodon johnstonianus* Fowler & Ball **Johnstons Riffbarsch** 9 cm
Ökologie: flache, exponierte Außenriffe, 2–18 m. Oft in dichten *Pocillopora, Acropora* und *Stylophora* Korallenköpfen. Einzeln und territorial. Häufig. Scheu.
Verbreitung: Ostafrika bis Polynesien, n. bis Ryukyus, s. bis Lord Howe, Natal, Rapa I.

9 *Plectroglyphidodon lacrymatus* (Quoy & Gaimard) **Juwelen-Riffbarsch** 10 cm
Ökologie: klare Lagunen und Außenriffe, 1–40 m. In Gebieten mit gemischten Korallen und Geröll oder Korallenfelsen. Besetzt algenreiche Substrate zwischen Korallenköpfen. Jungtiere mit leuchtend blauen Punkten. Territorial und aggressiv.
Verbreitung: R. Meer bis Frz. Polynesien, n. bis Ryukyus, s. bis L. Howe, Natal

10 *Plectroglyphidodon leucozonus* (Bleeker) **Weißband-Riffbarsch** 11 cm
Jungtiere mit dorsalem Ocellus. Weißes Band geht bei großen Exemplaren verloren.
Ökologie: flache Brandungsküsten und Riffränder; 0,3–3 m, besonders auf Rifferhebungen zwischen Riffkanälen. Junge in Tidentümpeln. Territorial. Häufig.
Verbreitung: R. Meer bis Frz. Polynesien, n. bis s. Japan, s. bis L. Howe, Durban

11 *Plectroglyphidodon sindonis* (Jordan & Evermann) **Hawaii-Riffbarsch** 12 cm
Ökologie: küstennahe Felsriffe mit Dünung, 0–3 m.
Verbreitung: Hawaii I.

12 *Plectroglyphidodon phoenixensis* (Schultz) **Phoenix-Riffbarsch** 9 cm
Ökologie: ausschließlich in Brandungszonen von Außenriffen, 0–8 m. Gewöhnlich zwischen *Pocillopora* Korallen.
Verbreitung: Ostafrika bis Frz. Polynesien, n. bis Ryukyus, s. bis Natal, Hawaii (Irrgast)

13 *Plectroglyphidodon randalli* Allen **Mauritius-Riffbarsch** 9 cm
Ökologie: felsige Küstenriffe mit Wellengang, 0–4 m.
Verbreitung: Mauritius (Réunion?)

1
2
3
4
5
6
7
8
9
10
11
12
13

1 *Chromis atripectoralis* Welander & Schultz **Schwarzachsel-Chromis** 11 cm
Ökologie: klare Lagunen und geschützte Außenriffe, 1–29 m. In Schwärmen über Geweihkorallen (wie *Acropora*). Entfernen sich mehrere Meter von den Verstecken. Eiablage auf toten Korallen. ♂ (dann mit Fleckenmuster) bewachen die Eier. Häufig.
Verbreitung: Seychellen bis Polynesien, n. bis Ryukyus, s. bis Lord Howe, Rapa I.

2 *Chromis viridis* (Cuvier) **Blaugrüner Chromis** 9 cm
Ökologie: Riffdächer, flache Lagunen und geschützte Außenriffe, 1–12 m. In großen Schwärmen über Geweihkorallen, oft hoch über dem Untergrund. Junge eng mit Korallenköpfen assoziiert. Männchen haben während der Balz schwarze Rückenflossen.
Verbreitung: R. Meer bis Frz. Polynes., n. bis Ryuk., s. bis Neukaled., Mozambique

3 *Chromis leucura* Gilbert **Indigo Chromis** 7 cm
Ökologie: Außenriffhänge, 20–119 m. In Schwärmen über Korallen oder Felsen.
Verbreitung: Mauritius (häufig), Réunion, Ryukyus, Hawaii, Marquesas, Madagaskar

4 *Chromis cinerascens* (Cuvier) **Grüner Chromis** 13 cm
Bei der Balz weiß-schwarz gefleckt.
Ökologie: Küstenriffe, 3–15 m.
Verbreitung: Sri Lanka, Thailand (häufig) bis nw. Australien, n. bis Philippinen

5 *Chromis nigrura* Smith **Schwarzsaum-Chromis** 6 cm
Ähnlich: *C. lineata* (Indones. bis Melanesien), jedoch ohne dunkle Schwanzränder.
Ökologie: korallenreiche Riffränder von Außenriffen, 1–30 m. Oft in kleinen, lockeren Gruppen an *Pocillopora* Korallen.
Verbreitung: Ostafrika bis Malediven, s. bis Transkei

6 *Chromis vanderbilti* (Fowler) **Vanderbilts Chromis** 6 cm
Ökologie: exponierte Außenriffe, 2–20 m. In Schwärmen über herausragenden Korallenköpfen, besonders an Geweihkorallen. Nicht häufig.
Verbreitung: Taiwan bis Hawaii, Pitcairn I., n. bis Izu I., s. bis Lord Howe, Rapa I.

7 *Chromis acares* Randall & Swerdloff **Zwerg-Chromis** 5,5 cm
Ökologie: exponierte Außenriffe, 2–37 m. In Schwärmen über emporragenden Korallenköpfen oder Geröll. Sporadisches Vorkommen.
Verbreitung: Marianen bis Hawaii, Frz. Polynesien, s. bis Vanuatu, Austral I.

8 *Chromis opercularis* (Günther) **Doppelbinden-Chromis** 16 cm
Gelber Fleck auf der Schwanzwurzel kann fehlen.
Ökologie: Außenriffe mit reichem Korallenbewuchs, 5–40 m. Bei der Balz leuchtet der gelbe Bürzelfleck auf. In lockeren Schwärmen. Wenig scheu.
Verbreitung: Ostafrika bis Bali, n. bis Indien, Andaman Sea, s. bis Transkei

9 *Chromis weberi* Fowler & Bean **Webers Chromis** 12 cm
Ökologie: Außenriffhänge und Riffkanäle, 3–25 m. Einzeln oder in Gruppen.
Verbreitung: Rotes Meer bis Pitcairn I., n. bis s. Japan, s. bis Neukaled., Durban

10 *Chromis xanthochira* (Bleeker) **Gelbachsel-Chromis** 13 cm
Ökologie: steile Außenriffhänge, 10–48 m. Einzeln oder in kleinen Gruppen.
Verbreitung: Indonesien bis Salomon I., n. bis Philippinen

11 *Chromis lepidolepis* Bleeker **Schwarzspitzen-Chromis** 8 cm
Ökologie: korallenreiche Lagunen und Außenriffe, 2–43 m. In Versteknähe.
Verbreitung: Rotes Meer bis Line I., n. bis Izu I., s. bis Neukaledonien, Durban

12 *Chromis ternatensis* (Bleeker) **Ternate-Chromis** 10 cm
Ökologie: obere Bereiche klarer Lagunen und Außenriffe; 2–36 m, über Astkorallen.
Verbreitung: Rotes Meer bis Samoa, n. bis Ryukyus, s. bis Neukaled., s. Mozambique

13 *Chromis atripes* Fowler & Bean **Schwarzflossen-Chromis** 7 cm
Ökologie: korallenreiche Außenriffe und Riffkanäle, 2–40 m. Einzeln in Bodennähe.
Verbreitung: Thailand bis Gilbert I., n. bis Izu I., s. bis GBR, Neukaledonien

14 *Chromis amboinensis* (Bleeker) **Ambon-Chromis** 8 cm
Ökologie: korallenreiche, klare Lagunen und Außenriffe, 5–70 m. In Schwärmen.
Verbreitung: Cocos-Keeling bis Samoa, n. bis Marianen, s. bis Neukaledonien

15 *Chromis scotochiloptera* Fowler **Philippinen-Chromis** 16 cm
Ökologie: in Schwärmen an Außenriffhängen oder in geschützten Lagunen, 2–>20 m.
Verbreitung: Philippinen, Indonesien (um Flores häufig)

1
2
3
4
5
6
8 var
7
8
9
10
11
12
13
14
15

1 *Chromis pembae* Smith **Braunmantel-Chromis** 13 cm
Ökologie: steile Außenriffhänge und Korallentürme, 12–50 m. In kleinen, lockeren Gruppen. Wenig scheu.
Verbreitung: Rotes Meer bis Ostafrika, ö. bis Chagos I.

2 *Chromis analis* (Cuvier) **Gelber Chromis** 15 cm
Farbe variabel: gelb bis braun mit gelben, unpaarigen Flosssen
Ökologie: steile Außenriffhänge und tiefe Lagunen, 10–144 m. In kleinen Gruppen.
Verbreitung: Indonesien bis Fiji, n. bis s. Japan, s. bis Neukaledonien

3 *Chromis retrofasciata* Weber **Trauerband-Chromis** 5 cm
Ökologie: korallenreiche, klare Lagunen und Außenriffe, 3-65 m. In Verstecknähe von dichten Korallen. Einzeln oder in kleinen Gruppen.
Verbreitung: Indonesien bis Fiji, n. bis Ryukyus, s. bis Neukaledonien

4 *Chromis nitida* (Whitley) **Barriere-Riff-Chromis** 8 cm
Ökologie: korallenreiche Lagunen und Außenriffe, 5–25 m. In großen Schwärmen über Astkorallen. Häufig an Außenriffhängen des s. GBR, gelegentlich in Lagunen.
Verbreitung: GBR, n. NSW, Lord Howe I.

5 *Chromis dimidiata* (Klunzinger) **Indischer Trauermantel** 9 cm
Ökologie: Lagunen und Außenriffe, 1-36 m. Häufig, in großen Schwärmen über Riffdächern und oberen Bereichen von Abhängen. Wenig scheu.
Verbreitung: Rotes Meer bis ö. Thailand, s. bis Durban

6 *Chromis iomelas* Jordan & Seale **Pazifischer Trauermantel** 7 cm
Ökologie: Außenriffe und Kanäle, 3–35 m. Einzeln oder kleinen Gruppen.
Verbreitung: GBR bis Frz. Polynesien, n. bis Neuguinea, s. bis Vanuatu

7 *Chromis margaritifer* Fowler **Zweifarben-Chromis** 9 cm
Ökologie: Lagunen (selten) und exponierte Außenriffe (häufig), 2–20 m. Einzeln oder in großen Schwärmen Zooplankton jagend.
Verbreitung: Cocos-Keeling bis Frz. Polynesien, n. bis Izu I., s. bis Lord Howe

8 *Chromis xanthura* (Bleeker) **Metall-Chromis** 15 cm
Junge: grau bis metallblau mit gelbem Schwanz. Nahe verwandt mit *C. opercularis.*
Ökologie: steile Außenhänge, 3–40 m. Adulte in lockeren Schwärmen hoch über dem Boden, Jungtiere in Verstecknähe. Nest unter Überhängen im lockeren Sand.
Verbreitung: Cocos-Keeling bis Pitcairn I., n. bis Izu I., s. bis Neukaledonien

9 *Chromis chrysura* (Bliss) **Hochrückiger Chromis** 13 cm
Ökologie: Außenriffe und Riffkanäle, 6–45 m. In großen, lockeren Schwärmen über dem Substrat Plankton jagend. In flachen, subtropischen Gewässern häufig.
Verbreitung: Mauritius (häufig) und Réunion, Taiwan bis Izu I., GBR, NSW bis Fiji

10 *Chromis delta* Randall **Stahlgrauer Chromis** 7 cm
Ökologie: steile Außenriffhänge, 10–80 m. Gewöhnlich ab 25 m Tiefe.
Verbreitung: Christmas I. bis Fiji, n. bis Palau, s. bis Vanuatu

11 *Chromis flavipectoralis* Randall **Gelbachsel-Chromis** 7 cm
Ökologie: äußere Korallenriffhänge, 2–15 m.
Verbreitung: Malediven, Thailand, w. Indonesien und Malaysia

12 *Chromis hanui* Randall & Swerdloff **Hawaii-Chromis** 8 cm
Ökologie: Außenriffe, 6–50 m. In Schwärmen häufig über Korallen.
Verbreitung: Hawaii I.

13 *Chromis ovatiformes* Fowler **Japanischer Chromis** 10 cm
Ökologie: äußere Fels- und Korallenriffe, 10–40 m.
Verbreitung: Izu I. bis Taiwan, Ryukyus, Izu I.

14 *Chromis caudalis* Randall **Blauachsel-Chromis** 10 cm
Einzige *Chromis* Art mit blauem, innerem Achselfleck!
Ökologie: steile Außenriffänge, 15–55 m. In kleinen Gruppen in der Nähe von Überhängen und kleinen Höhlen. Lokal häufig.
Verbreitung: Indonesien bis Salomon I., n. bis Philippinen, s. bis Christmas I.
Weitere unbeschriebene, weißschwänzige Arten sind aus Frz. Polynesien bekannt.

1
2
3
4
5
6
7
8
9
10
11
12
13
14

1 *Chromis elerae* Fowler & Bean **Zweifleck-Chromis** 7 cm
Ökologie: in kleinen Schwärmen am Eingang von Höhlen und Spalten steiler Außenriffhänge, 12–70 m. Oft in dichten Schwarzen Korallen. Sporadisches Vorkommmen.
Verbreitung: Malediven bis Marshall I., Fiji; n. bis Taiwan

2 *Chromis trialpha* Allen & Randall **Leuchtpunkt-Chromis** 6 cm
Ökologie: Höhlen, Spalten und dichte Schwarze Korallen an Außenriffen, 3–50 m.
Verbreitung: Rotes Meer

3 *Chromis notata* Temminck & Schlegel **Perlfleck-Chromis** 17 cm
Ähnlich: *C. hypsilepis* (sö. Australien bis Neuseeland), ohne schwarze Ränder.
Ökologie: küstennahe und küstenferne Fels- und Korallenriffe, 2–15 m.
Verbreitung: Südjapan, s. bis Taiwan und sö. China

4 *Chromis fumea* Tanaka **Rauch-Chromis** 13 cm
Farbe variabel: Schwanzränder können auch rötlich sein (Neuseeland).
Ökologie: Lagunen und äußere Fels- und Korallenriffe, 3–25 m.
Verbreitung: Malaysia bis w. und s. Australien, n. bis s. Japan

5 *Chromis verater* Jordan & Metz **Dreifleck-Hawaii-Chromis** 20 cm
Ökologie: Felsriffe, in der Nähe von Höhlen, Spalten und Vorsprüngen; 6–160 m. In großen Schwärmen hoch über dem Substrat. Selten oberhalb 18 m.
Verbreitung: Hawaii, Johnston I.

6 *Chromis pelloura* Randall & Allen **Rotmeer-Chromis** 14 cm
Ähnlich: *C. axillaris* (Ostafrika, Mauritius, Neukaledonien), in 60–80 m Tiefe. *C. woodsi* (Somalia bis Mozambique), schwarzer Rand an der Afterflosse, 50–175 m.
Ökologie: steile Außenriffhänge, 30–50 m.
Verbreitung: Rotes Meer (nur Golf v. Aquaba?)

7 *Chromis flavomaculata* Kamohara **Gelbspitzen-Chromis** 16 cm
Ökologie: äußere Fels- und Korallenriffe, Lavafelsen; 6–40 m. In großen Schwärmen hoch über dem Grund. Sehr häufig.
Verbreitung: antitropisch: Ryukyus, Bonin I. bis s. Japan, GBR bis Neukaledonien

8 *Chromis xutha* Randall **Braungelber Chromis** 7 cm
Ökologie: küstenferne Korallenriffe, 2–20 m.
Verbreitung: Kenia und Malediven

9 *Chromis agilis* Smith **Bronze-Chromis** 10 cm
Ökologie: klare Lagunen und Außenriffe, 3–65 m. In lockeren Schwärmen nahe an Höhlen und Spalten. In Hawaii häufig über Astkorallen an leeseitigen Küsten.
Verbreitung: Ostafrika bis Polynesien, n. bis Marianen, s. bis Neukaledonien, Rapa I.

10 *Chromis xanthopterygia* Randall & McCarthy **Arabischer Chromis** 10 cm
Ökologie: küstennahe Fels- und Korallenriffe, 5–20 m. Häufig.
Verbreitung: Arabischer Golf, Golf v. Oman

11 *Chromis ovalis* (Steindachner) **Hawaii-Chromis** 18 cm
Jungtiere blau mit grüngelbem Rücken.
Ökologie: Felsriffe, 7–45 m. In Schwärmen. Frißt vorwiegend Copepoden und Tunikaten. Eiablage von Februar bis Mai. Häufig.
Verbreitung: Hawaii I.

12 *Chromis alpha* Randall **Gelbgefleckter Chromis** 12 cm
Ähnlich: *C. nigroanalis,* der schwärzliche Afterflossen hat.
Ökologie: in Schwärmen wenige Meter über steilen Außenriffhängen, 12–95 m. Nester auf lockeren Sandflecken. Häufig.
Verbreitung: Christmas I. bis Society I., n. bis Marianen, s. bis Neukaledonien

13 *Chromis nigroanalis* Randall **Kenia-Chromis** 12 cm
Ökologie: Außenriffhänge, 20–40 m. Sporadisches Vorkommen.
Verbreitung: Ostafrika, Malediven, Java See

1
2
3
4
5
6
7
8
9
10
11
11 juv
12
13

1 *Chrysiptera cyanea* (Quoy & Gaimard) **Saphir-Demoiselle** 8 cm
Ökologie: Geröll und Korallenformationen von klaren, geschützten Lagunen und Riffdächern; 0,3–10 m. In kleinen Gruppen bodennah schwimmend.
Verbreitung: Indonesien bis Salomon I., n. bis Ryukyus, s. bis nw. Australien & GBR

2 *Chrysiptera parasema* (Fowler) **Gelbschwanz-Demoiselle** 7 cm
Ökologie: geschützte Lagunen und Küstenriffe mit dichten Korallen, 1–16 m.
Verbreitung: Philippinen, Sulawesi, n. Neuguinea, Salomon I., n. bis Ryukyus

3 *Chrysiptera springeri* (Allen) **Springers Demoiselle** 6 cm
Ähnlich: *C. sinclairi* (Bismark A., n. Salomon I.), ist heller und ohne Streifen.
Ökologie: geschützte Lagunen, Innenriffe; 4–30 m. Zwischen zarten Astkorallen.
Verbreitung: Philippinen, Molukken, Flores (häufig)

4 *Chrysiptera starcki* (Allen) **Starcks Demoiselle** 10 cm
Ökologie: felsige Vorsprünge und Spalten in sandigen Riffkanälen von Außenriffhängen, 20–60 m. Einzeln oder kleinen Gruppen. Nahrung: Zooplankton.
Verbreitung: Taiwan bis s. Japan, Coral Sea, Neukaledonien, Loyalty I., Fiji

5 *Chrysiptera taupou* (Jordan & Seale) **Südsee-Demoiselle** 8 cm
Ökologie: Lagunen und küstenferne Riffe, 1–10 m.
Verbreitung: n. GBR bis Samoa, s. bis Neukaledonien

6 *Chrysiptera flavipinnis* Allen & Robertson **Gelbflossen-Demoiselle** 8 cm
Ähnlich: *C. bleekeri* (Timor, Flores, Philipp.), blau mit gelbem Rücken.
Ökologie: Geröll und tote Korallenvorsprünge, oft in Sandgebieten; 3–38 m.
Verbreitung: sö. Neuguinea bis GBR, Coral Sea und sö. Australien (Sydney)

7 *Chrysiptera hemicyanea* (Weber) **Azur-Demoiselle** 7 cm
Ökologie: geschützte Korallenriffe, 1–15 m.
Verbreitung: Indonesien, nw. Australien (Schelfriffe)

8 *Chrysiptera caeruleolineata* (Allen) **Blaustreifen-Demoiselle** 6 cm
Ökologie: Geröll und Felsriffe, sandige Riffkanäle und Außenriffhänge, 24–65 m.
Verbreitung: w. Australien bis Neuguinea, Samoa, n. bis Ryukyus, Marshall I.

9 *Chrysiptera leucopoma* (Lesson) **Brandungs-Demoiselle** 8 cm
Farbe variabel (s. Abb.): zwei wichtige Farbphasen, manchmal sogar schwarz.
Ökologie: exponierte Riffdächer, Außenriffränder und Hänge, 0–12 m. Oft in Brandungszonen. Nahrung: benthische Algen und kleine Krebse.
Verbreitung: Ostafrika bis Frz. Polynesien, n. bis s. Japan, s. bis Neukaledonien

10 *Chrysiptera oxycephala* (Bleeker) **Blaugesprenkelte Demoiselle** 9 cm
Ökologie: geschützte Innenriffe, 1–16 m. In Korallennähe. Frißt Zooplankton.
Verbreitung: Indonesien bis Neuguinea, Salomon I., n. bis Philippinen, Palau

11 *Chrysiptera rex* (Snyder) **Königs-Demoiselle** 7 cm
Ökologie: Riffränder und obere Außenriffhänge mit wenig Dünung, 1–6 m. Einzeln.
Verbreitung: Indones. bis Vanuatu, n. bis Ryuk., s. bis nw. Austral., Neukaledonien

12 *Chrysiptera talboti* (Allen) **Talbots Demoiselle** 6 cm
Ökologie: korallenreiche Außenriffhänge und tiefe Lagunen, 6–35 m. Jagt Zooplankton.
Verbreitung: Andaman Sea bis Fiji, n. bis Palau, s. bis Timor, GBR

13 *Chrysiptera traceyi* (Woods & Schultz) **Traceys Demoiselle** 6 cm
Ökologie: Korallen, Felsen oder Geröll in Lagunen und an Außenriffen, 1–40 m. Gewöhnlich in kleinen Gruppen und bodennah.
Verbreitung: Karolinen, Marianen, Marshall I. (häufig)

14 *Chrysiptera rollandi* (Whitley) **Rollands Demoiselle** 6 cm
Ökologie: Lagunen und Außenriffe, 2–35 m. Über Geröll oder Korallen.
Verbreitung: Andaman Sea bis Society I., s. bis GBR, Neukaledonien

15 *Chrysiptera unimaculata* (Cuvier) **Einfleck-Demoiselle** 8 cm
Ökologie: Geröll- und Felsgebiete von inneren Riffdächern mit Dünung, 0–2 m.
Verbreitung: Rotes Meer bis Fiji, n. bis Ryukyus, s. bis GBR

16 *Chrysiptera biocellata* (Quoy & Gaimard) **Zweifleck-Demoiselle** 11 cm
Ökologie: über Geröll in Lagunen und an Innenriffen, 0–5 m. Frißt Fadenalgen.
Verbreitung: Ostafrika bis Samoa, n. bis Ryukyus, s. bis Neukaledonien, Südafrika

1 ♂
1 ♀
2
3
4
5
6
7
8
9
9 var
10
11
12
13
14
15
16

1 *Chrysiptera tricincta* (Allen & Robertson) **Dreibinden-Demoiselle** 6 cm
Ökologie: Korallen oder Felsvorsprünge in Lagunen und an Innenriffen, 10–38 m.
Verbreitung: Indonesien bis Samoa, n. bis s. Japan, s. bis Neukaledonien

2 *Chrysiptera annulata* (Peters) **Fünfbinden-Demoiselle** 8 cm
Ökologie: Lagunen und küstennahe Sand- und Seegraszonen, 0–2 m. Häufig.
Verbreitung: Rotes Meer, s. bis Ostafrika, Madagaskar, Durban, ö. bis Mauritius

3 *Chrysiptera glauca* (Cuvier) **Graue Demoiselle** 11 cm
Ökologie: Geröll- und Felszonen von Tidenriffdächern mit wenig Dünung, 0–2 m.
Verbreitung: Ostafrika bis Polynesien, n. bis s. Japan, s. bis Lord Howe, Natal

4 *Chrysiptera notialis* Allen **Lord Howe-Demoiselle** 9 cm
Ökologie: felsige Außenriffe, 7–45 m.
Verbreitung: Lord Howe bis Neukaledonien

Weitere Arten (ohne Abb.):

Chrysiptera bleekeri (Fowler & Bean) **Bleekers Demoiselle** 8 cm
Ähnelt *C. flavipinnis.*
Ökologie: geschützte Innenriffe, 3–25 m.
Verbreitung: Bali bis Timor, Philippinen

Chrysiptera niger (Allen) **Schwarze Demoiselle** 7 cm
Schwarzgrau mit einem schwarzen Fleck am Brustflossenansatz.
Ökologie: flache Küstenriffe, 0–2 m.
Verbreitung: sö. Neuguinea, D'Entrecasteaux I.

5 *Dascyllus aruanus* (Linnaeus) **Dreibinden-Preußenfisch** 8 cm
Alle Arten der Gattung *Dascyllus* fressen vorwiegend Zooplankton, benthische Wirbellose und Algen.
Ökologie: geschützte Riffdächer und Lagunen, 0,5–20 m. Auf Astkorallen. Häufig.
Verbreitung: Rotes Meer bis Frz. Polynes., n. bis Ryuk., s. bis Lord Howe, Durban

6 *Dascyllus melanurus* Bleeker **Vierbinden-Preußenfisch** 8 cm
Ökologie: zwischen Astkorallen an flachen, geschützten Küsten; 0.5–10 m. Bevorzugt versandete Riffe. Manchmal mit *D. aruanus*; nicht so häufig wie diese Art.
Verbreitung: Sumatra bis ö. Karolinen, n. bis Ryukyus, s. bis Neukaledonien

7 *Dascyllus trimaculatus* (Rüppell) **Dreifleck-Preußenfisch** 14 cm
Ökologie: Lagunen und Außenriffe, 1–55 m. Jungtiere mit großen Seeanemonen assoziiert, die sie mit Anemonenfischen teilen. Adulte in kleinen Gruppen um Felsen oder auffallende Korallenformationen.
Verbreitung: Rotes Meer bis Pitcairn I., n. bis s. Japan, s. bis L. Howe, Transkei

8 *Dascyllus flavicaudus* Randall & Allen **Gelbschwanz-Preußenfisch** 12 cm
Ökologie: Korallen- und Felsriffe, 3–40 m.
Verbreitung: sö. Ozeanien: Society, Tuamotus, Pitcairn und Rapa I.

9 *Dascyllus albisella* Gill **Hawaii-Preußenfisch** 13 cm
Ähnlich: *D. strasburgi* (Marquesa I.), in 5–15 m; ist heller gefärbt.
Ökologie: Korallen- und Felsgebiete unterhalb der Brandungszone, 1–50 m. Jungtiere assoziiert mit *Pocillipora* Korallenköpfen oder gelegentlich mit im Sand lebenden *Heteractis malu* Anemonen.
Verbreitung: Hawaii, Johnston I.

10 *Dascyllus marginatus* (Rüppell) **Rotmeer-Preußenfisch** 6 cm
Ökologie: Korallenriffe, 1–15 m. Gewöhnlich mit Astkorallen wie *Stylophora, Acropora* und *Porites* assoziiert. Besonders an Korallenköpfen auf Sandböden. Häufig und wenig scheu. Weibchen in kleinen Haremsgruppen. Wellenförmige Balzbewegungen.
Verbreitung: Rotes Meer bis Golf v. Oman

11 *Dascyllus carneus* Fischer **Indischer Preußenfisch** 6 cm
Ökologie: Lagunen und Außenriffe, 5–35 m. Assoziiert mit Astkorallen. Häufig. Leben bevorzugt in kleinen Gruppen auf kleinen Korallenstöcken über Sandböden.
Verbreitung: Ostafrika bis Andaman Sea, Java, s. bis Durban

12 *Dascyllus reticulatus* (Richardson) **Pazifik-Preußenfisch** 8 cm
Ökologie: äußere Lagunen und Außenriffe, 1–50 m. In Kolonien auf Köpfen von Astkorallen – besonders *Pocillipora eydouxi.* Häufig auf exponierten Riffen.
Verbreitung: Cocos-Keeling bis Line I., Samoa n. bis s. Japan, s. bis Lord Howe I.

1
2
3
4
5
6
7
7 juv
8
9
10
11
12

1 *Dischistodus chrysopoecilus* (Schlegel & Müller) **Kragen-Riffbarsch** 15 cm
Ökologie: flache Lagunen, versandete Küstenriffe und Seegraswiesen; 1–5 m.
Verbreitung: Indonesien bis Salomon I., n. bis Philippinen, s. bis Timor Sea

2 *Dischistodus pseudochrysopoecilus* (Allen & Robertson) **Monarch-Riffbarsch** 17 cm
Ökologie: auf verstreuten, lebenden Korallenstöcken mit Sand und Geröllflächen in Lagunen und auf exponierten Riffdächern, 1–5 m.
Verbreitung: Philippinen bis Flores, Neuguinea, Salomon I., GBR

3 *Dischistodus melanotus* (Bleeker) **Afterfleck-Riffbarsch** 16 cm
Ökologie: Lagunenriffe, 0,5–10 m. Gewöhnlich auf kleinen Fleckriffen auf Sand oder Geröll. Frißt benthische Algen, die er gegen Pflanzenfresser verteidigt.
Verbreitung: Indonesien bis Salomon I., n. bis Yaeyama I., s. bis s. GBR

4 *Dischistodus prosopotaenia* (Bleeker) **Honigkopf-Riffbarsch** 19 cm
Ökologie: schlickige oder sandige Böden von Lagunen und Innenriffen, 1–12 m.
Verbreitung: Nicobaren bis Vanuatu, n. bis Ryukyus, s. bis GBR, Rowley Shoals

5 *Dischistodus perspillatus* (Cuvier) **Weißer Riffbarsch** 20 cm
Ökologie: kleine Fleckriffe von flachen, sandigen Lagunen und Seegraswiesen, 1–10 m. Dieser „Farmerbarsch" hat ein ähnlich aggressives Verhalten wie *D. melanotus.*
Verbreitung: Andaman Sea bis Vanuatu, n. bis s. China, s. bis nw. Austral., GBR

6 *Dischistodus fasciatus* (Cuvier) **Gebänderter Riffbarsch** 14 cm
Ökologie: Korallenvorsprünge und Seegraswiesen von schlickigen Lagunen und flachen Küstenriffen, 1–5 m.
Verbreitung: Indonesien, Philippinen, nw. Australien

7 *Hemiglyphidodon plagiometapon* (Bleeker) **Lagunen-Riffbarsch** 20 cm
Juvenile orange-gelb mit vielen blauen Linien und Flecken am Kopf.
Ökologie: geschützte Lagunen und Küstenriffe, 1–20 m. Zwischen Astkorallen, die am Fuße mit toten Algen bedeckt sind. Diese Algenbeete werden „gejätet": unerwünschte Algen entfernt und gegen Konkurrenten aggressiv verteidigt. Auch als „Riesen-Farmerbarsch" bekannt.
Verbreitung: Andaman Sea bis Salomon I., n. bis Philippinen, s. bis GBR

8 *Neoglyphidodon melas* (Cuvier) **Schwarzer Riffbarsch** 16 cm
Ökologie: Lagunen und Außenriffe in der Nähe von Weichkorallen, 1–12 m. Jungtiere zwischen Geweihkorallen (*Acropora*). Adulte oft auf *Tridacna* Riesenmuscheln. Leben vorwiegend von Weichkorallen, aber wahrscheinlich auch von Muschelkot. Einzeln oder in kleinen Gruppen. Wenig scheu, dreist gegenüber Tauchern.
Verbreitung: Rotes Meer bis Vanuatu, n. bis Ryuk., s. bis n. Australien, Südafrika

9 *Neoglyphidodon nigroris* (Cuvier) **Gelbflossen-Riffbarsch** 13 cm
Adulte können einfarbig braun sein. Junge mit charakteristischer Gelbfärbung.
Ökologie: korallenreiche Lagunen und Außenriffe, 1-23 m. Fressen gewöhnlich einzeln Algen, Plankton und kleine Krebstiere. Junge sind häufig in der Nähe von Astkorallen zu beobachten.
Verbreitung: Andaman Sea bis Salomon I., n. bis Ryukyus, s. bis n. Australien

10 *Neoglyphidodon bonang* (Bleeker) **Augenfleck-Riffbarsch** 14 cm
Ökologie: Korallen- und Felsriffe, 1–20 m. Nicht häufig.
Verbreitung: Sri Lanka bis Indonesien, Salomon I.

11 *Neoglyphidodon crossi* Allen **Cross Riffbarsch** 13 cm
Adulte mit brauner Brustflossenbasis. Juvenile sind orange-blau.
Ökologie: Fels- oder Korallenriffe in geschützten Buchten und Lagunen, 0,5–5 m. Juvenile in flachen Rinnen mit Korallenköpfen, einzeln und scheu.
Verbreitung: Bali, Sulawesi und Molukken

12 *Neoglyphidodon carlsoni* (Allen) **Carlsons Riffbarsch** 13 cm
Ökologie: Saumriffe an der Leeseite von Inseln, 0,5–5 m. Oft in Höhlennähe.
Verbreitung: Fiji

1
2
3
4
5
6
7 juv
7
9 juv
8
juv
8
9
10
11
11 juv
12 juv
12

1 *Neoglyphidodon oxyodon* (Bleeker) **Smaragd-Riffbarsch** 15 cm
Ökologie: geschützte Riffdächer von Lagunen und Innenriffe, 0,3–4 m. Junge bevorzugen Geröll- und Seegraszonen, manchmal in nur knöcheltiefem Wasser. Wenig scheu.
Verbreitung: Indonesien, Philippinen, Timor See

2 *Neoglyphidodon thoracotaeniatus* (Fowler & Bean) **Kopfstreifen-Riffbarsch** 12 cm
Ökologie: tiefe, korallenreiche Außenriffhänge, 15–45 m.
Verbreitung: Philippinen, Indonesien bis Salomon I.

3 *Neoglyphidodon polyacanthus* (Ogilby) **Vielstachel-Riffbarsch** 15 cm
Adulte sind dunkelblau-schwarz, und Juvenile gelb mit dunklem Ocellus.
Ökologie: Fels- und Korallenriffe, 2–30 m.
Verbreitung: s. GBR, Lord Howe bis Neukaledonien, Norfolk I.

4 *Neopomacentrus azysron* (Bleeker) **Keil-Demoiselle** 8 cm
Ökologie: Küstenriffe, oft in Riffkanälen und nahe an Riffkanten; 1–12 m. Alle Arten dieser Gattung leben in Ansammlungen und ernähren sich von Zooplankton.
Verbreitung: Ostafrika bis Vanuatu, n. bis Taiwan, s. bis GBR, nw. Australien

5 *Neopomacentrus anabatoides* (Bleeker) **Silber-Demoiselle** 10 cm
Ähnlich: *N. metallicus* (Fiji & Samoa), hat keinen dunklen Kiemendeckelfleck.
Ökologie: weiche Böden mit Korallen und Felsvorsprüngen, 2–15 m.
Verbreitung: w. Thailand bis Flores (Indonesien), n. bis Philippinen

6 *Neopomacentrus bankieri* (Richardson) **Chinesische Demoiselle** 8 cm
Ökologie: Sand-, Geröll-, Korallen- und Felszonen an Küstenriffen, 3–12 m.
Verbreitung: s. China bis Java Sea, Queensland, sö. Neuguinea

7 *Neopomacentrus cyanomos* (Bleeker) **Königs-Demoiselle** 10 cm
Ökologie: Innen- und Außenriffe, 5–18 m. Leben in Korallennähe.
Verbreitung: Rotes Meer bis Salomon I., n. bis s. Japan, s. bis n. Australien

8 *Neopomacentrus xanthurus* Allen & Randall **Rotmeer-Demoiselle** 6 cm
Ähnlich: *N. sindensis* (Arabischer Golf), mit dunkler Bauchflosse.
Ökologie: Saumriffe mit Korallenköpfen, 1–15 m.
Verbreitung: Rotes Meer, Golf v. Aden

9 *Neopomacentrus miryae* Dor & Allen **Mirys Demoiselle** 10 cm
Ökologie: Saumriffe, 2–25 m.
Verbreitung: Rotes Meer (Jeddah)

10 *Neopomacentrus fuliginosus* (Smith) **Afrikanische Demoiselle** 10 cm
Ökologie: nahe an Felsvorsprüngen und auf Seegraswiesen von flachen, geschützten Küstenriffen; 1–10 m.
Verbreitung: Kenia, s. bis Mozambique

11 *Neopomacentrus nemurus* (Bleeker) **Korallen-Demoiselle** 8 cm
Ähnlich: *N. miryae,* der einen weißen Fleck unter der 2. Rückenflosse hat.
Ökologie: schlickige, geschützte Lagunen und Küstenriffe; 1–10 m. An Korallen.
Verbreitung: Indonesien bis Salomon I., n. bis Philipp., s. bis Neukaledon., n. Australien

12 *Neopomacentrus violascens* (Bleeker) **Violette Demoiselle** 7 cm
Ökologie: geschützte Küstenbuchten, Lagunen und Hafenanlagen; 1–30 m.
Verbreitung: Indonesien bis Salomon I., n. bis s. China, s. bis n. Australien

13 *Neopomacentrus filamentosus* (Macleay) **Braune Demoiselle** 8 cm
Ähnlich: *N. metallicus* (Fiji & Samoa), mit dunklem Achselfleck.
Ökologie: Fels- und Korallenblöcke auf weichen Böden von Küstenriffen, 5–12 m.
Verbreitung: Andaman Sea bis Salomon I., n. bis Philipp., s. bis Neukaledonien

14 *Parma polylepis* Günther **Gebänderter Schuppenflosser** 21 cm
Ökologie: Fels- und Korallenriffe, 1–40 m. Weitere Arten in Südaustralien.
Verbreitung: s. GBR, NSW, Lord Howe bis Neukaledonien, n. Neuseeland (selten)

15 *Parma oligolepis* Whitley **Dunkler Schuppenflosser** 21 cm
Ähnlich: *P. alboscapularis* (L. Howe bis Neuseeland), mit weißem Kiemendeckelfleck.
Ökologie: Fels- und gelegentlich Korallenriffe, 2–20 m.
Verbreitung: Queensland (Cape Tribulation) südlich bis NSW (Sydney)

1
juv
1
2
3
subad
4
5
6
7
8
9
10
11
12
13
15 juv
14
15

1 *Pomacanthus caeruleus* Quoy & Gaimard **Gelbbauch-Demoiselle** 8 cm
Ökologie: gewöhnlich auf Geröll am Fuße von Außenriffhängen, 1-20 m.
Verbreitung: Ostafrika bis Malediven, s. bis Durban

2 *Pomacentrus coelestis* Jordan & Starks **Neon-Demoiselle** 9 cm
Ökologie: Geröllzonen klarer Riffe mit mäßiger Dünung oder starker Strömung, 1-20 m. Große Ansammlungen in Bodennähe. Häufig und wenig scheu.
Verbreitung: Sri Lanka bis Frz. Polynes., n. bis s. Japan, s. bis n. Australien

3 *Pomacentrus auriventris* Allen **Goldbauch-Demoiselle** 7 cm
Ökologie: Riffdächer mit spärlichem Korallenbewuchs und Geröllhänge, 1-15 m. In Ansammlungen oft mit *P. coelestis*. In Bodennähe.
Verbreitung: Christmas I., Bali bis Flores (häufig), Molukken, n. bis Palau

4 *Pomacentrus alleni* Burgess **Similan-Demoiselle** 6 cm
Ökologie: Geröll oder tote Korallengebiete von Innen- und Außenriffhängen, 2-20 m. In lockeren, kleinen Gruppen dicht über dem Substrat. Häufig.
Verbreitung: Thailand (Similan I.)

5 *Pomacentrus similis* Allen **Andamanen-Demoiselle** 7 cm
Ökologie: verschlickte, versandete Korallenriffe; 2->10 m. In kleinen Gruppen.
Verbreitung: Andaman Sea, Sri Lanka

6 *Pomacentrus australis* Allen & Robertson **Barriere-Riff Demoiselle** 8 cm
Ökologie: auf Korallen oder an Felsvorsprüngen auf Sandgebieten, 5-35 m.
Verbreitung: GBR bis NSW (Sydney)

7 *Pomacentrus philippinus* Evermann & Seale **Philippinen-Demoiselle** 10 cm
Farbe variabel: mit gelbem Schwanz (Malediven) oder gänzlich schwarz (GBR).
Ökologie: Außenriffhänge, Riffkanäle und Lagunen, 1-12 m. An Überhängen.
Verbreitung: Malediven bis Fiji, n. bis Ryukyus, s. bis Neukaledonien, nw. Australien

8 *Pomacentrus pavo* (Bloch) **Pfauen-Demoiselle** 11 cm
Grünblau oder kobaltblau. Im w. Indischen Ozean mit schwarzen Flossenrändern.
Ökologie: flache Lagunenriffe, 0,5-16 m. In Gruppen auf Korallenblöcken oder auf Fleckriffen von Sand umgeben. Frißt Zooplankton und Fadenalgen. Häufig.
Verbreitung: Ostafrika bis Tuamotus, n. bis Marshall I., s. bis Lord Howe, Durban

9 *Pomacentrus agassizi* Bliss **Kreolen-Demoiselle** 10 cm
Ökologie: Lagunen und Küstenriffe, zwischen *Acropora* Korallen, 1-4 m.
Verbreitung: Madagaskar bis Mauritius, Réunion

10 *Pomacentrus melanochir* Bleeker **Indonesische Demoiselle** 7 cm
Ökologie: koralline Küstenriffe mit starker Strömung, 1-8 m.
Verbreitung: Bali bis Ambon, s. bis Timor, n. bis Sulawesi

11 *Pomacentrus taeniometopon* Bleeker **Brackwasser-Demoiselle** 12 cm
Adulte können gelben Schwanz haben. Juvenile mit türkisblauen Stirnstreifen.
Ökologie: Brackwasserlagunen mit Mangroven und flache Riffe in Flußnähe, 0-5 m.
Verbreitung: Indochina bis Sulawesi, n. bis Ryukyus, Taiwan

12 *Pomacentrus azuremaculatus* Allen **Blaugefleckte Demoiselle** 10 cm
Ähnlich: *P. opisthostigma* (Philipp. bis Neuguinea), mit dunkler Brustflossenbasis.
Ökologie: küstenferne Korallenriffe, 5-30 m.
Verbreitung: Similan I., Phuket (Thailand), Java Sea (Seribu I.)

13 *Pomacentrus reidi* Fowler & Bean **Reids Demoiselle** 11 cm
Ökologie: Außenriffhänge und tiefe Lagunen, 3-70 m. In losen Ansammlungen.
Verbreitung: Philippinen, Sulawesi, s. bis Vanuatu, n. GBR, n. bis Paleu

14 *Pomacentrus baenschi* Allen **Ostafrika-Demoiselle** 9 cm
Ökologie: küstennahe und küstenferne Riffe, 1-10 m.
Verbreitung: Ostafrika: Kenia, Mozambique, Komoren

15 *Pomacentrus vaiuli* Jordan & Seale **Prinzessinnen-Demoiselle** 9 cm
Farbe variabel: Intensität der blauen und gelbe Farben kann unterschiedlich sein.
Ökologie: Lagunen und Außenriffe, 1-40 m. Häufig auf Geröll und Korallen. Ernährt sich von Fadenalgen und kleinen Wirbellosen. Einzeln. Häufig.
Verbreitung: Molukken bis Samoa, n. bis Izu I., s. bis Neukaledonien, GBR

1
2
3
4
5
6
7
8
8 var
9
10
11
12
13
14
15

1 *Pomacentrus sulfureus* Klunzinger **Schwefel-Demoiselle** 11 cm
Ökologie: Innen- und Saumriffe mit reichem Korallenbewuchs, 0,5–10 m. Häufig.
Verbreitung: Rotes Meer bis Seychellen, s. bis Mauritius, Ostafrika

2 *Pomacentrus moluccensis* Bleeker **Molukken-Demoiselle** 7 cm
Violettbraun mit gelbem Schwanz (Fiji und Tonga).
Ökologie: klare Lagunen und Außenriffe, 1–14 m. In kleinen Gruppen zwischen Astkorallen. Frißt Algen und Planktonkrebse. In vielen Gebieten häufig.
Verbreitung: Andaman Sea bis Fiji, n. bis Ryukyus, s. bis Neukaledonien, GBR

3 *Pomacentrus pikei* Bliss **Mauritius-Demoiselle** 11 cm
Ökologie: Fels- und Korallenriffe mit Geröll, 1–6 m. Selten.
Verbreitung: Mauritius und Réunion

4 *Pomacentrus amboinensis* Bleeker **Ambon-Demoiselle** 10 cm
Farbe variabel: fahlgrau bis gelb. Ocellus bei Jungtieren in der Rückenflosse, dieser bleibt nur bei adulten Tieren in der Andaman See erhalten.
Ökologie: geschützte Riffe, 3–40 m. In Gruppen um Korallenvorsprünge in Sandnähe.
Verbreitung: Andaman Sea bis Vanuatu, n. bis Ryuk., s. bis Neukaledonien, GBR

5 *Pomacentrus lepidogenys* Fowler & Bean **Großschuppen-Demoiselle** 9 cm
Ökologie: Lagunen, Küsten- und Außenriffe, 1–12 m. In der Nähe von Astkorallen.
Verbreitung: Andaman Sea bis Fiji, Tonga; n. bis Philipp., s. bis GBR, Neukaledonien

6 *Pomacentrus nigromarginatus* Allen **Trauerrand-Demoiselle** 8 cm
Tiere außerhalb Indonesiens sind grau, ohne oder mit wenig Gelb am Hinterkörper.
Ökologie: Außenhänge mit Fels- und Korallenvorsprüngen und Höhlen, 10–50 m.
Verbreitung: Indonesien bis Salomon I., n. bis Ryuk., s. bis n. GBR, nw. Australien

7 *Pomacentrus nigromanus* Weber **Schwarzachsel-Demoiselle** 9 cm
Ökologie: Lagunen und Außenriffhänge, 6–60 m. Frißt Plankton, Algen und Wirbellose.
Verbreitung: Indonesien bis Salomon I., n. bis Philipp., s. bis w. Australien, Vanuatu

8 *Pomacentrus grammorhynchus* Fowler **Blaupunkt-Demoiselle** 11 cm
Adulte von den Seribu I. (Indonesien) sind dunkel mit orangenem Schwanz.
Ökologie: Lagunen und Innenriffe, 2–12 m. Oft zwischen Astkorallen.
Verbreitung: Indonesien bis Salomon I., n. bis Taiwan, s. bis n. GBR

9 *Pomacentrus bankanensis* Bleeker **Rotstirn-Demoiselle** 9 cm
Junge ähneln *P. vaiuli,* haben aber einen bläulichen Streifen vom Maul bis zur Stirn.
Ökologie: klare Lagunen und halbgeschützte Außenriffe, 1–12 m. In kleinen Gruppen zwischen Flecken aus Geröll oder Sand mit verstreuten Korallen. Frißt besonders Algen.
Verbreitung: Christmas I. bis Fiji, n. bis s. Japan, s. bis Neukaledonien

10 *Pomacentrus proteus* Allen **Colombo-Demoiselle** 10 cm
Ökologie: schlickige Korallen- und Geröllriffe, 2–10 m.
Verbreitung: Sri Lanka

11 *Pomacentrus albicaudatus* Baschieri-Salvadori **Braune Rotmeer-Demoiselle** 7 cm
Ökologie: Innen- und Außenriffe, 1–12 m.
Verbreitung: Rotes Meer

12 *Pomacentrus chrysurus* Cuvier **Weißschwanz-Demoiselle** 9 cm
Ökologie: Riffdächer und flache Lagunen und Küstenriffe, 0–3 m. In kleinen Gruppen nahe an Korallen oder Felsformationen. Frißt vorwiegend benthische Algen.
Verbreitung: Sri Lanka, Malediven bis Salomon I., n. bis s. Japan, s. bis Neukaledonien

13 *Pomacentrus simsiang* Bleeker **Simsiang-Demoiselle** 9 cm
Ökologie: schlickige Lagunen und Innenriffe, 1–10 m. Frißt benthische Algen.
Verbreitung: Indonesien bis Salomon I., n. bis Ryukyus, s. bis Vanuatu

14 *Pomacentrus trichrous* Günther **Nebelschwanz-Demoiselle** 11 cm
Ökologie: Lagunen und Außenriffe, 1–43 m. Adulte sehr territorial, Junge in Schwärmen.
Verbreitung: Rotes Meer, s. bis Natal

15 *Pomacentrus leptus* Allen & Randall **Schlanke Demoiselle** 7 cm
Ökologie: vorwiegend küstennahe Saumriffe, 1–10 m.
Verbreitung: s. Rotes Meer bis Golf von Oman

1
2
3
4
5
6
7
8 juv
8
9
10
11
12
13
12 juv
14
15

1 *Pomacentrus adelus* Allen **Obskure Demoiselle** 8 cm
Ähnlich: *P. cuneatus* (Molukken), ist grauer und der Augenfleck kleiner.
Ökologie: küstennahe Korallenriffe, Lagunen und Außenriffe, 0–8 m.
Verbreitung: w. Thailand bis Vanuatu, n. bis Philippinen, Palau, s. bis Neukaledonien

2 *Pomacentrus tripunctatus* Cuvier **Dreipunkt-Demoiselle** 10 cm
Juv. mit blauem Ocellus. Viele ähnliche Arten: *P. arabicus* (R. Meer bis Madagaskar), *P. colini* (s. Neuguinea), *P. cuneatus* (Ambon), *P. javanicus* (Seribu I.).
Ökologie: flache Innenriffe mit abgestorbenen Korallen, 0–3 m.
Verbreitung: Sri Lanka bis Vanuatu, n. bis Andaman Sea, Philippinen, s. bis GBR

3 *Pomacentrus albimaculus* Allen **Weißfleck-Demoiselle** 9 cm
Ökologie: Küstenriffe mit Felsenformationen, Geröll- und Sandzonen, 10–20 m.
Verbreitung: n. Neuguinea, Taiwan (?)

4 *Pomacentrus aquilus* Allen & Randall **Dunkle Demoiselle** 11 cm
Ähnlich: *P. arabicus* (Golf von Oman, Muskat), mit blauen Punkten.
Ökologie: küstennahe Korallenriffe, 0–15 m.
Verbreitung: Rotes Meer, n. bis Arabischer Golf, s. bis Ostafrika, Madagaskar

5 *Pomacentrus indicus* Allen **Indische Demoiselle** 11 cm
Juvenile mit orangenem Kopf und Rücken.
Ökologie: Lagunen und Außenriffe, 1–15 m. Einzeln oder in kleinen Gruppen.
Verbreitung: Sri Lanka, Malediven, Seychellen, Chagos I.

6 *Pomacentrus brachialis* Cuvier **Holzkohlen-Demoiselle** 10 cm
Ökologie: Riffkanäle und Außenriffhänge, 6–40 m. Frißt Zooplankton und Algen.
Verbreitung: Indonesien bis Fiji, n. bis Ryukyus, s. bis Neukaledonien

7 *Pomacentrus nagasakiensis* Tanaka **Nagasaki-Demoiselle** 11 cm
Ökologie: Sandgebiete in Riffnähe, 3–35 m. Vorwiegend Zooplankton fressend.
Verbreitung: Sri Lanka bis Vanuatu, n. bis s. Japan, s. bis Neukaledonien, nw. Australien

8 *Pomacentrus imitator* (Whitley) **Imitator-Demoiselle** 11 cm
Ökologie: Außenriffhänge, 2–15 m.
Verbreitung: Coral Sea bis Fiji, Neukaledonien, Tonga

9 *Pomacentrus alexanderae* Evermann & Seale **Alexanders Demoiselle** 9 cm
Ähnlich: *P. opisthostigma* (Philipp., Neuguinea), mit kleinem Brustflossenfleck.
Ökologie: Lagunen, Innen- und Außenriffe; 5–30 m. Besonders an Rifträndern.
Verbreitung: Indonesien, n. bis Taiwan, Ryukyus

10 *Pomacentrus smithi* Fowler & Bean **Smiths Demoiselle** 7 cm
Ähnlich: *P. javanicus* (Seribu See, Indonesien).
Ökologie: Lagunen und Küstenriffe mit Korallenflecken auf Schlickböden, 2–14 m.
Verbreitung: Indonesien bis Vanuatu, n. bis Philippinen

11 *Pomacentrus emarginatus* Cuvier **Stahlblaue Demoiselle** 10 cm
Ökologie: Außenriffhänge, 4–12 m. Fressen einzeln oder in Gruppen Plankton, Algen.
Verbreitung: Palau, Neuguinea

12 *Pomacentrus trilineatus* Cuvier **Dreilinien-Demoiselle** 10 cm
Adulte variieren: gelb bis braun oder blaugrau.
Ökologie: Fels- und Korallenriffe in Küstennähe, 0–4 m.
Verbreitung: Rotes Meer, s. bis Mozambique, Madagaskar

13 *Pomacentrus stigma* Fowler & Bean **Schwarzfleck-Demoiselle** 13 cm
Ökologie: Küstenriffe, 2–10 m. In kleinen Gruppen um Korallenvorsprünge.
Verbreitung: Philippinen

14 *Pomacentrus burroughi* Fowler **Burroughs Demoiselle** 8 cm
Ähnlich: *P. colini* (Neuguinea); *P. wardi* (GBR bis Sydney), einfarbig dunkelbraun.
Ökologie: Lagunen und Küstenriffe, 2–16 m. Frißt vorwiegend benthische Algen.
Verbreitung: Philippinen, Neuguinea, Salomon I., Palau

1
2
3
5 juv
4
5
6
7
8
9
10
11
12
12 juv
13
14

1 *Stegastes albifasciatus* (Schlegel & Müller) **Weißband-Gregory** 13 cm
Ökologie: Riffdächer, Lagunen und halbgeschützte Außenriffe mit wenig Dünung, 0–4 m. Häufig in der Nähe von Felsen oder Geröll, umgeben von Korallen.
Verbreitung: Seychellen, Réunion bis Tuamotus, n. bis Ryukyus, s. bis Neukaledon.

2 *Stegastes fasciolatus* (Ogilby) **Indopazifischer Gregory** 15 cm
Farbe variabel: w. bis zentraler Indischer Ozean: s. Abb. 2; Westpazifik: s. Abb. 2a.
Ökologie: Fels- und Korallenriffe mit mäßigem Wellengang; 1–30 m, gewöhnlich unter 5 m. Territorien auf mit Fadenalgen bewachsenen Felsen oder toten Korallen.
Verbreitung: Ostafrika bis Hawaii, Oster I.; n. bis Ryukyus, s. bis Lord Howe, Durban

3 *Stegastes lividus* (Bloch & Schneider) **Stumpfschnauzen-Gregory** 13 cm
Ökologie: flache Riffdächer und Lagunenriffe, 1–5 m. Gewöhnlich in Kolonien zwischen z.T. toten Astkorallen. Extrem aggressiv und kämpferisch, wobei sie alle Eindringlinge (auch Taucher) zu verjagen versuchen. Dieser „Farmerfisch" ist bekannt für seine Algenpflege: er „jätet" unerwünschte Algen aus seinem „Garten", damit besser schmeckende wachsen können! Gibt laute Staccato-Laute von sich. Häufig.
Verbreitung: Rotes Meer bis Society I., n. bis Ryukyus, s. bis Neukaledonien, Tonga

4 *Stegastes nigricans* (Lacépède) **Schwarzweißer Gregory** 13 cm
Das Auge ist näher am Maul als bei *S. lividus* (Nr. 3). Männchen bei der Balz mit breiter weißer Binde und weißem Backenstreifen.
Ökologie: Riffdächer und Lagunenriffe, 1–12 m. Territorial und streitsüchtig. Unterhält eine „Farm" mit Fadenalgen (wie obige Art) auf toten Korallen.
Verbreitung: R. Meer bis Marquesas, n. bis Ryuk., s. bis Neukaledon., Mozambique

5 *Stegastes aureus* (Fowler) **Goldener Gregory** 11 cm
Ökologie: Innenriffe und küstenferne Riffe, 1–5 m.
Verbreitung: Neukaledonien, Gilbert, Phoenix, Samoa, Line, Marquesas, Tuamotus

6 *Stegastes gascoynei* (Whitley) **Korallensee-Gregory** 15 cm
Ökologie: Fels- und Korallenriffe, 2–30 m. Bevorzugt Außenriffe.
Verbreitung: s. GBR bis Neukaledonien, s. bis Sydney und n. Neuseeland

7 *Stegastes insularis* Allen & Emery **Insel-Gregory** 11 cm
Ökologie: flache Außenriffe; 1–10 m, gewöhnlich oberhalb 3 m.
Verbreitung: Christmas und Marcus I.

8 *Stegastes emeryi* (Allen & Randall) **Emerys Gregory** 10 cm
Ökologie: äußere Fels- und Korallenriffe, 1–18 m.
Verbreitung: Südost-Ozeanien (Tuomotus bis Pitcairn I., Ducie I.)

9 *Stegastes apicalis* (DeVis) **Australischer Gregory** 15 cm
Ökologie: Küsten- und Innenriffe des GBR, 1–5 m.
Verbreitung: Ostaustralien: Cape York südlich bis Sydney

10 *Stegastes pelicieri* Allen & Emery **Mauritius-Gregory** 14 cm
Jungtiere ähneln *Plectroglyphidodon lacrymatus* (Taf. 77-9), haben jedoch gelbe Ränder an den Schwanz- und Rückenflossen. Die Tupfen sind leuchtend blau.
Ökologie: Außenriffe mit toten Korallen oder wenig Korallenbewuchs, 2->20 m. Immer bodennah und bei Gefahr sich sofort in ein Versteck flüchtend.
Verbreitung: Mauritius (Réunion ?)

11 *Stegastes obreptus* (Whitley) **Brauner Gregory** 15 cm
Schnauze kürzer als bei *S. lividus.* Balzende Männchen mit breiter, weißer Binde.
Ökologie: Riffdächer und Lagunenriffe, 2–10 m. Territorial und aggressiv gegen Eindringlinge. Pflegt Fadenalgen in „Farmen" (wie *S. lividus)* auf toten Korallen.
Verbreitung: Indien bis Molukken, n. bis Ryukyus, s. bis w. Australien

12 *Stegastes limbatus* (Cuvier) **Blauer Gregory** 13 cm
Die weiße Binde kann während der Balz „ein- und ausgeschaltet" werden.
Ökologie: Brandungszone von Küstenriffen mit Felsblöcken oder Geröll, 0,3–2 m. Auch auf ruhigen Innenriffen. Territorial und kämpferisch.
Verbreitung: Madagaskar, Mauritius, Réunion

13 *Stegastes altus* (Okada & Ikeda) **Japanischer Gregory** 14 cm
Ökologie: Felsriffe, 5–20 m.
Verbreitung: Ryukyus, Izu I. bis s. Japan

1
2
2a
3
4
4 var
5
6
7
8
9
10
11
12
13

1 *Acanthochromis polyacanthus* (Bleeker) **Schwalbenschwanz-Riffbarsch** 15 cm
Farbe variabel: schwarz (Indonesien), schwarzweiß (GBR) oder blaugrün. Juvenile braun mit gelbem Seitenstreifen.
Ökologie: Lagunen und Außenriffe, 1–65 m. In losen Ansammlungen besonders an der Riffkante. Jungtiere in Höhlennähe. Die einzige Korallenfischart, die eine echte Brutpflege betreibt: Die Jungen schlüpfen direkt aus dem Ei (ohne Larvenstadium) und ernähren sich vom Hautschleim der Eltern! Häufig.
Verbreitung: Indonesien bis s. GBR, n. bis Philippinen, Salomon I.

2 *Amblypomacentrus breviceps* (Schlegel & Müller) **Schwarzstreifen-Demoiselle** 7 cm
Ähnlich: *Chrysiptera rapanui* (Kermadec und Oster I.), auf Fels- und Korallenriffen.
Ökologie: Küstenriffe und Lagunen mit Felsen, Sand oder Schlickflächen, besonders wo Schwämme vorkommen. Tiefe: 2–35 m. Oft auf einzelstehenden Korallenstöcken in schlickigen Gebieten. Normalerweise in kleinen Gruppen.
Verbreitung: Indonesien bis Salomon I., n. bis Philippinen , s. bis n.GBR

3 *Cheiloprion labiatus* (Day) **Großlippen-Riffbarsch** 11 cm
Große vorgewölbte Lippen. Jungtiere mit leuchtend blauem Streifen.
Ökologie: flache Lagunenriffe, 1–3 m. Lebt an Astkorallen und ernährt sich von lebenden Korallenpolypen. Eier werden auf tote Korallen gelegt und bewacht.
Verbreitung: Sri Lanka bis Salomon I., n. bis Philipp., s. bis n. Australien, Vanuatu

4 *Lepidozygus tapienosoma* (Bleeker) **Füsilier-Riffbarsch** 10 cm
Erinnert im Aussehen an kleine Füsiliere.
Ökologie: Lagunen und Außenriffhänge, 1–30 m. In Schwärmen an strömungsreichen Riffkanten, wo sie Zooplankton erbeuten. Oft mit Fahnenbarschen vergesellschaftet.
Verbreitung: Ostafrika bis Frz. Polynesien, n. bis Ryukyus, s. bis Neukaledonien

5 *Pomachromis exilis* (Allen & Emery) **Bürzelfleck-Demoiselle** 7 cm
Ökologie: Lagunen und Außenriffe, 8–12 m. In Schwärmen Plankton jagend.
Verbreitung: Marshall und Karolinen I.

6 *Pomachromis fuscidorsalis* (Allen & Randall) **Tahiti-Demoiselle** 8 cm
Ökologie: strömungsreiche Außenriffe und äußere Brandungskanäle, 1–18 m.
Verbreitung: Society, Tuamotu, Pitcairn I.

7 *Pomachromis guamensis* (Allen & Larson) **Guam-Demoiselle** 6 cm
Ökologie: exponierte Außenriffe, 3–33 m. Häufig auf kahlen Terrassen mit Strömung und Brandung. In großen Gruppen nach Zooplankton jagend.
Verbreitung: Marianen I.

8 *Pomachromis richardsoni* (Snyder) **Richardsons Demoiselle** 8 cm
Ökologie: Fels- und Korallenriffe; oft dem Ozeanschwell ausgesetzt, 5–25 m. Auf Mauritius an ruhigen Küstenriffen mit wenig Korallenbewuchs. In lockeren Gruppen, bodennah.
Verbreitung: Mauritius (häufig), Ryukyus, Taiwan, GBR, Loyalty, Fiji, Samoa I.

9 *Pristotis cyanostigma* (Rüppell) **Blauflecken-Demoiselle** 11 cm
Ökologie: küstennahe und küstenferne Korallenriffe, 5–10 m. Oft an Korallenhorsten.
Verbreitung: Rotes Meer bis Golf v. Aden

10 *Pristotis jerdoni* (Day) **Golf-Demoiselle** 14 cm
Ökologie: flache Sand-, Schlick- und Geröllzonen von Lagunen und Fleckriffen, 2–80 m.
Verbreitung: Rotes Meer bis Neukaledonien, n. bis Ryukyus, s. bis n. Australien

11 *Teixeirichthys jordani* (Rutter) **Jordans Demoiselle** 14 cm
Ökologie: Seegraswiesen und Sandböden in Riffnähe, 4–20 m. Bevorzugt Kontinentalküsten. Bei Eilat (Rotes Meer) häufig über Sandböden. Sporadisches Vorkommen.
Verbreitung: Rotes Meer bis China, Taiwan, n. bis s. Japan, s. bis Ostafrika

12 *Premnas biaculeatus* (Bloch) **Stachel-Anemonenfisch** 17 cm
Grundfarbe von rot bis dunkelbraun. Bänder können fehlen oder gelb sein (Sumatra). Die kleinen Männchen sind oft farbiger als die (bis dreimal) größeren Weibchen.
Ökologie: Lagunen und Außenriffe, 0,2–16 m. Assoziiert mit *Entacmaea quadricolor.* Besonders auf geschützten, flachen Riffen – sogar in nur 20 cm Tiefe. Wenig scheu.
Verbreitung: Sumatra, Malaysia bis Vanuatu, n. bis Taiwan, s. bis n. GBR

1
2
3 juv
3
4
5
6
7
8
9
10
11
12
12 ♀

Lippfische *(Labridae):* die vielfältigste Familie. Tagaktiv. Nachts graben sich viele im Sand ein oder schlafen in Spalten. Schnelle, wendige Brustflossenschwimmer. Geschlechtsumwandlung: zuerst weiblich oder männlich (= Anfangsphase, oft einfarbig), dann männlich (= Endphase, oft farbenprächtig). Fleisch- und Pflanzenfressser, gelegentlich Putzerfische. Größere Arten sind wichtige Speisefische. Aquarium: haltbar.

Tribus **Zahnlippfische** *(Hypseginyini):* großes Maul mit vorstehenden Zähnen, große Schuppen und durchgehende Rückenflosse. Fressen benthische Wirbellose. Beide Geschlechter im allgemeinen ähnlich gefärbt.

1 *Bodianus anthioides* (Bennett) **Herzog-Schweinslippfisch** 21 cm
Ökologie: Außenriffe, oft an Dropoffs, 6-60 m. *Bodianus* Arten sind gewöhnlich einzeln anzutreffen und fressen vorwiegend benthische Wirbellose, die mit ihren kräftigen Schlundzähnen geknackt werden. Auffälliger Farbwechsel (s. Abb.).
Verbreitung: Rotes Meer bis Tuamotus, n. bis s. Japan, s. bis Neukaledonien, Natal

2 *Bodianus diana* (Lacépède) **Diana-Schweinslippfisch** 25 cm
Ähnlich: *B. prognathodes* (Line I.), hat eine längere Schnauze.
Ökologie: korallenreiche Außenriffe, 6-25 m. Jungtiere oft an Schwarzen Korallen und Gorgonien. Im Roten Meer recht häufig.
Verbreitung: Rotes Meer bis Samoa, n. bis s. Japan, s. bis Tonga, Transkei

3 *Bodianus mesothorax* (Schneider) **Schwarzkeil-Schweinslippfisch** 19 cm
Ökologie: steile Außenriffhänge, 5->20 m. Juvenile an Riffrändern.
Verbreitung: Christmas I. bis Neuguinea, n. bis s. Japan, s. bis GBR

4 *Bodianus axillaris* (Bennett) **Achselfleck-Schweinslippfisch** 20 cm
Ökologie: klare Lagunen und Außenriffe, 2-40 m. Juvenile in Höhlen oder unter Überhängen. Manchmal als Putzerfisch tätig.
Verbreitung: Rotes Meer bis Marquesas, n. bis s. Japan, s. bis Lord Howe, Natal

5 *Bodianus perditio* (Quoy & Gaimard) **Goldfleck-Schweinslippfisch** 80 cm
Ökologie: Außenriffe, oft in der Nähe von Sand- und Geröllflecken, ab 10 m.
Verbreitung: vorwiegend subtropisch: n. Mozambique bis s. Afrika, Mauritius, s. Japan bis Taiwan, w. und ö. Australien bis Neukaled., Tuamotus, Rapa I., Pitcairn

6 *Bodianus bilunulatus* (Lacépède) **Sattelfleck-Schweinslippfisch** 55 cm
Große adulte Tiere werden einfarbig rotbraun und verlieren den Sattelfleck.
Ökologie: klare Lagunen und Außenriffe, 8->108 m.
Verbreitung: Ostafrika bis Natal, ö. bis s. Japan, Neukaled.; Marquesas, Pitcairn *(bilunulatus),* Hawaii I. (*albotaeniatus*)

7 *Bodianus loxozonus* (Snyder) **Schwarzflossen-Schweinslippfisch** 47 cm
Große Adulte werden dunkel-rotbraun; schwarze Flecken in den Flossen bleiben.
Ökologie: klare Lagunen und Außenriffhänge, 3->40 m. Oft auf Felsriffen.
Verbreitung: ssp. *loxozonus*: Vietnam bis Tonga, n. bis Ryukyus, Bonin und ssp. *trotteri*: Line I., Cook I. und Frz. Polynesien

8 *Bodianus vulpinus* (Richardson) **Schwarzfleck-Schweinslippfisch** 60 cm
Ähnlich: *B. leucostictus* (sw. Ind. Ozean, s. Japan); *B. frenchii* (s. Australien) und weitere 1-2 nicht beschriebene Tiefseearten. Ihnen fehlt der dunkle Fleck.
Ökologie: tiefe, senkrechte Riffwände; normalerweise tiefer als 30 m.
Verbreitung: subtropisch: s. China bis s. Japan, Hawaii, n. Neuseeland, Rapa

9 *Bodianus macrourus* (Lacépède) **Mauritius-Schweinslippfisch** 30 cm
Ökologie: exponierte Außenriffe mit Sandflecken, 10-40 m, normalerweise unterhalb 15 m. Bevorzugt an korallenarmen Felsriffen. Scheuer Einzelgänger.
Verbreitung: Mauritius (vielleicht Réunion)

10 *Bodianus opercularis* (Guichenot) **Rotstreifen-Schweinslippfisch** 18 cm
Mehrere ähnliche Tiefseearten in den Tropen und Subtropen unterhalb von 100 m.
Ökologie: Geröllgrund von steilen Außenriffen, 40-70 m.
Verbreitung: Rotes Meer bis Christmas I., s. bis Mauritius

11 *Bodianus bimaculatus* Allen **Zweifleck-Schweinslippfisch** 10 cm
Eng verwandt mit *B. opercularis* (Nr. 10) und weiteren Tiefseearten.
Ökologie: steile Außenriffhänge, 30-60 m. Typisch auf Geröll und Sand. Sporadisch.
Verbreitung: Mauritius, Palau, Neuguinea, s. Japan, New Britain

1
2 juv
2
3
juv
juv 4
juv 5
6
6 juv
7
8
9
10
11

1 *Choerodon fasciatus* (Günther) **Harlekin-Zahnlippfisch** 25 cm
Choerodon Arten haben große, vorstehende Zähne, mit denen sie Geröll wegräumen, um Weichtiere freizulegen. Hartschalige Tiere werden mit den Schlundzähnen zerlegt. Gewöhnlich einzeln und territorial. Recht scheu. Große Reviere. Nähert sich oft Tauchern.
Ökologie: Außenriffe, 1–15 m. Ernährt sich von Weichtieren, Krebsen, Stachelhäutern und verschiedenen Würmern.
Verbreitung: Taiwan, Ryukyus, Vanuatu, GBR, Neukaledonien, Lord Howe I.

2 *Choerodon anchorago* (Bloch) **Anker-Zahnlippfisch** 38 cm
Ökologie: Riffdächer und Lagunenriffe, 1–25 m. Gebiete mit gemischtem Sand, Geröll und Korallen; auch auf Seegraswiesen. In kleinen Gruppen oder einzeln.
Verbreitung: Sri Lanka bis Neuguinea, n. bis Ryukyus, s. bis Neukaledonien, GBR

3 *Choerodon azurio* (Bloch) **Azur-Zahnlippfisch** 40 cm
Ökologie: Küstenriffe; auf Sand- und Geröllflecken.
Verbreitung: s. China, Taiwan bis s. Korea, s. Japan

4 *Choerodon jordani* (Snyder) **Jordans Zahnlippfisch** 17 cm
Ähnlich: *C. zosterophorus* (Philippinen, Indonesien), auf Sand von klaren Küstenriffen. Mit hellgelber Zone vor dem schwarzen Rückenband.
Ökologie: Geröllzonen von Außenriffen, 15–30 m. Junge auf Riffdächern. Oft an Korallenköpfen am Fuße von Dropoffs, gewöhnlich tiefer als 20 m.
Verbreitung: Philippinen bis Samoa, n. bis s. Japan, n. bis s. GBR (hier häufig)

5 *Choerodon graphicus* (DeVis) **Grafik-Zahnlippfisch** 46 cm
Ökologie: Lagunen und Außenriffe, auf Sand- und Geröllflecken. Relativ häufig. Oft im Sand nach Nahrung grabend. Wenig scheu.
Verbreitung: s. GBR, Neukaledonien

6 *Choerodon cephalotes* (Castelnau) **Purpur-Zahnlippfisch** 38 cm
Ökologie: Küstenriffe und flache Zonen mit Sand und Geröll. Selten am GBR.
Verbreitung: n. Australien bis s. Queensland, Indonesien

7 *Choerodon schoenleinii* (Valenciennes) **Schwarzfleck-Zahnlippfisch** 90 cm
Ökologie: Außenriffhänge, flache, sandige oder algenbewachsene Gebiete in Riffnähe, 10–60 m. Liegt häufig auf dem Boden, um Weichtiere und Krebse freizulegen.
Verbreitung: Indonesien bis Neuguinea, n. bis Ryukyus, s. bis w. Australien, GBR

8 *Choerodon venustus* (DeVis) **Venus-Zahnlippfisch** >65 cm
Ökologie: auf Außenriffhängen mit Sand und Geröll. Häufig.
Verbreitung: GBR bis n. NSW

9 *Choerodon rubescens* (Günther) **Weißkehl-Zahnlippfisch** 90 cm
Deutlich weiße Kehle. Brauner Kopf und olivgrüner Körper.
Ökologie: Korallenriffe und auch algenbewachsene Felsriffe.
Verbreitung: w. Australien

10 *Choerodon cyanodus* (Richardson) **Blauer Zahnlippfisch** 71 cm
Ökologie: Außenriffhänge mit Sand- und Geröll, auch auf flachen Gebieten des Schelfgürtels. Geht in sehr flaches Wasser. Frißt vorwiegend Weichtiere.
Verbreitung: Sri Lanka bis Neuguinea, n. bis Ryukyus, s. bis Neukaled., n. GBR

11 *Choeredon zamboangae* (Seale & Bean) **Zamboanga-Zahnlippfisch** 25 cm
Könnte sich um das Männchen von *C. robusta* handeln (Arab. Golf bis Ryukyus).
Ökologie: flache Sand- oder Seegraswiesen.
Verbreitung: Philippinen bis nw. australischer Schelfgürtel

Weitere Arten: (keine Abb.) *Choerodon vitta* (Ogilby) **Rotstreifen-Zahnlippfisch** 20 cm. Seitlicher roter Streifen. **Ökologie:** flache Sand- und Seegraswiesen.
Verbreitung: n. Australien bis Neuguinea, n. GBR

Choerodon monostigma (Ogilby) **Rückenfleck-Zahnlippfisch** 25 cm
Dunkler Fleck in der Rückenflosse. **Ökologie:** Sand- und Seegraswiesen, 3–47 m.
Verbreitung: n. Australien bis Neuguinea, s. Queensland

1
1 juv
2
3
4
5
6
7
8
9
10
11

Tribus **Prachtlippfische** *(Cheilinini):* Größe: 5-230 cm. Ernährung: benthische Wirbellose; *Cirrhilabrus* und *Paracheilinus* Arten leben von Plankton. Aquarium: haltbar, aber zu wenig bekannt.

1 *Cheilinus undulatus* Rüppell **Napoleon** 230 cm
Einer der größten Riffische, bis 191 kg schwer. Große Zähne, kaum Farbwechsel.
Ökologie: Lagunen und Außenriffe, 1-60 m. Junge zwischen Astkorallen in flachen Lagunen; Adulte bevorzugen obere Ränder von klaren Lagunenhorsten und steile Korallenriffhänge. Schlafen gewöhnlich in Höhlen. Leben meistens einzeln. Nahrung: Weichtiere und gepanzerte Wirbellose, auch giftige Dornenkronen und Kofferfische. Scheu, wenn nicht angefüttert. Können ciguatoxisch sein.
Verbreitung: Rotes Meer bis Tuamotus, n. bis Ryukyus, s. bis Neukaled., Transkei

2 *Cheilinus fasciatus* (Bloch) **Rotbrust-Lippfisch** 38 cm
Ökologie: Lagunen und Außenriffe, 4->40 m. Oft in Gebieten mit gemischten Korallen, Sand und Geröll. Folgt häufig Tauchern, um nach Wirbellosen zu suchen, die durch Flossenschläge freigelegt werden. Einzeln und territorial.
Verbreitung: Rotes Meer bis Samoa, n. bis Ryukyus, s. bis Neukaled., Madagaskar

3 *Cheilinus trilobatus* Lacépède **Dreilappen-Lippfisch** 45 cm
Ähnlich: *C. abudjubbe* (Rotes Meer), hat rote Punkte. Saumriffe, 2-25 m. Häufig.
Ökologie: Lagunen und Außenriffe, 1-30 m. Bevorzugt flache, klare Riffränder mit guten Korallenverstecken. Scheu, schwierig anzunähern.
Verbreitung: Ostafrika bis Tuamotus, n. bis Ryukyus, s. bis Neukaledonien, Natal

4 *Cheilinus lunulatus* (Forsskål) **Besenschwanz-Lippfisch** 50 cm
Ökologie: einzeln oder in Paaren an korallenreichen Außenriffen, 2-30 m. Bevorzugt Riffkanten, manchmal in *Macolor niger* Schwärmen.
Verbreitung: Rotes Meer bis Golf v. Oman

5 *Cheilinus chlorourus* (Bloch) **Schneeflocken-Lippfisch** 45 cm
Ökologie: Lagunen und Küstenriffe in Gebieten mit gemischtem Sand, Geröll und Korallen, 2-30 m. Einzeln. Wenig scheu.
Verbreitung: Ostafrika bis Marquesas, n. bis Ryukyus, s. bis Neukaledonien, Natal

6 *Oxycheilinus digrammus* (Lacépède) **Wangenstreifen-Lippfisch** 30 cm
Ähnlich: *O. unifasciatus,* aber immer mit Streifen hinter dem Auge!
Ökologie: korallenreiche Lagunen und geschützte Außenriffe, 3-120 m.
Verbreitung: Rotes Meer bis Samoa, n. bis Ryukyus, s. bis Neukaledonien, Natal

7 *Oxycheilinus unifasciatus* (Streets) **Schwanzring-Lippfisch** 46 cm
Helle Binde auf der Schwanzwurzel. Ähnlich: *O. rhodochrous* (w. Indischer Ozean).
Ökologie: korallenreiche, klare Lagunen und Außenriffe, 1-160 m. Auch Geröllgebiete. Schwebt oft hoch über dem Boden und frißt vorwiegend Fische.
Verbreitung: Christmas I. bis Hawaii, Marquesas; n. bis Ryukyus, s. bis Neukaled.

8 *Oxycheilinus celebicus* (Bleeker) **Celebes-Lippfisch** 24 cm
Ökologie: korallenreiche, geschützte Küstenriffe, 3-30 m. Einzelgänger.
Verbreitung: Borneo bis Salomon I., n. bis s. Japan, s. bis w. Australien

9 *Oxycheilinus bimaculatus* Valenciennes **Kometschweif-Lippfisch** 15 cm
Ökologie: zwischen Algen oder Geröll von klaren Lagunen und Außenriffen, 2-110 m.
Verbreitung: Ostafrika bis Polynesien, n. bis s. Japan, s. bis Vanuatu, Transkei

10 *Oxycheilinus arenatus* Valenciennes **Höhlen-Lippfisch** 19 cm
Ökologie: bewohnt klare, steile Dropoffs, 25->45 m. Gewöhnlich in Höhlen.
Verbreitung: Rotes Meer bis Samoa, n. bis Philippinen

11 *Oxycheilinus mentalis* (Rüppell) **Seitenstreifen-Lippfisch** 20 cm
Ähnlich: *O. orientalis* (Westpazifik), ohne weißen Schwanzwurzelfleck.
Ökologie: häufig auf Saumriffen und unter Korallenköpfen, 1-20 m. Einzeln.
Verbreitung: Rotes Meer und westl. Indischer Ozean

12 *Cheilinus oxycephalus* Bleeker **Roter Teufels-Lippfisch** 17 cm
Konkaves Kopfprofil, Körper rötlich und roter Fleck in der Rückenflosse.
Ökologie: korallenreiche Lagunen und Außenriffe, 1-40 m. Sehr versteckt lebend.
Verbreitung: Ostafrika bis Frz. Polynesien, n. bis Taiwan, s. bis GBR, Madagaskar

juv 1
2
3
4
5
6
7
8
9 ♂
10
11
12

1 *Epibulus insidiator* (Pallas) **Stülpmaul-Lippfisch** 35 cm
Kann das Maul weit vorstülpen und dadurch ein Saugrohr bilden (s. Abb.). Farbe sehr variabel: gelb (Weibchen) bis dunkelbraun (Subad.) oder sogar blau.
Ökologie: Lagunen und Außenriffe mit reichem Korallenbewuchs, 1-45 m.
Verbreitung: Rotes Meer bis Polynesien, n. bis s. Japan, s. bis Neukaledonien, Natal

1.1 *Epibulus sp.* **Palau-Stülpmaul** 20 cm
Ökologie: regelmäßig an korallenreichen Innenlagunen und Kanalhängen, 1-20 m.
Verbreitung: Palau

2 *Wetmorella albofasciata* Schultz & Marshall **Vierstreifen-Höhlenlippfisch** 6 cm
Ähnelt Jungtieren vom Stülpmaul-Lippfisch.
Ökologie: Lagunen und Außenriffe, 8-42 m. Sehr versteckt in Höhlen und Spalten.
Verbreitung: Ostafrika bis Hawaii, Society I., s. bis GBR

3 *Wetmorella nigropinnata* (Seale) **Zweistreifen-Höhlenlippfisch** 8 cm
Ökologie: Lagunen und Außenriffe, 1-30 m. Versteckt in Höhlen und Spalten.
Verbreitung: R. Meer bis Marquesas, n. bis Ryukyus, s. bis GBR. Neukaledonien

Tribus **Messerlippfische** *(Novaculini):* haben steile Kopfprofile, womit sie sich wie mit einem Kiel schnell im Sand eingraben können. Große, vorstehende Zähne.

4 *Cymolutes torquatus* (Valenciennes) **Halsband-Messerlippfisch** 12 cm
Ökologie: Sandzonen der Riffdächer und flache Lagunen, bis mindestens 6 m.
Verbreitung: Rotes Meer bis New Britain, n. bis s. Japan, s. bis Lord Howe I.

5 *Cymolutes praetextatus* (Quoy & Gaimard) **Komma-Messerlippfisch** 20 cm
Ökologie: Riffdächer und flache Lagunen, bis mindestens 6 m. Taucht bei Gefahr blitzschnell in den Sand ein. Strömungsreiche Zonen mit Sand Geröll und Algen.
Verbreitung: Ostafrika bis Frz. Polynes., s. bis w. Australien (in Hawaii: *C. leclusei*)

6 *Novaculichthys macrolepidotus* (Bloch) **Grüner Bäumchenfisch** 15 cm
Grünlich mit charakteristischer Kopfzeichnung.
Ökologie: flache Lagunen, Riffkanäle mit Sandflächen, die mit Seegras und Algen bewachsen sind, 1-4 m.
Verbreitung: Rotes Meer bis Neuguinea, n. bis Ryukyus, s. bis Lord Howe, Natal

7 *Novaculichthys taeniourus* (Lacépède) **Brauner Bäumchenfisch** 27 cm
Jungtiere sind braun oder oliv mit weißen Flecken und Streifen. (s. Abb.)
Ökologie: teilexponierte Riffdächer, Lagunen und Außenriffe, bis 40 m. Jungtiere zeigen eine Mimikry von driftenden Algen.
Verbreitung: Rotes Meer bis Panama, n. bis Ryukyus, Hawaii, s. bis L. Howe, Natal

8 *Xyrichtys aneitensis* (Günther) **Weißfleck-Schermesserfisch** 24 cm
Ökologie: Lagunen und Außenriffhänge mit weiten Sandflächen, 6-92 m. Sehr scheu.
Verbreitung: Chagos I. bis Hawaii, n. bis Ryukyus, s. bis GBR

9 *Xyrichtys pavo* Valenciennes **Blauer Schermesserfisch** 41 cm
Ökologie: klare Lagunen und Außenriffe mit weiten, grobkörnigen Sandflächen. Mimikry: Jungtiere ahmen ein ins Wasser gefallenes Blatt nach und driften schaukelnd kopfüber oder seitlich im Wasser.
Verbreitung: Rotes Meer bis Mexiko, n. bis s. Japan, Hawaii, s. bis L. Howe, Natal

10 *Xyrichtys pentadactylus* (Linnaeus) **Rottüpfel-Schermesserfisch** 25 cm
Ökologie: sandige Riffhänge, vorwiegend kontinentale Küsten mit Sand-, Seegras- und Algenflächen; 2-20 m. Einzeln oder in kleinen Gruppen. Sehr scheu.
Verbreitung: Rotes Meer bis Neuguinea, n. bis Bonin I., s. bis GBR, Natal

11 *Xyrichtys tetrazona* (Bleeker) **Schwarzbinden-Schermesserfisch** 15 cm
Ökologie: Sandhänge von Küstenriffen bis > 15 m. Selten.
Verbreitung: Indonesien (Bali), Philippinen (?)

12 *Xyrichtys celebicus* (Bleeker) **Celebes-Schermesserfisch** 19 cm
Ökologie: Sandflächen in klaren Lagunen und an Außenriffe, 8-15 n. Selten.
Verbreitung: Indonesien bis Samoa, n. bis Ryukyus und Mikronesien

1
♀
♂
2 juv
2
1.1
3
4
5
6
7
7 juv
8 juv
8
9
9 juv
10
11
12

Tribus **Cheilini:** sechs *Cirrhilabroid* Gattungen, die eine charakteristische „doppelte“ Hornhaut haben, um besser im Nahbereich bei der Nahrungsaufnahme winzige Tiere sehen zu können. Leben in Gruppen 1–2 m über Felsen oder Korallen, um nach Zooplankton zu jagen. Harems. ♂ sind größer und farbiger. Territorial. *Pseudocheilinus* Arten leben bodennah und einzeln.

1 *Cirrhilabrus blatteus* Springer & Randall **Keilschwanz-Zwerglippfisch** 16 cm
Ökologie: auf Fels- und Korallenböden, 40–50 m.
Verbreitung: Rotes Meer

2 *Cirrhilabrus balteatus* Randall **Fenster-Zwerglippfisch** 10 cm
Ökologie: Lagunen und Außenriffe, 7–22 m. Auf Geröll, Korallen oder Algen.
Verbreitung: Marshall I.

3 *Cirrhilabrus cyanopleura* Bleeker **Blaukopf-Zwerglippfisch** 12 cm
Ähnlich: *C. ryukyuensis* (Philippinen bis s. Japan), mit gelbem Seitenfleck.
Ökologie: in Ansammlungen entlang klarer Lagunenränder und Außenriffe, 2–20 m. Männchen haben große Harems. Schneller Schwimmer. Häufig.
Verbreitung: Thailand bis Neuguinea, n. bis Izu I., s. bis w. Australien

4 *Cirrhilabrus exquisitus* Smith **Masken-Zwerglippfisch** 11 cm
Ökologie: Außenriffe mit reichem Korallenbewuchs, 3–32 m. Häufig, besonders Weibchen, die in großen Ansammlungen dicht über dem Substrat Zooplankton jagen.
Verbreitung: Ostafrika bis Polynesien, n. bis Izu I., s. bis GBR, Transkei

5 *Cirrhilabrus johnsoni* Randall **Johnsons Zwerglippfisch** 6 cm
Ähnlich: *C. lunatus* (Ryukyus & Bonin I.), deren Männchen orange-schwarz sind.
Ökologie: zwischen dichten Algenteppichen von tiefen Lagunen, 18–28 m.
Verbreitung: Marshall I.

6 *Cirrhilabrus jordani* Snyder **Hawaii-Zwerglippfisch** 10 cm
Ökologie: Außenriffe, ab 18 m. Versammeln sich über Geröll am Fuß von Dropoffs.
Verbreitung: Hawaii I.

7 *Cirrhilabrus luteovittatus* Randall **Feuer-Zwerglippfisch** 12 cm
Ökologie: in großen Ansammlungen über Fleckriffen mit Geröll, 7–25 m.
Verbreitung: ö. Karolinen und Marshall I.

8 *Cirrhilabrus rhomboidalis* Randall **Rhomboid-Zwerglippfisch** 8,5 cm
Ökologie: steile Außenriffhänge, dicht über Sand oder Geröll; in ca. 40 m.
Verbreitung: Marshall I. (Kwajalein Atoll)

9 *Cirrhilabrus rubriventralis* Springer & Randall **Rotmeer-Zwerglippfisch** 7,5 cm
Ökologie: über Korallen und Geröll von Saumriffen, 3–43 m.
Verbreitung: n. Rotes Meer

10 *Cirrhilabrus rubripinnis* Randall & Carpenter **Rotflossen-Zwerglippfisch** 8 cm
Ökologie: am Fuß von Geröll- und Korallenabhängen, um 30 m.
Verbreitung: Philippinen

11 *Cirrhilabrus temminckii* Bleeker **Pfauen-Zwerglippfisch** 10 cm
Ähnlich: *C. katherinae* (Marianen, Izu I.), hat einen dunklen Achselfleck in der Brustflosse. Mehrere ähnliche unbeschriebene Arten.
Ökologie: Außenriffe. Über lockerem Geröll, vergesellschaftet mit *C. exquisitus.*
Verbreitung: Bali bis Neuguinea, n. bis s. Japan, s. bis nw. Australien

12 *Cirrhilabrus labouti* Randall & Lubbock **Labouts Zwerglippfisch** 11 cm
Ökologie: Außenriffe und Innenriffhänge, 7–55 m. Über Geröllzonen.
Verbreitung: GBR, Coral Sea, Neukaledonien, Loyalty I.

13 *Cirrhilabrus scottorum* Randall & Pyle **Scotts Zwerglippfisch** 12 cm
Ähnlich: *C. melanomarginatus* (Taiwan-Philipp.), ohne Gelb am Kopf. Roter Schwanz.
Ökologie: Außenriffhänge, 3–40 m. In kleinen Gruppen über Korallen oder Geröll.
Verbreitung: Coral Sea, Fiji, Samoa, Society, Tuamotu und Pitcairn I.

14 *Cirrhilabrus lubbocki* Randall & Carpenter **Lubbocks Zwerglippfisch** 8 cm
♂ bei Celebes mit gelber Stirn und Rücken, sowie gelben Rücken- und Afterflossen.
Ökologie: Außenriffe, 4–45 m. In Gruppen dicht über Astkorallen oder Geröll.
Verbreitung: Philippinen, Indonesien (Celebes)

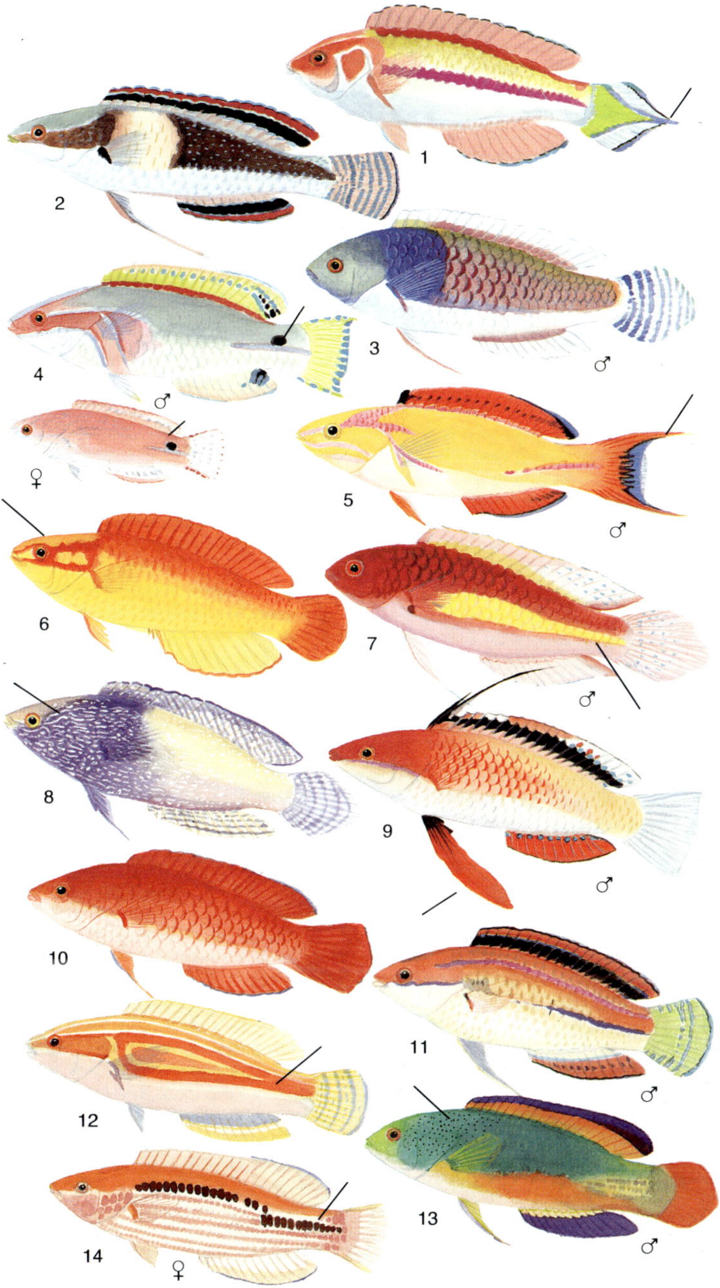
1
2
3
♂
4
♂
♀
5
♂
6
7
♂
8
9
♂
10
11
♂
12
13
♂
14
♀

1 *Coniella apterygia* Allen **Flossenloser Lippfisch** 8 cm
Der einzige Korallenfisch, der keine Bauchflosse besitzt!
Ökologie: steile Außenriffhänge, über Geröll mit Korallenstöcken, 30–40 m.
Verbreitung: nur nw. Australien (Rowley Shoals)

2 *Paracheilinus bellae* Randall **Pracht-Fahnenlippfisch** 6,5 cm
Ökologie: zwischen dichten Algenteppichen von tiefen Lagunen, 18–31 m.
Verbreitung: Marshall I. (Kwajalein Atoll)

3 *Paracheilinus filamentosus* Allen **Filament-Fahnenlippfisch** 8 cm
Ökologie: Außenriffe und Hänge von Riffkanälen, 4–35 m. Männchen zeigt türkisblaue 2. Rückenflosse bei der Balz. In Gruppen über Geröll.
Verbreitung: Bali bis Neuguinea, Salomon I., n. bis Philippinen

4 *Paracheilinus carpenteri* Randall & Lubbock **Carpenters Fahnenlippfisch** 8 cm
Ökologie: am Fuß steiler Außenriffe, dicht über Korallen und Geröll, 27–40 m.
Verbreitung: Philippinen

5 *Paracheilinus lineopunctatus* Randall & alt. **Rotwein-Fahnenlippfisch** 6,5 cm
Ökologie: Basis von Außenhängen, dicht über Geröll oder Korallen, 15–40 m.
Verbreitung: Philippinen

6 *Paracheilinus octotaenia* Fourmanoir **Rotmeer-Fahnenlippfisch** 9 cm
Ökologie: korallenreiche Hänge von Saumriffen, 8–>25 m. Häufig in Haremsgruppen: auf ein Männchen kommen ca. 5–12 Weibchen. Schneller Schwimmer. Häufig.
Verbreitung: Rotes Meer

7 *Paracheilinus mccoskeri* Randall & Harmelin-V. **McCoskers Fahnenlippfisch** 7 cm
Ökologie: äußere Riffhänge, 5–40 m. Dicht über Geröll, Algen oder Korallen.
Verbreitung: Komoren, Malediven, Seychellen, Similan I., Bali, Flores

8 *Paracheilinus angulatus* Randall & Lubbock **Philippinen-Fahnenlippfisch** 7 cm
Ähnlich: *P. hemitaeniatus* (Madagaskar, 42–45 m), runde Rücken- und Afterflossen.
Ökologie: nicht genau bekannt (ähnlich wie obige Arten?)
Verbreitung: Philippinen

9 *Pseudocheilinus evanidus* Jordan & Evermann **Weißbart-Zwerglippfisch** 8 cm
Pseudocheilinus Arten bleiben nahe am Boden und immer in Versatecknähe. Normalerweise einzeln, ernähren sich von kleinen, benthischen Wirbellosen.
Ökologie: auf Korallengeröll oder zwischen Astkorallen an Außenhängen, 6–>40 m.
Verbreitung: Rotes Meer bis Hawaii, Tuamotus; n. bis Izu I., s. GBR, Natal

10 *Pseudocheilinus hexataenia* (Bleeker) **Sechslinien-Zwerglippfisch** 7 cm
Ökologie: Außenriffe, 2–35 m. Zwischen Astkorallen. Sehr versteckt lebend. Häufig.
Verbreitung: Rotes Meer bis Tuamotus, s. bis Natal, Lord Howe, Australien

11 *Pseudocheilinus octotaenia* Jenkins **Achtlinien-Zwerglippfisch** 12 cm
Ökologie: Außenriffe, zwischen Korallenästen oder Geröll sowie in Höhlen, 2–50 m.
Verbreitung: Ostafrika bis Hawaii, n. bis Ryukyus, s. bis GBR, Madagaskar

12 *Pseudocheilinus tetrataenia* (Schultz) **Vierlinien-Zwerglippfisch** 7,5 cm
Ökologie: Außenriffe, zwischen Korallen oder Geröll; 6–44 m. Sehr versteckt lebend.
Verbreitung: Palau bis Hawaii, Tuamotus; s. bis Austral I.

13 *Pseudocheilinus sp.* **Streifen-Zwerglippfisch** 5 cm
Ökologie: Außenriffe, zwischen Korallen oder Geröll, >25 m. Versteckt lebend.
Verbreitung: Guam, GBR (und andere westpazifische Fundorte)

14 *Pteragogus flagellifera* (Valenciennes) **Stachel-Lippfisch** 20 cm
Männchen: rotbraun mit gelblichen Schuppenrändern. Weibchen: s. Abb.
Ökologie: zwischen Seegras und Algen in Riffnähe. Männchen sind territorial und bewachen ein großes Gebiet mit bis zu 30 Haremsweibchen.
Verbreitung: Ostafrika bis Neuguinea, n. bis s. Japan, s. bis GBR, Natal

15 *Pteragogus cryptus* Randall **Kryptus-Lippfisch** 9,5 cm
Ähnlich: *P. pelycus* (Rotes Meer bis Mauritius), *P. guttatus* (Indo-Austral.) und *P. enneacanthus* (Westpazifik). *P. talinops* (w. Ind. Ozean).
Ökologie: Lagunen und Außenriffe, 4–67 m. Zwischen Algen, Hart- u. Weichkorallen.
Verbreitung: Rotes Meer bis Samoa, n. bis Philippinen und Marianen, s. bis GBR

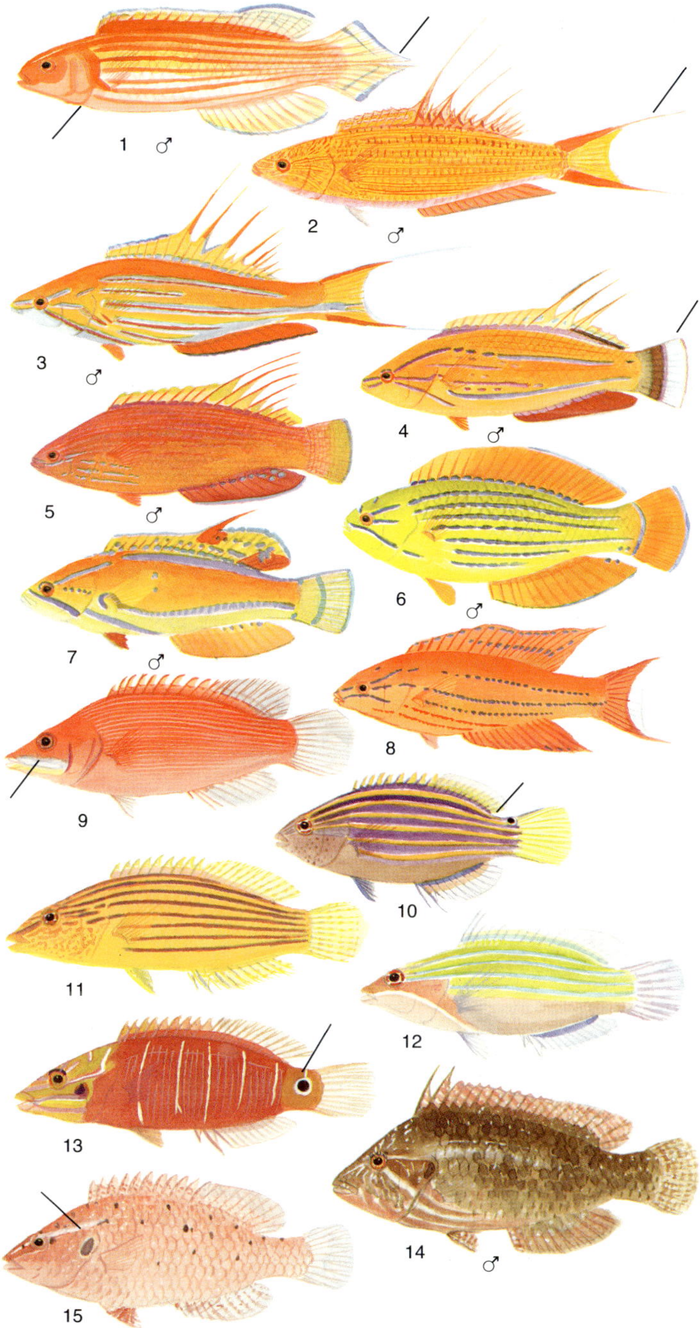
1 ♂
2 ♂
3 ♂
4 ♂
5 ♂
6 ♂
7 ♂
8
9
10
11
12
13
14 ♂
15

Tribus **Junkerlippfische** *(Julidini):* ein oder mehrere Paare von herausragenden Kieferzähnen und gut entwickelte Schlundzähne. Leben von benthischen Wirbellosen und Fischen. Alle Arten der Gattung *Anampses,* die bisher untersucht wurden, vergraben sich nachts im Sand. Aquarium: einige sind haltbar, aber zu wenig bekannt.

1 *Anampses meleagrides* Valenciennes **Gelbschwanz-Perljunker** 22 cm
Typisch für die Gattung: ein Paar vorstehende Zähne, unterschiedliche Geschlechtsfärbung und keine Schuppen am Kopf. Schlafen nachts im Sand.
Ökologie: Außenriffe, gemischt mit Korallen, Geröll, Felsen und Sand, 4–60 m. Einzeln oder in Paaren. Weibchen gelegentlich in Gruppen bis 20 Ex. Wenig scheu.
Verbreitung: Rotes Meer bis Tuamotus, n. bis s. Japan, s. bis Lord Howe, Natal

2 *Anampses melanurus* Bleeker **Schwarzbinden-Perljunker** 12 cm
Ökologie: einzeln oder paarweise in der Brandungszone, bis 30 m. Frißt kleine Krebse, Mollusken und Polychaeten. Schläft nachts vergraben im Sand.
Ökologie: Rotes Meer bis Oster I., n. bis Ryukyus, s. bis Lord Howe I.

3 *Anampses lineatus* Randall **Linien-Perljunker** 12 cm
Ökologie: paarweise auf korallenreichen Saumriffen, 15–45 m. Jungtiere in flachen Zonen. Wenig scheu. Manchmal einzeln.
Verbreitung: Rotes Meer bis Bali, s. bis Natal

4 *Anampses chrysocephalus* Randall **Rotschwanz-Perljunker** 17 cm
Ökologie: Außenriffe, gewöhnlich unterhalb 15 m. Weibchen in kleinen Gruppen und begleitet von einem Männchen. Wichtiger Aquarienfisch auf Hawaii.
Verbreitung: Hawaii I.

5 *Anampses neoguinaicus* Bleeker **Neuguinea-Perljunker** 15 cm
Ökologie: korallenreiche Küstenriffe, 5–25 m. Um Fiji I. weit verbreitet.
Verbreitung: Taiwan bis Fiji, n. bis Izu I., s. bis GBR, Neukaledonien, Flores

6 *Anampses twisti* Bleeker **Gelbbrust-Perljunker** 18 cm
Keine großen Geschlechtsunterschiede wie bei anderen Arten der Gattung.
Ökologie: klare Lagunen und Außenriffe mit Korallen, Geröll, Felsen oder Sand; von der Brandungszone bis 30 m. Häufig. Wenig scheu.
Verbreitung: Rotes Meer bis Frz. Polynesien, n. bis Ryukyus, s. bis GBR, Mauritius

7 *Anampses geographicus* Valenciennes **Brauner Perljunker** 31 cm
Männchen dunkelbraun mit blauen Linien am Kopf. Keilschwanz.
Ökologie: Küstenriffe, oft in Seegras- und Algenwiesen.
Verbreitung: Mauritius bis Fiji, n. bis Ryukyus, s. bis sw. Australien, Lord Howe

8 *Anampses caeruleopunctatus* Rüppell **Diamanten-Perljunker** 42 cm
Ökologie: Brandungszonen von Korallenriffen oder Felsküsten, selten bis 30 m. Einzeln oder in Paaren. Fressen kleine Krebse, Mollusken und Polychaeten.
Verbreitung: Rotes Meer bis Oster I., n. bis s. Japan, s. bis Lord Howe, Südafrika

9 *Anampses femininus* Randall **Blauschwanz-Perljunker** 24 cm
Ökologie: in Gruppen auf Sand und Geröll in Kelpzonennähe, 10–30 m. Territorial.
Verbreitung: Neukaledonien bis Oster I., s. bis Lord Howe (hier häufig), GBR

10 *Anampses lennardi* Scott **Blaugelber Perljunker** 28 cm
Männchen blau mit undeutlichem, gelbem Fleck über der Brustflosse.
Ökologie: einzeln oder in Paaren in der Brandungszone, bis mindestens 24 m. Frißt vorwiegend Krebstiere.
Verbreitung: nw. Australien

11 *Anampses elegans* (Ogilby) **Eleganter Perljunker** 29 cm
Ökologie: vorwiegend in Lagunen, 2–35 m. Weibchen in Ansammlungen bis 80 Ex., Männchen territorial. Auch auf Felsriffen. Um Lord Howe I. häufig
Verbreitung: GBR, Lord Howe, Neukaled., Norfolk I., Neuseeland, Rapa, Pitcairn

12 *Anampses cuvier* Quoy & Gaimard **Hawaii-Perljunker** 31 cm
Männchen ähnelt dem ♂ von *A. caeruleopunctatus* (Nr. 8).
Ökologie: einzeln oder in Paaren in der Brandungszone von Felsriffen, 1->24 m. Ernährt sich vorwiegend von Krebstieren.
Verbreitung: Hawaii I. (hier fehlt *A. caeruleopunctatus*)

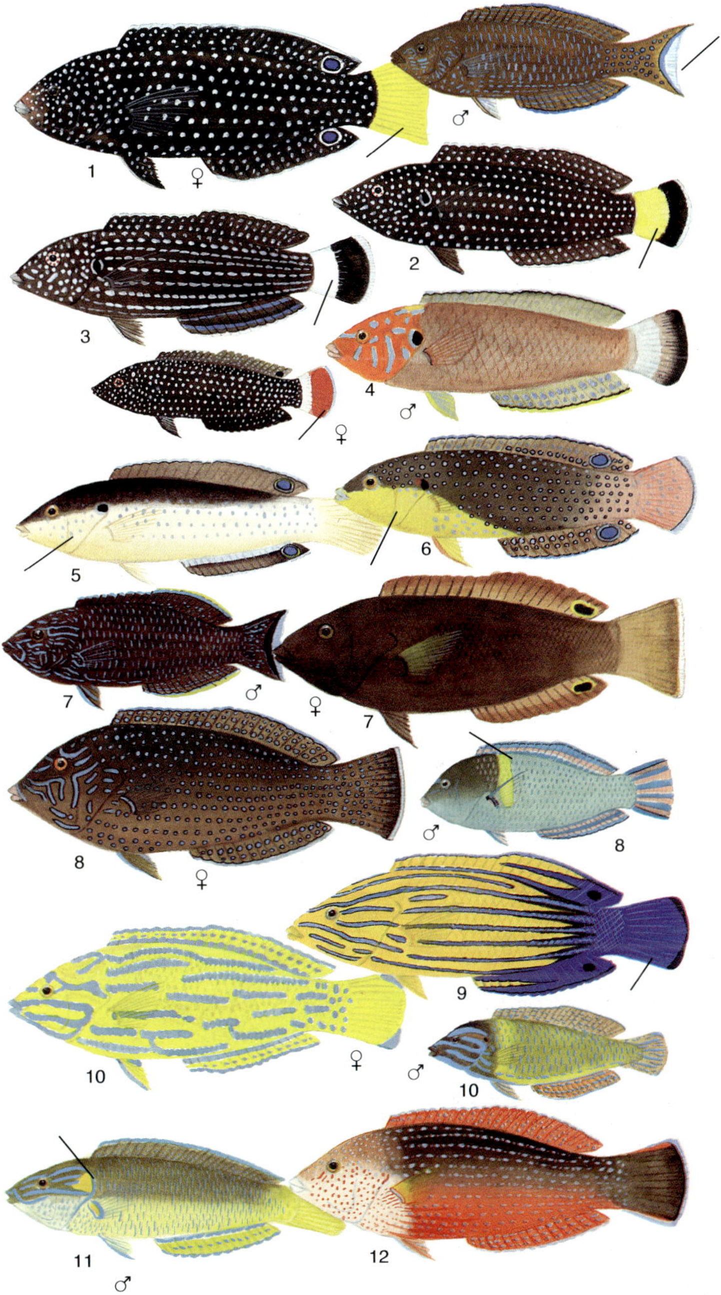
1 ♀
♂
2
3
♀
4 ♂
5
6
7 ♂
♀ 7
8 ♀
♂ 8
9
10 ♀
♂ 10
11 ♂
12

1 *Coris aygula* Lacépède **Spiegelfleck-Junker** 120 cm
Typisch für die Gattung *Coris* sind ein Paar vorstehende Zähne, keine Schuppen unter dem Auge und unterschiedliche Geschlechtsfärbung. Sie schlafen alle nachts im Sand.
Ökologie: exponierte Außenriffdächer, Lagunen und Außenriffe, 2->30 m. Gewöhnlich über Sand- und Geröllzonen. Frißt hartschalige Wirbellose.
Verbreitung: Rotes Meer bis Polynesien, n. bis s. Japan, s. bis Lord Howe, Transkei

2 *Coris gaimard* (Quoy & Gaimard) **Gelbschwanz-Junker** 38 cm
Jungtiere ohne schwarzen Fleck in der Rückenflosse.
Ökologie: gemischte Korallen- , Sand- und Geröllzonen exponierter Außenriffe, Lagunen und Riffdächer; 3-50 m. Nahrung: Mollusken, Krebse und Seeigel.
Verbreitung: Christmas I. bis Polynesien, n. bis s. Japan, s. bis Neukaledonien

3 *Coris africana* Smith **Afrika-Junker** 40 cm
Grundfarbe: ziegelrot mit typischen grünen Kopfstreifen. Juv. dunkler als *C. gaimard*.
Ökologie: korallenreiche Riffe, 5-50 m. Über Geröll und Sand. Ein schneller und ruheloser Schwimmer, der dicht am Boden bleibt. Scheu. Nicht selten.
Verbreitung: Rotes Meer bis w. Thailand, s. bis Südafrika

4 *Coris frerei* Günther **Königs-Junker** 60 cm
Deutliche Geschlechtsunterschiede. Juv. mit schwarzem Fleck in der Rückenflosse, wirken unter Wasser deutlich dunkler als die Juvenilen von *C. gaimard.*
Ökologie: flache, exponierte Außenriffe mit Sand, Geröll und Felsen, 2-30 m. Juvenile in der Nähe von *Acropora* Korallen. Sporadisch. Auf den Seychellen häufig.
Verbreitung: Ostafrika bis Sri Lanka, Malediven, s. bis Durban

5 *Coris venusta* Vaillant & Sauvage **Venus-Junker** 19 cm
Ökologie: häufig auf flachen Sand- und Geröllgebieten. Frißt benthische Wirbellose.
Verbreitung: Hawaii I.

6 *Coris batuensis* Günther **Flecken-Junker** 17 cm
Ähnlich: *C. variegata* (Rotes Meer), ist blasser und hat sechs helle Bänder.
Ökologie: klare, flache Lagunen und Außenriffe, 1->15 m. Besonders an Riffkanten.
Verbreitung: Rotes Meer bis Marshall I., n. bis s. Japan, s. bis s. GBR

7 *Coris caudimacula* (Quoy & Gaimard) **Schwanzfleck-Junker** 20 cm
Ähnlich wie *C. dorsomacula* und *C. venusta,* aber ohne dunklen Fleck am hinteren Ende der Rückenflosse.
Ökologie: Geröll-, Sand- und Seegrasgebiete, 2-25 m. In Bodennähe. Einzelgänger.
Verbreitung: Rotes Meer bis Indonesien, nw. Australien, s. bis Südafrika

8 *Coris dorsomacula* (Fowler) **Flossenfleck-Junker** 20 cm
Ökologie: über Geröll, Sand oder Seegras von Fels- und Korallenriffen, 2-32 m.
Verbreitung: s. Japan, s. bis Indonesien

9 *Coris ballieui* Vaillant & Sauvage **Rosa Hawaii-Junker** 33 cm
Männchen vorwiegend blau. 2. Stachelstrahl etwas verlängert.
Ökologie: Sand- und Geröllgebiete; 20-80 m, selten flacher.
Verbreitung: Hawaii I.

10 *Coris pictoides* Randall & Kuiter **Schwarzstreifen-Junker** 10,5 cm
Ähnlich: Anfangsphase von *C. picta* (Taiwan, s. Japan, sö. Australien, n. NZ).
Ökologie: in Gruppen an kleinen Korallenköpfen, über Sand und Geröll, 9-33 m.
Verbreitung: Malaysia bis nw. und sö. Australien, n. bis Philippinen

11 *Coris flavovittata* Bennett **Blauer Hawaii-Junker** 51 cm
Weibchen ähnelt *C. pictoides* – nur mit schwarzer Schwanzbinde. Junge ähneln *Coris bulbifrons* (s. Coral Sea), (s. Taf. 139-6).
Ökologie: Riffe mit Sand und Geröllzonen. Frißt vorwiegend Seeigel, Mollusken, Einsiedlerkrebse und Seesterne.
Verbreitung: Hawaii I.

12 *Coris auricularis* (Valenciennes) **Australischer Junker** 40 cm
Weibchen mit braunem Rückenstreifen.
Ökologie: flache Fels- und Korallenriffe mit Sand. Juv. und ♀ haben Putzerstationen.
Verbreitung: Westaustralien (Coral Bay, s. bis Recherche Archipel)

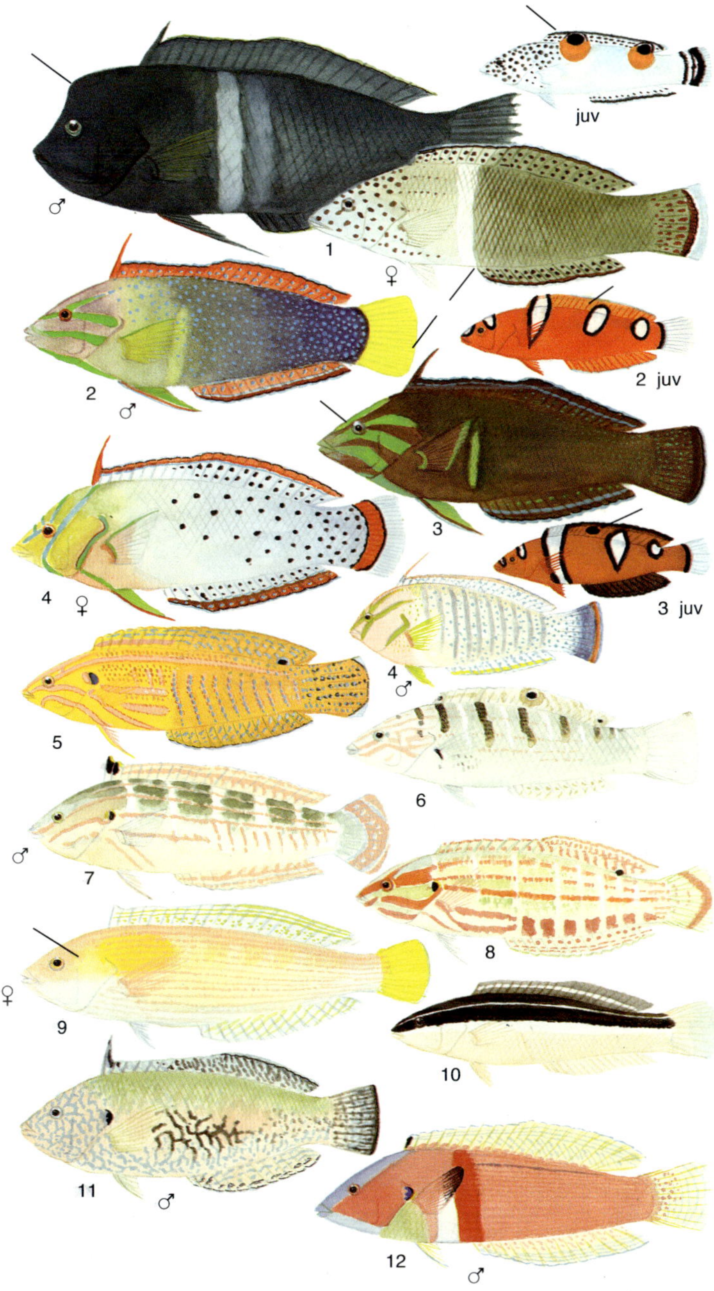
juv
♂
1
♀
2
♂
2 juv
3
4
♀
3 juv
4
♂
5
6
♂
7
8
♀
9
10
11
♂
12
♂

1 *Halichoeres hortulanus* (Lacépède) **Schachbrett-Junker** 27 cm
Halichoeres Arten haben nicht so stark entwickelte Vorderzähne wie *Anampses* und *Coris.* Sie fressen kleine Wirbellose und schlafen eingegraben im Sand. Farbe variabel: Der zweite gelbe Fleck fehlt bei der Population im Indischen Ozean.
Ökologie: Sandflächen von klaren Lagunen und Außenriffen, 1->30 m. Jungtiere oft am Boden von Riffkanälen. Wenig scheu. Häufig.
Verbreitung: Rotes Meer bis Frz. Polynesien, n. bis s. Japan, s. bis GBR, Transkei

2 *Halichoeres trimaculatus* (Quoy & Gaimard) **Doppelfleck-Junker** 27 cm
Weibchen hat nur einen schwarzen Fleck.
Ökologie: Sandflächen von Riffdächern, Lagunen und geschützten Außenriffen, 0,2–18 m. Oft mit Meerbarben vergesellschaftet.
Verbreitung: Christmas I. bis Line I., n. bis s. Japan, s. bis Lord Howe

3 *Halichoeres marginatus* Rüppell **Streifen-Junker** 17 cm
Weibchen haben einen schwarzen Augenfleck und sind olivgrün.
Ökologie: Lagunen und Außenriffe, 1–30 m. Besonders an korallenreichen Riffkanten. Wenig scheu und häufig. Männchen wirkt sehr dunkel unter Wasser.
Verbreitung: Rotes Meer bis Frz. Polynesien, n. bis s. Japan, s. bis GBR, Transkei

4 *Halichoeres scapularis* (Bennett) **Zickzack-Junker** 20 cm
Weibchen mit schwarzem Seitenstreifen, sonst weißlich.
Ökologie: Riffdächer und flache Lagunenriffe mit gemischtem Sand, Geröll und Korallen, 1–25 m. Auch auf Seegras und Felsen. Oft Meerbarben begleitend.
Verbreitung: Rotes Meer bis Neuguinea, n. bis s. Japan, s. bis GBR, Natal

5 *Halichoeres chloropterus* (Bloch) **Grüner Junker** 9 cm
Dunkler Fleck an der Seite kann fehlen. Männchen ohne schwarze Punkte.
Ökologie: Lagunenriffe, 0,5–10 m. Gebiete mit Sand, Geröll, Algen und Korallen.
Verbreitung: Sumatra bis Salomon I., n. bis Philippinen, s. bis GBR

6 *Halichoeres leucoxanthus* Randall & Smith **Kanarienvogel-Junker** 11 cm
Männchen ohne schwarze Ocelli in der Rückenflosse.
Ökologie: auf offenen Sand- und Geröllböden an Rifframdern, 7–60 m. Scheu.
Verbreitung: Malediven (häufig) bis Andaman Sea und Java

7 *Halichoeres chrysus* Randall **Zitronen-Junker** 12 cm
Ökologie: an Riffrändern mit Sand und Geröll, 2–60 m. Oft an Korallenköpfen.
Verbreitung: Christmas I. bis Marshall I., n. bis s. Japan, s. bis sö. Australien

8 *Halichoeres prosopeion* (Bleeker) **Blaukopf-Junker** 13 cm
Ökologie: korallreiche Außenriffhänge und Lagunen, 2–40 m.
Verbreitung: Indonesien bis Samoa, n. bis Ryukyus, s. bis s. GBR

9 *Halichoeres iridis* Randall & Smith **Regenbogen-Junker** 11 cm
Ökologie: Außenriffe, 6-43 m. Gewöhnlich an Felsriffen mit Geröll, Sand und wenig Korallen, ab 14 m. Einzelgänger. Bodennah. Nicht häufig.
Verbreitung: Ostafrika bis Seychellen, Chagos, s. bis Mauritius, Südafrika

10 *Halichoeres melanochir* Fowler & Bean **Brustfleck-Junker** 10 cm
Juvenile ähneln *H. marginatus,* aber mit gelber Brustflosse.
Ökologie: am Rande von sandigen Flecken an äußeren Korallenriffhängen, ab 5 m.
Verbreitung: Philippinen, Taiwan, s. Japan, s. bis nw. Australien

11 *Halichoeres podostigma* Bleeker **Grünschwanz-Junker** 18,5 cm
Ökologie: äußere Riffdächer und obere Riffhänge von Küstenriffen, 2->25 m.
Verbreitung: Philippinen, Indonesien (häufig von Bali bis Flores)

12 *Halichoeres melasmapomus* Randall **Ohrfleck-Junker** 24 cm
Juvenile mit drei Augenflecken in der Rückenflosse, sonst gleich aussehend.
Ökologie: korallenreiche Dropoffs mit vielen Spalten, 10-55 m. Gewöhnlich unterhalb von 33 m am Fuß von steilen Hängen. Scheu, immer in Verstecknähe.
Verbreitung: Christmas I. bis Frz. Polynesien, n. bis Philippinen, s. bis GBR

13 *Halichoeres trispilus* Randall & Smith **Pinky Junker** 9 cm
Ökologie: Sand- und Geröllgebiete von tiefen Lagunen und Außenriffen, 24-56 m.
Verbreitung: Malediven, Mauritius (vielleicht weiter verbreitet)

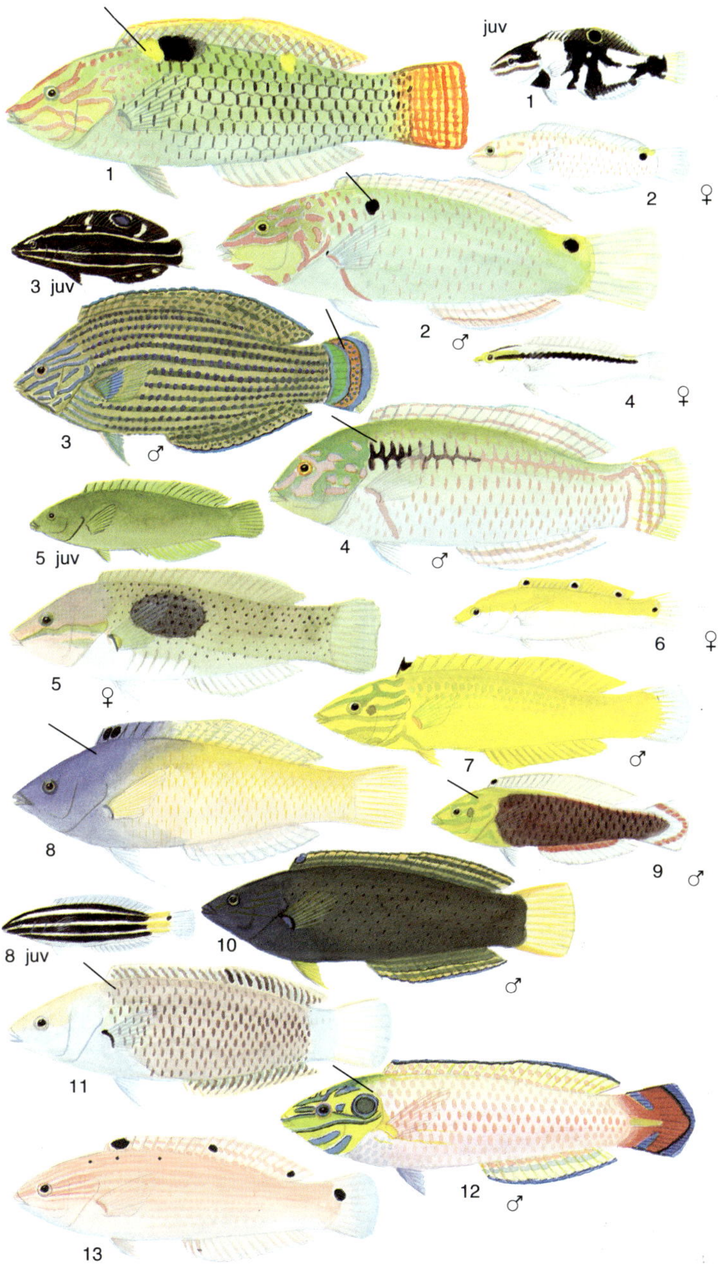
juv
1
1
2 ♀
3 juv
2 ♂
3 ♂
4 ♀
4 ♂
5 juv
6 ♀
5 ♀
7 ♂
8
9 ♂
10
8 juv
♂
11
12 ♂
13

1 *Halichoeres nebulosus* (Valenciennes) **Nebel-Junker** 12 cm
Bumerangförmiger Streifen unter dem Auge.
Ökologie: vorwiegend auf Innenriffen, 1–40 m. Jungtiere oft auf Sand.
Verbreitung: Rotes Meer bis Neuguinea, n. bis s. Japan, s. bis GBR, Südafrika

2 *Halichoeres margaritaceus* (Valenciennes) **Kirschflecken-Junker** 13 cm
Schräger, roter Streifen unter dem Auge, Weibchen mit kirschrotem Bauchfleck. Ähnlich: *H. miniatus* (Ryukyus bis nö. Australien), ♂ mit einer „8“ Figur unter dem Auge.
Ökologie: Riffdächer, Riffränder und Felsküsten, oft in Algengebieten mit Brandungszonen. Sehr häufig auf flachen Riffen.
Verbreitung: Cocos-Keeling bis Frz. Polynesien, n. bis s. Japan, s. bis NSW

3 *Halichoeres biocellatus* Schultz **Ocellus-Junker** 12 cm
Dunkles Rechteck hinter dem Auge, „U“- förmiges Muster auf dem Schwanz.
Ökologie: Außenriffe, 7–>35 m. Gewöhnlich in gemischten Korallen- und Felsgebieten mit sandigen Flecken. Bevorzugt Riffkanten.
Verbreitung: Philippinen bis Fiji, n. bis s. Japan, s. bis Flores, GBR

4 *Halichoeres argus* (Bloch & Schneider) **Argus-Junker** 11 cm
Ökologie: flache Küstenriffe des Kontinentalschelfs. Auch auf Seegraswiesen.
Verbreitung: Sri Lanka bis Fiji, n. bis Taiwan, s. bis n. Australien

5 *Halichoeres ornatissimus* (Garrett) **Ornament-Junker** 17 cm
Ökologie: Lagunen und Außenriffe mit reichem Korallenbewuchs und Sandflecken.
Verbreitung: s. Japan bis Hawaii, Frz. Polynesien, s. bis GBR

6 *Halichoeres cosmetus* Randall & Smith **Schmuck-Junker** 13 cm
Ökologie: regelmäßig auf flachen Fels- und Korallenriffen, 2–30 m. Häufig um Mauritius.
Verbreitung: Ostafrika bis Malediven, s. bis Mauritius, Südafrika

7 *Halichoeres melanurus* (Bleeker) **Grünblauer Junker** 12 cm
Weeibchen dieser Art und von *H. purpurascens, H. vrolikii und H. richmondi* zeigen Mimikry von jungen Zackenbarschen: *A. leucogrammicus* (Taf. 24-2).
Ökologie: Fleckriffe in Lagunen und an Korallenriffen mit Sandflecken, 1–>15 m.
Verbreitung: Indonesien bis Samoa, n. bis Ryukyus, s. bis s. GBR

8 *Halichoeres vrolikii* (Bleeker) **Vroliks Junker** 13 cm
Ökologie: flache Lagunen und Riffkanäle mit gemischten Korallen und Sand, 1–20 m.
Verbreitung: Malediven bis Bali, n. bis Andaman Sea

9 *Halichoeres dussumieri* (Valenciennes) **Diamant-Junker** 13 cm
Ähnlich: *H. schwartzi* (Indonesien), häufig auf Riffdächern.
Ökologie: flache Algenzonen felsiger Küstenufer ohne reichen Korallenbewuchs.
Verbreitung: sö. Indien bis Philippinen, n. bis Hongkong, s. bis nw. Australien

10 *Halichoeres timorensis* (Bleeker) **Timor-Junker** 14 cm
Ökologie: flache, algenreiche Küstenriffe mit mäßigem Korallenbewuchs, 3–15 m.
Verbreitung: Sri Lanka bis Indonesien, Neuguinea, n. bis Thailand

11 *Halichoeres zeylonicus* (Bennett) **Ceylon-Junker** 20 cm
Ähnlich: *H. pelicieri* (Mauritius), dunkle Rückenflosse und ohne gelben Streifen.
Ökologie: offene Sand- und Geröllzonen, oft an Korallenköpfen, 10–85 m
Verbreitung: Rotes Meer bis Samoa, n. bis s. Japan, Arab. Golf s. bis Ostafrika

12 *Halichoeres sp.* **Rotkäppchen-Junker** 10 cm
Ökologie: küstennahe Fleckriffe mit reichem Korallenbewuchs, 10–35 m. Männchen hat ein klar abgegrenztes Revier und besucht regelmäßig „stationäre“ Weibchen.
Verbreitung: Indonesien (nur bei Flores)

13 *Halichoeres purpurascens* (Schneider) **Goldperlen-Junker** 13 cm
Ökologie: flache Lagunen und Riffkanäle mit reichem Korallenbewuchs und verstreuten Sandflecken, bis 15 m.
Verbreitung: Indonesien, Philippinen, Palau

14 *Halichoeres richmondi* (Fowler & Bean) **Richmonds Junker** 19 cm
Ökologie: flache Lagunen, Riffkanten und Riffkanäle, bis mindestens 12 m.
Verbreitung: Java, Philippinen bis Marshall I., n. bis Ryukyus

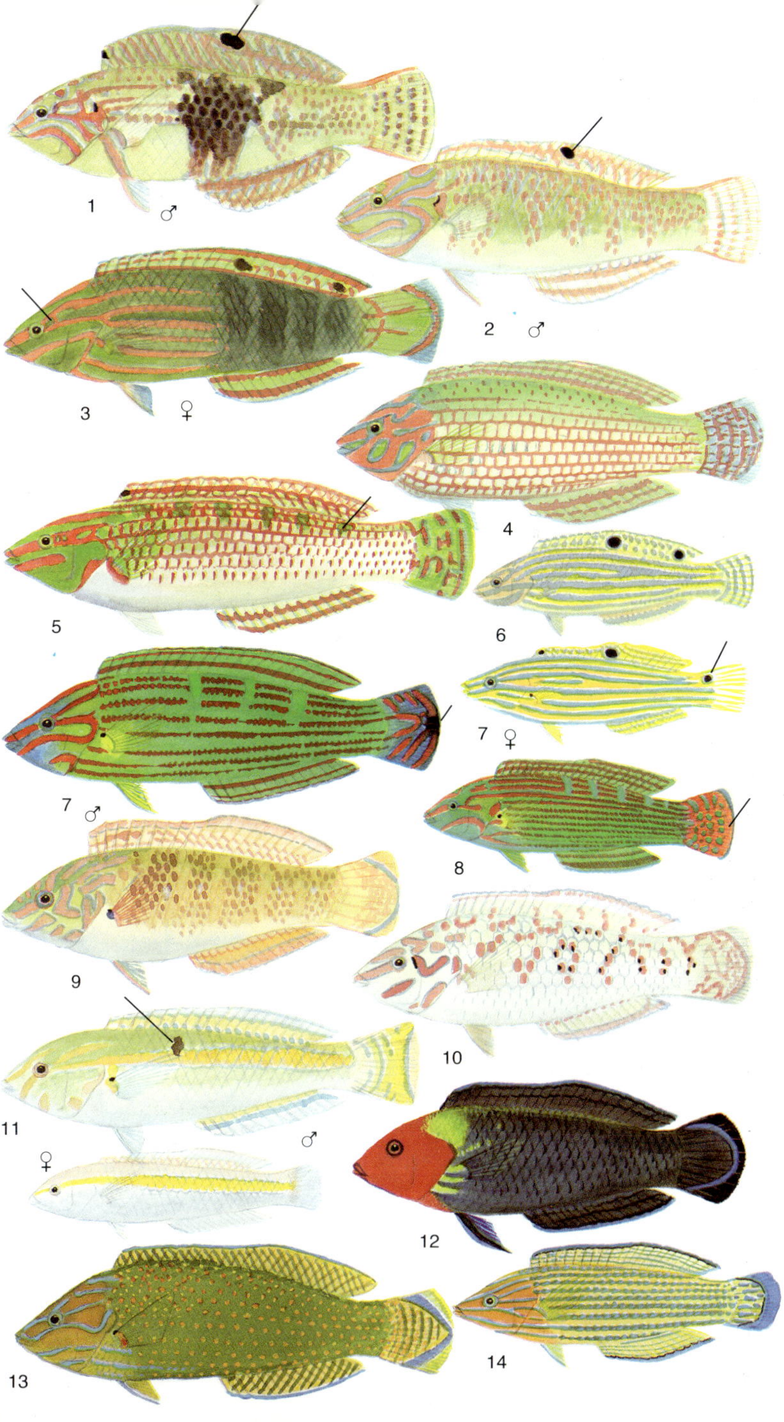

1 ♂
2 ♂
3 ♀
4
5
6
7 ♀
7 ♂
8
9
10
11 ♂
♀
12
13
14

1 *Hemigymnus fasciatus* (Bloch) **Streifen-Bannerlippfisch** 50 cm
Während der Balz kann das Männchen die dunklen und weißen Bänder „umkehren".
Ökologie: geschützte Lagunen und Außenriffe, 1->18 m. Juv. zwischen Astkorallen, sie ernähren sich von Krebsplankton. Adulte bevorzugen geschützte Riffe mit gemischten Sand-, Geröll- und Korallenzonen. Sie ernähren sich von Wirbellosen, die sie aus dem Sand ziehen. Oft werden Seeigel und Weichtiere gefressen.
Verbreitung: Rotes Meer bis Tahiti, n. bis s. Japan, s. bis Lord Howe, Madagaskar

2 *Hemigymnus melapterus* (Bloch) **Zweifarben-Bannerlippfisch** 50 cm
Jungtiere zeigen Zweifarbigkeit, die während des Wachstums verlorengeht.
Ökologie: Lagunen und Außenriffe, 1–30 m. Juvenile leben zwischen Astkorallen, sie ernähren sich von Krebsplankton. Adulte in gemischten Sand-, Geröll- und Korallenzonen. Fressen benthische Wirbellose, besonders hartschalige Formen. Man sieht sie häufig Sand fressen, der dann wieder „ausgespuckt" wird.
Verbreitung: Rotes Meer bis Society I., n. bis Ryuk., s. bis L. Howe, s. Mozambique

3 *Hologymnosus annulatus* (Lacépède) **Gestreifter Hechtlippfisch** 40 cm
Männchen kann einen hellen Streifen vor der Afterflosse haben. Jungtiere zeigen Mimikry des Torpedobarsches (*Malacanthus latovittatus,* Taf. 40-2)
Ökologie: einzeln an Außenriffen mit gemischtem Sand, Geröll, Korallen und Felsblöcken, 3–25 m. Frißt vorwiegend kleine Fische und gelegentlich Krebstiere. Juvenile einzeln, oft an größeren Korallenköpfen.
Verbreitung: Rotes Meer bis Pitcairn I., n. bis s. Japan, s. bis Ostafrika, sö. Australien.

4 *Hologymnosus doliatus* (Lacépède) **Pastell-Hechtlippfisch** 38 cm
Männchen hat einen breiten, hellen Streifen vor der Afterflosse.
Ökologie: Außenriffe mit gemischtem Sand, Geröll und Korallen. Einzeln. Frißt vorwiegend Fische, gelegentlich Krebse. Juvenile in Gruppen dicht am Boden. Adulte oft 1–2 m über dem Substrat und in der Nähe von großen Felsblöcken.
Verbreitung: Ostafrika bis Samoa, Line I., n. bis s. Japan, s. bis Natal, NSW

5 *Hologymnosus rhodonatus* Randall **Rotrücken-Hechtlippfisch** 32 cm
Ähnelt *H. longiceps,* aber mit rotem Rücken und mehreren hellen Bändern.
Ökologie: an Außenriffen mit gemischtem Sand, Geröll und Korallen. Selten.
Verbreitung: Indonesien (Bali, Lombock), Philippinen, Palau

6 *Hologymnosus longipes* (Günther) **Seitenfleck-Hechtlippfisch** 32 cm
Anfangsphase variabel: in flachem Wasser über Sand sehr hell, jedoch blau-purpur mit orangenen Streifen und gelbem Schwanz in tiefem Wasser über dunklem Untergrund.
Ökologie: Lagunen und Außenriffe, 5–30 m. Über Sand oder Geröll von Korallenvorsprüngen. Nicht selten. Weibchen viel häufiger als Männchen.
Verbreitung: Neukaledonien bis Vanuatu, Coral Sea (häufig) bis s. GBR

7 *Leptojulis cyanopleura* Bleeker **Schulterfleck-Lippfisch** 11 cm
Weibchen: weißlich mit zwei orangebraunen Seitenstreifen. Ähnlich: *L. chrysotaenia* (Sri Lanka bis Andaman Sea), hat einen breiteren, goldenen Seitenstreifen. *L. lamdastigma* (Philipp.) und mehrere unbeschriebene Arten (Indonesien) haben dunkle Markierungen auf der Stirn und hinter der Brustflosse.
Ökologie: trübe Küstenriffgewässer, 6–45 m. Ernährt sich in großen Schwärmen von Zooplankton meterhoch über dem Substrat. Weibchen viel häufiger als Männchen.
Verbreitung: Oman bis Salomon I., n. bis Philippinen, s. bis s. GBR

8 *Suezichthys arquatus* Russell **Regenbogen-Lippfisch** 13,5 cm
Ähnlich: *S. russelli* (Rotes Meer) und *S. cyanolaemus* (nw. Australien). Die meisten Arten dieser Gattung leben in tiefen, subtropischen Gewässern.
Ökologie: Sandflecken in der Nähe von flachen Riffen, 1–100 m.
Verbreitung: Neukaledonien, Lord Howe, Norfolk I., NSW, n. Neuseeland

9 *Suezichthys gracilis* Steindachner & Döderlein **Graziler Lippfisch** 10 cm
V-förmiges, orangenes Band in der Schwanzflosse. Ähnlich: *S. devisi* (s. GBR–Neukaled.), *S. soelae* (nw. australischer Schelf). Mindestens 5 weitere Arten sind aus Tiefenwasser gemäßigter Zonen bekannt.
Ökologie: Korallen- und Felsriffe mit flachen, geschützten Sandgebieten.
Verbreitung: Korea, s. Japan bis s. Vietnam

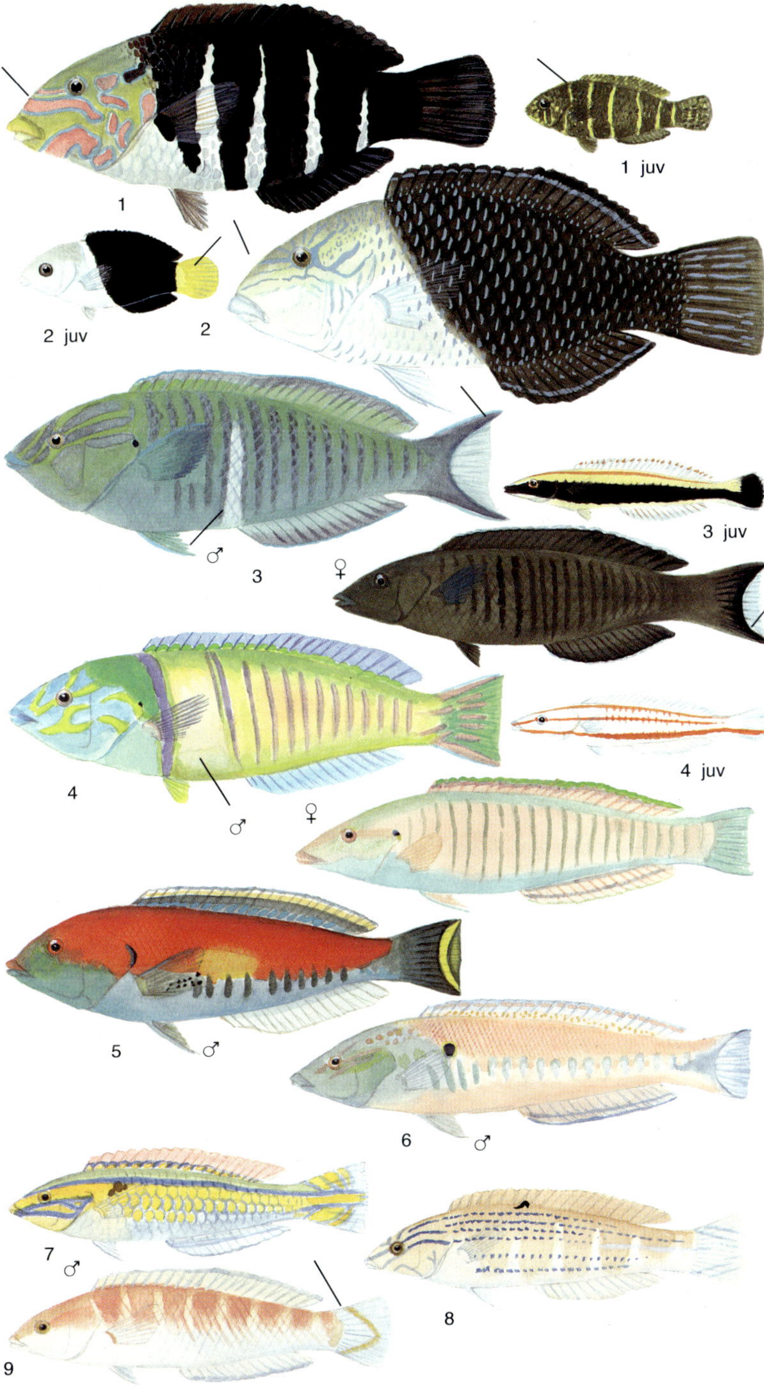
1
1 juv
2 juv
2
3 juv
♂
3
♀
4
4 juv
♂
♀
5
♂
6
♂
7
♂
8
9

101 LIPPFISCHE

1 *Cheilio inermis* (Forsskål) **Zigarren-Lippfisch** 50 cm
Farbe variabel: gelb, grün oder braun. Dunkler Seitenstreifen beim Weibchen.
Ökologie: Algen- und Seegraswiesen in Lagunen oder an Außenriffen, 1->30 m. Seltener auf Korallenriffen. Frißt Weichtiere, Einsiedlerkrebse, Seeigel und Garnelen. Scheu.
Verbreitung: Rotes Meer bis Frz. Polynes., n. bis s. Japan, s. bis L. Howe, Transkei

2 *Gomphosus caeruleus* Lacépède **Blauer Vogelfisch** 28 cm
Weibchen mit gelblichem Schwanz. Männchen mit weißem Rand an der Brustflosse.
Ökologie: einzeln in korallenreichen Lagunen und an Außenriffen, 1-30 m. Kein Nahrungsspezialist - sondern nimmt benthische Krebse und kleine Fische auf.
Verbreitung: Rotes Meer (subspecies) bis w. Thailand, s. bis Natal

3 *Gomphosus varius* Lacépède **Grüner Vogelfisch** 28 cm
Weibchen hat einen dunklen Schwanz mit weißem Rand.
Ökologie: korallenreiche Lagunen und Außenriffe, 1->30 m. Oft in Freßgemeinschaft mit Meerbarben. Nahrung: s. Nr. 2. Ein unermüdlicher Schwimmer.
Ökologie: ö. Indischer Ozean bis Polynesien; n. bis s. Japan, s. bis Lord Howe I.

4 *Macropharyngodon bipartitus* Smith **Diamant-Lippfisch** 13 cm
Weibchen mit charakterischer schwarzer Bauchzeichnung.
Ökologie: Lagunen und geschützte Außenriffe, 5->25 m. In Bodennähe mit vielen Schlupfwinkeln. Weibchen in kleinen Haremsgruppen. Wenig scheu und häufig.
Verbreitung: Rotes Meer bis Malediven, Mauritius, s. bis Natal

5 *Macropharyngodon choati* Randall **Blutflecken-Lippfisch** 10 cm
Ökologie: Riffkanäle und Außenriffe mit Dropoffs, 1->28 m.
Verbreitung: s. GBR bis n. NSW

6 *Macropharyngodon geoffroyi* (Quoy & Gaimard) **Kurzkopf-Lippfisch** 16 cm
Weibchen ähnlich gefärbt - nur ohne roten Fleck in der Rückenflosse.
Ökologie: Außenriffe, 6-30 m. Gebiete mit Sand, Geröll und Korallen. Frißt vorwiegend Weichtiere und Foraminiferen.
Verbreitung: Hawaii I.

7 *Macropharyngodon meleagris* (Valenciennes) **Panther-Lippfisch** 14 cm
Nach der Färbung des Weibchens benannt (s. Abb.).
Ökologie: Lagunen und Außenriffe, 0,5-30 m. Gebiete mit Sand, Geröll und Korallen. Frißt vorwiegend hartschalige Wirbellose und Foraminiferen.
Verbreitung: Cocos-Keeling bis Pitcairn, n. bis s. Japan, s. bis sö. Australien

8 *Macropharyngodon ornatus* Randall **Ornament-Lippfisch** 12 cm
Weibchen mit weißen Punkten. Männchen: dunkler Untergrund kann variieren. Ähnlich: *M. cyanoguttatus* (Mauritius, Natal), mit braungelber Grundfarbe.
Ökologie: Lagunen und geschützte Außenriffe mit mäßigem Korallenbewuchs, 3->30 m. Hält sich in Bodennähe auf. Einzeln oder in kleinen Gruppen.
Verbreitung: Sri Lanka bis Neuguinea, s. bis nw. Australien, n. bis Andaman Sea

9 *Macropharyngodon negrosensis* Herre **Schwarzer Leoparden-Lippfisch** 12 cm
Ökologie: Lagunen und geschützte Außenriffe, 8-32 m. Bevorzugt gemischte Sand-, Geröll- und Korallengebiete tiefer Riffe. Sporadisches Vorkommen.
Verbreitung: Andaman Sea bis Samoa, n. bis Ryukyus, s. bis s. GBR

10 *Macropharyngodon kuiteri* Randall **Kuiters Lippfisch** 10 cm
Ähnlich: *M. vivienae* (Madagaskar, Natal), der schwarze Fleck liegt nur höher. *M. moyeri* (Izu I. und Ryukyus?), ohne Ocellus auf dem Kiemendeckel.
Ökologie: Riffränder mit Sand, Geröll und Algen, 5-55 m. Selten.
Verbreitung: s. GBR bis Neukaledonien, s. bis NSW

Unterfamilie **Meißelzahnlippfische** *(Pseudodacinae):* meißelartige Zähne. Eine Art.

11 *Pseudodax moluccanus* (Valenciennes) **Meißelzahn-Lippfisch** 25 cm
Unter Wasser dunkler wirkend. Auffälliger, schwarz-weißer Schwanz.
Ökologie: klare Riffkanäle und Außenriffe, 1-40 m. Juvenile regelmäßig an strömungsreichen Dropoffs und tiefer als 10 m. Einzeln oder in kleinen Gruppen. Juvenile manchmal als Putzerfisch tätig. Frißt wahrscheinlich hartschalige Bodentiere.
Verbreitung: Rotes Meer bis Marquesas, n. bis s. Japan, s. bis GBR, Natal

1
var
♂
1
2
♂
2
♀
3
♂
3
juv
4
♂
♀
5
6
♂
7 juv
♂
7
8
♂
9
♂
10
♂
♀
11
juv 11

1 *Minilabrus striatus* Randall & Dor **Rotmeer-Schlankjunker** 6 cm
Ökologie: in Gruppen an oberen Riffhängen, bis 12 m. Frißt Zooplankton.
Verbreitung: zentrales und südl. Rotes Meer

2 *Pseudocoris philippina* Fowler & Bean **Philippinen-Schlankjunker** 15 cm
Weibchen ist grünlich ohne Markierungen.
Ökologie: in kleinen Gruppen auf Küstenriffen, 5–20 m.
Verbreitung: Philippinen, Ryukyus, Indonesien

3 *Pseudocoris aurantifasciata* (Fourmanoir) **Schwarzer Schlankjunker** 20 cm
Weibchen hat einen kleinen, weißen Seitenstreifen. Ähnlich: *P. heteroptera,* (Taf. 139-10).
Ökologie: in Gruppen an steilen Dropoffs von Außenriffen, bis ca. 35 m.
Verbreitung: Indonesien bis Tuamotus, n. bis s. Japan

4 *Pseudocoris yamashiroi* (Schmidt) **Yamashiros Schlankjunker** 15 cm
Männchen haben einen grau-schwarzen Rücken und einen weißlichen Bauch.
Ökologie: äußere Lagunen, Riffkanäle und Außenriffe, 10–30 m. In Ansammlungen entlang der Riffkante von Korallenabhängen, wo sie Zooplankton jagen.
Verbreitung: Mauritius bis Samoa, n. bis s. Japan, s. bis NSW, Kermadec I.

5 *Pseudojuloides atavai* Randall & Randall **Polynesien-Schlankjunker** 13 cm
Männchen: gelborange mit roten Kritzellinien und Streifen an Kopf und Körper.
Ökologie: exponierte Außenriffe, 12–31 m. Oft deutlich über dem Boden schwimmend.
Verbreitung: Marianen bis Frz. Polynesien, Austral I., Ducie I., Rapa I.

6 *Pseudojuloides cerasinus* (Snyder) **Grüner Schlankjunker** 12 cm
Ähnlich: *P. pyrius* (Marquesas), rot; *P. mesostigma* (Philippinen); *P. sp.* (Flores), hat keinen gelben Seitenstreifen. Alle leben im tiefen Wasser. Alle *Pseudojuloides* Arten haben Harems. Männchen kontrollieren mehrere Weibchen in einem großen Revier.
Ökologie: klare Lagunen und Außenriffe; 2–61 m, selten oberhalb 20 m. Gewöhnlich über Geröll mit Seegrasflecken und zerstreuten Korallenköpfen. In Bodennähe.
Verbreitung: Marianen bis Frz. Polynesien, Austral und Ducie I.

7 *Pseudojuloides erythrops* Randall & Randall **Mauritius-Schlankjunker** 10 cm
Ökologie: Außenriffe, über Geröll mit Felsen und Korallen, 52–57 m.
Verbreitung: Mauritius

8 *Stethojulis albovittata* (Bonnaterre) **Vierstreifen-Regenbogenjunker** 12 cm
Ökologie: Riffdächer und klare Lagunen und Außenriffe, 1–10 m. Alle Arten dieser Gattung kommen in kleinen Gruppen vor, die aus einem Männchen und mehreren Weibchen bestehen. Sie sind am Tag immer in Bewegung. Nachts schlafen sie im Sand.
Verbreitung: Rotes Meer bis Malediven, Chagos I., s. bis Natal

9 *Stethojulis balteata* (Quoy & Gaimard) **Hawaii-Regenbogenjunker** 15 cm
Ökologie: Riffdächer, klare Lagunen und Außenriffe, 1–15 m. Ernährt sich von hartschaligen, benthischen Wirbellosen und Foraminiferen.
Verbreitung: Hawaii I., Johnston I.

10 *Stethojulis bandanensis* (Bleeker) **Rotschulter-Regenbogenjunker** 16 cm
Ökologie: Riffdächer, Lagunen und Außenriffe, 1–30 m. Gewöhnlich in klarem Wasser mit gemischtem Geröll, Sand und Korallen. Frißt vorwiegend Planktonkrebse und kleine benthische Wirbellose. Bevorzugt flache Riffe.
Verbreitung: Christmas I. bis Frz. Polynesien, n. bis s. Japan, s. bis Lord Howe

11 *Stethojulis strigiventer* (Bennett) **Ohrenfleck-Regenbogenjunker** 14 cm
Ökologie: innere Riffdächer und flache Lagunen, 1–6 m. Gewöhnlich in gemischten Sand-, Geröll- und Seegraszonen. Bevorzugt pflanzenreiche (Algen) Gebiete.
Verbreitung: Ostafrika bis Samoa, n. bis s. Japan, s. bis GBR, Südafrika

12 *Stethojulis trilineata* (Bloch & Schneider) **Dreistreifen-Regenbogenjunker** 14 cm
Ökologie: flache, klare exponierte Riffe. Schneller Schwimmer. Sporadisch.
Verbreitung: Malediven bis Samoa, n. bis s. Japan, s. bis GBR

13 *Stethojulis interrupta* (Bleeker) **Kurzstreifen-Regenbogenjunker** 13 cm
Ökologie: in Südjapan häufig in gemischten Sand-, Geröll- und Korallenzonen.
Verbreitung: Rotes Meer bis Neuguinea, n. bis s. Japan, s. bis Südafrika, GBR

1
2 ♂
3 ♂
4 ♂
5
6 ♀
6 ♂
7 ♂
8 ♀
8 ♂
9 ♂
10 ♂
10 ♀
11 ♂
11 ♀
12 ♂
13 ♂
12 ♀

1 *Thalassoma amblycephalum* (Bleeker) **Zweifarben-Junker** 14 cm
Ökologie: *Thalassoma* Arten sind aktive und schnelle Schwimmer. Terminale Männchen pflanzen sich mit Weibchen aus Harems fort. Junge Männchen pflanzen sich in Gruppen fort. Diese Art lebt in flachen Lagunen und an Außenriffen, 1-25 m; besonders auf isolierten Korallenhorsten und an oberen Rändern von steilen Riffhängen. Weibchen sind viel häufiger als Männchen. Ernährt sich vorwiegend von Krebsplankton.
Verbreitung: Seychellen bis Frz. Polynesien, n. bis s. Japan, s. bis NZ, Transkei

2 *Thalassoma genivittatum* (Valenciennes) **Rotwangen-Junker** 20 cm
Männchen olivgrün und ohne dunklen Rückenstreifen.
Ökologie: ♂ einzeln auf Korallenriffen, 4-25 m, ♀ in kleinen Haremsgruppen.
Verbreitung: Mauritius, Natal, (Madasgaskar)

3 *Thalassoma duperrey* (Quoy & Gaimard) **Duperreys Junker** 25 cm
Ökologie: klare Lagunen und Außenriffe, von der Brandungszone bis 21 m. Frißt verschiedene benthische Wirbellose und kleine Fische. Manchmal als Putzerfisch beobachtet. Häufige Art auf Innenriffen Hawaiis. Zahm. Umkreist oft Taucher.
Verbreitung: Hawaii, Johnston I.

4 *Thalassoma hebraicum* (Lacépède) **Goldband-Junker** 23 cm
Ökologie: häufig auf geschützten, korallenreichen Innenriffen, 1-30 m; auch auf Felsriffen. Ernährt sich von Wirbellosen. Umkreist oft Taucher.
Verbreitung: Ostafrika bis Malediven, s. bis Südafrika

5 *Thalassoma lutescens* (Lay & Bennett) **Kanarien-Junker** 30 cm
Ökologie: klare Außenlagunen und Außenriffe, 1-30 m. Über Sand, Geröll und Korallen. Besonders häufig auf exponierten, flachen Riffen.
Verbreitung: Sri Lanka bis Panama, n. bis s. Japan, s. bis Lord Howe, sw. Australien

6 *Thalassoma lunare* (Linnaeus) **Mondsichel-Junker** 25 cm
Ökologie: Lagunen und Küstenriffe, 1-20 m. Gewöhnlich im oberen Bereich von Überhängen und Korallenköpfen. Frißt benthische Wirbellose. Wenig scheu.
Verbreitung: Rotes Meer bis Line I., n. bis s. Japan, s. bis NZ, Südafrika

7 *Thalassoma jansenii* (Bleeker) **Jansens Junker** 20 cm
Ökologie: exponierte Lagunen und Außenriffe, 1-15 m. Häufig. Wenig scheu.
Verbreitung: Malediven bis Fiji, n. bis s. Japan, Andaman Sea, s. bis Lord Howe I.

8 *Thalassoma hardwicke* (Bennett) **Sechsstreifen-Junker** 20 cm
Ökologie: flache Lagunen und Außenriffe, 1-20 m. In Gebieten mit klarem Wasser. Nahrung: benthische und planktische Krebse, kleine Fische und Foraminiferen.
Verbreitung: Ostafrika bis Tuamotus, n. bis s. Japan, s. bis Lord Howe, Südafrika

9 *Thalassoma purpureum* (Forsskål) **Brandungs-Junker** 43 cm
Weibchen: Y-förmiges Muster vor dem Auge und unter der Brustflosse (s. Abb.).
Ökologie: Brandungszonen von Riffdächern, Rifflrändern und klaren Felsküsten, 1-12 m. Lebt von benthischen Wirbellosen und kleinen Fischen. Scheu.
Verbreitung: Rotes Meer bis Polynesien, n. bis s. Japan, s. Lord Howe, Südafrika

10 *Thalassoma trilobatum* (Lacépède) **Weihnachts-Junker** 29 cm
Ökologie: Brandungszonen von Riffdächern, Riffrändern und klaren Felsküsten, 2-25 m. Lebt normalerweise tiefer als obige Art (Nr. 9). Scheu.
Verbreitung: Ostafrika bis Pitcairn I., n. bis Ryukyus, s. bis GBR, Transkei

11 *Thalassoma quinquevittatum* (Lay & Bennett) **Rotstreifen-Junker** 16 cm
Ähnlich: *T. cupido* (s. Japan bis Taiwan), *T. heiseri* (Pitcairn I.).
Ökologie: klare Außenlagunen und Außenriffe, 2-18 m. Besonders häufig auf flachen, exponierten Riffdächern mit Riffkanälen. Frißt Fische und benthische Wirbellose.
Verbreitung: Ostafrika bis Hawaii, n. bis Ryukyus, s. bis Lord Howe, Transkei

12 *Thalassoma ballieui* (Vaillant & Sauvage) **Schwarzschwanz-Junker** 39 cm
Juv. gelbgrün, Weibchen hat einen hellen Kopf und Schwanz.
Ökologie: klare Lagunen und Außenriffe, 1-20 m. Wenig scheu.
Verbreitung: Hawaii, Johnston I.

13 *Thalassoma klunzingeri* (Fowler & Steinitz) **Rotmeer-Junker** 20 cm
Ökologie: häufig auf Saumriffen und an Korallenköpfen, 1-25 m. Auch an Fleckriffen.
Verbreitung: Rotes Meer

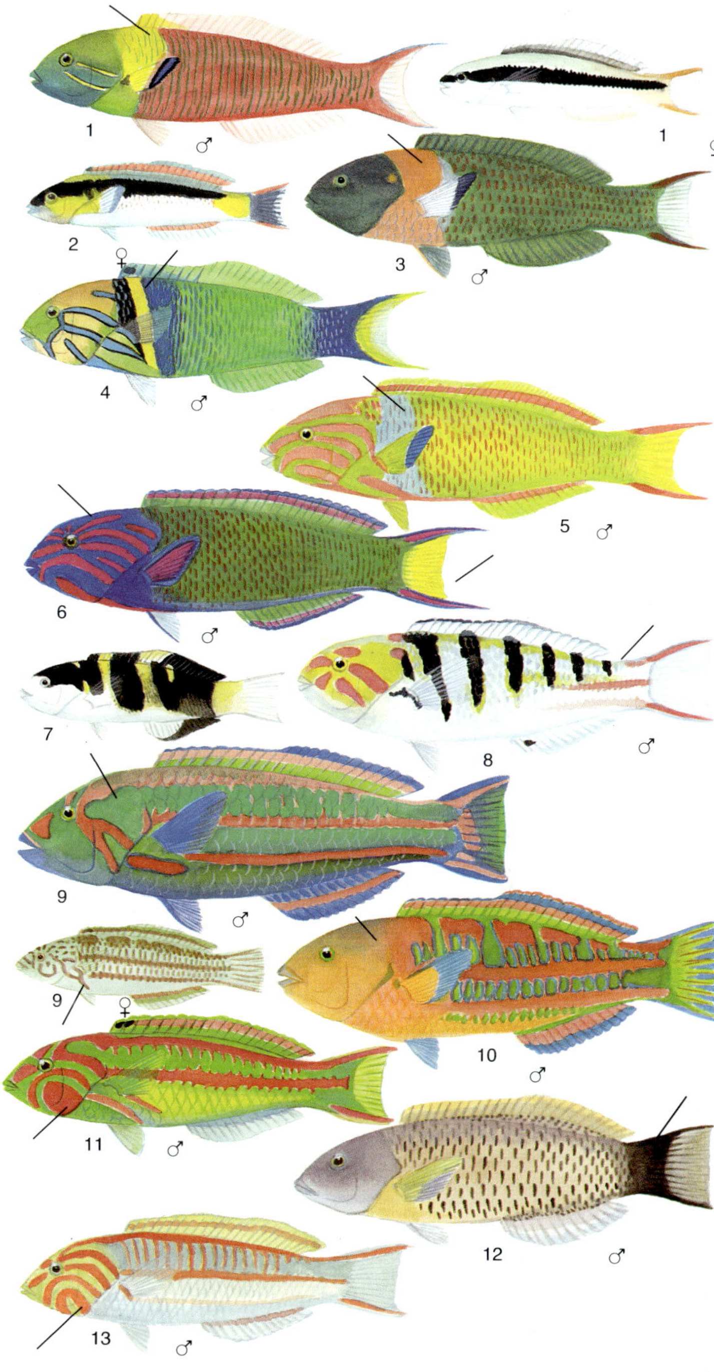

1 ♂
1 ♀
2 ♀
3 ♂
4 ♂
5 ♂
6 ♂
7
8 ♂
9 ♂
9 ♀
10 ♂
11 ♂
12 ♂
13 ♂

104 PUTZERLIPPFISCHE

Tribus **Putzerlippfische** *(Labrichthyini):* kleine Arten mit typisch lappigen Lippen (*Labroides*) oder mit fleischigem, tubenartigem Mund (die restlichen Gattungen).

1 *Labrichthys unilineatus* (Guichenot) **Fransen-Putzerfisch** 16 cm
Männchen mit breiter, weißgelblicher Binde. Weibchen: Grundfarbe gelbbraun.
Ökologie: korallenreiche Lagunen und halb geschützte Außenriffe, 0,5–20 m. Gewöhnlich in der Nähe von Astkorallen. Frißt Korallenpolypen. Jungtiere betätigen sich als Putzerfische.
Verbreitung: Ostafrika bis Samoa, n. bis Ryukyus, s. bis Lord Howe, Mozambique

2 *Diproctacanthus xanthurus* (Bleeker) **Nomaden-Putzerfisch** 8 cm
Ökologie: flache Lagunen und geschützte Außenriffe mit reichem Korallenbewuchs, 1–20 m. Frißt Korallenpolypen und Ektoparasiten, die von der Haut anderer Fische gepickt werden. Wandert über ein großes Heimrevier und „bedient" vorwiegend kleine Fische. Manchmal in Gruppen von 2–4 Exemplaren.
Verbreitung: Indonesien, Philippinen bis Neuguinea, Palau, GBR

3 *Larabicus quadrilineatus* (Rüppell) **Blauer Rotmeer-Putzerfisch** 11,5 cm
Männchen ist dunkelblau, Weibchen mit leuchtend blauen Streifen (s. Abb.).
Ökologie: korallenreiche Saumriffe und Korallenköpfe, 0,5–15 m. Adulte fressen Korallenpolypen, während Jungfische an Putzerstationen verschiedene Arten bedienen. Wenig scheu. Normalerweise einzeln.
Verbreitung: Rotes Meer, Golf v. Oman

4 *Labroides bicolor* Fowler & Bean **Zweifarben-Putzerfisch** 12 cm
Ökologie: korallenreiche Lagunen und Außenriffe, 1–40 m. Die Arten der Gattung *Labroides* sind als typische „Putzerfische" bekannt, da sie andere Fische von Ektoparasiten oder kranker, beschädigter Haut säubern. Sie sind territorial, besetzen „Putzerstationen" an Korallenköpfen und werben mit „Wipp-Tänzen" für ihre „Putzarbeit". Herangelockt werden Fische aller Größen – vom Manta bis zum Schleimfisch. Dabei postieren sie sich in unwöhnliche Haltungen: Große Raubfische wie Zackenbarsche öffnen dabei sogar das Maul – ohne den Putzer zu fressen! Juvenile leben im allgemeinen einzeln und versteckt. Adulte wandern über große Strecken, um Kunden zu bedienen.
Verbreitung: Ostafrika bis Frz. Polynes., n. bis s. Japan, s. bis Lord Howe, Natal

5 *Labroides dimidiatus* (Valenciennes) **Gemeiner Putzerfisch** 11 cm
Ökologie: beinahe in allen Habitaten von Korallenriffen: von inneren Lagunen und Riffdächern bis zu Außenriffen, 0,3–40 m. Der häufigste Putzerfisch. Wird von dem Schleimfisch *Aspidonotus taeniatus* (Taf. 114-2) nachgeahmt, der mit Vorliebe Haut abreißt. Männchen kontrolliert Harem mit mehreren Weibchen.
Verbreitung: Rotes Meer bis Polynesien, n. bis s. Japan, s. bis GBR, Südafrika

6 *Labroides pectoralis* Randall & Springer **Brustfleck-Putzerfisch** 8 cm
Ökologie: korallenreiche Außenriffe und klare Lagunenriffe, 2–28 m. Paarweise.
Verbreitung: Christmas I. bis Polynesien, n. bis Bonin, s. bis GBR, Neukaledonien

7 *Labroides phthirophagus* Randall **Hawaii-Putzerfisch** 10 cm
Ökologie: alle Riffhabitate – mit Ausnahme der Brandungszone, 0,5–90 m. Unterhält Putzerstationen. Schläft nachts in einem Schleimkokon.
Verbreitung: Hawaii I.

8 *Labroides rubrolabiatus* Randall **Rotlippen-Putzerfisch** 9 cm
Ökologie: Lagunen und Außenriffe, 1–32 m.
Verbreitung: Fiji bis Frz. Polynesien, n. bis Line I., Marcus I.

9 *Labropsis alleni* Randall **Allens Putzerfisch** 10 cm
Ökologie: korallenreiche Lagunen und steile Außenriffe, 4–52 m.
Verbreitung: Philippinen bis Salomon I., Marshall I., s. bis Flores

10 *Labropsis micronesica* Randall **Mikronesien-Putzerfisch** 12 cm
Sehr ähnlich: *L. manabei* (s. Taf 139-9), *L. australis* (sw. Pazifik).
Ökologie: klare Lagunen und Außenriffe, 7–>33 m. Juvenile putzen kleine Fische.
Verbreitung: Palau, Karolinen, Marianen und Marshall I.

11 *Labropsis xanthonota* Randall **Keilschwanz-Putzerfisch** 12 cm
Ökologie: vereinzelt auf korallenreichen Lagunen und Außenriffen, 7–55 m. Adulte fressen Korallenpolypen. Jungtiere sind Putzer. Männchen normalerweise einzeln.
Verbreitung: Ostafrika bis Salomon I., n. bis Philippinen, s. bis GBR, Mauritius

1
1 juv
2
3
♀
4 juv
4
5
5 juv
6
7
8
9
10
10 juv
11
♂
11 juv

Papageifische *(Scaridae):* schnabelartiges, kräftiges Gebiß. Zahnplatten oder winzige Zähne. Kräftige Schlund- und Mahlzähne. Nahrung: lebende Korallen, Algen oder Seegras. Korallen werden mit Algen zu Sand verrieben. Papageifische gehören damit zu den größten Sandproduzenten im Korallenriff. Oft in großen Schulen mit Doktorfischen. Tagaktiv - viele schlafen nachts in Kokons (Muränenschutz ?) oder eingeklemmt in Spalten. Farbwechsel mit Geschlechtsumwandlung verbunden. **Anfangsphase:** Weibchen oder Primärmännchen, die oft nur grau, braun oder rot sind. Aus Weibchen können Supermännchen (= **Endphase)** entstehen, die auffällige blaue und grüne Farben haben. Jungtiere und Anfangsphasen sind oft schwierig zu unterscheiden. Supermännchen laichen paarweise ab - hingegen Primärmännchen in Schwärmen. Wichtige Speisefische, aber ältere Tiere können ciguatoxisch sein. Aquarium: ungeeignet - da die Zähne zu schnell wachsen (wegen Korallenmangel).

1 *Bolbometopon muricatum* (Valenciennes) **Büffelkopf-Papageifisch** >130 cm
Anfangsphase: dunkelgrau mit zerstreuten, kleinen weißen Flecken. Ca. 45 kg schwer.
Ökologie: in Gruppen von 2-50 Individuen. Bevorzugt Außenriffhänge, aber auch in Lagunen, auf Riffdächern und an Riffkanten - besonders bei Hochwasser; 1->30 m. Frißt neben lebenden Korallen auch Algen. Benutzt Stirnhöcker, um Korallen zu zerbrechen; die Geräusche sind dann unter Wasser weit hörbar. Schlafen in Gruppen. Sehr scheu. Vielfach durch Harpunieren stark reduziert.
Verbreitung: Rotes Meer bis Polynesien, n. bis Ryukyus, s. bis Neukaled., Madagaskar

2 *Cetoscarus bicolor* (Rüppell) **Masken-Papageifisch** 90 cm
Anfangsphase: Grundfarbe variabel: Das gelbe Auge ist jedoch charakteristisch.
Ökologie: klare Lagunen und Außenriffe, 1->30 m. Supermännchen sind territorial und besitzen ein Harem. Bevorzugen die Riffkrone von steilen Korallenhängen. Einzeln und in kleinen Gruppen. Jungtiere gewöhnlich einzeln.
Verbreitung: Rotes Meer bis Tuamotus, n. bis Izu I., s. bis GBR, Südafrika

3 *Scarus strongylocephalus* Bleeker **Buckelkopf-Papageifisch** 70 cm
Anfangsphase: gelblichrot. Grüner Augenring. Ob die Population im Indischen Ozean und die im Roten Meer (*S. gibbus*) sowie die im Pazifik (*S. microrhinos*) eigene Arten darstellen, ist unsicher. Jungtiere sind bei allen gleich gefärbt!
Ökologie: Lagunen und Außenriffe, 2-35 m. Einzeln- nur sehr große adulte Tiere leben oft in Schwärmen. Frißt benthische Algen. Relativ häufig, Supermännchen aber scheu.
Verbreitung: Ostafrika bis Andaman Sea, sw. Indonesien

4 *Scarus rubroviolaceus* Bleeker **Nasenhöcker-Papageifisch** 76 cm
Anfangsphase: rötlichgrau mit schwarzen, kurzen Streifen auf jeder Schuppe. Beide Phasen sind oft zweifarbig, wobei der vordere Teil dunkel ist.
Ökologie: häufig in Lagunen und an Außenriffen. In flachem Wasser mit reichem Korallenbewuchs, auch an Felsküsten; 1-30 m. Einzeln oder in großen Gruppen. Frißt benthische Algen. Supermännchen recht scheu.
Verbreitung: Ostafrika bis Panama, n. bis Ryukyus, s. bis GBR, Durban

5 *Scarus ghobban* Forsskål **Blauband-Papageifisch** 75 cm
Anfangsphase: gelblich mit fünf blauen Bändern (s. Abb.).
Ökologie: flache Lagunen, Außenriffe und Flußmündungen; 1-30 m. Oft über Flächen von versandeten Riffen. Adulte einzeln, Jungtiere in Gruppen. Am leichtesten sind Weibchen zu beobachten. Frißt benthische Algen.
Verbreitung: Rotes Meer bis Panama, n. bis s. Japan, s. bis Lord Howe, Durban

6 *Scarus sordidus* Forsskål **Kugelkopf-Papageifisch** 40 cm
Anfangsphase: zwei Reihen weißer Flecken und oft ein schwarzer Bürzelfleck, der „ein- und ausgeschaltet" werden kann. Supermännchen: kurzer, grüner Bürzel.
Ökologie: häufig in korallenreichen und offenen Geröllzonen von Riffdächern und Riffhängen, 2->25 m. Wandern über große Strecken vom Schlafplatz zu den Futterplätzen. Jungtiere in Gruppen auf Riffdächern zwischen Geröll. Häufig.
Verbreitung: R. Meer bis Polynesien, n. bis Ryukyus, s. bis Mozambique, Lord Howe

7 *Scarus frenatus* Lacépède **Grünbürzel-Papageifisch** 47 cm
Supermännchen: dunkelgrün mit vielen rosa Seitenstreifen. Langer, grüner Bürzel.
Ökologie: exponierte oder geschützte Außenriffe, 2->25 m. Bevorzugen Riffränder, wo sie in kleinen Gruppen benthische Algen abweiden. Aggressiv gegenüber anderen Papageifischen. Jungtiere zwischen Korallengeröll oder Korallen klarer Lagunen. Weibchen wenig scheu. Gewöhnlich einzeln.
Verbreitung: Rotes Meer bis Ducie I., n. bis s. Japan, s. bis Lord Howe, Mauritius, Rapa

1
2 juv
2
♂
2
♀
3
♂
♀
4
♂
♀
5
♀
♂
6
♀
♂
7
♀
♂

1 *Scarus prasiognathus* Valenciennes **Grünwangen-Papageifisch** 70 cm
Anfangsphase: rötlichbraun mit vielen kleinen, weißen Punkten; sie ähnelt Juv. und Weibchen von *S. altipinnis* und *S. falcipinnis* (Taf. 108-2 und 107-2).
Ökologie: obere Ränder von Außenriffhängen, 1->25 m. Weibchen häufig in großen Ansammlungen (Laichgruppen?) über flachen, sandigen Flecken in der Nähe von Riffen. Frißt benthische Algen. Supermännchen einzeln.
Verbreitung: Seychellen bis Salomon I., n. bis Ryukyus, s. bis Flores, Cocos-Keeling

2 *Scarus festivus* Valenciennes **Bürzelfleck-Papageifisch** 43 cm
Braune Farbe nur bei Exemplaren <24 cm. Kopf mit typischem, kleinem Höcker.
Ökologie: klare Lagunen und Außenriffe, 3-30 m. Sporadisches Vorkommen.
Verbreitung: Ostafrika bis Frz. Polynes., n. bis Ryukyus, s. bis Lord Howe, Natal

3 *Scarus niger* (Forsskål) **Schwarzer Papageifisch** 40 cm
Anfangsphase: rot mit schwarzen Seitenstreifen (Indische Ozean-Population).
Ökologie: verschiedene Habitate: Riffkanäle, Lagunen, Außenriffhänge und geschützte Buchten, 0,5-20 m. Einzeln oder in Gruppen. Haremsbildung. Verteidigt Freßplätze. Männchen hebt bei der Balz den Schwanz. Recht häufig.
Verbreitung: Rotes Meer bis Frz. Polynesien, n. bis Ryukyus, s. bis GBR, Natal

4 *Scarus tricolor* Bleeker **Schwalbenschwanz-Papageifisch** 55 cm
Anfangsphase: roter Schwanz. Supermännchen mit langen Schwanzenden, ähnelt dem Männchen von *S. forsteni* (Taf. 109-6).
Ökologie: Lagunen und Außenriffe mit reichem Korallenbewuchs, 2->30 m. Auch auf Felsriffen. Gewöhnlich einzeln, seltener in kleinen Gruppen (Weibchen).
Verbreitung: Ostafrika bis Nauru und Line I., n. bis Palau, s. bis GBR, Natal

5 *Scarus psittacus* Forsskål **Fahlnasen-Papageifisch** 30 cm
Anfangsphase: grauer Kopf. Supermännchen: grüner Augenstreifen.
Ökologie: Lagunen, Riffdächer und Außenriffe mit gutem Korallenbewuchs, 1-25 m. Einzeln oder in gemischten Gruppen (Anfangsphase) über festem Untergrund in der Nähe von Korallenköpfen. Produziert nachts einen Schleimkokon.
Verbreitung: Rotes Meer bis Frz. Polynesien, n. bis s. Japan, s. bis Lord Howe, Natal

6 *Scarus globiceps* Valenciennes **Rundkopf-Papageifisch** 27 cm
Anfangsphase: drei helle Streifen am Abdomen. Supermännchen: fahlgrüne „Backen".
Ökologie: häufig auf Riffdächern, in Lagunen und an Riffhängen von Außenriffen, 1->12 m. Oft in gemischten Gruppen mit *S. rivulatus* und *S. psittacus* bei der Algenaufnahme auf hartem Substrat.
Verbreitung: Ostafrika bis Frz. Polynesien, n. bis Ryukyus, s. bis GBR, Natal

7 *Scarus japanensis* Bleeker **Fahlbacken-Papageifisch** 31 cm
Anfangsphase: mit weißer Schwanzwurzel und schwarzem, sichelförmigem Schwanzrand. Supermännchen mit leuchtend orangener Innenseite der Brustflosse.
Ökologie: flache Außenriffe mit reichem Korallenbewuchs, 1-20 m. Auch Felsriffe.
Verbreitung: Ostafrika bis Bali, s. bis Mauritius, n. bis Andaman Sea (fehlt im Pazifik)

8 *Calotomus carolinus* (Valenciennes) **Oliven-Papageifisch** 50 cm
Anfangsphase: grau bis oliv; Augenstreifen können vorhanden sein.
Ökologie: Tidenriffdächer, Lagunen und Außenriffe, 0->27 m. Oft auf Seegraswiesen, Sand und algenbewachsenem Geröll. Einzeln oder in Gruppen. Ernährt sich von Seegras und Blattalgen (*Padina*). Wenig scheu. Häufig.
Verbreitung: Ostafrika bis Mexiko, n. bis s. Japan, s. bis GBR, Natal, Pitcairn I.

9 *Calotomus spinidens* (Quoy & Gaimard) **Dornzahn-Papageifisch** 19 cm
Anfangsphase: olivgrau mit drei Reihen von weißen Flecken. Heller Seitenstreifen.
Ökologie: bewohnt dichte Seegras- und Algenzonen, 1->12 m. Bevorzugt flaches, geschütztes Wasser. Selten in tiefem Wasser. Schneller Farbwechsel!
Verbreitung: Ostafrika bis Fiji, n. bis Ryukyus, s. bis GBR, s. Mozambique

10 *Leptoscarus vaigiensis* (Quoy & Gaimard) **Seegras-Papageifisch** 35 cm
Anfangsphase: oliv mit braunen und weißen, großen Flecken. Zwei weiße Bänder unter dem Auge. Supermännchen: ähnlich, jedoch mit weißblauen Punkten.
Ökologie: selten auf Korallenriffen. Bevorzugt Seegraswiesen und dichte Algenteppiche. Macht als einzige Art keine Geschlechtsumwandlung durch. Scheu.
Verbreitung: Rotes Meer bis Oster I., n. bis Ryukyus, s. bis Neuseeland, Transkei

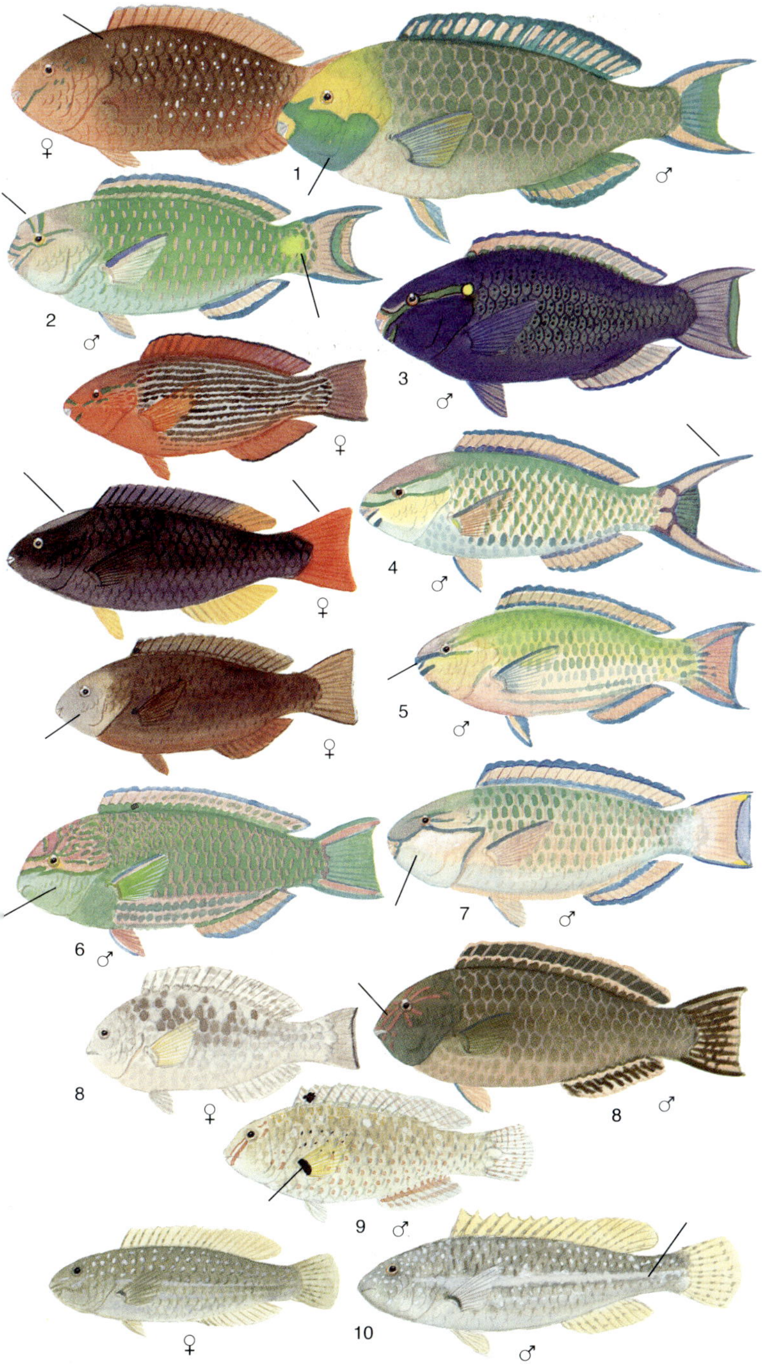
♀
1 ♂
2 ♂
3 ♂
♀
4 ♂
♀
5 ♂
♀
6 ♂
7 ♂
8 ♀
8 ♂
9 ♂
♀
10 ♂

1 *Hipposcarus harid* (Forsskål) **Indische Langnase** 75 cm
Typisches Kopfprofil. Anfangsphase: grau mit gelbem Schwanz. Supermännchen: grünlich mit neapelgelbem Wangenstreifen. Ähnlich: *H. longiceps* (s. Taf. 108-1).
Ökologie: geschützte Riffdächer und Riffkronen mit sandigen Flecken, 1->25 m. Einzeln oder in Gruppen. Frißt benthische Algen. Gewöhnlich in Wandertrupps mit einem Supermännchen und mehreren Weibchen.
Verbreitung: Rotes Meer bis Sri Lanka, Malediven (häufig), Java, s. bis Mozambique

2 *Scarus falcipinnis* (Playfair) **Grünbauch-Papageifisch** 60 cm
Anfangsphase: olivgrün mit weißen Punkten am hinteren Körperteil.
Ökologie: steile Außenriffhänge, 6->25 m. Über Sand und Geröll. Weidet Algen von großen Felsblöcken ab. Einzeln und scheu.
Verbreitung: Kenia bis Seychellen, Mauritius, s. bis Mozambique

3 *Scarus cyanescens* Bleeker **Blaukopf-Papageifisch** 34 cm
Monochromatisch. Ähnlich: *S. oedema* und *S. ovifrons* (Taf. 110).
Ökologie: an steilen Felsriffen, 5->30 m. Einzeln oder in Gruppen. Nicht häufig.
Verbreitung: Sansibar, Natal, Madagaskar, Mauritius

4 *Scarus atrilunula* Randall & Bruce **Blausichel-Papageifisch** 30 cm
Anfangsphase: gelbe Brustflossen. Supermännchen: blaue Sichel im Schwanz.
Ökologie: geschützte Riffe mit wenig Korallenbewuchs, über Sand oder Geröll; 1->15 m. Besonders an der Riffkante. Frißt benthische Algen.
Verbreitung: Kenia bis Seychellen, Madagaskar, Malediven, s. bis Natal

5 *Scarus scaber* Valenciennes **Dunkelkappen-Papageifisch** 37 cm
AP: fünf hellgelbe Rückensättel. Supermännchen: breiter, grüner Augenstreifen.
Ökologie: flache, geschützte Lagunen und Außenriffe, 1->20 m. Bevorzugt Riffdächer mit reichem Korallenbewuchs oder Felsriffe. Weibchen in Gruppen.
Verbreitung: Ostafrika bis Malediven, n. bis Djibouti, s. bis Natal, Mauritius

6 *Scarus viridifucatus* Smith **Grünbart-Papageifisch** 32 cm
AP: dunkelbraun mit rötlichen Flossen. Supermännchen: grüner „Bartfleck".
Ökologie: Lagunen und Außenriffe, 1-25 m. Gewöhnlich in korallenreichen Gebieten, seltener auf Felsriffen von bergigen Inseln.
Verbreitung: Ostafrika bis Malediven, Andaman Sea, Bali s. bis Mozambique

7 *Scarus caudofasciatus* (Günther) **Gebänderter Papageifisch** >50 cm
Anfangsphase: braun-weiße Bänder. Supermännchen: Nacken violett.
Ökologie: steile Außenriffe mit Dropoffs. Gewöhnlich einzeln benthische Algen an vertikalen Wänden abweidend, 8->35 m. Scheu. Nicht häufig.
Verbreitung: Ostafrika bis Malediven, s. bis Mauritius, Natal

8 *Scarus enneacanthus* Lacépède **Grüner Papageifisch** 50 cm
Beide Geschlechter grün mit neapelgelben Schuppenrändern.
Ökologie: flache, klare Außenriffe; besonders über toten Korallen und Geröll von Riffkanten, Riffdächern und Riffkronen, bis mindestens 7 m. Nicht häufig.
Verbreitung: Ostafrika bis Chagos, Malediven, s. bis Mauritius

9 *Scarus russelli* Valenciennes **Russells Papageifisch** 50 cm
AP ähnelt der von *S. schlegeli* (s. Taf. 109-2), aber mit gelbem Schwanzrand. Supermännchen zeigt häufig Farbwechsel mit violettem Vorder- und hellem Hinterteil.
Ökologie: Lagunen und geschützte Außenriffe mit Geröll und wenig Korallen, 2->25 m. Einzeln und scheu. Frißt benthische Algen auf Sandflächen in Riffnähe.
Verbreitung: Ostafrika bis Andaman Sea, n. bis Persischer Golf, s. bis Mozambique

10 *Scarus arabicus* (Steindachner) **Arabischer Papageifisch** 40 cm
Supermännchen: neapelgelb mit braunen Schuppenrändern, blauem Kinnfleck und hellblauem Augenring. Anfangsphase unbekannt.
Ökologie: korallenarme, felsige Küstenriffe; sonst wenig bekannt.
Verbreitung: Golf von Aden bis Oman

11 *Scarus troschelii* Bleeker **Grünkopf-Papageifisch** 35 cm
Ähnlich: *S. bleekeri,* aber mit hellem Wangenfleck (Taf. 108-4). Anfangsphase: dunkelbraun mit grauen oder gelblichen Querstreifen.
Ökologie: klare, korallenreiche Außenriffhänge, 5-25 m. Einzeln.
Verbreitung: Similan I. bis Java

1
♀
♂
2
♂
3
♀
4
♀
♂
5
♀
♂
6
♀
♂
7
♀
♂
8
♂
9
♂
10
♂
11
♂

1 *Hipposcarus longiceps* (Valenciennes) **Pazifische Langnase** 60 cm
Ähnlich: *H. harid,* aber mit geradem Schwanzsaum ohne Filamente (Taf. 107-1).
Ökologie: mehr in geschützten Lagunen als an Außenriffen, 1–>40. Typisch in Gruppen in relativ trübem Wasser über Sand in Riffnähe. Juvenile auf Geröll von Fleckriffen in Lagunen.
Verbreitung: Indonesien bis Tuamotus, n. bis Ryuk., s. bis Neukaled., w. Australien

2 *Scarus altipinnis* (Steindachner) **Wimpelflossen-Papageifisch** 60 cm
Einzige Art mit verlängerten Rückenflossenstrahlen. Ähnelt *S. ferrugineus, S. prasiognathus* und *S. persicus.*
Ökologie: Juv. und Subadulte leben in flachen geschützten Riffen. Adulte häufig an Außenriffen, besonders an Riffkanten. Juvenile einzeln, Subadulte und Adulte oft in großen Ansammlungen.
Verbreitung: Ryukyus bis Ducie I., n. bis s. Japan, s. bis Lord Howe, Rapa I.

3 *Scarus atropectoralis* Schultz **Blaukinn-Papageifisch** 52 cm
Ähnlich: *S. caudofasciatus* (Indischer Ozean), aber die Anfangsphase ist rot und ohne die charakteristischen weißen Querbänder.
Ökologie: klare Lagunen und steile Außenriffe. Gewöhnlich einzeln und selten.
Verbreitung: Taiwan bis Marshall I., n. bis Ryukyus, s. bis Indonesien (Flores)

4 *Scarus bleekeri* (de Beaufort) **Bleekers Papageifisch** 50 cm
Ähnlich: *S. troschelii,* aber mit deutlich hellem Wangenfleck.
Ökologie: Lagunen, Kanalriffe und korallenreiche Außenriffe; 1–40 m. Häufig an der Riffkrone. Während der Balz mit leuchtend violettem Bauch.
Verbreitung: Borneo bis Fiji, n. bis Marshall I., s. bis GBR, Vanuatu

5 *Scarus rivulatus* Valenciennes **Orangewangen-Papageifisch** 40 cm
Balzende Supermännchen mit dunkelgrünem Vorderteil. Orange-rote Wangen.
Ökologie: Lagunen und Außenriffe, 1–>20 m. Gewöhnlich in Schwärmen auf sandigen Stellen an Fleckriffen. Bevorzugt Küstenriffe. Häufig auf Riffdächern.
Verbreitung: Andaman Sea bis Neukaled., n. bis Ryukyus, s. bis Lord Howe, Perth

6 *Scarus spinus* Kner **Gelbwangen-Papageifisch** 30 cm
Ähnlich: *S. viridifucatus* (107-6), der möglicherweise nur eine Unterart ist.
Ökologie: korallenreiche Außenlagunen und Außenriffe, 2–25 m. Gewöhnlich einzeln an exponierten Riffkronen. Scheu.
Verbreitung: Philippien bis Samoa, n. bis Ryukyus, s. bis GBR

7 *Scarus quoyi* Valenciennes **Quoys Papageifisch** >21 cm
Ökologie: korallenreiche Außenriffe und Riffkanäle, 2–18 m. Einzeln oder in Gruppen.
Verbreitung: Indien bis Vanuatu, n. bis Ryukyus, s. bis Neukaledonien

8 *Scarus frontalis* Valenciennes **Lavendel-Papageifisch** 50 cm
Wenig Farbänderung während des Wachstums. Anfangsphase vorwiegend grün.
Ökologie: exponierte Riffdächer und Außenriffe, 1–40 m. Oft in kleinen Gruppen auf flachen Riffen.
Verbreitung: Ryukyus bis Frz. Polynesien, s. bis GBR

9 *Scarus longipinnis* Randall & Choat **Segelflossen-Papageifisch** 40 cm
Ökologie: Außenriffe, 10–>55 m. Häufigster Papageifisch an Atollen der Coral Sea.
Verbreitung: GBR, Lord Howe, Neukaledonien, Rapa und Pitcairn I.

10 *Scarus bowersi* (Snyder) **Bowers Papageifisch** 31 cm
Ähnelt *S. sordidus* (Taf. 106-6), jedoch deutliche Farbunterschiede beim Supermännchen.
Ökologie: korallenreiche Kanäle und Lagunenriffhänge. Einzeln.
Verbreitung: Philippinen, Java, Ryukyus, Palau

11 *Scarus hyselopterus* Bleeker **Lampen-Papageifisch** 31 cm
Ökologie: korallenreiche Küsten- und Außenriffe, bis 30 m. Selten.
Verbreitung: Borneo, Molukken, Ryukyus, Philippinen, Palau

12 *Scarus sp. 1* **Roter Papageifisch** ca. 32 cm
Ökologie: steile Außenriffe und küstenferne Unterwasserbänke, 18–>40 m.
Verbreitung: Philippinen, Ryukyus, Neuguinea und Guam

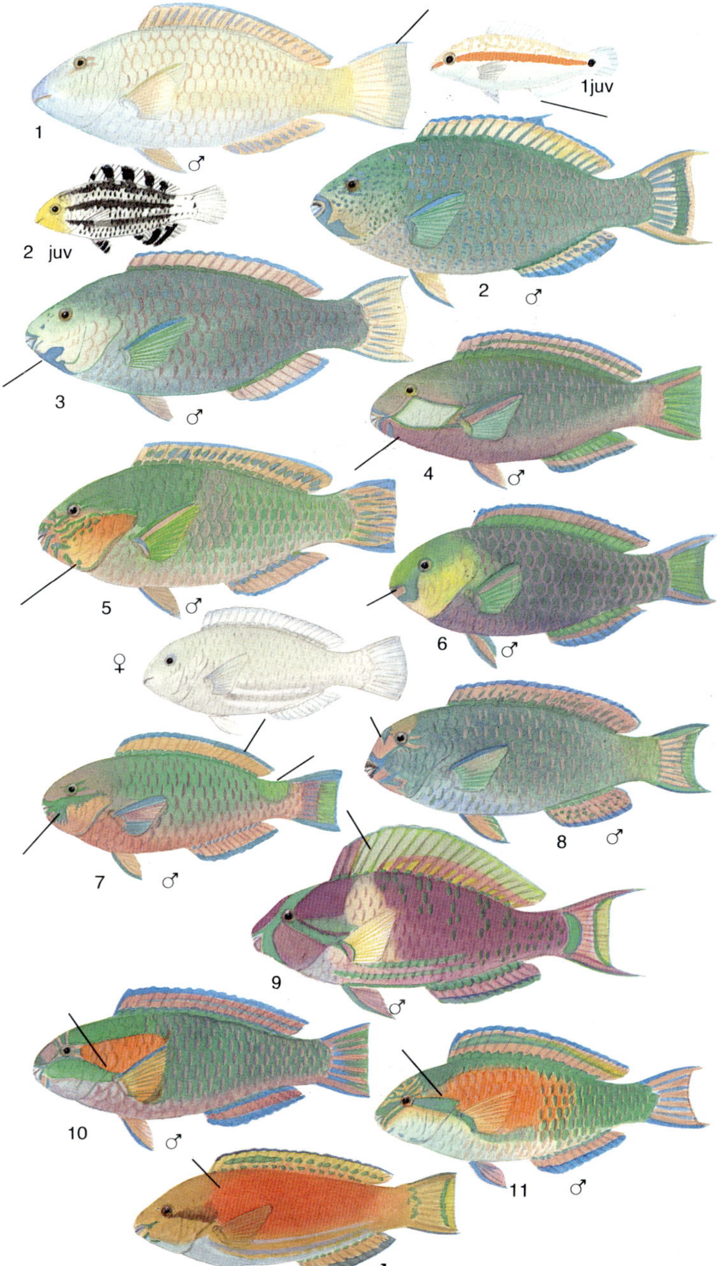

1
1juv
2 juv
2
3
4
5
6
♀
7
8
9
10
11
12

109 PAPAGEIFISCHE (Pazifik)

1 *Scarus microrhinos* Bleeker **Pazifischer Buckelkopf** 70 cm
Ähnlich: *S. strongylocephalus* (Ind. Ozean), jedoch AP ist blaugrün, selten rotgelb. Supermännchen mit aufgespaltenem, grünem Backenband. Rote Farbvariante (Tahiti).
Ökologie: Lagunen und Außenriffe, 2–40 m. Juv. gewöhnlich einzeln, Adulte können in Schulen vorkommen. Regelmäßig einige Meter von der Riffkante im Freiwasser.
Verbreitung: ö. Indonesien bis Pitcairn I., n. bis Ryukyus, s. bis Lord Howe, Rapa

2 *Scarus schlegeli* (Bleeker) **Schlegels Papageifisch** 38 cm
Nah verwandt mit *S. fuscopurpureus* und *S. russelli*. Supermännchen des nördl. und zentralen Pazifiks mit einem zweiten gelben Rückenband. Schneller Farbwechsel.
Ökologie: Lagunen und Außenriffe, 1->50 m. Adulte häufig in Gebieten mit reichem Korallenbewuchs und senkrechten Rifformationen. Um Palawan auf sandigen, flachen Küstenriffen mit Korallengeröll. Wenig scheu.
Verbreitung: Flores bis Tuamotus, n. bis Ryukyus, s. bis s. GBR, Rapa I.

3 *Scarus oviceps* Valenciennes **Purpurkappen-Papageifisch** 30 cm
Anfangsphase ähnelt der vom *S. dimidiatus* und *S. scaber.*
Ökologie: geschützte, klare Riffdächer, Außenlagunen und Außenriffe, 1->10 m.
Verbreitung: Philippinen bis Frz. Polynesien, n. bis Ryukyus, s. bis GBR

4 *Scarus dimidiatus* Bleeker **Türkiskopf-Papageifisch** 30 cm
Eng verwandt mit *S. scaber* und *S. oviceps.*
Ökologie: korallenreiche, geschützte Riffe mit klarem Wasser, 1->12 m. Oft auf Sandflächen in Riffnähe Algen abweidend.
Verbreitung: Indonesien bis Samoa, n. bis Ryukyus, s. bis GBR, nw. Australien

5 *Scarus flavipectoralis* Schultz **Grünbinden-Papageifisch** 30 cm
Während der Balz ist der Rücken bei Supermännchen leuchtend grün. Der Population in der Andaman See fehlt der hellgrüne Fleck auf der Schwanzwurzel.
Ökologie: geschützte Lagunen und Kanalriffe; 2–30 m, gewöhnlich unterhalb 10 m. Balzende Männchen an den Similan I. bevorzugen korallenreiche Außenriffe.
Verbreitung: Andaman Sea bis Salomon, n. bis Marshall I., s. bis GBR, Flores

6 *Scarus forsteni* (Bleeker) **Regenbogen-Papageifisch** 55 cm
Supermännchen hat während der Balz einen tief violetten Kopf - sonst ähnelt er *S. tricolor.* Anfangsphase mit seitlichem „Regenbogen" (s. Abb.).
Ökologie: klare, exponierte äußere Lagunen und Außenriffe, 3–30 m. Einzelgänger.
Verbreitung: Borneo, Philippinen bis Ducie I., n. bis Ryukyus, s. bis s. GBR

7 *Scarus chameleon* Choat & Randall **Chamäleon-Papageifisch** 31 cm
Anfangsphase: braun mit hellem Bauch. Sekundenschneller Farbwechsel.
Ökologie: Außenriffdächer, exponierte Lagunen und Außenriffhänge, 1->30 m.
Verbreitung: Philipinen bis Fiji, n. bis Ryukyus, s. bis Lord Howe, w. Australien

8 *Scarus pyrrhurus* (Jordan & Seale) **Rotschwanz-Papageifisch** 30 cm
Anfangsphase: deutlich roter Schwanz.
Ökologie: obere Riffhänge von Außenriffen. Häufig um Samoa, sonst selten. In Sulawesi in 10 m Tiefe im Freiwasser nahe an Dropoffs. Scheu.
Verbreitung: Ryukyus, Philippinen, Sulawesi, Palau, Salomon I., GBR, Samoa

9 *Scarus koputea* Randall & Choat **Marquesa-Papageifisch** 31 cm
Anfangsphase ähnelt der von *S. rubroviolaceus.* Schwanzwurzel kann weißlich sein.
Ökologie: innere Buchten und Außenriffhänge, 0–18 m.
Verbreitung: Marquesa I.

10 *Scarus sp. 2* **Schwarzschwanz-Papageifisch** 24 cm
AP: Schwanz dunkel mit grünem Rand. Juv. mit schwarzem Schwanz. Die Population in der Andaman See hat keinen gelben Seitenfleck.
Ökologie: in kleinen Ansammlungen auf tiefen Küstenabhängen, ab 35 m.
Verbreitung: Andaman Sea, Indonesien n. bis Ryukyus

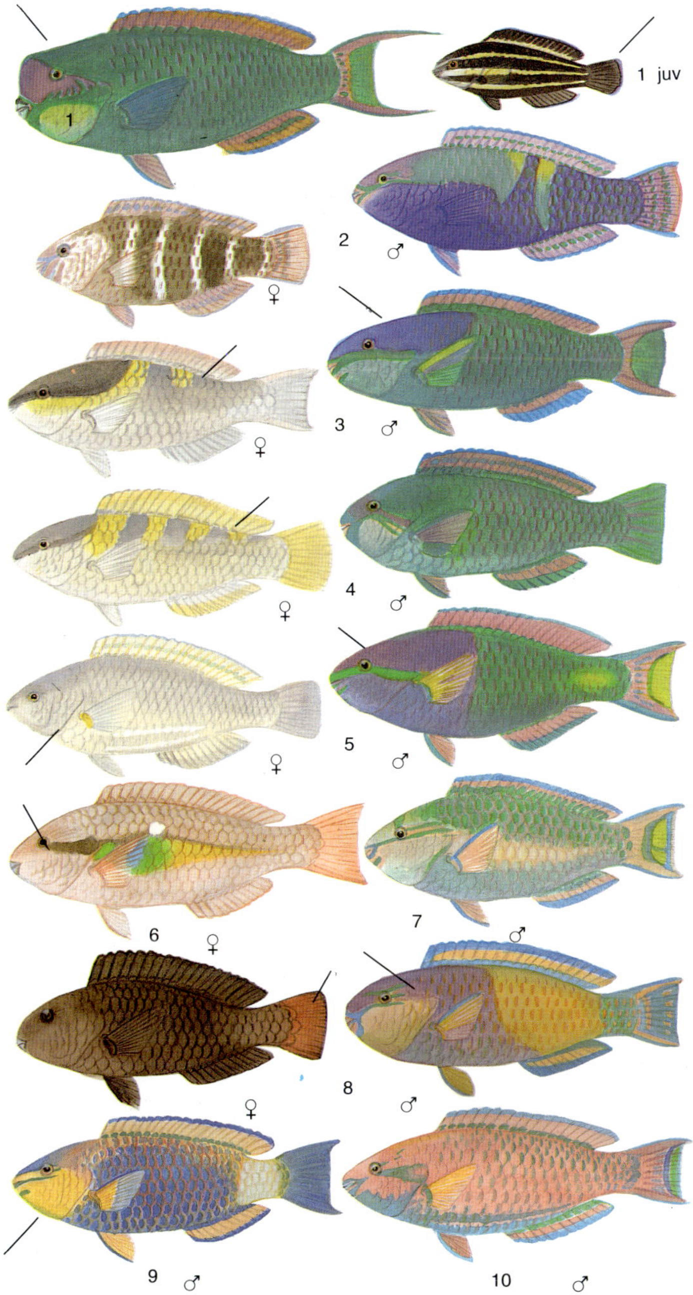
1
1 juv
2
♂
♀
3
♂
♀
4
♂
♀
5
♂
♀
6
♀
7
♂
8
♀
♂
9
♂
10
♂

1 *Scarus ferrugineus* Forsskål **Rostnacken-Papageifisch** 41 cm
Eng verwandt mit *S. persicus* (Persischer Golf).
Ökologie: geschützte Korallenhänge, 1–60 m. Oft auf Sandflächen in der Nähe von Fleckriffen. Supermännchen haben Harems. Sehr häufig und wenig scheu.
Verbreitung: Rotes Meer, Golf v. Aden

2 *Calotomus viridescens* (Rüppell) **Blattgrüner Papageifisch** 27 cm
Besonders das Weibchen kann die Farbe sekundenschnell wechseln. Die schwarzen Punkte sind nur aus kürzester Entfernung zu erkennen.
Ökologie: korallenreiche Saumriffe, Seegraswiesen und Felszonen, 2–>30 m. Einzeln und in kleinen Gruppen über Sandflächen in Riffnähe. Frißt Seegras, Algen. Häufig.
Verbreitung: Rotes Meer

3 *Scarus fuscopurpureus* (Klunzinger) **Seitenfleck-Papageifisch** 38 cm
Nah verwandt mit *S. russelli* (Indischer Ozean) und *S. schlegeli* (Westpazifik).
Ökologie: bevorzugt flache Sand- und Seegraswiesen mit vereinzelten Korallenköpfen, 2–>20 m. Bei der Nahrungssuche wechseln sie häufig die Farbe, aber der hintere Schwanzsaum ist immer gelborange! Einzeln oder in kleinen Gruppen. Scheu.
Verbreitung: Rotes Meer

4 *Scarus genazonatus* Randall & Bruce **Purpurbacken-Papageifisch** 31 cm
Breiter grüner Backenstreifen. Ähnelt *S. sordidus* (Taf. 105-6).
Ökologie: tiefe Riffhänge; gewöhnlich unterhalb 20 m, auch in nur 6 m Tiefe.
Verbreitung: Rotes Meer, Golf von Aden

5 *Scarus collana* Rüppell **Backenband-Papageifisch** 33 cm
Ökologie: in der Nähe von kleinen Korallenköpfen oder toten Korallenfelsen von versandeten Innenriffen, 1–15 m. Einzeln und sehr schnell (wie ein Lippfisch) schwimmend. Scheu. Nicht häufig.
Verbreitung: Rotes Meer

6 *Scarus perspicillatus* Steindachner **Hawaii-Papageifisch** >54 cm
Typisch ist das blaue Band vor dem Auge des Supermännchens. Anfangsphase hat helle Zone auf dem Schwanzwurzelansatz.
Ökologie: Lagunen und Außenriffe mit klarem Wasser, 1–>45 m.
Verbreitung: Hawaii I.

7 *Calotomus zonarchus* (Jenkins) **Blutiger Papageifisch** 33 cm
Ähnelt *C. carolinus* (Taf. 106-8) und *C. japonicus* (Taf. 110-11).
Ökologie: Korallenfelsen mit lebenden und toten Korallen und Geröll, vom Tidenrand bis mindestens 10 m. Nicht häufig.
Verbreitung: Hawaii I.

8 *Scarus dubius* Bennett **Königs-Papageifisch** 36 cm
Anfangsphase braun mit 2–3 weißen Streifen am Bauch.
Ökologie: Außenriffe. Nicht häufig.
Verbreitung: Hawaii I.

9 *Scarus ovifrons* (Temminck & Schlegel) **Indigo Bullenpapageifisch** 78 cm
Anfangsphase: orange-blau. Juvenile mit 2–3 Reihen von weißen Punkten.
Ökologie: in kleinen Gruppen an felsigen Küstenriffen.
Verbreitung: Ryukyus, n. bis Südjapan (Tokio)

10 *Scarus oedema* (Snyder) **Blauer Bullenpapageifisch** 42 cm
Ähnlich: *S. cyanescens* (w. Indischer Ozean, Taf. 107-3).
Ökologie: felsige, steile Küsten- und Korallenriffe. In Sri Lanka an tiefen Felsriffen, 20–35 m. Weidet einzeln Algen von Felsen ab. Scheu.
Verbreitung: Sri Lanka, Philippinen, Ryukyus (Australien ?)

11 *Calotomus japonicus* (Valenc.) **Japanischer Seegras-Papageifisch** 39 cm
Ökologie: felsige Küsten mit Tangwiesen.
Verbreitung: Südjapan, Südkorea

1
♀
♂
2
♂
3
♂
4
♂
5
♂
♀
6
♂
7
♂
8
♂
9
10
11
♂

111 BARRAKUDAS, MEERÄSCHEN

Barrakudas *(Sphyraenidae):* langgestreckter, silbriger Körper mit zwei weit auseinander liegenden Rückenflossen. Kleine Schuppen. Großes Maul mit dolchartigen Zähnen. Gefräßiger Raubfisch. Große Individuen einzeln, sonst in Schwärmen. Speise- und Sportfische. Ciguateragefahr bei großen Barrakudas. Angriffe auf Menschen sind nur aus trübem Wasser bekannt.

1 *Sphyraena barracuda* (Walbaum) **Großer Barrakuda** 190 cm
Große Exemplare können dunkle Flecken haben (s. auch Taf. 144-11). Bis 40 kg schwer.
Ökologie: verschiedene Habitate: von trüben Küstengewässern bis zum offenem Meer. Jungtiere in geschützten Innenriffen und Flußdeltas. Einzeln und tagaktiv. Neugierig, aber nicht gefährlich, falls nicht gereizt. Kann fatale Wunden hervorrufen. Wenig scheu.
Verbreitung: alle tropischen Meere (fehlt nur im Ostpazifik)

2 *Sphyraena qenie* Klunzinger **Dunkelflossen-Barrakuda** 170 cm
Dunkler, stark gegabelter Schwanz. 18–22 Querbänder (breiter als helle Zonen), die deutlich unterhalb der Seitenlinie bis zum Bauch verlaufen.
Ökologie: in großen Schulen an strömungsreichen Außenriffen oder in Lagunen.
Verbreitung: Rotes Meer bis Panama, n. bis Mikronesien, s. bis Neukaled., Natal

3 *Sphyraena jello* Cuvier **Jello-Barrakuda** 150 cm
Grüngrau mit kurzen Querbändern, die nur wenig über die Laterallinie reichen.
Ökologie: in großen Schulen an auffälligen Formationen in Lagunen- und Außenriffen.
Verbreitung: Rotes Meer bis w. Pazifik, n. bis Ryukyus, s. bis GBR

4 *Sphyraena putnamiae* Jordan & Seale **Winkel-Barrakuda** 90 cm
Ungefähr 15 gewinkelte, dunkle Bänder. 2. Rücken- und Afterflossen sind lang.
Ökologie: große Schulen in Lagunen und an strömungsreichen Außenriffen.
Verbreitung: Rotes Meer bis Philippinen, s. bis Natal, GBR

5 *Sphyraena forsteri* Cuvier **Brustfleck-Barrakuda** 75 cm
Schwarzer Fleck an der Brustflosse. Keine Querbänder.
Ökologie: am Tag in Schulen in der Nähe von Rifftürmen und Außenriffhängen, 2–300 m. Auch über Fleckriffen. Geht nachts auf Nahrungssuche.
Verbreitung: Ostafrika bis Frz. Polynesien, n. bis Ryukyus, s. bis Neukaledonien

6 *Sphyraena acutipinnis* Day **Pfeil-Barrakuda** 75 cm
Rücken grünlich. Undeutliche gelbe Seitenstreifen. Viele ähnliche Arten.
Ökologie: in Schulen in Lagunen und an Außenriffen. Nachtaktiv.
Verbreitung: Ostafrika bis Frz. Polynesien, n. bis s. Japan, s. bis GBR

7 *Sphyraena flavicauda* Rüppell **Gelbschwanz-Barrakuda** 37 cm
Gelblicher Schwanz, braune Seitenstreifen. Viele ähnliche Arten.
Ökologie: gewöhnlich in Schulen in Lagunen und an geschützten Außenriffen. Oft in der Nähe von Tauchbooten.
Verbreitung: Ostafrika bis Samoa, n. bis Ryukyus, s. bis Neukaledonien, Natal

Meeräschen *(Mugilidae):* silbrig mit kurzer Schnauze, kleinem Maul und großen Schuppen. Wandern in großen Schulen und fressen Algen, Kieselalgen und Detritus. Viele Arten im Brack- oder Süßwasser. Wichtige Speisefische.

8 *Crenilabrus crenilabis* (Forsskål) **Stumpfmaul-Meeräsche** 60 cm
Maul mit Papillen. Gelbe Brustflossen mit violettem Fleck an der Basis.
Ökologie: Sandflächen von Lagunen und Riffdächern. Laichen in großen Gruppen.
Verbreitung: Rotes Meer bis Frz. Polynes., n. bis s. Japan, s. bis L. Howe, Transkei

9 *Liza vaigiensis* (Quoy & Gaimard) **Keilschwanz-Meeräsche** 60 cm
Ökologie: sandige Küsten und Böden von Lagunen und Riffdächern. Oft in Schulen in Mangrovengebieten.
Verbreitung: Ostafrika bis Frz. Polynesien, n. bis s. Japan, s. bis GBR, Durban

10 *Oedalechilus labiosus* (Valenciennes) **Faltenlippen-Meeräsche** 40 cm
Ökologie: Riffdächer und flache Lagunen. In Schwärmen, oberflächennah.
Verbreitung: Rotes Meer bis Marshall I., n. bis s. Japan, s. bis GBR

11 *Valamugil seheli* (Forsskål) **Blaufleck-Meeräsche** 60 cm
Dunkelblauer Fleck an der Basis der Brustflosse.
Ökologie: flache, sandige Lagunen.
Verbreitung: Rotes Meer bis Samoa, n. bis s. Japan, s. bis Neukaledonien, Transkei

1
2
3
4
5
6
7
8
9
10
11

Sandbarsche *(Pinguipedidae):* langer, fast zylindrischer Körper mit Tarnfarben. Großes Maul mit dicken Lippen. Lauerräuber, die benthische Wirbellose und Fische fressen. Ruhen regungslos auf ihren Bauchflossen. Männchen sind territorial und haben Harems. Jungtiere sind weiblich und wandeln sich später in Männchen um. Oft deutlicher Geschlechtsdimorphismus. Aquarium: haltbar.

1 *Parapercis signata* Randall **Malediven-Sandbarsch** 13 cm
Ökologie: häufig auf Sand- und Geröllgebieten in Riffnähe, 12–35 m.
Verbreitung: Malediven

2 *Parapercis clathrata* Ogilby **Ohrenfleck-Sandbarsch** 17,5 cm
Männchen mit typischem, schwarzem Ocellus auf dem Kiemendeckel.
Ökologie: klare Lagunen und Außenriffe, 3–50 m. Auf offenem Sand, Geröll oder kahlen Felsen zwischen Korallenköpfen. Wenig scheu.
Verbreitung: Arabischer Golf bis Samoa, n. bis Ryukyus, s. bis GBR

3 *Parapercis multiplicata* Randall **Rotgebänderter Sandbarsch** 12 cm
Ökologie: Geröllgrund in klarem Wasser, 4–30 m. Gewöhnlich unterhalb 27 m.
Verbreitung: Bali, nw. Australien bis Marianen und Neukaledonien, n. bis Ryukyus

4 *Parapercis hexophthalma* Cuvier **Schwanzfleck-Sandbarsch** 26 cm
Deutliche Geschlechtsunterschiede. (s. Abb.)
Ökologie: flache Lagunen und geschützte Außenriffe, auf Sand oder Geröll, 2–22 m.
Verbreitung: Rotes Meer bis Fiji, n. bis Ryukyus, s. bis Lord Howe, Durban

5 *Parapercis millepunctata* (Günther) **Vielpunkt-Sandbarsch** 18 cm
Ökologie: Außenriffe, 3–50 m. Auf Geröll oder festem Substrat zwischen Korallen. In vielen Gebieten die häufigste Art der Gattung.
Verbreitung: Malediven bis Society I., n. bis Ryukyus, s. bis GBR

6 *Parapercis cylindrica* (Bloch) **Spitzkopf-Sandbarsch** 15 cm
Ökologie: Sand und Geröllzonen von Lagunen und Buchten, 1–20 m. Oft auf Seegraswiesen oder versandeten Riffen.
Verbreitung: Malediven bis Fiji, n. bis Ryukyus, s. bis Lord Howe

7 *Parapercis schauinslandi* (Steindachner) **Rotflecken-Sandbarsch** 14 cm
Ökologie: auf Geröll oder Sand mit offenem Untergrund in der Nähe von Riffen, gewöhnlich unterhalb 16 m anzutreffen. Oft über dem Boden schwebend.
Verbreitung: Durban bis Polynesien, n. bis s. Japan, s. bis GBR

8 *Parapercis punctulata* (Cuvier) **Gefleckter Sandbarsch** 13 cm
Großer, schwarzer Fleck auf der 1. Rückenflosse, der gelb umrandet ist.
Ökologie: häufig auf Geröllböden von Korallenriffen.
Verbreitung: Ostafrika bis Seychellen, s. bis Natal und Mauritius

9 *Parapercis tetracantha* (Lacépède) **Augenstreifen-Sandbarsch** 25 cm
Ökologie: klare Lagunen und geschützte Außenriffe, 1–>20 m. Auf Sand oder Geröll.
Verbreitung: Indien bis Fiji, n. bis s. Japan

10 *Parapercis nebulosa* (Quoy & Gaimard) **Streifen-Sandbarsch** 27,5 cm
Ökologie: Innenriffe mit Sedimenten und Küstenriffe, 15–60 m.
Verbreitung: Arabischer Golf, Ostafrika bis ö. Australien (NSW)

11 *Parapercis snyderi* Jordan & Starks **Snyders Sandbarsch** 10 cm
Farbe variabel: japanische Population hat eine rötliche Grundfarbe.
Ökologie: auf Sedimenten und Geröll in Riffnähe sowie auf flachen Küstenriffen, 1–>25 m. Manchmal in sehr flachem Wasser. Auf Bali auf pflastersteinartigem Lavabrocken an flachen, felsigen Küsten.
Verbreitung: Andaman Sea und Indonesien, n. bis s. Japan , s. bis GBR

12 *Parapercis xanthozona* (Bleeker) **Lippenfleck-Sandbarsch** 23 cm
Weißer Seitenstreifen vom Auge bis zum Schwanzende.
Ökologie: flache, geschützte Sandflecken in der Nähe von Riffen in Lagunen und Buchten, bis mindestens 26 m.
Verbreitung: Ostafrika bis Fiji, n. bis s. Japan, s. bis NSW, Natal

1
♂
2
♂
3
4
♂
♀
5
6
7
8
9
10
11
12

113 KIEFERFISCHE, HIMMELSGUCKER, SANDTAUCHER, SCHLEIMFISCHE

Kieferfische *(Opistognathidae):* meistens kleine Fische mit übergroßem Kopf und Maul. Lange, durchgehende Rückenflosse. Leben in Sandröhren, in die sie sich mit dem Schwanz zuerst zurückziehen. Fressen benthische und planktonische Wirbellose. Männchen sind Maulbrüter. 50 Arten; viele davon unbeschrieben. Sporadisches Vorkommen.

1 *Opistognathus papuensis* (Bleeker) **Papua-Brunnenbauer** 40 cm
Ökologie: Sandflecken auf Küstenriffen. **Verbreitung:** s. Neuguinea bis n. GBR

2 *Opistognathus muscatensis* (Boulenger) **Muscat-Brunnenbauer** 45 cm
Ökologie: auf Sand und Geröll, 30–50 m. **Verbreitung:** R. Meer, s. bis Durban

3 *Opistognathus sp.* **Goldband-Brunnenbauer** 10 cm
Ökologie: häufig auf Geröllriffen, ab 5 m. **Verbreitung:** Bali, Flores

Himmelsgucker *(Uranoscopidae):* dicker Körper mit kleinen Augen und einem abgeflachten, gepanzerten Kopf. Großer, giftiger Schulterstachel. Einige mit wurmartigen Tentakeln (Köder) auf dem Unterkiefer. Liegen eingegraben im Sediment, nur Augen und Lippen sichtbar. Gut entwickeltes elektrisches Organ (bis 50 Volt).

4 *Uranoscopus sulfureus* Valenciennes **Weißrand-Himmelsgucker** 35 cm
Ökologie: Riffdächer und Küstenböden. Eingegraben im Sand, „Angelrute" ragt heraus.
Verbreitung: Rotes Meer bis Samoa, s. bis GBR und Tonga

Sandtaucher *(Trichonotidae):* extrem verlängerter Körper mit vorgezogenem Unterkiefer und langer durchgehender Rückenflosse, wobei die ersten Rückenstacheln verlängert sind. Große fächerartige Bauchflossen. Schweben in Gruppen in 1–3 m Höhe über offenen Sandböden. Tauchen bei Gefahr sofort in den Sand. 4 Arten.

5 *Trichonotus setiger* (Bloch & Schneider) **Gefleckter Sandtaucher** 15 cm
Ähnlich: *T. nikei* (Rotes Meer) und *T. elegans* (Ryukyus).
Ökologie: schwebt über offene Sandflächen.
Verbreitung: Arabischer Golf bis Melanesien, s. bis GBR

6 *Trichonotus sp.* **Faden-Sandtaucher** 18 cm
Ökologie: klare Lagunen und Außenriffe, über offenen Sandflächen, 5–>20 m.
Verbreitung: Marianen und Marshall I. bis Coral Sea

Dreiflosser *(Tripterygiidae):* einzige Familie mit dreigeteilter Rückenflosse. Kleine, getarnte Bodenbewohner, die Wirbellose fressen. Ungefähr 150 Arten; von vielen wenig bekannt.

7 *Helcogramma striata* Hansen **Gestreifter Dreiflosser** 4 cm
Ökologie: auf Korallen, Schwämmen und Kalkstein in Korallenriffen. Häufig.
Verbreitung: Indonesien bis Frz. Polynesien, n. bis Izu I., s. bis GBR

8 *Genus + sp.* (unbenannt) Hollemann **Großmaul-Dreiflosser** 5 cm
Ökologie: klare Lagunen und Außenriffe, bis >18 m. Lauert auf lebenden Korallen.
Verbreitung: w. Australien bis Samoa, n. bis Philippinen, s. bis GBR, Tonga (?)

Schleimfische *(Blenniidae):* (allg. Bemerkungen s. Taf. 114)

9 *Petroscirtes variabilis* Cantor **Variabler Säbelzahnschleimfisch** 15 cm
Ökologie: Seegraszonen in flachen Lagunen oder an schwimmenden Algen.
Verbreitung: Sri Lanka bis Fiji, n. bis s. Taiwan, s. bis GBR

10 *Petroscirtes mitratus* Rüppell **Segelflossen-Säbelzahnschleimfisch** 7 cm
Ökologie: auf Sandflächen von Riffdächern und flachen Lagunen. Lebt in Algenbüschen und legt Eier in leere Muscheln. Jungtiere an driftenden Algen.
Verbreitung: Rotes Meer bis Samoa, n. bis Ryukyus, s. bis GBR, s. Mozambique

11 *Petroscirtes xestus* Jordan & Seale **Gestreifter Säbelzahnschleimfisch** 7 cm
Ökologie: s. Nr. 10. **Verbreitung:** Ostafrika bis Tahiti, s. bis GBR, nw. Australien

12 *Omobranchus elongatus* Peters **Rückenfleck-Schleimfisch** 5 cm
Ähnlich **13:** *O. punctatus* (Rotes Meer bis Fiji), lebt zwischen Felsen und Mangroven.
Ökologie: flache Küsten. Auf Sand, zwischen Steinen oder Austern, bis 4 m.
Verbreitung: Ostafrika bis Neuguinea, n. bis s. China (Hainan)

14 *Parenchelyurus hepburni* (Snyder) **Hepburns Schleimfisch** 4,5 cm
Ökologie: versteckt unter Steinen des Tidenbereichs.
Verbreitung: Mauritius bis Samoa, s. Japan, GBR

15 *Xiphasia setifer* Swainson **Schlangen-Säbelzahn** 53 cm
Ökologie: 2 m lange Wohnröhren im Sand oder Schlick. Schwimmt nachts frei umher. Ohne Schwimmblase.
Verbreitung: Rotes Meer bis Vanuatu, n. bis s. Japan, s. bis GBR, Kap-Provinz

1
2
3
4
5
6 ♂
6 ♀
7
8
9
10
11
12
13
14
15

114 SÄBELZAHNSCHLEIMFISCHE

Schleimfische *(Blenniidae):* kleine, schuppenlose Fische mit durchgehender Rückenflosse. Territoriale Bodenbewohner, die Bodeneier legen und vom Männchen bewacht werden. Ca. 350 Arten weltweit.

Tribus **Säbelzahnschleimfische** *(Nemophini):* lange, bogenförmige Eckzähne im Ober- und Unterkiefer. Giftdrüsen bei *Meiacanthus* Arten.

1 *Aspidontus dussumieri* (Valenciennes) **Dussumiers Säbelzahnschleimfisch** 12 cm
Ökologie: Lagunenriffe. Frißt Algen und Detritus.
Verbreitung: Rotes Meer bis Tuamotus, n. bis s. Japan, s. bis NSW, Südafrika

2 *Aspidontus taeniatus* Quoy & Gaimard **Falscher Putzerfisch** 11 cm
Ökologie: Lagunen und Außenriffe, 1->20 m. Bemerkenswerte Mimikry des Putzerfischs *Labroides dimidiatus* (Taf. 104-5), der kein unterständiges Maul besitzt. Nähert sich arglosen Fischen, um Stücke von Flossen, Haut oder Schuppen herauszureißen. Frißt auch Röhrenwürmer. Lebt in leeren Wurmröhren, auch in Flaschen.
Verbreitung: Rotes Meer bis Frz. Polynesien, n. bis s. Japan, s. bis NSW, Durban

3 *Plagiotremus tapienosoma* (Bleeker) **Piano-Säbelzahnschleimfisch** 14 cm
Ähnlich: *P. goslinei* (Hawaii), mit durchgehendem, schwarzem Seitenband.
Ökologie: klare, flache Lagunen und Außenriffe, 1-20 m. Schwimmt mit schlängelden Bewegungen meterhoch über dem Boden. „Greift" Fische und Taucher an. Lebt auch in Wurmröhren. **Verbreitung:** R. Meer bis Frz. Polynes., n. bis s. Japan, s. bis NZ, Südafrika

4 *Plagiotremus rhinorhynchos* (Bleeker) **Blaustreifen-Säbelzahnschleimfisch** 12 cm
Ökologie: klare, korallenreiche Lagunen und Außenriffe, 1-40 m. Jungtiere sind aggressive Nachahmer des Putzerlippfisches *Labroides dimidiatus.* Lebt in Röhren.
Verbreitung: R. Meer bis Frz. Polynes., n. bis s. Japan, s. bis Lord Howe, Südafrika

5 *Plagiotremus laudandus* (Whitley) **Falscher Säbelzahnschleimfisch** 8 cm
Ökologie: Lagunen und Außenriffe, 0-30 m. Zeigt Mimikry von *Meiacanthus atrodorsalis* (eine nicht aggressive Art!), um an seine Opfer heranzukommen. Selten.
Verbreitung: Philippinen bis Gilbert I., n. bis Izu I., s. bis Lord Howe I.

6 *Plagiotremus phenax* Smith-Vaniz **Aggressiver Säbelzahnschleimfisch** 5 cm
Ökologie: über Geröll von geschützten und exponierten Korallenriffen, 5-25 m. Aggressiver Nachahmer von *Meiacanthus smithi* (s. Nr. 14).
Verbreitung: Malediven, Sri Lanka bis Andaman Sea

7 *Plagiotremus townsendi* (Regan) **Rotmeer-Säbelzahnschleimfisch** 5 cm
Ökologie: Korallenriffe, 7-55 m. Aggressiver Nachahmer von *M. nigrolineatus.*
Verbreitung: Rotes Meer, Golf v. Oman

8 *Meiacanthus atrodorsalis* (Günther) **Augenstreif-Säbelzahnschleimfisch** 11 cm
Alle Arten dieser Gattung haben ein Paar große Giftzähne zur Verteidigung. Viele geographische Varianten: *M. ovalauensis* (Fiji): gelb; *M. tongaensis* (Tonga), gelbgrün mit schwarzer Rückenflossenbasis.
Ökologie: Lagunen und Außenriffe, 1-30 m. Frißt Zooplankton. Wird vom aggressiven *P. laudandus* (Nr. 5) nachgeahmt und hat dadurch einen guten Schutz vor Raubfischen.
Verbreitung: Bali bis Samoa, n. bis Ryukyus, s. bis GBR, Neukaledonien

10 *Meiacanthus nigrolineatus* Smith-Vaniz **Gepunkteter Säbelzahnschleimfisch** 10 cm
Ähnlich **9**: *M. bundoon* (Fiji), lebt nahe am Boden.
Ökologie: auf Saumriffen. Schwimmt über dem Boden, frißt Zooplankton. Wird nachgeahmt von *P. townsendi* (Nr. 7) und *Ecsenius gravieri* (Taf. 116-1).
Verbreitung: Rotes Meer, Golf v. Aden

11 *Meiacanthus grammistes* (Valenc.) **Dreistreifen-Säbelzahnschleimfisch** 11 cm
Ähnlich **14**: *M. lineatus* (GBR). Mehrere ähnliche, unbeschriebene Arten.
Ökologie: geschützte Lagunen und Außenriffe, 1-8 m. Übernachtet in Schwämmen.
Verbreitung: Indochina bis Neuguinea, n. bis Ryukyus, s. bis GBR

12 *Meiacanthus mossambicus* Smith **Mosambik-Säbelzahnschleimfisch** 10 cm
Ökologie: häufig über Geröll von Lagunenriffen mit wenig Korallenbewuchs, 1-8 m.
Verbreitung: Ostafrika bis Madagaskar

13 *Meiacanthus ditrema* Smith-Vaniz **Zweistreifen-Säbelzahnschleimfisch** 5 cm
Ökologie: flache, geschützte Riffe, 1-15 m. Schwebt in Gruppen über dem Boden.
Verbreitung: Philippinen, Molukken bis Samoa, n. bis Ryukyus, s. bis GBR, Tonga

15 *Meiacanthus smithi* Klausewitz **Smiths Säbelzahnschleimfisch** 8 cm
Ökologie: Korallenriffe mit Geröll, Sand und lebenden Korallen, 5->15 m.
Verbreitung: Malediven bis Sumatra, n. bis Andaman Sea

16 *Meiacanthus vittatus* Smith-Vaniz **Einstreifen-Säbelzahnschleimfisch** 6 cm
Ökologie: nachgeahmt von jungen *Cheilodipterus zonatus* und *Scolopsis margaritifer.*
Verbreitung: nö. Neuguinea, Bismark Archipel

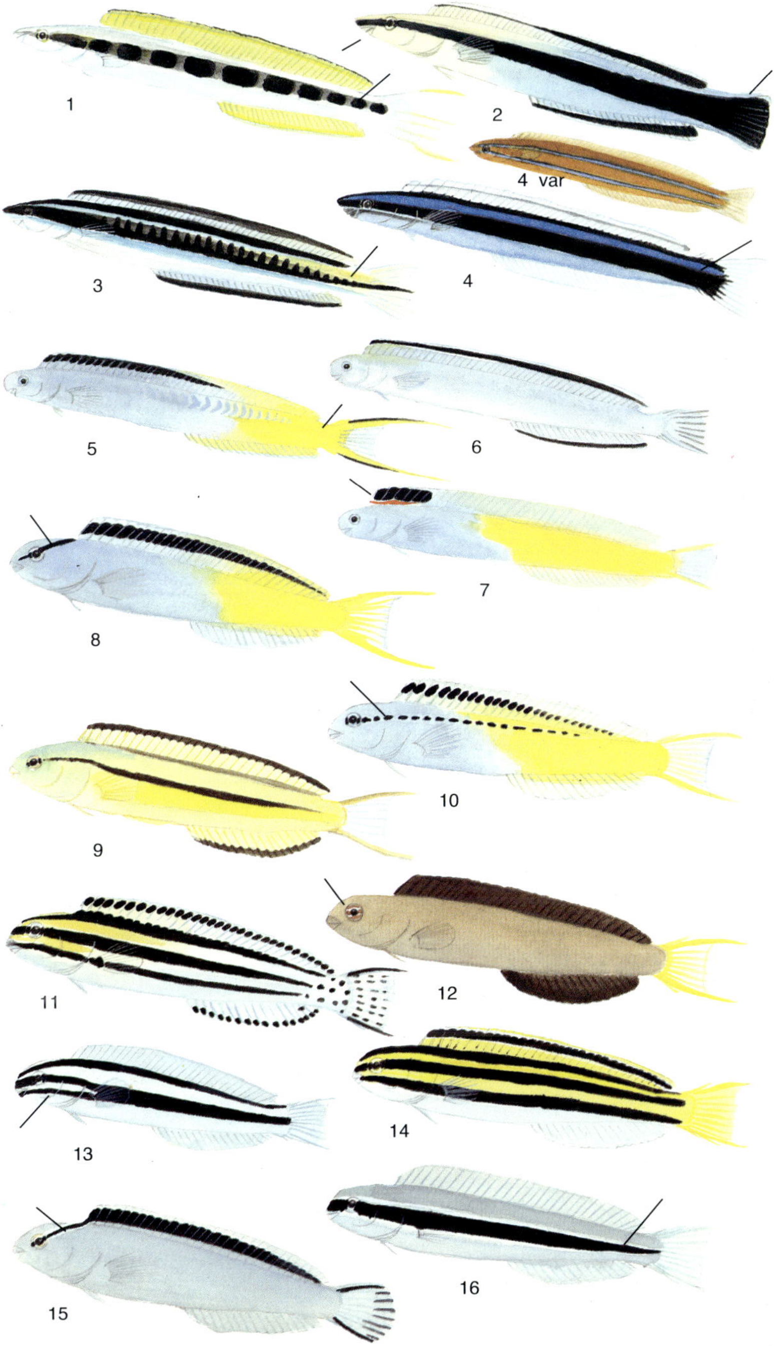
1
2
4 var
3
4
5
6
7
8
9
10
11
12
13
14
15
16

115 KAMMZAHNSCHLEIMFISCHE

Tribus **Kammzahnschleimfische** *(Salariini)*: mit vielen kammähnlichen Zähnen auf jedem Kiefer. Mit dicken Raspelzähnen werden Algenrasen abgeschabt. Oft mit häutigem Nackenkamm. Bodenbewohner, besonders auf großen Korallen-, Felsblöcken und Algenrücken mit Versteckmöglichkeiten..

1 *Cirripectes auritus* Carlson **Ohrfleck-Blenny** 9 cm
Dunkelblauer „Ohrenfleck" gelb umrandet. Rosa Punkte am Hinterkörper.
Ökologie: flache Außenriffe; 1–20 m, gewöhnlich tiefer als 10 m. Wenig scheu. Bevorzugt Riffe mit mäßigem Korallenbewuchs. Oft auf algenbewachsenem Geröll.
Verbreitung: Ostafrika bis Andaman Sea, Philippinen bis Polynesien, s. bis Natal

2 *Cirripectes filamentosus* (Alleyne & Macleay) **Filament-Blenny** 9 cm
Rote Kopfflecken. Verlängerte Rückenstrahlen.
Ökologie: flache Korallen- oder Felsriffe, 1–20 m. Sporadisches Vorkommen.
Verbreitung: s. Rotes Meer, Arabischer Golf bis GBR

3 *Cirripectes castaneus* (Valenciennes) **Kastanien-Blenny** 12,5 cm
Weibchen: bienenwabenartiges Muster. Ähnlich: *C. imitator* (Nr. 5). Farbe sehr variabel. Männchen: oft mit helleren Streifen zwischen den roten.
Ökologie: brandungsreiche, äußere Riffdächer mit Algen bewachsen, 0–7 m. Zieht sich bei Gefahr sofort in Löcher zurück.
Verbreitung: Rotes Meer bis Tonga, n. bis s Japan, s. bis Lord Howe, Natal

4 *Cirripectes imitator* Williams **Imitator-Blenny** 12 cm
Weibchen ähneln *C. castaneus* und Varianten von *C. polyzona* und *C. stigmaticus*..
Ökologie: flache Fels- und Korallenriffe.
Verbreitung: n. Philippinen bis s. Japan, Bonin I.

5 *Cirripectes fuscoguttatus* Strasburg & alt. **Graugefleckter Blenny** 15 cm
Ähnelt Weibchen von *Exallias brevis* (Taf. 117-1), hat jedoch größere Flecken.
Ökologie: Brandungszone von Außenriffen, 1–8 m.
Verbreitung: s. Taiwan bis Polynesien, s. bis Tonga

6 *Cirripectes perustus* Smith **Flammen-Blenny** 12 cm
Charakteristisch gelbrot mit undeutlichen Flecken.
Ökologie: flache Außenriffe, vom Tidenbereich bis 24 m. Auch in Lagunen.
Verbreitung: Ostafrika bis Gilbert I., n. bis Taiwan

7 *Cirripectes obscurus* (Borodin) **Weißpunkt-Blenny** 17 cm
Ähnlich: *C. alboapicalis* (GBR bis Oster I.) und *C. viriosus* (Philippinen).
Ökologie: Brandungszonen von Fels- und Korallenriffen, 0–6 m.
Verbreitung: Hawaii I.

8 *Cirripectes polyzona* (Bleeker) **Tiger-Blenny** 13 cm
Juvenile (< 5m) mit schwarzem Seitenstreifen.
Ökologie: algenbewachsene Riffkronen (die von kalkabscheidenden Rotalgen gebildet werden) und Riffhöcker zwischen Riffkanälen von Außenriffkanten, 0–3 m.
Verbreitung: Ostafrika bis Frz. Polynesien, n. bis Aden, s. Japan, s. bis GBR

9 *Cirripectes quagga* Fowler & Ball **Zebra-Blenny** 10 cm
Sehr variabel: gefleckt oder mit dichtem Kritzelmuster.
Ökologie: veralgte Riffkronen und Höcker zwischen Riffkanälen von Außenrifrändern, 1–19 m.
Verbreitung: Ostafrika bis Polynesien, n. bis Taiwan, Marcus I.

10 *Cirripectes stigmaticus* Strasburg & Schultz **Rotstreifen-Blenny** 13 cm
Deutliche rote Streifen, die am Kopf netzartig verlaufen.
Ökologie: lauert zwischen Korallen von veralgten Höckern oder in Riffkanälen.
Verbreitung: w. Indischer Ozean bis Samoa, n. bis Mikronesien, s. bis GBR, Neukaled.

11 *Cirripectes variolosus* (Valenciennes) **Rottropfen-Blenny** 10 cm
Ähnlich: *C. vanderbilti* (Hawaii und Johnston I.).
Ökologie: exponierte Außenriffe, 0,5–5 m. Am Fuß von *Pocillipora* Korallen.
Verbreitung: Palau bis Frz. Polynesien, n. bis Bonin I., s. bis Rapa I.

12 *Cirripectes chelomatus* Williams & Maugé **Schwarzer Blenny** 12 cm
Ökologie: fläche Fels- und Korallenriffe; 0–16 m, gewöhnliche < 7 m.
Verbreitung: Lord Howe to Tonga, Fiji, n. bis GBR

1
2
♂
3
5
4
7
6
8
var
8
9
10
11
12

1 *Ecsenius gravieri* (Pellegrin) **Mimikry-Kammzähner** 8 cm
Ökologie: Korallenriffe, 5-20 m. Zeigt Mimikry von *Meiacanthus nigrolineatus* (Taf. 114-9), der giftig ist. Er ahmt dessen Schwimmbewegungen und Farbmuster nach.
Verbreitung: Rotes Meer, Golf v. Aden

1.1 *Ecsenius pulcher* (Murray) **Prachtkammzähner** 11 cm
Ökologie: auf Fels- und Korallenriffen.
Verbreitung: Golf von Oman, Arabischer Golf bis Indien

2 *Ecsenius aroni* Springer **Arons Kammzähner** 5,5 cm
Ökologie: Korallenriffe, besonders Saumriffe, 2-35 m. Sehr versteckt lebend.
Verbreitung: Rotes Meer

3 *Ecsenius midas* Stark **Neonaugen-Kammzähner** 13 cm
Farbe variabel: gelb, braun bis schieferblau. Zwei blaue Augenlinien.
Ökologie: Korallenriffe, 2-30 m. Gelbe Varianten leben häufig in Schwärmen von *Pseudanthias squamipinnis* (Mimikry ?) und fressen wie diese Zooplankton. Häufig.
Verbreitung: Rotes Meer bis Polynesien, s. bis Natal, Mauritius

4 *Ecsenius frontalis* (Ehrenberg) **Augenstreifen-Kammzähner** 8 cm
Drei Farbvarianten: dunkelbraun mit weißem Schwanz oder braun mit schwarzem Streifen auf dem Rücken. Gelbe Phase, ähnelt jungen *Atrosalanas fuscus*.
Ökologie: zwischen Korallen, 3-27 m. Sehr versteckt lebend.
Verbreitung: Rotes Meer, Golf v. Aden

5 *Ecsenius namiyei* (Jordan & Evermann) **Gelbschwanz-Kammzähner** 10 cm
Ökologie: Korallenriffe, 1-30 m, besonders an Riffkronen.
Verbreitung: Philippinen, Molukken bis Salomon I., n. bis Taiwan

6 *Ecsenius bicolor* (Day) **Zweifarben-Kammzähner** 10 cm
Drei Farbvarianten (s. Abb.): Eine Variante ähnelt *E. namiyei* (Taf. 116-5).
Ökologie: klare Lagunen und Außenriffe, 1-25 m. Verteidigt sein Revier heftig gegen Artgenossen.
Verbreitung: Malediven bis Phoenix I., n. bis Ryukyus, s. bis GBR

7 *Ecsenius lineatus* Klausewitz **Längsstreifen-Kammzähner** 8 cm
Der schwarze Seitenstreifen kann unterbrochen oder fortlaufend sein.
Ökologie: Fels- und Korallenriffe, 1-28 m. Lauert auf erhöhten Stellen.
Verbreitung: Malediven, Seychellen, Mauritius bis nw. Australien, n. bis Izu I.

8 *Ecsenius oculus* Springe **Okular-Kammzähner** 6 cm
Ökologie: Korallenriffe.
Verbreitung: Ryukyus, s. Taiwan bis Batan I. (Philippinen)

9 *Ecsenius nalolo* Smith **Nalolo-Kammzähner** 6,5 cm
Ökologie: Korallenriffe, 0,3-20 m. Relativ häufig in oberen Bereichen.
Verbreitung: Rotes Meer, s. bis Südafrika, ö. bis Malediven

9.1 *Ecsenius minutus* Klausewitz **Malediven-Kammzähner** 5 cm
Ökologie: über Schutt oder toten Korallen an Außenriffen, 5-25 m. Scheu.
Verbreitung: Malediven

9.2 *Ecsenius bathi* **Baths Kammzähner Springer** 4 cm
Ökologie: klare Küstenriffe, 3-30 m. Häufig.
Verbreitung: Indonesien (Flores bis Bali)

10 *Ecsenius opsifrontalis* Chapman & Schultz **Rechteck-Kammzähner** 5 cm
Ökologie: korallenreiche Gebiete von Lagunen und Außenriffen. 0- > 30 m.
Verbreitung: Mikronesien bis Samoa

10.1. *Ecsenius axelrodi* Springer **Axelrods Kammzähner** 5 cm
Ökologie: auf Felsen oder Korallen in Lagunen und Außenriffen
Verbreitung: New Britain, Helmahera und Helen-Atoll

11 *Ecsenius pictus* McKinney & Springer **Nadelstreifen-Kammzähner** 5 cm
Ökologie: zwischen Korallen, 11-40 m.
Verbreitung: Philippinen, Molukken, Salomon I.

12 *Ecsenius yaeyamaensis* (Aoyagi) **Yaeyamas-Kammzähner** 6 cm
Ökologie: auf Korallen an der Riffkrone.
Verbreitung: Sri Lanka bis Vanuatu, n. bis Taiwan, Yeayamas I., s. bis s. GBR

13 *Ecsenius bimaculatus* Springer **Doppelfleck-Kammzähner** 5 cm
Ökologie: geschützte Fels- und Korallenriffe. Scheu.
Verbreitung: Philippinen, Sabah

1.1
1
2
4 var
3
4
5
6 var
6
7
9
8
9.1
9.2
11
10
10.1
13
12

117 KAMMZAHNSCHLEIMFISCHE

1 *Exalias brevis* (Kner) **Leopard-Kammzähner** 15 cm
Ökologie: Außenriffe, von der Brandunszone bis >20 m. Lebt auf Korallen (*Pocillipora, Acropora, Porites, Millepora*). Frißt Korallenpolypen. Männchen ist territorial und bereitet Eiablageplatz durch Abtöten von Korallen vor. Mehrere Weibchen können Eier in ein Nest legen, welches vom Männchen bewacht wird.
Verbreitung: Rotes Meer bis Polynesien, n. bis Ryukyus, s. bis Neukaled., Südafrika

2 *Atrosalarias fuscus* (Rüppell) **Schwarzer Kammzähner** 15 cm
Jungtiere gelb und Adulte dunkelbraun. GBR - Population mit gelbem Schwanz.
Ökologie: zwischen Astkorallen in flachen Lagunen und an geschützten Außenriffen.
Verbreitung: R. Meer bis Pakistan (ssp. *fuscus*), Sumatra bis Polynes. (*ssp. holomelas*)

3 *Entomacrodus decussatus* (Bleeker) **Grauer Kammzähner** 19 cm
Ökologie: felsige Tidenküsten, Riffbänke und brandungsreiche Außenriffe.
Verbreitung: ö. Thailand bis Frz. Polynesien, n. bis Ryukyus, s. bis Neukaledonien

4 *Entomacrodus striatus* (Quoy & Gaimard) **Perlen-Kammzähner** 11 cm
Ökologie: Tidenzonen von Lagunen und brandungsreiche Außenriffe.
Verbreitung: Ostafrika bis Line I., n. bis Ryukyus, s. bis Lord Howe, Südafrika

5 *Entomacrodus niuafooensis* (Fowler) **Tätowierter Kammzähner** 12 cm
Ökologie: felsige Tidenküsten, Riffbänke und brandungsreiche Außenriffe.
Verbreitung: Komoren bis Oster I., n. bis Ryukyus, s. bis Rapa I.

6 *Entomacrodus thalassinus* (Jordan & Seale) **Brandungs-Kammzähner** 5 cm
Ökologie: brandungsreiche Riffränder von Außenriffen.
Verbreitung: Seychellen bis Frz. Polynesien, n. bis s. Japan, s. bis GBR

7 *Entomacrodus sealei* Bryan & Herre **Seals Kammzähner** 8 cm
Ökologie: felsige Tidenküsten, Riffbänke und brandungsreiche Außenriffe.
Verbreitung: Karolinen, Marianen bis Frz. Polynesien, Pitcairn I., s. bis Rapa

8 *Glyptoparus delicatulus* Smith **Kinnstreifen-Kammzähner** 5 cm
Ökologie: geschützte Fels- und Korallenriffe mit gemischten Korallen und Sand.
Verbreitung: Ostafrika bis nw. Australien, n. bis Ryukyus, s. bis Rowley Shoals

9 *Crossosalarias macrospilos* Smith-Vaniz & Springer **Dreifleck-Kammzähner** 10 cm
Ökologie: Außenriffe; 1–25 m, gewöhnlich oberhalb 10 m.
Verbreitung: Südchina (Pratas Riff) bis Tonga, n. bis Ryukyus, s. bis GBR

10 *Istiblennius chrysospilos* (Bleeker) **Bluttropfen-Kammzähner** 13 cm
Viele ähnliche Arten, die auf exponierten Tidenfelsen und an Riffrändern leben.
Ökologie: äußere Tidenriffdächer und brandungsreiche Außenriffe, 0–6 m. Lebt in Wurmröhren, nur der Kopf schaut heraus. Frißt Algen und winzige Wirbellose.
Verbreitung: Indonesien bis Samoa, n. bis Ryukyus, s. bis nw. Australien, s. GBR

11 *Istiblennius edentulus* (Bloch & Schneider) **Doppelbinden-Kammzähner** 17 cm
Männchen mit häutigem Nackenkamm. Typische braungrüne Doppelbinden.
Ökologie: felsige Tidenzonen mit geringem Wellengang, 1–5 m. Lebt in Spalten und Ritzen. Weidet Algen auf Felsen ab. Selten tiefer als 1 m.
Verbreitung: Rotes Meer bis Frz. Polynesien, n. bis s. Japan, s. bis L. Howe, Transkei

12 *Istiblennius lineatus* (Valenciennes) **Linien-Kammzähner** 14 cm
Hoher Nackenkamm. Kopfflecken können denen von *E. niuafooensis* (s. o.) ähneln.
Ökologie: felsige Tidenküsten und felsige Riffdächer.
Verbreitung: Ostafrika bis Frz. Polynesien, n. bis s. Japan, s. bis GBR

13 *Istiblennius periophthalmus* (Valenciennes) **Kugelkopf-Kammzähner** 15 cm
Ähnlich: *I. paulus* (Mikronesien bis Polynesien, ohne rote und schwarze Punkte).
Ökologie: auf Felsen und Geröll von Riffdächern, ab 1 m. Frißt Fadenalgen und winzige Wirbellose. Flüchtet bei Gefahr in Löcher oder Ritzen.
Verbreitung: Rotes Meer bis Frz. Polynesien, n. bis Ryukyus, s. bis GBR, Durban

14 *Istiblennius gibbifrons* Schultz & Chapman **Kritzelkopf-Kammzähner** 12 cm
Ökologie: kahle, algenbewachsene Tidenfelsen.
Verbreitung: Ostafrika bis Frz. Polynesien, n. bis Marcus I., s. bis Transkei

1
2
3
4
5
6
7
8
9
10
11
♂
12
♂
13
14

118 SCHLEIMFISCHE, AALGRUNDELN, LEIERFISCHE

1 *Nannosalarias nativittatus* (Regan) **Zwerg-Kammzähner** 5 cm
Ökologie: brandungsreiche, flache Riffe, 1–15 m. Männchen mit schwarzem Kopffleck.
Verbreitung: Christmas I. bis Tonga, n. bis Ryukyus, s. bis GBR

2 *Salarias fasciatus* (Bloch) **Juwelen-Kammzähner** 13 cm
Ökologie: Zonen mit gemischten Sand, Geröll und Korallen auf Riffdächern und flachem Lagunen sowie Außenriffen, 0–8 m. Frißt Fadenalgen.
Verbreitung: Rotes Meer bis Samoa, n. bis Ryukyus, s. bis GBR, Mozambique

3 *Salarias segmentatus* Bath & Randall **Segment-Kammzähner** 6 cm
Ökologie: flache Lagunenriffe, auf algenbewachsenen Felsen und Geröll.
Verbreitung: nö. Borneo, Sulawesi, Neuguinea, Salomon I., Palau

4 *Salarias sinuosus* Snyder **Gebänderter Kammzähner** 6 cm
Ökologie: flache, geschützte Riffe; besonders in Tidenzonen, 0,3–5 m.
Verbreitung: w. Pazifik: n. bis Ryukyus, s. bis GBR

5 *Salarias alboguttatus* Kner **Wangenfleck-Kammzähner** 9 cm
Ökologie: häufig auf veralgten Korallenfelsen oder Geröll in flachen Lagunen.
Verbreitung: Sri Lanka bis Samoa, n. bis s. Japan

6 *Stanulus talboti* Springer **Talbots Kammzähner** 5 cm
Ökologie: Riffkanäle von exponierten Außenriffen, 3–15 m.
Verbreitung: Ryukyus, Bonin I., s. GBR, Lord Howe, Marquesa I.

7 *Stanulus seychellensis* Smith **Seychellen-Blenny** 4 cm
Ökologie: exponierte Riffdächer und brandungsreiche, flache Außenriffe.
Verbreitung: Seychellen bis Frz. Polynesien, n. bis Taiwan, s. bis GBR

Aalgrundeln *(Pholidichthyidae):* aalähnliche Fische. Eine Art.

8 *Pholidichthys leucotaenia* (Bleeker) **Aalgrundel** 20 cm
Jungtiere ähneln Korallenwelsen (Mimikry?) (s. Taf. 9-1), aber ohne Giftstacheln.
Ökologie: flache Lagunen und Küstenriffe, 2–15 m. In Schwärmen, bodennah.
Verbreitung: Philippinen, ö. Borneo bis Salomon I., s. bis Flores (häufig)

Leierfische (*Callionymidae*): kleine, großköpfige, schuppenlose Fische. Großer Stachel auf dem Vorkiemendeckel. 1. Rückenflosse beim Männchen fahnenartig und farbig. Typische Bodenbewohner, die sich auf ihre Bauchflossen stützen. Aquarium: meistens gut haltbar, besonders mit Niederen Tieren.

9 *Synchiropus picturatus* (Peters) **Paletten-Leierfisch** 6 cm
Ökologie: flache, geschützte Riffe, 0–20 m.
Verbreitung: Philippinen, ö. Indonesien, nw. Australien

10 *Synchiropus splendidus* (Herre) **Mandarin-Leierfisch** 6 cm
Ökologie: flache, geschützte Lagunen und Innenriffe, 1–18 m. Besonders auf schlickigen Böden mit Geröll und Korallen. Männchen zeigen Revierkämpfe.
Verbreitung: Philippinen, Java bis Karolinen, n. bis Ryukyus, s. bis s. GBR

11 *Synchiropus stellatus* Smith **Sternen-Leierfisch** 6 cm
Ökologie: veralgte Felsen zwischen Korallenköpfen.
Verbreitung: Ostafrika bis Westpazifik, s. bis GBR, Natal

12 *Synchiropus ocellatus* (Pallas) **Ocellus-Leierfisch** 8 cm
Ökologie: Sand- und Geröllgebiete in Lagunen und Außenriffen, 1– > 30 m. Bei der Balz schwimmt das Männchen „schwingend" um das Weibchen herum. Häufig.
Verbreitung: Andaman Sea bis Frz. Polynesien, n. bis Izu I., s. bis GBR, Tonga

13 *Synchiropus morrisoni* Schultz **Morrisons Leierfisch** 7 cm
Ökologie: veralgte Felsen von Außenriffen, 12– > 33 m.
Verbreitung: nw. Australien bis Samoa, Fiji, n. bis Ryukyus und Izu I.

14 *Synchiropus ijimae* Jordan & Thompson **Japanischer Leierfisch** 10 cm
Ökologie: veralgte Felsen und Steine, 10–20 m.
Verbreitung: s. Japan

15 *Callionymus delicatulus* Smith **Zarter Leierfisch** 6 cm
Ähnlich **16**: *C. simplicicornis* (Philipp. bis Frz. Polynes.), auf flachen Riffen, 1–40 m.
Ökologie: Sandflächen in Riffnähe, 1–20 m.
Verbreitung: Rotes Meer bis Palau, Salomon I.

2
1
♂
3
4
5
6
7
8
8 juv
9
10
11
12
13
15
14
♂
16

119 SCHWERTGRUNDELN, TORPEDOGRUNDELN, WURMGRUNDELN

Pfeilgrundeln *(Microdesmidae)*: langgestreckte Fische mit großen Augen. Verlängerte Flossenstacheln. Schweben über dem Untergrund und schnappen nach Zooplankton. Bei Gefahr fliehen sie in Wohnröhren. Einzeln oder paarweise. Jungtiere in Schwärmen. Aquarium: nicht zu empfehlen, da man häufig mehrmals füttern muß. Sie werden außerdem oft mit Fischgiften (Natriumcyanid) gefangen.

Unterfamilie **Grundeln** (*Ptereleotrinae*): zwei Rückenflossen

1 *Nemateleotris decora* Randall & Allen **Dekor-Schwertgrundel** 9 cm
Ökologie: schwebt in der Nähe der Wohnröhre über Sand, Geröll oder hartem Untergrund an der Basis von Riffen, 27–70 m. Scheu.
Verbreitung: Mauritius bis Samoa, n. bis Ryukyus, s. bis Neukaledonien

2 *Nemateleotris helfrichi* Randall & Allen **Helfrichs Schwertgrundel** 6 cm
Ökologie: schwebt in Röhrennähe über Flecken von Sand, Geröll und hartem Substrat von steilen Außenriffen, 25–70 m. Selten über 40 m. Oft in Paaaren.
Verbreitung: Palau bis Tuamotus, n. bis Ryukyus, s. bis Samoa & Austral I.

3 *Nemateleotris magnifica* Fowler **Feuer-Schwertgrundel** 7 cm
Ökologie: Außenriffe, 6–60 m. In den meisten Gebieten auf hartem Untergrund im oberen Bereich von exponierten Außenriffhängen. Adulte oft paarweise, aber auch einzeln und in kleinen Gruppen. Wenig scheu.
Verbreitung: Ostafrika bis Hawaii, Marquesas, n. bis Ryukyus, s. bis Neukaled.

4 *Ptereleotris evides* (Jordan & Hubbs) **Scherenschwanz-Torpedogrundel** 14 cm
Ökologie: exponierte Außenriffhänge, 2–15 m. Jungtiere in Ansammlungen, Adulte verpaart. Schweben gewöhnlich 1-2 m über der Röhre, bei Gefahr sofort fliehend.
Verbreitung: Rotes Meer bis Society I., n. bis Ryukyus, s. bis NSW, Natal

5 *Ptereleotris heteroptera* (Bleeker) **Schwanzfleck-Torpedogrundel** 12 cm
Ökologie: über Sand und Geröll von Lagunen und Außenriffen, 7–46 m. Manchmal bis 3 m über dem Boden. Jungtiere in Ansammlungen, Adulte in Paaren. Wenig scheu.
Verbreitung: Rotes Meer bis Polynesien, n. bis Ryukyus, s. bis NSW, Natal

6 *Ptereleotris uroditaenia* Randall & Hoese **Doppelstreifen-Torpedogrundel** ca. 8 cm
Ökologie: auf geschütztem Sand- und Geröllgrund, 18–30 m. Sporadisch. Selten.
Verbreitung: Indonesien, Salomon I., GBR

7 *Ptereleotris zebra* (Fowler) **Zebra-Torpedogrundel** 11 cm
Ökologie: exponierte Außenriffe; 2–31 m, gewöhnlich <4 m. In Ansammlungen über leicht geneigten Abhängen. Bevorzugen strömungsreiche und brandungsreiche Riffe mit Sandflächen. Mehrere Tiere bewohnen eine Wohnröhre. Scheu.
Verbreitung: Rotes Meer bis Marquesas, n. bis Ryukyus, s. bis s. GBR

8 *Ptereleotris grammica* Randall & Lubbock **Goldband-Torpedogrundel** 10 cm
Ökologie: auf Geröll und Sandböden von Außenriffen, 3–50 m.
Verbreitung: Mauritius bis Salomon I., n. bis Ryukyus, s. bis GBR

9 *Ptereleotris microlepis* Bleeker **Perlen-Torpedogrundel** 13 cm
Ähnlich: *P. monoptera* (Seychellen bis Westpazifik), einfarbig graublau.
Ökologie: über Geröll und Sand von Lagunen und Außenriffen, 1–22 m. Wenig scheu.
Verbreitung: Rotes Meer bis Tuamotus, n. bis Ryukyus, s. bis NSW

10 *Ptereleotris hanae* Jordan & Snyder **Filament-Torpedogrundel** 12 cm
Ähnlich: *P. arabica* (Rotes Meer bis Arabischer Golf).
Ökologie: über Geröll und Sand in der Nähe von Riffen, 3–43 m.
Verbreitung: Philippinen bis Line I., n. bis s. Japan, s. bis NSW

Unterfamilie **Wurmgrundeln** (*Microdesminae*): schlängelnde Schwimmbewegungen.

11 *Gunnelichthys monostigma* (Smith) **Kiemenfleck-Wurmgrundel** 11 cm
Ökologie: offene, sandige Böden mit Strömung, 1–20 m. Verstecken sich im Sand.
Verbreitung: Ostafrika bis Frz. Polynesien, n. bis Ryukyus, s. bis s. GBR

12 *Gunnelichthys curiosus* (Dawson) **Schwanzfleck-Wurmgrundel** 11,5 cm
Ähnlich **13**: *G. viridescens* (Seychellen bis Marshall I., GBR); **14**: *G. pleurotaenia* (Westpazifik); *G. copleyi* (westl. Indischer Ozean).
Ökologie: häufig über Sand und Geröll, 4–$>$25 m. Regelmäßig zu beobachten.
Verbreitung: Seychellen, Malediven bis Polynesien, s. bis GBR

1
2
4
3
5
6
7
8
9
10
11
12
13
14

120 WÄCHTERGRUNDELN (Partnergrundeln)

Grundeln *(Gobiidae):* längliche, stumpfköpfige Fische mit großem Maul. Bauchflossen eng zusammen oder verwachsen (Haftscheibe). Am Boden lebende, tarnfarbene Lauerräuber, die kleine Wirbellose fressen. Andere schweben über dem Boden und ernähren sich von Plankton. Männchen betreiben Brutpflege. Etwa 500 Arten im Indopazifik. Behandelt wird eine Auswahl.

Wächtergrundeln: Sie leben im Symbiose mit blinden oder fast blinden Krebsen in Wohnhöhlen. Die **Pistolenkrebse** besorgen den Höhlenbau, während die Grundeln eine „Wächterfunktion" haben, wobei die Alpheiden mit den langen Fühlern den Schwanz der Grundel berühren. Ad. oft paarweise. Röhrenbau: ca. 70 cm lang, bis 10 cm breit.

1 *Amblyeleotris aurora* Polunin & Lubbock **Aurora-Wächtergrundel** 9 cm
Ökologie: in grobem Korallensand von Außenriffdächern und Außenriffen, 1-35 m.
Verbreitung: Aldabra bis Malediven, Andaman Sea, s. bis Natal

2 *Amblyeleotris fasciata* (Herre) **Rotband-Wächtergrundel** 8 cm
Ökologie: Außenlagunen und Außenriffe, 5->20 m.
Verbreitung: Malediven bis Samoa, n. bis Marianen, s. bis GBR

3 *Amblyeleotris periophthalma* (Bleeker) **Dickaugen-Wächtergrundel** 8 cm
Ökologie: Sandböden in Riffnähe, 10-20 m. Belegen oft zwei Wohnröhren.
Verbreitung: Andaman Sea bis Samoa, n. bis s. GBR

4 *Amblyeleotris wheeleri* (Polunin & Lubbock) **Wheelers Wächtergrundel** 8 cm
Ökologie: klare Lagunen und Außenriffe, 5-15 m.
Verbreitung: Ostafrika bis Marshall I., n. bis Ryukyus, s. bis GBR, Transkei

5 *Amblyeleotris steinitzi* (Klausewitz) **Steinitz Wächtergrundel** 8 cm
Ökologie: Außenlagunen und Außenriffe, 6->27 m.
Verbreitung: Rotes Meer bis Samoa, n. bis Yaeyamas I., s. bis GBR

6 *Amblyeleotris randalli* Hoese & Steene **Randalls Wächtergrundel** 9 cm
Ökologie: auf Sandflecken an Außenriffen mit klarem Wasser, 12-48 m.
Verbreitung: Flores, Molukken bis Salomon I., n. bis Ryukyus, s. bis GBR

7 *Amblyeleotris guttata* (Fowler) **Rußbauch-Wächtergrundel** 9 cm
Ökologie: Außenlagunen und Außenriffe, 10->34 m.
Verbreitung: Philippinen bis Samoa, n. bis Ryukyus, s. bis nw. Australien, GBR

8 *Amblyeleotris sungami* (Klausewitz) **Sungamis Wächtergrundel** 10 cm
Ökologie: offene Sandböden mit klarem Wasser, bis 25 m.
Verbreitung: Rotes Meer bis Seychellen

9 *Amblyeleotris sp.* **Blasse Wächtergrundel** 8 cm
Ökologie: Sandhänge in Riffnähe, 10-25 m. **Verbreitung:** Bali (nur?)

10 *Cryptocentrus cinctus* (Herre) **Gelbe Wächtergrundel** 7 cm
Neben dieser gelben gibt es eine bräunliche Farbvariante.
Ökologie: flache Lagunen- und Küstenriffe, 1-15 m.
Verbreitung: Andaman Sea, Malaysia bis Karolinen, n. bis Yaeyamas, s. bis GBR

11 *Cryptocentrus strigilliceps* (Jordan & Seale) **Zielscheiben-Wächtergrundel** 6 cm
Ökologie: Schlickböden von Lagunen und Küstenriffen, 1-6 m. In Süßwassernähe.
Verbreitung: Ostafrika bis Samoa, n. bis Yaeyamas, s. bis GBR

12 *Cryptocentrus cryptocentrus* (Valenciennes) **Neunbinden-Wächtergrundel** 6 cm
Ökologie: flache Sandgebiete auf oder in der Nähe von Seegraswiesen.
Verbreitung: Rotes Meer bis Chagos, s. bis Natal

13 *Cryptocentrus leucostictus* (Günther) **Sattel-Wächtergrundel** 7 cm
Ähnlich **15**: *C. fasciatus* (Ostafrika bis GBR), in Höhlen mit *Alpheus* Krebsen.
Ökologie: offene Sandflächen von klaren Außenriffen, bis 20 m.
Verbreitung: Andaman Sea bis Samoa, n. bis Philippinen, s. bis GBR

14 *Cryptocentrus caeruleomaculatus* (Herre) **Blaupunkt-Wächergrundel** 6 cm
Ökologie: schlammige Lagunen und Küstenbuchten, 1-4 m. Nahe an Süßwasserzuflüssen.
Verbreitung: Westpazifik bis Fiji, n. bis Yaeyamas, s. bis GBR

16 *Cryptocentrus caeruleopunctatus* (Rüppell) **Augenfleck-Wächtergrundel** 13 cm
Ökologie: Sand und Geröllböden, 2-15 m. Nicht selten.
Verbreitung: Rotes Meer, s. bis Kenia

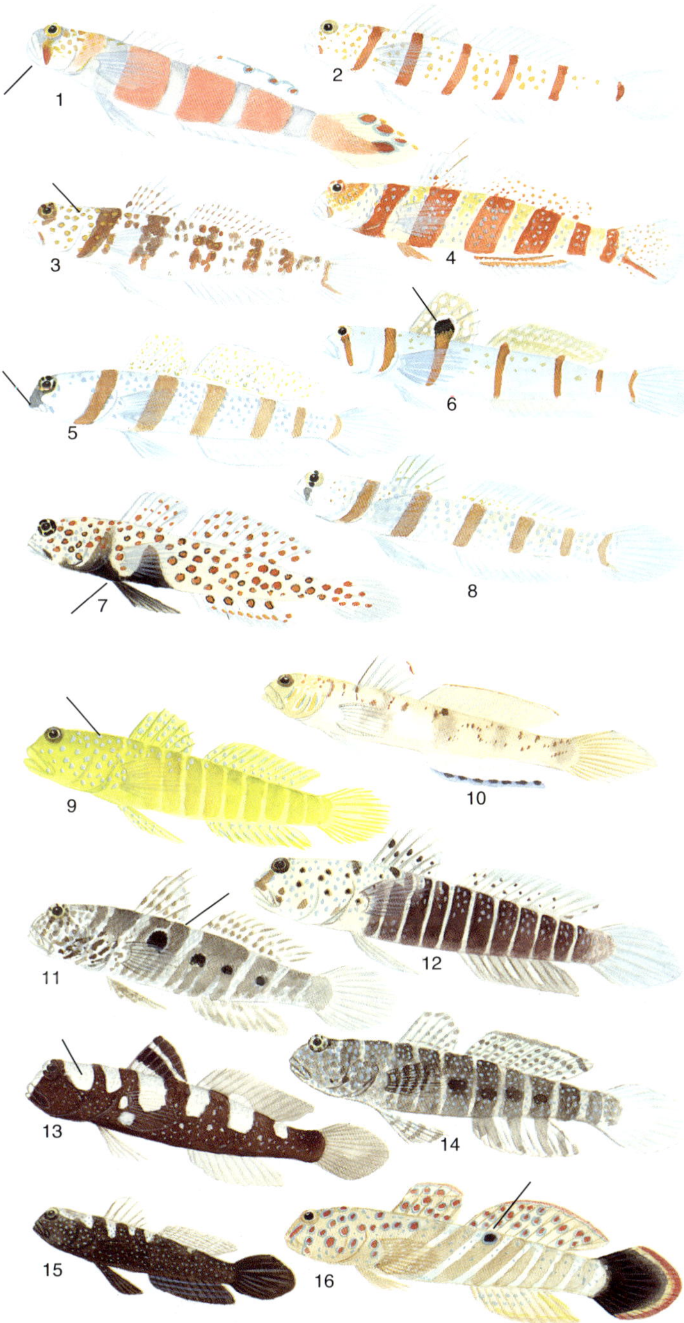
1
2
3
4
5
6
7
8
9
10
11
12
13
14
15
16

121 WÄCHTERGRUNDELN

1 *Cryptocentrus leptocephalus* Bleeker **Rottupfen-Wächtergrundel** 10 cm
Ökologie: Schlickböden von Küstenriffen und Innenriffdächern.
Verbreitung: Malaysia, Indonesien bis Neukaledonien, n. bis Ryukyus

2 *Cryptocentrus lutheri* Klausewitz **Luthers Wächtergrundel** 11 cm
Ökologie: Sand- und Geröllböden.
Verbreitung: Rotes Meer, Arabischer Golf

3 *Stonogobiops sp.* **Braunweiße Fadengrundel** ca. 4 cm
Ökologie: sandige Hänge. Lebt mit dem Pistolenkrebs *Alpheus randalli.*
Verbreitung: Ryukyus

4 *Stonogobiops nematodes* Hoese & Randall **Ringel-Fadengrundel** 5 cm
Ökologie: flache Sandhänge, >15 m. Lebt in Symbiose mit *Alpheus randalli.*
Verbreitung: Philippinen, Indonesien

5 *Stonogobiops xanthorhinica* Hoese & Randall **Schwarzweiße Fahnengrundel** 5,5 cm
Ähnlich: *S. dracula* (Malediven bis Seychellen), auf Geröll um 20 m. Paarweise.
Ökologie: sandige Hänge, 3–45 m. Gewöhnlich unterhalb 20 m.
Verbreitung: ö. Indonesien bis Salomon I., n. bis s. Japan, s. bis n. GBR

6 *Ctenogobiops tangaroai* Lubbock & Polunin **Tangaroa-Wächtergrundel** 6 cm
Ökologie: auf Sandflecken von Außenriffen, 4–40 m. Nicht häufig.
Verbreitung: Ryukyus, GBR, Guam, Samoa

7 *Ctenogobiops pomastictus* Lubbock & Polunin **Sand-Wächtergrundel** 6 cm
Ähnlich: *C. maculosus* (Rotes Meer).
Ökologie: schlickige Sandböden von Riffdächern und Lagunen, bis >20 m. Häufig.
Verbreitung: Ryukyus bis Marianen, s. bis s. GBR, Thailand

8 *Ctenogobiops aurocingulus* Lubbock & Polunin **Goldstreifen-Wächtergrundel** 6 cm
Ökologie: sandige Lagunenböden.
Verbreitung: Philippinen bis Samoa, s. bis GBR, n. bis Ryukyus

9 *Ctenogobiops feroculus* Lubbock & Polunin **Braunflecken-Wächtergrundel** 6 cm
Ökologie: auf Sand und Geröll von flachen Lagunen, bis 4 m. Häufig.
Verbreitung: Rotes Meer bis Neukaledonien, n. bis Ryukyus, s. bis Mozambique

10 *Lotilia graciliosa* Klausewitz **Nonnen-Wächtergrundel** 4 cm
Ökologie: auf Sand von Riffdächern, Lagunen und Außenriffen, 1–>20 m. Scheu.
Verbreitung: R. Meer (häufig) bis Fiji, n. bis Ryuk., s. bis GBR, nw. Australien

11 *Mahidolia mystacina* (Valenciennes) **Flaggen-Wächtergrundel** 8 cm
Ökologie: schlickige Küstenbuchten, bis >16 m.
Verbreitung: Ostafrika bis Society I., n. bis s. Japan, s. bis n. Australien, Samoa

12 *Vanderhorstia mertensi* Klausewitz **Mertens Wächtergrundel** 11 cm
Ökologie: auf Sand in Riffnähe, 2–10 m. Schwebt nahe am Höhleneingang.
Verbreitung: Rotes Meer bis Neuguinea, s. bis GBR

13 *Vanderhorstia ornatissima* Smith **Schmuck-Wächtergrundel** 8 cm
Ökologie: flache, geschützte Sandgebiete und Seegraswiesen. Ruht auf dem Grund.
Verbreitung: Ostafrika bis Samoa, n. bis Ryukyus, s. bis GBR, Rapa I.

14 *Vanderhorstia ambonoro* Fourmanoir **Ambonoro-Wächtergrundel** 13 cm
Ökologie: Sandgebiete von Lagunen und Buchten, 4–12 m. Schwebt vor der Höhle.
Verbreitung: Ostafrika bis Samoa, n. bis Yaeyamas, s. bis GBR

Ohne Krebse und **ohne** Wohnröhren:

15 *Discordipinna griessingeri* Hoese & Fourmanoir **Rote Prachtgrundel** 2,5 cm
Ökologie: auf lebenden Korallen, Geröll oder Sand, 5–27 m. Versteckt lebend.
Verbreitung: Rotes Meer bis Frz. Polynesien, s. bis GBR

16 *Asterropteryx semipunctatus* (Bleeker) **Sternengrundel** 6,5 cm
Ökologie: veralgte Felsen, Geröll und flache Schlick- und Sandböden, 1–20 m.
Verbreitung: Rotes Meer bis Polynesien, n. bis s. Japan, s. bis Lord Howe, Durban

1
2
4
3
5
6
7
8
10
9
12
11
13
14
15
16

122 HÖHLENGRUNDELN, SCHLÄFERGRUNDELN

Höhlengrundeln: in Wohnhöhlen **ohne** Krebse lebend.

1 *Amblygobius sphynx* (Valenciennes) **Sphinx-Grundel** 18 cm
Ökologie: Sandgebiete von Riffdächern und Lagunen. Graben Wohnhöhlen.
Verbreitung: Ostafrika bis GBR, s. bis s. Mozambique, n. bis Philippinen

2 *Amblygobius phalaena* (Valenciennes) **Augen-Grundel** 15 cm
Ähnlich: *A. albimaculatus* (Rotes Meer) und *A. semicinctus* (Indischer Ozean).
Ökologie: Sand- und Geröllgebiete von Riffdächern und Lagunen, 1–20 m. Oft in Paaren. Baut eigene Wohnröhre unter Steinen oder im Geröll. Frißt Algen und Wirbellose, indem sie Sand durchsiebt. Häufig. Wenig scheu.
Verbreitung: Nordsumatra bis Frz. Polynesien, n. bis Ryukyus, s. bis Lord Howe I.

3 *Amblygobius hectori* (Smith) **Hectors Grundel** 5,5 cm
Ökologie: Sandflecken am Fuß von geschützten Riffen. Bleibt in Verstecknähe.
Verbreitung: Rotes Meer bis Karolinen I., n. bis Ryukyus, s. bis GBR

4 *Amblygobius rainfordi* (Whitley) **Rainfords Grundel** 6,5 cm
Ökologie: schlickiger Grund von Küsten- und Lagunenriffen. Streift über Korallenriffe und scheint keine Höhlen zu benutzen. Regelmäßig zu beobachten.
Verbreitung: Flores bis Marshall I., s. bis Coral Sea, GBR

5 *Amblygobius nocturnus* (Herre) **Pyjama-Grundel** 6 cm
Ökologie: schlickige Böden am Fuß von Innenlagunen und Küstenriffen, 3–30 m.
Verbreitung: Philippinen bis Frz. Polynesien, Ryukyus, s. bis Lord Howe

6 *Amblygobius decussatus* (Bleeker) **Netz-Grundel** 8 cm
Ökologie: Schlickböden von Buchten und Lagunen, 3–20 m. Lebt in vertikaler Röhre.
Verbreitung: Flores bis Neukaledonien, n. bis Yaeyamas I., s. bis GBR

7 *Valenciennea strigata* (Broussonet) **Goldstirn-Schläfergrundel** 18 cm
Ähnlich: *V. sp.* (Indonesien), hat keine gelbe Stirn.
Ökologie: klare Lagunen und Außenriffe, 1–20 m. Auf Sand-, Geröll- und Hartböden. Jungtiere oft in Gruppen, Adulte verpaart. Häufig.
Verbreitung: Ostafrika bis Frz. Polynesien, n. bis Ryukyus, s. bis Lord Howe, Natal

8 *Valenciennea puellaris* (Tomiyama) **Maiden-Schläfergrundel** 17 cm
Ökologie: auf grobem Sand in klaren Lagunen und Außenriffen, 15–>20 m. In Paaren oder kleinen Gruppen Röhren bewohnend.
Verbreitung: R. Meer bis Samoa, n. bis s. Japan, s. bis GBR, Neukaled., Mauritius

9 *Valenciennea longipinnis* (Lay & Bennett) **Langflossen-Schläfergrundel** 15 cm
Ökologie: auf Sandflecken von Riffdächern, Lagunen und Außenriffen. Oft paarweise.
Verbreitung: ö. Indischer Ozean bis Neukaledonien, s. bis GBR

10 *Valenciennea sexguttata* (Valenciennes) **Blaupunkt-Schläfergrundel** 14 cm
Ökologie: schlickige und sandige Lagunen und Buchten. Baut Röhren unter Steinen.
Verbreitung: Rotes Meer bis Samoa, n. bis Yaeyamas I., s. bis GBR, Mozambique

11 *Valenciennea helsdingeni* (Bleeker) **Doppelstreifen-Schläfergrundel** 16 cm
Ökologie: Sand- und Korallengebiete, Hafenanlagen, 2–30 m. Gewöhnlich in Paaren.
Verbreitung: Ostafrika bis GBR, s. bis Transkei, n. bis Japan

12 *Valenciennea muralis* (Valenciennes) **Vierstreifen-Schläfergrundel** 13 cm
Ökologie: auf Sand und Geröll in flachen Lagunen und auf Riffdächern, 1–7 m.
Verbreitung: Indien, Fiji, n. bis Ryukyus, s. bis nw. Australien, GBR

13 *Signigobius biocellatus* Hoese & Randall **Krabbenaugen-Grundel** 6,5 cm
Ökologie: auf Sandböden von Lagunen und Buchten in der Nähe von Korallen, Geröll oder Blatthaufen, 1–30 m. Oft in Paaren die Höhle teilend. Siebt Sand nach Nahrung durch. Zeigt zur Abschreckung gegenüber Freßfeinden die „Scheinaugen", die einer großen, sich seitwärts bewegenden Krabbe ähneln.
Verbreitung: Philippinen bis Vanuatu, Salomon I., n. bis Palau, s. bis GBR, Flores

14 *Oplopomus oplopomus* (Valenciennes) **Trauerfahnen-Grundel** 8 cm
Ökologie: Schlick- oder Sandböden von inneren Lagunen und Buchten, 1–>20 m.
Verbreitung: Rotes Meer bis Tahiti, n. bis Yaeyamas I., s. bis GBR, s. Mozambique

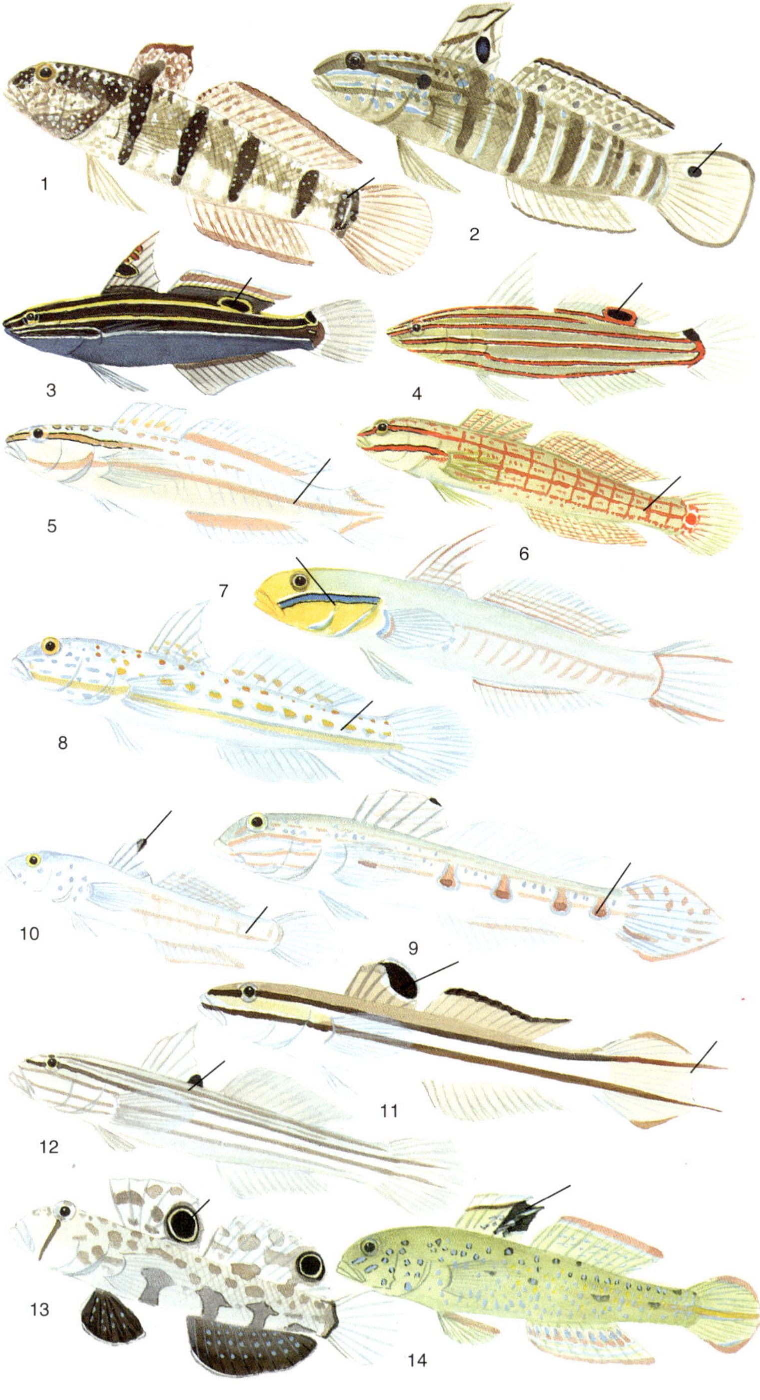
1
2
3
4
5
6
7
8
10
9
11
12
13
14

123 RIFFGRUNDELN

1 *Gobiodon citrinus* (Rüppell) **Zitronen-Grundelchen** 6,6 cm
Ökologie: Lagunen und geschützte Außenriffe, 5->25 m. *Gobiodon* Arten produzieren einen giftigen, bitteren Schleim. Sie leben auf *Acropora* Tischkorallen. Sporadisch.
Verbreitung: Rotes Meer bis Samoa, n. bis s. Japan, s. bis s. GBR, s. Mozambique

2 *Gobiodon histrio* (Valenciennes) **Rotstreifen-Grundelchen** 3,5 cm
Var. *„erythrospilos"*, rote oder gelbe Punkte. **Ökologie:** lebt auf *Acropora* Tischkorallen.
Verbreitung: Rotes Meer bis Frz. Polynesien, n. bis Ryukyus, s. bis s. GBR, Natal

3 *Gobiodon okinavae* Sawada, Arai & Abe **Okinava-Grundelchen** 3,5 cm
Ökologie: geschützte Lagunenriffe. Lebt in Gruppen auf *Acropora* Tischkorallen.
Verbreitung: Indonesien bis Marshall I., n. bis s. Japan, s. bis s. GBR

4 *Gobiodon quinquestrigatus* (Valenciennes) **Rotkopf-Grundelchen** 3,5 cm
Ökologie: auf Tischkorallen. Versteckt lebend. Farbe variabel.
Verbreitung: Philippinen bis Tahiti, n. bis s. Japan, s. bis s. GBR, Tonga

5 *Paragobiodon echinocephalus* (Rüppell) **Igelkopf-Grundelchen** 3,5 cm
Kopf mit dichten Stoppeln. Viele ähnliche Arten. Alle leben in lebenden Korallen.
Ökologie: lebt ausschließlich zwischen Ästen von *Stylophora* Korallen.
Verbreitung: R. Meer bis Frz. Polynes., n. bis Ryukyus, s. bis Lord Howe, Südafrika

6 *Paragobiodon lacunicolus* (Kendall & alt.) **Schwarzflossen-Grundelchen** 3 cm
Ökologie: lebt ausschließlich zwischen Ästen von *Pocillopora damicornis* Korallen.
Verbreitung: Seychellen bis Tuamotus, n. bis Ryuky., s. bis Lord Howe, Südafrika

7 *Paragobiodon xanthosomus* (Bleeker) **Blattgrün-Grundelchen** 4 cm
Ökologie: lebt zwischen Ästen von *Seriatopora hytrix* Korallen.
Verbreitung: Chagos I. bis Samoa, n. bis Ryukyus, s. bis Lord Howe I.

8 *Gnatholepis cauerensis* (Bleeker) **Augenstreifen-Grundel** 8 cm
Ökologie: geschützte, sandige Flecken auf Riffdächern und Außenriffen, 0-46 m.
Verbreitung: Rotes Meer bis Polynesien, n. bis Ryukyus, s. bis Rapa I.

9 *Gnatholepis scapulostigma* Herre **Schulterfleck-Grundel** 4 cm
Ökologie: geschützte, sandige Lagunen und Außenriffe, mit Geröll und Korallen.
Verbreitung: Ostafrika bis Marshall I., n. bis Ryukyus, s. bis GBR, Natal

10 *Fusigobius neophytus* (Günther) **Sand-Grundel** 7,5 cm
Ökologie: Lagunen und Tidenriffdächer. Auf Sand und Geröllflecken.
Verbreitung: Ostafrika bis Tuamotus, n. bis Ryukyus, s. bis Lord Howe

11 *Fusigobius longispinus* Goren **Langstachel-Grundel** 7,5 cm
Ökologie: auf Sandböden in Höhlen von Außenriffen, 9->18 m.
Verbreitung: Rotes Meer bis GBR, n. bis Guam, s. bis Durban, Mauritius

12 *Istigobius decoratus* (Herre) **Decora-Grundel** 12 cm
Ökologie: auf Sandflecken in klaren Lagunen und Außenriffen, 1-18 m. Häufig.
Verbreitung: Rotes Meer bis Fiji, n. bis s. Taiwan, s. bis GBR, Durban

13 *Istigobius ornatus* (Rüppell) **Ornat-Grundel** 11 cm
Ökologie: zwischen Mangroven und auf schlickigen Innenriffen, 0-2 m. Häufig.
Verbreitung: Rotes Meer bis Fiji, n. bis s. Taiwan, s. bis GBR, Mozambique

14 *Trimna caesiura* Jordan & Seale **Caesiura-Grundel** 2,5 cm
Ähnlich: *T. okinawae, T. naudei.* Es gibt ca. 75 *Trimna* und *Trimmaton* Arten.
Ökologie: klare Lagunen und Außenriffe. Sitzt auf Geröll oder Korallenfelsen.
Verbreitung: Indonesien bis New Britain, n. bis Izu I., s. bis nw. Australien

15 *Trimmaton sp.* **Kandis-Grundel** 4,5 cm
Ähnlich: *T. eviotops* (Indischer Ozean bis Frz. Polynesien).
Ökologie: steile Dropoffs, 9->36 m. Schweben in Ansammlungen in Höhlen.
Verbreitung: Indonesien bis New Britain, n. bis Izu I., s. bis nw. Australien (Schelf)

16 *Trimna tevegae* Cohen & Davis **Blaustreifen-Grundel** 4,5 cm
Ökologie: steile Dropoffs, 9->36 m. Schwebt in Ansammlungen in Verstecken.
Verbreitung: Indonesien bis New Britain, n. bis Izu I., s. bis nw. Australien

17 *Priolepis cincta* (Regan) **Gürtel-Grundel** 6 cm
Ökologie: lebt sehr versteckt in Spalten und Grotten. Mehrere unbeschriebene Arten.
Verbreitung: Ostafrika bis Marianen, n. bis s. Japan, s. bis GBR, Natal

18 *Eviota bifasciata* Lachner & Karnella **Rosastreifen-Zwerggrundel** 2,8 cm
Ökologie: geschützte Küstenriffe. In Schwärmen über Astkorallen, 1->6 m.
Verbreitung: Indonesien, Philippinen bis Neuguinea, s. bis n. Australien

19 *Bryaninops natans* Larson **Rotaugen-Zwerggrundel** 2.5 cm
Ökologie: Lagunenriffe, 7-27 m. Schweben in Gruppen über *Acropora* Korallen.
Verbreitung: Rotes Meer bis Cook I., n. bis Ryukyus, s. bis n. GBR, Madagaskar

20 *Exyrias bellissimus* (Smith) **Schöne Schlick-Grundel** 13 cm
Ökologie: auf Schlick von Lagunen und geschützten Riffen, 0-20 m. Unter Korallen.
Verbreitung: Ostafrika bis Samoa, n. bis Yaeyamas I., s. bis GBR und Fiji

1
2
3
4
5
6
7
8
9
10
11
12
13
14
15
16
17
18
19
20

124 HALFTERFISCHE, DOKTORFISCHE

Halfterfische *(Zanclidae):* verwandt mit Doktorfischen. Kein Skalpell. Nur eine Art.

1 *Zanclus cornutus* (Linnaeus) **Halfterfisch** 16 cm
Ökologie: Fels- und Korallenriffe von Innenbuchten bis Außenriffen, 0,3–182 m. Gewöhnlich in kleinen Gruppen, aber manchmal in großen Schwärmen. Frißt Schwämme.
Verbreitung: Ostafrika bis Mexiko, n. bis s. Japan, s. bis Lord Howe, Südafrika

Doktorfische *(Acanthuridae):* ovale Fische mit kleinem Maul, harter Haut und kleinen Schuppen. Ein oder mehrere Paare von scharfen, knöchernen Skalpellen auf der Schwanzwurzel. Diese „Messer" dienen der Verteidigung - selten auch zum Angriff - und können tiefe, schmerzhafte Wunden hervorrufen. Tagaktive Pflanzen- und Planktonfresser. Die meisten Arten haben lange Larvenstadien und dadurch eine weite Verbreitung. Wichtige Speisefische. Aquarium: haltbar.

Unterfamilie **Skalpelldoktorfische** *(Acanthurinae):* ein Paar einklappbarer Skalpelle, die in einer Grube versenkbar sind. Viele Arten zeigen schnellen Farbwechsel.

2 *Zebrasoma veliferum* (Bloch) **Fledermaus-Segelflosser** 40 cm
Ähnlich **3**: *Z. desjardinii* (Rotes Meer und Indischer Ozean), häufig. (Unterart?)
Ökologie: Lagunen und Außenriffe, bis ca. 30 m. Juv. an geschützten Innenriffen.
Verbreitung: Indonesien bis Polynesien, n. bis n. Japan, s. bis GBR, Rapa I.

4 *Zebrasoma scopas* (Cuvier) **Brauner Segelflosser** 20 cm
Ökologie: korallenreiche Lagunen und Außenriffe, 1–60 m. Einzeln oder in kleinen Gruppen. Bevorzugt flache Riffe. Hybride mit *Z. flavescens.*
Verbreitung: Ostafrika bis Tuamotus, n. bis s. Japan, s. bis Lord Howe, Südafrika

5 *Zebrasoma flavescens* (Bennett) **Gelber Segelflosser** 20 cm
Ökologie: korallenreiche Lagunen und Außenriffe, 2–50 m. Einzeln oder in kleinen Gruppen. Weiden Fadenalgen ab. Sporadisches Vorkommen. Hybride mit *Z. scopas.*
Verbreitung: Ryukyus, Marianen, Marshall I., Marcus I., Hawaii (sehr häufig)

6 *Zebrasoma xanthurum* (Blyth) **Blauer Segelflosser** 22 cm
Ökologie: korallenreiche Saumriffe, 0,5–20 m. Paarweise oder in kleinen Gruppen.
Verbreitung: Rotes Meer bis Arabischer Golf

7 *Zebrasoma rostratum* (Günther) **Schwarzer Segelflosser** 21 cm
Ökologie: Lagunen und Außenriffe.
Verbreitung: Line I. und Frz. Polynesien

8 *Zebrasoma gemmatum* Valenciennes **Mauritius-Segelflosser** 22 cm
Ökologie: Korallen- und Felsriffe, 10–60 m, gewöhnlich > 20 m. Territorial.
Verbreitung: Südafrika bis Mauritius, Madagaskar

9 *Acanthurus triostegus* (Linnaeus) **Sträflings-Doktorfisch** 26 cm
Ähnlich **10**: *A. polyzona* (Réunion), an brandungsreichen Felsriffen.
Ökologie: Lagunen und Außenriffe mit hartem Untergrund, 0-90 m. Juv. in Tidentümpeln. Frißt Fadenalgen. Einzeln oder in großen Gruppen. Durch Schwarmbildung können sie in Territorien anderer Pflanzenfresser eindringen. Häufig.
Ökologie: Ostafrika bis Panama, n. bis s. Japan, s. bis Südafrika, Rapa I.

11 *Acanthurus leucosternon* Bennett **Weißkehl-Doktorfisch** 23 cm
Ökologie: flache Küsten- und Inselriffe mit klarem Wasser, besonders auf Riffdächern und an Riffkanten, 0,5–25 m. Oft in riesigen Schwärmen. Wenig scheu.
Verbreitung: Südafrika bis Sumatra, n. bis Andaman Sea

12 *Paracanthurus hepatus* (Linnaeus) **Paletten-Doktorfisch** 31 cm
Ökologie: klare, strömungsreiche Außenriffe, 2–40 m. In lockeren Gruppen 1–3 m über dem Boden. Fangen Zooplankton und suchen bei Gefahr Zuflucht zwischen Zweigen von *Pocillipora* Korallen oder in Felsspalten. Lokal häufig.
Verbreitung: Südafrika bis Line I., n. bis s. Japan, s. bis Neukaledonien, GBR

13 *Acanthurus nigricans* (Linnaeus) **Goldrand-Doktorfisch** 21 cm
Ähnlich **15**: *A. japonicus* (Indonesien, n. bis s. Japan), bevorzugt Riffkronen.
Ökologie: exponierte Lagunen und Außenriffe, 1–67 m. Bevorzugt klares Wasser.
Verbreitung: Christmas I., Flores bis Panama, n. bis Ryukyus, Hawaii, s. bis GBR

14 *Acanthurus achilles* Shaw **Orangen-Doktorfisch** 24 cm
Ökologie: brandungsreiche Außenriffe, 0–10 m. Gewöhnlich in Gruppen.
Verbreitung: w. Karolinen bis Frz. Polynesien, n. bis Hawaii, s. bis Neukaledonien

1
2 juv
2
3
4
5
6
7
8
9
10
11
12
13
14
15

125 DOKTORFISCHE

1 *Acanthurus lineatus* (Linnaeus) **Blaustreifen-Doktorfisch** 38 cm
Auffälliger Farbwechsel bei der Balz: Flossen werden schwarz!
Ökologie: flache Brandungszonen von exponierten Riffen, 0–4 m. Territorial und aggressiv. Männchen kontrollieren ein festes Revier mit Haremsweibchen.
Verbreitung: Ostafrika bis Frz. Polynesien, n. bis s. Japan, s. bis GBR, Durban

2 *Acanthurus sohal* (Forsskål) **Arabischer Doktorfisch** 40 cm
Ökologie: Riffdächer von Saumriffen mit Wellengang, 0–3 m. Aggressiv und sehr territorial. Männchen kontrollieren Reviere. Streifen manchmal Taucher mit ihrem Skalpell! Häufig, besonders an Riffrändern. Nicht scheu.
Verbreitung: Rotes Meer bis Arabischer Golf

3 *Acanthurus olivaceus* Forster **Achselklappen-Doktorfisch** 35 cm
Jungfische (bis 6 cm) sind gelb mit kaum sichtbarer orangener Achselklappe.
Ökologie: Lagunen und Außenriffe, 3–>46 m. Gewöhnlich in Gruppen über Sandflächen. Ernährt sich von feinen Algenteppichen auf Sand und Felsen. Wenig scheu.
Verbreitung: Christmas I. bis Hawaii, Tuamotus, n. bis s. Japan, s. bis Lord Howe

4 *Acanthurus dussumieri* Valenciennes **Blauschwanz-Doktorfisch** 54 cm
Ökologie: Außenriffe, 4–131 m. Gewöhnlich tiefer als 10 m. Ernährt sich von Algenrasen, die von Sand und manchmal von Felsen abgeweidet werden.
Verbreitung: Ostafrika bis Hawaii, n. bis s. Japan, s. bis Lord Howe, Natal

5 *Acanthurus mata* Cuvier **Grauer Doktorfisch** 50 cm
Schneller Farbwechsel von grau bis fast schwarz (s. Abb. **5a**).
Ökologie: küstennahe oder küstenferne Riffe mit bewegtem oder trübem Wasser. Oft in kleinen Gruppen kurz unter der Oberfläche nach Zooplankton jagend.
Verbreitung: Rotes Meer bis Frz. Polynesien, n. bis s. Japan, s. bis GBR, Durban

6 *Acanthurus xanthopterus* Valenciennes **Gelbflossen-Doktorfisch** 56 cm
Ähnlich wie *A. dussumieri* (s. Nr. 4), aber deutliche gelbe Brustflossen.
Ökologie: Lagunen und Außenriffe, 0,5–90 m. Jungtiere in geschützten Gebieten. Adulte häufig in Gruppen über Sandflächen oder um Tauchboote kreisend. Weiden Algenteppiche von festem Sand sowie Fadenalgen von Felsen ab.
Verbreitung: Ostafrika bis Mexiko, n. bis s. Japan, Hawaii, s. bis GBR, Rapa, Durban

7 *Acanthurus leucoparieus* (Jenkins) **Halsband-Doktorfisch** 24 cm
Ökologie: Außenriffdächer und Außenlagunen, 1–85 m. Bevorzugt brandungsreiche Riffe mit großen Fels- oder Korallenblöcken. Oft in Schulen. Fressen Fadenalgen.
Verbreitung: s. Japan, Marianen bis Hawaii, Neukaledonien bis Tuamotus, Oster I.

8 *Acanthurus guttatus* Forster **Brandungs-Doktorfisch** 26 cm
Weiße Flecken erinnern an Blasen in der Brandung (Tarnfärbung).
Ökologie: Brandungszonen von klaren Außenriffen, 0,5–6 m. Oft in großen Gruppen. Frißt Fadenalgen und kalkkrustenbildende Rotalgen (z. B. *Jania*).
Verbreitung: Mauritius bis Polynesien, n. bis Ryukyus, s. bis Neukaledonien, Rapa

9 *Acanthurus blochii* Valenciennes **Ringschwanz-Doktorfisch** 42 cm
Weißer Ring auf dem Schwanz nicht immer vorhanden. Brustflossen dunkel. Schwanz ist tiefblau und hat oft schwarze Querstreifen.
Ökologie: Außenlagunen und Außenriffe, 1–>12 m. Oft in Gruppen in offenen Gebieten feine Algenteppiche von festem Sand abweidend.
Verbreitung: Ostafrika bis Polynesien, n. bis Ryukyus, s. bis Lord Howe, Durban

10 *Acanthurus gahhm* (Forsskål) **Mönchs-Doktorfisch** 40 cm
Ähnlich: *A. nigricauda* (s. Taf. 127-1), der aber nicht im gleichen Gebiet vorkommt.
Ökologie: offene Saumriffe mit Sand oder Felsen. Oft an Tauchbooten auf Nahrung wartend. Gewöhnlich in Schwärmen. Wenig scheu.
Verbreitung: Rotes Meer bis Golf von Aden

11 *Acanthurus fowleri* de Beaufort **Fowlers Doktorfisch** 27 cm
Ökologie: klare Außenriffe und Steilhänge, 10–45 m. Einzeln und scheu.
Verbreitung: ö. Indonesien und Philippinen

12 *Acanthurus chronixis* Randall **Chronixis Doktorfisch** ca. 28 cm
Ökologie: Korallen- und Sandböden von Riffkanälen. Lebendfarbe unbekannt.
Verbreitung: Kapingamarangi (ö. Karolinen I., vielleicht zentrale Karolinen)

1
2
3
4
5
6
5a
var
7
8
9
10
11
12

1 *Acanthurus pyroferus* Kittlitz **Schokoladen-Doktorfisch** 25 cm
Juvenile ahmen Zwergkaiser nach: *Centropyge flavissimus, C. vrolikii* (Taf. 68–70).
Ökologie: Lagunen und Außenriffe, 2–60 m. Einzeln. Bevorzugen Gebiete mit gemischten Korallen, Sand und Felsen, auch auf trüben Riffen. Sehr häufig.
Verbreitung: Indonesien bis Frz. Polynesien, n. bis s. Japan, s. bis GBR, Neukaled.

2 *Acanthurus tristis* Tickell **Mimikry-Doktorfisch** 25 cm
Ähnlich: *A. pyroferus*, aber ohne orangenen Fleck an der Brustflosse. Juv. ahmen *Centropyge eibli* nach (Taf. 70-2).
Ökologie: Lagunen und Außenriffe; 2–>26 m, auf Korallen, Fels oder Sand.
Verbreitung: Seychellen, Chagos, Malediven bis Bali, n. bis Burma

3 *Acanthurus thompsoni* (Fowler) **Weißschwanz-Doktorfisch** 27 cm
Ökologie: Steilhänge von Außenriffen, aber auch in tiefen Lagunen (Malediven), 2–75 m. In lockeren Schwärmen im Freiwasser Zooplankton jagend. Wenig scheu.
Verbreitung: Ostafrika bis Polynesien, n. bis s. Japan, s. bis GBR, Natal

4 *Acanthurus maculips* (Ahl) **Ohrfleck-Doktorfisch** 25 cm
Ökologie: Außenriffe mit mäßigem Korallenbewuchs, 1–15 m. Oft in kleinen Gruppen über weite Sand- und Geröllflächen ziehend. Auch einzeln. Scheu.
Verbreitung: Andaman Sea bis Line I., n. bis Ryukyus, s. bis Samoa, Christmas I.

5 *Acanthurus tennenti* Günther **Blauring-Doktorfisch** 31 cm
Ökologie: auf Sand, Fels und Korallen von Lagunen und Außenriffen, 1–22 m. Weidet Algen von Sand oder Felsen. Oft in Gruppen. Hybride mit *A. olivaceus* um Bali.
Verbreitung: Ostafrika bis Bali, n. bis Andaman Sea, s. bis Natal

6 *Acanthurus nigroris* Valenciennes **Blaulinien-Doktorfisch** 25 cm
Ökologie: klare Lagunen und Außenriffe, 1–90 m. Einzeln oder in kleinen Gruppen. Frißt Algenüberzüge von festem Sand und Fadenalgen von Felsen.
Verbreitung: Aldabra, Seychellen bis Hawaii, Tuamotus, Marquesas, s. bis s. GBR

7 *Acanthurus nigrofuscus* (Forsskål) **Goldtupfen-Doktorfisch** 21 cm
Ökologie: flache Lagunen und Außenriffe, 1–>15 m. Oft mit dem Sträflingsdoktor *(A. triostegus)* in großen Schwärmen Fadenalgen in fremden Revieren abweidend.
Verbreitung: Rotes Meer bis Polynesien, n. bis s. Japan, s. bis Lord Howe, Natal

8 *Ctenochaetus striatus* (Quoy & Gaimard) **Brauner Borstenzahndoktor** 26 cm
Ökologie: Riffdächer, Lagunen und Außenriffe, 1–>30 m. Auf Korallen, Geröll, Fels und festem Sand. Einzeln oder in großen Gruppen, oft mit anderen Arten vergesellschaftet. Häufig. Verbindungsglied in der *Ciguatera* Nahrungskette, da er einzellige Algen und Diatomeen aufnimmt; darunter können giftige Dinoflagellaten *(Gambierdiscus toxicus)* sein, die das *Ciguatoxin* enthalten.
Verbreitung: Rotes Meer bis Tuamotus, n. bis s. Japan, s. bis GBR, Natal

9 *Ctenochaetus binotatus* Randall **Blauaugen-Borstenzahndoktor** 22 cm
Ökologie: Korallen und Geröllzonen von tiefen Lagunen und Außenriffen, 12–53 m. Borstenzähner fressen Detritus und Algenteppiche von Riffoberflächen, einschließlich Oberflächen von Algen und Seegras: darunter können giftige Dinoflagellaten (s.o.) sein. Jungtiere (braun mit gelbem Schwanz) zwischen Steinen.
Verbreitung: Ostafrika bis Frz. Polynesien, n. bis Ryukyus, s. bis GBR, Natal

10 *Ctenochaetus tominiensis* Randall **Tominis Borstenzahndoktor** 13 cm
Ökologie: steile, korallenreiche Hänge, 2–>40 m. Einzeln oder in Gruppen.
Verbreitung: Bali bis Salomon I., n. bis Philippinen, Palau

11 *Ctenochaetus strigosus* (Bennett) **Goldring-Borstenzahndoktor** 18 cm
Ökologie: Lagunen und korallenreiche Außenriffe, 1–>46 m. Häufig in Polynesien, selten im Westpazifik. Einzeln oder paarweise. Juvenile (<5 cm) sind gelb.
Verbreitung: Ostafrika bis Frz. Polynesien, n. bis Hawaii, s. bis s. GBR, Natal

12 *Ctenochaetus marginatus* (Valenciennes) **Blautupfen-Borstenzahndoktor** 27 cm
Ökologie: flache Außenriffe, 2–6 m.
Verbreitung: Karolinen bis Frz. Polynesien, Cocos I. (Ostpazifik)

13 *Ctenochaetus hawaiiensis* Randall **Schwarzer Borstenzahndoktor** 25 cm
Ökologie: äußere Fels- und Korallenriffe. Juvenile auf tiefen, korallenreichen Außenriffhängen. Sporadisches Vorkommen.
Verbreitung: Palau, Marianen bis Hawaii, Frz. Polynesien, s. bis Austral I.

1
3
1juv
2
1 juv
4
5
7
6
9
8
11
7 juv
10
12
13 juv
13

127 DOKTORFISCHE, SÄGEDOKTORFISCHE

1 *Acanthurus nigricauda* Duncker & Mohr **Schulterklappen-Doktorfisch** 40 cm
Ähnelt *A. gahhm* (Taf. 125-10), hat aber einen schwarzen Streifen vor dem Skalpell.
Ökologie: klare Lagunen und Außenriffe, 1-33 m. Bevorzugt offene Sandgebiete in der Nähe von Korallen und Felsenvorsprüngen. Oft in großen gemischten Schulen mit *A. olivaceus* vergesellschaftet. Schneller Farbwechsel. Relativ scheu. Häufig.
Verbreitung: Ostafrika bis Frz. Polynesien, n. bis Ryuk., s. bis s. GBR, Durban

2 *Acanthurus auranticavus* Randall **Gelbsockel-Doktorfisch** 35 cm
Ökologie: flache Lagunen und Außenriffe. Gewöhnlich in kleinen Wandertrupps.
Verbreitung: Malediven, Indonesien, Philippinen, GBR

3 *Acanthurus bariene* Lesson **Rammkopf-Doktorfisch** 50 cm
Große Individuen zeigen eine typische konvexe Stirn.
Ökologie: klare Lagunen und Außenriffe, 3-50 m. Einzeln, paarweise oder in kleinen Gruppen Algen von festem Untergrund weidend. Wenig scheu.
Verbreitung: Malediven bis Salomon I., n. bis Ryukyus, Andaman Sea, s. bis GBR

4 *Acanthurus nubilus* (Fowler & Bean) **Nubilus-Doktorfisch** 26 cm
Bläulicher Kopf mit feinen, hellbraunen Punkten. Heller Schwanz.
Ökologie: strömungsreiche Dropoffs, 25-90 m. Frißt im Freiwasser Zooplankton.
Verbreitung: Ostafrika bis Polynesien, n. bis Philippinen., s. bis Neukaled, Mozambique

5 *Acanthurus leucocheilus* Herre **Weißklingen-Doktorfisch** 40 cm
Ökologie: klare Außenriffhänge, besonders Dropoffs oder große Felsblöcke, 4-30 m. Ernährt sich von Fadenalgen. Bei der Balz wird ein weißer Backenstreifen sichtbar. Scheint territorial zu sein. Wenig scheu.
Verbreitung: Seychellen, Malediven, Andaman Sea, Indonesien, Philipp., Palau, Line I.

6 *Acanthurus grammoptilus* Richardson **Nadelstreifen-Doktorfisch** 35 cm
Äußerer Teil der Brustflossen ist gelb.
Ökologie: versandete Küstenriffe.
Verbreitung: Philippinen bis nw. Australien und GBR (innerer Teil)

7 *Acanthurus albipectoralis* Allen & Ayling **Weißflossen-Doktorfisch** 33 cm
Ökologie: steile Außenriffhänge, 5-20 m. Gewöhnlich in kleinen Gruppen von 5-30 Exemplaren, die im Freiwasser nach Zooplankton jagen. Scheu.
Verbreitung: GBR, Coral Sea bis Tonga I.

Unterfamilie **Sägedoktorfische** *(Prionurinae):* drei oder mehr Paare von festen, gekielten Knochenplatten auf der Schwanzwurzel. Vorwiegend in gemäßigten Zonen.

8 *Prionurus maculatus* Ogilby **Gelbflecken-Sägedoktor** 45 cm
Grünblau mit grüngelben Punkten und Streifen. 3 Paar knöcherne Klingen.
Ökologie: Küstenriffe. Jungtiere in Flußdeltas und Buchten. Fressen benthische Algen. Manchmal mit der nächsten Art (*P. microlepidotus*) vergesellschaftet.
Verbreitung: NSW, Lord Howe, n. bis s. GBR

9 *Prionurus microlepidotus* Lacépède **Sechs-Messer-Sägedoktor** 70 cm
Ökologie: Felsküsten. Jungtiere in Flußmündungen. Adulte in Schulen. Fressen benthische Algen.
Verbreitung: NSW bis n. Queensland

10 *Prionurus scalprus* Valenciennes **Skalpell-Sägedoktor** 50 cm
Ökologie: flache, brandungsreiche Felsküsten. Häufig in Gruppen.
Verbreitung: Taiwan bis s. Korea und Zentraljapan

11 *Prionurus sp.* **Gelbschwanz-Sägedoktor** 50 cm
Vielleicht nur eine Unterart von *P. maculatus.*
Ökologie: flache, brandungsreiche Felsküsten mit kühlem, aufströmendem Wasser (23° C). Einzeln oder in kleinen Gruppen. Vielleicht weiter verbreitet.
Verbreitung: Bali (Ostküste)

1
2
3
4
5
6
7
8
9
10
11

Unterfamilie **Nasendoktorfische** *(Nasinae):* zwei, selten auch ein Paar feste, gekielte Knochenplatten. Aquarium: nur für große Schauaquarien geeignet.

1 *Naso lituratus* (Bloch & Schneider) **Gelbklingen-Nasendoktor** 45 cm
Die Population im Pazifik hat eine schwarz-weiße Rückenflosse (s. Abb.).
Ökologie: Lagunen und Außenriffe, 0-90 m. Auf offenen Sand- und Geröllzonen sowie in korallenreichen Gebieten. Frißt Blattalgen (wie Sargassum). Häufig.
Verbreitung: Rotes Meer bis Polynesien, n. bis s. Japan, s. bis Lord Howe, Durban

2 *Naso vlamingi* (Valenciennes) **Masken-Nasendoktor** 50 cm
Ökologie: tiefe Lagunen und Außenriffe, 2- > 50 m. Gewöhnlich im Freiwasser nahe an Riffhängen in Schwärmen nach Zooplankton jagend. Oft an Wracks. Wenig scheu.
Verbreitung: Ostafrika bis Frz. Polynesien, n. bis s. Japan, s. bis s. GBR, Durban

3 *Naso unicornis* (Forsskål) **Blauklingen-Nasendoktor** 70 cm
Ökologie: Lagunen und Außenriffe, 1-80 m. Häufig in exponierten, wellenreichen Gebieten wie Riffkanälen, auch in sehr flachen Gebieten. Gewöhnlich in Gruppen.
Verbreitung: Rotes Meer bis Polynesien, n. bis s. Japan, s. bis Lord Howe, Natal

4 *Naso fageni* Morrow **Pferdekopf-Nasendoktor** 80 cm
Adulte Männchen entwickeln eine vorstehende Schnauze. Weißer Ring kann fehlen.
Ökologie: Fels- und Korallenriffe, 5-30 m. In kleinen, losen Schulen bis zu 50 Ex. im Freiwasser in Riffnähe Zooplankton jagend. Nicht häufig.
Verbreitung: Ostafrika bis Seychellen, Philipp., Ryukyus, Südafrika, nw. Australien

5 *Naso thynnoides* (Valenciennes) **Schlanker Nasendoktor** 40 cm
Ökologie: an steilen Außenriffhängen und in tiefen Außenlagunen, 2-30 m.
Verbreitung: Ostafrika bis Neuguinea, n. bis s. Japan

6 *Naso brevirostris* (Valenciennes) **Schärpen-Nasendoktor** 60 cm
Ökologie: steile Außenriffhänge und tiefe Lagunen, 3- > 46 m.
Verbreitung: Rotes Meer bis Polynesien, n. bis s. Japan, s. bis Lord Howe, Durban

7 *Naso annulatus* (Quoy & Gaimard) **Langnasen-Doktor** > 100 cm
Ökologie: Junge in klaren, flachen Lagunen; 1-3 m. Adulte gewöhnlich ab 25 m an steilen Dropoffs. Fressen Zooplankton.
Verbreitung: Ostafrika bis Polynesien, n. bis s. Japan, s. bis Lord Howe, Natal

8 *Naso brachycentron* (Valencienes) **Buckel-Nasendoktor** 90 cm
Ökologie: geschützte Außenriffe, 1- > 30 m, auch in flachen Lagunen. Gewöhnlich als Einzeljäger langsam über flache Riffe gleitend.
Verbreitung: Ostafrika bis Frz. Polynesien, n. bis Ryukyus, s. bis Vanuatu, Natal

9 *Naso tuberosus* Lacépède **Wulst-Nasendoktor** 60 cm
Ökologie: klare Außenlagunen, 3-20 m. Gewöhnlich in Gruppen. Frißt Algen. Selten.
Verbreitung: Ostafrika bis Samoa, n. bis Ryukyus, s. bis GBR, Neukaledonien, Natal

10 *Naso hexacanthus* (Bleeker) **Blauschwanz-Nasendoktor** 75 cm
Ökologie: klare Lagunen und Außenriffhänge, 3-137 m. Gewöhnlich tiefer als 15 m. In Gruppen im Freiwasser an Hängen nach Zooplankton jagend.
Verbreitung: Rotes Meer bis Polynes., n. bis s. Japan, s. bis L. Howe, Mozambique

11 *Naso lopezi* Herre **Lopez Nasendoktor** 54 cm
Ökologie: steile Außenriffe mit Dropoffs, ab 6 m, gewöhnlich tiefer als 30 m.
Verbreitung: Andamanen Inseln, w. Indonesien, Philippinen, Ryukyus, Palau

12 *Naso maculatus* Randall & Struhsaker **Gefleckter Nasendoktor** 60 cm
Ökologie: in Schwärmen an tiefen Außenriffen, 43-100 m.
Verbreitung: s. Japan, Hawaii I.

13 *Naso caesius* Randall & Bell **Grauer Nasendoktor** 55 cm
Ökologie: einzeln oder in kleine Gruppen an klaren Außenriffen und in Lagunen, 1-30 m.
Verbreitung: Christmas I., Indonesien bis Hawaii, s. bis Neukaledonien

14 *Naso minor* (Smith) **Minor-Nasendoktor** 25 cm
Ökologie: in losen Verbänden an Außenriffen und in Kanälen, 10-50 m.
Verbreitung: Ostafrika bis Marianen

15 *Naso caeruleocauda* Randall **Blauer Nasendoktor** 30 cm
Ökologie: in Verbänden an Außenriffen und Dropoffs, unterhalb 15 m.
Verbreitung: Philippinen, Indonesien, s. bis GBR

1 var
1
2
3
4 ♂
5
6
7
8
9
10
11
12
13
14
15

129 KANINCHENFISCHE

Kaninchenfische *(Siganidae):* hoher Körper, vorgestülpte Lippen. Flossenstacheln sind giftig und können schmerzhafte Wunden hervorrufen. Tagaktive Pflanzenfresser von benthischen Algen. In Schwärmen oder paarweise. Starker Farbwechsel in Streßsituationen. Nachts mit gestaltauflösender, kontrastarmer Färbung. Schlafen bewegungslos auf dem Boden. Wichtige Speisefische. Ciguateragefahr! Aquarium: schwierige Eingewöhnung.

1 *Siganus vulpinus* (Schlegel & Müller) **Gelbes Dachsgesicht** 24 cm
Ähnlich: *S. unimaculatus* (Taiwan bis Ryukyus), mit dorsalem schwarzem Fleck. Vielleicht nur eine Farbvariante.
Ökologie: korallenreiche Lagunen und Außenriffe, 2–30 m. Jungtiere in Schulen zwischen verzweigten Korallen, Adulte gewöhnlich in Paaren. Scheu.
Verbreitung: Sumatra bis Gilbert I., n. bis Philippinen, s. bis GBR, Neukaledonien

2 *Siganus uspi* Gawel & Woodland **Braunes Dachsgesicht** 24 cm
Ähnlich: *S. niger* (Tonga), ist gänzlich schwarz.
Ökologie: korallenreiche Lagunen und Außenriffe, 1–6 m. Adulte immer in Paaren zwischen Korallen. Sporadisch um Fiji I., als Irrgast bis Neukaledonien.
Verbreitung: Fiji und Neukaledonien

3 *Siganus magnificus* (Burgess) **Andamanen-Dachsgesicht** 23 cm
Ökologie: korallenreiche Lagunen und Außenriffe, 2–20 m. Bevorzugt geschützte Riffe mit offenen Flächen. Paarweise nach Nahrung suchend. Wenig scheu.
Verbreitung: Similan I., w. Thailand

4 *Siganus argenteus* (Quoy & Gaimard) **Silber-Kaninchenfisch** 42 cm
Ökologie: Gebiete mit gemischten Korallen, Geröll und kahlen Felsen in Lagunen und Außenriffen, 0,5–30 m. Gewöhnlich in großen Wandertrupps. Zahm.
Verbreitung: Rotes Meer bis Frz. Polynes., n. bis s. Japan, s. bis GBR, Neukaled.

5 *Siganus fuscescens* (Houttuyn) **Grüner Kaninchenfisch** 16 cm
Ökologie: Algen- und Seegraswiesen in flachen Lagunen und Küstenriffen. Gewöhnlich in Schulen. Juvenile fressen Fadenalgen, Adulte Blattalgen und Seegras.
Verbreitung: Andaman Sea bis Vanuatu, n. bis s. Japan, s. bis Perth, NSW

6 *Siganus rivulatus* (Forsskål) **Rotmeer-Kaninchenfisch** 30 cm
Ökologie: Küsten- und Innenriffe, besonders Seegras- und Algengebiete, 2–15 m.
Verbreitung: Rotes Meer und Golf von Aden; ins östl. Mittelmeer eingewandert.

7 *Siganus canaliculatus* (Park) **Weißpunkt-Kaninchenfisch** 29 cm
Ökologie: trübe Küstengewässer und Innenriffe, besonders an Flußmündungen.
Verbreitung: Arab. Golf bis Westneuguinea, n. bis Taiwan, s. bis nw. Australien

8 *Siganus luridus* (Rüppell) **Brauner Kaninchenfisch** 25 cm
Aus der Nähe sieht man oft unter Wasser helle „Kratzer" auf dem dunklen Körper.
Ökologie: auf Felsen und Geröll, besonders auf Seegras zwischen Korallenköpfen, 2–18 m. Gewöhnlich einzeln, aber auch in kleinen Gruppen Algen abweidend.
Verbreitung: Rotes Meer (häufig), s. bis Mauritius, Mozambique; ö. Mittelmeer

9 *Siganus sutor* (Valenciennes) **Tarnfarben-Kaninchenfisch** 50 cm
Ökologie: Küsten- und Innenriffe, besonders auf Seegras- und Algenzonen, 1–20 m.
Verbreitung: Ostafrika bis Seychellen, n. bis Golf v. Aden, s. bis Südafrika, Réunion

10 *Siganus spinus* (Linnaeus) **Stachliger Kaninchenfisch** 28 cm
Ökologie: Riffdächer und flache Lagunenriffe. Gewöhnlich in Schwärmen (3–8 Exemplare) auf Seegraswiesen und gemischten Korallen, Geröll und Sand.
Verbreitung: s. Indien bis Frz. Polynesien, n. bis s. Japan, s. bis GBR

11 *Siganus javus* (Linnaeus) **Java-Kaninchenfisch** 53 cm
Ökologie: trübe, mit Felsen und Korallen vermischte Küstenriffe, 0,5–18 m. Dringt in Brackwassser ein. Einzeln oder in kleinen Gruppen.
Verbreitung: Arabischer Golf bis Vanuatu, n. bis Philippinen, s. bis n. Queensland

12 *Siganus vermiculatus* (Valenciennes) **Labyrinth-Kanichenfisch** 45 cm
Ökologie: Juvenile zwischen Mangrovenwurzeln, Adulte in Binnenlagunen und an Küstenriffen, 1–20 m. Gewöhnlich in Gruppen.
Verbreitung: w. Indien bis Fiji, n. bis Philippinen, Palau, s. bis n. GBR

1
2
3
4
5
6
7
8
9
10
11
12

1 *Siganus corallinus Valenciennes* **Korallen-Kaninchenfisch** 28 cm
Ökologie: korallenreiche, flache Lagunen und Außenriffe, 2–25 m. Juv. in kleinen Schwärmen zwischen Seegras und Geweihkorallen. Adulte paarweise. Häufig.
Verbreitung: Seychellen bis Neuguinea, n. bis Ryukyus, s. bis GBR, Neukaledonien

2 *Siganus trispilos* Woodland & Allen **Dreifleck-Kaninchenfisch** 25 cm
Ökologie: korallenreiche Riffe, 1–5 m. Adulte verpaart zwischen Korallen.
Verbreitung: nw. Australien

3 *Siganus punctatus* (Schneider) **Punkt-Kaninchenfisch** 40 cm
Kann in manchen Gebieten (z. B. in Bali) deutlich dunkler sein.
Ökologie: klare Außenlagunen und Außenriffe, 1–40 m. Adulte paarweise, Subadulte in Schwärmen über Riffe ziehend und Algenteppiche von toten Korallen abweidend.
Verbreitung: Cocos-Keeling bis Samoa, n. bis Ryukyus, s. bis Perth, NSW

4 *Siganus virgatus* (Valenciennes) **Zweiband-Kaninchenfisch** 30 cm
Ökologie: felsige Küsten- und Korallenriffe, 2–25 m. Auch im Brackwasser. In Paaren.
Verbreitung: sw. Indien bis Neuguinea, n. bis Ryukyus, s. bis n. Australien

5 *Siganus puellus* (Schlegel) **Masken-Kaninchenfisch** 38 cm
Ökologie: korallenreiche Lagunen und Außenriffe, 1–30 m. Adulte ernähren sich von Algen, Seescheiden und Schwämmen. Gewöhnlich in Paaren.
Verbreitung: Cocos-Keeling bis Gilbert I., n. bis Ryukyus, s. bis Neukaledonien

6 *Siganus doliatus* Cuvier **Blaustreifen-Kaninchenfisch** 24 cm
Ökologie: korallenreiche Lagunen, Außenriffe und Riffkanäle. Oft in Paaren.
Verbreitung: Celebes bis Tonga, n. bis Yap, s. bis nw. Australien, s. Neukaled., GBR

7 *Siganus guttatus* (Bloch) **Goldfleck-Kaninchenfisch** 42 cm
Ökologie: Innenlagunen und Küstenriffe, 2–30 m. Auch im Brackwasser. Gewöhnlich in großen Schwärmen benthische Algen abweidend.
Verbreitung: Andaman Sea bis w. Neuguinea, n. bis Ryukyus, s. bis Java

8 *Siganus lineatus* (Valenciennes) **Wellenlinien-Kaninchenfisch** 43 cm
Ökologie: Juv. in kleinen Schulen zwischen Mangroven, Adulte in Schwärmen an geschützten Küsten- und Lagunenriffen, 0–20 m. Frißt Algen und Schwämme.
Verbreitung: Malediven bis Vanuatu, n. bis Bonin I., s. bis GBR, Neukaledonien

9 *Siganus punctassimus* Fowler & Bean **Pfeffer-Kaninchenfisch** 30 cm
Ökologie: Lagunen und Riffkanäle, 12–30 m. Gewöhnlich verpaart.
Verbreitung: Philippinen bis Neuguinea, n. bis Yaeyamas, s. bis nw. Australien, GBR

10 *Siganus stellatus* (Forsskål) **Tüpfel-Kaninchenfisch** 35 cm
Abb.: *Ssp. stellatus* (R. Meer), sonst sind auch die gelben Teile dunkel getüpfelt.
Ökologie: klare, korallenreiche Lagunen und Außenriffe, 1–>30 m. In Paaren über Korallen ziehend. Juvenile in Seegras von Flußmündungen.
Verbreitung: R. Meer bis Singapur, Bali, n. bis Andaman Sea, s. bis Mozambique

11 *Siganus puelloides* Woodland & Randall **Traueraugen-Kaninchenfisch** 30 cm
Verwandt mit dem Masken-Kaninchenfisch (*S. puellus*), der blaue Streifen hat.
Ökologie: korallenreiche Lagunen und Außenriffe, 1–25 m. In Paaren Seescheiden, Schwämme und Algen fressend.
Verbreitung: Malediven (häufig) und Similan I. (Andaman Sea)

12 *Siganus randalli* Woodland **Randalls Kaninchenfisch** 30 cm
Ökologie: flache Innenlagunen und Küstenriffe, bis >18 m. Juvenile zwischen Mangroven und Adulte auf Korallenriffen. Gewöhnlich paarweise.
Verbreitung: Neuguinea, Salomon I., Guam, Pohnpei

Thunfische, Makrelen *(Scombridae):* große bis mittelgroße, spindelförmige Fische mit großem Maul. Hinter der 2. Rücken- und Afterflosse zieht sich eine Reihe von Flösselchen (5–10 Paare). Tief gegabelter Schwanz und ein oder mehrere Knochenkiele. Einfache Laterallinie. Sie gehören zu den schnellsten und ausdauernsten Schwimmern. Einige ernähren sich von Zooplankton. Wenige Arten auf Korallenriffen. Bestände sind durch 100 km lange Stellnetze stark dezimiert. Wichtige Speise- und Sportfische. ▷

1
2
3
4
5
6
7
8
9
10
11
12

131 THUNFISCHE, MAKRELEN, PLATTFISCHE

1 *Scomberomorus commerson* (Lacépède) **Torpedo-Makrele** 240 cm
Ökologie: im Freiwasser entlang steiler Außenriffe oder in tiefen Lagunen. Wird oft mit dem pelagisch lebenden *Wahoo* verwechselt. Jagt gern Füsiliere.
Verbreitung: Rotes Meer bis Fiji, n. bis Ryukyus, s. bis NSW, Natal

2 *Gymnosarda unicolor* (Rüppell) **Einfarben-Thunfisch** 220 cm
Ökologie: im Freiwasser entlang steiler Außenriffhänge und in tiefen Lagunen, 1-100 m. Gefräßiger Raubfisch, besonders von planktonfressenden Fischen. Manchmal sind große Exemplare ciguatoxisch.
Verbreitung: Rotes Meer bis Samoa, n. bis s. Japan, s. bis GBR, Rapa, Natal

3 *Grammatorcynos bilineatus* (Rüppell) **Zweilinien-Makrele** 70 cm
Ökologie: im Oberflächenwasser von küstennahen und küstenfernen Gewässern. Gelegentlich an Korallenriffen. Normalerweise einzeln.
Verbreitung: Rotes Meer bis Samoa, n. bis Ryukyus, s. bis GBR, Tonga, Südafrika

4 *Rastrelliger kanagurta* (Cuvier) **Großmaul-Makrele** 38 cm
Ökologie: im Freiwasser entlang von Außenriffhängen, Lagunen, Buchten und Häfen. In dichten Schwärmen mit weit aufgerissenem Maul Plankton jagend. Wenig scheu.
Verbreitung: R. Meer bis Samoa, n. bis Ryukyus, s. bis GBR, Durban, (Mittelmeer)

Plattfische (Ordnung: *Pleuronectiformes):* stark abgeflachter Körper, um auf einer Seite auf dem Boden zu liegen. Beide Augen liegen auf der pigmentierten Oberseite, die Unterseite ist unpigmentiert. Bemerkenswerter Farbwechsel, um sich dem jeweiligen Untergrund anzupassen. Ernährung: benthische Wirbellose und Fische.

Butte *(Bothidae):* Augen auf der **linken** Seite. Wenige an Riffen. Ca. 200 Arten.

5 *Bothus mancus* (Broussonet) **Pfauenaugen-Butt** 42 cm
Ökologie: Sandböden in Lagunen und an Außenriffen, 0,2-84 m. Oft auf Riffdächern.
Verbreitung: Rotes Meer bis Mexiko, n. bis Ryukyus, Hawaii, s. bis L. Howe, Durban

6 *Bothus pantherhines* (Rüppell) **Panther-Butt** 39 cm
Ökologie: Sandböden von Lagunen und Außenriffen, 1-110 m. Auch auf Schlickböden.
Verbreitung: Rotes Meer bis Polynesien, n. bis s. Japan, s. bis Lord Howe, Transkei

Flundern *(Pleuronectidae):* Augen auf der **rechten** Seite.

7 *Samariscus triocellatus* Woods **Zwergflunder** 9 cm
Ökologie: Lagunen und Außenriffe, 5-30 m. Oft in Höhlen, unter Überhängen oder auf Felsuntergrund ruhend.
Verbreitung: Ostafrika bis Polynesien, n. bis Taiwan, s. bis GBR

Seezungen *(Soleidae):* Augen rechtsseitig, abgerundeter Kopf, unterständiges Maul. Bitteres Gift schützt sie vor Freßfeinden. Wenige Arten an Korallenriffen. Ca. 100 Arten.

8 *Pardachirus pavonicus* (Lacépède) **Augen-Seezunge** 25 cm
Ökologie: Sandböden von Lagunen und Außenriffen, 3-40 m. Scheidet ein bitteres Gift am Fuß der Rücken- und Afterflossen aus, das sogar Haie abschreckt.
Verbreitung: Sri Lanka bis Samoa, n. bis s. Japan, s. bis NSW und Tonga

9 *Pardachirus marmoratus* (Lacépède) **Moses Seezunge** 26 cm
Ökologie: flache, sandige Zonen in Riffnähe, bis 15 m. Giftsekretion wie Nr. 8.
Verbreitung: Rotes Meer bis Sri Lanka

10 *Zebrias zebra* (Schneider) **Zebra-Seezunge** 19 cm
Ökologie: Sand- und Schlickböden, bis mindestens 100 m.
Verbreitung: Arabischer Golf bis Neuguinea, n. bis s. Japan, s. bis Queensland

11 *Aesopia cornuta* Kaup **Horn-Seezunge** 18 cm
Ökologie: Sand- und Schlickböden, bis mindestens 100 m.
Verbreitung: Rotes Meer bis Indonesien, n. bis s. Japan, s. bis n. Australien

12 *Soleichthys heterorhinos* (Bleeker) **Schwarzrand-Seezunge** 15 cm
Ökologie: flache, geschützte Sandzonen in Riffnähe. Gewöhnlich eingegraben, nur Augen und Nasenlöcher frei. Mehr nachtaktiv. Kann sich sehr schnell fortbewegen.
Verbreitung: Rotes Meer bis Samoa, n. bis s. Japan, s. bis NSW

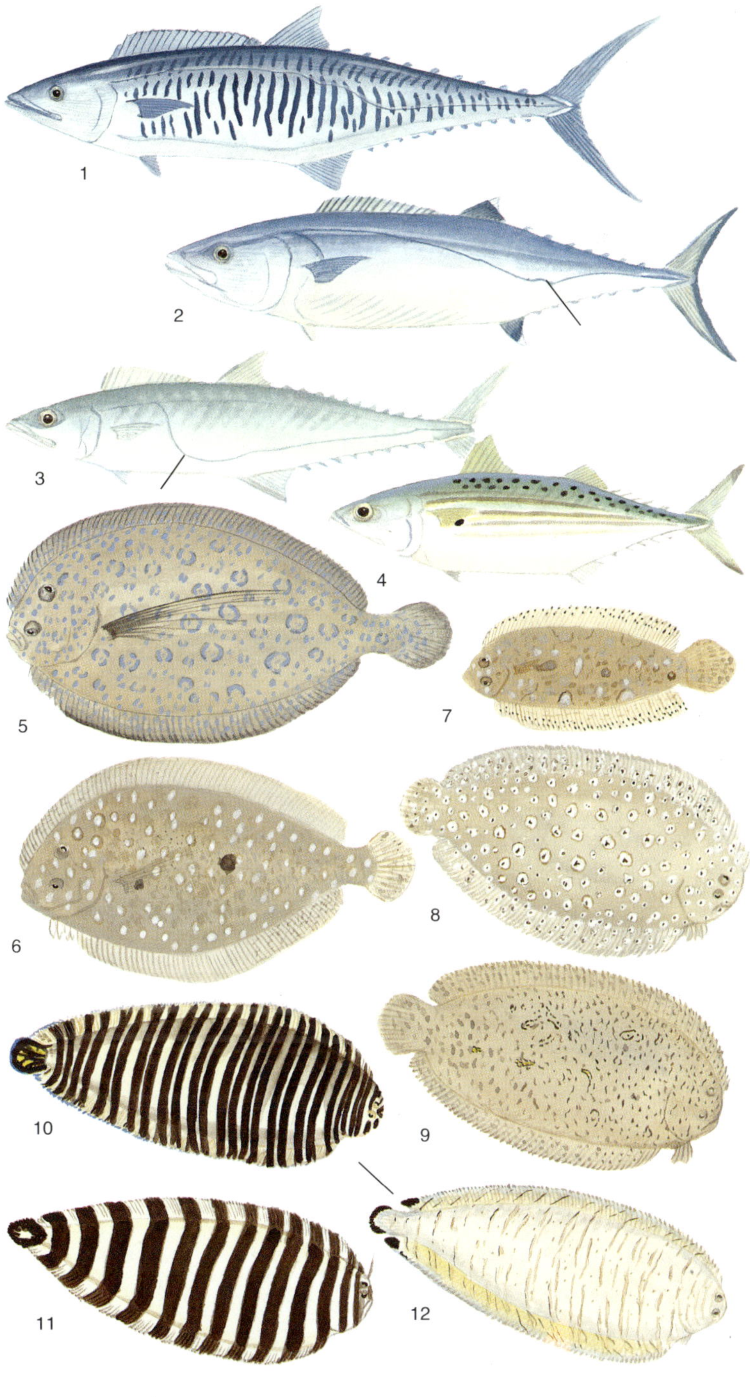
1
2
3
4
5
6
7
8
9
10
11
12

132 DRÜCKERFISCHE

Drückerfische *(Balistidae):* hoher, abgeflachter Körper mit hochliegenden Augen. Kleines Maul mit kräftigen Zähnen. 1. Rückenflosse besteht aus drei Stacheln, die in einer Furche versenkt werden können. Der 1. Hartstrahl kann durch den zweiten festgeklemmt und nur durch Druck entspannt werden (siehe Name). Nahrung: Wirbellose, aber auch Algen und Zooplankton. Bauen Nestmulden im Sand, Gelege werden vom Männchen bewacht. Größere Drückerfische sind in dieser Zeit besonders aggressiv und greifen Taucher an. Weitere tropische Art: *Canthidermis maculatus* (s. Karibik, Taf. 173-6). Aquarium: haltbar, jedoch zu aggressiv.

1 *Odonus niger* (Rüppell) **Rotzahn-Drückerfisch** 40 cm
Ökologie: strömungsreiche Außenriffe, 0,2->35 m. Gewöhnlich in lockeren Ansammlungen im Freiwasser. Flieht bei Gefahr in Löcher, so daß nur der Schwanz herausragt. Abhänge können dicht mit Fluchtlöchern bedeckt sein (manchmal alle 50 cm). Ernährt sich vorwiegend von Zooplankton, gelegentlich von Schwämmen.
Verbreitung: Rotes Meer bis Frz. Polynesien, n. bis s. Japan, s. bis GBR, Natal

2 *Melichthys niger* (Bloch) **Schwarzer Drückerfisch** 35 cm
Ökologie: klare Außenriffe, 0-75 m. Frißt Zooplankton und Kalkalgen an der Riffkante. Manchmal dicht gedrängt in „Kolonien". Häufig. (s. Karibik, Taf. 173-3)
Verbreitung: zirkumtropisch, besonders häufig an isolierten Ozeaninseln

3 *Melichthys vidua* (Solander) **Witwen-Drückerfisch** 35 cm
Ökologie: klare, strömungsreiche Außenriffe, 4-60 m. Frißt Algen, Wirbellose und Fische. Einzeln oder in losen Ansammlungen.
Verbreitung: Ostafrika bis Hawaii, Tuamotus, n. bis s. Japan, s. bis GBR, Durban

4 *Melichthys indicus* Randall & Klausewitz **Indischer Drückerfisch** 24 cm
Ökologie: korallenreiche, steile Außenriffhänge, 2-30 m. Einzeln oder in Gruppen.
Verbreitung: s. Rotes Meer bis Andaman Sea, Sumatra, s. bis Natal, Mauritius

5 *Pseudobalistes flavimarginatus* (Rüppell) **Gelbsaum-Drückerfisch** 60 cm
Ökologie: Lagunen, Riffkanäle und geschützte Riffe, 2-50 m. Einzeln oder verpaart. Bis 2 m große Nestmulden im Sand von Riffkanälen. Frißt Korallen und Wirbellose.
Verbreitung: Rotes Meer (häufig) bis Tuamotus, n. bis s. Japan, s. bis GBR, Natal

6 *Pseudobalistes fuscus* (Bloch & Schneider) **Blaustreifen-Drückerfisch** 55 cm
Ökologie: klare Lagunen und Außenriffe, 0,5-50 m. Bevorzugt Sandgebiete mit Fleckriffen oder Geröll am Fuß von Hängen. Scheu.
Verbreitung: Rotes Meer (häufig) bis Tahiti, n. bis s. Japan, s. bis GBR, Durban

7 *Xanthichthys auromarginatus* (Bennett) **Blaukehl-Drückerfisch** 22 cm
Weibchen ohne blaue Kehle und gelbe Flossensäume.
Ökologie: steile Außenriffe, 8-147 m. Bevorzugt obere Ränder von Dropoffs. In losen Ansammlungen. Ernährt sich von Zooplankton. Selten oberhalb 15 m.
Verbreitung: Mauritius bis Hawaii, n. bis Ryukyus, s. bis Neukaledonien, (fehlt an kontinentalen Küsten)

8 *Xanthichthys lineopunctatus* (Hollard) **Backenstreifen-Drückerfisch** 30 cm
Ökologie: küstenferne Riffe, oft hoch über dem Untergrund schwimmend. Selten.
Verbreitung: s. Transkei, Mauritius, Réunion, nw. Australien, Ryukyus, Bonin I.

9 *Xanthichthys mento* (Jordan & Gilbert) **Tiefsee-Drückerfisch** 29 cm
Weibchen ohne roten Schwanz.
Ökologie: an tiefen Dropoffs von Außenriffen. In Ansammlungen Plankton jagend.
Verbreitung: Südjapan, Ryukyus, Izu, Marcus, Wake, Hawaii, Revillagigedo, Clipperton, Rapa, Pitcairn und Oster I., s. Kalifornien (vorwiegend subtropisch)

10 *Abalistes stellatus* (Lacépède) **Sternen-Drückerfisch** 60 cm
Ökologie: Schlick- und Sandböden mit vereinzelten Fleckriffen, 4-120 m. Einzeln in Schlickmulden oder im Freiwasser. Juvenile auf isolierten Korallenköpfen.
Verbreitung: Rotes Meer bis Fiji, n. bis s. Japan, s. bis NSW, Kap-Provinz

11 *Sufflamen fraenatus* (Latrielle) **Brauner Drückerfisch** 38 cm
Ökologie: Außenriffe, 3-186 m. Häufig in offenen, kahlen Gebieten mit Sand- und Geröllfeldern; gewöhnlich tiefer als 25 m. Ernährt sich von verschiedenen Wirbellosen, Fischen und Algen. Relativ scheu.
Verbreitung: Ostafrika bis Polynesien, n. bis s. Japan, s. bis Lord Howe, Natal

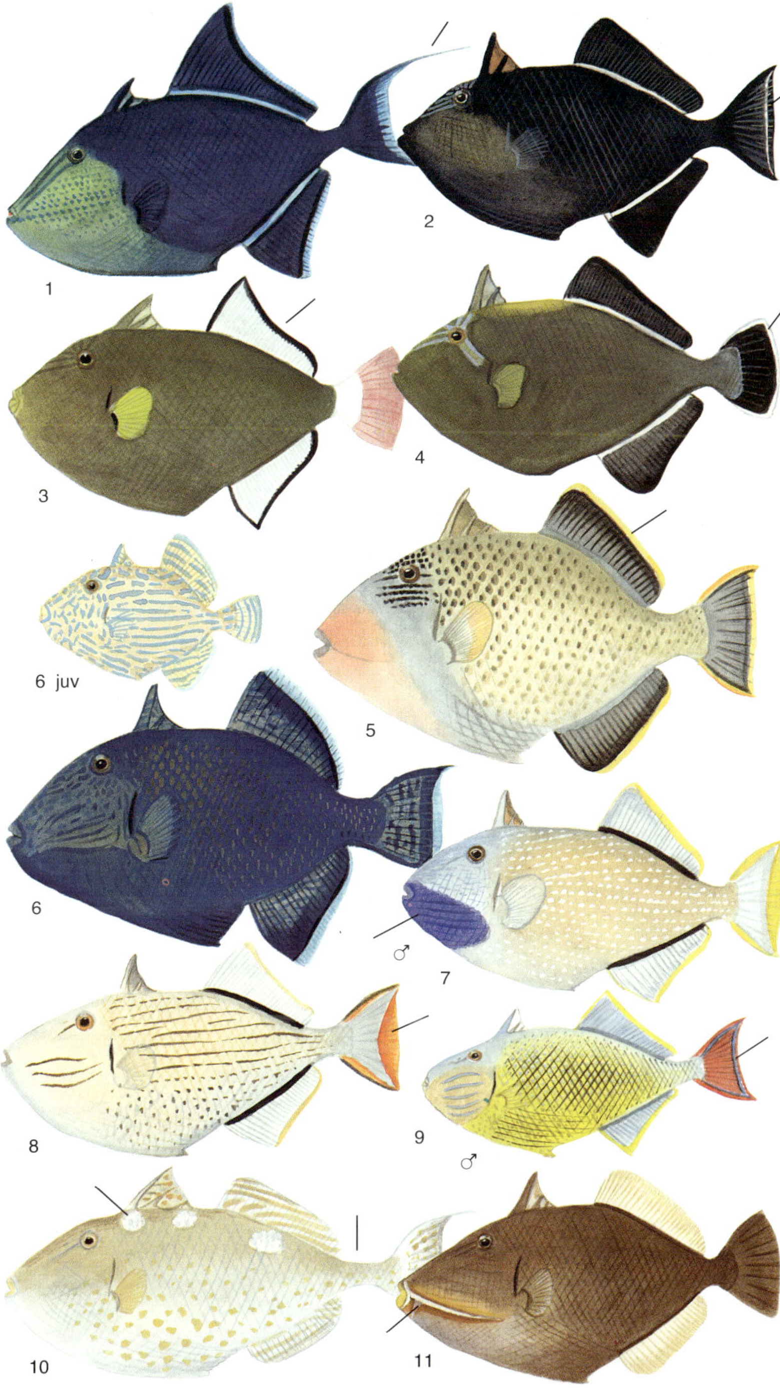
1
2
3
4
6 juv
5
6
♂
7
8
9
♂
10
11

133 DRÜCKERFISCHE

1 *Sufflamen chrysopterus* (Bloch & Schneider) **Blaubrust-Drückerfisch** 30 cm
Juvenile oben braun und unten weiß. Ähnlich: *S. albicaudatus* (s. Nr. 2).
Ökologie: flache Lagunen und Außenriffe,1-30 m. Häufig über offenem Grund mit niedrigen, zerstreuten Korallen. Relativ scheu.
Verbreitung: Ostafrika bis Samoa, n. bis s. Japan, s. bis Lord Howe, Durban

2 *Sufflamen albicaudatus* (Rüppell) **Rotmeer-Drückerfisch** 22 cm
Ökologie: offener Grund mit niedrigen, verstreuten Korallen oder über Geröll, 2- > 20 m. Scheu, flieht bei Gefahr sofort in Wohnhöhlen.
Verbreitung: Rotes Meer bis Golf v. Oman

3 *Sufflamen bursa* (Bloch & Schneider) **Bumerang-Drückerfisch** 24 cm
Ökologie: versteckreiche Außenriffhänge unterhalb der Brandungszone, 3-90 m.
Verbreitung: Ostafrika bis Polynesien, n. bis s. Japan, s. bis GBR, Natal

4 *Balistoides conspicillum* (Bloch & Schneider) **Leoparden-Drückerfisch** 50 cm
Ökologie: klare Außenriffe, 1-75 m. Juvenile in Höhlen unterhalb 20 m entlang steiler Dropoffs. Adulte oft auf korallenreichen Riffterrassen in der Nähe von steilen Hängen.
Verbreitung: Ostafrika bis Samoa, n bis s. Japan, s. bis Lord Howe, Durban

5 *Balistapus undulatus* (Park) **Orangestreifen-Drückerfisch** 30 cm
Grundfarbe variabel: von grün bis dunkelbraun. Streifen oft nicht sichtbar. Erwachsene Männchen verlieren die orangenen Streifen auf der Schnauze.
Ökologie: korallenreiche Lagunen und Außennffe 1-50 m. Ernährt sich von Korallen, Schwämmen, Würmern, Krebsen, Fischen und Stachelhäutern. Wenig scheu.
Verbreitung: Rotes Meer bis Frz. Polynesien, n. bis s. Japan, s. bis L. Howe, Natal

6 *Balistoides viridescens* (Bloch & Schneider) **Grüner Riesen-Drückerfisch** 75 cm
Ökologie: Lagunen und Außenriffe 1- > 40 m. Juvenile gewöhnlich in flachen, geschützten Sandgebieten. Adulte einzeln oder paarweise. Sehr wachsam - attackiert Taucher in Nestnähe, Ciguateragefahr.
Verbreitung: Rotes Meer bis Tuamotus, n. bis s. Japan, s. bis NSW, s. Mozambique

7 *Rhinecanthus rectangulus* (Bloch & Schneider) **Keil-Picassodrücker** 30 cm
An der Seite ein keilförmiger, schwarzer Fleck.
Ökologie: Außenriffdächer und flache Außenriffe mit Wellengang. Häufig in gemischten, kahlen Fels-, Geröll-, Korallen- und Sandzonen, 05- > 18 m. Scheu.
Verbreitung: Rotes Meer bis Polynesien, n. bis Izu I., s. bis Lord Howe, Transkei

8 *Rhinecanthus aculeatus* (Linnaeus) **Gemeiner Picassodrücker** 25 cm
Ökologie: Riffdächer und flache Lagunen, 0,3-4 m. Häufig auf Sandgebieten mit Geröll. Arten dieser Gattung fressen verschiedene Wirbellose, Fische und Algen. Schläft nachts auf der Seite und erzeugt schwirrende Laute bei Störung. Häufig.
Verbreitung: Ostafrika bis Polynesien, n. bis s. Japan, s. bis Lord Howe, Südafrika

9 *Rhinecanthus assasi* (Forsskål) **Arabischer Picassodrücker** 30 cm
Rotbrauner Fleck am After.
Ökologie: häufig auf Saumriffen mit Sand- und Geröllflecken. Juvenile auf flachen Riffdächern mit Sand und Steinen, oft in leeren Schneckenhäusern.
Verbreitung: Rotes Meer bis Golf v. Oman, Arab. Golf

10 *Rhinecanthus verrucosus* (Linnaeus) **Schwarzbauch-Picassodrücker** 23 cm
Schwarzer Fleck am Bauch.
Ökologie: Riffdächer unterhalb der Tidenzone und geschützte Lagunen und Küstenriffe, 0,3-20 m. Auch auf Seegraswiesen. Gewöhnlich in trüben Gewässern.
Verbreitung: Seychellen, Sri Lanka bis Vanuatu, n. bis s. Japan, s. bis s. GBR

11 *Rhinecanthus lunula* Randall & Steene **Halbmond-Picassodrücker** 28 cm
Schwarze Binde auf der Schwanzwurzel.
Ökologie: Außenriffe, unterhalb von 10 m. Selten.
Verbreitung: GBR, Neukaledonien, Samoa, Frz. Polynesien, Pitcairn I.

12 *Rhinecanthus cinereus* (Commerson) **Flammen-Picassodrücker** 25 cm
Ökologie: Sand- und Geröllzonen von Korallenriffen, 5-25 m. Selten, wenig bekannt.
Verbreitung: Mauritius, Malediven, Andamanen Inseln

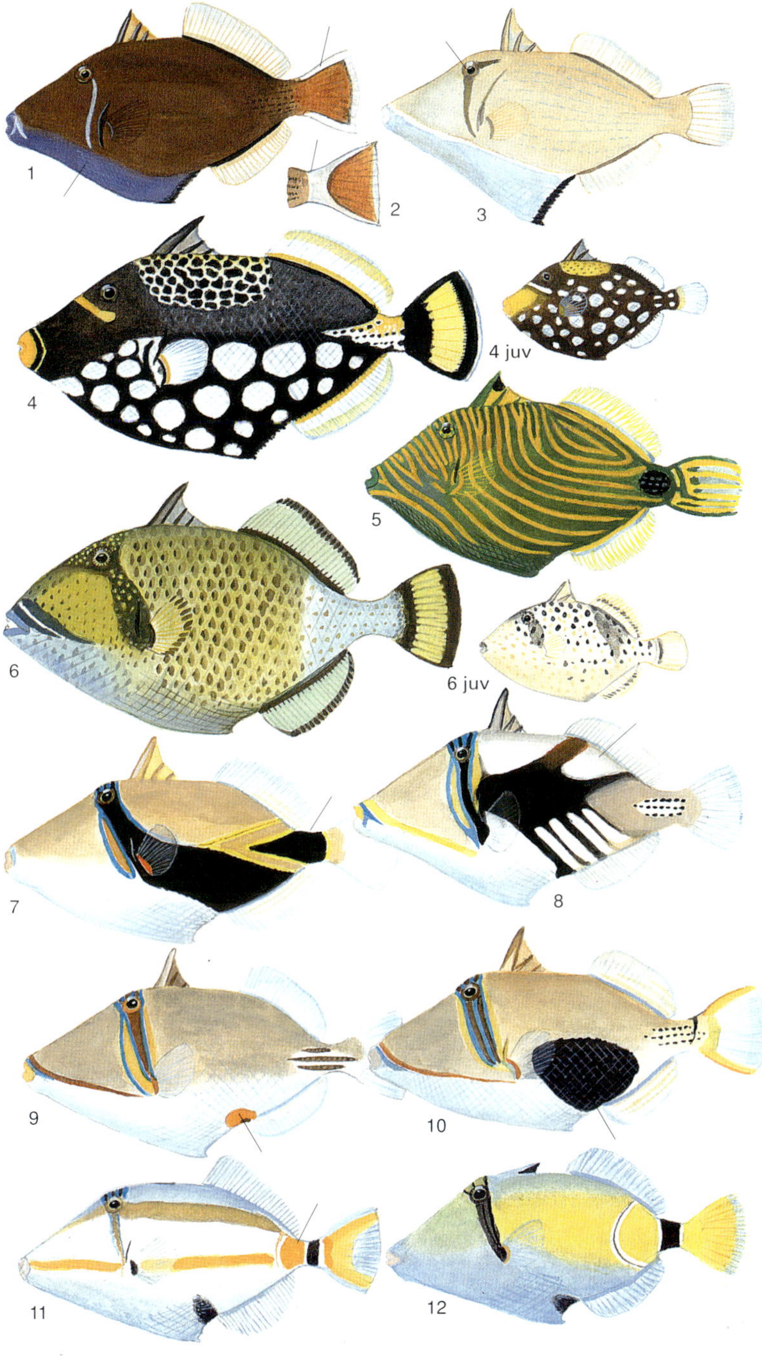
1
2
3
4
4 juv
5
6
6 juv
7
8
9
10
11
12

Feilenfische *(Monacanthidae):* nah verwandt mit den Drückerfischen. Der Körper ist jedoch abgeflachter, und sie haben 1–2 Rückenstacheln, kleinere Schuppen, jede mit kleinen Stacheln besetzt und rauh wie eine „Feile" (Name!) ist. Die meisten ernähren sich von Wirbellosen, einige sind auf Korallen und Zooplankton spezialisiert. Sie legen Eier in Nester, die von ♂ gebaut werden. Aquarium: schwierig (Nahrungsspezialisten!).

1 *Amanses scopas* (Cuvier) **Bürsten-Feilenfisch** 16 cm
Männchen mit langen Stacheln und Weibchen mit einer „Bürste" vor der Schwanzwurzel.
Ökologie: Gebiete mit gemischten Sand-, Geröll- und Korallenzonen auf halb geschützten Außenriffen, 1–18 m. Während der Flut oft auf Riffdächern. Scheu.
Verbreitung: Rotes Meer bis Tuamotus, n. bis Ryukyus, s. bis Maputo, GBR

2 *Cantherhines dumerilii* (Hollard) **Gelbschwanz-Feilenfisch** 38 cm
Ökologie: klare Lagunen und Außenriffe, 0,5–35 m. Gewöhnlich in Paaren. Ernährt sich vorwiegend von Geweihkorallen sowie von benthischen Wirbellosen und Algen.
Verbreitung: Ostafrika bis Mexiko, n. bis s. Japan, s. bis Lord Howe, Kap-Provinz

3 *Cantherhinus pardalis* (Rüppell) **Netz-Feilenfisch** 25 cm
Ähnlich: *C. sandwichiensis* (Hawaii I.).
Ökologie: klare Außenriffe, 1–>20 m. Einzeln. Versteckt lebend. An korallenreichen oder felsigen Riffen. Bevorzugt Algen- und Seegrashabitate. Wenig scheu.
Verbreitung: Rotes Meer bis Frz. Polynes., n. bis s. Japan, s. bis L. Howe, Südafrika

4 *Cantherhinus fronticinctus* (Playfair und Günther) **Weißbürzel-Feilenfisch** 23 cm
Ähnlich: *C. longicaudus* (Society I.), *C. rapanui* (Osterinsel) und *C. verecundus* (Hawaii I.).
Ökologie: Außenriffe mit mäßigem Korallenbewuchs, 1–43 m. In Verstecknähe. Scheu.
Verbreitung: Ostafrika bis Marshall I., n. bis s. Japan, s. bis nw. Australien, Durban

5 *Cantheschenia grandisquamis* Hutchins **Australischer Feilenfisch** 26 cm
Ökologie: geschützte, küstennahe und küstenferne Riffe. Sporadisches Vorkommen.
Verbreitung: s. GBR und NSW

6 *Pervagor spilosoma* (Lay & Bennett) **Hawaii-Feilenfisch** 18 cm
Ökologie: regelmäßig in Lagunen und an Außenriffen, 1–46 m. Frißt Algen, kleine benthische Wirbellose und Korallen. In manchen Jahren sehr häufig.
Verbreitung: Hawaii I.

7 *Pervagor alternans* (Ogilby) **Gelbaugen-Feilenfisch** 16 cm
Ökologie: korallenreiche Gebiete und Felsriffe, 1–>15 m. Sporadisches Vorkommen.
Verbreitung: s. GBR bis NSW, Lord Howe, Neukaledonien, Marshall I.

8 *Pervagor apricaudus* (Hollard) **Orangeschwanz-Feilenfisch** 12 cm
Ähnlich: *P. marginalis* (Line und Marquesa I.).
Ökologie: klare Lagunen und Außenriffe, 1–25 m. Zwischen Korallen und Geröll.
Verbreitung: Mauritius, Christmas I., Taiwan bis Südjapan, Marshall, Hawaii I, GBR bis Neukaledonien

9 *Pervagor janthinosoma* (Bleeker) **Höhlen-Feilenfisch** 14 cm
Ökologie: flache Lagunen und Außenriffe, 1–20 m. Versteckt lebend.
Verbreitung: Ostafrika bis Samoa, n. bis s. Japan, s. bis NSW, Tonga

10 *Pervagor nigrolineatus* (Herre) **Gestreifter Feilenfisch** 10 cm
Ökologie: Lagunen und geschützte Außenriffe, 1–>25 m. Versteckt lebend.
Verbreitung: Sumatra bis Salomon I., n. bis Philippinen, s. bis nw. Australien (Schelf)

11 *Pervagor melanocephalus* (Bleeker) **Rotschwanz-Feilenfisch** 10 cm
Ökologie: Außenriffe, 2–40 m. Gewöhnlich tiefer als 20 m. Oft in Paaren.
Verbreitung: Sumatra bis Fiji, Tonga, n. bis Ryukyus, s. bis GBR, Norfolk I.

12 *Oxymonacanthus longirostris* (Bloch & Schneider) **Palettenstachler** 9 cm
Ökologie: klare Lagunen und Außenriffe, 1–>30 m. Besonders dort, wo *Acropora* Korallen häufig sind, deren Polypen er frißt. Paarweise oder in kleinen Gruppen.
Verbreitung: Ostafrika bis Samoa, n. bis Ryukyus, s. bis GBR, Tonga, Maputo

13 *Oxymonacanthus halli* Marshall **Rotmeer-Palettenstachler** 7 cm
Ökologie: Saumriffe. Lebt auf *Acropora* Korallen, deren Polypen er frißt. Oft in Paaren.
Verbreitung: Rotes Meer

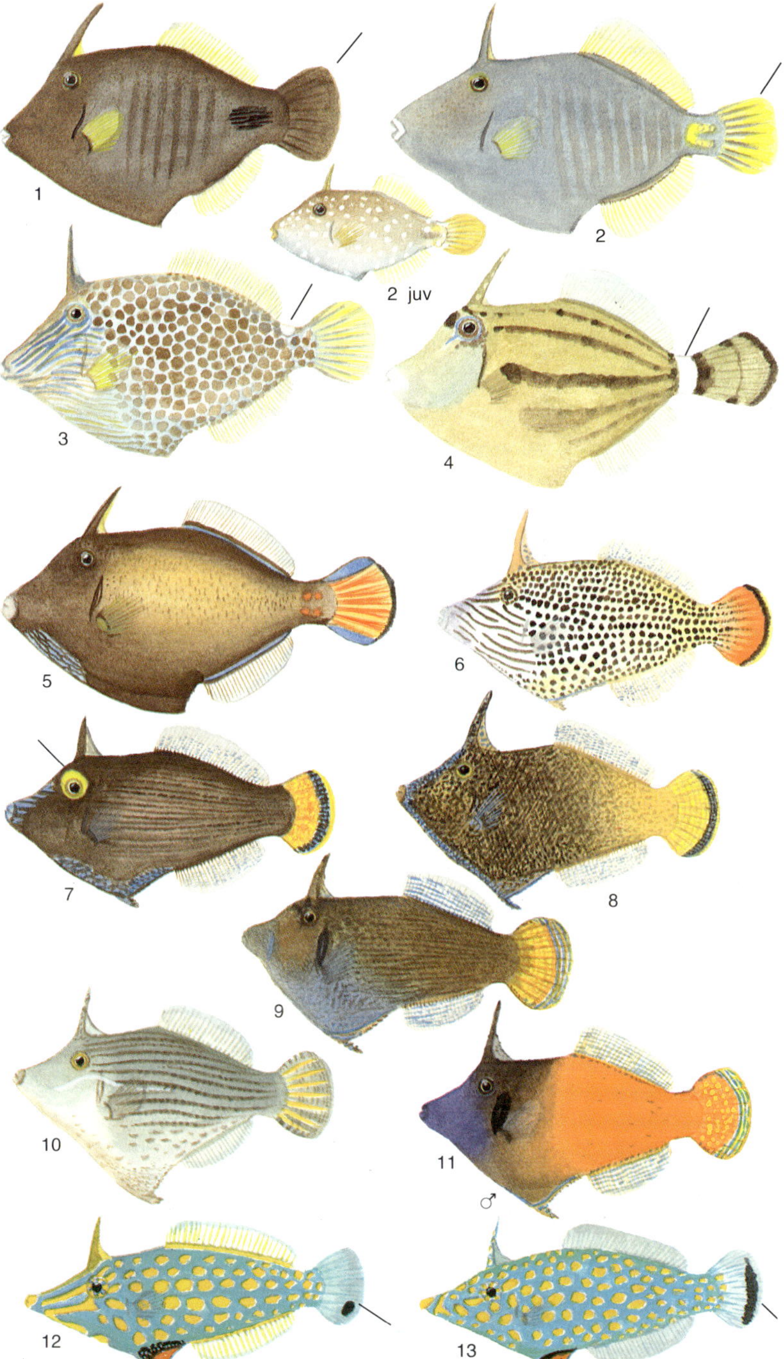
1
2
2 juv
3
4
5
6
7
8
9
10
11
♂
12
13

135 FEILENFISCHE

1 *Aluteres scriptus* (Osbeck) **Schrift-Feilenfisch** 110 cm
Ökologie: Lagunen und Außenriffe, 1-80 m. Einzeln. Nicht häufig. Ernährt sich von sessilen Organismen: Algen, Seegras, Gorgonien, Anemonen und Seescheiden.
Verbreitung: zirkumtropisch (s. auch Karibik, Taf. 173-7)

2 *Aluteres monoceros* (Linnaeus) **Einhorn-Feilenfisch** 75 cm
Ökologie: semi-pelagisch, oft an schwimmenden Algen oder Seegras und an Außenriffen von isolierten Ozeaninseln. Einzeln oder in Gruppen.
Verbreitung: zirkumtropisch

3 *Paraluteres prionurus* (Bleeker) **Schwarzsattel-Feilenfisch** 10 cm
Zeigt Mimikry des giftigen Spitzkopfkugelfisches *Canthigaster valentini* (Taf. 137-2).
Ökologie: klare Lagunen und Außenriffe, 1-25 m. Einzeln oder in kleinen Gruppen.
Verbreitung: Ostafrika bis Marshall I., n. bis s. Japan, s. bis GBR, Natal

4 *Paraluteres sp.* **Phuket-Feilenfisch** 8 cm
Ökologie: regelmäßig zwischen Phuket und dem Festland an Riffen mit mäßigem Korallenbewuchs. Scheint trübes Wasser und Felsriffe zu bevorzugen, 5-20 m.
Verbreitung: Phuket, seltener Similan I. (Thailand)

5 *Anacanthus barbatus* Gray **Bart-Feilenfisch** 35 cm
Ökologie: Küstenriffe mit sandigen Seegraswiesen. Auch in Mangrovengebieten.
Verbreitung: w. Indien bis Indonesien, s. bis nw. Australien

6 *Pseudalutarias nasicornis* (Temminck & Schlegel) **Nashorn-Feilenfisch** 19 cm
Ökologie: paarweise in Algen- und Seegraswiesen von Lagunen und Außenriffen, 1->55 m.
Verbreitung: Ostafrika bis Neuguinea, n. bis s. Japan, s. bis NSW

7 *Monacanthus chinensis* Osbeck **Fächerbauch-Feilenfisch** 38 cm
Ökologie: Fels- und Korallenriffe.
Verbreitung: Malaysia bis Samoa, n. bis s. Japan, s. bis nw. Australien, NSW

8 *Chaetoderma penicilligera* (Cuvier) **Fransen-Feilenfisch** 31 cm
Ökologie: Algen- und Seegraswiesen von Küstenriffen. Einzeln oder paarweise.
Verbreitung: Malaysia, Indonesien bis nw. Australien, n. bis s. Japan, s. bis GBR

9 *Paramonacanthus japonicus* (Tilesius) **Japanischer Feilenfisch** 10 cm
Ökologie: Algen- und Sandgebiete von Küstenriffen.
Verbreitung: Indonesien, n. bis s. Japan, s. bis GBR

10 *Acreichthys tomentosus* (Linnaeus) **Seegras-Feilenfisch** 10 cm
Ökologie: Sand- und Seegraszonen von geschützten Riffen.
Verbreitung: Ostafrika bis Fiji, n. bis Ryukyus, s. bis NSW

11 *Acreichthys radiatus* (Popta) **Radial-Feilenfisch** 7 cm
Ökologie: zwischen Weichkorallen von geschützten Riffen.
Verbreitung: s. Japan, s. bis Philippinen, Indonesien und Neukaledonien

12 *Brachaluteres ulvarum* Jordan & Snyder **Grüner Feilenfisch** 7 cm
Diese Gattung kann sich wie ein Kugelfisch aufblasen. Ähnlich: B. fahaga (R. Meer).
Ökologie: versteckt sich zwischen grünen Pflanzen in Bodennähe.
Verbreitung: s. Japan

13 *Rudarius ercodes* (Jordan & Fowler) **Zwerg-Feilenfisch** 7,5 cm
Ökologie: zwischen Pflanzen in Bodennähe.
Verbreitung: s. Japan, s. Korea

14 *Rudarius minutus* Tyler **Kleiner Feilenfisch** 5 cm
Ökologie: einzeln oder in kleinen Gruppen zwischen Ästen von Feuerkorallen, Weichkorallen und Gorgonien an Küstenriffen, 2-15 m.
Verbreitung: Borneo bis GBR, n. bis Palau

15 *Pseudomonacanthus peroni* (Hollard) **Perons Feilenfisch** 25 cm
Ökologie: Felsen, Algen oder Korallen an Küstenriffen, 1-25 m.
Verbreitung: Indonesien bis GBR

16 *Pseudomonacanthus macrurus* (Bleeker) **Seitenfleck-Feilenfisch** 45 cm
Farbe variabel, aber deutlicher weißer Seitenfleck.
Ökologie: Seegraswiesen an Küstenriffen, 1-15 m.
Verbreitung: Rotes Meer bis n. Australien

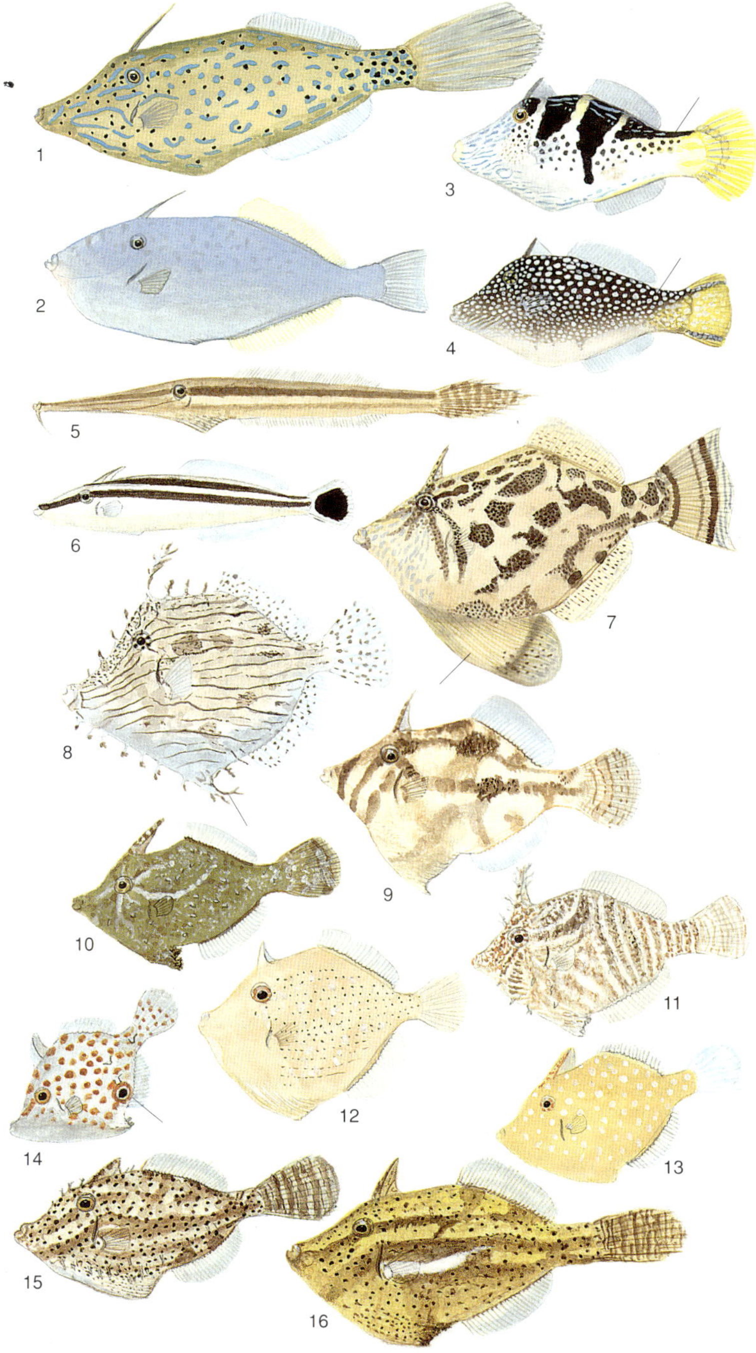
1
3
2
4
5
6
7
8
9
10
11
12
14
13
15
16

136 KOFFERFISCHE

Kofferfische *(Ostracidae)*: „kofferartige" Fische mit einem Panzer aus polygonalen Knochenplatten – nur Mund, Augen, Kiemenöffnungen, After, Flossen und Schwanz sind ausgespart. Viele Arten haben Stacheln und „Hörner" auf dem Körperpanzer. Das Maul ist klein und hat Zahnplatten, um sessile Wirbellose und Algen abzuweiden. Kofferfische scheiden aus der Haut ein starkes Gift (Ostracitoxin) aus, das sie vor Raubfischen schützt. In engen Behältern ist dieses Gift tödlich für andere Fische. Sie sind territorial und haben Harems. In der Dämmerung werden pelagische Eier gelegt. „Gondolierescwimmer": 2. Rücken- und Afterflosse bewegen sich wellenartig. Aquarium: nicht zu empfehlen, da sehr arbeitsaufwendig und Vergiftungsgefahr!.

1 *Ostracion meleagris* Shaw & Nodder **Weißpunkt-Kofferfisch** 16 cm
Männchen der Population in Hawaii haben keine gelben Seitenflecken.
Ökologie: Lagunen und Außenriffe, 1–30 m. Ernährung: Schwämme, benth. Wirbellose.
Verbreitung: Ostafrika bis Mexiko, n. bis s. Japan, s. bis GBR, Kap-Provinz

2 *Ostracion cyanurus* Rüppell **Arabischer Kofferfisch** 15 cm
Ökologie: Saumriffe mit mäßigem Korallenbewuchs, 3–25 m. In Verstecknähe von kleineren Korallenköpfen oder Korallenspalten. Einzeln.
Verbreitung: Rotes Meer bis Golf v. Aden, Oman, Arab. Golf

3 *Ostracion trachys* Randall **Mauritius-Kofferfisch** 11 cm
Ökologie: felsige Außenriffe, 15–30 m. Oft in Höhlen und Spalten. Schwimmt einzeln von Versteck zu Versteck. Nicht scheu. Sporadisches Vorkommen.
Verbreitung: Mauritius

4 *Ostracion cubicus* Linnaeus **Gelbbrauner Kofferfisch** 45 cm
Grundfarbe variabel: braun, gelb bis rosa. Große Adulte mit „Nasenwulst". Jungtiere zitronengelb mit schwarzen Punkten. Ähnlich: *O. immaculatus* (n. Japan).
Ökologie: Lagunen und Außenriffe, 1–35 m. Gewöhnlich in Verstecknähe. Jungtiere oft zwischen Geweihkorallen (*Acropora*) oder in Felsenspalten.
Verbreitung: R. Meer bis Tuamotus, n. bis Ryukyus, s. bis NZ, Rapa, Kap-Provinz

5 *Ostracion whitleyi* Fowler **Whitleys Kofferfisch** 15,5 cm
Ökologie: klare Lagunen und sandige Zonen in Riffnähe, 3–27 cm. Selten.
Verbreitung: Hawaii, Johnston I., Frz. Polynesien (häufig)

6 *Ostracion solorensis* Bleeker **Gestreifter Kofferfisch** 11 cm
Ökologie: korallenreiche Außenriffe, 1–20 m.
Verbreitung: Indonesien bis Neuguinea, n. bis Philipp., Palau, s. bis n. GBR

7 *Lactoria fornasini* (Bianconi) **Rückendorn-Kofferfisch** 15 cm
Ökologie: klare Außenlagunen und Außenriffe, 1–30 m. Sand-, Geröll- und Algenzonen. Schwimmt dicht über dem Boden und verharrt häufig. Einzelgänger.
Verbreitung: Ostafrika bis Polynesien, n. bis s. Japan, s. bis L. Howe, Kap-Provinz

8 *Lactoria cornuta* (Linnaeus) **Langhorn-Kofferfisch** 46 cm
Ökologie: Sand und Geröllgrund von flachen, geschützten Lagunen und Küstenriffen, 1–50 m. Einzeln. Frißt benthische Wirbellose, wobei er diese durch Wegblasen des Sandes freilegt. Oft sind dann Lippfische als „Mitfresser" in der Nähe.
Verbreitung: Rotes Meer bis Frz. Polynes., n. bis s. Japan, s. bis L. Howe, Natal

9 *Lactoria diaphana* (Bloch & Schneider) **Dornen-Kofferfisch** 25 cm
Ökologie: Diese Art kann lebenslang pelagisch sein. In Südjapan besiedeln Adulte Seegras, Algen und Geröllgrund in Riffnähe. Laichen auch hier ab.
Verbreitung: Ostafrika bis Panama, n. bis s. Japan, s. bis NSW, Kap-Provinz, Peru

10 *Tetrasomus gibbosus* (Linnaeus) **Pyramiden-Kofferfisch** 30 cm
Ökologie: Seegras- und Algenfelder von Küstenriffen. Einzeln.
Verbreitung: Rotes Meer bis Indonesien, Philipp., s. bis GBR, Durban, Mittelmeer

11 *Rhynchostracion nasus* (Bloch) **Nasen-Kofferfisch** 30 cm
Ökologie: Fels- und Sandgebiete in der Nähe von Riffen, 2–80 m. Sporadisch.
Verbreitung: Ostafrika bis Neuguinea, s. bis GBR, n. bis Ryukyus

12 *Rhynchostracion rhynorhynchus* (Bleeker) **Nashorn-Kofferfisch** 28 cm
Ökologie: klare, korallenreiche Gebiete mit sandigen, algenbewachsenen Stellen. Bevorzugt die Basis von Riffhängen, bis 35 m. Einzeln. Scheu.
Verbreitung: Ostafrika bis Molukken, n. bis Philippinen, s. bis n. Australien

1 ♂
1 ♀
2 ♂
3 ♀
4
3 ♂
4 juv
5 ♂
5 ♀
6 ♀
6 ♂
7
8
9
10
12
11

137 SPITZKOPFKUGELFISCHE

Kugelfische (Puffer) *(Tetraodontidae):* rundliche Fische mit fester, elastischer, schuppenloser Haut. Das kleine Maul hat Zähne, die zu Knochenplatten verwachsen sind. Kleine, zurückgesetzte Rücken- und Afterflossen. Bauchflossen und Rippen fehlen. Sind befähigt, Wasser einzusaugen; nehmen aber in Streßsituationen auch Luft auf, woran sie verenden können. Eingeweide, Geschlechtsorgane und Haut enthalten ein sehr starkes Nervengift (Tetrodotoxin). Legen Bodeneier in Nester.

Unterfamilie **Spitzkopfkugelfische** (*Canthigasterinae*): spitze Schnauze, <15 cm.

1 *Canthigaster coronata* (Vaillant & Sauvage) **Kronen-Spitzkopfkugelfisch** 13,5 cm
Ökologie: klare Außenriffe, 5–80 m. Gewöhnlich auf offenem Sand und Geröll. Frißt Algen und verschiedene benthische Wirbellose. Schwimmt bodennah.
Verbreitung: Rotes Meer bis Hawaii, n. bis s. Japan, s. bis NSW, Natal

2 *Canthigaster valentini* (Bleeker) **Sattel-Spitzkopfkugelfisch** 10 cm
Wird vom Schwarzsattel-Feilenfisch *(P. prionurus)* nachgeahmt (s. Taf. 135-3).
Ökologie: Lagunen und Außenriffe, 1–55 m. Häufig auf gemischten Korallen, Felsen und Geröll. Territorial und Harems (2–7 ♀) bildend. Männchen besamen jeden Tag die Eier eines anderen Weibchens, die in Algenbüschel gelegt werden.
Verbreitung: Rotes Meer bis Tuamotus, n. bis s. Japan, s. bis Lord Howe, Durban

3 *Canthigaster amboinensis* (Bleeker) **Ambon-Spitzkopfkugelfisch** 14 cm
Ähnlich: *C. natalensis* (Natal), ist vielleicht nur eine Unterart.
Ökologie: unterhalb der Brandungszone, bis 9 m. Schnellschwimmende, weit verbreitete Art. Frißt vorwiegend kalkabscheidende Rotalgen und benthische Wirbellose.
Verbreitung: Ostafrika bis Galapagos, n. bis s. Japan, Hawaii, s. bis GBR, Natal

4 *Canthigaster janthinoptera* (Bleeker) **Perlen-Spitzkopfkugelfisch** 9 cm
Ähnlich: *C. punctatissima* (tropischer Ostpazifik).
Ökologie: klare Lagunen und Außenriffe, 1–30 m. Oft in Spalten versteckt.
Verbreitung: Ostafrika bis Marquesas, n. bis s. Japan, s. bis Lord Howe, Transkei

5 *Canthigaster compressa* (Procé) **Labyrinth-Spitzkopfkugelfisch** 11 cm
Ökologie: auf Sand von flachen Lagunen und Riffkanälen mit Seegras, 1–16 m.
Verbreitung: Philippinen bis Salomon I., n. bis Ryukyus, s. Marianen, s. bis Vanuatu

6 *Canthigaster jactator* (Jenkins) **Hawaii-Spitzkopfkugelfisch** 9 cm
Ökologie: verbreitet in Lagunen und Außenriffen, 1–>30 m. Frißt Wirbellose.
Verbreitung: Hawaii I.

7 *Canthigaster solandri* (Richardson) **Augenfleck-Spitzkopfkugelfisch** 11 cm
Zwei Populationen: ssp. *papua* und ssp. *solandri* (7a). Ähnlich: *C. margaritata* (R. Meer).
Ökologie: Riffdächer, Lagunen und Außenriffe, 1–36 m. In Paaren oder Gruppen. Nahrung: Faden-, Rotalgen und Korallen. Nachgeahmt vom Phuket-Feilenfisch (Taf. 135-4).
Verbreitung: Ostafrika bis Tuamotus, n. bis Ryukyus, s. bis Neukaledonien, Transkei

8 *Canthigaster leoparda* Lubbock & Allen **Leoparden-Spitzkopfkugelfisch** 7 cm
Ökologie: in Höhlen von Dropoffs an Außenriffen, 30–50 m. Selten.
Verbreitung: Christmas I., Philippinen, Molukken, Marianen

9 *Canthigaster tyleri* Allen & Randall **Tylers Spitzkopfkugelfisch** 8 cm
Ökologie: in Grotten von Dropoffs an Außenriffen, 20–40 m.
Verbreitung: Komoren, Mauritius, Malediven, Christmas I., Ambon (Indonesien)

10 *Canthigaster bennetti* (Bleeker) **Bennetts Spitzkopfkugelfisch** 10 cm
Ökologie: auf Sand und Geröll innerer Riffdächer und geschützter Lagunen, 1–10 m.
Verbreitung: Ostafrika bis Tuamotus, n. bis s. Taiwan, s. bis NSW, Transkei

11 *Canthigaster rivulata* (Schlegel) **Doppelband-Spitzkopfkugelfisch** 18 cm
Ähnlich **13**: *C. smithae* (Durban bis Mauritius, Malediven), Felsriffe, 10–>30 m.
Ökologie: Fels- und Korallenriffe, 0–100 m. Häufig in Südjapan, selten in Hawaii.
Verbreitung: Ostafrika bis Seychellen, Südchina bis s. Japan, Hawaii I., Natal

12 *Canthigaster pygmaea* Allen & Randall **Zwerg-Spitzkopfkugelfisch** 5,5 cm
Ökologie: Korallenriffe, 2–30 m. Versteckt in Löchern.
Verbreitung: Rotes Meer

14 *Canthigaster epilampra* (Jenkins) **Laternen-Spitzkopfkugelfisch** 12 cm
Ökologie: steile Außenhänge, 9–60 m, gewöhnlich >20 m. Ernährung: Wirbellose.
Verbreitung: Christmas I. bis Polynesien, n. bis s. Taiwan, s. bis Tonga, Rarotonga

1
2
3
4
5
6
7a
7b
8
9
10
11
12
13
14

Unterfamilie **Kugelfische** *(Tetraodontinae):* kurze Schnauze, zwei Paar Nasenlöcher.

1 *Arothron stellatus* (Bloch & Schneider) **Riesen-Kugelfisch** 120 cm
Ökologie: Jungtiere auf Sand oder Seegras von Innenriffen. Adulte in klaren Lagunen und Außenriffen, 2-58 m. Frißt Schwämme, Korallen und hartschalige Tiere.
Verbreitung: Ostafrika bis Frz. Polynesien, n. bis s. Japan, s. bis NZ, Natal

2 *Arothron meleagris* (Lacépède) **Sternen-Kugelfisch** 50 cm
Farbe sehr variabel: von braun bis gelb.
Ökologie: korallenreiche, klare Lagunen und Außenriffe, 1- > 14 m.
Verbreitung: Ostafrika bis Panama, n. bis s. Japan, s. bis Lord Howe, Durban

3 *Arothron nigropunctatus* (Bloch & Schneider) **Schwarzflecken-Kugelfisch** 33 cm
Ökologie: Lagunen und Außenriffe, 1- > 35 m. Oft in Versstecknähe. Häufig.
Verbreitung: Ostafrika bis Frz. Polynesien, n. bis s. Japan, s. bis NZ, Natal

4 *Arothron diadematus* (Rüppell) **Masken-Kugelfisch** 30 cm
Ökologie: häufig auf korallenreichen Saumriffen, 5- > 20 m.
Verbreitung: Rotes Meer

5 *Arothron manilensis* (Procé) **Streifen-Kugelfisch** 31 cm
Ökologie: Küsten- und Lagunenriffe, 1-17 m. Häufig auf Sand und Seegraswiesen.
Verbreitung: Bali, Borneo, Philippinen bis Samoa, n. bis Ryukyus, s. bis NSW, Tonga

6 *Arothron mappa* (Lesson) **Mappa-Kugelfisch** 65 cm
Ökologie: klare Lagunen und geschützte Außenriffe, 2-30 m. In Versstecknähe.
Verbreitung: Ostafrika bis Samoa, n. bis Ryukyus, s. bis Neukaledonien, Natal

7 *Arothron immaculatus* (Bloch & Schneider) **Seegras-Kugelfisch** 28 cm
Ökologie: Mangroven, Seegraswiesen und schlickige Küstenriffe, 0,5-20 m.
Verbreitung: Rotes Meer bis Java, n. bis s. China, Ryukyus, s. bis Transkei

8 *Arothron hispidus* (Linnaeus) **Weißfleck-Kugelfisch** 48 cm
Ökologie: auf Sand und Geröll von Küsten-, Lagunen- und Außenriffen, 1-50 m.
Verbreitung: Rotes Meer bis Panama, n. bis s. Japan, Hawaii, s. bis L. Howe, Natal

9 *Feroxodon multistriatus* (Richardson) **Zebra-Kugelfisch** 39 cm
Ökologie: flache Innenriffe. Frißt Fische und Wirbellose. Aggressiv: oft für amputierte Schwimmerzehen verantwortlich! Sehr giftiges Fleisch.
Verbreitung: Nordaustralien, Queensland

10 *Arothron caeruleopunctatus* **Punkt-Kugelfisch** 70 cm
Ökologie: Fels- und Korallen-Außenriffe, 2-25 m. Einzeln. Scheu.
Verbreitung: Malediven bis Marshall I., s. bis GBR

Igelfische *(Diodontidae):* ähneln Kugelfischen, aber mit deutlichen Stacheln auf Kopf und Körper; größere Augen. Kräftige Gebißplatten. Können sich ebenfalls zu einem „Ballon" aufblasen, wobei die Stacheln sich aufrichten und sie vor Feinden schützen.

11 *Cyclichthys orbicularis* (Bloch) **Kurzstachel-Igelfisch** 14 cm
Ökologie: auf Sand und Geröll. Nachtaktiv.
Verbreitung: Ostafrika bis GBR

12 *Diodon liturosus* Shaw **Masken-Igelfisch** 65 cm
Ökologie: küstennahe und küstenferne Riffe. Tags oft unter Überhängen. Nachtaktiv.
Verbreitung: Ostafrika bis Frz. Polynesien, n. bis s. Japan, s. bis NSW, Südafrika

13 *Cyclichthys spilostylus* (Leis & Randall) **Gelbflecken-Igelfisch** 34 cm
Ökologie: Küstenriffe, Seegraswiesen, Sandzonen und Wracks, 3- > 90 m. Nachtaktiv.
Verbreitung: Rotes Meer bis Indonesien, Philippinen

14 *Chilomycterus reticulatus* (Linnaeus) **Grauer Igelfisch** 55 cm
Ökologie: Fels- und Korallenriffe. Juv. (< 20 cm) pelagisch. Selten an Riffen.
Verbreitung: zirkumtropisch, vorwiegend in subtropischen und gemäßigten Zonen

15 *Lophodion calori* (Bianconi) **Mimikry-Igelfisch** 30 cm
Ökologie: flache, sandige Lagunen mit vereinzelten Korallenstöcken, 0-5 m.
Verbreitung: Ostafrika bis Indonesien, n. bis China, s. bis Neukaledonien,

1
1 juv
2
3
3 var
4
5
6
7
8
9
10
11
12
13
14
15

139 SELTENHEITEN

1 *Caranx sem* (Cuvier) **Schwarzspitzen-Stachelmakrele** 85 cm
Ökologie: offene, felsige Küstenriffe. Gewöhnlich in kleinen Gruppen.
Verbreitung: Ostafrika bis Fiji, n. bis Ryukyus, s. bis Durban

2 *Plectorhinchus paulayi* (Steindachner) **Mangroven-Süßlippe** 45 cm
Ökologie: Mangrovengebiete und steile korallenreiche Außenriffe. Selten.
Verbreitung: Ostafrika, Aldabra, Mauritius

3 *Apolymichthys armitagei* (Smith) **Armitages Kaiserfisch** 21 cm
Ökologie: korallenreiche Außenriffe. Sehr selten.
Verbreitung: Malediven, Seychellen

4 *Bodianus neilli* (Day) **Fahler Schweinslippfisch** ca. 20 cm
Ökologie: trübe Küstenriffe mit mäßigem Korallenbewuchs, 2->15 m.
Verbreitungung: Malediven bis w. Thailand, n. bis Indien

5 *Cirrhitus splendens* (Ogilby) **Lord Howe-Korallenwächter** 20 cm
Ökologie: Außenriffe, 5–30 m. An der Basis von Korallenköpfen auf festem Grund.
Verbreitung: Lord Howe, Norfolk I., Kermadec I., als Irrgast bis NSW

6 *Coris bulbifrons* Kuiter & Randall **Beulen-Lippfisch** 60 cm
Kopfbeule stärker ausgeprägt als bei *Coris aygula*. (Taf. 97-1)
Ökologie: flache Fels- und Korallenriffe, 1–25 m. Frißt Weichtiere und Krebse.
Verbreitung: sö. Australien, Lord Howe, Middleton Reef

7 *Cirrhilabrus lineatus* Randall & Lubbock **Purpurstreifen-Zwerglippfisch** 12 cm
Ökologie: klare Außenriffhänge, 20–55 m.
Verbreitung: GBR bis Neukaledonien, Loyalty I.

8 *Cirrhilabrus punctatus* Randall & Kuiter **Olivgrüner Zwerglippfisch** 13 cm
Ökologie: flache, geschützte Korallenriffe, 2–32 m. Über Korallen und Geröll.
Verbreitung: Neuguinea bis Fiji, s. bis NSW

9 *Labropsis manabei* (Schmidt) **Rostfleck-Putzerlippfisch** 10 cm
Ökologie: einzeln auf korallenreichen, geschützten Hängen, bis 25 m. Scheu.
Verbreitung: Flores, n. bis Ryukyus, Philippinen

10 *Pseudocoris heteroptera* (Bleeker) **Schatten-Junkerlippfisch** 20 cm
Ökologie: strömungsreiche Außenriffhänge, 5–50 m. Einzeln oder in Gruppen im Freiwasser in Riffnähe. Harems: auf 50 ♀ (schwarz-weiß gestreift) kommen circa 4–7 ♂.
Verbreitung: Mauritius, Südjapan, s. bis Indonesien (Flores)

11 *Amblyeleotris sp.* **Fahnenschwanz-Grundel** 13 cm
Ökologie: auf Sand von Küstenriffen. Lebt mit dem Pistolenkrebs *Alpheus randalli*.
Verbreitung: Indonesien, n. bis Palau

12 *Valenciennea wardi* (Playfair) **Wards Schläfergrundel** 11 cm
Ökologie: auf Sand in Korallennähe, 3–20 m.
Verbreitung: Ostafrika, Malediven, Mauritius bis Ryukyus

13 *Valenciennea immaculata* (Ni) **Goldschwanz-Grundel** 13 cm
Ökologie: auf Sandböden von Küstenbuchten und Hafenanlagen, 2–30 m.
Verbreitung: China Sea, Queensland, NSW

14 *Tomyamaichthys sp.* **Strahlen-Grundel** 7,5 cm
Ökologie: auf Sand in Lagunen und Küstenhängen. Mehrere ähnliche Arten.
Verbreitung: Westpazifik

15 *Oxymetopon cyanoctenosum* Klausewitz & Condé **Kobalt-Grundel** 20 cm
Ähnlich: *O. compressus* (Flores, s. Japan), einfarbig graublau. Sehr scheu.
Ökologie: schlickige Küstenhänge, 12–40 m. In Paaren vor Röhren stehend. Hohe Siedlungsdichte: manchmal jede 5 m ein Pärchen. Scheu.
Verbreitung: Indonesien bis Philippinen

16 *Canthigaster ocellicincta* Allen & Randall **Höhlen-Spitzkopfkugelfisch** 6,5 cm
Ökologie: steile Außenriffe, 10–53 m. Versteckt in kleinen Höhlen lebend.
Verbreitung: Indonesien, Philippinen, Salomon I., GBR, Neukaledonien, Fiji

1
2
3
4
5
6
7
8
9
10
11
12
13
14
15
16

Ammenhaie *(Ginglymostomatidae):* Bodenbewohner. Unterer Teil der Schwanzflosse fehlt. Deutliche Nasengruben. Junge sind bei der Geburt voll entwickelt (vivipar).

1 *Ginglymostoma cirratum* (Bonnaterre) **Karibik-Ammenhai** 400 cm
Beide Rückenflossen fast gleich groß. Kleines Maul mit Barteln. Junge mit Flecken.
Ökologie: liegt oft auf Sand unter Überhängen von flachen Riffen, 3–35 m. Harmlos, kann sich aber verbeißen, falls provoziert. Ernährt sich von Krebstieren und Mollusken. Junge sind bei der Geburt 20–25 cm lang.
Verbreitung: New York, südlich bis Brasilien

Menschenhaie *(Carcharhinidae):* schlanke, aktive Schwimmer. Klingenförmige Zähne in mehreren Reihen in jedem Kiefer, davon werden 1–2 benutzt. Typischer unterer Flossenteil. Mehrere gefährliche Arten (weitere zirkumtropische Arten s. Taf. 2).

2 *Negaprion brevirostris* (Poey) **Zitronen-Hai** 340 cm
Farbe variabel: gelbbraun bis grau. Rückenflossen fast gleich groß.
Ökologie: Küstenbuchten und Lagunen. Liegt häufig regungslos auf dem Boden. Dringt ins Brack- und Süßwasser vor. Angriffe sind bekannt. Scheu. Sammelt sich in großen Gruppen im Winter um Florida.
Verbreitung: North Carolina (selten bis New York), s. bis Brasilien

3 *Carcharhinus perezii* (Poey) **Karibik-Riffhai** 300 cm
Schwanzränder dunkel, zwischen den Rückenflossen befindet sich ein flache Furche. Hat kleinere Kiemenspalten als der sehr ähnliche Bullenhai (Nr. 5).
Ökologie: häufig um Antillen-Inseln. Kann am Tag auf Korallenriffen liegen, 1–65 m. Gewöhnlich aber über Riffe gleitend. Scheu. Potentiell gefährlich.
Verbreitung: nö. Golf von Mexiko, nö. Florida, Bahamas bis Brasilien

4 *Carcharhinus limbatus* (Müller & Henle) **Karibik-Schwarzspitzenhai** 250 cm
Lange Schnauze. Dunkle Spitzen können im Laufe des Wachstums verlorengehen.
Ökologie: pelagisch, kommt gelegentlich in Küstennähe in großen Schwärmen von Makrelen vor. Manchmal sogar in Flußmündungen zu finden. Oft von Anglern gefangen. Weibchen wandern zu Laichplätzen. Juvenile in Strandnähe. Potentiell gefährlich.
Verbreitung: zirkumtropisch; Massach. bis s. Brasilien

5 *Carcharhinus leucas* (Valenciennes) **Bullen-Hai** 350 cm
Schwerer Körper mit abgerundeter, stumpfer Schnauze. Keine dunklen Schwanzränder. Größere Kiemenöffnungen als bei Nr. 3.
Ökologie: flache Küstenriffe, 3–45 m. Dringt ins Süßwasser: Nikaragua See und Sambesi Fluß; gelegentlich in der Brandungszone. Fehlt an den meisten Karibik-Inseln. Gefährlich, für viele tödliche Angriffe in trübem Wasser verantwortlich.
Verbreitung: zirkumtropisch; New England bis Brasilien

6 *Rhizopriodon porosus* (Poey) **Spitznasenhai** 110 cm
Schlanker Körper mit hellen Flecken und langer Schnauze. Ähnlich: *R. terraenovae* (Yukatan bis Maine), *R. lalandei* (Panama bis Brasilien), die beide kürzere Brustflossen haben. Geschlechtsreife mit 60 cm (♂) und 80 cm (♀).
Ökologie: Küstengewässer, besonders auf Sand, 0–500 m. Ernährt sich von Tintenfischen, Krabben und Langusten. Nicht gefährlich. Scheu.
Verbreitung: Bahamas, Yukatan bis Uruguay

7 *Galeocerdo cuvier* (Peron & Lesueur) **Tigerhai** >550 cm
Breiter, fast eckiger Kopf. Streifen besonders bei jüngeren Tieren ausgeprägt.
Ökologie: Außenriffe und küstenferne Bänke, am Tag gewöhnlich in tiefem Wasser. Kann aber nachts im Flachwasser jagen. Die gefährlichste tropische Haiart und für viele tödliche Angriffe verantwortlich. Gewöhnlich Einzelgänger (s. Taf. 3).
Verbreitung: zirkumtropisch; Cape Cod bis Uruguay

Hammerhaie *(Sphyrnidae):* (weitere Arten s. Taf. 3). Pelagisch und in Küstengewässern. Zur Fortpflanzungszeit manchmal in Schulen. Vivipar. Gefährlich, besonders die größeren Arten. 8 Arten, davon 6 im Westatlantik.

8 *Sphyrna zygaena* (Linnaeus) **Glatter Hammerhai** 350 cm
Vorderrand des „Hammers" ist abgerundet (konvex). Geschlechtsreife mit 210–240 cm; 29–37 Junge pro Wurf
Ökologie: vorwiegend in gemäßigten Küstengewässern, nur im Winter in den Tropen.
Verbreitung: zirkumtropisch-gemäßigt; New Jersey s. bis Brasilien

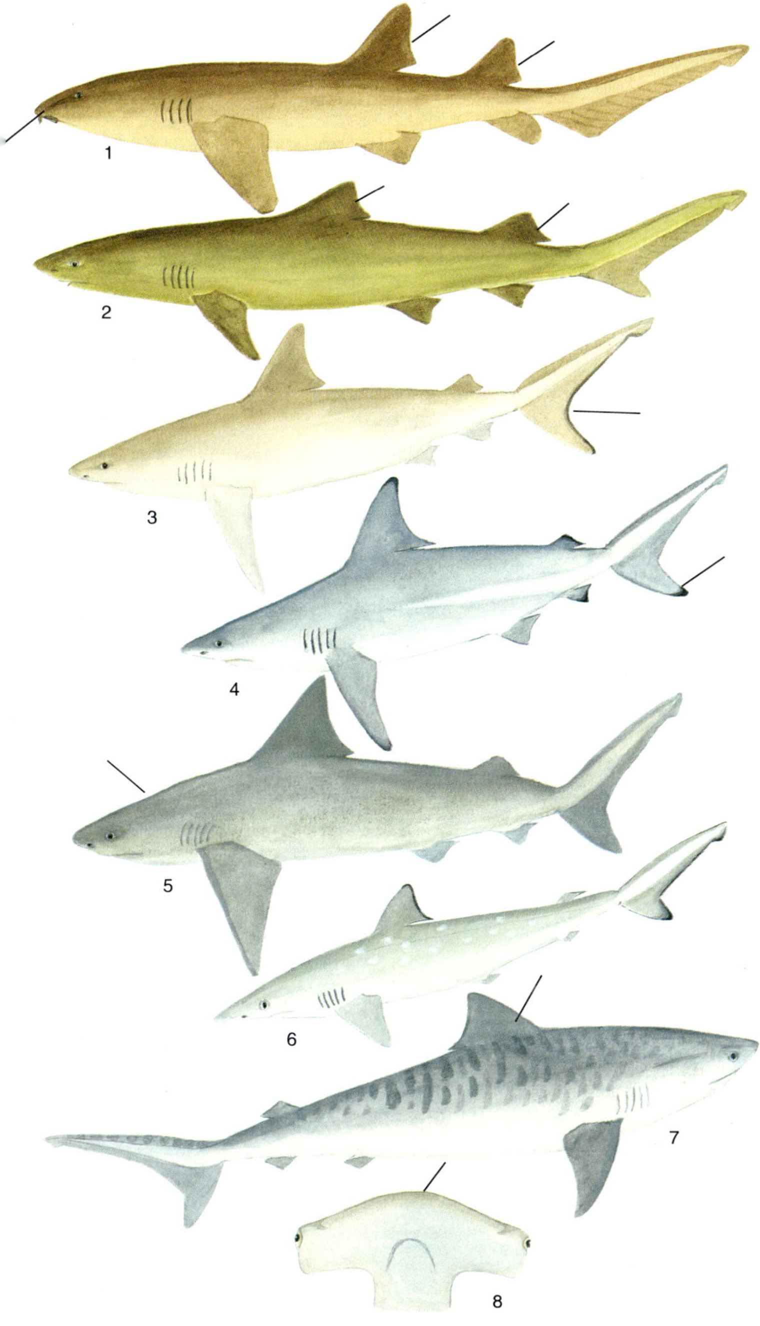
1
2
3
4
5
6
7
8

141 ROCHEN

Geigenrochen *(Rhinobatidae):* beide Rückenflossen sehr hoch. Keilförmige, flache Schnauze. Dorsale Spritzlöcher. Abgeflachte Zähne. Lebendgebärend (ovovivipar).

1 *Rhinobatos lentiginosus* (Garman) **Atlantik-Geigenrochen** 75 cm
Sehr ähnlich: *R. percellens* (Karibik), nur mit längerer Schnauze.
Ökologie: auf Sand- oder Seegrasböden, manchmal in der Nähe von Fleckriffen, 1->18 m. Frißt Mollusken und Krebstiere. Gewöhnlich vergraben im Sand oder Schlick. Vereinzeltes Vorkommen. Ca. 6 Junge pro Wurf.
Verbreitung: Carolina, Florida südlich bis Yukatan

Elektrische Rochen *(Narcinidae):* erzeugen bis 37 Volt. Ovovivipar.

2 *Narcine brasiliensis* (Olfers) **Elektrischer Rochen** 45 cm
Grundfarbe variabel: sandfarben, rot oder braun. Rundliche Flecken.
Ökologie: bewohnt sandige Küsten, 1–36 m. Gewöhnlich bis zu den Augen im Sand vergraben. Produziert einen geringen elektrischen Schock von etwa 14–37 Volt.
Verbreitung: N. Carolina s. bis Argentinien, fehlt an vielen Karibik-Inseln

Zitterrochen *(Torpedinidae):* schlechte Schwimmer. Meistens im Sand oder Schlamm eingegraben. Zwei nierenförmige elektrische Organe auf beiden Seiten des Kopfes, die bis zu 220 Volt erzeugt können. Damit werden kleine Fische betäubt. Junge schlüpfen im Uterus und werden voll entwickelt geboren (ovovivipar). 42 Arten weltweit.

3 *Torpedo nobiliana* Bonaparte **Atlantischer Zitterrochen** 180 cm
Grundfarbe variabel: hell bis dunkelbraun. Breite Scheibe und kurze Schnauze. 90 kg.
Ökologie: träger Bodenbewohner (torpidus - lat. träge), der auf Sand-, Geröll- und Schlickböden vorkommt, oft in Fleckriffnähe, 1–457 m. Produziert bis 220 V. Ernährt sich von Schollen und kleinen Haien. Macht größere Wanderungen.
Verbreitung: Nova Scotia, s. bis Florida und Bahamas; Ostatlantik, Mittelmeer

Stechrochen *(Dasyatidae):* fast runder Körper, kleiner Mund mit kräftigen Zähnen. Bodenbewohner. Peitschenartiger Schwanz mit 1–2 giftigen Stacheln und vielen Widerhaken, die schmerzhafte, infektiöse Wunden hervorrufen können. Schwanz wird bei Bedrohung aufgerichtet. Junge bei der Geburt voll entwickelt.

4 *Dasyatis americana* Hildebrand & Schroeder **Amerikanischer Stechrochen** 180 cm
Farbe variabel: olivbraun, grau oder sogar schwarz. Körperscheibe rhomboid.
Ökologie: Seegraswiesen und sandige Stellen in Riffnähe, 0–30 m. Oft im Sand eingegraben. Am Tag inaktiv. Schaufelt Mulden in den Sand, um Wirbellose und kleine Fische freizulegen. Wenig scheu gegenüber Tauchern.
Verbreitung: New Jersey südl. bis sö. Brasilien

5 *Urolophus jamaicensis* (Cuvier) **Jamaika-Stechrochen** 76 cm
Braun mit unzähligen fahlgelben Flecken oder Tupfen. Körperscheibe fast rund.
Ökologie: Sandgebiete in Riffnähe, 1–25 m. Liegt eingegraben im Sand. Häufig. Wenig scheu. Bildet mit dem Scheibenvorderteil einen „Tunnel", um verstecksuchende Beutetiere anzulocken. ♂ schwimmt in Rückenlage unter das ♀ bei der Kopulation.
Verbreitung: N. Carolina, Bahamas südl. bis Brasilien; fehlt an den Kleinen Antillen

Adlerrochen *(Myliobatidae):* peitschenartiger Schwanz mit 1–2 giftigen Widerhaken auf der Schwanzwurzel. Lebendgebärend (Schwanz erscheint zuerst!).

6 *Aetobatus narinari* (Euphrasen) **Gefleckter Adlerrochen** 230 cm breit
Grundfarbe grau oder oliv mit vielen Flecken und Ringen. 2–6 Widerhaken.
Ökologie: einzeln oder in Gruppen. Häufig auf flachen Korallenriffen oder auf Seegraswiesen. Kontrolliert - gleichsam schwebend - die Nahrungsplätze. Ernährt sich von Krebsen und Muscheln. Mit seinem starken Gebiß kann er leicht Finger abbeißen. Ein schneller Schwimmer, der spektakuläre Sprünge vollführt. 4 Junge pro Wurf, 17–35 cm lang, „fliegen" sogleich mit den adulten Tieren. Werden von Haien gejagt.
Verbreitung: zirkumtropisch; N. Carolina s. bis s. Brasilien

Teufelsrochen *(Mobulidae):* Pelagisch. Kopflappen leiten Plankton ins Maul zum Reusenapparat der Kiemen. Lebendgebärend. Jungtiere bis 1 m Spannbreite. Harmlos.

7 *Manta birostris* (Donndorf) **Manta** 670 cm
Ähnlich: *Mobula* Arten haben kleinere Kopflappen und Zähne (Taf. 4-8). Bis 1800 kg.
Ökologie: einzeln oder in Gruppen entlang von Riffhängen oder in Riffkanälen. Bei Sprüngen können sie mit „Kanonendonner" auf der Wasseroberfläche landen.
Verbreitung: zirkumtropisch; New England, Bermudas südl. bis Brasilien

1
2
3
4
5
7
6

Muränen *(Muraenidae):* (allg. Bemerkungen s. Taf. 5)

1 *Gymnothorax funebris* (Ranzani) **Grüne Muräne** 230 cm
Einfarbig grün, Jungtiere können manchmal braun bis schwärzlich sein. Bis 29 kg.
Ökologie: Korallen- und Felsriffe, aber auch Hafenanlagen, Steinwälle, Seegraswiesen und Mangroven, 3–40 m. Am Tag in Spalten oder Höhlen, Kopf ragt meistens mit geöffnetem Maul heraus. Nur gefährlich, wenn provoziert. Oft ciguatoxisch. Wenig scheu.
Verbreitung: s. Florida, Bermuda südl. bis s. Brasilien

2 *Gymnothorax vicinus* (Castelnau) **Gelbaugen-Muräne** 100 cm
Schwarze Ränder an Rücken- und Afterflossen. Gelbe Augen! Violettes Maul.
Ökologie: klare Lagunen und flache Außenriffe mit Sand, 1–40 m. Nachtaktiv.
Verbreitung: s. Florida, Bermuda südl. bis Brasilien; Ostatlantik

3 *Gymnothorax moringa* (Cuvier) **Gefleckte Muräne** 120 cm
Ökologie: häufig auf Fels- und Korallenriffen, gelegentlich auf Seegras, 2–200 m. Sehr häufig in den West Indies. Kann bei den Ascension I. 3 m lang werden.
Verbreitung: S. Carolina, Bermuda s. bis Brasilien; ö. bis St. Helena, Ascension I.

4 *Gymnothorax miliaris* (Kaup) **Goldschwanz-Muräne** 60 cm
Farbe variabel: gelbe Punkte, goldgelber Schwanz.
Ökologie: Lagunen und flache Außenriffe mit Felsen oder Geröll, 1–>60 m.
Verbreitung: s. Florida, Bermuda s. bis Brasilien; ö. bis Südatlantik

5 *Echidna catenata* (Bloch) **Ketten-Muräne** 70 cm
Ökologie: flache Fels- und Korallenriffe mit klarem Wasser, 1–>20 m.
Verbreitung: s. Florida, Bermuda bis s. Brasilien; ö. bis Ascension I.

6 *Enchelychore nigricans* (Bonnaterre) **Vipern-Muräne** 100 cm
Ähnlich: *E. carychroa* (Karibik bis Afrika), mit weißen Kieferporen.
Ökologie: flache Fels- und Korallenriffe, 1–30 m. Häufig, aber versteckt lebend.
Verbreitung: Florida, Bermuda bis Brasilien; ö. bis Ostatlantik, Westafrika

7 *Gymnothorax ocellatus* Agassiz **Ocellus-Muräne** 58 cm
Ähnlich: *G. nigromarginatus* (s. Florida bis Yukatan) und *G. saxicola* (New Jersey und Bermuda bis Mississippi-Delta).
Ökologie: häufig auf tiefen, weichen Böden und Bänken, selten auf Korallenriffen.
Verbreitung: Kuba südl. bis Brasilien

Schlangenaale *(Ophichthidae):* (allg. Bemerkungen s. Taf. 8)

8 *Myrichthys ocellatus* (Lesueur) **Goldflecken-Schlangenaal** 100 cm
Ökologie: auf Sand von flachen Fels- oder Korallenriffen, bis 20 m. Kann sich unter dem Sand fortbewegen. Jagt nachts Krabben. Wenig scheu.
Verbreitung: Florida, Bahamas s. bis Brasilien, ö. bis Bermuda

9 *Myrichthys breviceps* (Richardson) **Spitzschwanz-Schlangenaal** 100 cm
Ökologie: Hafenanlagen, Seegraswiesen oder sandige Stellen in der Nähe von Fleckriffen. Relativ selten, häufiger auf Seegras kontinentaler Schelfgebiete.
Verbreitung: s. Florida, Bahamas bis Brasilien, Bermuda

10 *Quassiremus ascensionsis* (Studer) **Schwarztupfen-Schlangenaal** 70 cm
Ökologie: flache Sand- oder Seegrasgebiete in Riffnähe, 1–12 m. Selten.
Verbreitung: Bermuda, Bahamas, Kleine Antillen, ö. Brasilien, Ascension I.

11 *Ophichthus ophis* (Linnaeus) **Gefleckter Schlangenaal** 137 cm
Dunkler Sattel auf dem Kopf. Schwarze Flecken auf sandfarbenem Körper.
Ökologie: bewohnt ständig die gleiche Wohnröhre im Sand. Ernährt sich nachts von Tintenfischen und kleinen Fischen. Von Fischern wegen Bißgefahr gefürchtet.
Verbreitung: s. Florida, Bermuda bis Brasilien; ö. bis Ostatlantik, Ascension I.

Meeraale *(Congridae):* (allg. Bemerkungen s. Taf. 8)

12 *Heteroconger halis* (Böhlke) **Karibik-Röhrenaal** 50 cm
Ökologie: in Kolonien auf sandigen Stellen in Riffnähe. Bewegen Körper bei der Zooplanktonaufnahme. Ziehen sich bei Gefahr sofort in Röhren zurück. Scheu.
Verbreitung: s. Florida, Bahamas südl. bis Brasilien

13 *Conger triporiceps* Kanazawa **Vielzahn-Conger** 92 cm
Ökologie: Korallenriffe, 3–54 m. Bevorzugt küstenferne Inseln.
Verbreitung: Florida, Bermuda, Bahamas südl. bis Brasilien

1
2
3
4
5
6
7
8
9
10
11
12
13

143 TARPUNE, FRAUENFISCHE, GRÄTENFISCHE, HORNHECHTE, HALBSCHNABELHECHTE

Tarpune *(Megalopidae):* große, silbrige Fische mit ventralen Brustflossen und großen Schuppen. Gabelschwanz. Großes Maul mit vorstehendem Unterkiefer. Leben in Flußmündungen und in Binnenbuchten. Bekannte Sport- und Speisefische.

1 *Megalops atlanticus* Valenciennes **Atlantik-Tarpun** 240 cm
Silbriger Körper, olivfarbener Rücken. Rückenflosse mit Filament. Bis 160 kg schwer.
Ökologie: vorwiegend in Flußmündungen und Mangrovenbuchten, gelegentlich an steilen Fels- oder Korallenhängen. Im Süß- und Salzwasser. In bestimmten Gebieten sehr ortstreu in großen Schulen. Können sauerstoffarmes Wasser vertragen, da Luft in eine lungenähnliche Blase eingeatmet wird. Nacht- und tagaktiv.
Verbreitung: Virginia, Bermuda s. bis Brasilien, ö. bis Ostatlantik

Frauenfische (Elopidae): ähnlich wie Tarpune, jedoch mit kleineren Schuppen.

2 *Elops saurus* Linnaeus **Frauenfisch** 91 cm
Silbrig-blau mit großem Maul. Rückenflosse beginnt über der Bauchflosse.
Ökologie: in Lagunen und Mangroven, selten in der Nähe von Riffen. Einzeln oder in kleinen Gruppen im Flachwasser. Ernährt sich von Krebsen und Kleinfischen.
Verbreitung: Cape Cod, Bermuda s. bis Brasilien

Grätenfische *(Albulidae):* unterständiges Maul, silbrige Cycloidschuppen, Gabelschwanz. Fünf Arten, davon eine im Atlantik. Geschätzte Sportfische.

3 *Albula vulpes* (Linnaeus) **Grätenfisch** 104 cm
Ökologie: Lagunen und Küstenbuchten, über Sand oder Schlick sowie zwischen Mangroven. Im Süß- und Salzwasser. Verträgt sauerstoffarmes Wasser, wobei Luft in eine lungenähnliche Luftblase inhaliert wird. Wühlt mit dem spitzen Maul nach Wirbellosen im Sand, dabei ragt der Schwanz oft aus dem Wasser.
Verbreitung: zirkumtropisch; Florida, Bermuda bis Brasilien; ö. bis ö. Atlantik

Hornhechte *(Belonidae):* stark verlängerte Kiefer mit nadelspitzen Zähnen.

4 *Strongylura timucu* (Walbaum) **Timucu** 60 cm
Ähnlich: *S. marina* (w. Atlantik), ohne Streifen hinter dem Auge.
Ökologie: auf Riffdächern, in Lagunen und Flüssen. Junge zwischen Algen.
Verbreitung: nö. Mexiko, Bahamas, Florida s. bis Brasilien

5 *Strongylura notata* (Poey) **Rotflossen-Hornhecht** 60 cm
Ökologie: häufig in Buchten und Lagunen, dringt ins Süßwasser vor.
Verbreitung: Florida, Bermuda s. bis Kleine Antillen, Mittelamerika

6 *Platybelone argalus* (Lesueur) **Kielschwanz-Hornhecht** 38 cm
Schwanz schwach gegabelt. Rückenflosse beginnt weit hinter Afterflossenansatz.
Ökologie: im Oberflächenwasser von Lagunen und geschützten Außenriffen.
Verbreitung: zirkumtropisch; Carolina bis Brasilien; ssp. *platyura:* Indopazifik

7 *Tylosurus crocodilus* (Peron & Lesueur) **Riesen-Hornhecht** 150 cm
Kürzere Kiefer als Nr. 1-3. Körper hochrückig.
Ökologie: einzeln oder in Gruppen im Oberflächenwasser von Lagunen und Außenriffen. Kann gefährlich sein, wenn er nachts in kleine Fischerboote springt.
Verbreitung: zirkumtropisch; New York bis Brasilien; ssp. *fodiator* im Indopazifik

Halbschnabelhechte *(Hemirhamphidae):* Oberkiefer kurz, Unterkiefer verlängert. Oberflächenfische, die sich von Algen, Zooplankton und Fischen ernähren.

8 *Hemiramphus balao* Lesueur **Balao** 38 cm
Graublauer Rücken. Oberer Schwanzlappen violett. Viele Seitenstreifen.
Ökologie: küstenferne Riffe. Ernährt sich von kleinen Fischen und Plankton.
Verbreitung: New York, Bermuda s. bis Brasilien; ö. bis Ostatlantik

9 *Hemiramphus brasiliensis* (Linnaeus) **Ballyhoo** 38 cm
Gelbe Flecken an Schwanz und Rückenflosse. Ähnlich: *H. bermudensis* (Bermuda).
Ökologie: häufig im Oberflächenwasser von Küstengewässern. Frißt kleine Fische.
Verbreitung: New York s. bis Brasilien; ö. bis Westafrika, fehlt auf Bermuda

10 *Hyphoramphus unifasciatus* (Ranzani) **Zwerg-Halbschnabelhecht** 27 cm
Rote Unterkieferspitze und rote Schwanzspitze. Schnauze mit Schnuppen.
Ökologie: in Buchten und Deltas, gelegentlich auf Riffen.
Verbreitung: Maine, Bermuda s. bis Argentinien, gesamte Karibik

1
2
3
4
5
6
7
8
9
10

144 HERINGE, ANCHOVIS, ÄHREN-, EIDECHSEN-, EINGEWEIDE-FISCHE, BROTULAS

Heringe *(Clupeidae):* silbrig mit Gabelschwanz. Kleine Schwarmfische. Wichtige Speisefische. Einige Arten wandern zum Ablaichen ins Süßwasser.

1 *Harengula humeralis* (Cuvier) **Rotohr-Sardine** 20 cm
Rotorangener „Ohrenfleck", messingfarbene Seitenstreifen.
Ökologie: oft in großen Schulen in Küstengewässern, auch nahe an Abwässern.
Verbreitung: Florida Keys, Bermuda s. bis Brasilien

2 *Harengula clupeola* (Cuvier) **Falscher Pilcard** 18 cm
Silbriggrüner Rücken, dunkler Schulterfleck.
Ökologie: flache Küstengewässer, oft mit der Rotohr-Sardine vergesellschaftet.
Verbreitung: s. Florida, Bahamas s. bis Brasilien

3 *Opisthonema oglinum* (Le Sueur) **Fadenflossen-Hering** 30 cm
Ökologie: in Häfen und flachen Küstengewässern mit Fleckriffen.
Verbreitung: Cape Cod, Bermuda s. bis Brasilien

4 *Jenkinsia lamprotaenia* (Gosse) **Zwerg-Hering** 7 cm
Blau fluoreszierender Seitenstreifen. Ähnlich: *J. majua* (Florida bis Panama) und *J. stolifera* (Florida bis Venezuela), mit dünnem, silbrigem Seitenstreifen.
Ökologie: häufig in großen Schulen in klaren, flachen Küstengewässern.
Verbreitung: s. Florida, Bermuda, Bahamas s. bis Venezuela

Anchovis *(Engraulidae):* unterständiges Maul. Steigen zum Laichen in Flüsse.

5 *Anchoa lyolepis* (Evermann & Marsh) **Dunkle Anchovis** 9 cm
Ökologie: verträgt hypersaline Buchten, 0,5–>54 m.
Verbreitung: n. Golf v. Mexiko s. bis Venezuela, ö. bis Kleine Antillen

Ährenfische *(Atherinidae):* kleine Schwarmfische. Ernähren sich von Zooplankton.

6 *Atherinomorus stipes* (Müller & Tröschel) **Hartkopf-Ährenfisch** 10 cm
Ähnlich: *Hypoatherina harringtonensis,* hat einen schmaleren Kopf.
Ökologie: pelagisch in großen Schulen, manchmal in Küstengewässern.
Verbreitung: Bahamas, s. Florida, Yukatan bis Brasilien

Eidechsenfische *(Synodontidae):* gefräßige Lauerräuber. 10 Arten in der Karibik

7 *Synodus intermedius* (Sphix) **Sand-Taucher** 45 cm
Ökologie: auf Sandflecken und in Kanälen in Riffnähe, 3–320 m. Oft bis zum Kopf im Sand eingegraben. Die häufigste Art dieser Familie in der Karibik, seltener an kontinentalen Schelfküsten.
Verbreitung: North Carolina, Bermuda s. bis Guayana, n. Golf von Mexiko

8 *Synodus foetens* (Linnaeus) **Fahler Eidechsenfisch** 45 cm
Ökologie: auf schlickigem oder sandigem Grund, 0,5–200 m. Häufig im Flachwasser.
Verbreitung: Massach., Bermuda und n. Golf v. Mexiko s. bis Brasilien

9 *Synodus synodus* (Linnaeus) **Roter Eidechsenfisch** 33 cm
Ökologie: auf Fels- und Korallenriffen von Lagunen oder Außenriffen, 1–90 m.
Verbreitung: n. Golf v. Mexiko s. bis Uruguay; ö. bis Madera, St. Helena

10 *Trachinocephalus myops* (Forster) **Schlangen-Eidechsenfisch** 40 cm
Ökologie: verschiedene Habitate: Sand, Felsen, Geröll und Korallenriffe, 1–400 m.
Verbreitung: zirkumglobal; Massach., Bermuda, n. Golf v. Mexiko bis Brasilien

Eingeweidefische *(Carapidae):* Die durchsichtigen, aalähnlichen Arten leben zum Teil in Körperhöhlen von Wirbellosen. 30 Arten, eine in der Karibik.

11 *Carapus bermudensis* (Jones) **Bermuda-Eingeweidefisch** 13 cm
Ökologie: flache Sand- und Seegrasgebiete, bis ca. 20 m. Lebt in den Seegurken *Actynopyga agassizii* und *Holoturia mexicana,* verläßt diese nur nachts.
Verbreitung: Bermuda, Golf v. Mexiko, Florida s. bis Venezuela

Brotulas *(Bythitidae):* sehr versteckt in Höhlen lebend. Lebendgebärend.

12 *Ogilbia cayorum* (Evermann & Kendall) **Grüne Brotula** 10 cm
Ökologie: flache Riffe, 1–>20 m. Am Tag tief versteckt in Riffen.
Verbreitung: Bermuda, Florida s. bis Venezuela

13 *Stygnobrotula latebricola* Böhlke **Schwarze Brotula** 8 cm
Ökologie: am Tag unter flachen Felsüberhängen und tief in Höhlen von Riffen.
Verbreitung: s. Florida, Bahamas s. bis Venezuela

1
2
3
4
5
6
7
8
9
10
11
12
13

145 KRÖTENFISCHE, ANGLERFISCHE, SEEFLEDERMÄUSE

Krötenfische *(Batrachoididae):* Bodenbewohner mit großem Kopf und Maul, Augen hochliegend. Westatlantische Arten schuppenlos. Fressen Wirbellose und Fische, die sie ganz verschlingen. Während der Laichzeit wandern einige Arten und erzeugen „Flötentöne". Eier werden in Mulden oder Schutt gelegt und vom Männchen bewacht.

1 *Sanopus splendidus* Colette, Starck & Philipps **Korallen-Krötenfisch** 20 cm
Fünf weitere, weniger stark gefärbte Arten in dieser Gattung.
Ökologie: auf Sand unter Korallenköpfen oder in Spalten in klarem Wasser, 10–25 m.
Verbreitung: Cozumel I. (Mexiko)

2 *Thalassophryne maculosa* Günther **Sapo-Krötenfisch** 18 cm
Ähnlich: *Batrachoides gilberti* (Mittelamerika).
Ökologie: auf Sandgrund von Riffdächern, in Lagunen und an Außenriffen, 1–200 m. Rückenstacheln sind giftig und verursachen langandauernde, schmerzhafte Wunden.
Verbreitung: Kolumbien bis Venezuela

Anglerfische *(Antennariidae):* Brustflossen mit muskulösem „Ellenbogen". Kleine Kiemenöffnungen, verdeckt durch die Brustflossen; großes, nach oben gerichtetes Maul. Erster Stachelstrahl zu einer Angelrute mit Köder umgewandelt, um Nahrung anzulocken. Verschlingen Fische bis zur eigenen Körpergröße. Extreme Tarnfärbung, oft geschmückt mit fleischigen oder fadenartigen Anhängseln. Weibchen legen Tausende von Eiern in großen, schwimmenden Gelatinebballen ab.

3 *Antennarius multiocellatus* (Valenciennes) **Augenfleck-Anglerfisch** 14 cm
Angelrute doppelt so lang wie der 2. Stachelstrahl. Großer, schwarzer Fleck unterhalb der 2. Rückenflosse. Ähnlich: *A. bermudensis* (s. Florida bis Venezuela) und *A. radiosus* (New York bis Golf v. Mexiko, Venezuela), ab 20 m Tiefe. *A. pardalis* (Kapverden, Westafrika), hat oft dunkle Flecken am Bauch.
Ökologie: flache Riffe, 0–66 m, gewöhnlich $<$ 20 m. Ahmt Schwämme nach. Selten.
Verbreitung: s. Florida, Bermuda bis sö. Brasilien; ö. bis Ascension, (Azoren?)

4 *Antennarius scaber* (Cuvier) **Streifen-Anglerfisch** 15 cm
Köder besteht aus zwei wurmähnlichen Anhängseln; Grundfarbe hell bis schwarz.
Ökologie: flache Fels- und Korallenriffe. Auf Sand, Geröll oder Felsen, $<$ 1 m.
Verbreitung: N. Jersey, Bermuda bis Uruguay; *A. striatus* (Indopazifik, Ostatlantik)

5 *Antennarius pauciradiatus* Schultz **Zwerg-Anglerfisch** 5 cm
Kurze Angel. Undeutlicher dunkler Fleck auf der 2. Rückenflosse.
Ökologie: Fels- und Korallenriffe, 6–73 m. Nicht häufig.
Verbreitung: n. Florida, Bermuda, Kuba bis Antillen, Kolumbien, Mittelamerika

6 *Antennarius ocellatus* (Bloch & Schneider) **Ocellus-Anglerfisch** 38 cm
Kurze Angel mit filamentartigem Köder; drei große, schwarze Ocelli.
Ökologie: Fels- und Korallenriffe, 1–150 m. Gewöhnlich unterhalb 20 m.
Verbreitung: N. Carolina, Bermuda bis Venezuela; *A. senegalensis* (Westafrika)

7 *Histrio histrio* (Linnaeus) **Sargasso-Anglerfisch** 14 cm
Blatt- und fetzenähnliche Anhängsel, ähnelt dadurch schwimmendem *Sargassum* Tang.
Ökologie: im Oberflächenwasser zwischen *Sargassum* Tang. Ernährt sich von Krebstieren und Fischen. Gelegentlich Kannibalismus.
Verbreitung: alle tropischen Meere, fehlt nur im Ostpazifik

Seefledermäuse *(Ogcocephalidae):* kleine Fische mit dreieckigem Kopf, der mit beinartigen Brustflossen verbunden ist. „Kriechen" im Vierfüßergang. 1. Rückenstrahl mit zwei Hautlappen dient als Köder. Vorstülpbarer Mund. Bodenbewohner, die kleine Wirbellose und Fische fressen. Viele Arten auf tiefen Weichböden von tropischen und gemäßigten Meeren. 14 Arten im Westatlantik, nur 3 an flachen Riffen.

8 *Ogcocephalus nasutus* (Valenciennes) **Rotbauch-Seefledermaus** 38 cm
Ökologie: offener Sand-, Schlick- und Felsgrund, 0–275 m. Sporadisch. Oft teilweise im Sand eingegraben. Nicht scheu. Wird leider häufig mit der Hand gefangen.
Verbreitung: Südflorida, Bahamas s. bis Amazonasdelta

9 *Ogcocephalus cubifrons* (Richardson) **Gelbflossen-Seefledermaus** 38 cm
Ähnlich: *Haleutichthys aculeatus* (N. Carolina bis Venezuela), mit dunklem Netzmuster.
Ökologie: Sand-, Schlick- und Felsgrund; 0–70 m, gewöhnlich tief. Selten.
Verbreitung: N. Carolina, Bahamas, nw. Florida bis Yukatan (Campeche Bank)

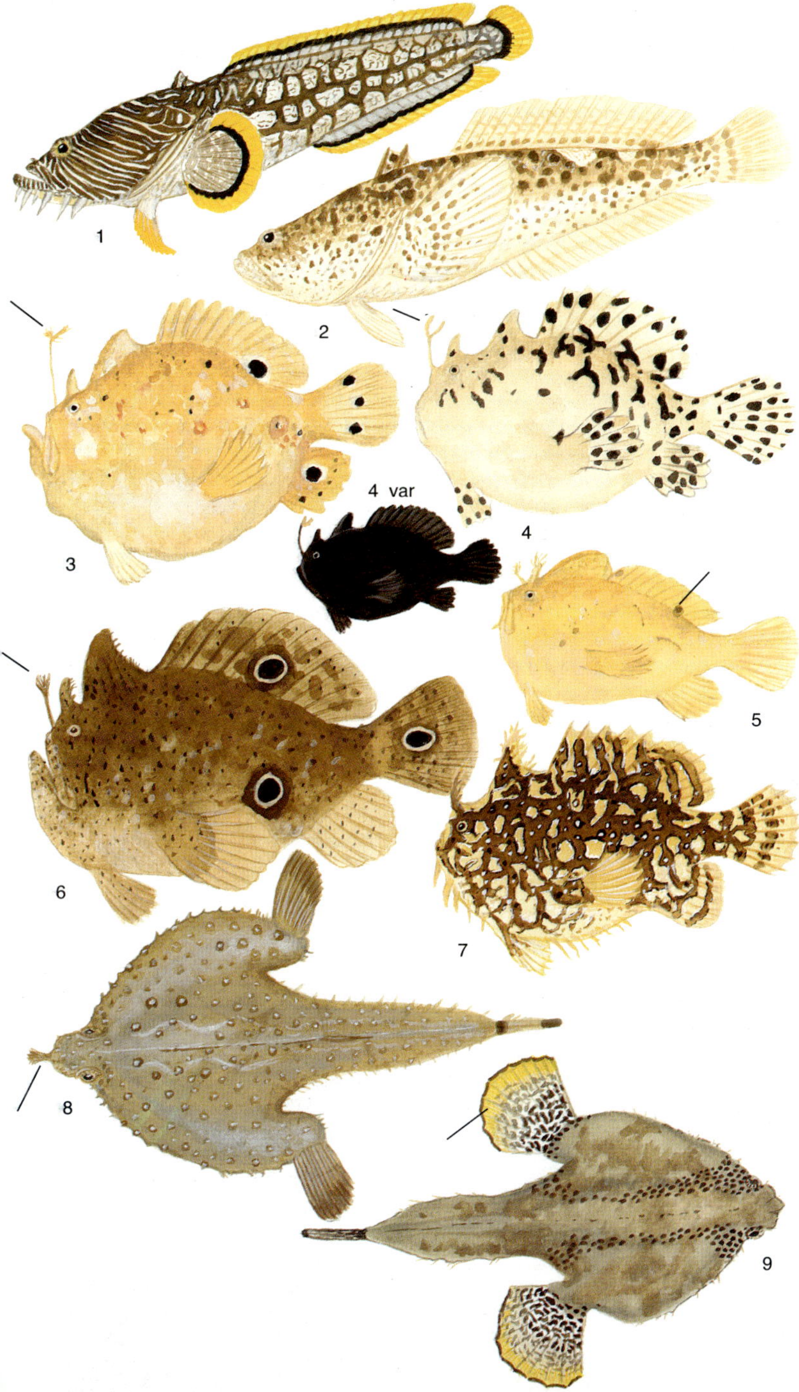
1
2
3
4 var
4
5
6
7
8
9

146 HUSAREN-, SOLDATEN-, LATERNEN-, FLÖTEN-, TROMPETENFISCHE

Husaren- und Soldatenfische *(Holocentridae):* mittelgroße, großschuppige und großäugige Fische. Vorwiegend rötlich gefärbt. (s. auch Taf. 12)

Unterfamilie **Husarenfische** *(Holocentrinae):* großer Vorkiemendeckelstachel, vorwiegend nachtaktiv. Am Tag einzeln oder in Gruppen zwischen Korallen oder Felsen. Fressen Wirbellose und kleine Fische.

1 *Holocentrus rufus* (Walbaum) **Langstachel-Husar** 28 cm
Ökologie: bevorzugt Innenriffe. Gewöhnlich am Tag in Spalten und Löchern. Beginnt in der Dämmerung mit der Nahrungssuche nach Krebstieren und Schnecken. Scheu.
Verbreitung: Südflorida, Bermuda s. bis Venezuela

2 *Holocentrus ascensionis* (Osbeck) **Gemeiner Husar** 30 cm
Ökologie: häufig auf Fleckriffen und Riffkanten von Dropoffs, 1->35 m.
Verbreitung: New York, Bermuda s. bis Brasilien; ö. bis St. Helena, Ostatlantik

3 *Sargocentron coruscum* (Poey) **Riff-Husar** 13 cm
Ähnlich: *S. bullisi* (S. Carolina bis Kleine Antillen), mit einem schwarzen Fleck hinter dem 1. Rückenstrahl, erst ab 30 m Tiefe. *S. poco* (Texas, Bahamas, Cayman), hat einen dunklen Fleck unter der 2. Rücken- und auf der Schwanzflosse.
Ökologie: flache Fels- und Korallenriffe in Lagunen und Außenriffen, 1-30 m. Zieht sich bei Gefahr schnell in Spalten zurück.
Verbreitung: Florida, Bermuda s. bis Venezuela

4 *Sargocentron vexillarium* (Poey) **Dunkler Husar** 18 cm
Ökologie: Innenriffe und Tidentümpel, 0-20 m. Versteckt lebend, selten zu sehen. Scheu. Fängt nachts Zooplankton im Freiwasser in der Nähe von Riffen.
Verbreitung: Florida, Bermuda s. bis Venezuela

5 *Neoniphon marianus* (Cuvier & Valenciennes) **Gelber Husar** 17 cm
Ökologie: tiefe Lagunen und an Außenriffhängen, 1-70 m. Häufig erst ab 30 m.
Verbreitung: Florida Keys, Bahamas s. bis Venezuela, Trinidad

Unterfamilie **Soldatenfische** *(Myripristinae):* vorwiegend nachtaktiv. *Myripristis* Arten schwimmen nachts deutlich über dem Boden, um großes Zooplankton zu jagen.

6 *Plectropops retrospinis* (Guichenot) **Kardinal-Soldatenfisch** 13 cm
Ökologie: Lagunen mit Fleckriffen und Außenriffe, bis 25 m. Am Tag tief versteckt in Spalten und Höhlen. Selten zu beobachten. Ernährt sich von Zooplankton.
Verbreitung: s. Florida, Bermuda s. bis Venezuela

7 *Myripristis jacobus* Cuvier **Jacobus Soldatenfisch** 20 cm
Ökologie: Lagunen und Außenriffe, 5-20 m. Einzeln oder in Gruppen in Spalten und Grotten. Gelegentlich „kopfüber“ schwimmend.
Verbreitung: N. Carolina bis Brasilien; ö. bis Ostatlantik (St. Helena und Ascencion)

Laternenfische *(Anomalopidae):* (s. auch Taf. 15) Leuchtorgan unter dem Auge. Einfarbig schwarz mit knöchernem Kopf und kleinen, rauhen Schuppen.

8 *Krypterophaneron alfredi* Sylvester & Fowler **Atlantik-Laternenfisch** 12,5 cm
Ökologie: steile Dropoffs, 25-200 m. Wird nur in mondlosen Nächten beobachtet.
Verbreitung: Cayman I., Jamaika, Curaçao, Puerto Rico (vielleicht verbreiteter)

Flötenfische *(Fistulariidae):* langes Schwanzfilament, abgeplatteter, ovaler Querschnitt.

9 *Fistularia tabacaria* Linnaeus **Blauflecken-Flötenfisch** 180 cm
Ökologie: verschiedene Habitate, besonders auf Riffdächern, 1-200 m. Gleitet einzeln oder in Gruppen bodennah über Riffe. Frißt Krebse und Fische.
Verbreitung: Nova Scotia, Bermuda s. bis Brasilien; ö. bis Ostatlantik

Trompetenfische *(Aulostomidae):* langer Kopf, typischer Schwanzstiel.

10 *Aulostoma maculatus* Valenciennes **Atlantik-Trompetenfisch** 100 cm
Ähnlich: *A. strigosus* (Ascension, St. Helena, Ostatlantik).
Ökologie: Fels- und Korallenriffe, 2->25 m. Lauert zwischen Gorgonien oder Astkorallen, um kleine Fische zu überraschen. „Reitet“ oft auf herbivoren Fischen, um näher an die Beute heranzukommen. Die Nahrung wird „eingesaugt“.
Verbreitung: Florida, Bermuda, Golf von Mexiko bis Venezuela

1
3
2
4
5
6
7
8
9
10

147 SEEPFERDCHEN, SEENADELN, SKORPIONSFISCHE, KNURRHÄHNE, FLUGHÄHNE

Seenadeln, Seepferdchen *(Syngnathidae):* Weibchen legen Hunderte von Eiern in einen Brutbeutel des Männchens. Junge schlüpfen nach ungefähr 6 Wochen. Mindestens 3 Arten Seepferdchen und 20 Arten Seenadeln sind aus der Karibik bekannt.

1 *Hippocampus reidi* Ginsburg **Langschwänziges Seepferdchen** 15 cm
Viele dunkle Punkte auf dem Körper. Ähnlich: *H. zosterae*, kurze Schnauze, D 11-14 Stachelstrahlen (gegenüber 15-18). *H. erectus* (D 18-21).
Ökologie: Küstengewässer, 1-15 m. Nur lokal häufig. Gewöhnlich an Gorgonien und an Seegras hängend, aber auch an driftendem *Sargassum* Tang oder freischwimmend.
Verbreitung: N. Carolina, Bermuda, s. bis n. Südamerika

2 *Hippocampus erectus* Perry **Streifen-Seepferdchen** 17,5 cm
Farbe sehr variabel: gelb bis rot. Dunkle Streifen auf dem Nacken und Rücken.
Ökologie: Küstengewässer, 1- > 40 m. Selten, nur lokal häufig. Gewöhnlich an Seegras oder Gorgonien, auch an driftenden *Sargassum* Tang oder freischwimmend.
Verbreitung: Nova Scotia und Golf v. Mexiko, s. bis Argentinien

3 *Micrognathus vittatus* (Kaup) **Harlekin-Seenadel** 12,5 cm
Alle Arten der Karibik haben keine oder nur undeutliche Bänder.
Ökologie: Geröllfelder, Tidentümpel und gewöhnlich zwischen Seefedern, 2-20 m.
Verbreitung: s. Florida, Bermuda, s. bis Brasilien

4 *Syngnathus caribbaeus* Dawson **Karibik-Seenadel** 20 cm
Ökologie: auf Korallenriffen, Seegras *(Thalassia)* und Schlickböden, 0-5,5 m.
Verbreitung: Karibik bis Surinam; ersetzt durch *S. floridae* (Florida)

Skorpionsfische *(Scorpaenidae):* Meistens in Bodennähe lebend. Tarnfärbung. Giftstacheln mit Rinne und Giftdrüse.

5 *Scorpaena plumieri* Bloch **Gebänderter Skorpionsfisch** 45 cm
Ökologie: flache Fels- und Korallenriffe, 1-55 m. Liegt bewegungslos am Boden. Zeigt bei Beunruhigung die farbige Innenseite der Brustflossen. Oft auf Fleckriffen mit Seegras. Frißt Krebse und kleine Fische.
Verbreitung: New York, Bermuda bis Brasilien, St. Helena, Ostpazifik

6 *Scorpaena grandicornis* Cuvier **Feder-Skorpionsfisch** 17 cm
Tentakeln über den Auge. Innenseite der Brustflosse braun mit kleinen weißen Flecken.
Ökologie: Küstenhabitate wie Seegraswiesen, Buchten und Kanäle, 1-15 m. Bewegt sich nur bei Beunruhigung. Schwierig zu finden.
Verbreitung: Florida, Bermuda, s. bis s. Brasilien

7 *Scorpaena caribbaeus* Meek & Hildebrand **Karibik-Skorpionsfisch** 12 cm
Ähnlich: *S. tredecimspinosus*, hat 17 (gegenber 18-19) Brustflossenstrahlen.
Ökologie: flache Küstengewässer. Schwebt manchmal über festem Untergrund oder unter Überhängen und an Decken von Höhlen.
Verbreitung: Florida, Bahamas, s. bis Panama, Venezuela

8 *Scorpaena albifimbria* Evermann & Marsh **Korallen-Skorpionsfisch** 8 cm
Dunkler Fleck über der Brustflosse, keine Warnfärbung an der Brustflosseninnenseite.
Ökologie: Korallenriffe, 1- > 36 m. Versteckt lebend.
Verbreitung: s. Florida, Bahamas, s. bis Venezuela

9 *Scorpaena brasiliensis* Cuvier **Brasilien-Skorpionsfisch** 23 cm
Drei dunkle Flecken an der Innenseite der Brustflossen.
Ökologie: küstennahe Buchten und Häfen, 1-100 m. Häufig auf Kontinalriffen.
Verbreitung: Virginia bis Barsilien, fehlt um Bermuda und Bahamas

Knurrhähne *(Triglidae):* Flügelähnliche Brustflossen mit 2-3 freien Strahlen. Ernähren sich von Wirbellosen. Können mit den Brustflossen am Boden kriechen und mit der Schwimmblase Töne erzeugen.

10 *Prionotus ophryas* Jordan & Swain **Karibik-Knurrhahn** 20 cm
Ökologie: flache Seegraswiesen, Sand oder Korallengeröll, 1-171 m.
Verbreitung: N. Carolina, Bahamas, Golf von Mexiko, s. bis Brasilien

Flughähne *(Dactylopteridae):* (allg. Bemerkungen s. Taf. 17)

11 *Dactylopterus volitans* Linnaeus **Karibik-Flughahn** 45 cm
Ökologie: Seegraswiesen, Korallengeröll oder Sandzonen in Riffnähe, 1-12 m. Lautäußerungen. „Segelt" bei Beunruhigung dicht über dem Boden langsam davon.
Verbreitung: New York, Bermuda, s. bis Brasilien; Ostatlantik

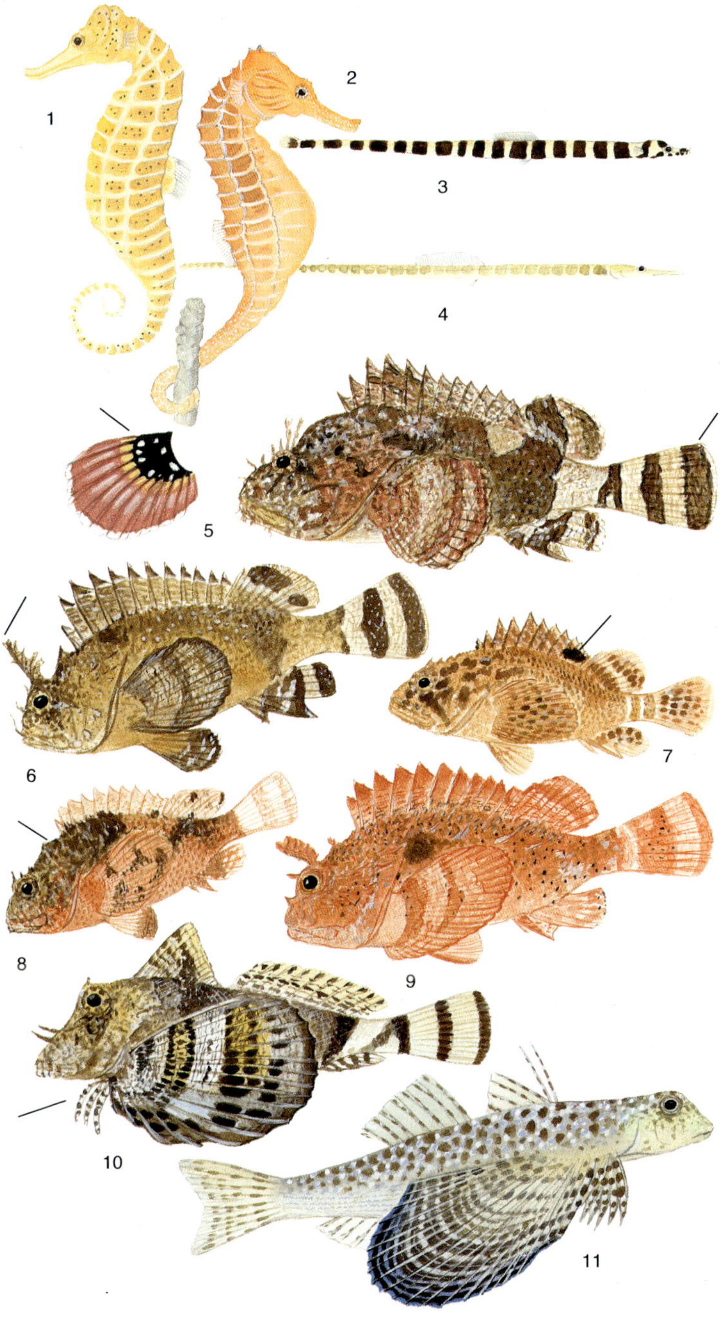
1
2
3
4
5
6
7
8
9
10
11

148 ZACKENBARSCHE

Sägebarsche *(Serranidae):* (s. auch Taf. 24) eine große, unterschiedliche Gruppe.

Unterfamilie **Barsche** *(Epinephelinae):* Fahnenbarsche, Zackenbarsche, Seifenbarsche. Carnivore Bodenbewohner mit großem Maul, plumpem Körper und Ctenoidschuppen.

Tribus **Zackenbarsche** *(Epinephelini):* mittelgroße bis große Fische mit großem Maul. Typische Bodenbewohner. Besiedeln verschiedene Habitate: Fels- und Korallenriffe, Wracks und Hafenmolen. Gewöhnlich einzeln und territorial. Folgezwitter, die als Weibchen geboren werden und später zu Männchen werden. Während der Laichzeit kommen einige Arten in riesigen Schwärmen vor. Hervorragende Speisefische. Einige Arten können in bestimmten Gebieten ciguatoxisch sein. Aquarium: relativ robust.

1 *Epinephelus itajara* (Lichtenstein) **Judenfisch** 240 cm
Olivbraun bis fahlbraun mit unregelmäßigen Flecken und dunklen Tupfen. Bis 310 kg.
Ökologie: Mangroven und Seegraswiesen (bis 1 m Länge). Gewöhnlich in Höhlen, an Wracks und tiefen Riffkanälen, 3–>30 m. Juvenile vorwiegend in Flußmündungen. Ernährt sich besonders von Langusten sowie Schildkröten und Fischen. Im Versteck territorial: Er zeigt dann Drohverhalten mit offenem Maul und zitterndem Körper. Große Exemplare können Menschen angreifen. Durch Speerfischen reduziert.
Verbreitung: Florida bis Brasilien; Ostpazifik (Cortez Sea bis Peru), Westafrika

2 *Epinephelus striatus* (Bloch) **Nassau-Zackenbarsch** 120 cm
Farbe variabel: abhängig von Stimmung und Umgebung. Typische Kopfzeichnung.
Ökologie: flache Riffe und Seegraswiesen, 1–>35 m. Immer in der Nähe von Verstecken wie Höhlen, Wracks oder Nischen. Wird leider oft angefüttert. Laicht bei Neumond in bis zu 30 000 Exemplaren (Bimini). Stark überfischt, besonders auf den Wanderungen zu den Laichplätzen.
Verbreitung: N. Carolina, Bermuda s. bis Brasilien

3 *Epinephelus morio* (Valenciennes) **Roter Zackenbarsch** 90 cm
Rotbraun mit hellen Flecken. Gerader Schwanzrand. Hohe Rückenflosse. Bis 23 kg.
Ökologie: bevorzugt Felsriffe, 5–120 m. Gewöhnlich am Boden lauernd. Scheu. Häufig um Florida und Bahamas; nur sporadisch auf Korallenriffen.
Verbreitung: Massach., Bermuda s. bis Brasilien

4 *Epinephelus guttatus* (Linnaeus) **Trauerrand-Zackenbarsch** 67 cm
Dunkle Ränder an den hinteren Flossen. Viele rotbraune Tupfen. Kein Sattelfleck. Lebt bis 18 Jahre, Geschlechtswechsel nach 2–3 Jahren.
Ökologie: häufig auf Fels- und Korallenriffen, 3–80 m. Liegt am Boden oder driftet langsam über dem Grund. Wenig scheu. Wichtiger Speisefisch.
Verbreitung: Cape Cod, Bermuda s. bis Brasilien

5 *Epinephelus adsensionis* (Osbeck) **Felsen-Zackenbarsch** 60 cm
Ähnelt Nr. 4, aber dunkler Sattel auf der Schwanzwurzel und typische Rückenflecken.
Ökologie: Lagunen und Außenriffe, 1–45 m. Bevorzugt innere Fels- und Korallenriffe. Driftet oft über dem Grund. Scheu, große Fluchtdistanz.
Verbreitung: Massach. (selten n. von Florida), Bermuda s. bis sö. Brasilien; St. Helena

6 *Cephalopholis cruentatus* (Lacépède) **Blutroter Juwelenbarsch** 35 cm
Dicht mit rotbraunen Tupfen bedeckt. 3–5 dunkle Rückenflecken.
Ökologie: häufig auf flachen Korallenriffen mit kleinen Höhlen und Spalten, 1–72 m. Lauert am Boden. Wenig scheu. Wird leider oft angefüttert.
Verbreitung: n. Golf v. Mexiko, Florida, Bermuda s. bis sö. Brasilien

7 *Cephalopholis fulva* (Linnaeus) **Karibik-Juwelenbarsch** 40 cm
Farbe sehr variabel. Drei Farbvarianten sind bekannt:
a. rot mit vielen blauen Punkten und zwei schwarzen Punkten auf der Schwanzwurzel.
b. zweifarbig rot-weiß. c. leuchtend gelb mit wenigen blauen Punkten am Kopf.
Ökologie: häufig auf Fels- und Korallenriffen, 2–>20 m. Lauert gewöhnlich am Boden. Lebt von Krebstieren und kleinen Fischen. Meistens scheu.
Verbreitung: s. Florida, Bermuda s. bis sö. Brasilien

8 *Dermatolepis inermis* (Valenciennes) **Marmor-Zackenbarsch** 90 cm
Junge schwarz mit weißen, flockenähnlichen Flecken. Adulte olivbraun mit großen, weißen Flecken und vielen schwarzen Tupfen.
Ökologie: heimlicher Bewohner von Höhlen und Überhängen tiefer Felsriffe, 3–210 m. Sehr scheu, flieht bei geringster Beunruhigung.
Verbreitung: s. Florida, Bermuda s. bis Brasilien und an küstenfernen Inseln

1
2
3
4
5
6
7 var
7
8 juv
8

149 ZACKENBARSCHE, SEIFENBARSCHE

1 *Mycteroperca bonaci* (Poey) **Schwarzer Zackenbarsch** 130 cm
Grundfarbe grau und mit dunklen rechteckigen Flecken. Bis 80 kg schwer.
Ökologie: häufig auf Fels- und Korallenriffen, 2->33 m. Oft über dem Boden driftend, manchmal mehrere Meter darüber. Scheu.
Verbreitung: Massach., Bermuda, Golf von Mexiko südl. bis sö. Brasilien

2 *Mycteroperca venenosa* (Linnaeus) **Leoparden-Zackenbarsch** 90 cm
Flecken können rot, braunoliv oder sogar schwarz sein.
Ökologie: häufig auf flachen Riffen und an Steinwällen, 3–30 m. Regelmäßig am Boden von Höhlen lauernd, oft auch an Felsvorsprüngen. Können ciguatoxisch sein.
Verbreitung: Bermuda, Florida, s. Golf v. Mexiko s. bis Brasilien

3 *Mycteroperca tigris* (Valenciennes) **Tiger-Zackenbarsch** 100 cm
Ungefähr neun diagonale, braune Bänder. Kann fast schwarz werden.
Ökologie: flache Fels- und Korallenriffe; 2–30 m, besonders auf Riffdächern. Oft in der Nähe von Putzerstationen. Gewöhnlich mehrere Meter über dem Boden. Scheu.
Verbreitung: Yukatan, Bermuda, Florida s. bis Brasilien

4 *Mycteroperca interstitialis* (Poey) **Gelbmaul-Zackenbarsch** 70 cm
Junge mit schwarzem Rücken. Adulte mit gelbem Mund. Manchmal wie Nr. 1 gefleckt.
Ökologie: bevorzugt Inselriffe, 2–25 m. Lauert in Spalten oder driftet fast bewegungslos über dem Boden. Relativ scheu.
Verbreitung: Bermuda, Florida (selten) s. bis Brasilien

5 *Mycteroperca acutirostris* (Valenciennes) **Flocken-Zackenbarsch** 60 cm
Braun oder grau mit vielen weißen Flecken. Dunkle Streifen unter dem Auge.
Ökologie: tiefe Fels- und Korallenriffe, 3–40 m. Driftet oft über dem Grund. Jungtiere in Lagunen am Rande von Mangrovensümpfen.
Verbreitung: Texas, Bermuda, Große Antillen bis Brasilien; im Ostatlantik durch *M. fusca* ersetzt (Azoren bis Kanaren); *M. rubra* (Portugal bis s. Angola, Mittelmeer)

6 *Mycteroperca phenax* Jordan & Swain **Scamp** 60 cm
Ähnlich: Gelbmaul-Zackenbarsch (Nr. 4), aber mit kurzen Bändern und ohne gelbes Maul.
Ökologie: bevorzugt kontinentale Riffe.
Verbreitung: Massach. bis Golf von Mexiko, s. bis Venezuela

7 *Alphestes afer* (Bloch) **Hammel-Zackenbarsch** 30 cm
Farbe variabel: auf Seegras grünlich, sonst rotbraun mit schwarzen Punkten.
Ökologie: verschiedene Habitate wie Seegraswiesen, Fels- und Korallenriffe, 2–30 m. Oft auch auf Geröll. Tarnfärbung, die sich dem Untergrund anpaßt.
Verbreitung: Florida s. bis Argentinien; Ostpazifik (bis Galapagos I.)

8 *Diplectrum formosum* (Linnaeus) **Sand-Zackenbarsch** 30 cm
Blaue und orangene Seitenstreifen sowie dunkle, vertikale Bänder. Ähnlich: *D. bivittatum* (Golf von Mexiko bis Brasilien), hat zwei dunkle Seitenstreifen. Schlickbewohner.
Ökologie: Seegraswiesen, Sand- und Geröllzonen, 1–73 m. Lebt in Wohnröhren. Scheu, zieht sich bei Gefahr sofort ins Versteck zurück.
Verbreitung: N. Carolina s. bis Brasilien; fehlt um Kuba und Bahamas

Tribus **Seifenbarsche** *(Grammistini):* Hautschleim enthält das Gift *Grammistin,* das andere Fische in Aquarien töten kann. Versteckt lebende Bodenbewohner (s. Taf. 30).

9 *Rypticus saponaceus* (Bloch & Schneider) **Großer Seifenbarsch** 33 cm
Ökologie: in Spalten und unter Überhängen, 1->55 m. Häufig, aber versteckt lebend.
Verbreitung: Bermuda, Florida s. bis Brasilien; Ostatlantik, St. Helena, St. Paul's Rocks

10 *Rypticus subbifrenatus* Gill **Gepunkteter Seifenbarsch** 18 cm
Schwarze Punkte auf braunem oder sandfarbenem Untergrund.
Ökologie: in klarem Wasser von offenen Riffen, 1–20 m. Sehr versteckt lebend.
Verbreitung: s. Florida, Bahamas s. bis Venezuela; ö. bis Ostatlantik

11 *Pseudogramma gregoryi* (Breder) **Vieraugen-Seifenbarsch** 7,5 cm
P. macrostigmus (Bahamas bis Panama), hat große, runde Flecken. *P. bistrispinus* (Florida bis Brasilien), hat dunkle Punkte auf dem Körper.
Ökologie: zwischen lebenden Korallen oder Geröll, 1–21 m. Versteckt lebend.
Verbreitung: s. Florida, Bermuda s. bis Venezuela; ö. bis Ascension I.

1
2
3
3 juv
4 juv
4
5
6
7
8
9
11
10

150 HAMLETBARSCHE

1 *Hypoplectrus unicolor* (Walbaum) **Butter-Hamletbarsch** 13 cm
Eine Art mit 10 stabilen Farbvarianten, die früher als eigene Arten beschrieben wurden. Die Aufspaltung in neue Arten scheint erst jetzt abzulaufen und ist noch nicht abgeschlossen. Man findet nicht alle Phasen im gesamten Verbreitungsgebiet. Gelegentlich werden Zwischenformen beobachtet. Einige zeigen Mimikry von aggressiven Riffbarschen. Farbe, Muster und Farbintensität werden wahrscheinlich von nur wenigen Genen kontrolliert. Folgezwitter, die sich vorzugsweise mit gleichen Farbvarianten fortpflanzen. Gemischte Farbpaare sind selten. Am Tag territorial, bilden aber in der Dämmerung Paare zur Fortpflanzung, wobei das ♂ sich um das ♀ krümmt, während beide einen Meter über dem Boden die Geschlechtszellen ausstoßen. Es werden die verschiedenen Varianten gezeigt. Typisch für diese Art sind der schwarze Fleck auf der Schwanzwurzel und eine blau-grüne Grundfarbe.
Ökologie: auf Korallenriffen, 3–15 m. Scheu, bleibt immer in der Nähe von Verstecken. Nur in den Florida Keys sehr häufig.
Verbreitung: Florida Keys, Bahamas s. bis Brasilien

2 var. (unbenannt) **Masken-Hamlet** 13 cm
Schwarzer Keil unter dem Auge.
Ökologie: korallenreiche Riffe, 6–18 m. Bleibt immer in Korallennähe.
Verbreitung: nicht genau bekannt. Cayman I., Belize, Honduras, Providencia I.

3 var. *nigricans* (Poey) **Schwarzer Hamlet** 13 cm
Einfarbig braun oder schwarz. Bauchflosse gewöhnlich lang.
Ökologie: bevorzugt flache Riffe, 3–13 m. In bestimmten Gebieten häufig.
Verbreitung: Florida bis Bahamas & West Indies

4 var. *gemma* Goode & Bean **Blauer Hamlet** 13 cm
Leuchtend blau. Schwanz mit schwarzen Rändern.
Ökologie: Fels- und Korallenriffe, 3–13 m. Bleibt immer in Bodennähe.
Verbreitung: nur s. Florida, Florida Keys

5 var. *gummigutta* (Poey) **Goldener Hamlet** 13 cm
Leuchtend gelb mit schwarzem, blauumrandetem Fleck unter dem Auge.
Ökologie: bevorzugt tiefe Riffe, 10–45 m. Manchmal auch in nur 2 m Tiefe. Bei den Grenadines werden Reviere auf dem Riffdach angelegt.
Verbreitung: s. Florida, Bahamas, Kuba, Jamaika, Dominikanische Republik

6 var. *aberrans* (Poey) **Gelbbauch-Hamlet** 13 cm
Dunkler Fleck auf der Schwanzwurzel nicht immer deutlich. Blaue Linien am Kopf. Melanistische Formen kommen gelegentlich vor.
Ökologie: Fels- und Korallenriffe, 3–15 m. Scheu. Sporadisches Vorkommen.
Verbreitung: Südflorida bis West Indies; fehlt um Bahama I.

7 var. *guttavarius* (Poey) **Scheuer Hamletbarsch** 13 cm
Alle Flossen gelb. Größe des braunen Fleckes auf dem Rücken kann variieren.
Ökologie: Fels- und Korallenriffe, 3–30 m. Oft in der Nähe von Geweihkorallen. Scheu, aber manchmal neugierig.
Verbreitung: Florida Keys, Cayman I., Bahamas, Virgin I. bis West Indies

8 var. *puella* (Cuvier) **Braunband-Hamlet** 13 cm
Breite braune Bänder, ein besonders breites V-förmiges Muster auf dem Mittelteil.
Ökologie: Fels- und Korallenriffe, 2–30 m. Immer dicht an Verstecken. Scheu. Ernährt sich von Zooplankton, Krebstieren und kleinen Fischen. Häufigste Variante.
Verbreitung: Golfküste Floridas, Bermuda bis West Indies

9 var. *chlororurus* (Valenciennes) **Gelbschwanz-Hamlet** 13 cm
Schwarz, braun oder blau mit einem gelben Schwanz.
Ökologie: korallenreiche Riffe, 3–23 m. Bleibt nahe am Boden.
Verbreitung: Texas bis West Indies, Venezuela; fehlt um Florida und Bahamas

10 var. *indigo* (Poey) **Indigo Hamlet** 13 cm
Breite blaue und weiße Bänder.
Ökologie: regelmäßig auf Fleckriffen in Lagunen und an geschützten Außenriffen, 10–45 m. Scheu, aber eine Annäherung ist manchmal möglich. Immer in Bodennähe.
Verbreitung: s. Florida, Bahamas, Cayman I. (hier häufig), St. Lucia bis Belize

1
2
3
4
5
6
7
8
9
10

151 SÄGEBARSCHE

1 *Serranus tabacarius* (Cuvier) **Tabak-Sägebarsch** 18 cm
Ökologie: auf Sand, Geröll und Korallenriffen, 3–70 m. Häufig. Wenig scheu. Einzeln oder in kleinen Gruppen. Meistens dicht über dem Boden.
Verbreitung: Südflorida, Bermuda s. bis n. Brasilien

2 *Serranus tigrinus* (Bloch) **Harlekin-Sägebarsch** 10 cm
Ökologie: Fels- und Korallenriffe, auch Seegraswiesen und Geröllzonen, 1–40 m. Einzeln oder in Paaren. Ernährt sich von Krebstieren. Sehr häufig. Wenig scheu.
Verbreitung: Bermuda, n. Florida s. bis Venezuela

3 *Serranus baldwini* (Evermann & Marsh) **Laternen-Sägebarsch** 7 cm
Ökologie: auf Geröll, Korallen oder Seegras, 1–80 m. Lauern auf dem Boden.
Verbreitung: Bermuda, s. Florida s. bis Venezuela

4 *Serranus annularis* (Günther) **Trapez-Sägebarsch** 9 cm
Zwei orangene Rechtecke hinter dem Auge. Dunkle Flecken auf der Rückenflosse.
Ökologie: in Paaren auf Fels- und Korallenriffen; 10–70 m, gewöhnlich >30 m.
Verbreitung: Bermuda, s. Florida s. bis Venezuela

5 *Serranus tortugarum* Longley **Kreide-Sägebarsch** 8 cm
Grundfarbe variabel: bläulich, orange oder braun. Dunkle Sättel auf dem Rücken.
Ökologie: in kleinen Ansammlungen über Geröll, Schlick oder Sand nach Plankton jagend, 12–396 m. Scheu.
Verbreitung: s. Florida, Bahamas s. bis Virgin I. und Honduras

6 *Serranus flaviventris* (Cuvier) **Zweipunkt-Sägebarsch** 8 cm
Zwei charakteristische Punkte auf dem Schwanzansatz. Weißer Bauch.
Ökologie: Fels- und Korallenriffe, Seegraswiesen, 2–400 m.
Verbreitung: Große Antillen bis Uruguay

7 *Serranus phoebe* Poey **Masken-Sägebarsch** 15 cm
Braune Binden, brauner Augenstreifen.
Ökologie: auf Felsriffen, 27–180 m.
Verbreitung: Bermuda, S. Carolina bis Yukatan, Venezuela

8 *Schultzea beta* (Hildebrand) **Rost-Sägebarsch** 10 cm
Orangebraun auf dem Rücken, bläulich auf dem Bauch.
Ökologie: Fels- und Korallenriffe, 15–110 m. Jagt in Schwärmen nach Plankton.
Verbreitung: s. Florida s. bis Venezuela

Tribus **Höhlenbarsche** *(Liopropomini):* alle leben sehr versteckt, einige erst ab 60 m.

9 *Liopropoma carmabi* (Randall) **Kandis-Höhlenbarsch** 6 cm
Ökologie: in Spalten von Korallenriffen, 15–70 m. Sehr versteckte Lebensweise.
Verbreitung: Florida Keys, Bahamas, Puerto Rico, Bonaire, Curacao, Barbados

10 *Liopropoma rubre* Poey **Pfefferminz-Höhlenbarsch** 8 cm
Rotbraune und gelbe Seitenstreifen.
Ökologie: häufig in Spalten und tiefen Nischen, 3–45 m. Selten zu beobachten.
Verbreitung: s. Florida, Yukatan s. bis Venezuela

11 *Liopropoma mowbrayi* Woods & Kanazawa **Pinky Höhlenbarsch** 9 cm
Ökologie: in Höhlen und Nischen von Felsriffen, 30–60 m. Versteckt lebend.
Verbreitung: Bermuda, Südflorida bis Venezuela

12 *Liopropoma eukrines* (Starck & Courtenay) **Lippfisch-Höhlenbarsch** 13 cm
Gelbe und rostfarbene Seitenstreifen.
Ökologie: bewohnt Felsriffe, 30–150 m.
Verbreitung: N. Carolina bis Florida Keys

13 *Paranthias furcifer* (Valenciennes) **Kreolenbarsch** 35 cm
Farbe variabel: rot bis oliv oder braun. Auf dem Rücken können weiße oder schwarze Flecken vorhanden sein.
Ökologie: tiefe Lagunen und Außenrifffe, 8–60 m. Schwärme jagen im Freiwasser in Riffnähe nach Zooplankton (vorwiegend Copepoden). Zieht sich bei Gefahr sofort zurück. Normalerweise im Oberflächenwasser.
Verbreitung: Südflorida bis Brasilien; Ostatlantik (St. Helena), Ostpazifik: hier durch *P. colonus* vertreten.

1
2
3
4
5
6
7
8
9
10
11
12
13
var

Feenbarsche *(Grammidae):* kleine, farbenprächtige Arten. Versteckte Lebensweise. Männchen sind Maulbrüter. Sie ernähren sich von Wirbellosen. Aquarium: populär.

1 *Gramma melacara* Böhlke & Randall **Baskenmützen-Feenbarsch** 10 cm
Ökologie: steile Hänge, 11->50 m. Einzeln oder in Gruppen. Schwimmen „kopfüber“ an Höhlendecken. Entfernen sich manchmal meterweit von Verstecken.
Verbreitung: Bahamas, Jamaika, Cayman I. bis Mittelamerika, Venezuela

2 *Gramma linki* Starck & Colin **Halfter-Feenbarsch** 7 cm
Ökologie: steile Dropoffs, 27–130 m. In westl. Karibik unterhalb 60 m.
Verbreitung: Bahamas, Mittelamerika, Große Antillen

3 *Gramma loreto* Poey **Königs-Feenbarsch** 8 cm
Ökologie: in kleinen Gruppen in Höhlen, Spalten oder unter Überhängen, 1–40 m. Schwimmt „kopfüber“ an der Decke von Höhlen. Scheu, versteckt sich bei Gefahr.
Verbreitung: Bermuda, Bahamas s. bis Venezuela, ö. bis Kleine Antillen

4 *Lipogramma klayi* Randall **Rotkopf-Feenbarsch** 4 cm
Ähnlich: *L. trilineatum* (s. Florida bis Venezuela), drei Streifen am Kopf und Rücken.
Ökologie: gewöhnlich an steilen Dropoffs und Außenriffen, unterhalb 35 m.
Verbreitung: Bahamas, Jamaika bis Mittelamerika, Venezuela

Kardinalfische *(Apogonidae):* (allg. Bemerkungen s. Tafel 35)

5 *Apogon binotatus* (Poey) **Zweibinden-Kardinalfisch** 10 cm
Ökologie: in vielen Habitaten, 1–50 m. Am Tag in dunklen Verstecken. Nachtaktiv.
Verbreitung: Bermuda, sö. Florida s. bis Venezuela

6 *Apogon townsendi* (Breder) **Gürtel-Kardinalfisch** 6 cm
Ökologie: einzeln oder in Gruppen in Höhlen, oft nahe an Dropoffs, 3–55 m.
Verbreitung: s. Florida s. bis Venezuela

7 *Apogon maculatus* (Poey) **Augenstreif-Kardinalfisch** 10,5 cm
Ökologie: allgegenwärtig an Mauern, Felsen und in Riffen, 0,3–20 m.
Verbreitung: Massach. (selten), s. Florida, Bermuda s. bis Venezuela

8 *Apogon planifrons* Longley & Hildebrand **Fahler Kardinalfisch** 10 cm
Ökologie: Fels- und Korallenriffe, 3->30 m.
Verbreitung: Südflorida, Bahamas s. bis Venezuela

9 *Apogon pillionatus* Böhlke & Randall **Breitschuppen-Kardinalfisch** 6,5 cm
Ökologie: Fels- und Korallenriffe mit Sandflecken, 15–90 m.
Verbreitung: Südflorida, Bahamas s. bis n. Südamerika

10 *Apogon phenax* Böhlke & Randall **Mimikry-Kardinalfisch** 7,5 cm
Ökologie: Fels- und Korallenflecken mit Sand, 3–50 m.
Verbreitung: Florida Keys, Bahamas s. bis Curacao

11 *Apogon pseudomaculatus* Longley **Zweipunkt-Kardinalfisch** 10,5 cm
Ökologie: Außenriffe, Häfen, Wälle und Pfahlbauten, 1–20 m.
Verbreitung: Massach. (selten), s. Florida, Bermuda s. bis Brasilien

12 *Apogon lachneri* Böhlke **Leuchtstern-Kardinalfisch** 6,5 cm
Ähnlich: *A. evermanni,* ohne weißen Fleck auf der Schwanzwurzel.
Ökologie: klare Korallenriffe mit Höhlen, 5–70 m.
Verbreitung: Südflorida, Bahamas s. bis Belize

13 *Apogon quadrisquamatus* Longley **Brauner Kardinalfisch** 6,5 cm
Ähnlich: *A. mosavi* (Bahamas bis Jamaika), mit dunklem Band auf der Schwanzwurzel.
Ökologie: lebt auf Anemonen in dunklen Spalten, 12–60 m.
Verbreitung: s. Florida, Bahamas s. bis Venezuela

14 *Astrapogon stellatus* (Cope) **Muschel-Kardinalfisch** 7 cm
Ähnlich: *A. puncticulatus* (Florida bis Brasilien), lebt in toten Muscheln.
Ökologie: Seegraswiesen, 1–25 m. Lebt im Mantel der Riesenmuschel *Strombus gigas.* Geht nachts auf Nahrungssuche.
Verbreitung: s. Florida s. bis Brasilien

1
2
3
4
5
6
7
8
9
10
11
12
13
14

153 KORALLENWÄCHTER, GROSSAUGENBARSCHE, TORPEDO-BARSCHE, SNOOKS, SILBERLINGE, DREISCHWÄNZE

1 *Phaeoptyx conklini* (Silvester) **Sommersprossen-Kardinalfisch** 6,5 cm
Ökologie: klares, flaches Wasser. Kommensale von Seesternen; in leeren Muscheln.
Verbreitung: Florida s. bis Venezuela

2 *Phaeoptyx pigmentaria* (Poey) **Höhlen-Kardinalfisch** 6,5 cm
Ökologie: tief in Korallen oder Höhlen, 1–42 m. Nachts nahe an Gorgonenhäuptern.
Verbreitung: Bermuda, Florida s. bis Brasilien; ö. bis Ostatlantik

Korallenwächter *(Cirrhidae):* kleine, barschähnliche Fische mit Cirren (s. Taf 34).

3 *Amblycirrhitus pinos* (Mowbray) **Karibik-Korallenwächter** 9,5 cm
Ähnlich: *A. earnsthawi* (Ascension).
Ökologie: Fels- und Korallenriffe, 3–25 m. Häufig. Lauert auf Korallen oder Felsen.
Verbreitung: s. Florida s. bis Venezuela; ö. bis St. Helena

Großaugenbarsche *(Priacanthidae):* große Augen und große Schuppen. (s. Taf. 39)

4 *Heteropriacanthus cruentatus* (Lacépède) **Glasaugenbarsch** 34 cm
Farbe variabel: rot oder silbrig, jedoch immer Tupfen auf den unpaarigen Flossen.
Ökologie: flache Riffe in Lagunen oder an Außenriffen, 1–20 m. Selten zu sehen, ausgenommen bei Nachttauchgängen. Am Tag in Spalten. Scheu.
Verbreitung: zirkumtropisch; New Jersey, n. Golf v. Mexiko s. bis s. Brasilien

5 *Priacanthus arenatus* Cuvier **Roter Großaugenbarsch** 30 cm
Rot bis hellrot. Keine Tupfen auf den vertikalen Flossen.
Ökologie: tiefe Lagunen und Außenriffe, 20–45 m. Nachts in kleinen Gruppen über Riffe nach größerem Zooplankton suchend. Wenig scheu.
Verbreitung: Massach., Bermuda s. bis Argentinien

Torpedobarsche *(Malacanthidae):* längliche Fische mit durchgehender Rückenflosse.

6 *Malacanthus plumieri* (Bloch) **Sand-Torpedobarsch** 60 cm
Ökologie: auf Sand und Geröll; 2–50 m, gewöhnlich unterhalb 9 m. Schwebt über dem Boden neben der selbst gebauten Wohnröhre, in die er sich bei Gefahr sofort zurückzieht. Tagaktiv. Frißt Wirbellose und Fische. Scheu.
Verbreitung: S. Carolina, Bermuda s. bis s. Brasilien; ö. bis Ascension I.

Snooks *(Centropomidae):* barschähnlich, konkaves Kopfprofil und getrennte Rückenflossen. Vorwiegend im Brackwasser. Wichtige Speise- und Sportfische.

7 *Centropomus undecimalis* (Bloch) **Snook** 140 cm
Ähnlich: drei weitere Arten in der Karibik mit orangefarbenen Flossen. Bis 24 kg.
Ökologie: in kleinen Gruppen über Schlammuntergrund in Mangrovengebieten, manchmal über Seegraswiesen oder flachen Fleckriffen. Scheu.
Verbreitung: S. Carolina s. bis Brasilien

Silberlinge *(Gerreidae):* kleine, silbrige Fische mit vorstülpbarem Maul. Durchsieben Sand nach benthischen Wirbellosen. In Schulen über Seegras und Sand.

8 *Gerres cinereus* (Walbaum) **Gelbflossen-Silberling** 40 cm
Ökologie: flaches, brackiges oder klares Wasser mit Seegras oder Sand in Riffnähe, 0,3–15 m. Ernährt sich von kleinen Wirbellosen, die aus dem Sand gegraben werden. Wenig scheu.
Verbreitung: Florida, Bermuda s. bis Brasilien; Ostpazifik: Mexiko bis Peru

9 *Ulaema lefroyi* (Goode) **Gefleckter Silberling** 23 cm
Rückenflosse ausgeschnitten, diagonale Streifen über der Laterallinie. Ähnlich: *Eucinostomus argenteus* (New York bis Brasilien, Ostatlantik), mit dunklen Flossen.
Ökologie: entlang sandiger Küsten und Sandbänke.
Verbreitung: Virginia, Bermuda s. bis Brasilien

Dreischwänze *(Lobotidae):* zackenbarschähnlich, gut entwickelte Rücken- und Afterflossen. Schwimmen oft in Seitenlage.

10 *Lobotes surinamensis* (Bloch) **Dreischwanz** 110 cm
Dunkel gefärbt, manchmal mit hellen Flecken.
Ökologie: pelagisch, oft an treibenden Gegenständen. Gelegentlich an Riffen.
Verbreitung: zirkumtropisch: Massach. (nur Juv.), Florida, Bermuda s. bis Argentinien

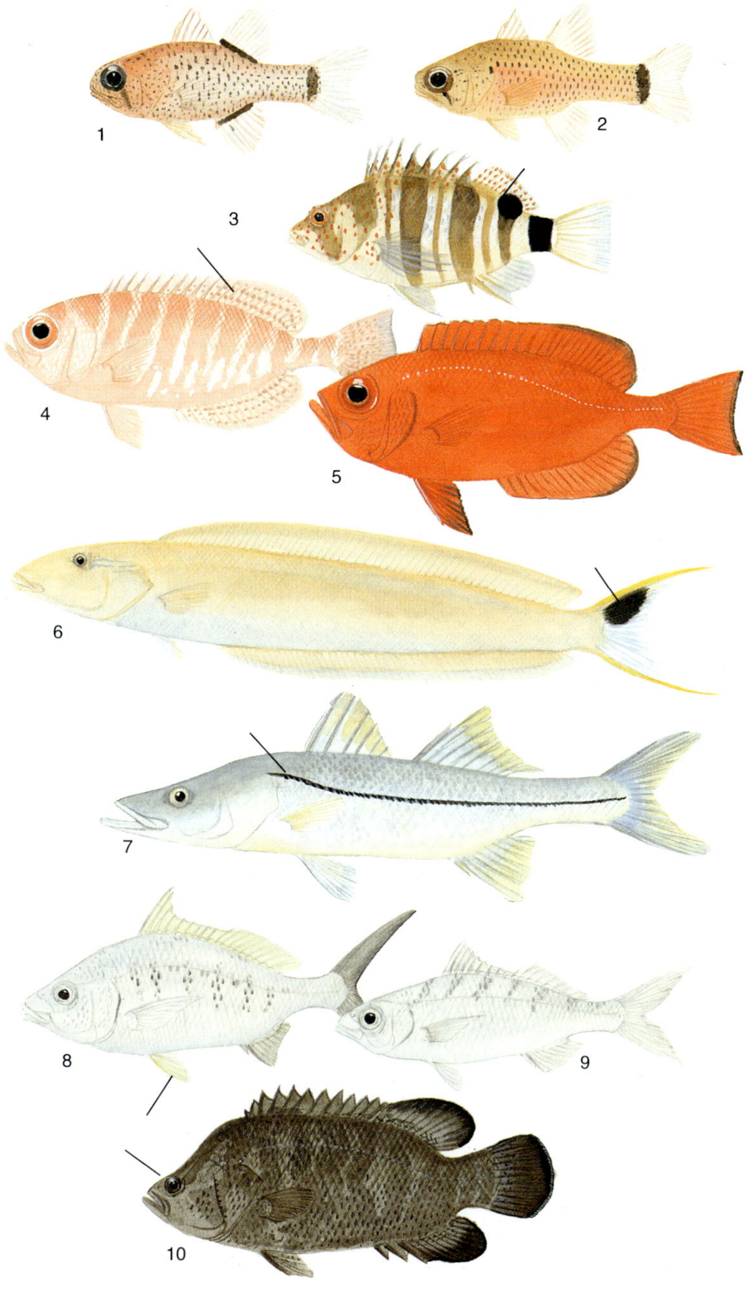
1
2
3
4
5
6
7
8
9
10

154 COBIAS, SCHIFFSHALTER, STACHELMAKRELEN

Cobias *(Rachycentridae):* hervorragender Speise- und Sportfisch. Eine Art.

1 *Rachycentron canadum* (Linnaeus) **Cobia** 180 cm
Ökologie: pelagisch, manchmal in Küstennähe, 0–53 m. Ernährt sich von Krebsen, Fischen und Tintenfischen. Bis 70 kg schwer.
Verbreitung: zirkumtropisch; Massach. bis Argentinien, selten an Karibikinseln

Schiffshalter *(Echeneidae):* Saugscheibe auf dem Kopf, mit der sie sich an Fischen, Schildkröten oder Säugetieren festsaugen. (s. auch Taf. 40)

2 *Echeneis naucrates* Linnaeus **Hai-Schiffshalter** 110 cm
Ökologie: pelagisch, oft an Haien, Schildkröten, Rochen und an anderen großen Riff fischen. Gelegentlich freischwimmend in Riffnähe und Taucher „verfolgend".
Verbreitung: zirkumglobal; Nova Scotia, Bermuda s. bis Uruguay

Stachelmakrelen *(Carangidae):* schnellschwimmende Raubfische. Einige durchwühlen Sand bei der Nahrungssuche. Rautenförmige, gekielte Schuppenschilder.

3 *Naucrates ductor* (Linnaeus) **Pilotfisch** 70 cm
Besitzt einen Fleischkiel auf der Schwanzwurzel im Gegensatz zu den anderen Arten.
Ökologie: pelagisch. Oft mit Mantas, Rochen, Schildkröten und Haien vergesellschaftet. Jungtiere an Medusen oder zwischen driftendem Seetang.
Verbreitung: zirkumtropisch; Nova Scotia bis Argentinien

4 *Alectis ciliaris* (Bloch) **Afrikanische Fadenmakrele** 110 cm
Ökologie: Juv. im Oberflächenwasser, ahmen Quallen nach. Adulte ab 60 m Tiefe.
Verbreitung: zirkumtropisch; Massach., Golf von Mexiko bis Brasilien

5 *Trachinotus falcatus* (Linnaeus) **Permit** 114 cm
Ähnlich: *T. carolinus,* dessen Kopfprofil nicht so steil ist. Bis 23 kg.
Ökologie: Küstengewässer mit Sand und Riffen, 0–30 m. Wichtiger Sportfisch.
Verbreitung: Massach. s. bis sö. Brasilien; ö. bis Afrika

6 *Trachinotus goodei* Jordan & Evermann **Palometa** 50 cm
Vertikale Flossenränder schwarz. 4–5 undeutliche Bänder.
Ökologie: oft in der Brandungszone in Küstennähe zu beobachten. Gelegentlich über klaren Fleckriffen, 0–12 m. Frißt Wirbellose und Fische.
Verbreitung: Massach. s. bis Argentinien; ö. bis Ostatlantik

7 *Selene vomer* (Linnaeus) **Bodengucker-Makrele** 30 cm
Extrem steile Stirn. Undeutliche Seitenstreifen.
Ökologie: einzeln oder in Schulen in flachem, trübem Wasser, 1–53 m. Oft über Sandflächen mit gesenktem Kopf (Name!) nach Nahrung suchend. Wenig scheu.
Verbreitung: Maine s. bis Uruguay

8 *Selar crumenophthalmus* (Bloch) **Großaugen-Heringsmakrele** 40 cm
Große Augen. Messingfarbenes Seitenband.
Ökologie: pelagisch, manchmal küstennah an Riffen. In großen Schulen. Ernährt sich von größeren Planktontieren. Wichtiger Speisefisch.
Verbreitung: zirkumtropisch; Nova Scotia und Bermuda s. bis sö. Brasilien

9 *Decapterus macarellus* (Cuvier) **Rotschwanz-Heringsmakrele** 30 cm
Silbrig und zigarrenförmig. Schwarzer Fleck hinter dem Kiemendeckel.
Ökologie: küstenferne Riffe, bis 200 m. In großen Schulen im Freiwasser. Ernährt sich von Zooplankton und kleinen, pelagischen Fischen.
Verbreitung: zirkumtropisch; Nova Scotia und Bermuda s. bis sö. Brasilien

10 *Decapterus punctatus* (Cuvier) **Ohrfleck-Heringsmakrele** 23 cm
Silbrig mit schwarzem Fleck hinter dem Kiemendeckel. Dunkle Punkte auf der L-Linie.
Ökologie: pelagisch, manchmal in Küstennähe. Ernährt sich von Zooplankton.
Verbreitung: Nova Scotia bis sö. Brasilien, Bermuda; ö. bis Ascension, St. Helena

11 *Oligoplites saurus* (Bloch & Schneider) **Lederjacken-Makrele** 30 cm
Silbrig, auf dem Rücken bläulich. Flösselchen in Rücken- und Afterflossen. Ähnlich: *O. saliens* (s. Karibik), hat einen hochrückigen Körper.
Ökologie: im Oberflächenwasser von Buchten und Flußmündungen, oft im trübem Wasser. Springt manchmal aus dem Wasser.
Verbreitung: Maine s. bis Uruguay; Ostpazifik

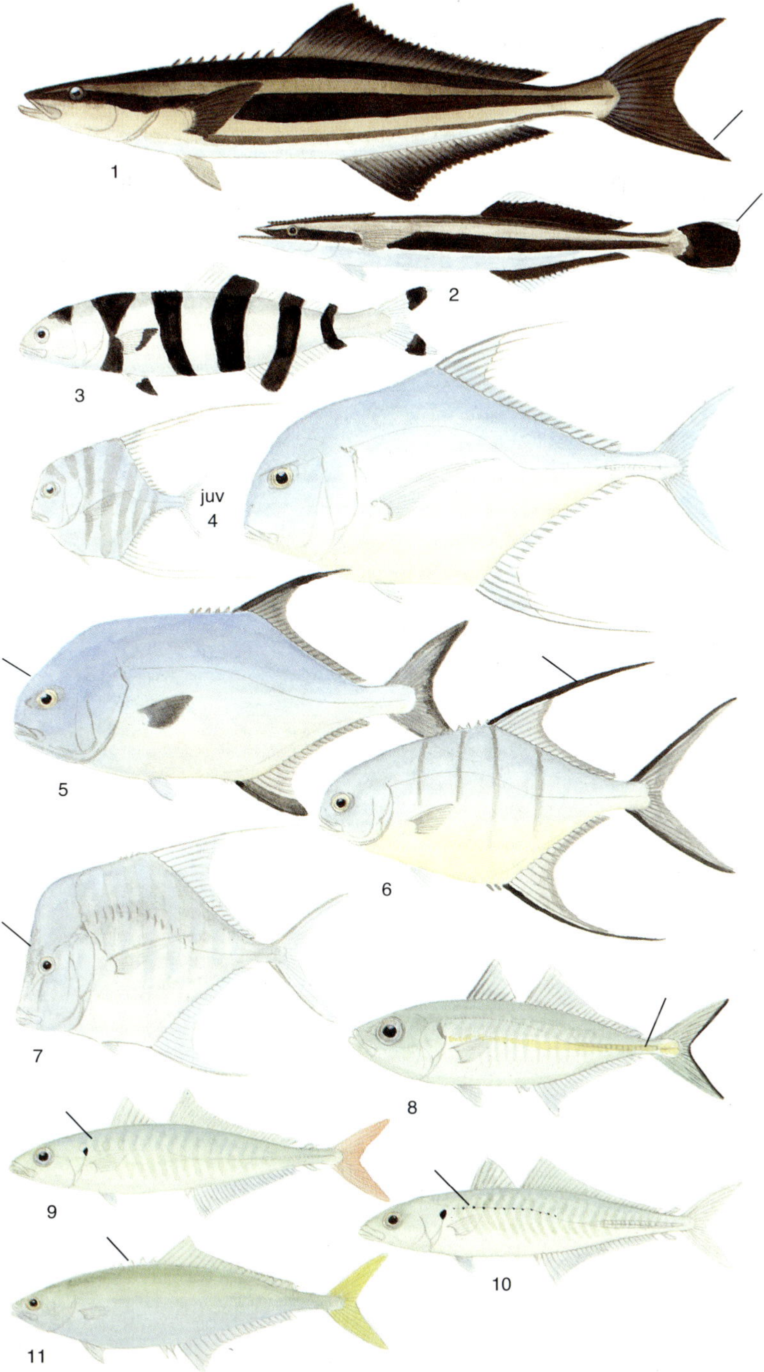
1
2
3
juv
4
5
6
7
8
9
10
11

155 STACHELMAKRELEN

1 *Caranx lugubris* Poey **Schwarze Makrele** 100 cm
Farbe variabel: dunkelgrau, bräunlich bis grau oder schwarz.
Ökologie: klare Außenriffe mit Dropoffs und küstenferne Bänke,12-350 m. Einzeln oder in Gruppen. Ciguateragefahr. Selten auf dem nordamerik. Kontinentalschelf.
Verbreitung: zirkumtropisch; Florida s. bis sö. Brasilien

2 *Carangoides ruber* (Bloch) **Blaurücken-Makrele** 60 cm
Leuchtend blauer und schwarzer Rückenstreifen. Juv. mit sieben schwarzen Binden.
Ökologie: in kleinen oder großen Schulen an korallenreichen Riffen, 0-22 m. Oft mit Meerbarben vergesellschaftet. Gelegentlich ciguatoxisch.
Verbreitung: New Jersey, Bermuda bis Venezuela; ö. bis St. Helena

3 *Caranx hippos* (Linnaeus) **Pferde-Makrele** 100 cm
Steiles Kopfprofil. Je ein schwarzer Fleck auf Kiemendeckel und Brustflosse.
Ökologie: Schulen im Freiwasser über klaren Außenriffen, 1-50 m. Häufig im Sommer an der Ostküste der USA. Wichtiger Speisefisch.
Verbreitung: Nova Scotia und n. Golf v. Mexiko bis Uruguay; ö. bis St. Helena

4 *Caranx latus* Agassiz **Großaugen-Makrele** 75 cm
Große Augen. Gelber Schwanz. Schwarzer Fleck nur auf dem Kiemendeckel.
Ökologie: Schulen an küstenfernen Riffen, 0-30 m. Nähern sich oft Tauchern Jungtiere dringen ins Süßwasser vor. Gelegentlich ciguatoxisch.
Verbreitung: New Jersey, Bermuda, Florida s. bis Brasilien; ö. bis St. Paul's Rocks

5 *Carangoides bartholomaei* Cuvier **Gelbschwanz-Makrele** 90 cm
Gelber Schwanz. Keine schwarzen Markierungen. Unterseite gelblich.
Ökologie: regelmäßig auf Außenriffen, seltener an Innenriffen, 0-50 m. **Verbreitung**: Massach., s. bis Brasillen

6 *Carangoides* crysos (Mitchill) **Schwarzspitzen-Makrele** 70 cm
Schwarze Schwanzspitzen, schwarzer Fleck auf dem Kiemendeckel.
Ökologie: im Freiwasser oder an küstenfernen Riffen, 0-50 m. Einzeln oder in Schulen.
Verbreitung: Nova Scotia, Bermuda s. bis Brasilien; ö. bis Afrika

7 *Seriola dumerili* (Risso) **Große Bernsteinmakrele** 188 cm
Dunkler Augenstreifen. Messingfarbener Seitenstreifen. 2. Rückenflosse ist kurz!
Ökologie: pelagisch, gelegentlich an Außenriffen, 20-335 m. Manchmal in flachen Küstengewässern. Nähern sich neugierig Tauchern. Einzeln oder in Gruppen. Wichtiger Speisefisch aber Ciguateragefahr in bestimmten Regionen.
Verbreitung: zirkumglobal; Massach. s. bis sö. Brasilien; ö. bis Mittelmeer

8 *Seriola rivoliana* Valenciennes **Kleine Bernsteinmakrele** 110 cm
Dunkler Augenstreifen. Silbrige Körperfarbe. Lange 2. Rückenflosse!
Ökologie: pelagisch, manchmal an Außenhängen und küstenfernen Bänken, 15-160 m.
Verbreitung: zirkumtropisch; Massach. s. bis Argentinien

9 *Elagatis bipinnulatus* (Ouoy & Gaimard) **Regenbogen-Makrele** 125 cm
Schlanker Körper. Gelbe und blaue Seitenstreifen. Gelbe Schwanzflossen.
Ökologie: pelagisch, gelegentlich in Schulen an klaren Außenriffen, 1-150 m. Manchmal in tiefen Lagunen. Ernährt sich von Zooplankton und kleinen Fischen.
Verbreitung: zirkumtropisch; Massach., Golf v. Mexiko s. bis Venezuela

Goldmakrelen: langgestreckter, zusammengepresster Körper. Tief eingeschnittene Schwanzflosse. Meist pelagisch, gelegentlich auch in der Nähe steiler Küsten.

10 *Coryphaena hippurus* Linnaeus **Dorado** 200 cm
Männchen mit steilem Kopfprofil.
Ökologie: pelagisch, gelegentlich an klaren Außenriffen mit starker Strömung.
Verbreitung: zirkumtropisch und subtropisch

1
2
3
4
5
6
7
8
9
10
♂

Schnapper *(Lutjanidae):* mittelgroße bis große, barschähnliche Fische. Jungtiere häufig auf Seegras oder zwischen Mangroven. Adulte leben in Binnengewässern und auf Riffen. Suchen nachts vorwiegend Krebse und Fische. Viele sind Planktonfresser. Wichtige Speisefische.

1 *Ocyurus chrysurus* (Bloch) **Gelbschwanz-Schnapper** 75 cm
Gelber Seitenstreifen und Schwanz. Blauer Rücken mit gelben Flecken.
Ökologie: Lagunen. Außenriffe und Seegraswiesen, 1-20 m. Ernähren sich von Krebstieren und kleinen Fischen wie Heringe und Sardinen, Jungtiere von Plankton.
Verbreitung: Massach., Bermuda s. bis Brasilien; ö. bis Kapverden

2 *Lutjanus apodus* (Walbaum) **Schulmeister-Schnapper** 60 cm
Alle Flossen gelb, blaue Streifen unter dem Auge und oft acht fahle Bänder.
Ökologie: Mangroven, Seegraswiesen, Fels- und Korallenriffe, 2-30 m. Besonders in der Nahe von Geweihkorallen oder Gorgonien. Häufigster Schnapper in der Karibik.
Verbreitung: Massach. (Juv.), Bermuda s. bis sö. Brasilien; Ostatlantik

3 *Lutjanus synagris* (Linnaeus) **Großfleck-Schnapper** 36 cm
Schwach gelbliche Seitenstreifen. Großer dunkler Fleck unter 2. Rückenflosse.
Ökologie: flache Lagunen bis tiefe Außenriffe, 2-390 m. In trübem sowie klarem Wasser.
Verbreitung: N. Carolina, Bermuda, Golf v. Mexiko bis Brasilien

4 *Lutjanus jocu* (Bloch) **Hunde-Schnapper** 90 cm
Grau bis rotbraun. Helles Dreieck und blaue Streifen unter dem Auge.
Ökologie: Fels- und Korallenriffe 5-30 m. Oft in Wracknähe. Einzeln. Scheu, immer in Verstecknähe. Jungtiere im Brack- und Sußwasser. Ciguateragefahr.
Verbreitung: Massach., Bermuda, Golf v. Mexiko bis Brasilien; ö. bis Ascension

5 *Lutjanus mahogoni* Cuvier **Mahagoni-Schnapper** 38 cm
Rötlicher Schwanzrand. Oft mit dunklem Fleck unter der 2. Rückenflosse.
Ökologie: flache Korallenriffe, 5-20 m. Oft in der Nahe von Gorgonien und Korallenköpfen. Einzeln oder in Gruppen. Scheu.
Verbreitung: N. Carolina, Bahamas, s. bis Guayana

6 *Lutjanus analis* (Cuvier) **Hammel-Schnapper** 75 cm
Kleiner dunkler Seitenfleck. Blaue Linien unter dem Auge. Spitze Afterflosse.
Ökologie: verschiedene Habitate: von Flußmündungen, Mangrovengebieten bis hin zu Korallenriffen oder Sandbänken. 2-20 m. Wenig scheu, nähert sich oft Tauchern.
Verbreitung: Massach., Bermuda, n. Golf v. Mexiko, s. bis Brasilien

7 *Lutjanus cyanopterus* (Cuvier) **Cubera-Schnapper** 150 cm
Stahlgrauer bis dunkelbrauner Rücken, Bauch metallisch rötlich.
Ökologie: Korallen- und Felsriffe, 18-55 m. Jungtiere im Brackwasser. Adulte bevorzugen Felsüberhänge. Scheu. Ciguateragefahr.
Verbreitung: N. Jersey (selten), s. Florida, Bahamas, s. bis Brasilien

8 *Lutjanus griseus* (Linnaeus) **Grauer Schnapper** 60 cm
Variabel: grau, rötlich bis kupferfarben; oft mit dunklem Augenstreifen. Körper gelegentlich gestreift. Schwanz mit dunklem Rand.
Ökologie: Mangrovenkanäle, Hafenanlagen, Fels- und Korallenriffe, 0,5- > 25 m. Jungtiere häufig in Mangroven und auf Seegras. Wenig scheu. Relativ häufig. **Verbreitung:** Massach. (nur Juvenile), Bermuda bis Brasilien; Ostatlantik

9 *Lutjanus buccanella* (Cuvier) **Schwarzflossen-Schnapper** 75 cm
Rot mit schwarzem Fleck auf der Brustflossenbasis und gelber Schwanzbasis.
Ökologie: Adulte auf Fels- und Korallenriffen; 60-90 m, Juvenile auch in 9 m.
Verbreitung: N. Carolina, Bahamas, Golf von Mexiko, s. bis Brasilien

10 *Lutjanus campechanus* (Poey) **Roter Schnapper** 90 cm
Ökologie: tief gelegene Fels- oder Korallenriffe, 20-130 m.
Verbreitung: Florida bis N. Carolina Golf von Mexiko

11 *Rhomboplites aurorubens* (Cuvier) **Rotrücken-Schnapper** 75 cm
Ökologie: tief gelegene Felsriffe, 30-70 m. Wenig scheu.
Verbreitung: N. Carolina bis Brasilien; ö. bis Bahamas

1
2
2 juv
3
4
5
5 var
6
6 var
7
8
8 var
9
9 juv
10
11

157 GRUNZER

Grunzer *(Haemulidae):* hochrückige Schwarmfische. Mit Schlundzähnen und Schwimmblase werden Grunzlaute erzeugt. Zeigen ein Territorialverhalten, indem sie sich mit den Mäulern wegschieben, dies wird oft als „Kußverhalten" gedeutet. Juvenile sind auf Seegraswiesen zu finden und ernähren sich bodennah von Plankton. Adulte gehen nachts auf Nahrungssuche nach bodenlebenden Wirbellosen, einige leben von Plankton. Die meisten karibischen Arten erscheinen typischerweise am Tage in großen, inaktiven Schulen in Versstecknähe und verteilen sich nachts über Sand- und Seegrasflächen. Wichtige Speisefische.

1 *Anisotremus virginicus* (Linnaeus) **Schweins-Grunzer** 38 cm
Ökologie: Fels- und Korallenriffe, 2–20 m. Einzeln oder in großen Gruppen. Jungtiere betätigen sich oft als Putzerfische, indem sie Parasiten von größeren Arten picken. Adulte ernähren sich vorwiegend von hartschaligen Wirbellosen.
Verbreitung: Bermuda, Florida, Yukatan s. bis Brasilien

2 *Anisotremus surinamensis* (Bloch) **Surinam-Grunzer** 65 cm
Ökologie: bevorzugen Felsriffe und Geröllzonen, 2–20 m. Am Tag in der Nähe von Höhlen und Spalten. Ernähren sich von Seeigeln, Fischen und Krebsen. Einzeln oder in kleinen Gruppen. Relativ scheu.
Verbreitung: Florida, Golf von Mexiko s. bis Brasilien

3 *Haemulon bonariense* Cuvier **Gepunkteter Grunzer** 30 cm
Juvenile von *Haemulon* Arten (bis auf *H. plumieri*) haben einen schwarzen Seitenstreifen und einen schwarzen Fleck auf der Schwanzwurzel.
Ökologie: Seegraswiesen, Sand- und Schlickböden, aber auch Korallenriffe. Selten in der Karibik, häufig auf dem südamerikanischen Schelfgürtel.
Verbreitung: s. Golf v. Mexiko, Große Antillen bis Brasilien

4 *Haemulon parra* (Desmaret) **Grauflossen-Grunzer** 40 cm
Perlgrau bis silbrig mit gelblichem Schein. Flossen – außer Brustflossen – dunkel.
Ökologie: flache Küstenriffe, 3–20 m. Junge auf Seegraswiesen, Adulte in Schulen über offenen Riffzonen. Fressen nachts Mollusken und kleine Fische. Häufig auf Kontinentalriffen, seltener an Ozeaninseln.
Verbreitung: Florida, Bahamas, n. Golf v. Mexiko s. bis Brasilien

5 *Haemulon album* Cuvier **Silber-Grunzer** 60 cm
Langes Kopfprofil. Sehr dunkler Schwanz. Helle Brustflosse. Drei dunkle Seitenstreifen sind manchmal vorhanden. Die größte Art dieser Gattung.
Ökologie: klare Lagunen mit Fleckriffen, Seegraswiesen oder Felsriffe, 2–18 m. Oft in kleinen Gruppen an Wracks. Ernähren sich von bodenlebenden Wirbellosen.
Verbreitung: Bermuda, Florida Keys s. bis Brasilien

6 *Haemulon melanurum* (Linnaeus) **Schwarzrücken Grunzer** 33 cm
Ökologie: klare, küstennahe und küstenferne Riffe, 2–40 m. Oft nachts auf Seegraswiesen oder im Sand kleine Krebstiere suchend. Juvenile gewöhnlich unterhalb 30 m.
Verbreitung: Bermuda, Florida s. bis Brasilien

7 *Haemulon macrostomum* Günther **Spanischer Grunzer** 43 cm
Ökologie: klare Lagunen und Außenriffe, 5–25 m. Einzeln oder in Gruppen. Ernährt sich von langstachligen Seeigeln. Relativ scheu.
Verbreitung: Bermuda, Florida s. bis Brasilien

8 *Haemulon aurolineatum* Cuvier **Goldstreifen-Grunzer** 25 cm
Juvenile und Subadulte mit zwei dunklen Seitenstreifen und einem schwarzen Fleck.
Ökologie: Seegraswiesen, Sandbänke und Fleckriffe, 1–12 m. Versammeln sich am Tag gelegentlich an Docks. Nahrung: kleine Wirbellose, Algen und Plankton.
Verbreitung: Massach., Bermuda, n. Golf v. Mexiko s. bis Brasilien

9 *Haemulon steindachneri* (Jordan & Gilbert) **Steindachners Grunzer** 26 cm
Großer schwarzer Fleck auf der Schwanzwurzel.
Ökologie: flache Küstenriffe. Häufig in der südlichen Karibik.
Verbreitung: Panama bis s. Brasilien; Ostpazifik

10 *Haemulon boschmae* (Metzelaar) **Bronzestreifen-Grunzer** 18 cm
Schwarzer Fleck auf der Schwanzwurzel bleibt in allen Stadien erhalten. Kleinste Art.
Ökologie: am Tag in Schulen über flachen Riffen. Fehlt an küstenfernen Inseln.
Verbreitung: Kolumbien bis Guayana, Tobago, Trinidad, Isla de Margarita (Venezuela)

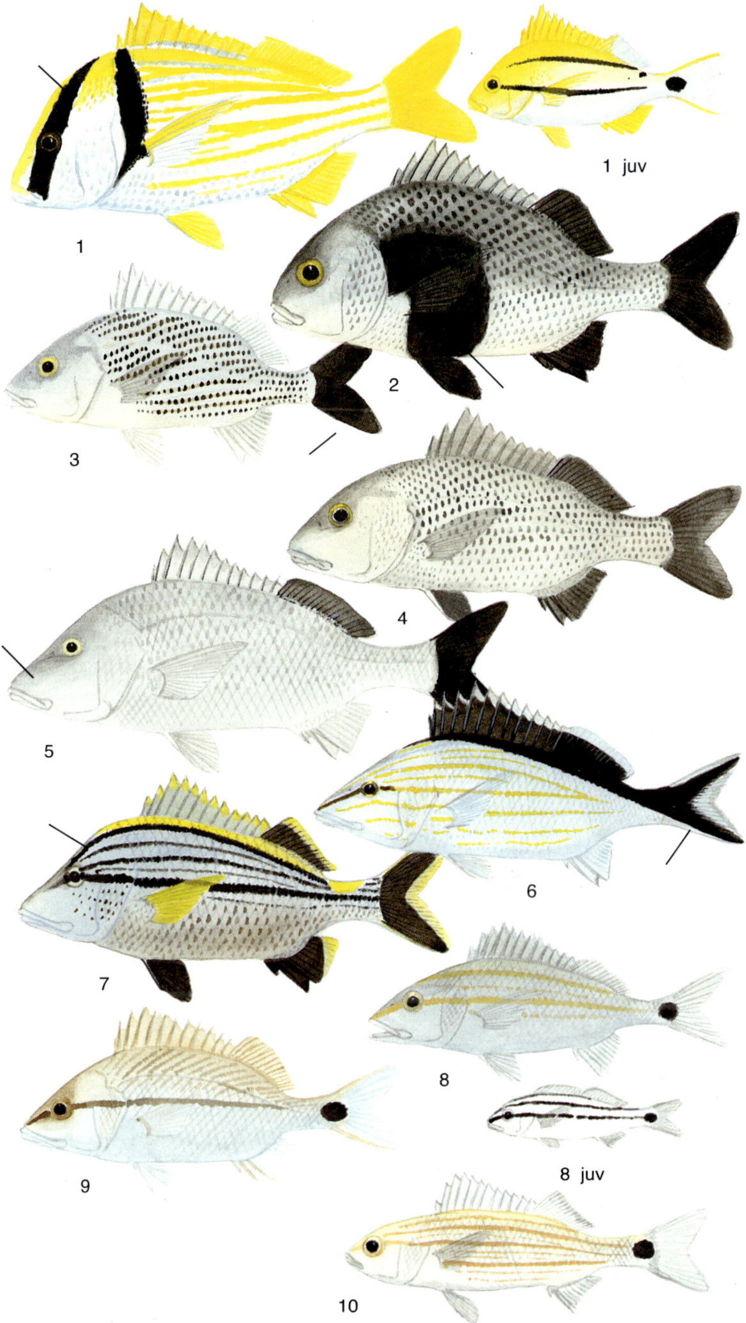
1
1 juv
2
3
4
5
6
7
8
8 juv
9
10

1 *Haemulon sciurus* (Shaw) **Blaustreifen-Grunzer** 45 cm
Gelb mit blauen Streifen. 2. Rückenflosse und Schwanz sind dunkel gefärbt.
Ökologie: in großen Schwärmen an Fels- und Korallenriffen, 3-30 m. Oft an Dropoffs. Ernährt sich nachts auf Sand- und Seegraszonen von Wirbellosen.
Verbreitung: Bermuda, S. Carolina, s. bis Brasilien

2 *Haemulon flavolineatum* (Desmarest) **Franzosen-Grunzer** 30 cm
Die gelben Streifen verlaufen unterhalb der Seitenlinie diagonal.
Ökologie: in großen Schulen an Fels- und Korallenriffen oder Docks, 1-30 m. Oft unter Überhängen oder nahe an Geweihkorallen. Gelegentlich sind „küssende Paare" zu beobachten. Nicht besonders scheu.
Verbreitung: S. Carolina, Bermuda, s. bis Brasilien

3 *Haemulon plumieri* (Lacépède) **Kopfstreifen-Grunzer** 45 cm
Blaue Streifen auf dem Kopf. Schuppen bronzefarben und blau-silbrig.
Ökologie: Lagunen mit Fleckriffen, 3-15 m. Oft in großen Ansammlungen über Sand oder um Korallenformationen. Besonders häufig sind „küssende Paare" zu beobachten. Juvenile (< 13 cm) oft zwischen Seegras in Ufernähe zu finden. Regelmäßig mit dem Blaustreifen-Grunzer (Nr. 1) vergesellschaftet.
Verbreitung: Bermuda, Maryland, s. bis Brasilien

4 *Haemulon carbonarium* Poey **Caesar-Grunzer** 36 cm
2. Rücken-, Afterflossen und Schwanz sind dunkel. Bronzefarbene Seitenstreifen.
Ökologie: häufig auf küstenfernen Fels- und Korallenriffen, 3-40 m. In kleinen Gruppen oft in der Nähe von Korallenformationen. Scheu.
Verbreitung: Bermuda, Florida, s. bis Brasilien

5 *Haemulon striatum* (Linnaeus) **Streifen-Grunzer** 28 cm
Silbrig mit fünf gelben Seitenstreifen - jedoch nicht auf dem Bauch.
Ökologie: tiefe Außenriffe, 15- > 97 m. Selten auf Innenriffen.
Verbreitung: Bermuda, Florida, s. bis Brasilien

6 *Haemulon chrysargyreum* Günther **Gelbstreifen-Grunzer** 23 cm
Gelbe unpaarige Flossen. Gelbe Seitenstreifen auch auf dem Bauch.
Ökologie: flache, exponierte Fels- und Korallenriffe, 2-18 m. Ernährt sich von Krabben, Garnelen, Würmern sowie Plankton. Oft in der Nähe von schützenden Geweihkorallen.
Verbreitung: s. Florida, West Indies bis Brasilien

7 *Orthopristis ruber* (Cuvier) **Corocoro** 40 cm
Kleine braun-orangefarbene Tupfen auf dem Rücken und Rückenflossen. Kleiner Mund.
Ökologie: Küstengewässer. Sand- und Schlickböden oder Felsriffe, 1-70 m.
Verbreitung: Große Antillen, Honduras bis Brasilien

7.1 *Orthopristis chrysoptera (Cuvier)* **Kleinmaul-Grunzer** 30 cm
Körper silbrig blau mit vielen orangegefärbten bis braunen Punkten.
Ökologie: Küstengewässer. Sand- und Schlickböden oder Felsriffe, 2-25 m.
Verbreitung: Florida bis Golf von Mexiko

Bogas *(Inermiidae):* schlanke Fische mit jeweils 2 Kielplättchen auf der Schwanzwurzel. Vorstülpbares Maul. In Schulen im Freiwasser planktonfressend.

8 *Inermia vittata* Poey **Boga** 22 cm
Silbrig-blau mit dünnen Seitenstreifen. 1. Rückenflosse erreicht 2. Rückenflosse.
Ökologie: im Freiwasser an klaren Außenriffen, 15-50 m.
Verbreitung: s. Florida, Bahamas, Bermuda, s. bis n. Südamerika

9 *Emmelichthyops atlanticus* Schultz **Bogita** 13 cm
Silbrig-grüngelb. Braune Seitenstreifen. Rückenflossen weit auseinander liegend.
Ökologie: im Freiwasser sowie an Korallenköpfen, 3-90 m. Schneller Schwimmer.
Verbreitung: s. Florida, Bahamas, s. bis n. Südamerika

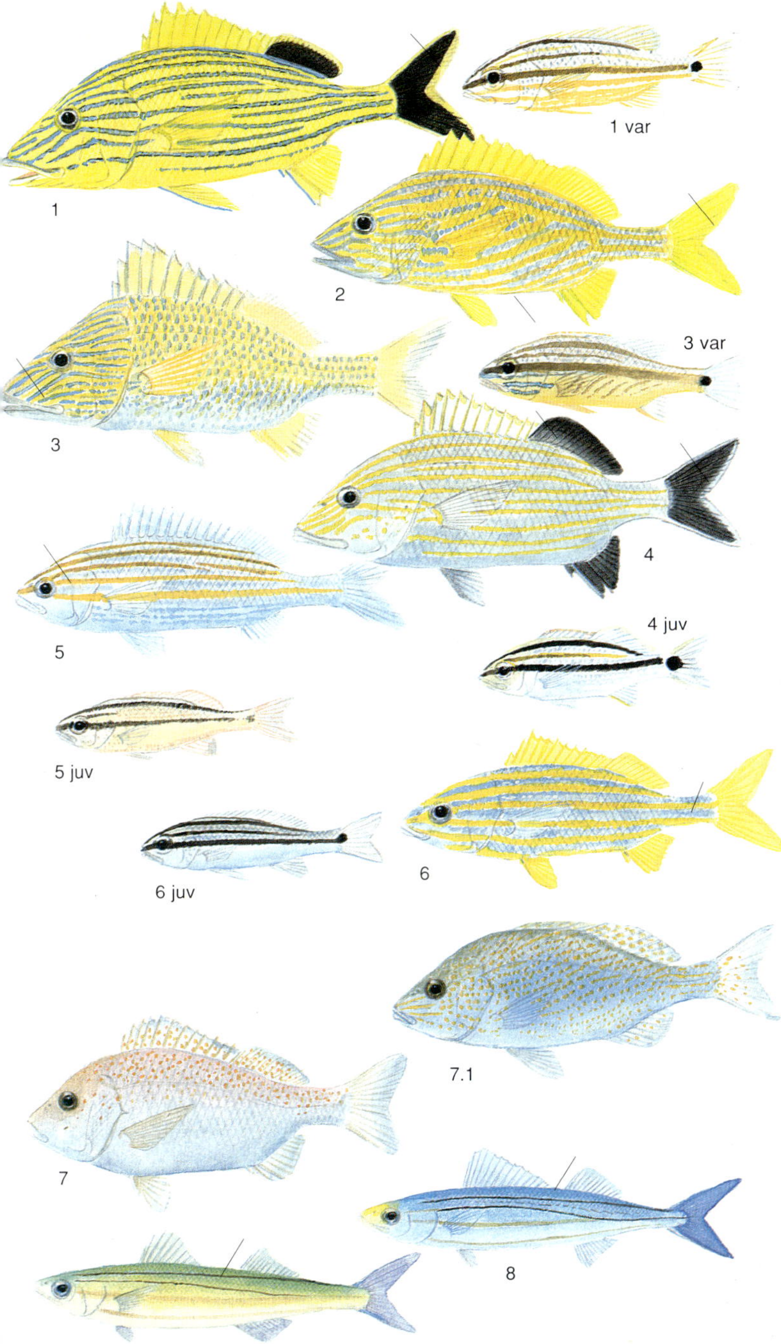
1
1 var
2
3
3 var
4
4 juv
5
5 juv
6
6 juv
7.1
7
8

159 MEERBRASSEN, TROMMLER

Meerbrassen *(Sparidae):* hoher Körper, mittelgroße bis große Schuppen, kontinuierliche Rückenflosse, gekerbter Schwanz. Ernähren sich von hartschaligen, benthischen Wirbellosen. Die meisten Arten leben in gemäßigten Zonen. Wichtige Speisefische.

1 *Calamus pennatula* Guichenot **Pluma-Brasse** 35 cm
11 Arten dieser Gattung im Westatlantik, nur 4 in der Karibik. Die meisten leben auf kontinentalen Schelfzonen. Diese Art hat eine gelbe Grundfarbe und blaue Linien unter dem Auge sowie einen roten Achselfleck an der Brustflosse.
Ökologie: Sandböden in Riffnähe, 0,3–84 m. Schwebt dicht über dem Boden. Die häufigste Art der Gattung in der Karibik. Neugierig gegenüber Tauchern.
Verbreitung: Bahamas, Campeche Bank (Mexiko) bis Brasilien

2 *Calamus calamus* (Valenciennes) **Großaugen-Brasse** 41 cm
Kurze blaue Linien unter dem Auge. Blauer Achselfleck. Oft Fleckmuster zeigend.
Ökologie: über Sand, Seegras und an Riffen, 1–72 m. Wenig scheu.
Verbreitung: N. Carolina, Bermuda bis Brasilien

3 *Calamus bajonado* (Bloch & Schneider) **Dickkopf-Brasse** 60 cm
Weiße Streifen unter dem Auge. Stirn und Rücken sind gelblich. Die größte Art.
Ökologie: flache Riffe mit klarem Wasser und sandige Zonen, 3–180 m. Frißt vorwiegend Seeigel. Gelegentlich ciguatoxisch (fehlt bei den Frz. Antillen). Nicht scheu.
Verbreitung: New York, Bermuda s. bis Brasilien

4 *Calamus penna* (Valenciennes) **Schafskopf-Brasse** 46 cm
Refektierend silbrig. Schwarzer Achselfleck. Oft mit dunklen Flecken.
Ökologie: Sandgebiete in der Nähe von Korallenriffen.
Verbreitung: Golf v. Mexiko, Bermuda s. bis Brasilien

5 *Diplodus caudimacula* (Poey) **Schwanzfleck-Brasse** 30 cm
Großer schwarzer Fleck auf dem Schwanzansatz, alle Flossen gelblich. Ähnlich: *D. holbrooki* (Maryland bis Golf v. Mexiko); *D. bermudensis* (Bermuda) und *D. argenteus* (Brasilien bis Argentinien).
Ökologie: Brandungszonen von felsigen Küsten mit klarem Wasser.
Verbreitung: Florida, Bahamas s. bis n. Südamerika

6 *Archosargus probatocephalus* (Walbaum) **Sträflings-Brasse** 90 cm
Typische schwarze Bänder, die im Alter verschwinden können.
Ökologie: Buchten und Deltas. Im Brack- und Salzwasser. Oft um Pfahlbauten und Felsen. Ernährt sich von Mollusken, Entenmuscheln und Krebstieren. Scheu. Bekannter und beliebter Speise- und Sportfisch.
Verbreitung: Nova Scotia bis Brasilen, fehlt an den West Indies und Bahamas

7 *Archosargus rhomboidalis* (Linnaeus) **Ohrfleck-Brasse** 33 cm
Dunkler Schulterfleck. Bronzefarbene Seitenstreifen.
Ökologie: häufig auf Seegraswiesen, zwischen Mangroven und manchmal auch an *Porites* Korallenformationen. Frißt vorwiegend Pflanzen, aber auch Krebse und Mollusken. Sehr guter Speisefisch.
Verbreitung: New York (selten n. von Florida), nö. Golf v. Mexiko bis Brasilien

8 *Pagrus pagrus* (Linnaeus) **Rote Brasse** 91 cm
Silbrig-rosa mit gelblicher Stirn. Hervorragender Speisefisch.
Ökologie: Junge in Küstengewässern mit Seegras und Sand, 9–70 m. Adulte tiefer.
Verbreitung: New York bis Argentinien, ausgenommen West Indies; Ostatlantik

Trommler *(Sciaenidae):* Die meisten Arten haben Kinnporen, einige Barteln. Maul meistens unterständig. 1. Rückenflosse bei Juvenilen oft extrem verlängert. Können klopfende und krächzende Laute mit den Zähnen und der Schwimmblase erzeugen. Am Boden lebende Fleischfresser. Viele Arten auf weichem Untergrund des Kontinentalschelfs, aber auch im Brack- und Süßwasser. Die meisten Arten sind unauffällig gefärbt, nur einige Riffarten sind farbig. Verstecken sich am Tag charakteristischerweise in Spalten oder unter Überhängen. Hervorragende Speisefische. Aquarium: schwierig.

9 *Odontoscion dentex* (Cuvier) **Grauer Trommler** 20 cm
Ökologie: einzeln oder in Gruppen, in Höhlen und Spalten oder zwischen Korallen, 1–30 m. Frißt nachts kleine Fische, Krabben und Larven. Versteckt lebend. Scheu.
Verbreitung: Florida s. bis Brasilien

1
2
3
4
5
6
7
8
9

1 *Equetus punctatus* (Bloch & Schneider) **Tüpfel-Ritterfisch** 25 cm
Jungtiere ähneln denen von *E. lanceolatus,* haben jedoch eine schwarze Schnauze.
Ökologie: flache Lagunen und Außenriffe, 3–30 m. Einzeln versteckt unter Überhängen oder nahe an Höhlen. Nachts Krebse, Garnelen und Polychaeten fressend.
Verbreitung: Bermuda, Florida s. bis Brasilien

2 *Equetus lanceolatus* (Linnaeus) **Wimpel-Ritterfisch** 25 cm
Jungtiere ähneln denen von *E. punctatus,* haben jedoch eine weiße Schnauze
Ökologie: tiefe Fels- und Korallenriffe, 10–40 m. Juv. gelegentlich küstennah.
Verbreitung: Bermuda, S. Carolina s. bis Brasilien

3 *Pareques acuminatus* (Schneider) **Streifen-Ritterfisch** 23 cm
Waagerechte, schwarze Seitenstreifen. Jungtiere mit schwarzen Kopfstreifen.
Ökologie: auf flachen Korallen- und Felsriffen; 3–20 m, gelegentlich auf Seegras. Versteckt in Höhlen und Spalten. Lebt von Wirbellosen.
Verbreitung: Bermuda, S. Carolina s. bis Brasilien

4 *Pareques umbrosus* (Jordan & Eigenmann) **Brauner Ritterfisch** 25 cm
Erste Rückenflosse bei Juv. nicht verlängert. Ähnlich: *P. iwamotoi* (N. Carolina bis Brasilien), hat ein dunkles Band von der 1. Rücken- bis hin zur Brustflosse.
Ökologie: flache, kontinentale Küstengewässer, 5–90 m. In Höhlen und unter Überhängen. Versteckt lebend. Nicht scheu.
Verbreitung: N. Carolina bis Golf von Mexiko, vielleicht Brasilien

Meerbarben *(Mullidae):* mittelgroße Fische mit Kinnbarteln. Große Schuppen und Gabelschwanz. Mit den chemosensorisch empfindlichen Barteln wird Nahrung im Sand oder in Höhlen aufgespürt. Wichtige Speisefische.

5 *Mulloidichthys martinicus* (Cuvier) **Gelbe Meerbarbe** 40 cm
Ökologie: flache Sandflächen von Lagunen und Außenriffen, 1–>50 m. Oft am Tag in großen inaktiven Ansammlungen. Einzeln oder in kleinen Gruppen nachts benthische Wirbellose suchend. Juvenile häufig auf Seegraswiesen zu finden.
Verbreitung: Florida, Bermuda bis sö. Brasilien; ö. bis Kapverden, St. Helena

6 *Pseudupeneus maculatus* (Bloch) **Gefleckte Meerbarbe** 28 cm
Ökologie: flache Sand- und Geröllzonen von Lagunen und Außenriffen, 1–>50 m. Ruhen oft in kleinen Gruppen auf dem Boden. Juvenile häufig auf Seegraswiesen.
Verbreitung: New York (selten n. von Florida), Bermuda bis s. Brasilien

Beilbauchfische *(Pempheridae):* am Tag in Ansammlungen in Höhlen, suchen nachts nach Zooplankton. Viele Arten in Südaustralien (s. Taf. 54).

7 *Pempheris schomburgki* Müller & Tröschel **Kupfer-Beilbauchfisch** 15 cm
Kupferfarben mit einem charakteristischen schwarzen Band an der Afterflossenbasis.
Ökologie: am Tag in Schwärmen in dunklen Höhlen und Spalten, 3–30 m.
Verbreitung: s. Florida, Bahamas s. bis Brasilien

8 *Pempheris poeyi* Bean **Kurzflossen-Beilbauchfisch** 15 cm
Einfarbig kupferfarben ohne schwarzen Streifen.
Ökologie: in Ansammlungen in dunklen Spalten und Höhlen.
Verbreitung: Bahamas, Kuba bis Tobago

Ruderfische *(Kyphosidae):* Schwarmfische, die sich häufig in der Nähe von Booten (Name!) aufhalten. Bevorzugen exponierte Außenriffe, aber auch in Hafenanlagen oder über Sandflächen. Allesfresser (pelagische Algen und Wirbellose).

9 *Kyphosus sectatrix* (Linnaeus) **Bermuda-Ruderfisch** 76 cm
Sehr ähnlich: *K. incisor,* hat messingfarbene Streifen an Stelle von gelben und mehr Flossenstrahlen. Schwierig unter Wasser zu unterscheiden.
Ökologie: über Sandflächen, an Fels- und Korallenriffen, 1–30 m. Wenig scheu. Nähern sich manchmal Tauchern in Schulen. Ernähren sich von schwimmenden oder abgerissenen Pflanzenteilen (z.B. *Sargassum* Tang).
Verbreitung: Cape Cod, Bermuda s. bis Brasilien; ö. bis Ostatlantik, Ascension

3 juv
1
3
2 juv
2
4
5
6
6 var
7
8
9

161 SPATENFISCHE, FALTERFISCHE

Spatenfische *(Ephippidae):* hochrückige Fische mit einem kleinen, endständigen Maul. Kleine borstenähnliche Zähne und kleine Schuppen. Allesfresser: Algen, kleine sessile Wirbellose, pelagische Seescheiden und Quallen.

1 *Chaetodipterus faber* (Broussonet) **Karibik-Spatenfisch** 90 cm
Ökologie: in Schulen (bis 500) im Freiwasser an Außenriffen. Oft an Wracks, Hafenanlagen und Bohrtürmen, 3–25 m. Umkreisen neugierig Taucher. Juvenile bewohnen flache Seegraswiesen und Sandgebiete und zeigen eine Mimikry von toten Blättern.
Verbreitung: Massach., Bermuda (eingeführt), Golf v. Mexiko bis sö. Brasilien

Falterfische *(Chaetondontidae):* kleine, farbige Fische mit winzigen Borstenzähnen. Kleine Ctenoidschuppen. Die meisten Arten sind tagaktiv und ruhen nachts zwischen Korallen und Felsen. Sehr unterschiedliche Nahrungsaufnahme: Viele fressen Polypen oder Tentakel von Hohltieren, kleine Wirbellose, Fischeier und Fadenalgen. Wenige ernähren sich ausschließlich von Korallenpolypen oder vorwiegend von Zooplankton. Die meisten kontrollieren ein Heimrevier. Viele Arten leben wahrscheinlich in Dauerehe. Langes Larvenstadium: einige Wochen bis etwa zwei Monate; im Endstadium besitzen die Larven charakteristische Knochenplatten. Einige von den Pflanzen- und Allesfressern gedeihen gut im Aquarium, aber die meisten Arten sind schwierig (Nahrungsspezialisten!). 7 Arten im Westatlantik.

2 *Chaetodon capistratus* Linnaeus **Vieraugen-Falterfisch** 15 cm
Ökologie: Riffdächer bis Außenriffe, 2–20 m. Einzeln oder in Paaren. Bevorzugt flache, korallenreiche Riffe. Lebt von Krustenanemonen, Polychaeten, Gorgonien und Seescheiden. Die häufigste Falterfischart in der Karibik. Wenig scheu.
Verbreitung: Massach. (nur Juvenile n. von Florida), Bermuda s. bis Venezuela

3 *Chaetodon striatus* Linnaeus **Gestreifter Falterfisch** 16 cm
Drei schwarze Bänder. Juvenile mit Ocellus. Hybride mit *C. ocellatus.*
Ökologie: häufig auf Fels- und Korallenriffen, 3–20 m. Einzeln oder in Paaren. Ernährt sich von Korallenpolypen, Polychaeten und Krebstieren.
Verbreitung: Massach. (nur Juv. n. von Florida), Bermuda bis Brasilien; östl. bis St. Paul's Rock, vielleicht im Ostatlantik

4 *Chaetodon sedentarius* Poey **Riff-Falterfisch** 15 cm
Rechteckiger Körper mit zwei dunklen Körperbinden.
Ökologie: oft paarweise auf korallenreichen Riffen, 5–>90 m. Häufiges bis sporadisches Vorkommen. Wenig scheu.
Verbreitung: N. Carolina, n. Golf v. Mexiko, Bahamas s. bis Brasilien

5 *Chaetodon ocellatus* Bloch **Flossenfleck-Falterfisch** 20 cm
Unpaarige Flossen leuchtend gelb, Punkt in der 2. Rückenflosse kann fehlen. Ähnlich: *C. sanctahelenae* (Ascension, St. Helena), mit fahlgelber Augenbinde.
Ökologie: häufig auf flachen Riffen, 3–>30 m. Nachts mit dunklen Bändern.
Verbreitung: N. Scotia, Massach. (nur Juv. n. von Florida), Bermuda s. bis Brasilien

6 *Chaetodon aculeatus* (Poey) **Karibik-Pinzettfisch** 10 cm
Langes, spitzes Maul und dunkelbrauner Rücken.
Ökologie: bevorzugt tiefe Riffe mit reichem Korallenbewuchs; 1–90 m, selten oberhalb von 12 m. Der häufigste Falterfisch unterhalb 30 m Tiefe. Frißt kleine Wirbellose in dunklen Spalten. Zupft oft an Ambulakralfüßchen von Stachelhäutern oder Tentakeln von Röhrenwürmern. Wenig scheu.
Verbreitung: s. Florida, Bahamas s. bis Venezuela

7 *Chaetodon guyanensis* (Durand) **Tiefsee-Pinzettfisch** 12,5 cm
Ähnlich: *C. aya, C. marcellae* (Ostatlantik), *C. falcifer* (Ostpazifik) und *C. guezei* (Indopazifik). Alles Tiefenwasserarten.
Ökologie: steile, felsige Riffe; 60–230 m. Wird selten oberhalb von 100 m aus U-Booten beobachtet.
Verbreitung: sö. Bahamas, Jamaika, Puerto Rico, Barbados, Belize, Guayana

8 *Chaetodon aya* (Jordan) **Atlantischer Pinzettfisch** 15 cm
Nur zwei schwarze Binden.
Ökologie: tiefe Felshänge, 20–167 m. Gewöhnlich in kühlem Tiefenwasser (16–22°C). Wird nur selten von Tauchern beobachtet, meistens mit Schleppnetzen gefangen.
Verbreitung: N. Carolina bis Yukatan (fehlt an den Bahamas und Antillen)

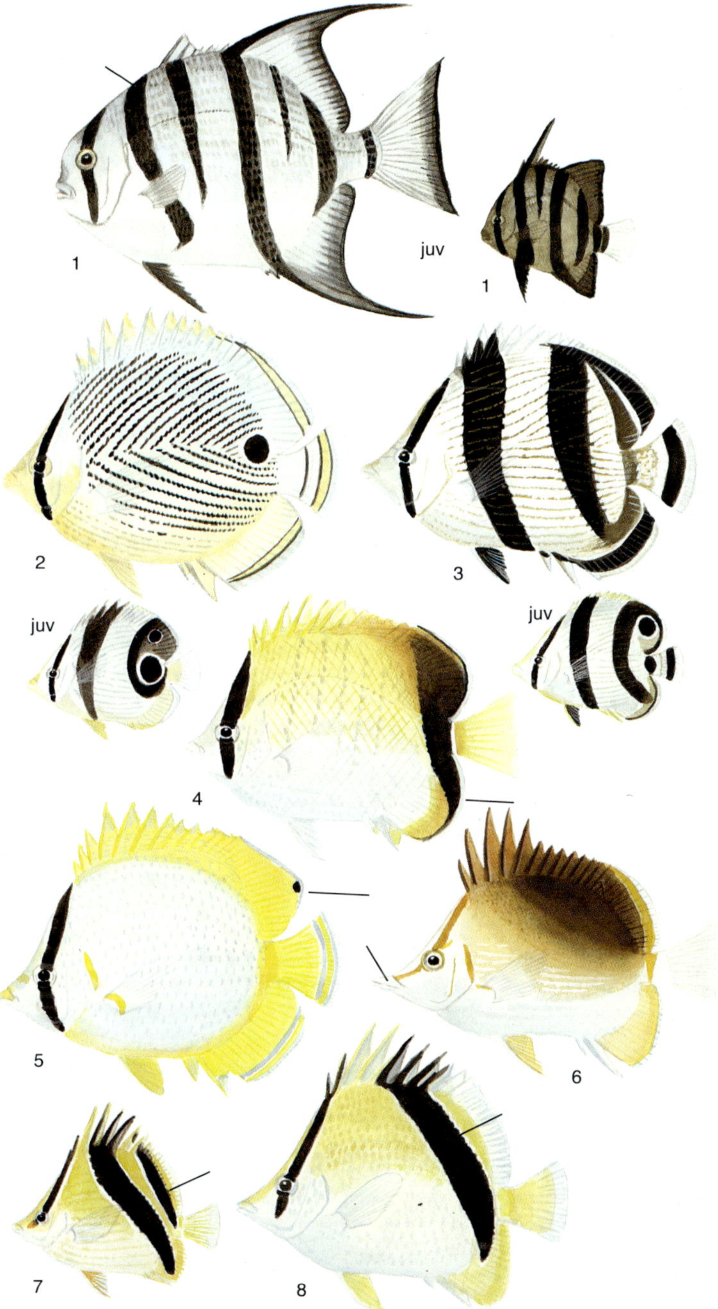
1
juv
1
2
3
juv
4
juv
5
6
7
8

Kaiserfische *(Pomacanthidae):* kleine bis mittelgroße Fische, kleines Maul mit borstenartigen Zähnen. Rauhe Ctenoidschuppen. Kräftiger Stachel am Vorkiemendeckel. Kein *„tholichthys"* Larvenstadium wie bei den Falterfischen. Alle bisher untersuchten Arten sind protogyne Zwitter mit 2–5 Haremsweibchen. Männchen verteidigen ihr Territorium, das einige Quadratmeter (*Centropyge*) bis zu 1000 qm (*Pomacanthus*) groß sein kann. Eiablage in Paaren und normalerweise bei Sonnenuntergang. Eier sind pelagisch, und das Larvenstadium dauert 3–4 Wochen. *Centropyge* Arten ernähren sich von Fadenalgen, die meisten anderen karibischen Arten vorwiegend von Schwämmen (ergänzt durch weichhäutige Wirbellose, Fischeier und Algen). Aquarium: meistens schwierig.

1 *Pomacanthus arcuatus* (Linnaeus) **Grauer Kaiserfisch** 50 cm
Grau mit unzähligen dunklen Schuppen. Innenseite der Brustflosse ist gelb. Jungtiere mit schmalem, schwarzem Streifen in der Schwanzflosse.
Ökologie: einzeln oder paarweise an korallenreichen Riffen, 2–30 m. Fressen Algen, Bryozoen, Gorgonien, Tunikaten und Seegras. Nähern sich oft neugierig Tauchern.
Verbreitung: New York, Bermuda (eingeführt), n. Golf v. Mexiko bis sö. Brasilien

2 *Pomacanthus paru* (Bloch) **Franzosen-Kaiserfisch** 30 cm
Schwarz mit gelbgeränderten Schuppen. Rundlicher Schwanz. Jungtiere mit großem, schwarzem Fleck in der Schwanzflosse.
Ökologie: gewöhnlich paarweise in korallenreichen Lagunen oder an Außenriffen, 2–20 m. Wenig scheu, umkreisen oft neugierig Taucher. Regelmäßig in Gebieten mit Gorgonien zu finden. Nahrung: wie Nr. 1.
Verbreitung: Florida, Bermuda (eingeführt) bis Brasilien; ö. bis Ascension und St. Paul's Rocks. Unbestätigte Beobachtungen aus dem Ostatlantik

3 *Holacanthus tricolor* (Bloch) **Felsenschönheit** 20 cm
Typische schwarz-gelbe Färbung. Jungtiere mit blauumrandetem, schwarzem Ocellus. Können mit dem Dreifleck-Riffbarsch verwechselt werden (s. Taf. 163-9). Sie können auch vereinzelt gänzlich schwarz auftreten.
Ökologie: häufig auf klaren Außenriffen und flachen Riffdächern mit reichem Korallenbewuchs, auch auf Fels- und Gerölluntergrund, 3–>90 m. Jungtiere oft in der Nähe von *Millipora* Feuerkorallen. Die häufigste Art dieser Gattung.
Verbreitung: Georgia, Bermuda, n. Golf v. Mexiko s. bis Brasilien

4 *Holacanthus bermudensis* (Goode) **Bermuda-Kaiserfisch** 38 cm
Grundfarbe blaugrau. Keine schwarzen Markierungen. Gelber Schwanzrand. Juvenile mit geraden blauen Seitenstreifen. Hybride mit *H. ciliaris* (= *„H. towsendi"*).
Ökologie: flache Lagunen und tiefe Fels- und Korallenriffe, 2–>90 m. Jungtiere besonders in Kanälen und an Innenriffen. Frißt vorwiegend Schwämme. Häufig in den Florida Keys, selten in den Bahamas; fehlt in den Antillen.
Verbreitung: N. Carolina (Juv. selten n. von Florida), Bermuda bis Yukatan

5 *Holacanthus ciliaris* (Linnaeus) **Diadem-Kaiserfisch** 45 cm
Schwarz-blaue Krone auf der Stirn. Brust- und Schwanzflossen immer gelb. Bei Jungtieren sind die blauen Seitenstreifen gebogen. Hybride mit *H. bermudensis.*
Ökologie: einzeln oder paarweise auf küstenfernen Riffen, 2–>70 m. Gleitet oft graziös zwischen Gorgonien, Horn- und Steinkorallen. Relativ scheu. Jungtiere betätigen sich oft als Putzerfische, indem sie Ektoparasiten von anderen Fischen picken.
Verbreitung: Bermuda, s. Florida, Bahamas bis Brasilien; ö. bis St. Paul's Rocks

6 *Centropyge argi* Woods & Kanazawa **Blauer Zwergkaiser** 8 cm
Ökologie: zwischen Geröll von Fels- und Korallenriffen, 5–>60 m. Selten oberhalb von 30 m. Algenfresser. Scheu, flieht sofort bei Beunruhigung.
Verbreitung: Bermuda, s. Florida, Bahamas bis Brasilien; ö. bis St. Paul's Rocks

7 *Centropyge aurantonotus* Burgess **Gelbrücken-Zwergkaiser** 6 cm
Ähnlich: *C. acanthops* (Taf. 68-6) (Ostafrika) und *C. resplendens* (Ascension I.).
Ökologie: isolierte Fleckriffe aus Geweihkorallen; 15–>200, gewöhnlich >25 m.
Verbreitung: Kleine Antillen und Curaçao, Brasilien

Riffbarsche *(Pomacentridae):* auffällig und zahlreich an Fels- und Korallenriffen. Karibische Arten sind omnivor wie *Abudefduf, Microspathodon* und *Stegastes* und planktivor wie *Chromis.* Omnivore sind sehr territorial, und Algenfresser äußerst aggressiv. Planktivore findet man im allgemeinen in Ansammlungen über den Riffen. Die Bodeneier werden vom Männchen bewacht. Aquarium: robust, aber aggressiv. ▷

1 juv
2 juv
1
2
3
juv
juv
4
5
6
juv
7

163 RIFFBARSCHE

1 *Chromis cyanea* (Poey) **Blauer Chromis** 15 cm
Ökologie: an Außenriffhängen und offenen Fleckriffen, 3–55 m. In großen Ansammlungen im Freiwasser nach Zooplankton (*Copepoden*) jagend, oft mit Kreolen-Lippfischen vergesellschaftet. Bei Gefahr in Spalten oder Geweihkorallen fliehend.
Verbreitung: s. Florida, Bermuda, n. Golf v. Mexiko bis Venezuela

2 *Chromis multilineata* (Guichenot) **Brauner Chromis** 16,5 cm
Ökologie: steile Riffhänge und Fleckriffe, 2–40 m. In losen Schwärmen oft mit Blauen Chromis vergesellschaftet. Nimmt im Freiwasser Zooplankton (Garnelenlarven und Copepoden) auf. Wenig scheu.
Verbreitung: Bermuda, Florida, n. Golf v. Florida bis Brasilien; ö. bis Westafrika

3 *Chromis scotti* Emery **Purpur Chromis** 10 cm
Adulte braun mit blauen Flecken auf dem Rücken. Junge tiefblau. Ähnlich: *C. flavicauda* (Bermudas, Brasilien), alle Flossen gelb, außer Brustflossen. Lebt auf tiefen Riffen mit Kalkalgenteppichen, 50–60 m.
Ökologie: tiefe Außenhänge und Fleckriffe; 5–100 m, besonders in 15–30 m Tiefe.
Verbreitung: N. Carolina, Bahamas, n. Golf v. Mexiko bis s. Karibik

4 *Chromis insolata* (Cuvier) **Olivgrüner Chromis** 6 cm
Adulte olivbraun. Junge sind blau mit leuchtend gelbem Rücken.
Ökologie: klare, tiefe Außenriffe, 20–100 m. Häufig an kleinen Korallenköpfen.
Verbreitung: s. Florida, Bermuda bis Brasilien, (*C. sanctahelenae,* um St. Helena)

5 *Chromis enchrysura* Jordan & Gilbert **Gelbschwanz-Chromis** 10 cm
Blaues „V“ Muster am Kopf geht bei Adulten verloren. Schwanz gelb oder weißlich.
Ökologie: steile Außenhänge und Fleckriffe; 5–146 m, besonders in 40-70 m Tiefe. In kleinen Gruppen an kleinen Vorsprünge.
Verbreitung: Bermuda, N. Carolina s. bis Brasilien; ö. bis St. Paul's Rocks

6 *Microspathodon chrysurus* (Cuvier) **Juwelen-Riffbarsch** 21 cm
Ökologie: häufig auf flachen Korallenriffen, 0–10 m. Junge zwischen Feuerkorallen und manchmal als „Putzer“ tätig. Territorial und dreist. Adulte fressen Algen. Häufig.
Verbreitung: s. Florida, Bermuda, n. Golf v. Mexiko bis Venezuela

7 *Stegastes partitus* (Poey) **Zweifarben-Gregory** 10 cm
Ökologie: flache Korallenriffe, isolierte Fleckriffe und Seegraswiesen, 0–45 m.
Verbreitung: s. Florida, Bermuda, n. Golf v. Mexiko bis Brasilien

8 *Stegastes dorsopunicans* (Poey) **Dunkler Gregory** 15 cm
Ökologie: brandungsreiche Felsküsten, Junge in Tidentümpeln, 0–3 m. Auch in versandeten Häfen und Buchten. Ernährt sich von Algen und Detritus. Häufig. Territorial.
Verbreitung: Florida, Bermuda, Golf v. Mexiko s. bis Brasilien.

9 *Stegastes planifrons* (Cuvier) **Dreifleck-Gregory** 12,5 cm
Dunkler Fleck auf Schwanzansatz und Brustflossenbasis. Gelb über dem Auge.
Ökologie: küstennahe und küstenferne Riffe, 1–30 m. Häufig auf Algenflächen. Angriffslustig gegenüber allen Eindringlingen, auch Tauchern.
Verbreitung: Florida, Bermuda, n. Golf v. Mexiko s. bis Venezuela

10 *Stegastes variabilis* (Castelnau) **Cocoa-Gregory** 12,5 cm
Ökologie: Korallenriffe, 0–30 m. Balzende Männchen sind sehr aggressiv. Häufig.
Verbreitung: s. Florida, Bahamas, Golf von Mexiko bis Brasilien

11 *Stegastes diencaeus* (Jordan & Rutter) **Langflossen-Gregory** 12,5 cm
Afterflosse spitz, reicht über Schwanzansatz hinaus. Jungtiere nennt man wegen der intensiven Gelbfärbung „Honig-Gregory“ (= *„S. mellis“*).
Ökologie: geschützte, küstennahe Korallen- und Felsriffe, 1–5 m. Wenig scheu. Versucht oft, Taucher aus dem Revier zu vertreiben.
Verbreitung: Florida, Bahamas bis Venezuela, Panama

12 *Stegastes leucostictus* (Müller & Troschel) **Schöner Gregory** 10 cm
Bei Jungtieren reicht das Blau bis zum Maul. Adulte mit gelblichem Rücken.
Ökologie: Seegraswiesen, Sand, Fels- und Korallenriffe, 0–5 m. Wenig scheu.
Verbreitung: Maine, Bermuda, n. Golf von Mexiko bis Brasilien

Weitere Arten: *Stegastes fuscus* (Brasilien); *S. otophorus* (n. und s. Karibik) *S. pictus* (Brasilien), *S. rocasensis* (Atol das Rocas, Brasilien), *S. santipauli* (St. Paul's Rocks)

1
2
3
4juv
5
6
juv
7
8
9
9 juv
8 juv
10
11 juv
10 juv
12 juv
11
12

164 RIFFBARSCHE, LIPPFISCHE

1 *Abudefduf saxatilis* (Linnaeus) **Gestreifter Sergeant** 15 cm
Ähnlich: *A. vaigiensis* (Indopazifik), *A. abdominalis* (Hawaii), (s. Taf. 74).
Ökologie: flache Korallen- und Felsriffe sowie Seegraswiesen, 1–12 m. Häufig. Jagt in losen Ansammlungen im Freiwasser Zooplankton. Männchen in Nestnähe blau.
Verbreitung: New York s. bis Uruguay; ö. bis Afrika, Ascension, St. Helena

2 *Abudefduf taurus* (Müller & Troschel) **Nacht-Sergeant** 25 cm
Ökologie: flache Felsriffe mit Wellengang und trübem Wasser, 1–5 m. Ernährt sich von benthischen Algen. Scheu, versteckt sich bei Gefahr sehr schnell.
Verbreitung: Südflorida, Bahamas s. bis Venezuela, Texas

Lippfische *(Labridae):* Die meisten Arten ändern ihre Farbe mit dem Geschlecht und dem Wachstum. Alle Arten sind nachts inaktiv, wobei kleine Arten oft im Sand schlafen. Neben Carnivoren und Planktivoren gibt es „Putzerfische". Große Arten sind wichtige Speisefische. Aquarium: meistens gut haltbar. Brauchen großen Schwimmraum.

Tribus **Schweinslippfische** *(Hypsigenyini):* großes Maul mit vorstehenden Schneidezähnen. Kontinuierliche Laterallinie. Fressen benthische Wirbellose.

3 *Bodianus rufus* (Linnaeus) **Spanischer Schweinslippfisch** 40 cm
Farbe variabel: roter, blauer oder violetter Rücken; im tiefen Wasser schwarzblau.
Ökologie: häufig auf Fels- und Korallenriffen, 1–60 m. Wandert über große Gebiete. Frißt Krebstiere, Haarsterne, Mollusken und Seeigel. Junge oft als Putzerfische tätig.
Verbreitung: Südflorida, Bermuda bis s. Brasilien

4 *Bodianus pulchellus* (Poey) **Kuba-Schweinslippfisch** 15 cm
Rotgelb mit mehr oder weniger deutlichem, weißem Seitenstreifen.
Ökologie: auf Fels- und Korallenriffen; 15–120 m, selten oberhalb von 24 m. Wenig scheu. Jungtiere sind Putzerfische und oft mit Blaukopf-Lippfischen zusammen.
Verbreitung: Südflorida, n. Golf v. Mexiko bis s. Brasilien

5 *Lachnolaimus maximus* (Walbaum) **Eber-Lippfisch** 90 cm
Farbe variabel: fahlgelb bis rotbraun. Typisches Kopfprofil.
Ökologie: häufig auf Fleckriffen in Lagunen und Außenriffen, 3–30 m. Bevorzugt offene Areale mit reichem Bewuchs an Gorgonien. Gräbt im Sand nach Mollusken, Seeigeln und Krabben. Hervorragender Speisefisch, aber Ciguateragefahr!
Verbreitung: N. Carolina, Bermuda, Golf v. Mexiko bis Brasilien

Tribus **Prachtlippfische** *(Cheilinini):* unterbrochene Laterallinie.

6 *Doratonotus megalepis* Günther **Seegras-Lippfisch** 7 cm
Farbe variabel: grün mit braunen Flecken. Kann schnell dunkle Flecken bekommen.
Ökologie: flache Lagunen mit Seegraswiesen und Sand, 1–15 m.
Verbreitung: Südflorida, Bermuda s. bis Venezuela; (Ostatlantik?)

Tribus **Junkerlippfische** *(Julidini):* durchgehende Laterallinie (s. auch Taf. 165).

7 *Clepticus parrae* (Bloch & Schneider) **Kreolen-Lippfisch** 30 cm
Blau bis kobaltviolett. Schwarze Zone über dem Auge. Farbwechsel bei der Balz.
Ökologie: Außenriffhänge und tiefe Lagunen, 1–40 m. Jagen in großen Schwärmen im Freiwasser nach Zooplankton. Häufig. Wenig scheu.
Verbreitung: N. Carolina, Bermuda, n. Golf v. Mexiko bis Venezuela

Tribus **Messerlippfische** *(Novaculini):* unterbrochene Laterallinie.

8 *Xyrichtys novacula* (Linnaeus) **Perlen-Schermesserfisch** 38 cm
Rötlicher Seitenfleck. Zeigt oft ein Fleckmuster, wenn er schwimmt.
Ökologie: Sandzonen mit klarem Wasser, 2–80 m. Bauen Nester aus Korallengeröll.
Verbreitung: N. Carolina, n. G. v. Mexiko bis Brasilien; Ostatlantik, Mittelmeer

9 *Xyrichtys martinicensis* (Valenciennes) **Rosen-Schermesserfisch** 15 cm
Weibchen und Jungtiere mit orangenem Seitenstreifen. Dunkle Basis der Brustflosse.
Ökologie: schwebt über offenen Sand- und Seegraszonen, 2–21 m. Taucht bei Gefahr kopfüber in den Sand ein. Scheu.
Verbreitung: Südflorida, Bahamas, Yukatan bis Venezuela

10 *Xyrichtys splendens* Castelnau **Grüner Schermesserfisch** 15 cm
Weibchen mit orangenem Seitenstreifen. Beim Driften erscheint ein Scheckmuster.
Ökologie: auf Seegras, Sand oder Korallengeröll, 3–15 m. Scheu.
Verbreitung: Südflorida, Bermuda bis Yukatan, s. bis Brasilien

1
2
2 var
juv
3
juv
4
5
6
7
8
9 juv
9
10

165 LIPPFISCHE

Tribus **Junkerlippfische** *(Julidini):* kontinuierliche Laterallinie. Gewöhnlich 1–2 Paar vorstehende Schneidezähne und gut entwickelte Schlundzähne. Ernähren sich hauptsächlich von benthischen Wirbellosen und Fischen.

1 *Thalassoma bifasciatum* (Bloch) **Blaukopf-Junker** 18 cm
Endphase: leuchtend blauer Kopf, Anfangsphase: gelbgrün. Wird vom Mimikry-Hecht-Schleimfisch *(Hemiemblemaria simulus)* nachgeahmt (s. Taf. 170-9).
Ökologie: häufig und überall vorkommend: Seegraswiesen, Riffdächer, Fleckriffe und Außenriffe, 0–40 m. Juvenile fressen Ektoparasiten von anderen Fischen.
Verbreitung: Florida, Bermuda, s. Golf v. Mexiko bis Venezuela

2 *Halichoeres radiatus* (Linnaeus) **Pudding-Junker** 51 cm
Grünlich bis bläulich mit 5 fahlen Rückenflecken. Endphase mit Querbinde.
Ökologie: häufig auf flachen Außenriffen oder auf Fleckriffen, 2–55 m. Ernährt sich von Weichtieren, Seeigeln, Krebstieren und Haarsternen. Scheu.
Verbreitung: N. Carolina, Bermuda, n. Golf v. Mexiko bis Brasilien; St. Paul's Rocks

3 *Halichoeres garnoti* (Valenciennes) **Gelbkopf-Junker** 18 cm
Anfangsphase gelbbraun, Juvenile mit blauem Seitenband.
Ökologie: häufig auf Fleckriffen von Lagunen und an Außenriffen, 2–80 m. Ernährt sich von verschiedenen Wirbellosen. Immer in Bewegung und neugierig zu Tauchern.
Verbreitung: s. Florida, Bermuda, n. Golf v. Florida s. bis sö. Brasilien

4 *Halichoeres bivittatus* (Bloch) **Zweistreifen-Junker** 20 cm
Endphase: 2 dunkle Seitenstreifen. Anfangsphase: 1–2 schwarzbraune Seitenstreifen.
Ökologie: häufig in verschiedenen Habitaten wie Sand, Schlick, Fels- und Korallenriffen, 1–15 m. Frißt vorwiegend Krebse, Seeigel, Polychaeten, Schlangensterne und Mollusken. Einzeln oder in Gruppen.
Verbreitung: N. Carolina, Bermuda s. bis Brasilien

5 *Halichoeres maculipinna* (Müller & Tröschel) **Clown-Junker** 18 cm
Anfangsphase: gelbweiß mit schwarzem Seitenstreifen.
Ökologie: häufig auf Riffdächern und flachen Felsgebieten, 2–24 m. Wenig scheu.
Verbreitung: N. Carolina, Bermuda s. bis Brasilien

6 *Halichoeres pictus* (Poey) **Regenbogen-Junker** 13 cm
Endphase: oben grüngelb, unten bläulich und mit deutlichem schwarzem Fleck auf dem Schwanzansatz. Anfangsphase: mit zwei braunen Seitenstreifen.
Ökologie: unregelmäßig auf Korallenriffen, normalerweise hoch über dem Boden. Schwimmt mit wurmähnlichen Bewegungen. Frißt verschiedene Wirbellose.
Verbreitung: s. Florida (selten), Bahamas s. bis Venezuela

7 *Halichoeres poeyi* (Steindachner) **Ohrfleck-Junker** 20 cm
Endphase: grünlich bis braun mit drei typischen roten Schwanzstreifen. Anfangsphase: grasgrün. Dunkler Fleck hinter dem Auge.
Ökologie: häufig auf Seegraswiesen in klarem, flachem Wasser, 1–15 m. Weniger häufig auf Riffen oder Schlickgebieten. Nicht scheu.
Verbreitung: s. Florida, Bahamas s. bis sö. Brasilien

8 *Halichoeres cyanocephalus* (Bloch) **Gelbwangen-Junker** 30 cm
Endphase: kobaltblaues Seitenband und weißer Bauch. Juv. blau mit gelbem Rücken.
Ökologie: tiefe Fels- und Korallenriffe, 27–90 m. Häufig an den Florida Keys, sonst unregelmäßig bis selten.
Verbreitung: Florida Keys, Antillen s. bis Brasilien

9 *Halichoeres bathyphilus* (Beebe & Tee-Van) **Orangeband-Junker** 23 cm
Zwei orangene Seitenstreifen und ein dunkler Fleck auf der Schwanzwurzel.
Ökologie: tiefe Riffe, 28–155 m. Wenig bekannt.
Verbreitung: Carolina, Bermuda und nö. Golf v. Mexiko bis Yukatan

10 *Halichoeres caudalis* (Poey) **Grünblauer Junker** 23 cm
Endphase: blaugrün mit rosa Flossenmarkierungen; Anfangsphase: gelblich mit zwei dunkel-orangenen Seitenstreifen.
Ökologie: tiefe Außenriffe, 18–73 m.
Verbreitung: N. Carolina, n. Golf v. Mexiko bis Venezuela

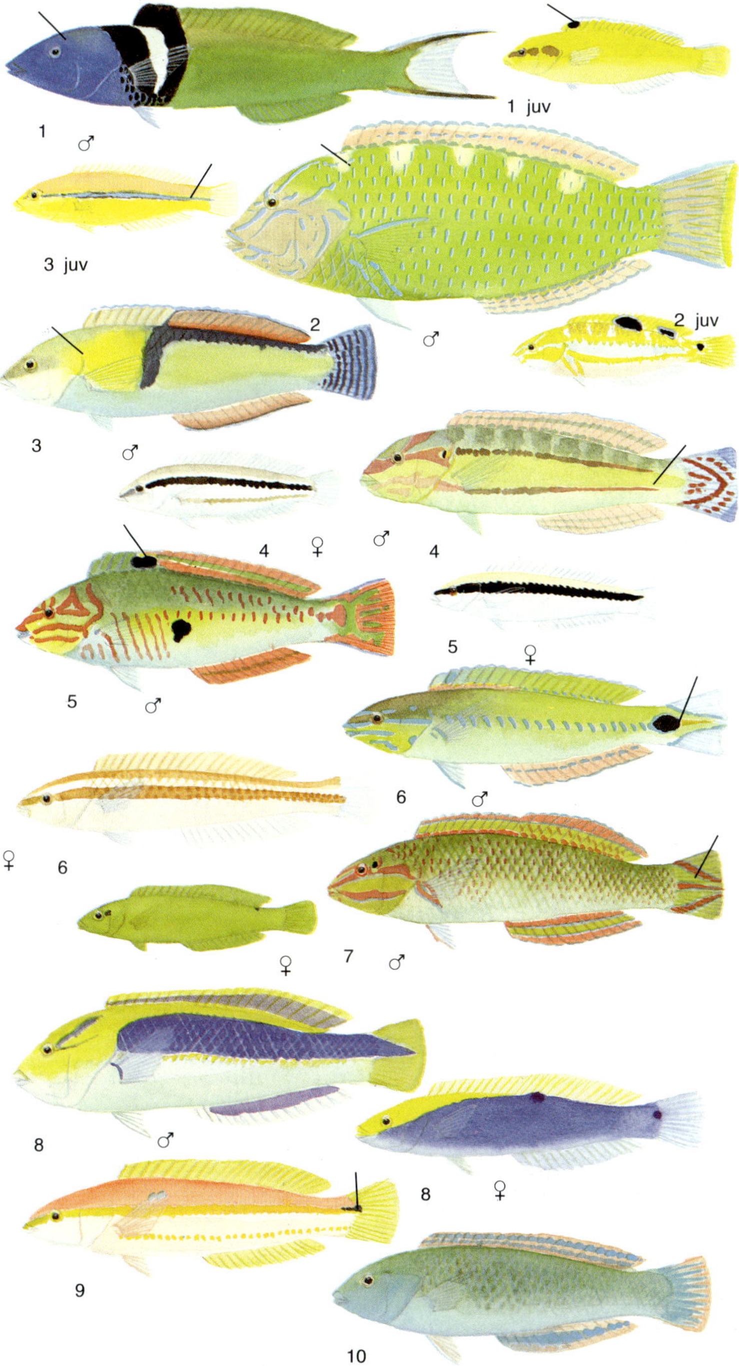
1
♂
1 juv
3 juv
2
♂
2 juv
3
♂
4
♀
♂
4
5
♀
5
♂
6
♂
♀
6
7
♀
♂
8
♂
8
♀
9
10

166 PAPAGEIFISCHE

Papageifische *(Scaridae):* schnabelartiges Gebiß. Alle Arten mit großen Ctenoidschuppen und durchgehender Rückenflosse. Pflanzenfresser: Die meisten Arten weiden Algenteppiche von Korallenfelsen ab, wenige ernähren sich von Blattalgen oder lebenden Korallen. Viele Arten leben in großen, gemischten Schulen, oft mit Doktorfischen vergesellschaftet. Nachts schlafen sie eingeklemmt in Spalten. Viele Arten scheiden Schleim *(Mucus)* aus, mit dem sie sich einhüllen. Dieser verhindert vielleicht, daß sie von Raubfischen geruchlich wahrgenommen werden. Wie Lippfische wechseln Papageifische ihre Farbe mit dem Geschlecht und dem Wachstum. Die Anfangsphase ist normalerweise grau, braun oder rötlich und setzt sich aus Weibchen und Primärmännchen zusammen. Beide können sich in Supermännchen (Sekundärmännchen) umwandeln, die leuchtend blau oder grün gefärbt sind. Die Weibchen und Juvenilen sind oft schwierig zu unterscheiden. Wichtige Speisefische.

1 *Scarus coelestinus* (Valenciennes) **Mitternachts-Papageifisch** 76 cm
In allen Phasen indigoblau mit leuchtend blauen Flecken am Kopf. Bis 7 kg schwer.
Ökologie: felsige Küstenriffe bis hin zu Außenriffen, 5–75 m. Häufig. Oft in Schulen mit Doktorfischen. Algen von Felsen und toten Korallen schabend. Nicht scheu.
Verbreitung: s. Florida, Bahamas s. bis Brasilien

2 *Scarus coeruleus* (Bloch) **Himmelblauer Papageifisch** 60–90 cm
Endphase: himmelblau mit Kopfhöcker. Junge und Subadulte mit gelber Stirn.
Ökologie: felsige Küstenriffe und küstenferne Korallenriffe, 3–25 m. Frißt benthische Algen. Bildet große Laichschwärme. Nicht scheu.
Verbreitung: Maryland, Bermuda bis sö. Brasilien, fehlt im n. Golf v. Mexiko

3 *Sarus guacamaia* Cuvier **Regenbogen-Papageifisch** 120 cm
Anfangsphase nur heller als Endphase. Bis 20 kg schwer.
Ökologie: felsige Küstenriffe und küstenferne Korallenriffe, 3–25 m. Juvenile in Mangrovengewässern. Wenig scheu.
Verbreitung: Florida, Bermuda bis Argentinien (fehlt im n. Golf von Mexiko)

4 *Scarus iserti* Bloch **Streifen-Papageifisch** 35 cm
Endphase mit einem charakteristischen orangenem Fleck über der Brustflosse.
Ökologie: Fels- und Korallenriffe, 3–25 m. Die häufigste Art dieser Gattung in den West Indies. Bildet große Laichschwärme an Außenriffen. Bei der Nahrungsaufnahme in Ansammlungen von mehreren hundert Weibchen und einigen Supermännchen. Zeigen ein komplexes soziales System aus einem „Haremswächter" (Supermännchen), einem dominanten Weibchen und mehreren untergeordneten Weibchen, die alle auf einem ständigen Territorium leben. Nicht geschlechtsreife Fische leben auf vorübergehenden Territorien.
Verbreitung: s. Florida, Bermuda, nö. Golf v. Mexiko bis Venezuela

5 *Scarus taeniopterus* Desmarest **Prinzessin-Papageifisch** 35 cm
Endphase mit orangenem Seitenband, Anfangsphase mit dunklen Schwanzrändern.
Ökologie: felsige Küstenriffe und Korallenaußenriffe, 2–25 m. Anfangsphase bildet große nahrungssuchende Schwärme. Schläft nachts in einem *Mucus* Kokon.
Verbreitung: s. Florida, Bermuda s. bis Brasilien

6 *Scarus vetula* Bloch & Schneider **Königin-Papageifisch** 61 cm
Anfangsphase braun mit weißem Seitenband.
Ökologie: Fels- und Korallenriffe, 3–25 m. Ernährt sich von Algen, die von Felsen und toten Korallen geschabt werden. Schläft nachts in einem *Mucus* Kokon.
Verbreitung: s. Florida, Bermuda s. bis Argentinien

7 *Sparisoma viride* (Bonnaterre) **Signal-Papageifisch** 50 cm
Endphase mit gelbem Fleck auf der Schwanzwurzel. Anfangsphase: mit weißen Flecken.
Ökologie: Fels- und Korallenriffe, 3–50 m. Gelegentlich auf Seegraswiesen. Wird leider häufig in Fischreusen gefangen.
Verbreitung: Florida, Bermuda s. bis ö. Brasilien

8 *Sparisoma chrysopterum* (Bloch & Schneider) **Rotschwanz-Papageifisch** 46 cm
Anfangsphase: rötlich gefleckt mit einem schwarzen Fleck auf der Basis der Brustflosse. Endphase: grün mit blauem Bauch und rotem Schwanzrand.
Ökologie: Lagunen und Außenriffe, 1–15 m. Bevorzugt offene Algen- und Seegraszonen mit Geröll. Ruht zwischen grünem Tang und ist dabei gut durch geflecktes Farbmuster getarnt. Wenig scheu.
Verbreitung: s. Florida, Bermuda s. bis ö. Brasilien

1
♀
2
♂
3
♂
4
♀
4
♂
5
5
♀
6
♂
6
♀
7
♀
7
♂
♀
8
♂

167 PAPAGEIFISCHE, KIEFERFISCHE, STERNGUCKER

1 *Sparisoma aurofrenatum* (Valenciennes) **Rotbinden-Papageifisch** 28 cm
Ökologie: einzeln und in kleinen Gruppen auf Seegraswiesen, Fels- und Korallenriffen; 2–20 m. Lebt vorwiegend von Algen. Oft auf dem Boden ruhend.
Verbreitung: Florida, Bermuda s. bis ö. Brasilien

2 *Sparisoma rubripinne* (Valenciennes) **Grüner Papageifisch** 46 cm
Ökologie: flache Seegraswiesen und auf Korallengeröll, gelegentlich auf Riffen; 1–15 m. Laicht in Gruppen an Stammplätzen ab.
Verbreitung: Massach., Bermuda s. bis sö. Brasilien; ö. bis Westafrika

3 *Sparisoma atomarium* (Poey) **Zwerg-Papageifisch** 10 cm
Ökologie: tiefe Fels- und Korallenriffe mit steilen Wänden, 20–55 m. Selten.
Verbreitung: s. Florida, Bermuda s. bis Venezuela

4 *Sparisoma radians* (Valenciennes) **Brustfleck-Papageifisch** 20 cm
Ökologie: Seegraswiesen (*Thalassia*) von geschützten Innenriffen, 1–12 m. Versteckt sich bei Gefahr zwischen Seegras. Ernährt sich vorwiegend von Epiphyten und Seegrasblättern, wobei halbmondartige Freßspuren hinterlassen werden.
Verbreitung: Florida, Bermuda, ö. Golf v. Mexiko bis Venezuela

5 *Nicholsina usta* (Valenciennes) **Smaragd-Papageifisch** 30 cm
Ökologie: Seegraswiesen und offene Sandzonen, 1–73 m. Adulte recht tief.
Verbreitung: New York bis Brasilien, fehlt an den Bahamas

6 *Cryptotomus roseus* Cope **Blaulippen-Papageifisch** 13 cm
Ökologie: Seegras- und Algengebiete mit Sand. Ernährt sich von Seegras. Vergräbt sich nachts im Sand, um in einer Schleimröhre zu schlafen.
Verbreitung: s. Florida, Bermuda s. bis ö. Brasilien

Kieferfische *(Opistognathidae):* meistens kleine, schlanke Fische mit großem Kopf und Maul. Leben in Wohnröhren im Sand, in die sie sich bei Gefahr rückwärts zurückziehen. Ernähren sich von benthischen und planktonischen Wirbellosen. Maulbrüter. Viele unbeschriebene Arten. Populäre Aquarienfische.

7 *Lonchopisthus micrognathus* (Poey) **Schwertschwanz-Kieferfisch** 10 cm
Ökologie: in Wohnröhren auf Schlick- und Sandböden, manchmal in Kolonien.
Verbreitung: s. Florida, Golf von Mexiko

8 *Opistognathus aurifrons* (Jordan & Thompson) **Goldstirn-Kieferfisch** 10 cm
Ökologie: in Wohnröhren auf Flecken von Korallengeröll mit Sand, 3–40 m. Schwebt senkrecht vor dem Röhreneingang. Männchen schwimmt bei der Balz mit gekrümmtem Körper und gespreizten Flossen um das Weibchen. Eier werden vom Männchen bewacht.
Verbreitung: Florida, Bahamas s. bis Venezuela, Barbados

9 *Opistognathus macrognathus* Poey **Binden-Kieferfisch** 20 cm
Ökologie: Geröllgrund in der Nähe von Korallenriffen, 1–12 m.
Verbreitung: s. Florida, Bahamas s. bis Venezuela

10 *Opistognathus whitehurstii* (Longley) **Whitehursts Kieferfisch** 10 cm
Ökologie: auf Seegras (*Thalassia*), Geröll oder Sand mit festem Kalksteinsubstrat, 1–12 m. Ohne Steinwall um den Röhreneingang.
Verbreitung: s. Florida, Bahamas s. bis Venezuela

11 *Opistognathus sp.* **Ocellus-Kieferfisch** 15 cm
Ökologie: Sandflächen, oft in Riffnähe.
Verbreitung: S. Carolina bis Florida Keys, Bahamas, westlich bis Texas

12 *Opistognathus maxillosus* Poey **Gefleckter Kieferfisch** 13 cm
Ökologie: Sand- und Geröllzonen auf Kalksteinuntergrund, oberhalb von 8 m.
Verbreitung: Florida Keys, Bahamas bis Mittelamerika, West Indies

Sterngucker *(Uranoscopidae):* Giftstachel auf dem Kiemendeckel. Vergraben sich bis zu den Lippen und Augen im Sand. Locken Beute mit einem wurmartigen Köder an. Wenige Arten in Riffnähe. Fressen Fische und Wirbellose.

13 *Astroscopus y-graecum* (Cuvier) **Südlicher Sterngucker** 44 cm
Ökologie: Sand- oder Geröllgrund, 2–40 m. Elektrisches Organ hinter dem Auge.
Verbreitung: N. Carolina, n. Golf v. Mexiko bis Yukatan (fehlt an den West Indies)

1
♂
2
♀
♂
3
♂
♀
4
♂
♀
5
6
7
8
9
10
11
12
13

168 MEERÄSCHEN, BARRAKUDAS, FADENFLOSSER, MAKRELEN

Meeräschen *(Mugilidae):* wandern in Schulen und ernähren sich von winzigen Algen, Diatomeen und Detritus aus Bodensedimenten. Viele Arten leben im Brack- und Süßwasser. Wichtige Speisefische. (s. auch Taf. 111)

1 *Mugil curema* Valenciennes **Weiße Meeräsche** 38 cm
Silbrig-grün. Kiemendeckel messingfarben. Blauer Fleck an der Brustflossenbasis.
Ökologie: häufig über Sandgebieten, oft in der Nähe von Korallenriffen. Dringt ins Süßwasser. Detritus- und Planktonfresser. Hinterläßt oft aufgewühlten Sand.
Verbreitung: Massach. s. bis Brasilien, ö. bis Bermuda; auch Ostpazifik

Fadenflosser *(Polynemidae):* unterständiges Maul mit winzigen Zähnen, Schwanz gegabelt und 3–8 fadenförmige Brustflossenstrahlen. Nahrung: benthische Wirbellose, die im Sand oder Schlick leben. Wenige Arten in Riffnähe. Speisefische.

2 *Polydactylus virginicus* (Linnaeus) **Atlantischer Fadenflosser** 30 cm
Ökologie: über Sandflächen in Riffnähe, besonders regelmäßig an Inseln.
Verbreitung: Virginia (selten n. von Florida) s. bis Brasilien

Barrakudas *(Sphyraenidae):* hechtähnliche Körperform. Gefräßige Raubfische. Am Tag meistens in Schulen. Juvenile im Brackwasser. Speise- und Sportfische.

3 *Sphyraena picudilla* Poey **Gelbstreifen-Barrakuda** 45 cm
Ähnlich: *S. guachancho,* mit verlängerten Rücken- und Afterflossen.
Ökologie: in großen Schulen an Fels- und Korallenriffen, 1–12 m.
Verbreitung: Bermuda, Florida s. bis Uruguay

4 *Sphyraena barracuda* (Walbaum) **Großer Barrakuda** 190 cm
Ökologie: verschiedene Habitate: von trüben Innenbuchten bis zum offenen Meer. Juvenile an geschützten Innenriffen. Einzeln. Tag- und nachtaktiv. Neugierig, aber in klarem Wasser nicht gefährlich, falls nicht provoziert. Biß kann ernsthafte Wunden hervorrufen. Im tropischen Atlantik oft ciguatoxisch. (s. auch Taf. 111-1)
Verbreitung: zirkumtropisch; Massach. s. bis Brasilien (fehlt im Ostpazifik)

Makrelen, Thunfische *(Scombridae):* dorsale und anale Flösselchen, gekielter Schwanzstiel. Wichtige Speise - und Sportfische. Vorwiegend pelagisch, manchmal in Küstennähe. Nur wenige Arten an Korallenriffen. Raubfische, einige kleine Arten ernähren sich von Zooplankton.

5 *Scomberomorus regalis* (Bloch) **Cero** 86 cm
Messingfarbene Flecken an der Seite. 1. Rückenflosse hat einen schwarzen Rand.
Ökologie: häufig an Außenriffen, bevorzugt Dropoffs, 1–20 m. Einzeln oder in kleinen Gruppen. Kann aus dem Wasser springen. Speisefisch.
Verbreitung: Massach. s. bis Brasilien, einschließlich Bahamas und Antillen

6 *Scomberomorus cavalla* (Cuvier) **Königsmakrele** 170 cm
Jungtiere mit dunklen Flecken. Seitenlinie fällt zur Afterflosse hin ab. Bis 45 kg.
Ökologie: regelmäßig an Außenriffen. Einzeln oder in kleinen Gruppen. Wird oft von Brücken aus geangelt. Wichtiger Sportfisch. Ciguateragefahr.
Verbreitung: Maine s. bis Brasilien

7 *Scomberomorus maculatus* (Mitchill) **Spanische Makrele** 83 cm
Gelbe Flecken sind rundlicher als beim Cero. Ähnlich: *S. brasiliensis* (Belize bis Brasilien), hat mehr gelbe Flecken und lebt an kontinentalen Schelfküsten.
Ökologie: kontinentale Schelfgebiete, manchmal in Flußmündungen. In Schulen.
Verbreitung: Cape Cod s. bis Golf von Mexiko, ö. bis Kuba, Haiti

8 *Euthynnus aletteratus* (Rafinesque) **Kleiner Thunfisch** 100 cm
Dunkle, schräge Flecken auf dem Rücken; dunkle Flecken unterhalb der Brustflosse.
Ökologie: häufig an Korallenriffen und in Buchten, gewöhnlich küstenfern. Vogelansammlungen zeigen oft große Fischschwärme an. Populärer Sportfisch.
Verbreitung: Massach., Bermuda s. bis Brasilien; ö. bis St. Helena, Ostatlantik

Dreiflosser *(Tripterygiidae):* kleine, längliche Fische mit drei Rückenflossen. Bodenbewohner, die sich von kleinen Wirbellosen und Algen ernähren. Bevorzugen sauerstoffreiches Wasser. Leben auf Riffoberflächen, oft auf algenbewachsenen Felsen oder Geröll sowie in Tang. 150 Arten weltweit, 5 Arten im Westatlantik. ▷

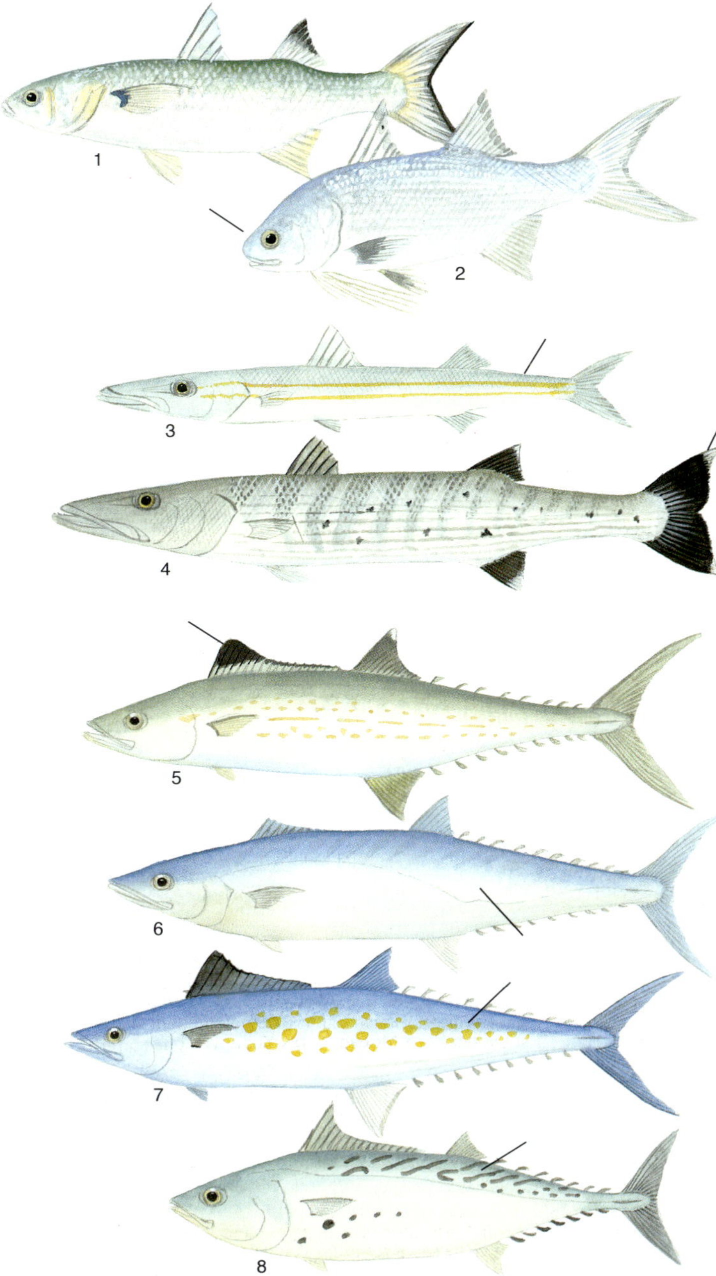
1
2
3
4
5
6
7
8

169 DREIFLOSSER, SCHUPPENBLENNIES

1 *Enneanectes pectoralis* (Fowler) **Rotaugen-Dreiflosser** 4 cm
Ökologie: flache, korallenreiche Zonen, 0,5–6 m.
Verbreitung: s. Florida, Bahamas, Yukatan bis Venezuela

Schuppenblennies *(Labrisomidae):* längliche Fische mit großem Maul, konischen Zähnen und gewöhnlich beschuppt. Nahrung: kleine benthische Wirbellose.

2 *Labrisomus nuchipinnis* (Quoy & Gaimard) **Haariger Blenny** 20 cm
Ähnlich: *L. guppyi,* der ca. 53 LL Schuppen (gegenüber ca. 64) hat.
Ökologie: Küsten, Felsvorsprünge und Fleckriffe. Versteckt zwischen Algen und Felsen. In der westlichen Karibik die häufigste Art dieser Gattung.
Verbreitung: Florida, Bermuda bis Brasilien; ö. bis Madeira, Westafrika

3 *Labrisomus nigricinctus* Rivero **Wangenfleck-Blenny** 8 cm
Ökologie: auf Korallen- und Geröll von exponierten Riffen, Tidentümpel; 0,3–10 m.
Verbreitung: s. Florida, Bahamas, Yukatan bis Venezuela

4 *Labrisomus filamentosus* Springer **Filament-Blenny** 12 cm
Ökologie: algenreiche, tiefe Riffe; 12–35 m. Wenig scheu.
Verbreitung: s. Bahamas, Hispanola, Virgin I. s. bis Venezuela

5 *Labrisomus gobio* (Valenciennes) **Fahlkopf-Blenny** 6,5 cm
Ökologie: flache, korallenreiche Gebiete von klaren, küstenfernen Riffen; 0–12 m.
Verbreitung: s. Florida, Bahamas & Yukatan bis Kleine Antillen

6 *Labrisomus bucciferus* (Poey) **Wangen-Blenny** 9 cm
Ökologie: flache, exponierte Riffkronen, einschließlich Seegraswiesen und Vorriffhängen; 0–5 m, gewöhnlich oberhalb von 2 m.
Verbreitung: s. Florida, Bermuda bis Kleine Antillen

7 *Malacoctenus macropus* (Poey) **Rosen-Blenny** 5,5 cm
Ökologie: verschiedene Küstenhabitate und Fleckriffe; 0–5 m, gewöhnlich < 2 m.
Verbreitung: Florida, Bermuda, Yukatan bis Venezuela

8 *Malacoctenus triangulatus* Springer **Sattel-Blenny** 6,5 cm
Ökologie: Saum- und Fleckriffe, 3–18 m. Oft auf Korallengeröll. Häufig.
Verbreitung: s. Florida, Bahamas, Yukatan bis Brasilien; ö. bis St. Paul's Rocks

9 *Malacoctenus versicolor* (Poey) **Binden-Blenny** 7 cm
Ökologie: auf Korallengeröll von flachen Sand- und Felsgebieten, 0–7 m.
Verbreitung: Bahamas, Kuba bis Antillen, fehlt in Mittelamerika

10 *Malacoctenus boehlkei* Springer **Diamanten-Blenny** 6,5 cm
Ökologie: Fleckriffe und Dropoffs, 5–30 m. Auf *Condylactis gigantea* (Anemone).
Verbreitung: Bahamas, Virgin I. bis Bonaire, westl. bis Belize

11 *Malacoctenus gilli* (Steindachner) **Grauer Blenny** 7,5 cm
Ökologie: auf Korallengeröll von Fels- und Fleckriffen sowie auf Seegras, 1–5 m.
Verbreitung: Bahamas, Große Antillen, Yukatan bis Venezuela

12 *Malacoctenus aurolineatus* Smith **Goldstreifen-Blenny** 6 cm
Ökologie: auf Geröll von flachen, klaren Fels- und Korallenriffen. In Seeigelnähe.
Verbreitung: s. Florida, Bahamas bis Venezuela

15 *Starksia hassi* Klausewitz **Geringelter Blenny** 4 cm
15 Arten. Ähnlich **13:** *S. ocellata* (N. Carolina bis n. Südamerika). In Schwämmen. Und Nr. **14:** *S. starcki* (Florida Keys, Belize, Honduras),Riffkanäle, 6–20 m.
Ökologie: Riffkronen von korallenreichen Dropoffs, 2–25 m. Oft in Seeanemonen.
Verbreitung: Bahamas und Große Antillen bis n. Südamerika

16 *Paraclinus fasciatus* (Steindachner) **Gebänderter Blenny** 6 cm
8 Arten. Ähnlich **17:** *P. marmoratus* (s. Florida bis Venezuela), lebt auf Fleckriffen.
Ökologie: geschützte, flache Seegraswiesen, 0,2–1,5 m.
Verbreitung: Florida, Bahamas, nö. Golf v. Mexiko bis Venezuela

Schleimfische *(Blenniidae):* territoriale Bodenbewohner. Männchen bewacht Eier. Alle atlantischen Arten sind großmäulige und stumpfköpfige Pflanzenfresser.

Tribus **Kammzahnschleimfische:** *(Salariini):* Die meisten Arten leben entlang von exponierten Felsküsten und auf Tidenriffen. Die Bestimmung ist oft schwierig.

1
2
3
4
♂
♂
5
6
7
8
♂
♀
9
10
11
12
13
14
15
16
17

170 SCHLEIMFISCHE, HECHTSCHLEIMFISCHE, LEIERFISCHE, TORPEDOGRUNDELN, GRUNDELN

1 *Parablennius marmoreus* (Poey) **Algen-Kammzähner** 8,5 cm
Ökologie: Mangrovenwurzeln und algenbewachsener, fester Untergrund, 0,3–10 m.
Verbreitung: New York, Bermuda, n. Golf v. Mexiko bis Venezuela

2 *Entomacrodus nigricans* (Gill) **Perlen-Kammzähner** 10 cm
Ökologie: Felsküsten, Fels- und Korallengeröllhänge; 0,3–6 m, gewöhnlich < 2 m.
Verbreitung: s. Florida, Bermuda, Yukatan bis Venezuela

3 *Scartella cristata* (Linnaeus) **Molly-Kammzähner** 11 cm
Ökologie: häufig in Tidentümpeln und flachen Felszonen; 0–>10 m, meistens <3 m.
Verbreitung: Florida, Bermuda, n. Golf v. Mexiko s. bis Brasilien; Ostatlantik

4 *Ophioblennius atlanticus* (Valenciennes) **Zweifarben-Kammzähner** 12 cm
Ökologie: flache Fels- und Korallenriffe; 1–40 m, gewöhnlich <5 m. Territorial.
Verbreitung: N. Carolina, Bermuda bis s. Brasilien; ö. bis St. Paul's Rocks

Hechtschleimfische *(Chaenopsidae):* kleine, längliche Fische. Meistens in verlassenen Röhren von Wirbellosen lebend. Nahrung: kleine Krebse. 32 Arten (Westatlantik).

5 *Chaenopsis ocellata* Poey **Blaukehl-Hechtschleimfisch** 12 cm
Ökologie: sandige Küstengewässer, auf Seegraswiesen; 1–5 m. Lebt in Wurmröhren. Sehr territorial, zeigt oft Drohverhalten.
Verbreitung: s. Florida, Bahamas bis Kuba

6 *Chaenopsis limbaughi* Robins & Randall **Gelbgesicht-Hechtschleimfisch** 8,5 cm
Ökologie: in Gruppen auf Korallengeröll, Sand oder Kalkstein, 5–20 m. Wenig scheu.
Verbreitung: s. Florida, Bahamas s. bis Venezuela

7 *Emblemaria piratula* Ginsburg & Reid **Piraten-Hechtschleimfisch** 5 cm
Ökologie: Küstenriffe bis hin zu tiefen Fels- und Korallenriffen, 0–>30 m.
Verbreitung: nö. Golf von Mexiko

8 *Emblemaria pandionis* Evermann & Marsh **Segelflossen-Hechtschleimfisch** 5 cm
Ökologie: klare Lagunenkanäle und Kanäle zwischen Fleckriffen, 1–12 m. Bewohnt Muschel- und Wurmhöhlen. Scheu, verläßt seine Höhle nur für kurze Perioden.
Verbreitung: Florida, Bahamas, n. Golf v. Mexiko bis Venezuela

9 *Hemiemblemaria simulus* Longley & Hildebrand **Mimikry-Hechtschleimfisch** 10 cm
Ökologie: Korallengeröll in der Nähe von isolierten Korallenköpfen, 1–20 m. Lebt von kleinen Fischen und Krebsen im Freiwasser. Zeigt Mimikry des Blaukopf-Lippfisches.
Verbreitung: s. Florida, Bahamas s. bis Mittelamerika

10 *Lucayablennius zingaro* (Böhlke) **Pfeil-Hechtschleimfisch** 5 cm
Ökologie: korallenreiche Dropoffs, 13–106 m. Driftet mit gekrümmtem Schwanz. Zieht sich in Löcher oder leere Wurmröhren zurück. Taucher werden kaum beachtet.
Verbreitung: Bahamas, Jamaika bis Mittelamerika, n. Südamerika

Leierfische *(Callionymidae):* (allg. Bemerkungen s. Taf. 118)

11 *Paradiplogrammus bairdi* (Jordan) **Segel-Leierfisch** 10 cm
Ähnlich **12:** *Diplogrammus pauciradiatus* (N. Carolina bis Kolumbien), auf Seegras.
Ökologie: Korallenriffe mit Geröll und Sandflecken, 1–10 m.
Verbreitung: s. Florida und Bermuda s. bis Venezuela

Pfeilgrundeln *(Microdesmidae):* Sie bewohnen Höhlen oder Röhren und schweben im Wasser, um Zooplankton zu fangen.

13 *Ptereleotris helenae* (Randall) **Helenas Torpedogrundel** 12 cm
Ökologie: auf Sand oder Korallenschutt, 3–60 m. Schwebt kopfüber vor der Höhle.
Verbreitung: s. Florida, Bahamas bis Antillen

14 *Ptereleotris calliurus* (Bean) **Blaue Torpedogrundel** 12 cm
Ökologie: offene Sandgebiete, 5–50 m. Schwebt über der Wohnröhre.
Verbreitung: s. Florida bis östl. Golf von Mexiko

Grundeln *(Gobiidae):* über 120 westatlant. Arten. Nur auffällige werden dargestellt.

15 *Bathygobius soprator* (Valenciennes) **Braune Grundel** 15 cm
Ökologie: auf Sand, Schlick oder Seegras, 0–3 m. Häufig.
Verbreitung: Florida, Bermuda, n. Golf v. Mexiko bis sö. Brasilien

16 *Gnatholepis thompsoni* Jordan **Goldfleck-Grundel** 6 cm
Ökologie: auf Sand und Geröll in Riffnähe, 0,5–48 m.
Verbreitung: Florida, Bermuda bis Venezuela; ö. bis Ascension I.

1
2
3
4
5
6
7
8
♂
9
10
11
12
13
14
15
16

171 GRUNDELN

1 *Ginsburgellus novemlineatus* (Fowler) **Neunlinien-Grundel** 2,5 cm
Ökologie: felsige Tidenküsten. Halten sich unter Seeigeln auf.
Verbreitung: Bahamas, Puerto Rico, Cayman I. bis Venezuela.

2 *Priolepis hipoliti* (Metzlaar) **Spitznasen-Grundel** 4 cm
Ökologie: auf Fels- und Korallengrund, 1–126 m. Frißt winzige Krebse.
Verbreitung: Florida bis Antillen

3 *Gobiosoma macrodon* Beebe & Tee-Van **Tiger-Grundel** 5 cm
Es gibt 27 *Gobiosoma* Arten im Westatlantik.
Ökologie: auf Schwämmen, algenbewachsenen Felsen oder Korallenköpfen, 0,3–7 m.
Verbreitung: Florida bis Haiti, Kleine Antillen

4 *Gobiosoma multifasciatum* Steindachner **Grünband-Grundel** 4 cm
Ökologie: exponierte Felsküsten, 0–5 m. Unter Felsen oder zwischen Seeigeln.
Verbreitung: Bahamas, Kuba bis Venezuela

5 *Gobiosoma oceanops* (Jordan) **Neon-Grundel** 5 cm
Ökologie: in Gruppen um Korallenköpfe, 3–45 m. Betätigt sich als Putzerfisch.
Verbreitung: s. Florida bis Belize, British Honduras

6 *Gobiosoma randalli* Böhlke & Robins **Gelbnasen-Grundel** 4 cm
Ökologie: in Gruppen an Korallenköpfen, 5–25 m. Putzerfisch.
Verbreitung: Puerto Rico, Kleine Antillen bis Curaçao, Venezuela

7 *Gobiosoma illecebrosum* Böhlke & Robins **Weißnasen-Grundel** 4 cm
Ökologie: in Gruppen an Korallenköpfen, 10–30 m. Putzerfisch.
Verbreitung: Yukatan bis Panama

8 *Gobiosoma xanthiprora* Böhlke & Robins **Gelbkeil-Grundel** 4 cm
Ökologie: auf Röhrenschwämmen, 7–26 m. Versteckt sich bei Gefahr in Schwämmen.
Verbreitung: N. Carolina bis Jamaika, Mittelamerika

9 *Gobiosoma evelynae* Böhlke & Robins **Hainasen-Grundel** 4 cm
Ähnlich: *G. genie* (Bahamas & Cayman I.), mit fahl-gelbem Seitenstreifen.
Ökologie: in Paaren an Korallenköpfen, 10–35 m. Oft als Putzerfisch tätig.
Verbreitung: Bahamas bis Kleine Antillen, (fehlt in Kuba und w. Karibik)

10 *Gobiosoma louisae* Böhlke & Robins **Gelbschnauzen-Grundel** 3,5 cm
Ökologie: in Röhrenschwämmen an tiefen Riffen, 13–45 m. Scheu.
Verbreitung: Bahamas und Grand Cayman I.

11 *Gobiosoma prochilos* Böhlke & Robins **Ypsilon-Grundel** 4 cm
Ökologie: in Gruppen um Korallenköpfe, 0,3–25 m. Putzerfisch.
Verbreitung: s. Florida und Kleine Antillen

12 *Gobiosoma horsti* Metzelaar **Gelblinien-Grundel** 4 cm
Keine Markierungen auf der Schnauze.
Ökologie: auf Röhren- und Becherschwämmen, 7–27 m. Frißt Borstenwürmer. Scheu.
Verbreitung: s. Florida, Bahamas bis Bonaire

13 *Gobiosoma dilepsis* (Robins & Böhlke) **Rotflecken-Grundel** 2,5 cm
Ökologie: auf Schwämmen und an Korallenköpfen, 5–30 m.
Verbreitung: Bahamas, Cayman I., Kleine Antillen bis Venezuela, Mittelamerika

14 *Gobiosoma chancei* Beebe & Hollister **Kurzstreifen-Grundel** 3 cm
Ökologie: in der Nähe von Röhrenschwämmen, 10–30 m.
Verbreitung: Bahamas, Antillen bis n. Venezula; fehlt in Mittelamerika

15 *Microgobius carri* Fowler **Pfeil-Grundel** 7,5 cm
Ähnlich **16:** *M. microlepis* (s. Florida bis Yukatan), auf flachen Kalkböden, 1–5 m. In Schwärmen vor Wohnröhren.
Ökologie: schwebt vor der Wohnröhre in offenen Sandgebieten, 6–21 m.
Verbreitung: N. Carolina, ö. Golf von Mexiko bis Kleine Antillen

17 *Gobionellus stigmalophius* Mead & Böhlke **Flossenfleck-Wächtergrundel** 16 cm
Ökologie: Sand- und Schlickgrund, 2–60 m. Lebt in Röhren mit *Alpheus* Krebsen.
Verbreitung: Florida, Bahamas s. bis Surinam

18 *Nes longus* (Nichols) **Zigarren-Wächtergrundel** 10 cm
Ökologie: Sedimentflächen. Lebt in Röhren mit *Alpheus* Krebsen.
Verbreitung: s. Florida, Bermuda s. bis Venezuela

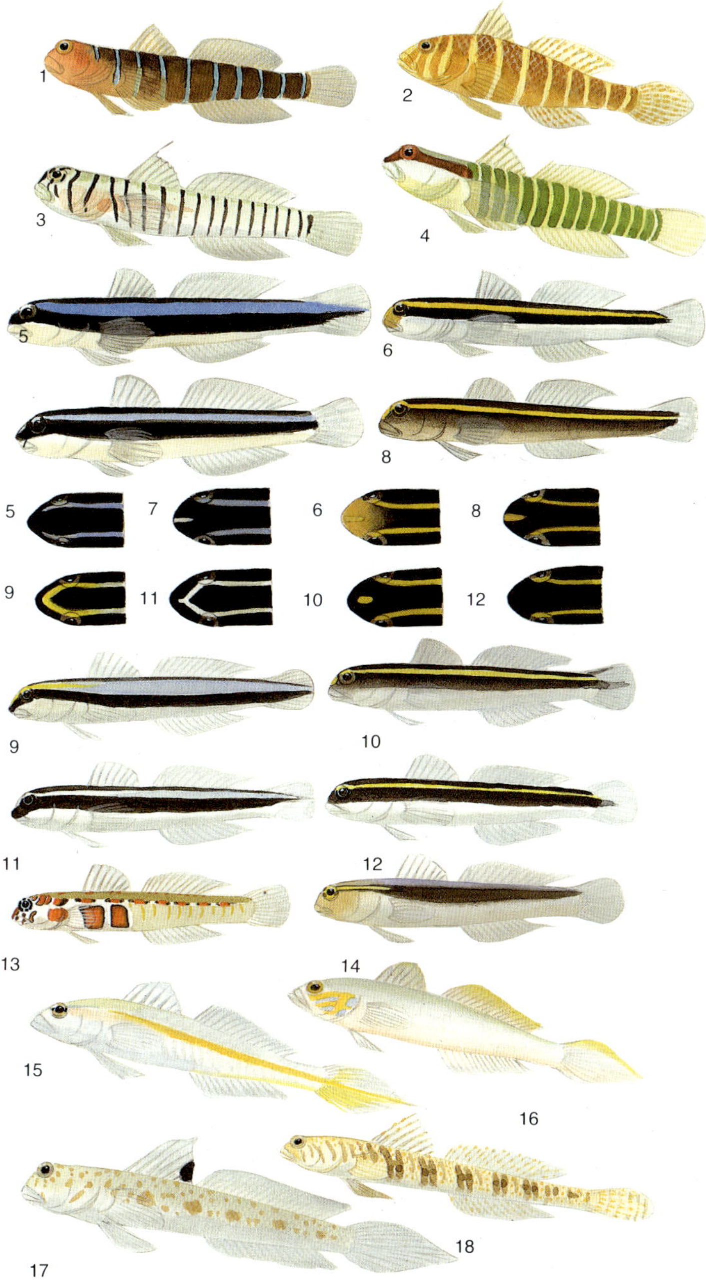
1
2
3
4
5
6
8
5
7
6
8
9
11
10
12
9
10
11
12
13
14
15
16
17
18

172 GRUNDELN, DOKTORFISCHE, PLATTFISCHE

1 *Coryphopterus glaucofraenum* Gill **Zügel-Grundel** 8 cm
Ökologie: Fels-, Sand- und Seegraszonen, 2–45 m. Sehr häufig.
Verbreitung: N. Carolina, Bermuda s. bis Brasilien

2 *Coryphopterus eidolon* Böhlke & Robins **Fahle Grundel** 6 cm
Ökologie: in der Nähe von Korallenköpfen, 6–30 m.
Verbreitung: s. Florida, Bahamas bis Jamaika und Kleine Antillen

3 *Coryphopterus dicrus* Böhlke & Robins **Colon-Grundel** 5 cm
Ökologie: auf Sandflecken von Korallenriffen, 3–20 m.
Verbreitung: s. Florida, Bahamas bis Kleine Antillen, Mittelamerika

4 *Coryphopterus personatus* (Jordan & Thompson) **Masken-Grundel** 4 cm
Ähnlich: *C. lipernes* & *C. hyalinus*, beide mit schwarzem Ring am After.
Ökologie: in Schwärmen dicht über flachen, versandeten Riffen schwebend, 3–30 m.
Verbreitung: Florida und Bermuda bis Antillen

Doktorfische *(Acanthuridae):* Atlantische Arten mit einem Paar scharfer, aufstellbarer Skalpelle auf der Schwanzwurzel, mit denen sie tiefe, schmerzhafte Wunden hervorrufen können. Tagaktive Pflanzenfresser, die Algen von festen Oberflächen abschaben oder Sand mit Algen aufnehmen. Oft in Schwärmen mit Papageifischen vergesellschaftet. Weltweit ca. 75 Arten. Wichtige Speisefische, aber gelegentlich ciquatoxisch.

5 *Acanthurus coeruleus* Schneider **Blauer Doktorfisch** 23 cm
Ökologie: Fels- und Korallenriffe, 3–28 m. Einzeln oder in großen Ansammlungen.
Verbreitung: New York (selten n. vor Florida), Bermuda bis Brasilien, Ascension I.

6 *Acanthurus chirurgus* (Bloch) **Streifen-Doktorfisch** 25 cm
Farbe variabel: grau bis dunkelbraun, aber immer mit schwachen Querstreifen.
Ökologie: in lockeren Ansammlungen auf Fels- und Korallenriffen, 3–20 m.
Verbreitung: Massach. Bermuda bis s. Brasilien, Ostatlantik

7 *Acanthurus bahianus* Castelnau **Ozean-Doktorfisch** 35 cm
Farbe variabel: grau bis braun, aber ohne Querstreifen.
Ökologie: Riffdächer bis Riffhänge, 3–20 m. Oft mit anderen Doktorfischen.
Verbreitung: Mass., Bermuda, nw. Golf bis Brasilien; ö. bis St. Helena, Ostatlantik

8 *Acanthurus randalli* Briggs & Caldwell **Randalls Doktorfisch** 18 cm
Ökologie: Korallenriffe, Sandbänke, flache Geröll- und Felszonen.
Verbreitung: Miami und Florida Keys, nö. Golf v. Mexiko (ersetzt hier *A. bahianus)*

Plattfische *(Pleuronectiformes):* Augen auf der pigmentierten Oberseite. Bemerkenswerte Farbanpassung an den Untergrund. Ernähren sich von benthischen Wirbellosen und Fischen.

Butte *(Bothidae):* beide Augen auf der linken Seite. Wenige Arten in Riffnähe. 48 Arten im Westatlantik.

9 *Bothus ocellatus* (Agassiz) **Augen-Butt** 15 cm
Fahlbraun mit Ringen und Flecken, zwei dunkle Flecken auf der Schwanzwurzel. Ähnlich: *Paralichthys* Arten, die aber länglicher sind. *P. albigutta* (N. Carolina bis Texas), hat drei Ocelli und *P. tropicus* (Schelf der s. Karibik), mit vielen großen Flecken.
Ökologie: Sandzonen mit Korallenschutt und Seegras, im allgemeinen nahe an Fleckriffen, 1–20 m. Liegt bewegungslos am Boden. Häufig, aber gut getarnt.
Verbreitung: New York und Bermuda s. bis Brasilien

10 *Bothus lunatus* (Linnaeus) **Pfauen-Butt** 45 cm
Typische blaue Ringe auf hellem Grund, 2–3 dunkle Flecken auf der Seitenlinie.
Ökologie: verschiedene Habitate: klare Sandgebiete in der Nähe von Mangroven, Geröll und Korallen, 1–100 m. Oft teilweise im Sand oder Schutt eingegraben.
Verbreitung: Florida und Bermuda s. bis Brasilien; ö. bis Ascension, Ostatlantik

1
2
3
4
5
6
juv
var
6 var
7
8
9
10

173 DRÜCKERFISCHE, FEILENFISCHE

Drückerfische *(Balistidae):* hochrückiger Körper mit hochliegenden Augen, die unabhängig voneinander bewegt werden können. Haut besteht aus Knochenplättchen, die mit stachligen Fortsätzen besetzt ist. Maul ist endständig und klein. Nachts können sie sich durch einen besonderen Arretiermechanismus der Rückenstacheln verkeilen: erste Rückenflosse besteht aus drei Stacheln, wobei der erste Stachel festgeklemmt werden kann und nur durch Zurückklappen des zweiten „entsichert" wird. Die meisten Arten ernähren sich von verschiedenen Wirbellosen, einige von Algen oder Zooplankton. Die Eier werden in Nestmulden gelegt, die vom Männchen bewacht werden.

1 *Balistes vetula* Linnaeus **Königin-Drückerfisch** 60 cm
Farbe variabel: grün, blau bis gelblich. Blaue Streifen an Kopf und Flossen.
Ökologie: auf Sand oder Geröll von Korallenriffen, 2->53 m. Fressen Seeigel *(Diadema antillarium),* die sie durch Wasserstrahl freilegen.
Verbreitung: Massach., Bermuda bis Brasilien; ö. bis Ostatlantik, Ascension

2 *Melichthys niger* (Bloch) **Schwarzer Drückerfisch** 30 cm
Erscheint unter Wasser schwarz mit zwei weißen Säumen.
Ökologie: in Gruppen an Außenriffen, 5-60 m, gewöhnlich unterhalb 30 m. Frißt Zooplankton (Seescheiden, Krabben und Flügelschnecken) oder benthische Algen.
Verbreitung: zirkumtropisch; Florida, Bermuda bis Brasilien; ö. bis Ascension

3 *Xanthichthys ringens* (Linnaeus) **Sargasso-Drückerfisch** 25 cm
Ökologie: Außenriffhänge, 25-80 m. Häufig unterhalb 30 m. Einzeln oder in kleinen Gruppen. Ernährung: Krabben und Seeigel. Juvenile in treibendem *Sargassum* Tang. Balz: horizontale, kreuzende und spiralige Schwimmweise. Tiefe Laichplätze.
Verbreitung: S. Carolina, Bermuda s. bis Brasilien

4 *Balistes capriscus* Gmelin **Atlantischer Drückerfisch** 30 cm
Grauoliv mit bräunlichen Flecken. Juvenile mit dunklen Sattelflecken.
Ökologie: Buchten, Häfen, Lagunen und Außenriffe, 5-30 m. Frißt bodenlebende Wirbellose, besonders Mollusken. Einzeln oder in kleinen Gruppen. Kann sich mit Jungtieren oberflächennah in dichtem *Sargassum* Tang aufhalten. Wenig scheu. Erträgt Temperaturen bis 12°C. Als Speisefisch von wirtschaftlicher Bedeutung.
Verbreitung: Nova Scotia, Bermuda bis Argentinien; ö. bis Ostatlantik

5 *Canthidermis sufflamen* (Mitchill) **Ozean-Drückerfisch** 65 cm
Ökologie: häufig an Dropoffs von Außenriffen, 12-40 m. Einzeln oder in kleinen Gruppen im Freiwasser. Oft zwischen *Sargassum* Tang. Nestmulden in sandigen Kanälen an äußeren Riffrändern.
Verbreitung: Florida, Bermuda bis Argentinien; ö. bis Kapverden, St. Helena

6 *Canthidermis maculatus* (Bloch) **Schneeflocken-Drückerfisch** 33 cm
Grau bis olivbraun mit weißen Flecken, die bei Adulten fehlen können.
Ökologie: pelagisch, sporadisch an tiefen Felsriffen, 37-110 m. Bei der Nahrungsaufnahme oberflächennah im Freiwasser.
Verbreitung: zirkumtropisch; N. Carolina bis Argentinien; ö. bis St. Helena

Feilenfische *(Monacanthidae):* eng verwandt mit den Drückerfischen, aber nur mit 1-2 Rückenstacheln und kleinen Schuppen. Die Schuppen besitzen kleine Stacheln und wirken rauh wie eine „Feile". Die meisten Arten leben von verschiedenen Wirbellosen, einige aber sind auf Korallen oder Zooplankton spezialisiert. Die Männchen bauen Nestmulden, in die Bodeneier gelegt werden. (s. auch Taf. 135-2, *A. monoceros)*

7 *Aluteres scriptus* (Osbeck) **Schrift-Feilenfisch** 110 cm
Farbe variabel: oliv, braun oder grau mit blauen Linien und Flecken. Ähnlich: *A. heudeloti* (Mass. bis Brasilien, Westafrika, nicht West Indies), aber deutlich kleiner (30 cm), mit mehr blauen Linien am Kopf und nur wenigen am Bauch.
Ökologie: Lagunen und Außenriffe, 1-80 m. Oft im Freiwasser. Ernährt sich von festsitzenden Organismen wie Algen, Seegras, Feuerkorallen und Gorgonien. Einzeln und häufig. Relativ scheu.
Verbreitung: zirkumtropisch; Nova Scotia s. bis Brasilien

8 *Aluteres schoepfi* (Walbaum) **Orangener Feilenfisch** 50 cm
Braun bis grau mit unzähligen orangenen Tupfen. Schwarze Lippen.
Ökologie: Seegraswiesen, Sand- und Schlickgebiete, gelegentlich Korallenriffe; 3-15 m. Jungtiere leben in schwimmendem *Sargassum* Tang. Einzeln oder in Paaren. Ernährt sich vorwiegend von Algen und Seegras sowie gelegentlich von Wirbellosen.
Verbreitung: Nova Scotia, Bermuda s. bis Brasilien

1
2
3
4
5
6
7
8

174 FEILENFISCHE, KOFFERFISCHE

1 *Cantherhines macrocerus* (Hollard) **Weißflecken-Feilenfisch** 42 cm
Schneller Farbwechsel: weiße Flecken können fehlen, Schwanz dunkel,
Ökologie: Lagunen und Außenriffe, 5-25 m. Im allgemeinen in Paaren zwischen Gorgonien. Ernährt sich von Schwämmen, Algen und Gorgonien. Scheu. Sporadisch.
Verbreitung: Florida, Bermuda s bis Brasilien; ö. bis St. Paul's Rocks

2 *Cantherhines pullus* (Ranzani) **Schwanzfleck-Feilenfisch** 20 cm
Farbe variabel: weiße Flecken auf der Schwanzwurzel immer vorhanden.
Ökologie: häufig entlang von Küsten, in Lagunen und an Außenriffen. 5-50 m. Nahrung: Schwämme, Seescheiden und Algen. Gewöhnlich in Bodennähe, versteckt zwischen Gorgonien oder Astkorallen. Scheu, flieht in Löcher oder Spalten.
Verbreitung: Massach., Bermuda bis Brasilien; ö. bis Westafrika

3 *Monacanthus tuckeri* Bean **Schlanker-Feilenfisch** 10 cm
Braun mit einem Netzmuster, kann heller werden. Schwanzwurzel mit Borsten.
Ökologie: flache, küstenferne Riffe. Seegraswiesen oder Korallengeröll, 2-20 m. Driftet wzischen Gorgonien. Frißt Algen, Seegras und kleine Wirbellose.
Verbreitung: New York, Bermuda bis Kleine Antillen

4 *Monacanthus ciliatus* (Mitchill) **Fransen-Feilenfisch** 20 cm
Farbe: variabel: grün, sandfarben oder braun - je nach Untergrund.
Ökologie: häufig auf Seegras *(Thalassia)* über Korallengeröll oder Sand, bis 12 m. Man sieht ihn häufig kopfüber zwischen Seegrasblättern. Frißt Krebstiere.
Verbreitung: Neufundland, Bermuda, s. bis Argentinien; Ostatlantik

5 *Stephanolepis setifer* (Bennett) **Filament-Feilenfisch** 19 cm
Dunkle Seitenflecke: Männchen mit langem Filament an der Rückenflosse.
Ökologie: Küstenlagunen mit Seegras und Korallengeröll.
Verbreitung: N. Carolina und Bermuda bis Brasilien

5.1 *Stephanolepis hispidus* (Linnaeus) **Stirn-Feilenfisch** 19 cm
Ökologie: auf Sand, Weichböden oder Seegraswiesen küstennaher Riffe.
Verbreitung: Golf von Mexiko bis Brasilien, n. bis Neuschottland und Bermudas

Kofferfische *(Ostraciidae):* gepanzert mit sechseckigen Knochenplatten. Bauchflossen fehlen. Atembewegungen mit Hilfe des Mundbodens. Bei Streß scheiden sie ein Gift (Ostracitoxin) aus. Kleiners Maul mit Zahnplatten. Nahrung: kleine, sessile Wirbellose. Territorial. Harems.

6 *Acanthostracion polygonius* Poe **Waben-Kofferfisch** 48 cm
Muster aus sechs- und fünfeckigen Waben, 2 Stacheln über den Augen.
Ökologie: küstenferne Riffe, 3-80 m. Ernährt sich von Schwämmen. Gorgonien. Seescheiden und Garnelen. Nicht häufig und scheu. Tarnt sich hervorragend.
Verbreitung: New York, Bermuda bis Brasilien, fehlt im Golf vom Mexiko.

7 *Acanthostracion quadricornis* (Linnaeus) **Horn-Kofferfisch** 48 cm
Gelblich mit blauen Linien und Kritzel, zwei Stacheln über den Augen.
Ökologie: häufig auf Seegraswiesen, gelegentlich auf küstenfernen Riffen, 2-25 m. Frißt sessile Wirbellose wie Seescheiden,. Anemonen und Schwämme. Scheu.
Verbreitung: New England, Bermuda s. bis Brasilien

8 *Lactophrys bicaudalis* (Linnaeus) **Gefleckter Kofferfisch** 45 cm
Grau mit unzähligen dunkelbraunen Flecken.
Ökologie: Fels- und Korallenriffe, 3-20 m. Gelegentlich unter Überhängen oder nahe an Löchern. Nahrung: Seescheiden, Seegurken, Seeigel und Seegras. Scheu.
Verbreitung: Florida Keys, Bahamas, s. Golf v. Mexiko bis Brasilien

9 *Lactophrys triqueter* (Linnaeus) **Perlen-Kofferfisch** 30 cm
Juvenile schwarzbraun mit weißen Punkten.
Ökologie: häufig auf Riffen mit Sandflecken, 3-25 m. Einzeln oder in kleinen Gruppen. Frißt benthische Wirbellose, die mit einem Wasserstrahl freigelegt werden.
Verbreitung: Massach., Bermuda, n. Golf v. Mexiko bis Brasilien

10 *Lactophrys trigonus* (Linnaeus) **Buffalo-Kofferfisch** 45 cm
Farbe variabel, gewöhnlich oliv mit zwei dunklen Seitenflecken.
Ökologie: Seegraswiesen, Korallenschutt und küstenferne Riffe, 2-50 m.
Verbreitung: Massach., Bermuda s. bis Brasilien

1
1 var
2
3
4
4 var
5
5.1
7
9 juv
6
9 juv
8
9
10
10 var

175 KUGELFISCHE, IGELFISCHE

Kugelfische *(Tetraodontidae):* dickbäuchige, schuppenlose Fische. Kiefer mit zwei Zahnplatten – vorne mit einer Naht. Können sich mit Wasser zu einem Ballon aufblasen. Eingeweide, Gonaden und die Haut sind bei den meisten Arten äußerst giftig (Herzgift: *Tetrodotoxin*). In Japan ca. 100 Todesfälle pro Jahr. Gondoliereschwimmer. Legen Bodeneier in Nester. Alle tropischen und gemäßigten Meere, einige leben auch im Süßwasser.

Unterfamilie **Spitzkopfkugelfische** *(Canthigasterinae):* 1 Paar Nasenöffnungen, <15 cm.

1 *Canthigaster rostrata* (Bloch) **Karibik-Spitzkopfkugelfisch** 11 cm
Juvenile mit orangenem, Adulte mit braunem Rücken.
Ökologie: häufig auf Fleckriffen und Seegraswiesen, 1–>30 m. Ernährt sich von Seegras und benthischen Wirbellosen wie Schwämmen und kleinen Krebsen. Zahm.
Verbreitung: Florida, Bermuda bis Venezuela; wird um Ascension und St. Helena I. durch *C. sanctahelenae* ersetzt.

Unterfamilie **Kugelfische** (Tetraodontinae): 2 Paar Nasenöffnungen. Stumpfe Schnauze.

2 *Sphoeroides spengleri* (Bloch) **Geperlter Kugelfisch** 18 cm
Fleckenreihe vom Mund zum Schwanz; zwei dunkle Schwanzbinden.
Ökologie: häufig auf Seegraswiesen, Riffdächern und Außenriffen, 2–30 m. Gewöhnlich in Bodennähe, wo er sich von benthischen Wirbellosen ernährt.
Verbreitung: Massach., Bermuda, n. Golf v. Mexiko bis Brasilien

3 *Sphoeroides greeleyi* Gilbert **Karibik-Kugelfisch** 15 cm
Viele dunkelbraune Flecken auf hellem Untergrund, drei Schwanzbinden.
Ökologie: häufig über Schlick- und gelegentlich über Sandgrund in trübem Wasser.
Verbreitung: Karibik bis Brasilien

4 *Sphoeroides testudineus* (Linnaeus) **Schildkröten-Kugelfisch** 30 cm
Ökologie: vorwiegend in Buchten, Bachmündungen und geschützten Seegraswiesen, selten auf Korallenriffen, bis 48 m. Versteckt sich bei Gefahr im Sand.
Verbreitung: Rhode I., Bermuda, s. Golf v. Mexiko bis s. Brasilien

5 *Sphoeroides nephelus* (Goode & Bean) **Südlicher Kugelfisch** 30 cm
Ökologie: auf Schildkrötengras und an Bachmündungen geschützter Küsten, 0–11 m.
Verbreitung: nö. Florida, Bahamas, n. Golf von Mexiko bis Kleine Antillen

Igelfische *(Diodontidae):* Körper mit Stacheln. Können sich mit Wasser oder Luft im Magenraum kugelartig aufblasen, so daß sie nicht von Raubfischen gefressen werden können. Zertrümmern mit dem kräftigen Gebiß hartschalige Wirbellose. Dämmerungsaktiv.

6 *Diodon histrix* Linnaeus **Gepunkteter Igelfisch** 90 cm
Zweiwurzelige, bewegliche Stacheln. Ähnlich: *D. eydouxi*, pelagische Art.
Ökologie: flache Fels- und Korallenriffe, 2–25 m. Häufig, gewöhnlich am Tag in Höhlen und Nischen. Ernährt sich vorwiegend von hartschaligen Wirbellosen. Juv. pelagisch.
Verbreitung: zirkumtropisch; Massach., Bermuda s. bis Brasilien

7 *Diodon holocanthus* Linnaeus **Ballon-Igelfisch** 50 cm
Vier dunkelbraune Rückenflecken, Flossen ungefleckt.
Ökologie: flache Außenriffe, Lagunen mit Seegras und Fleckriffen, 2–25 m. Schlechter Schwimmer. Frißt hartschalige Wirbellose. Manchmal in Gruppen.
Verbreitung: zirkumtropisch; Florida, Bermuda s. bis Brasilien

8 *Cyclichthys antillarium* (Jordan & Rutter) **Netz-Igelfisch** 25 cm
Diese Gattung hat dreiwurzelige, starre Stacheln.
Ökologie: Korallenriffe mit angrenzendem Seegras und Geröll, 1–44 m. Schwimmt langsam über dem Boden. Sporadisches Vorkommen.
Verbreitung: Florida, Bahamas s. bis Venezuela

9 *Cyclichthys antennatus* (Cuvier) **Zügel-Igelfisch** 23 cm
Ökologie: unregelmäßig auf Seegraswiesen, selten auf angrenzenden Riffen, 2–13 m.
Verbreitung: s. Florida, Bahamas s. bis Venezuela

10 *Cyclichthys schoepfi* (Walbaum) **Gestreifter Igelfisch** 23 cm
Grün mit schwarzen Streifen. Juvenile mit schwarzem Bauch.
Ökologie: bevorzugt Schelfgebiete, bis 12 m. Lokal häufig: Florida und Carolina.
Verbreitung: New England, Bahamas s. bis Brasilien; fehlt in West Indies

1
1 juv
2
3
4
5
6
7
8
9
10

Literatur (Auswahl)

Indopazifik (Standardwerke):

Hawaiian Reef Fishes. J. E. Randall, 1985. Harrowwood, Newton Square, PA, 79 p
Red Sea Reef Fishes. J. E. Randall, 1983. Immel, London, 192 p
Fishes of Maldives. J. E. Randall, 1992. Immel, London, 194 p
* **Micronesian Reef Fishes.** R. F. Myers, 1990. Coral Graphics, Guam, USA, 442 p
In Deutschland: Coral Graphics, 22927 Großhansdorf, Jäckbornsweg 10
(Hier sind weitere 400 Literaturhinweise zu diesem Bestimmungsbuch zu finden).
Fishes of the Japanese Archipelago. H. Masuda et alt., 1984. Tokai Univ. Press
* **Fishes of the Great Barrier Reef and Coral Sea.** J. E. Randall, G. R. Allen und R. C. Steene, 1990. Crawford House, Australia. 507 p
Smith's Sea Fishes. M. M. Smith und P. C. Heemstra, eds. 1986. Mc Millan, Johannesburg, 1047 p
Common Sea Fishes of Southern Africa. R. v. d. Elst. 1981. Struik, Cape Town
Marine Fishes of Northwestern Australia. G. R. Allen und R. Swainston, 1988 Western Australian Museum, Perth, 201 p
Tropical Reef Fishes of the Western Pacific: Indonesia and Adjacent Waters. R. H. Kuiter, 1992. Gramedia Jakarta, 314 p

Karibik:

Caribbean Reef Fishes. J. R. Randall,1968. TFH, Neptune City, NJ, 318 p
* **Reef Fish Identification.** P. Humann, 1989. New World Publ. Jacksonville, Fl, 272 p
Fishes of the Bahamas and Adjacent Tropical Waters. J. E. Böhlke & J. Chaplin, 1992, 2. Aufl., University Texas Press
Field Guide to Atlantic Coast Fishes. C. R. Robins & alt., 1986. H. Mifflin, Boston

Systematische Werke:

Sharks and Rays of the World. Michael. S. W. 1993. Sea Challengers Monterey
Sharks of Polynesia. R. H. Johnson. 1978. 170 p
Sharks of Arabia. J. E. Randall. 1986. Immel Publ., London
Anemonenfische. Arten der Welt. G. R. Allen. 1978. Mergus Verlag, Melle
Anemonefishes and their Host Sea Anemones. D. G. Fautin & G. R. Allen, 1992 Western Australian Museum, Perth. 160 p
Falter- und Kaiserfische. G. R. Allen, R. C. Steene. 1979. Mergus Verl., Melle, 2 Bd.
* **Riffbarsche der Welt.** G. R. Allen. 1991. Mergus Verl., Melle
Meerwasseratlas. H. A. Baensch & H. Debelius. 1992. Mergus Verl., Melle
Reproduction of Reef Fishes. R. E. Thresher. TFH Publ. Neptune City, N. Y.
Indo-Pacific Fishes. J. E. Randall. Publikations-Reihe. Bishop Museum, Honululu
Coral Reefs of the World. S. Wells. UN-Environment Progr., 1988. Cambridge

Populärwissenschaftliche Werke:

* **Fischführer Indischer Ozean.** H. Debelius, Ikan UW-Archiv, Frankfurt, 1993
Unterwasserführer Rotes Meer. Fische. H. Debelius. 1987. Naglschmid Verlag
Unterwasserführer Malediven. Fische. P. Nahke & Wirtz. 1991. Naglschmid Verl.
Underwater Indonesia. K. Muller. Periplus Travel Guides. 1992. Singapur.
* **Tropische Meerestiere.** D. Eichler. 1991. BLV- Verlag, München
Coral Reef Fishes of the Caribbean. F. S. Stokes. 1980. Collins Publ., London
* **Great Barrier Reef.** Reader Digest. 1987. Surry Hills, Australia
Korallenmeer. H. W. Fricke. 1972. Verhaltensforschung am tropischen Riff, Belser Verlag, Stuttgart
Red Sea Fish Guide. R. Deuvletian. 1987. Nubar Printing. Ägypten
Sea Fishes of the World. H. Masuda & J. Allen, Yama-Kei Publ., Tokyo
Korallenfische. (Aquariumhaltung). J. Lange. 1986. Ulmer Verlag, Wuppertal
Korallenriffe. H.Schuhmacher. 1976. BLV-Verlag. MÜnchen
Gefährliche Meerestiere. G. Couet et alt.. 1981. Jahr Verlag. Hamburg
* **Haie.** J. Stevens. Jahr Verlag, 1987. Hamburg
Watching Fishes. R. & J. Wilson. 1985. Harper & Row Publ., New York
Das lebende Riff. D. Kühlmann. 1984. Landbuch - Verlag. Hannover
80 Tauchparadiese. P. Mioulane & R. Sahuquet. 1990. BLV. München
Poissons de L'Ile Maurice. A. Cornic. 1987. Edition de L'Ocean Indien. Singapur

(* besonders empfehlenswert)

INDEX (wissenschaftliche Namen)

INDEX (deutsch) INDOPAZIFIK

INDEX (deutsch) KARIBIK